中国宝武钢铁集团有限公司史志编纂委员会　编

中国宝武钢铁集团有限公司

年鉴 2022
BAOWU

上海人民出版社

CHINA BAOWU STEEL GROUP CORPORATION LIMITED

建设中的昆钢公司安宁基地（李红瑞 摄于 2021 年 12 月）

1 2021年1月20日，中国共产党中国宝武钢铁集团有限公司第一届委员会第五次全体（扩大）会议暨2021年干部大会在中国宝武钢铁会博中心举行 　　　　　　（施　琮摄）

2 2021年2月1日，云南省人民政府与中国宝武签署合作协议，推进中国宝武与昆明钢铁控股有限公司联合重组 　　　　　　　　　　　　（周　灿摄）

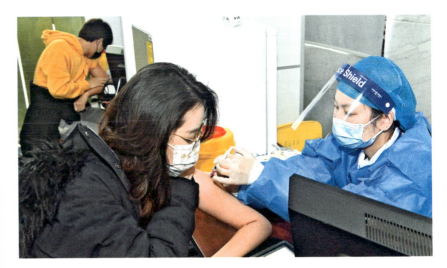

1 2021年3月15日，中国宝武启动上海地区企业专场新冠疫苗接种工作
（张　勇 摄）

2 2021年6月17日，中国宝武"丹心碧血铸钢魂"红色主题展览在宝武大厦揭幕
（施　琮 摄）

3 2021年6月21日，中国宝武举行庆祝中国共产党成立100周年主题歌咏会
（刘继鸣 摄）

1	
2	
3	

1 2021年7月1日，中国宝武党委向老党员代表颁发"光荣在党50年"纪念章
（施 琮摄）

2 2021年7月15日，中国宝武发起设立总规模500亿元的宝武碳中和股权投资基金
（施 琮摄）

3 2021年8月9日，集团公司向首批中国宝武科学家授牌
（施 琮摄）

1 2021年11月18日，中国宝武倡议并联合发起成立全球低碳冶金创新联盟
（施　琮摄）

2 2021年11月25日，中国宝武聘请中国工程院院士柴天佑等16人为工业互联网研究院专家　　（张　勇摄）

3 2021年11月23日，中国宝武举办首个"公司日"活动。图为升旗仪式
（施　琮摄）

1 宝钢股份厚板厂轧钢作业区
生产现场
（刘继鸣 摄于2021年1月）

2 2021年4月9日，宝钢股份全
球首发一款超轻型高安全纯
电动白车身
（张 勇摄）

3 2021年6月9日，宝钢股份
党性教育智慧体验中心落成
（施 琮摄）

1 **2** **3**

1　2021年8月12日，世界首创热轧卷一板连续热处理线——武钢有限热轧厂新建连续热处理线项目开工建设
（任　琳　摄）

2　2021年12月13日，武钢有限申报的武钢一号高炉入选工业和信息化部第五批国家工业遗产名单
（班兆东　摄）

3　2021年12月23日，武钢有限原料区低碳高效清洁化生产项目群举行开工仪式
（张运学　摄）

1 2 3

1 2021年1月9日，湛江钢铁三号高炉系统项目炼钢、连铸工程热负荷试车
（朱家耀 摄）

2 2021年6月29日，湛江钢铁1750冷轧镀锌机组热负荷试车，生产出第一卷镀锌产品
（朱家耀 摄）

3 2021年12月23日，湛江钢铁全氢零碳绿色示范工厂百万吨级氢基竖炉工程奠基
（朱家耀 摄）

1 2021年6月25日，年产能60万吨的梅钢公司厚规格酸洗生产线建成投产，第一卷成品下线 （朱　飞　摄）

2 2021年12月29日，梅钢工业文化旅游区被确定为国家AAA级旅游景区。图为梅钢公司厂区一角 （朱　飞　摄）

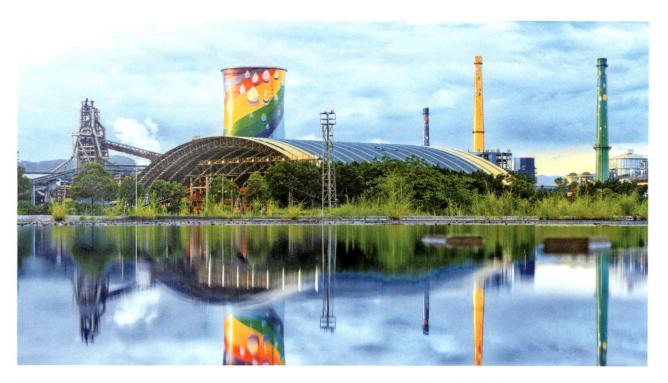

1 韶钢松山炼铁区域
（邓伟雄 摄于2021年6月）

2 2021年1月，鄂城钢铁实现开门红。图为二号高炉出铁现场 （桂 多摄）

3 2021年8月13日，重庆钢铁首次成功轧制钛板
（郭小龙 摄）

1
2
3

1 2021年1月4日，中国宝武举行绿色发展与智慧制造马钢现场会。图为马钢股份第四钢轧总厂炼钢智控中心　　　　（潘兴胜　摄）

2 2021年12月23日，马钢集团举行中国宝武"公司日"升旗仪式　　　（刘正发　摄）

3 2021年12月9日，马钢股份A号高炉大修改造工程竣工点火　　　　（张明伟　摄）

1 2021年1月15日，中国宝武山西总部揭牌成立
　　　　　　　（王旭宏 摄）

2 2021年5月12日，中国宝武首批爱国主义教育基地——太钢李双良纪念馆揭牌
　　　　　　　（白治斌 摄）

3 2021年6月24日，太钢集团和巴西淡水河谷印尼公司、山东鑫海科技股份有限公司签约，建设位于印度尼西亚的镍铁项目
　　　　　　　（施　琮摄）

1　2021年6月26日，宝钢德盛精品不锈钢绿色产业基地项目不锈钢冶炼系统热负荷试车，第一块300系不锈钢板坯下线　　　　　　　　　　　　　　　　　　　　　　　（李金花 摄）

2　2021年，宁波宝新获评首批省级"无废工厂"。图为宁波宝新厂区一角　　　　（陈丽君 摄）

1
2

1 2021年，八一钢铁中厚板拳头产品风电用钢，在新疆维吾尔自治区及河西走廊地区市场占有率达80%以上。图为正在发运中的风电用钢产品 （姚海山 摄）

2 2021年11月30日，新疆维吾尔自治区首条镀锌钢丝自动包装生产线在新疆八钢金属制品有限公司建成投运 （姚海山 摄）

3 2021年12月18日，八一钢铁举行全球钢铁冶金绿色低碳试验及应用项目——富氢碳循环高炉三期项目开工仪式 （姚海山 摄）

1 2021年1月4日，欧冶链金马鞍山慈湖江边中心基地建成投产　　（张明伟 摄）

2 2021年1月13日，2020东方财富私募风云榜颁奖盛典在上海举行。华宝信托获"2020年度最佳信托公司"称号　　（华　信 摄）

3 宝武炭材浙江宝旌炭材料有限公司生产车间（施　琛 摄于2021年4月）

1 2021年5月8日，装载武钢有限重型钢轨产品的列车从武昌东站出发，驶往越南安员。这是欧冶云商承担的首批直发越南的铁路国际联运任务　　（杨　波摄）

2 2021年5月29日，国乐艺术家方锦龙与近百名国乐爱好者来到中国宝武钢铁会博中心，进行"国乐快闪"演出，以经典的国乐旋律礼赞伟大盛世，致敬百年党史　　　　（张　勇摄）

3 2021年9月17日，宝武特冶航研科技有限公司在重庆市揭牌成立　（王　钢摄）

1
2
3

1 2021年11月18日，由宝武清能承建的宝钢股份直属厂部煤场全门架料场厂房光伏发电项目并网发电
（施　琮摄）

2 2021年12月16日，宝武碳业兰州宝航新能源材料有限公司10万吨负极材料项目在甘肃省兰州新区奠基
（张　勇摄）

3 2021年12月28日，宝钢金属安徽宝镁轻合金有限公司年产30万吨高性能镁基轻合金及深加工项目在安徽省青阳经济开发区开工奠基
（施　琮摄）

1 2 3

1 2021年4月14日，重钢集团专业化整合委托管理协议签约 （施 琮摄）

2 2021年6月，中钢集团"不忘初心，信念永恒——洛耐职工怀念习仲勋同志展览"入选首批中央企业爱国主义教育基地。10月15日习仲勋诞辰108周年之际，中钢洛耐科技股份有限公司员工向展览敬献花篮 （施 琮摄）

3 2021年12月3日，昆钢公司80万吨高速棒材加热炉点火烘炉 （葛治纲 摄）

1 **2** **3**

1 2021年1月14日，中国宝武与安徽省六安市人民政府签署战略合作框架协议
（施　琮摄）

2 2021年9月3日，宝钢股份与内蒙古包钢钢联股份有限公司在包头市签订央地（中央企业和地方国有企业）结对协作协议（鲍　刚摄）

3 2021年11月4日，中国宝武与中国中铁股份有限公司签署战略合作协议
（施　琮摄）

马钢股份特钢公司生产现场 （罗继胜 摄于 2021 年 1 月）

编 辑 说 明

一、《中国宝武钢铁集团有限公司年鉴》创办于2018年,由中国宝武钢铁集团有限公司(简称中国宝武)主办,中国宝武史志编纂委员会主编,是系统记述中国宝武各方面情况的年度资料性文献,旨在为读者了解、认识、研究中国宝武提供真实可靠、可鉴、可用的翔实资料。编辑部设在中国宝武史志办公室。

二、本年鉴是中国宝武的第五部年鉴,以马克思列宁主义、毛泽东思想、邓小平理论、"三个代表"重要思想、科学发展观、习近平新时代中国特色社会主义思想为指导,系统记述中国宝武总部各部门和子公司2021年改革与发展的基本情况、重大事项,力求全面反映中国宝武及所属单位的新变化、新特点、新成就。

三、本年鉴由中国宝武总部各部门和子公司供稿。记载的时间跨度,除特别说明外均为2021年1月1日—12月31日。

四、本年鉴设总述、特载、要闻大事、企业管理、科技工作、节能环保、人力资源、财务审计、钢铁主业、新材料产业、智慧服务业、资源环境业、产业园区业、产业金融业、托管企业、党群工作、企业文化、人物与荣誉、统计资料、附录、索引21个篇目,132个分目,1 198个条目。另有卷首照片53幅,随文照片99幅,图、表78张。

五、本年鉴主体内容以条目为记述的基本形式,条目标题用黑体字显示,体裁有述、记、图、表、录等。

六、本年鉴存真求实,客观反映中国宝武改革发展中所取得的成绩和存在问题,体现时代特征、企业特色和年度特点。

七、本年鉴所用的缩略语第一次出现时一般均有注解,再次出现时不再注解,以此类推。《中国宝武部分单位全称、简称对照表》《本年鉴所用专有名词解释》见附录。

八、本年鉴采用双重检索。书前刊有中、英文目录,书后备有索引。索引采用主题词(专用名、人名)索引法,方便读者检索。

九、质量是年鉴的生命。本编辑部重视编校质量,《中国宝武钢铁集团有限公司年鉴》2018卷、2019卷获中国地方志指导小组和全国地方志学会授予的"全国地方志优秀成果(年鉴类)三等年鉴",2020卷获评"全国地方志优秀成果(年鉴类)二等年鉴",为进一步提高编纂质量,诚盼读者指教。

05

科技工作

06

节能环保

07

人力资源

08

财务审计

09

钢铁主业

10

新材料产业

11

智慧服务业

12

资源环境业

13

产业园区业

14

产业金融业

15

托管企业

16

党群工作

17

企业文化

20

附 录

21

索 引

Contents

01

Overview

02

Special Documents

03

Important News and Chronicle of Event

04

Business Management

05

Science and Technology Research

06

Energy Saving and Environmental Protection

07

Human Resources

08

Finance and Audit

09

Iron & Steel

16

Party-mass Work

17

Corporate Culture

18

Figures and Awards

19

Statistical Materia

20

Appendix

21

Index

01

总

述

总　述

中国宝武钢铁集团有限公司（简称中国宝武，英文名称CHINA BAOWU STEEL GROUP CORPORATION LIMITED）的前身为始建于1978年12月的上海宝山钢铁总厂，后经历宝山钢铁（集团）公司、上海宝钢集团公司、宝钢集团有限公司等不同发展阶段，于2016年12月与武汉钢铁（集团）公司实施联合重组后揭牌成立。2019年9月，中国宝武对马钢（集团）控股有限公司实施联合重组；2020年10月，对中国中钢集团有限公司实施托管；12月，正式成为重庆钢铁股份有限公司实际控制人，完成对太原钢铁（集团）有限公司的联合重组，对重庆钢铁（集团）有限责任公司实施托管；2021年2月，对昆明钢铁控股有限公司实施托管。中国宝武注册资本527.91亿元，资产规模1.12万亿元，是国有资本投资公司试点企业，被国务院国有资产监督管理委员会（简称国务院国资委）纳入中央企业创建世界一流示范企业；2021年钢产量1.20亿吨，是全球最大钢铁企业，在世界500强企业排名第72位。总部设在中国（上海）自由贸易试验区世博大道1859号。

企业现状

中国宝武以"成为全球钢铁业引领者"为愿景，以"共建高质量钢铁生态圈"为使命，以"诚信、创新、协同、共享"为公司价值观，致力于通过技术引领、效益引领、规模引领，打造以绿色精品智慧的钢铁制造业为基础，新材料产业、智慧服务业、资源环境业、产业园区业、产业金融业等相关产业协同发展的格局，形成"亿吨宝武""万亿元营业收入"能力，打造若干个千亿元级营业收入、百亿元级利润的支柱产业和一批百亿元级营业收入、十亿元级利润的优秀企业。

钢铁产业是中国宝武资产密集沉淀的领域，是承担国家产业责任的主要载体，也是中国宝武从产业经营向资本经营转变的首选对象，其定位是以"引领全球钢铁产

宝钢股份智慧港

（刘继鸣 摄于2021年3月）

业发展"为目标,着重体现规模、技术、效益引领,围绕国家供给侧结构性改革和助推国家产业结构调整,坚持价值创造、坚持绿色发展、坚持技术创新和发展模式创新,为汽车、机械、家电、能源、船舶、海洋工程、核电建设、交通等下游行业提供精品钢材,推进中国钢铁行业转型升级,成为中国第一、世界领先的精品钢铁制造服务商。2021年,钢铁制造业拥有宝钢股份、中南钢铁、马钢集团、太钢集团、八一钢铁等企业。

新材料产业聚焦先进制造业发展和大国重器之需,重点推进新能源、交通运输、海洋工程、航空航天等领域所需的镁、铝、钛等轻金属材料、特种冶金材料、金属包装材料及碳基、硅基和其他非金属材料产业化发展,提升高性能金属材

料领域的差异化竞争优势。智慧服务业以大数据、云计算、人工智能技术为基础,打造数字化工程设计与咨询服务业,发展工业装备制造和装备智能运维服务业务,构建基于钢铁和相关大宗商品以及工业品的第三方平台,为钢铁生态圈提供全生命周期智慧制造和智慧服务的整体解决方案。资源环境业聚焦主业所需的矿产资源的开发、交易和物流业务,创新商业模式,构建世界一流全供应链的矿产资源综合服务平台;依托城市钢厂的装备、技术和资源优势,以产城融合、城市矿山开发、水气污染治理、清洁能源开发、资源综合利用为方向,打造专业化的资源与环保产业。产业园区业以盘活集团公司存量不动产资源为出发点,构筑产业发展新空间,打造新型产业园

区,助力城市钢厂转型升级,保障老钢铁基地转型中员工新的职业发展。同时,作为钢铁生态圈的空间载体,以构建综合型与服务型区域总部相结合,导入生态圈产业并提供支撑与服务。产业金融业打造以资本运作和产业投资为主要功能的综合金融服务平台,以股权投资、产业基金、资产管理等为手段,实施产业培育和布局配置,做强做优做大国有资本;依托金融牌照资源,以现代科技赋能,"产业金融"+"金融科技"双轮驱动,为钢铁生态圈提供供应链金融、财富管理、资本运作和投行咨询等综合金融服务。

2021年底,中国宝武在册员工222 595人,在岗员工185 459人(不含托管的中钢集团、昆钢公司和重钢集团)。

组织机构

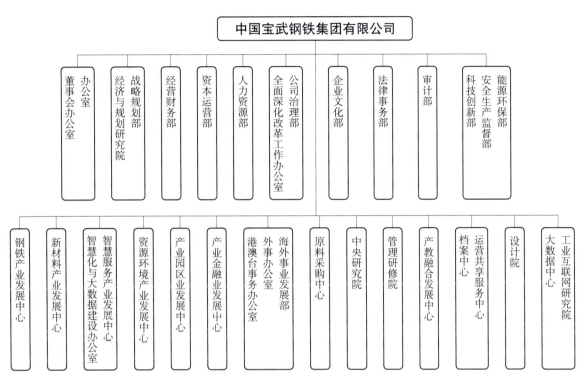

中国宝武钢铁集团有限公司组织机构图（2021年12月）

经营业绩

2021年，中国宝武面对复杂严峻的宏观环境、急剧变化的行业形势，以及新冠肺炎疫情防控和改革、创新、转型任务，奋发有为推进高质量发展，实现了"十四五"良好开局，全年完成工业总产值（现行价格）8 055.13亿元，工业销售产值8 030.07亿元，资产总值11 170.84亿元，营业收入9 722.58亿元，实现利润总额602.24亿元，营业收入、利润总额均创历史新高，上缴税费443.52亿元，净资产收益率8.70%；铁产量10 382万吨，钢产量11 994万吨，

商品坯材产量11 817.13万吨，商品坯材销量11 839.01万吨，出口钢材565.08万吨，经营效益指标均较上年实现大幅增长。

全年，中国宝武研发投入率3.20%，专利申请4 395件，其中发明专利3 168件。吨钢综合能耗564千克标准煤，同口径同比下降1.65%；二氧化硫、氮氧化物和化学需氧量排放总量分别为23 079吨、53 840吨和1 994吨，同口径分别同比下降20.80%、24%和7.80%。对外捐赠3.97亿元。在2020年度中央企业负责人经营业绩考核中获评A级，在中央企业排名第七位，考核得分创中国宝武成立以来新高。名列美国《财富》世界500强榜单第72位，跻身世界百

强，全球钢铁企业排名第一。在2021年美国《财富》杂志发布的"最受赞赏的中国公司"全明星榜上位列第五。国际三大评级机构标准·普尔公司（简称标准普尔）、穆迪投资者服务公司（简称穆迪）、惠誉国际信用评级有限公司（简称惠誉）继续给予全球综合性钢铁企业最高信用评级。

重点工作完成情况

一、贯彻落实党中央决策部署，钢铁报国矢志不渝

践行"双碳"战略，绿色低碳发展路径明确。2021年，中国宝武

在钢铁行业中率先提出"双碳"目标，坚决贯彻落实习近平总书记重要批示精神，坚持创新驱动，携手全球钢铁同行及生态圈伙伴共谋绿色发展。牵头成立全球低碳冶金创新联盟，设立低碳冶金技术创新基金，合作开展基础性、前沿性低碳冶金技术研发。厚植绿色发展底蕴，发布碳中和冶金技术路线图，描绘绿色制造、绿色产品、绿色产业全景图，提出极致能效、富氢碳循环高炉、氢基竖炉、近终形制造、冶金资源循环利用、碳回收及利用六大碳中和冶金技术。发挥产融结合优势，发起设立宝武碳中和股权投资基金。

执行"限产令"，"减产不减效"成效凸显。在上半年快速提升效率效益、普遍稳产高产的前提下，下半年响应国家政策，采取有效措施压减粗钢产量。集团公司层面统筹粗钢产量压减目标，钢铁子公司开启低负荷经济运营模式，推进各基地从规模向品种结构及产线效益转变，差异化产品经营成效明显。发挥多基地协同优势，统筹资源提升协同效益，宝钢股份、中南钢铁、太钢集团、马钢集团通过集团公司内、基地间、社会上多方协同，支撑集团公司完成全年粗钢产量压减任务。

继续优化钢铁产业空间布局，提高区域市场集中度。2021年，中国宝武明确"十四五"钢铁业战略规划实施路径，优化完善国内沿江沿海"弯弓搭箭"空间布局。开展并购寻源，评估遴选"十四五"期间重组目标，对重点标的企业开展业务尽职调查，与有关方面就标的企业签订战略合作框架协议。加强区域战略布局，八一钢铁形成疆内千万吨级产能规模，探索与国

有、民营钢铁企业的多元化合作，打造成为中国宝武在西北地区最具竞争力的区域公司。

二、坚持创新驱动，科技创新能力显著增强

瞄准关键核心技术，突破"卡脖子"难题。2021年，中国宝武扛起中央企业责任，对接国家战略，开展"卡脖子"技术和使命类产品攻关，支撑航空航天、核电能源等国家重大工程、重点项目建设。一批使命类产品用于国家重大工程，为载人航天火箭发动机提供GH4169高温合金和1J116精密合金等材料，为神舟12号载人飞船推进舱发动机提供核心材料高温钛合金，保障载人航天任务顺利完成。为全球首座20万千瓦高温气冷堆核电站示范工程提供625合金材料。一批"卡脖子"技术实现突破，高纯净度三联冶炼某合金棒材制备工艺通过中国航空发动机技术评审，初步实现进口替代，为实现中国航空发动机关键材料自主可控提供保障。完成超大型固体火箭发动机壳体研制，解决多项关键技术难题，填补国内空白，达到国际前沿技术水平。提前全面完成国务院国资委专项攻坚18个里程碑节点任务。

坚持绿色制造，绿色产品成果丰硕。2021年，中国宝武坚持创新驱动发展战略，发布科技创新专项规划，保持高水平研发投入。全年专利申请4 395件，其中发明专利3 168件，均创历史新高。一批技术创新成果分获国家、行业大奖。耐热刻痕取向硅钢等15项产品实现全球首发。钢钛结合生产钛合金板材、汽车用铝合金内板、耐热耐燃压铸镁合金、高性能中间

相碳纤维等新材料研发取得技术突破。绿色产品应用技术取得系列成果：围绕高强度产品，重点推进渐进成形、差强差厚热冲压等先进汽车用钢成形技术，可实现轻量化51%。低纳米析出控制高塑性超高扩孔钢，单体零件轻量化率最高达40%以上。围绕高耐蚀产品，重点推进建筑用低成本不锈钢应用拓展，在公共建筑及工业厂房批量应用，助力绿色建筑快速发展。耐微生物腐蚀管线管通过专家组鉴定，使用寿命较常规产品提升8倍以上。围绕高效能产品，成功研发新型耐热钢材料G115，完成验证性工业化大生产并通过相关评审，成为全球唯一可用于630℃超超临界机组的成熟材料。为白鹤滩水电站核心发电机组和配套输电变压器提供近3万吨关键用材。

深化智慧制造、智慧治理、智慧服务，"三跨融合"初见成效。2021年，中国宝武在基本完成智慧制造1.0的基础上，加快数字化改造，推动钢铁行业数智化转型。开展宝武大数据中心建设，统一工业互联网体系架构，推进"三跨融合"。在跨产业互通融合方面，持续推进钢铁成品交易、物流、原料、工业品、设备等平台与钢铁单元平台对接互通，围绕平台功能建设、平台应用推广覆盖、接口应接尽接和数据服务能力建设等成效明显。在跨空间互通融合方面，围绕"一总部多基地"建设，开展一体化平台化运营和跨基地同工序专业化整合，打造网络化、矩阵式的管理模式，宝钢股份、中南钢铁、太钢不锈、宝武环科等试点单位相关工作有序推进。在跨人机界面互通融合方面，以宝钢股份为试点，围绕

基层组织变革和打通界面增效,按"人机、人人、机机"等界面分层分类推进重点项目,达到预期目标。其中,打通铁钢界面成果——全球首创无人智慧铁水运输系统进入在线全流程调试阶段,有效降低碳排放。启动工业大脑战略计划,针对钢铁制造、服务、治理过程中的难题,明确14个重点攻关项目,通过揭榜挂帅落实相关行动方案,打造人工智能与钢铁深度融合的典型示范。

三、深入推进国企改革三年行动,改革效能不断释放

抓实抓细改革举措,全面落实改革任务。2021年,中国宝武深入贯彻落实党中央、国务院关于国企改革三年行动决策部署。加强组织领导,制订改革三年行动实施方案和任务清单。成立5个改革指导组,建立在线督办系统,加大指导督促力度,逐级压实责任。加强内外宣传,营造改革攻坚氛围。扎实推进各项改革任务,聚焦重点领域改革,加大重点难点任务攻关。全面完成改革规定动作,同时结合实际创造性开展改革自选动作,在子公司董事会应建尽建、落实子公司董事会职权、开展子公司经理层任期制和契约化管理、落实外部董事占多数、建立健全信息公开等方面有突破性进展。落实国务院国资委委托管理要求,研究制订中钢集团"债务重组+业务整合+管理变革"一揽子优化方案,并就债务重组框架达成共识。

稳妥推进混合所有制改革,着力转换机制增强活力。2021年,中国宝武积极推进新材料产业、智慧服务业、资源环境业等优质资产及产融业细分板块混合所有制改革上市,举办混合所有制改革项目专场推介会,专项推荐拟混(混合所有制改革)项目,优先引入有协同效应的产业投资人和战略投资者。推进一级子公司实施混合所有制改革或分类业务混合所有制改革,成熟一家推进一家。宝武特冶根据钛金行业特点和发展现状,引入非公资本实施混合所有制改革,成立宝武特冶钛金科技有限公司。宝武碳业聚焦做大做强碳基新材料业务,提升专业化经营水平和综合竞争力,引入5家战略投资者,实施混合所有制改革。宝钢金属对轻量化业务实施混合所有制改革,通过增资扩股引入战略投资者。持续加大激励约束机制创新,激发干部员工活力,对科改示范企业、创新型企业及部分二、三级公司实施差异化工资总额管理,激发各类人才积极性与创造性。对4家钢铁上市公司同步实施股权激励,实施西藏矿业首期限制性股票激励计划、宝钢包装第二期股票期权激励计划。规范、稳妥、慎重推进混合所有制改革企业员工持股,扩大科技型企业股权和分红激励实施面。

解决历史遗留问题,助力企业轻装上阵。2021年,中国宝武推进实施剥离企业办社会职能剩余任务,厂办大集体改革全面转向集体法人实体处置退出,累计完成集体产权法人处置499户,完成率92.50%。持续推进了公司压减和"参股瘦身"工作,完成全资控股法人压减103户,参股企业退出37户,通过关停并转(关闭、停办、合并、转产),清理退出一大批不符合主业规划、持续亏损、业务风险大的境内外全资控股子公司和长期不分红的参股公司。同时,认真落

实党中央、国务院跨周期调节相关工作要求,抓紧消化历史欠账,统筹各类改革成本支出,积极处理风险敞口,进一步夯实资产质量,为长远发展奠定基础。

四、坚持"四化"发展,专业化整合蹄疾步稳

围绕管理与资产关系相统一,深入推进"应整尽整"。2021年,中国宝武在集团公司总部成立专业化整合管理办公室,统筹推进专业化整合。各专业平台公司根据"四化"(专业化整合、平台化运营、生态化协同和市场化发展)要求,结合自身战略定位,按照"一企一业、一业一企"要求,加大内整外拓力度,加快培育专业化能力。推进重钢集团、昆钢公司、太钢集团多元业务专业化整合,成立22个整合项目组,开展行动学习制订实施方案,编制整合"百日计划",累计实施1 227项整合任务和105个协同效益项目,产生协同效益12.68亿元。太钢集团专业化整合宝钢德盛、宁波宝新进展良好,中南钢铁协同支撑昆钢公司效果明显,宝信软件、宝武环科资产整合,宝武水务、宝武清能业务覆盖顺利推进。实施研发业务专业化整合,成立中央研究院太钢技术中心和不锈钢研发中心。加强文化融合,通过挂职交流、集中培训等手段促进新进单元员工对中国宝武管理理念、文化、管理体系等的认知和认同。

共建高质量钢铁生态圈,持续推进"应上尽上"。2021年,宝武原料"六统一"目标初步达成,统一对外签订长期协议资源1.22亿吨。欧冶工业品加快推进集中采购,完成11个钢铁基地和102家多

元业务单元委托协议签订。宝武智维设备接入32.70万台，为钢铁基地提供全流程设备状态服务。宝武重工以轧辊全生命周期智能化综合解决方案为目标，牵头制订轧辊产业专业化整合方案。欧冶云商采用"系统切换＋平台运营"模式，提升产成品交易、物流效率，为制造基地贡献价值。钢铁单元专业协作管理变革三年专项行动初见成效，变主从式为伙伴式，"插入式混岗"全部清零，业务界面更加清晰，协力供应商集中度比上年提高31%，专业化协作能力逐步提升。

五、加强管理体系和管理能力建设，加快创建世界一流示范企业

管控架构持续完善，总部建设不断深化。2021年，集团公司三层管控架构功能定位进一步清晰，资本运作层聚焦"战略投资、资本运作"核心定位，重点加强科学管控、高效运行的体系建设。资产经营层围绕"运营统筹、资产经营"功能发挥，持续强化体系创新和能力提升。生产运营层立足"运营执行、生产经营"，不断提升生产效率和竞争实力。集团公司总部持续深化以"管资本"为核心的"五大体系"（法人治理体系、投资管理体系、创新推进体系、战略执行体系、风险控制体系），法人治理、战略规划、产业研判、资本运作、风险管控等功能持续强化，信息化、数字化、智慧化审计和监督手段不断丰富。

"一总部多基地"建设渐入佳境，支撑"一基五元"产业协同发展。2021年，资产经营层积极探索实践"一总部多基地"管理模式，

一批符合专业化整合要求、匹配市场化发展需要的模式逐渐成形。宝钢股份形成基于"专业化、标准化"的"强协同、强矩阵"集中一贯管理模式；中南钢铁形成基于"平台化、生态化"的平台协同管理模式；宝武资源构建形成贯通产业链环节的"五位一体"全供应链管理模式；宝武碳业构建"一中心、多核心、分布式"跨区域跨基地资源共享业态，形成以产品为维度的产业协同管理模式。

持续完善绩效驱动型战略执行体系，激发经营管理团队干事创业热情。2021年，中国宝武围绕"全面对标找差，创建世界一流"，按照"超越自我、跑赢大盘、追求卓越、全球引领"绩效导向，坚持跑赢大盘，将净资产收益率（ROE）分位值作为"追求卓越"的重要标准，将"三高两化"战略指标达到世界一流作为"全球引领"主要标志。强化契约精神，与子公司签订任期经营与战略任务责任书，下达年度经营管理任务书，颁发组织绩效荣誉激励奖，推动460家法人单位经理层成员签订经营业绩责任书，有效激发子公司经营管理团队干事创业的精气神。

六、树牢安全发展理念，提升安全管理体系能力

2021年，中国宝武以安全生产专项整治三年行动为抓手，践行"生命至上""违章就是犯罪"的安全管理理念，落实全员安全生产责任制。深化源头治理、系统治理和综合治理，落实企业安全生产主体责任。强化风险管控，提升系统性安全风险防范水平。逐级分解安全生产目标责任，全面组织开展各类安全生产隐患排查与专项整治。

开展"钢八条"（应急管理部依据《冶金行业重大生产安全事故隐患判定标准》，为遏制冶金企业重特大事故，梳理出8条钢铁企业安全生产执法检查重点事项，冶金行业称为"钢八条"）专项督查、煤气危险区域人员密集场所、消防安全和新进单位皮带机专项整治，开展协力管理变革和检修施工安全专项行动，实施严格标准化作业。加强安全督导，聚焦重点专项形成管理合力。

七、狠抓生态环境保护，绿色发展水平持续提升

2021年，中国宝武统筹推进生产经营发展和生态环境保护，"三治四化"成果进一步巩固，绿色发展水平持续提升。加快推进废气超低排放，创建钢铁行业A类企业，各生产基地以"2023年前全部完成超低排放改造"为目标，明确改造提速计划，有11家钢铁基地完成A类企业预评估，湛江钢铁成为继太钢不锈后集团公司内第二家超低排放A类企业。结合"长江大保护"行动计划，深入推进废水零排放，沿江六大主要钢铁基地基本完成雨污分流整治，集团公司钢铁基地吨钢废水排放量比上年下降17.80%。"固体废物不出厂"实绩显著提升，除新进单元外，原有8个长流程钢铁基地全部实现固体废物100%不出厂，冶金炉窑消纳危险废物能力进一步提高。能源环保主要绩效指标持续改善，三分之二钢铁基地实现70%以上工序能耗同比持平或下降。深入开展环保督察，生态环保风险受控。绿色城市钢厂指数不断改善，全员节能减污降碳蔚然成风。

宝钢股份直属厂部一角　　　　　　　　　　　　　　　　　　　　　　　　　　（刘继鸣 摄于2021年5月）

八、坚持发展依靠员工、为了员工，与员工共享发展成果

增强主人翁意识，积极建功立业。2021年，中国宝武弘扬科学家精神，打造战略科技领军人才队伍，推出宝武科学家制度，选聘首批17名工程科学家、5名管理学家，围绕绿色精品智慧制造、核心技术攻关等重大创新项目，发挥担纲挂帅、决策咨询、孵化培养作用。弘扬劳模精神、工匠精神，聚焦"三个全面"工程，深化产业工人队伍建设，打造适应企业发展需要的未来员工队伍，相关实践获中华全国总工会和上海市总工会的高度认可。全面构建员工岗位创新体系和运行机制，员工建功立业热情高涨，一大批岗位创新成果获冶金科学技术奖，获评全国机械冶金建材行业职工技术创新成果，在全国发明展览会上的获奖数再创新高。常态化推进"献一计"活动，员工累计献计58万条。深化劳动竞赛，员工参与热情高涨，各项竞赛指标均有明显进步。

解决员工"急难愁盼"问题，以办实事成果检验党史学习教育成效。2021年，中国宝武关心关爱员工，开展"我为群众办实事"实践活动，用心用情用力解决改善员工作业环境、员工能力素质提升以及住房难、托育难等"急难愁盼"问题，员工满意度达99.42%。持续提升员工"三有"生活水平，增强绩效传导和价值分享敏捷度，各单位员工薪酬普遍实现与企业经营业绩同向增长。及时回应员工呼声，推出"公司日"红包、带薪休假单、年终特别绩效奖，增强员工获得感。完善荣誉激励体系，增设铜牛奖，与金牛奖、银牛奖构成最美宝武人系列奖。加大表彰力度，提升年度人物颁奖典礼仪式感，提高员工的荣誉感、自豪感和归属感。坚持为员工赋能，全系列举办管理人员进阶班和族群班，选派管理者跨单位挂职锻炼和专业支撑。开展技术业务人员专题培训和产融、产研等跨业务复合型人才培养，绿色发展、智慧制造和专业化整合专项培训，新入职大学毕业生"三基赋能"（基础知识学习、基本流程联系、基层岗位锻炼）行动。全面启动一线全员培训，开启"修学旅行"新模式。全年，集团公司投入职教费2.40亿元，比上年增长48%；人均119学时，比上年增长17%。中国宝武列入国家首批产教融合型企业名单，深化产教融合、校企合作，形成"双元"育人（即参与校企合作的学校和企业双方作为培养学生的双主体，在人才培养过程中共同做到培养方案共商、培养过程共管、培养效果共评、培养成果共享，最终实现人才校企双元共育，校企深度合作）特色。

九、2021年存在的问题与不足

1. 专业管理体系建设和管理能力提升仍需加强。对照集团公司规模、业务快速发展的新形势、新需要，采购体系、营销体系、内控体系等在效率效能及数智化建设等方面仍有改进空间。新进子公司安全管理体系能力不足，安全生产现场管控存在薄弱环节，协作单位专业化、规模化、市场化培育还不到位，检修、建设施工领域安全事故多发。

2. 资产经营层"专业化整合、平台化运营、生态化协同、市场化发展"建设仍需下大力气推进。专业化整合还有部分整合项目推进落实不到位，一些领域尚存在同业竞争、业务重叠问题。少数子公司对"一总部多基地"管理体系重视不够、推进迟缓，以"三层管控架构"为基础，与"一基五元"产业相适配的管控模式还未真正形成。有的钢铁子公司没有将区域优势充分发挥出来，区域市场掌控力、影响力不够；有的多元子公司还没有将集团公司雄厚的制造产业优势转化为自身竞争优势，市场化发展能力有待提高。

3. 部分业务存在风险隐患，影响高质量发展。有些子公司防范化解重大风险的责任意识淡薄，关键管控不到位，流程制衡不规范，有的仍在开展非主业"两头在外"

贸易业务（即不符合公司战略，不符合主责主业，业务上下游均为集团公司外企业，购销对象是同一商品的交易行为）。环境保护方面，钢铁行业超低排放改造升级还没有做到整体领先，与中央企业、行业头部企业的身份不符。随着"一基五元"快速发展，化工、矿山、环保服务等产业发展面临新的环保风险。

4. 海外产业项目投资有序推进，但成效不够明显。集团公司上下对国际化布局认识统一、目标明确，但总体上进展缓慢，收效不大。相比民营企业在海外的全力出击，中国宝武海外钢铁产业投资步伐未能跑赢大盘，子公司国际化发展投入不够，海外钢铁基地建设未取得实质性突破。集团公司国际化营业收入质量不高，部分境外子企业经营业绩有待改善。海外布局行动迟缓已带来一定市场风险。

党委工作完成情况

一、领导各级组织、全体员工勇担时代责任，推进企业高质量发展

学思践悟砥砺奋进。2021年，中国宝武完善"第一议题"制度，及时跟进学习党的创新理论，确保党中央重大决策部署在中国宝武落地生根。贯彻落实习近平总书记重要讲话和指示批示精神，两次召开专题座谈会，完善闭环管理，坚决推动"老大"变"强大"。一体推进学党史、悟思想、办实事、开新局，突出抓好习近平总书记"七一"重要讲话精神、党的十九届

六中全会精神以及百年党史的贯通学习、融汇结合，深入开展大调研，解决群众"急难愁盼"问题，集团公司上下历史自信明显增强、初心使命更加笃行，党史学习教育工作得到中央企业党史学习教育第二指导组高度评价。履行经济责任、政治责任、社会责任，扛起产业链链长职责，全面落实钢铁限产要求，全力稳定大宗商品价格，矿产资源保障取得进展。

经营发展再上台阶。2021年，中国宝武首次挺进《财富》世界500强百强行列。实现粗钢产量11 994万吨、营业收入9 722.58亿元、利润总额602.24亿元，经营业绩再创新高。按管理口径和经营利润计，首次党代会提出的"亿万千百十"目标基本达成。战略业务培育明显增强，协同效应逐步显现，生态圈骨架不断强健，产业影响力、主导力稳步提升。钢铁业联合重组取得新进展，版图布局更趋合理，品牌运营合作效果良好，产业根基更为稳固。部分产品、业务细分市场份额明显提升，强力打造"专精特新"企业。

科技攻坚成果丰硕。2021年，中国宝武积极作为，自立自强，科技强企能力明显提升，影响力不断扩大。"卡脖子"技术攻关、使命类产品研发成效显现，一批"高精尖特"产品替代进口。"双碳"行动率先作为，引领行业绿色转型。出台碳中和行动方案。低碳冶金项目有力推进。成功发起成立全球低碳冶金创新联盟，社会效应良好。绿碳股权投资基金运作按下启动键。绿色低碳产品供给有效，综合材料解决方案应用不断扩展。"三跨融合"落地路径逐步清晰，钢铁工业大脑方案付诸实施。

改革发展势头强劲。2021年，中国宝武国企改革三年行动计划取得阶段性成效。国有资本投资公司运营日趋成熟，分业分级发展格局基本确立。绩效驱动型战略执行体系上下贯通，"超越自我、跑赢大盘、追求卓越、全球引领"理念深入人心。市场化体制机制创新工程系统推进，多家子公司混合所有制改革取得突破，资本、管理、技术要素参与分配力度明显增强，企业内生动力活力大大激发。

管理提升持续深化。2021年，中国宝武资产、劳动力和土地等全要素效率进一步提升。"两金"效率明显改善。协力管理变革成效初显，伙伴式协作迈出新步伐。健全完善风险管理基本框架，推进"强内控、防风险、促合规"与企业发展相结合，风险总体受控。

"根魂"优势有力发挥。2021年，中国宝武思想政治工作守正创新发展。开展"百年奋斗心向党　产业报国谱新章"中国共产党成立100周年系列活动，首批揭牌10个爱国主义教育基地。开展全国国有企业党的建设工作会议精神落实情况"回头看"，进一步对标检视、巩固提升。创设中国宝武"公司日"，"同一个宝武"认同感、归属感和自豪感显著提升。"授渔"计划（中国宝武将"十四五"时期乡村振兴品牌化建设行动命名为"授渔"计划）开启乡村振兴新篇章。干部队伍建设稳步推进，活力竞相迸发。实施人才发展机制改革，遴选产生首批宝武科学家、管理学家。系统开展"三个全面"工程，正式启动一线员工全员轮训。持续夯实"三基建设"，党员"空白班组"基本消除。统战群团工作内容更加丰富。政治监督明显增强。

高质量配合开展经济责任审计，系统制订实施整改方案。全面从严治党推向深入，狠抓党风廉政建设和反腐败工作，强化巡视巡察，深入开展专项整治，建立"一把手"和领导班子监督机制，政治生态不断改善。

二、党史学习教育取得突出成效

2021年，中国宝武党委坚持高站位谋划、高标准部署、高质量推进，深入开展党史学习教育，广大党员干部受到全面深刻的政治教育、思想淬炼、精神洗礼，真正做到学史明理、学史增信、学史崇德、学史力行。

集团公司党委围绕深入学习贯彻习近平总书记在党史学习教育动员大会上的重要讲话、"七一"重要讲话、党的十九届六中全会精神等，领导人员带头认真研读指定书目和参考书目，举行一系列专题学习、专题研讨、专题培训，扎实开展"百年奋斗心向党　产业报国谱新章"系列活动，以"星辰大海伟大征程"为主题举行首个"公司日"活动。透过党百年奋斗的重大成就和历史经验，以及中国钢铁工业的跨越式发展，深刻领悟到中国共产党为什么能、马克思主义为什么行、中国特色社会主义为什么好，深刻领悟到"两个确立"充分反映了全党全军全国各族人民共同心愿，对新时代党和国家事业发展、对推进中华民族伟大复兴历史进程具有决定性意义，把"两个确立"体现到集团公司工作各方面、全过程，以实际行动不断增强"两个维护"的思想自觉、政治自觉、行动自觉。广大党员干部员工进一步增强"四个意识"、坚定"四个自信"、做到"两个维护"，更加紧密地团结在以习近平同志为核心的党中央周围，心怀"国之大者"，主动扛起党和国家赋予的使命重任，为实现第二个百年奋斗目标作出更大的贡献。

通过深入开展党史学习教育，聚焦解决一大批员工"急难愁盼"问题，促进党和人民群众血肉联系不断加深。集团公司党委推进实施提升员工"二有"感知度、服务职工能力素质提升、巩固拓展脱贫攻坚成果、快速提高智慧制造水平、服务员工疫情防控、建立青年人才公寓、设立托育机构、建立并实施"健康宝武"行动计划等19个重点项目，各级党组织为员工办实事2.50万多件，效果明显。聚焦实施"3D"（Dangerous风险大、Dusty环境脏、Duplicate重复劳动）岗位智慧制造项目，开展安全和环境专项整治工作，为员工营造安全健康、舒适优美的工作生活环境，努力让员工过上有钱、有闲、有趣的生活。

通过深入开展党史学习教育，全面贯彻落实新发展理念，迭代升级公司使命愿景，不断开创新的发展局面。集团公司党委立足新发展阶段，通过深入开展大调研，结合时代要求、时代特征，站在民族复兴、文明进步的高度，深度剖析"伟大企业"的价值追求，作出"宝武人雄心壮志远不止于钢铁，眼界和格局远远超越了钢铁"的战略选择，将企业定位于"提供钢铁及先进材料综合解决方案和产业生态圈服务的高科技企业"，提出"共建产业生态圈推动人类文明进步"的使命和"成为全球钢铁及先进材料业引领者"的愿景。围绕贯彻新发展理念，提炼形成"诚

信　创新　绿色　共享"的价值观和"钢铁报国　开放融合　严格苛求　铸就强大"的企业精神。

三、2021年存在的问题与不足

1. 格局定位不够高远。与民族复兴以及培育具有全球竞争力的世界一流企业的时代要求相比，企业的家国情怀和使命担当不足。干部员工把盈利等同于公司使命或目标的有之，沾沾自喜现有成绩的有之，偏安一隅的也有之。究其根本，在于自我要求不够高，原有战略的引领效应逐步衰减。

2. 业务转型进展迟缓。传统行业思维定势强大，对发展战略性新兴业务会不自觉地犹豫、观望甚至抵触。部分多元公司脱胎于钢铁，虽跟随钢铁联合重组实现规模快速攀升，但自主"开疆拓土"意识不强、市场化经营能力更弱。"专精特新"培育需要强化。钢铁板块高成本特质尚未扭转，过去依靠硅钢、汽车板等产品建立起来的独有领先差异化优势渐弱，亟待挖掘构建新优势。把握科技、产业、能源变革趋势，国际化发展不理想。

3. 科技引领能力不强。从"要我创新"向"我要创新"转变不足。研发体系能力特别是协同研发有待提高，顶尖科技领军人才不足。先进材料攻关离原创技术策源地要求还有差距。"三治"存有短板，碳中和路线图变为实景面临不小挑战。"四个一律"尚未完成，"三跨融合"和钢铁工业大脑建设刚刚起步，信息化、数字化赋能转化远远不够。

4. 改革撬动效应不强。借助资本手段加快业务发展还未成为面上普遍经验，权益融资、战略投资欠缺。已进行混合所有制改革的企业"以混（混资本）促改（改机制）"效果有待检验，一些早期进行混合所有制改革的企业未体现出足够的体制机制活力。国有资本投资公司高效总部建设尚未完成。资产经营层、生产运营层的责任划分不够清晰，体系能力建设总体滞后于整合融合需要。"一总部多基地"建设有待结合实际丰富完善。有的改革延伸至基层末梢难度不小，成效打折。

5. 管理提升任务艰巨。对标找差虽已成势但仍需不断完善，部分单位标杆找得不准，精细化对标不够，指标改进不明显。体系能力与规模增长不匹配不协调。防范化解重大风险的责任意识和管控能力有待提高，个别单位发生了比较严重的管理风险问题。铁矿石资源"卡脖子"形势严峻，寡头垄断明显，自主可控保障不到位。"一基五元"整体架构虽已成形，但专业化整合远未完成，头部企业市场占有率目标尚未达成。同业竞争、业务重叠未完全解决。专业化管理与区域化管理协同需进一步加强。

6. 党的建设仍有薄弱环节。基层单位党建工作责任制和党风廉政建设责任制压实不够，不作为慢作为依然不同程度存在，全面从严治党任重道远。部分领导人员党建工作履职能力有待提高。党建工作与中心工作深度融合没有到位。人力资源总量改善明显，但结构还需优化。干部员工队伍建设难以满足建设世界一流企业接续奋斗的需要。大监督体系建设有待深化，各类监督在有机贯通、共同提升监督效能方面需进一步提高。

（张文良）

编辑：李　冰

02

特载

特载

继往开来　开启高质量发展新征程
乘势而上　全力打造世界一流示范企业
—— 在中国共产党中国宝武钢铁集团有限公司
一届五次全委（扩大）会议上的报告（摘要）

中国宝武党委书记、董事长　　陈德荣

2021 年 1 月 20 日

2020年是"十三五"规划收官之年，也是中国宝武首次党代会确立的奋斗目标取得显著成效的荣耀之年。集团公司党委以习近平新时代中国特色社会主义思想为指导，全面贯彻落实党的十九大和十九届历次全会精神，深入贯彻习近平总书记考察调研中国宝武重要讲话精神，树牢"四个意识"，坚定"四个自信"，做到"两个维护"，以责任履行使命，用担当诠释忠诚，全力克服新冠肺炎疫情影响，公司发展不断取得新成果。"十三五"期间，中国宝武发展跃上新台阶。年粗钢产量从5 849万吨提高到1.15亿吨，几近翻番，实现"亿吨宝武"的历史性跨越。年营业收入从3 096亿元提高到6 737亿元，利润总额从70亿元提高到455亿元，营业收入和利润创下历史新高，分别增长115%和548%。美国《财富》杂志世界500强排名从2016年的275位跃升至2020年的111位。2020年，中国宝武被国务院国资委纳入中央企业创建世界一流示范企业，用过硬的业绩展现了中国宝武130年的建设发展成果。

一、2020年主要工作回顾（略）

二、下阶段形势任务和总体工作要求

党的十九届五中全会详细阐述了中国发展环境面临的复杂变化，指出当前世界正经历百年未有之大变局，新一轮科技革命和产业革命深入发展，新冠肺炎疫情影响广泛深远，经济全球化遭遇逆流。中国已转向高质量发展新阶段，发展不平衡不充分问题仍然突出。对照新形势、新任务、新要求，中国宝武还存在着很多亟待解决的矛盾和问题，主要表现为：

科技创新滞后。特别是绿色发展停留在"两于一人""三治四化"的浅表层面；低碳冶金创新刚刚起步，无法从容应对碳达峰、碳中和带来的生存挑战；钢铁作为绿色产品，远未被社会和人们认知，背负着沉重的高消耗高污染的行业形象亟待改变；精品制造习惯于高附加值、高成本的传统产品，亟须开发通用性产品高强耐蚀等新的绿色性能，开辟钢铁应用新领域，以新的供给创造新的需求，不断提高钢铁在人类文明进步中的地位和作用；智慧制造还处在"四个一律"的1.0版本阶段，而中国制造2025已近在眼前。

整体资产效率不高。净资产收益率低，折旧高，"两金"占用大；全员劳动生产率不高；协力不当，供应商存在"低小散乱"情况。

整体规模引领能力不足。钢铁总量虽领先同行，但远没有达到头部企业应有的市场占有率水平，无法充分发挥规模效应，离引领行业高质量发展尚有很大差距。此外，国内外同行也在瞄准做大上发力，例如，日本制铁株式会社提出1亿吨的目标，建龙集团提出未来5年钢铁板块1亿吨的目标等，如果中国宝武止步不前，则很有可能丧失刚刚建立起来的微弱优势。

国际化发展裹足不前。中国宝武海外钢铁制造基地至今空白，跨国指数远落后于全球主流钢厂。主要原因在于"开疆拓土"的精气神不足、反应不快，行动更是迟缓，如再不发力，未来很可能受到业内同行在海外新建钢厂所生产的低成本钢材的回流冲击，丧失先机。长此以往，中国宝武的竞争力堪忧，全球引领更是空谈。

产业链供应链安全风险大。中国的铁矿石高度依赖进口，供应区域过度集中，寡头垄断明显，铁矿石价格居高不下；中国宝武国内铁矿石资源非常有限，海外布局差距更大，保障性不强，经营效益受资源端挤压严重。

改革进展缓慢。体制机制改革推进不快，责权利不匹配，各级法人治理体系和治理能力现代化建设滞后，内生动力和约束不足；国有资本投资公司建设进展不快，难以支撑中国宝武快速转型的需求；传统产业公司管理模式惯性强大，改革无法有效延伸至基层末梢；"一总部多基地"模式还在探索实践之中；相当部分基层单位仍在沿用传统的科层制管理方式，科技赋能实现扁平化、网络型管理变革进展不快。

基层党建存在薄弱环节，企业政治优势、组织优势没有得到充分发挥。"三基建设"特别是基层党组织的体制机制改革滞后；部分领导人员党务工作能力欠缺，基层党建人员配置力量不足；党建工作责任制没有落实到位，"沙滩流水不到头"；对精准监督的理解把握还不足，部分职能监督、业务监督薄弱，大监督体系未能有效运转；少数领导干部的精神状态与中国宝武干事创业的要求不匹配，使命担当的责任感不强。

以上种种矛盾和问题，都要在今后的工作中切实加以解决。

"十四五"是中国现代化建设进程中具有特殊重要性的时期；2021年，是伟大的中国共产党成立100周年，是中国宝武"十四五"规划的起航之年。中国宝武正处在迈向高质量发展的关键时期，必须胸怀"两个大局"，既要深刻认识到百年未有之大变局加速演变带来的新矛盾新挑战，牢牢把握"东升西降"新趋势新机遇，又要深刻认识到当前和今后一个时期国内钢铁业虽总体保持稳定，但碳达峰、碳中和带来的挑战和压力巨大，必须牢牢把握绿色低碳发展这个战略基点，以贯彻落实习近平总书记提出的"要大力倡导绿色低碳的生产生活方式，从绿色发展中寻找发展的机遇和动力"为己任，提高政治站位，提升战略能力，以更好的改革发展成效，服务构建绿色发展新格局。

2021年及"十四五"中国宝武工作的总体指导思想是：高举中国特色社会主义伟大旗帜，以习近平新时代中国特色社会主义思想为指导，全面贯彻习近平总书记考察调研中国宝武重要讲话精神，深入贯彻党的十九大和十九届二中、三中、四中、五中全会精神，落实中央经济工作会议以及中央企业负责人会议精神，增强"四个意识"、坚定"四个自信"、做到"两个维护"，坚定不移坚持党的全面领导，加强党的建设，立足新发展阶段，贯彻新发展理念，构建新发展格局，服务国家战略，坚守"成为全球钢铁业引领者"愿景和"共建高质量钢铁生态圈"使命，以科技创新谋划绿色长远发展，以极致效率谋求质量效益，以提高市场占有率再塑发展格局，以协同发展完善生态体系，以全球布局服务"两个循环"，以深化改革激发内生活力，继往开来，乘势而上，开启高质量发展新征程，全力打造世界一流示范企业，为全面建设社会主义现代化国家作出更大贡献！

"十四五"时期，中国宝武要实现的主要目标是：高质量发展迈上新台阶。坚持高科技做强，实现技术引领。大力推进绿色低碳创新，2023年实现碳达峰，2025年基本形成较传统工艺减碳30%的低碳冶金技术能力，成为全球最具竞争力的绿色钢铁精品智造服务商、"中国制造2025"领先者，使命类产品攻关取得新成效。坚持高效率做优，实现效益引领。力争总体实现年营业收入1万亿元、利润700亿元以上，进入世界50强，人均年产钢量1 800吨以上，钢铁板块标杆企业净资产收益率要努力达到行业75分位，"五元"板块净资产收益率总体高于钢铁板块。坚持提高市场占有率，实现规模引领。国内"弯弓搭箭"型长流程+网络型短流程钢厂布局基本形成，钢铁总体市场占有率为全国20%或全球10%，钢铁相关度高的多元子公司在各自细分市场占有率达到国内前三、全球前十，并持续增长。坚持国际化发展，实现世界一流。"一带一路"布局和海外钢铁制造基地建设取得突破，跨国指数达到20%，成为具有国际竞争力的产业资本投资公司和全球钢铁行业引领企业。坚持生态化协同，实现共同发展，"一基五元"携手共进，整合连接外部资源，构建产业链集群生态系统。除钢铁外，形成2～3个"千亿元级营业收入、百亿元级利润"的支柱产业，一批"百亿元级营业收入、十亿元级利润"的优秀企业。为此，需要重点把握以下工作原则：

全面加强党的领导。充分发挥中央企业党委"把方向、管大局、促落实"作用，以习近平总书记考察调研中国宝武重要讲话精神为指引，提高政治站位，强化责任担当，筑牢"根""魂"优势，打造世界一流示范企业，引领产业优化升级。

全面推进绿色低碳创新发展。实施创新驱动发展战略，建设创新型企业，全面推进技术、管理和商业模式创新，打造核心竞争力；牢固树立"绿水青山就是金山银山"理念，深入开展"三治四化"建设，面向未来强化顶层设计，试点先行

抓好低碳冶炼技术研发应用，强化制造、资源环境等产业耦合发展，倡导全生命周期绿色评价。

全面深化改革。坚决贯彻《国企改革三年行动方案（2020—2022年）》（简称国企改革三年行动方案）要求，深化供给侧结构性改革，强化国有资本投资公司建设，持续优化管理架构，深入开展资本运作，积极稳妥深化混合所有制改革，转变经营机制，激发发展动力和活力。

全面践行"两个循环"。统筹国内国际两个大局，善于从形势发展变化中把握机遇、应对挑战，在立足国内大循环，保持相对优势的同时，主动发力、率先行动，更好地"走出去""引进来"，积极参与国际循环和国际竞争，助力构建新发展格局。

全面推行以人为本。践行"依靠"方针，始终做到"发展依靠员工，发展成果与员工共享"，构建良好的人才生态环境，进一步激发广大员工的积极性、主动性、创造性，形成自我激励、自我提拔的良好局面，夯实发展根基，不断提高"三有"指数。

三、2021年及"十四五"重点工作

1. 强化科技创新力量，全面构建绿色发展新优势

科学技术是安身立命之本。要贯彻落实习近平总书记有关科技创新特别是绿色发展的指示精神，大力发挥科技创新对做强中国宝武的驱动支撑作用，强化科技力量建设，走好创新发展道路。

大力推进绿色低碳发展。从满足绿色感知向追求低碳可持续

发展的更高水平迈进。要深刻认识钢铁业围绕绿色发展，推进革命性工艺创新乃大势所趋，带头落实碳达峰、碳中和要求，以牵头成立全球低碳冶金创新联盟为契机，携手生态圈伙伴共谋绿色发展，捍卫地球家园。瞄准"2021年提出低碳冶金路线图，2023年实现碳达峰，2025年具备减碳30%工艺技术能力，2035年力争减碳30%，2050年力争实现碳中和"的目标，强化顶层设计。中央研究院、低碳冶金创新中心等要加快项目化运作，积极开展碳避免、碳利用等低碳冶金技术攻关。大力开发风能、太阳能等清洁能源，抢占氢冶金等未来钢铁技术制高点。做好湛江钢铁氢基竖炉低碳冶金示范工程建设。基于现有工艺装备条件，阶段性地围绕提高转炉废钢比、热送热装等开展工艺改革，极致提高现有钢铁流程热效率和化学能利用，降低碳排放。充分依托城市钢厂的装备、技术和资源优势，从工业端向城市端延伸，构筑产城融合的绿色产业组合。紧抓绿色建筑发展机遇，研究探索钢铁与模块化装配式建筑耦合发展，充分发挥钢材在循环经济中的比较优势。

大力推进绿色钢铁精品制造。坚持"三个面向"（面向现场、面向市场、面向未来）研发创新，丰富精品内涵，提升"三新"（老产品新用途、老用途新功能、老功能新性能）价值。发展高强耐蚀等产品，展现高性能产品全生命周期绿色低成本优势，以高质量供给创造需求、造福人类。实施国家使命类材料保障工程，构建新材料产业发展平台，服务国家战略领域和重大工程，进一步强化使命类产品攻

关，并推动特种冶金等向民用市场延伸。

大力推进智慧制造支撑绿色发展。完成智慧制造1.0基础版，并向2.0版提升。畅通融合生产端、流通端和销售端数据，"应上尽上，能上快上"，2021年内基本完成智慧交易和物流、集中采购等服务环节一律上线，通过3年时间实现各基地设备远程运维全覆盖。科技创新助推环保和安全发展，大力推进"3D"（Dangerous风险大、Dusty环境脏、Duplicate重复劳动）智慧制造项目，现场大力推广使用机器人，提升环保和安全本质化水平。大力推进"三跨融合"，打造智慧制造2.0升级版。按照《中国宝武智慧化与大数据专项规划》确定的架构和平台，在统一的宝武工业互联网生态平台体系架构下，打通业务烟囱和数据竖井，研发支撑产业生态横向融合的产业生态平台（ePlat），实现跨产业的互通融合。建立健全中国宝武"一总部多基地"跨空间的互通融合系统，实施主工序管理的专业化整合，探索网络型管理，实现"一总部多基地"的专业化管理和原有的区域化管理的协同，提高管理效率。充分利用移动互联网络，构筑人机一体、实时在线的智慧"超体"，实现跨人机界面的互通融合，推动"操检维调"（操作、检查、维护、调整）整合等基层组织变革。加强大数据、人工智能等科技赋能，推进平台型企业建设。强化信息技术、远程运维、工程技术、大宗商品共享服务，以及工业品采购、金属再生资源等钢铁生态圈核心平台建设，打造核心竞争力。各单位要自觉对接、协同共建，推动中国宝武钢铁生态圈真正引领全球。

2. 大幅提升全要素效率，奠定高质量发展基石

市场竞争的关键是效率。要贯彻落实习近平总书记有关推动经济发展质量变革、效率变革、动力变革的指示精神，防止大企业病，狠抓短板弱项，以高效率谋取高效益。

结合对标世界一流管理提升行动，深化全面对标找差，提高资产、劳动力和土地等全要素效率。要重点改善净资产收益率，既依据"冶金原理+科学管理"不断提高存量资产效率，持续改善高炉利用系数、转炉铁钢比、热装热送率等指标，又要严控新的固定资产投资规模，大幅降低吨钢投资和未来折旧成本。各钢铁单元要按照行业平均水平控制吨钢资产规模，并在3年任期内落实到位，除安全、环保项目报集团公司特批突破外，其余固定资产投资均要按照"净利润+折旧"的四分之一控制。坚持"现金为王"，强化"两金"占用管理。"五元"板块也要结合产业特点、发展阶段，提出本单位资产效率指标并努力达成。要追求极致的人事效率。大力创新"一总部多基地"管理模式，以高效总部示范引领人事效率提升。以智慧制造的全面升级带动人事效率大幅提升。在专业化整合中同步开展组织机构变革、业务流程再造，全面提升人才配置效率。系统优化协力管理，消除"插入式混岗"用工，打通"操检维调"管理界面，变主从式协力关系为伙伴式协作关系，培育战略协作供应商，提升全口径劳动效率。"十四五"期间，集团公司全员劳动生产率年均提升要达到8%，钢铁主业2023年、2025年人均年产钢量分别达到1 500吨、

1 800吨。要与标杆企业对标土地利用效率，改变过去摊大饼式土地粗放利用模式，降低吨钢占地面积（＜0.65平方米/吨钢），按厂区—园区—城区路径，在现有钢铁基地腾地开发高附加值的绿色新产业。2021年，上海、武汉、南京、韶关等地要有新项目开工。

3. 全力谋求高市场占有率，充分释放规模效应

贯彻落实习近平总书记有关联合重组符合规律、现代大型制造业必须要有市场占有率的指示精神，结合党中央、国务院有关新时代推进国有经济布局优化和结构调整的要求，以挖潜提存量、以联合谋增量，以高市场占有率再塑行业发展新格局。实施联合重组"超亿吨宝武"规模引领工程。通过极致的专业化分工和管理提升、技术创新，既有钢铁基地要大幅增产提效。要以2023年钢铁产能1.50亿吨、2025年钢铁总体市场占有率全国20%或全球10%为目标，进一步发挥"马太效应"，辐射全国、布局全球。大胆探索与各种所有制企业的联合重组，带动民营和中小企业发展。积极推进国际化并购重组，今年力争有实质性突破。按"应整尽整"原则，推动太钢集团、重钢集团等的非钢业务向专业化平台公司集中整合。做好中钢集团的债务风险化解，通过协同支撑和相关业务重组整合，推动中钢集团进入健康良性发展轨道。"五元"板块要紧跟钢铁板块开展业务布局，主动推进专业化整合，积极稳妥地推进集团公司外的同业并购，力争2023年集团公司外的业务占主体，国内行业市场占有率突破10%。

4. 健全生态圈产业体系，打造协同发展新格局

建设钢铁生态圈是中国宝武践行新发展理念，基于大格局、大视野下提出的使命担当，要坚持开放合作、共建共享理念，通过交叉赋能和网络效应，建立高质量命运共同体，使钢铁生态圈成为畅通"两个循环"不可或缺的重要链接。

要强健钢铁生态圈骨架，做强"一基五元"产业体系。承载各战略业务的平台型公司要把握国家总体以及区域战略发展机遇，按照"专业化整合、平台化运营、生态化协同、市场化发展"的管理原则，尽快培育能力、链接资源、拓展成长，力争成为细分行业领军企业。钢铁制造业与新材料产业要互相支撑促进，共同打造世界一流的综合材料解决方案供应商，巩固壮大中国宝武制造业根基。智慧服务业要承载起推动互联网、大数据、人工智能等信息技术与中国宝武各产业板块深度融合的功能，同时努力将自身打造成为钢铁生态圈极具特色、不可替代的战略性新兴产业增长引擎，以及商业模式创新典范。资源环境业要大力开发风能、太阳能等新能源，协同支撑钢铁业、新材业等制造板块实现绿色低碳转型发展，并成为产业链资源要素保障的关键力量。产业园区业要充分发挥产业空间构建者功能，盘活资源，打造新型产业园区，助力城市钢厂转型，同时要以建设服务型区域总部为契机，为钢铁生态圈提供支撑和服务。各多元产业单位要吸纳生态圈伙伴，全力支持入驻园区。产业金融业要立足钢铁生态圈，以产网融结合为抓手，增强科技赋能，发展智慧金融，为钢铁生态圈提供综合金融服务，

提升价值贡献，增强"圈友"黏性。各产业单位要按照集团公司党委统一部署安排，切实履行中央企业责任担当，坚持"四个不摘"（摘帽不摘责任、摘帽不摘政策、摘帽不摘帮扶、摘帽不摘监管），巩固拓展脱贫攻坚成果，深入做好教育、就业和产业扶贫，实现产业发展和扶贫的互促共进。

5. 突破国际化发展瓶颈，服务"两个循环"

全球资源配置是服务构建新发展格局的内在要求。要贯彻落实习近平总书记有关统筹国内国际两个市场两种资源的指示精神，加快形成全球化布局的产业体系。

实施共建"一带一路"国际化工程。以构建钢铁"双循环"发展体系为努力方向，瞄准全球区域型市场，积极参与"一带一路"建设，推动国际产能合作，通过兼并收购、绿地新建等形式，实现境外钢铁生产基地以及钢铁制造全球布局的突破，促进"五元"板块国际化发展，带动工程服务、矿产资源、新材料、信息技术服务等领域的境外布局优化。

实施矿产资源安全保障工程。在推进国内矿业整合和产能提升的同时，着力实现境外核心项目特别是铁矿资源投资开发的实质性突破，构建境内外一体，集勘探、设计、采矿、选矿、混矿、供应全产业链，具有全球竞争力的钢铁及相关矿产及大宗原材料安全保障体系，为构建新发展格局奠定扎实基础。结合全球再生钢铁原料蓄积量增加的情况，加快全球废钢产业发展，进一步保障"超亿吨宝武"绿色低碳发展的需求。

6. 抓好改革攻坚，激发发展强劲动能

改革是激发企业内生活力的重要源泉。要贯彻落实习近平总书记有关深化国企改革的指示精神，以落实国企改革三年行动要求为契机，推动改革发展深度融合、高效联动，不断增强竞争力、创新力、控制力、影响力、抗风险能力。

实施"混改上市"（混合所有制改革和子公司改制上市）工程。按照"宜混尽混""已混深混"原则，实施子公司混合所有制改革三年工作计划。大力引进战略投资者，扩大权益性融资，提高国有资本的控制力和影响力。推动符合条件的子公司改制上市，三年内除经评估不适宜上市的子公司外，其余子公司原则上都要上市。提高上市公司规范运作水平，强化其在环境保护、社会责任方面的引领作用。积极开展市值管理，提升上市公司资本效率。积极支持"员工参混"，完善混合所有制企业员工持股制度，优先支持人力资本和技术要素贡献占比较高的科技型企业开展员工持股。第四批混合所有制改革试点企业要率先作为，探索形成可复制可推广的宝武经验。

实施具有宝武特点的中国特色现代企业制度建设工程。系统完善集团公司重大事项决策体系，充分发挥中央企业党委把方向、管大局、促落实，董事会定战略、作决策、防风险，经理层谋经营、抓落实、强管理的作用。结合子公司发展阶段和能力实际，"一企一策"加大授权放权力度，强化子公司市场主体地位，激活要素，促进发展。加强法治央企建设，发挥公司章程在公司治理中的基础性作用，建设运转高效协调的各级法人治理体

系。充分发挥国有资本投资公司聚焦实体经济发展、优化产业布局结构的功能，巩固深化三层管理架构，资本运作层要进一步完善资本运作和共享服务功能，优化管控模式。资产经营层公司要深化完善"一总部多基地"管理体系建设，实现多元产业公司跨空间的专业化运营和基地钢铁公司区域化协同的有机结合，提高管控能力。深入推进各级公司"总部机关化"问题专项整改。资源运营层公司要打破科层制管理模式，以科技创新赋能管理变革，力求功能明确、精简高效。滚动完善党政一体的中国宝武"制度树"，打造"宝武之治"。

实施市场化经营机制创新工程。弘扬新时代国有企业家精神，按照"超越自我、跑赢大盘、追求卓越、全球引领"的强绩效导向，全面推行经营管理团队任期制和契约化管理。以公司档级定期评估等为抓手，形成自发奋进、自我提拔、千帆竞发的良好局面。构建与世界一流目标相协调的工资总额管控体系，完善市场化薪酬分配机制。积极实践多种方式的中长期激励，以价值创造为本，加大资本、管理、技术要素参与分配力度。全面落实市场化用工制度，健全"公开、平等、竞争、择优"的市场化选人用人机制。"双百企业"和"科改示范企业"要率先突破，成为集团公司改革标杆。

清理"两非"企业（非主业、非优势企业），推进剥离国有企业办社会职能，解决历史遗留问题。深入开展"两非"剥离专项治理，统筹做好存量和新进企业的常态化法人及参股企业户数压减、管理层级压减、"处僵治困"、厂办大集体改革和退休人员社会化管理等工作，集中资源，聚力发展。

7. 全面加强党的建设，为改革发展提供坚强政治保证

紧扣"两个围绕"（围绕迎接中国共产党成立100周年，围绕全国国有企业党的建设工作会议召开5周年），贯彻落实"中央企业党建创新拓展年"有关要求，不断推进党建工作创新突破，以高质量党建引领创建世界一流示范企业。

加强党的政治建设，将深入学习贯彻习近平总书记考察调研中国宝武重要讲话精神贯穿"十四五"始终。全面落实中国共产党成立100周年系列活动工作部署，进一步巩固深化主题教育成果，铸牢初心使命，激发奋进力量。坚决落实"第一议题"制度，进一步深入学习贯彻习近平新时代中国特色社会主义思想和习近平总书记考察调研中国宝武的重要讲话精神，并与学习贯彻落实党的十九大、十九届历次全会精神结合起来，与学习贯彻落实国企改革三年行动要求结合起来，做到常学常新、知行合一，不断提高政治判断力、政治领悟力、政治执行力。

强化思想建设和企业文化建设，打造"同一个宝武"。以习近平新时代中国特色社会主义思想引领企业文化建设。展现多元文化的融合力量，促进文化治理互补相融，放大"三个者"（中国近现代钢铁工业的历史传承者、中国今日钢铁工业之集大成者、中国乃至全球钢铁业的未来引领者）效应，进一步提振行业信心、企业信心、职业信心，以及员工的认同感、归属感和自豪感。进一步完善荣誉激励体系，使企业文化价值观在集团公司内化于心、外化于行，聚力打造"同一个宝武"。建好、管好、用好宣传思想主阵地，加快推进媒体深度融合发展，走好全媒体时代群众路线。围绕中国共产党成立100周年开展典型选树和群众性宣传教育活动，大力宣传落实国企改革三年行动和推动集团公司高质量发展的典型事例，巩固深化"钢铁荣耀 铸梦百年"宣传教育系列活动成果。提升世界一流示范企业的品牌形象。进一步加强和改进思想政治工作，解疑释惑、凝聚人心。

深化"三基建设"，推进党建工作与生产经营深度融合。建立与"一总部多基地"管控模式及智慧制造发展方向相适应的党组织管理模式，实现扁平化、网络型、大跨度管理，基本消除党员空白班组，充分发挥集聚整合效应，进一步提升组织力。加强混合所有制企业、境外企业党建工作探索和实践。配齐配强基层党务干部，加强党组织书记任职资格把关，分层分类开展党内系列培训，提高党务工作人员实操技能，推进党员"三高两化创一流"建设。推进基层党组织围绕生产经营、改革发展重点难点问题，在钢铁生态圈内开展党组织结对共建活动，发挥好基层党组织的战斗堡垒和广大党员的先锋模范作用，推动新形势下党建与生产经营深度融合更上台阶。

加强队伍建设，打造新时代干事创业的"钢筋铁骨"。贯彻落实习近平总书记"二十字"好干部标准，锻造忠诚干净有担当的干部队伍，以"德才兼备、智勇双全、志同道合、干事创业"为导向，完善干部队伍梯队建设。激发和弘扬领导人员的企业家精神，珍惜中国宝武提供的广阔舞台，在中国宝武伟

业创立中增长才干、施展才华，实现更高的人生价值，带领广大员工创造更美好的生活。倡导科学家精神，加强科技、"智造"、国际化等人才队伍建设，发现、培养一批创新思维活跃、敢闯"无人区"的青年才俊和顶尖人才。系统盘点存量人力资源，探索推进定向定点回流培养。建设世界一流企业大学，做好产教融合试点工作，助推集团公司人才赋能、管理提升、文化传承和战略落地。实施"三个全面"工程。全面提升员工的能力和素质。加快推进产业工人队伍建设，提升青年高级工、高级技师比例，打造多能人才和大国工匠。全面推进员工岗位创新和

价值创造。弘扬传承劳动模范精神、劳动精神和工匠精神，深入开展"我为企业'对标找差创一流'献一计"活动。全面提升员工"三有"生活水平，提高员工的获得感、幸福感、安全感。健全完善薪酬分配和激励机制，实施员工关心关爱工程，让员工技高"钱"丰、气定神"闲"、"趣"意盎然。加强"党建带群建"，统战群团维稳等各条线要同向发力，引导党内外人士发挥优势、建言献策，共同谱写中国宝武高质量发展新篇章。

持之以恒推进全面从严治党，营造风清气正的良好环境。突出"两个维护"，不断深化政治监督，做实日常监督，探索运用智慧监

督，保障习近平总书记重要讲话、指示批示精神和党中央重大决策部署不折不扣得到贯彻执行，保障中国宝武战略目标落实落地。坚持管党治党，层层压实责任，深入推进作风建设，狠抓中央八项规定精神落实，持续正风肃纪、纠治"四风"。强化内控合规管理，健全风险防控体系，推进审计体制改革，抓好科技强审。切实加大反腐败力度，构建大监督体系，使纪检监察、财务审计、风险合规、法律事务、巡视巡察、组织人事等各类监督有机贯通、相互协调、发挥合力，强化重点领域、项目和环节监督，惩治约束教育并举，持续强化"三不"(不敢腐、不能腐、不想腐)一体推进。

提振信心　全力打造世界一流伟大企业

—— 在中国宝武一届四次职工代表大会上的讲话（摘要）

中国宝武党委书记、董事长　　陈德荣

2021 年 1 月 21 日

刚刚过去的 2020 年，在中国宝武 130 年的历史上留下了浓墨重彩的一笔。集团公司实现了"亿吨宝武"的历史性跨越，问鼎全球钢铁企业之冠；面对新冠肺炎疫情，中国宝武为国保产，为民复工，夺取了疫情防控和经营发展双胜利，营业收入 6 737.40 亿元，利润 455.40 亿元，均创下历史新高；作为帮扶贫困县最多的中央企业之一，中国宝武助力打赢脱贫攻坚战，定点扶贫和对口帮扶的 10 个县全部脱贫摘帽；举办了"钢铁荣耀　铸梦百

年"宣传教育系列活动，将"同一个宝武"理念深植人心，汇聚起践行初心使命的磅礴力量；国务院国资委还将中国宝武纳入中央企业创建世界一流示范企业行列，成为第 11 家示范企业。

5 月 12 日和 8 月 19 日，习近平总书记分别考察调研了中国宝武太钢集团和马钢集团，勉励中国宝武"在支撑先进制造业发展方面迈出新的更大步伐"，激励中国宝武"企业发展，钢铁挂帅"，要由"老大"变"强大"。一年中，习近平总

书记两次走进中国宝武，这是大家共同的荣耀。

一、从事钢铁这一行是无上荣光的事，要增强行业信心

毛泽东主席曾经说过："一个钢铁，一个粮食，有了这两样东西，就什么都好办了。"钢铁作为人类文明进步过程中的基础性材料，其地位是无可替代的。它对国民经济和社会发展所起到的巨大推动作用是毋庸置疑的。

人类文明历史除了可以用原

始社会、奴隶社会、封建社会等社会形态来表述之外，完全可以用材料来表征。石器时代对应原始社会，青铜器时代对应奴隶社会，铁器时代对应封建社会，而进入到工业文明后就是钢铁文明。

中国从春秋战国之交进入了铁器时代，标志性人物就是温州人欧冶子。当年，宝钢做电商平台要取名字，用了"欧冶"。因为欧冶子之于铁器和铁匠的地位，就相当于鲁班之于木器和木匠的地位。中国进入铁器时代之后，一直居于人类文明的前列。1月11日，习近平总书记在省部级主要领导干部学习贯彻党的十九届五中全会精神专题研讨班开班式上发表重要讲话，在谈到中国进入新发展阶段，要用新发展理念构建新发展格局时，回顾了中华民族历史上的辉煌时刻。公元1500年，中国国内生产总值（GDP）占世界的25%；1600年，占世界的29.20%；1820年，占世界的32%。是铁器文明、农耕文明、欧冶子文明支撑中国在历史长河中长时间占据世界之巅，那时中国是世界上最强大的国家。

用"欧冶"为电商平台命名之后，中国宝武有了"系列欧冶"，欧冶云商、欧冶工业品、欧冶链金、欧冶化工宝，今后要将欧冶子文明传承下去。作为钢铁业的引领者，中国宝武也应该是钢铁文明的传承者。

但到了近代，受制于长期封建体制束缚，中国发展停滞不前，而欧洲经过了文艺复兴和工业革命洗礼后，钢铁工业得到了极大的发展。世界近代钢铁工业就诞生在工业革命的发祥地英国。在1890年前后，英国年数百万吨钢产量占全球年钢产量50%，所以19世纪是英国的世纪；后来全球钢铁工业的重心从欧洲转到了美洲，第二次世界大战时，美国年钢产量达到六七千万吨，占了全世界年钢产量的50%，所以20世纪是美国的世纪。1937年日本钢产量为580万吨，是美国的十分之一。而当时中国的年钢产量只有50万吨，且一大半还是东北、华北等日据地区生产的，国民党统治区的钢产量也就10万吨，在共产党革命根据地基本上没有钢铁工业。

到了2020年，中国钢产量10.50亿吨接近全球60%，在人类文明史上是空前的，历史上还没有一个国家年钢产量达到过2亿吨，完全可以说，中华民族的伟大复兴一定能够在21世纪实现，21世纪完全应该成为中国的世纪。

今天的中国，如果没有10.50亿吨钢，如何成为"基建狂魔"？航空母舰如何驶向太平洋？高楼大厦、高速铁路、港珠澳大桥怎么建设？正因为有10.50亿吨钢的巨大体量，才支撑起中国的现代化建设，才能够实现中华民族的伟大复兴。

拥有了这样巨大的成就，从事钢铁生产的人，理应对行业充满信心。

习近平总书记在马钢集团考察调研讲话中提出："企业发展，钢铁挂帅"，这让我很激动。恢复高考之后，我唱着"我战斗在金色的炉台上"去上大学。当时刚刚粉碎"四人帮"，国家提出"十大钢铁元帅升帐"，后来一段时间，"钢铁元帅"的提法很少被社会提到，让人有种失落感。而习近平总书记这次又提了出来，让大家油然而生地产生了行业自豪感和荣誉感。中国宝武的司歌《我战斗在金色的炉台上》，引用了《毛主席的光辉把炉台照亮》的曲调，将原来歌词里"鞍钢宪法放光芒"，改成了"钢铁挂帅无上荣光"，用习近平总书记的话提高司歌的政治高度。因此，要理直气壮地说："我们干钢铁这一行是无上荣光的一件事，这是我们毕生的事业追求！"

二、中国宝武现阶段发展目标是要打造世界一流的伟大企业，要增强企业信心

世界上没有夕阳的行业，只有夕阳的企业。大家要共同努力，把中国宝武打造成为全球一流的伟大企业，为伟大企业的建设贡献一份力量，大家要为成为这个伟大企业的一员而感到自豪！

2020年，中国宝武申请作为世界一流示范企业，得到了国务院国资委批复。在国内众多制造业中，如果说有世界领先的行业，那钢铁肯定是其中之一。中国宝武作为行业的领军企业，也理所当然是世界一流示范企业。那么，中国宝武如何成为世界一流的示范企业呢？四个关键词：绿色、精品、智慧、国际化。

打造绿色发展的示范。钢铁被称为黑色金属，未来一定要把绿色变为中国宝武的底色，用绿色改变世人对钢铁企业的固有认知。前些年，集团公司提出"三治四化""两于一人"，解决了初级阶段的绿色感知问题，韶关钢铁、鄂城钢铁等都成了当地的网红打卡点和市民百姓休闲运动的地方。但这仅仅是第一步。1月4日，中国宝武在马钢集团召开了绿色发展和智慧制造现场会，提到环境变化大是浅层次的，还不是最本质的绿色发展。习近平总书记在第75届联合国大会一般性辩论上提出，中

国在2030年实现碳达峰、2060年实现碳中和。这是在中华民族伟大复兴过程中展现大国担当的具体行动。作为中央企业，中国宝武要响应习近平总书记的号召，在绿色发展方面能走在前列。集团公司明确提出，2023年要实现碳达峰；2035年要减碳三分之一；2050年力争实现碳中和，切实承担起行业龙头企业应尽的责任与义务。

打造精品发展的示范。现在中国钢产量10.50亿吨，面向未来，钢铁行业要在原有的基础上有所提高来扩大使用范围。钢铁材料有很多优异的性能，但有两个缺点：一个是重，一个是锈。中国宝武要开辟钢铁新的应用领域。现在动的东西都要轻量化，不动的东西就可以使用重的材料，所以在拓展建筑用钢的应用方面还大有可为。拿钢铁和水泥生产做个比较，长流程工艺生产出1吨钢铁会产生2吨二氧化碳，也就是2吨碳排放，未来可以通过氢冶金大大降低这个排放数字；生产1吨水泥会排放近1吨二氧化碳，其中三分之一是加热产生的，三分之二是碳酸钙分解产生的，而这部分由碳酸钙分解产生的二氧化碳对水泥行业来说，是无法避免和几乎无法解决的。另外，废弃的水泥建材几乎百分之百是建筑垃圾，而废钢则可以高度循环利用。建筑用钢的物流和运输优势也较水泥明显，所以，未来在建筑用钢领域，还有极大的拓展空间。材料替代是科技进步的标志，要想尽办法用钢材来替代其他材料。中国宝武与太钢集团联合重组，就是要打造全球最大不锈钢平台公司的战略举措，要举全力支持太钢集团成为全世界不锈钢龙头企业，真正让不锈钢在未来国民经济发展中发挥重要的作用。

打造智慧发展的示范。过去钢铁形象是"傻大黑粗"，中国宝武智慧制造已经发展到2.0版了，钢铁工人已经不是过去的形象了。今后要继续大力推进智慧制造，来打破脑力劳动和体力劳动的界限，极大地改善劳动环境。"四个一律"要尽快完成，要将主从式协力关系改变为伙伴式协作关系，实现跨人机界面的互通融合，变8小时工作制为人机融合的24小时责任制。

打造国际化发展的示范。钢铁多不多？"一带一路"沿线23亿人口，人均用钢量只有几十千克，这为中国宝武带来了巨大的发展机会。随着国内民营钢厂扩大海外布局，未来很可能有大量低成本的钢材回流，这将对中国宝武产生巨大的冲击。国际化发展是必须要坚定不移推进的。

三、在"同一个宝武"实现共同发展，要增强职业信心

2020年12月23日，集团公司举办了"亿吨宝武"庆典。12月23日，对中国宝武来说具有特殊的意义。1890年江南制造局炼钢厂建厂，同年12月23日汉阳铁厂开工建设；1978年12月23日，宝钢工程动工建设。2020年12月23日，如果没有太钢集团的加入，"亿吨宝武"就无法梦圆，而恰好在这一天，太钢集团完成了工商变更登记，因为欧盟批准了针对中国宝武和太钢集团联合重组的反垄断调查，"亿吨宝武"圆满实现。

全体宝武人，要认同"同一个宝武"，在"同一个宝武"的大家庭里，实现成为全球钢铁业引领者的愿景。员工是中国宝武实现愿景使命的主人和财富，发展要依靠员工，发展成果要与员工共享！习近平总书记在党的十九大提出，人民对美好生活的向往就是中国共产党的奋斗目标。对于中国宝武党员领导干部来说，要将员工对美好生活的向往时刻放在心上。

从2020年对8 030名一线员工、1 556名各级管理者进行的管理者问卷调查来看，大家对中国宝武实现愿景、使命、创建世界一流示范企业"非常有信心"和"有信心"的比例均进一步提升，其中40岁以下员工"非常有信心"比例更高，这是一个非常好的现象。一个企业只有得到年轻人的认同，吸引年轻人的加入，才是有未来的。员工对落实"全面对标找差，创建世界一流"管理主题、参与"我为'对标找差创一流'献一计"活动情况评价良好，认为"钢铁荣耀　铸梦百年"宣传教育系列活动"非常有必要"，对凝聚"同一个宝武"共识发挥了重要作用；对各级党组织工作满意度也进一步提升；对于解决"三最"（最关心、最直接、最现实）问题，80.30%的员工认为成效好。

这些数据表明，中国宝武的员工对企业充满信心，对自己的职业充满信心，但还有很多工作要继续推进。习近平总书记指出，中国共产党人的初心和使命是为中国人民谋幸福，为中华民族谋复兴。企业发展的红利既是企业层面的，也应该是广大员工层面的。党政各级领导干部要切实承担起关心关爱每一位员工的责任，不能让任何一位员工掉队。要用"三个全面"来激发员工活力，实现共同发展。

全面提升员工的能力和素质。

不断提升员工能力和素质，为企业乃至全社会培养各类高技能人才，既是中国宝武的责任，也是发展留人的长久之策。2020年中国宝武教育培训投入近1.67亿元，超过2019年，而且近一半向基层一线员工倾斜。未来社会瞬息万变，科技革命日新月异，以往一个人一辈子就干一个职业，未来一个人一辈子很可能要干多个职业，所以，加大培训力度是提高企业竞争力、提升员工人力资本水平、保障员工职业安全的最佳手段。正因为如此，中国宝武要办好宝武大学，使之承担起基础员工培训的任务；管理学院要承担起管理者培训的任务，全面提升员工素质和能力。

全面推进员工岗位创新和价值创造。办好企业要依靠员工，企业发展成果要与员工共享，这当中首先是价值共享。2020年开展的"我为企业'对标找差创一流'献一计"活动，得到了广大员工的广泛参与，产生了很多智多星、金点子、银点子，以后要常态化开展"献一计"活动，每年12月23日既是中国宝武"公司日"也是员工创新日。要加大创新激励，全集团公司共同来促进员工岗位创新和价值创造。

全面提升员工"三有"生活水平和获得感、幸福感。钢铁行业实现转型升级、中国宝武实现高质量发展，最终目标是要解决"人民日益增长的美好生活需要和不平衡不充分的发展之间的矛盾"。在企业这个层面，"人民"最直接的体现，就是员工。所以，集团公司提出美好工作和生活的"三有"：有钱、有闲、有趣。2020年，中国宝武同口径职工（不含太钢集团）人均工资收入增幅约为13%，集团公司还研究提出了"三有"指数。中国宝武每年大概300亿元工资总额，现在有15万名在岗员工，未来，要为每一位处在劳动年龄的员工提供适合其发挥能力和创造价值的岗位。2020年，中国宝武人均产钢1 106吨，今后要继续通过智慧制造来实现劳动效率提升，在员工劳动强度不增加的情况下，如果实现人均产钢2 000吨，也就是日本和韩国的水平，那中国宝武员工的收入就可以实现翻番。还要通过"操检维调"合一，实现跨人机界面的互通融合，进一步打破白领蓝领界限，让更多的人从事有创意性的工作，使工作成为有趣味的事情。

创建世界一流示范企业　谱写高质量发展新篇章
—— 在中国宝武一届四次职工代表大会上的工作报告（摘要）

中国宝武总经理、党委副书记　　胡望明
2021年1月21日

一、2020年工作报告（略）

二、当前形势分析和2021年总体工作要求

2021年是中国共产党成立100周年，是实现第一个百年奋斗目标，开启全面建设社会主义现代化国家新征程，向第二个百年奋斗目标进军之年，是"十四五"规划的开局之年，也是中国宝武新一轮规划和子公司新三年任期经营责任制的起始之年。公司面临的环境纷繁复杂，在中国处于重要战略机遇期的背景下，要深刻认识机遇和挑战呈现的新变化，客观、全面地分析研判形势，谋定而后动。

外部环境依然复杂，困难和挑战仍然不少。从国际形势看，2021年新冠肺炎疫情的演变发展仍将影响全球经济增长。受新冠肺炎疫情的不确定性和疫苗投放不同步影响，世界经济复苏进程或呈现不稳定、不均衡的状态。国际货币基金组织等机构预测2021年全球经济增速为4.20%～5.20%。此外，新冠疫情冲击导致的各类衍生风险不容忽视，如部分新兴市场和发展中经济体的债务风险、全球贫富分化加剧、逆全球化风险等。从国内形势看，2021年中国经济稳

中向好、长期向好的基本面没有改变，但经济恢复面临的困难和挑战仍然不少。消费和制造业等经济内生动能恢复持续偏慢，经济修复平衡性有待增强。新冠肺炎疫情不仅影响全球经济和直接出口，同时对制造业投资和间接出口的影响力也在加大。具体到钢铁行业，中国粗钢产量屡创新高，粗钢产量增速远高于钢材表观消费量增速。铁矿石价格呈现越来越强烈的金融属性，价格高企直接影响产品利润率。

内部任务仍然繁重，成为世界一流企业任重道远。中国宝武是中国近现代钢铁工业的历史传承者、中国今日钢铁工业之集大成者、中国乃至全球钢铁业的未来引领者，但是在先进的公司治理体制机制、强人的技术创新能力、高质量发展的盈利能力等方面距世界一流企业还有不小的差距。2020年，中国宝武已经进入超亿吨时代，随着重组加速推进和整合渐入佳境，企业管理的深度和广度也将发生深刻的变化，全面深化落实三大改革任务，加快创新转型实现高质量发展的紧要性与迫切性更加凸显，强力推进中国宝武改革发展十大工程已迫在眉睫。2021年，中国宝武各项任务非常繁重，创建世界一流工作仍在路上。

服务国家战略，中国宝武承担的使命和责任更加重大。中国经济正处于由高速增长转向高质量发展的重要战略机遇期，党中央、国务院要求中央企业牢牢把握做强做优做大国有资本和国有企业这一重大部署，牢牢把握发挥国有经济战略支撑作用这一重要使命，牢牢把握加快建设世界一流企业这一重点任务，真正成为主责主业突出、功能作用显著、有力支撑经济社会发展的国家队。中国宝武矢志成为全球钢铁业引领者，在面临生态文明建设、材料需求升级、产业服务化转型等行业发展更高要求的环境下，更需贯彻新发展理念，进一步加快打造世界一流企业步伐，加快由"老大"变"强大"进程，打造后劲十足的中流砥柱和钢铁脊梁，不负习近平总书记考察调研中国宝武时的殷殷嘱托，不负党和国家的殷切希望。

根据形势和任务要求，2021年中国宝武经营管理工作的总体指导思想是：以习近平新时代中国特色社会主义思想为指导，全面贯彻党的十九大和十九届历次全会精神，深入贯彻落实习近平总书记在太钢集团和马钢集团考察调研时的重要讲话精神，认真贯彻落实党中央、国务院决策部署，中央经济工作会议、中央企业负责人会议精神，在集团公司党委和董事会领导下，紧紧围绕"全面对标找差、创建世界一流"的管理主题，积极贯彻新发展理念，围绕"资产效率、高市场占有率、国际化、绿色低碳"四大主线优化产业布局、开展经营活动，推进商业模式创新和技术创新，坚定落实国有企业改革三年行动方案，大力推进子公司混合所有制改革、现代企业制度建设、三项制度改革三大改革任务，加快实现由"老大"向"强大"的转变，把中国宝武打造成具有全球竞争力的世界一流示范企业，引领钢铁行业高质量发展。

为贯彻落实指导思想，要重点把握和突出做好几个方面：

四个面向：面向"现场"，坚持效益引领，全面提升资本、资产运营效率。坚持以世界一流企业、行业优秀标杆作为对标对象，突出"两利四率"的引导，通过全面对标找差发现差距所在，明确重点突破和改进方向，精心策划变革方案，扎实推进方案落实落地，大力提升资本回报率、资本配置效率、资产经营效率。面向市场，坚持高市场占有率，提高产业发展和资源配置的话语权和影响力。钢铁主业要不断优化"弯弓搭箭"空间战略布局，把握有利时机推进行业联合重组，积极优化不同类型钢铁布局建设，优化钢铁产业内部结构。多元产业要不断创新业务模式，通过内部聚焦整合、外部开疆拓土，不断提升市场占有率、行业地位和运行效率，尽快达到"细分领域行业前三"的发展目标。面向全球，坚持国际化战略，依托"一基五元"强大产业基础，精心谋划全球化布局。构建以国内大循环为主体、国内国际双循环相互促进的全球化格局，推进海外全流程钢铁基地并购目标建设早日落地，实现"一基五元"全球化协同发展，提高在全球产业发展中的话语权、影响力和在国际资源配置中的主导地位。面向未来，坚持新发展理念，深化"绿色、精品、智慧"战略，牢记成为全球钢铁业引领者的愿景，打造未来全球钢铁技术引领优势，引领行业绿色低碳、智慧发展，以创新赢得未来发展空间。

三大改革：不断优化和完善与国有资本投资公司相匹配的现代化治理体系，建设具有符合中国特色的现代企业制度宝武方案；以产权制度改革为核心，全面落实混合所有制改革三年行动计划，提升混合所有制改革的广度、深度和质量，健全完善市场化经营机制；全面深化管理人员能上能下、职工能进能出、收入能增能减的国有企业三项制度改革，扎实推进任期制和契约化管理，促进经营机制转换，进一步激发各子公司活力和创新力。

两大创新：推进生态圈商业模式创新，完善穿透产业链的社会化、网络化、智慧化，共建共赢共享钢铁生态圈。通过专业化整合、平台化运营、生态化协同、市场化发展，不断增强生态圈的吸引力和黏性；通过协同共享与交叉赋能，进一步提高资源配置效率，实现生态圈价值最大化。坚持"绿色、精品、智慧"的科技创新战略方向，瞄准绿色低碳冶金关键核心技术开展前瞻性研究，成为碳减排、碳中和的先行者。重点聚焦国家使命类材料、绿色钢铁精品等关键核心技术，扎实推进研发及成果转化，倾力打造"国之重器"和"镇国之宝"。加快推进数智化建设，围绕智慧制造、智慧服务、智慧治理，大力推进新一代信息技术与钢铁行业的深度融合，成为智慧企业引领者。

2021年生产经营目标：粗钢产量12 975万吨，营业收入保持较快增长，利润总额保持稳定增长。各子公司要实现经济效益增速与国民经济增速相匹配，钢铁业子公司利润目标同比要增长10%以上，其他产业要增长8%以上，各一级子公司在所属行业大盘中的净资产收益率（ROE）分位值有明显进步。

安全生产目标：各级管理者按照"党政同责、一岗双责"的履职清单要求100%履职；区域内不发生较大及以上生产安全事故，伤害频率持续下降。

能源环保目标：完成国务院国资委下达的第六任期节能减排目标，完成政府下达给中国宝武的煤炭消费总量及工业企业用能总量目标。二氧化硫排放总量低于31 341吨，氮氧化物排放总量低于73 060吨，化学需氧量排放总量低于2 313吨，吨钢综合能耗低于575千克标准煤。

三、2021年重点工作

1. 强化技术引领，着力推动创新转型发展

高效推进绿色低碳冶金创新工程。要按照中国宝武党委一届五次全委（扩大）会议上明确的"2021年提出低碳冶金路线图，2023年实现碳达峰，2025年具备减碳30%工艺技术能力，2035年力争减碳30%，2050年力争实现碳中和"的目标要求，积极践行钢铁工业绿色低碳发展的责任使命，筹备全球低碳冶金创新联盟；优化低碳冶金创新中心运行方式，组建技术领域团队，全面策划未来低碳冶金创新路线图，规划重点科研方向，开展钢铁流程低碳冶金工艺技术和碳足迹研究；组织关键核心技术攻关，以八一钢铁为责任主体，重点开展氧气高炉富氢还原低碳高效冶金技术研究、欧冶炉富氢还原冶炼技术研究、氧气高炉煤气加热及炉身喷吹技术研究、二氧化碳资源化利用研究等课题；以宝钢股份为责任主体研发拥有自主知识产权的百万吨级氢基直接还原竖炉短流程工艺，争取实现技术引领；同时各钢铁基地充分利用现有产线和流程，开展提高废钢比、提高热装热送比等工艺技术优化，采取积极措施减少二氧化碳排放。

扎实推进关键技术、关键产品的精品研发制造。围绕国家"两机（航空发动机、燃气轮机）专项"、大型运载火箭、核电、高速铁路等重大工程的材料需求，加大投入力度，建立健全相关体制机制，强化协同创新，尽快实现配套材料的批量供货，解决国家关键核心材料"卡脖子"难题。以市场为导向，深入挖掘用户潜在需求，大力发展高强、耐蚀的钢材品种，推广钢材新应用领域，加速全球首发产品的市场拓展，通过工艺技术创新和成本改善，进一步提高性价比，促进钢材对其他材料的替代。统筹推进生态化协同。加快推进大数据、人工智能等新技术的研究应用，深入推进"四个一律"，构建集智能装备、智能工厂、智慧运营于一体的智慧制造体系。加快"智慧产业化"进程，提升智慧服务体系能力。加快推进集团公司内工程技术、设计院资源的整合，推进工程数字化设计交付云平台建设。完成各基地集中采购专业化整合，做好各基地供应保障和协同降成本。加大非主流矿采购供应渠道开发，降低铁矿石采购成本，稳步提高进口矿人民币跨境结算量。增强废钢资源的掌控力度，全面提高对集团公司内各钢铁基地的供应比例。推进金融服务平台建设，为钢铁生态圈提供定制化和差异化的金融服务，提高钢铁生态圈供应链业务规模，提升国际化金融服务水平。

2. 狠抓效益引领，稳步提升资产运营效率

分类推进资产效率提升。紧扣"全面对标找差，创建世界一流"管理主题，强化与国内优秀民营钢铁企业的对标找差，正视在净资产收益率、吨钢利润、存货周转效率、"两金"占用等方面的差距，围绕五

个主题策划有针对性的改革措施，全方位提高资产效率：固定资产投资量"力"而为，针对当前高投资、高成本的痼疾，各钢铁单元对照行业平均水平确定吨钢资产目标，在三年任期内全面落实到位，并在实现目标前，原则上按照净利润和折旧总额的四分之一控制固定资产投资，由于安全、环保项目突破目标，另外特批。常态化推进矿山增产、高炉利用系数、转炉铁水比、轧钢热送指数等关键指标的对标找差创效活动，以极致的效率提升竞争力。深化各钢铁单元"一总部多基地"的管理模式，加大协同力度，深挖在技术、品种、产线、购销等领域的协同效益，提升产品经营能力和整体竞争力。清理退出不具备优势的非主营业务和低效无效资产，常态化推进法人压减和参股瘦身，按计划清理退出"两非"企业，深入推进"处僵治困"，提升资产质量与回报水平。强化行业内"两金"管控对标，建立和完善长效管控机制，有效降低"两金"占用，坚持"现金为王"。

推进重点项目。以中国宝武、债权人和中钢集团三方共赢为目标，系统策划和完善中钢集团债务重组方案，充分运用各种债务重组手段，通过专业化整合、生态化协同，最大化发挥产业整合协同效益，变"输血"为"造血"，重新焕发中钢集团新动能和新活力，实现新中钢集团的涅槃重生。

产业园区业要积极推进现代产业园区、全国性区域服务总部等重点项目建设，提高单位土地面积的产出，加快厂区到园区的升级，最终实现产城融合，提高存量不动产价值收益，既要"赚钱"，又要"省钱"，更要"值钱"。

3. 坚持规模引领，持续提升钢铁产业集中度

钢铁主业要继续完善沿海、沿江"弯弓搭箭"空间战略布局。围绕"国内控制2亿吨钢铁年产能、2022年末国内市场占有率达到15%"的目标，加大相关并购项目的策划和实施力度，积极探索与民营钢铁企业的多元化合作，确保2021年兼并重组产能超过1 000万吨。加速推进中南区域的股权收购和西北区域的产能整合。加快不锈钢产业布局，构建可靠、稳定、有竞争力的不锈钢全产业链。加快推进湛江钢铁三号高炉系统、马钢北区填平补齐项目等一批重要项目建设，确保按时投产，尽快提高市场占有率。

多元产业要创新产业发展模式。通过并购重组加快战略布局，加大"聚焦向外"力度，提高规模和市场占有率。重点推进安徽池州青阳项目（宝钢金属安徽宝镁轻合金有限公司年产30万吨高性能镁基轻合金及深加工项目）建设，着力打造全镁产业链。聚焦碳基新材料，有效推进新型炭材料转型发展战略。优化金属包装业务产能布局，提升经营效率和市场占有率。优化"宝之云"新一代信息基础设施全国布局和加快工业互联网平台建设。加大重组整合力度，强化拳头产品的市场占有率，巩固矿粉国内第一的行业地位。扎实做好西藏扎布耶盐湖盐田和结晶池的修复，有序推进罗布莎铬铁矿的资源勘探和工程建设，确保西藏矿业扭亏为盈。

4. 优化海外投资，精心谋划全球战略布局

坚定推进国际化战略落地。

2021年是中国宝武全球化布局攻坚的关键之年，也是国际化战略取得丰硕成果的决胜之年。要积极践行国家"双循环"战略，深度参与"一带一路"建设，加快海外产业布局，提高全球资源配置能力，构建与行业地位相匹配的全球产业体系。钢铁板块要紧盯全球钢铁产业发展和重点区域市场的变化形势，尽快通过并购、绿地新建等模式实现海外钢铁制造基地布局"零"的突破。积极推进多元产业的国际化发展，充分发掘海外存量资源价值，加快海外核心项目的开发，对矿产资源、工程服务、信息技术服务等领域的海外布局进行优化，实现"一基五元"全球化协同发展。宝钢资源要发挥自身国际化方面的优势，大力推进海外矿产资源项目，为各板块的国际化发展作出表率。

5. 全面深化改革，坚定推进改革三年行动

积极稳妥深化混合所有制改革。以三年内完成子公司混合所有制改革为目标，积极稳妥深化子公司混合所有制改革。按照"宜混尽混""已混深混"的原则，"一企一策"推进混合所有制改革项目实施，推动符合条件的子公司通过首次公开募股（IPO）、重组、参与增发等多种渠道改制上市。宝武炭材要完成股份制改制和员工持股计划，为实现科创板上市奠定基础。欧冶链金要完成A轮融资，引入战略投资者，为IPO做好准备。欧冶云商积极推进相关申报工作，争取早日实现IPO上市。华宝证券积极做好公司改制、内部审批等前期准备工作，年内完成IPO申报工作。加快推进宝钢金属、宝武特

冶、宝武炭材"第四批混合所有制改革试点企业"改革，积极引入战略投资者，组建主体多元、履职专业、治理规范的董事会，建立灵活高效的市场化激励机制。优化员工持股体制，完善审批流程和实施程序，完善股权流转和退出机制，稳慎开展混合所有制企业骨干员工持股。

建设具有中国特色符合中国宝武特点的现代企业制度。切实加强子公司市场主体地位，按照国有资本投资公司三层架构定位，实施基于企业属性、业务特征和行权能力的市场化、差异化管控模式。优化子公司董事会、监事会设置与派出董事授权体系，加强外部董事、监事人才队伍建设，建立子公司董事会向经理层授权的管理制度，实现子公司董事会应建尽建和规范运作。基于新一轮战略需要，优化各产业板块管控模式，实现钢铁业专业化聚焦和区域化协同相结合、园区业全国性平台和区域性平台相结合的管控方式，按照"职责清晰、精简高效、运行专业"的要求，完善"分业经营、分级管理"的纵向管控架构，充分发挥三级架构功能作用。进一步完善总部功能定位及运作模式，充分发挥集团公司总部在授权经营、结构调整、资本运营、激发子公司活力、服务实体经济等方面的作用。

6. 坚持人才兴企，充分激发员工队伍活力

打造高素质专业化人才队伍。遵循"超越自我、跑赢大盘、追求卓越、全球引领"的强绩效导向，坚持德才兼备、智勇双全、志同道合、干事创业，完善市场化选人用人机制，着力推行经营管理团队任期制

和契约化管理。大力选拔培养优秀年轻干部，加强年轻干部的思想淬炼、政治历练、实践锻炼和专业训练，储备足够的"战略预备队"。拓展人才发展通道，持续优化人才结构，强化推进中国宝武首席科学家、专业科学家、管理科学家的选拔与培养，打造创新性、专业化、高层次"高精尖缺"人才队伍。推进中国宝武国家产教融合型企业建设和世界一流企业大学建设，加大职工培训力度，创造产教融合、校企合作、协同育人的宝武经验，全面提升职工的能力和素质。加快推进国际化人才队伍建设，丰富人才培养方式，培育储备国际化人才。

健全薪酬分配和激励机制。强化"以岗位付薪、以能力付薪、以业绩付薪"的按劳分配原则和按效激励理念，加大资本、管理、技术要素参与分配力度，凸显以价值创造者为本的分配导向，向技术创新人才、核心关键人才倾斜。坚持顶层设计，加强中长期激励制度体系建设，用足"政策包"、用活"工具箱"、打好"组合拳"，用好上市公司股权激励、混合所有制改革企业员工持股以及科技型企业股权和分红激励等政策性工具，全面推动各单位实施符合本企业特点的超额利润分享和任期激励，强化成果共享。重视发挥先进典型的示范带动作用，强化正向激励导向，鼓励干部员工保持"冲劲、韧劲、实劲"，驱动中国宝武成为全球钢铁业引领者。

创造极致的劳动生产率。切实树立极致思维，坚持年均8%人事效率提升底线目标，围绕组织机构变革、业务流程再造、智慧制造投入、员工转型发展，全面提升人

力资源配置效率。突出"市场化分工、专业化协作、战略化发展"定位，大力推进协力管理优化，提升全口径劳动生产率。以"三有"指数为牵引，全面提升职工的能力和素质、推进职工岗位创新和价值创造，充分发挥员工主人翁精神，提升员工职业自豪感和归属感，促进员工和企业共同发展。

7. 强化合规意识，不断增强风险化解能力

强力推进"防风险、强内控、促合规"。建立重大风险监控指标体系和风险分级报告机制，及时排查处置重大风险隐患，全面提升企业抗风险能力。聚焦债务风险、投资风险、法律风险、金融风险、境外投运风险、廉洁风险等，对接36项国有资产风险监测要求，建立季度重大风险监控指标体系及管理平台，抓好各类风险的监测预警、识别评估和研判处置。健全内控体系，全面梳理监管要求，发布内控合规清单，实现合规责任落实到人。

加强对混合所有制改革全过程的监督。要坚持依法合规，规范履行混合所有制改革的民主程序，加强对混合所有制改革全流程的审计监督，助推改革发展稳定。规范参股投资，完善参股投资全周期管理体系，实现穿透式管理。

8. 坚守底线思维，全面提升安全环保水平

全力提高安全运行能力。坚守底线思维，践行"违章就是犯罪"的安全管理理念，坚持"党政同责、一岗双责、齐抓共管、失职追责"原则，切实把安全放在心上、扛在肩上、抓在手上，建立健全各级管理者安全履职清单，把消除各类风险

点和安全隐患摆在更加突出的位置,实施穿透式监督检查,督促落实安全生产主体责任,提升安全管理体系运行的有效性。完善"一总部多基地"矩阵式安全监管模式,加快平台总部安全管理体系建设,强化基地安全生产主体责任,以远程的专业化管理与区域化协同为基础,构成网格状矩阵式管理,提升专业化整合融合过程安全管理效能。持续推进协力管理改革,减少管理界面,培育平等协作关系的高质量协力供应商队伍。紧盯高温熔融金属、冶金煤气、危险化学品、矿山等重大安全风险,持续深入推进安全风险分级管控和隐患排查治理双重预防机制。打造本质安全型企业,保障员工生命安全和职业安全健康,强力推进安全绩效持续改进。

巩固深化能源环保治理。严守环保合规底线及生态红线,以"两于一人"为目标,以"三治四化"为抓手,健全能源环保责任体系,强化能源环保合规管理,严格执行排污许可证制度,加强环保督察工作力度,促进问题整改。加快落实中国宝武长江流域环境保护总体规划,制定长江大保护绩效指标和项目清单。积极开展全国碳排放权交易市场建设和国际碳税等政策研究,支撑钢铁单元建立健全碳排放管理体系,开展集团公司碳排放数据信息化系统建设。深化废气超低排放、废水零排放及固体废物不出厂工作,推进钢铁基地开展超低排放A级企业建设,推进区域废水零排放示范项目建设,全面完成固体废物不出厂各项任务。持续提升绿色发展指数,巩固中国宝武绿色发展的技术优势和行业地位。

高站位谋划　高标准部署　高质量推进
—— 中国宝武党委党史学习教育总结报告

中共中国宝武钢铁集团有限公司党委

按照党中央对党史学习教育的部署要求,在国务院国资委党委领导下,在中央企业党史学习教育第二指导组的大力指导下,2021年,中国宝武党委牢牢把握党史学习教育要求,坚持高站位谋划、高标准部署、高质量推进,各级党组织积极行动,以深化理论学习为基础,以抓实学习研讨为载体,以出实招办实事为驱动,扎实深入开展党史学习教育。坚持深入学习习近平总书记重要讲话精神和百年党史等重要内容,联系实际全面贯彻落实,进一步认清地位、提高站位、重新定位,迭代升级公司使命愿景,坚定扛起使命担当,创建世界一流伟大企业的步伐不断加快,切实做到了学史明理、学史增信、学史崇德、学史力行。

一、深入学习贯彻习近平新时代中国特色社会主义思想和习近平总书记重要讲话精神,认真学习百年党史,深刻领会"两个确立"的决定性意义,做到学深悟透

坚持贯通起来原原本本学。2021年,中国宝武各级党组织以党委理论学习中心组学习、党委会"第一议题"、读书班、培训班等方式,领导班子成员带头深入学习贯彻习近平总书记在党史学习教育动员大会上的重要讲话精神、"七一"重要讲话精神以及在各地考察调研时关于党史学习教育的重要讲话精神等,深入学习贯彻党的十九届六中全会精神,认真研读习近平《论中国共产党历史》《中国共产党简史》等4本指定学习材料和参考学习材料。集团公司党委全年开展13次理论学习中心组学习,其中11次紧紧围绕党史学习教育开展。围绕学习贯彻党的十九届六中全会精神,集团公司党委和各二级党委上下联动,开展4次集中学习,举行专题培训班暨中心组(扩大)学习,切实做到学深悟透。

坚持联系实际深入研讨学。2021年,中国宝武党委把党史学习

029

教育与学习贯彻习近平总书记考察调研中国宝武重要讲话精神和对碳达峰、碳中和工作的重要批示精神结合起来，深入开展中心组专题学习专题研讨。各级党委领导班子成员带头把自己的思想和工作摆进去，深入交流学习的认识体会，联系实际认真研讨大力推进贯彻落实，进一步坚定"钢铁报国"初心，增强心怀"国之大者"、铸就"大国重器"、当好"中流砥柱"的理想信念，坚持干别人干不了、干不好的事，将产品和技术作为企业安身立命之本，大力推进技术创新，推动中国宝武由"老大"变"强大"，为实现第二个百年奋斗目标作贡献。

坚持持久深入调查研究学。2021年，聚焦"解决'卡脖子'问题""我为群众办实事""开新局、谱新章""加强国企党建""提升防风险能力"等主题，集团公司领导班子成员带头开展大调研活动并在决策人研修班上集中发布，推动职工群众"急难愁盼"问题的解决，提出"共建产业生态圈 推动人类文明进步"的使命和"成为全球钢铁及先进材料业引领者"的愿景。在集团公司党委带领下，各二级党委找准主要矛盾和问题，深入开展大调研活动并进行集中发布，切实把学史力行落到了实处。

二、广泛开展宣讲宣传，用好红色资源，赓续百年红色血脉，切实做到党史学习教育全覆盖、有实效

广泛开展集中培训，各级领导人员带头宣讲。2021年，中国宝武党委聚焦一系列重大主题内容，通过邀请专家授课、举办专题读书

2021年5月12日，中国宝武在太钢集团举行"永远跟党走"——首批爱国主义教育基地（太钢站）挂牌仪式暨红色故事讲演活动 （王旭宏 摄）

班、开展集中宣讲等，不断拓展党史学习教育的广度和深度，使广大党员干部员工的理解和认识进一步加深。全年面向党史学习教育重点范围人员举办5次专题读书班。各级党委持续深化"党课开讲啦"活动，党员领导人员分别到组织关系所在党支部或对口联系的党支部讲党课2 900多人次，各级党组织书记讲专题党课合计8 300多人次。

深挖红色资源，赓续红色血脉。2021年，围绕庆祝中国共产党成立100周年，中国宝武党委开展以"七个一"为主要内容的"百年奋斗心向党 产业报国谱新章"系列活动。举行"永远跟党走"——中国宝武首批爱国主义教育基地挂牌仪式暨红色故事讲演活动，先后开展太钢站、重钢站、武汉站、宝钢股份宝山基地站、马钢站、梅钢站、八钢站、中钢洛耐站8个站的活动。组织力量深入挖掘中国宝武红色资源，编写13篇1950年以前共产党领导钢铁工人开展斗争的系列故事，开展线上线下的"丹心碧血铸钢魂"红色主题展，招募青

年讲师讲述红色故事等活动，让更多党员群众接受红色教育。

用好各类媒体，营造浓厚氛围。创新宣传形式，通过《中国宝武报》、"友爱的宝武"官方微信、中国宝武官方网站、中国宝武资讯App（手机应用程序）、"抖音"号、视频号及各单位融媒体平台，大力开展宣传报道。集团公司层面以"百年奋斗心向党 产业报国谱新章"为主题，开设"扎实开展党史学习教育，推动中国宝武加快建设世界一流伟大企业""我为群众办实事""丹心碧血铸钢魂""回望红色征程 焕发强国力量""奋进新征程 建功新时代"等专栏，传达精神要求，报道典型案例，发布1 100余篇报道，推出156个专版，图文视频并茂。

三、坚持以人民为中心，大力推进"我为群众办实事"实践活动，聚焦解决群众"急难愁盼"问题，促进党和人民群众的血肉联系不断加深

2021年，中国宝武党委聚焦员

工群众的"急难愁盼"问题，推进实施两批19个重点项目，各级党组织累计为群众解决"急难愁盼"问题办实事25 837件，在对基层1 710人随机无记名问卷调查中，员工对"办实事"项目综合满意度为99.42%。

坚持做好巩固拓展脱贫攻坚成果同乡村振兴有效衔接。加强顶层设计，研究制订《中国宝武乡村振兴"授渔"计划》，构建产业为基、就业为本、教育为翼的钢铁生态圈乡村振兴工作新格局。加大支持力度，全年投入定点帮扶7县和对口支援4县无偿帮扶资金2.05亿元，比2020年计划值增长22%。强化人才支撑，续派9名帮扶干部，22名帮扶干部全身心地投入到地方乡村振兴事业中，策划开展"重走脱贫攻坚长征路，开启乡村振兴新动能"专题培训班。大力实施消费帮扶，直接购买和帮助销售脱贫地区农产品达1.41亿元。

结合员工需求，破解难点重点问题。领导班子成员带头深入基层，通过调研座谈活动，找准员工热点、难点问题。针对一线城市员工住房难、托育难的状况，推进实施青年人才公寓、设立托育机构两个重点民生项目，解除员工后顾之忧。

共享发展红利，提升员工"三有"生活水平。随着中国宝武经营业绩持续攀升，员工平均工资比上年增长13.60%；推出"1+N+1"政策体系，实施中长期激励计划25项。在大力推进智慧制造带来劳动效率提升的前提下，在宝武炭材试点推进"隔周三休"工作模式，在现有每周休两天的基础上，以两周为一个轮次，增加一天休息时

间，助推"三有"生活逐步实现。

服务职工能力素质提升，大力推进全员培训。制订优化《中国宝武一线员工全员培训实施方案》，完成首批20个培训项目设计，形成"4+6+1+1"培训框架，组织开展一线员工培训。首批来自21家子公司的5 000余名员工完成跨区域"修学旅行"，学员整体满意度达98.41%。

快速提高智慧制造水平，为员工营造安全健康舒适优美的工作环境。聚焦"3D"（Dangerous风险大、Dusty环境脏、Duplicate重复劳动）岗位智慧制造项目，组织开展专项劳动竞赛，提交劳动竞赛项目299个，应用机器人计划530台，完成《"3D"智慧制造近年成果汇编》，申报"3D"智慧制造近年成果267项；开展新进单位皮带机智慧改造专项整治工作，排查事故隐患7 154项，完成整改6 934项，整改完成率96.90%；开展新进单位煤气危险区域人员密集场所专项整治工作，排查出煤气危险区域人员密集场所175间，年内完成整改149间。为员工建立安全舒适的工作、休息空间，从一线员工身边的浴室、餐厅、休息室改起，完成各类改造523项，38 138名员工受益。彰显"组织力量"，志愿服务暖心。中国宝武党委突出党员身份意识和"双带"作用发挥，持续开展"我是党员做先锋""我是党员促发展"行动，激励党员立足党员示范岗、责任区和本职岗位，为职工技能提升、岗位创新、外派员工家属等提供服务，构建"友爱宝武"。中国宝武各级党组织、党员累计开展志愿服务4 846次，受益62 853人次。太钢集团党委解决产权房办

理不动产权证、棚户区住宿条件差等难题，让群众拿上"大红本"、住上"暖心房"，暖到了员工心底里。宝钢股份党委、马钢集团党委等成立驻外员工帮扶志愿队，建立应急联络体系，解决驻外员工的后顾之忧。

四、认真贯彻落实习近平总书记重要讲话、重要批示精神，联系实际，认真开好专题组织生活会，通过举行座谈会、"公司日"活动等，持续推动"老大"变"强大"，不断开创新的发展局面

2021年初，习近平总书记对中国宝武碳达峰、碳中和工作作出重要批示，令全体宝武人欢欣鼓舞、豪情满怀，也感到使命在前、重任在肩。

年内，中国宝武党委按照专题组织生活会的部署要求，结合习近平总书记考察中国宝武重要讲话精神和中国宝武碳达峰、碳中和重要批示精神的贯彻落实，高标准、严要求组织开好专题组织生活会，认真查找问题不足。集团公司党委3 270个党（总）支部全部完成党史学习教育专题组织生活会，集团公司领导班子成员带头联系思想和工作实际，根据查摆出的问题和党员群众的意见建议，对存在问题和不足进行深入分析研究，开列问题清单，制订整改措施，认真整改落实。各党（总）支部查找出问题13 592个，年内完成整改13 035个。

5月12日和8月19日，中国宝武分别在太钢集团、马钢集团举行专题座谈会，深入学习贯彻习近平总书记"'老大'变'强大'""产品

和技术是企业安身立命之本"等重要讲话、重要指示精神。12月23日，以"星辰大海 伟大征程"为主题，策划举行中国宝武首个"公司日"系列活动，通过集中发布一批科技创新成果，举行升旗仪式、重大项目推进仪式、年度人物颁奖典礼等活动，进一步巩固党史学习教育成果，强化"同一个宝武"的认同感和归属感，以强大的精神动力增强重企强国和建设世界一流伟大企业的决心和信心。

随着党史学习教育的深入推进，中国宝武不断开创出新的发展局面，在科技创新、管理创新、国际化、绿色低碳、世界500强排名等方面，都取得新的突破和进展。在绿色低碳方面，中国宝武联合全球15个国家的62家企业、高等院校、科研机构等，成立全球低碳冶金创新联盟，彰显了在创建世界一流伟大企业道路上的中国宝武，认真贯彻落实习近平总书记重要讲话重要批示精神、引领全球钢铁行业发展的责任与担当。

五、党委切实履行主体责任，党委书记认真履行第一责任，加强组织领导，全面贯彻落实，确保党史学习教育各项工作落到实处

党史学习教育开展以来，中国宝武党委及时成立党史学习教育领导小组，党委书记、董事长担任组长，亲自抓、带头学，总经理、党委副书记、党史学习教育领导小组副组长抓好各项工作措施的落实，带头学习和贯彻。各位领导班子成员结合实际深入学习，把自己的思想、工作、职责摆进去，力求学深悟透，把党史学习教育与生产经营工作紧密结合，结合分管领域工作认真抓好贯彻落实。

领导小组办公室设在党委宣传部，4个工作组、5个巡回指导组和各相关部门发挥协同作用，在实践中形成行之有效的工作机制，连续10次召开月度推进会，及时传达贯彻落实上级和集团公司党委要求，并编发工作提示22期、简报96期，在过程中给予指导推进。严格检查督促，5个巡回指导组不定期赴二级单位党委，并下沉到较大的三级单位党委，通过调研检查、列席会议、现场验证等方式，了解开展情况，发现亮点典型，及时给予指导。各级党组织认真落实各项工作，确保党史学习教育不脱节、不走样，真正做到"两不误、两促进"，达到学党史、悟思想、办实事、开新局的目的。

根据中央党史学习教育领导小组、国务院国资委党委和中央企业党史学习教育第二指导组要求，集团公司党委于12月底通过随机测评、召开座谈会、个人访谈等方式，认真开展党史学习教育评估总结工作。对中国宝武党员干部群众抽样测评结果显示，98.70%对"本单位开展党史学习教育的总体评价"为"好"，98.30%对"开展党史专题学习、专题党课、专题培训和宣讲宣传的评价"为"好"，97.10%对"召开专题组织生活会、交流收获、查找问题、整改落实情况的评价"为"好"，95.40%对"开展'我为群众办实事'实践活动、解决群众'急难愁盼'问题的评价"为"好"，94.10%对"在全社会开展'四史'宣传教育评价"为"好"。

编辑：李　冰

03

要闻大事

要闻大事

中国宝武与昆明钢铁控股有限公司联合重组

2月1日，云南省人民政府与中国宝武签署合作协议，推进中国宝武与昆明钢铁控股有限公司（简称昆钢公司）联合重组。云南省委书记、省人大常委会主任阮成发，省委副书记、省长王予波，中国宝武党委书记、董事长陈德荣出席签约仪式。云南省委常委、常务副省长宗国英与中国宝武总经理、党委副书记胡望明代表双方签署合作协议。

中国宝武与昆钢公司联合重组，有利于提产效，协同效应和规模效益得到充分发挥，打造西南地区钢铁领军企业；有利于强创新，搭建区域性技术研发中心，加快技术创新、产品创新，实现产品由中低端化迈向中高端化；有利于优结构，优化昆钢公司钢铁产业结构调整，做强钛产业，成为国内产业链最全、产能规模最大、最具竞争力和影响力的钛基地；有利于促转型，推进昆钢公司本部搬迁和转型升级；有利于建链群，打造强有力的钢铁产业链集群和千亿级现代物流产业、百亿级营业收入的园区产业和若干个相关产业基地。联合重组后在中国宝武的品牌体系框架下，继续加大"昆钢"品牌培育力度，不断提升"昆钢"品牌价值。

为确保本次合作顺利进行，云南省国有资产监督管理委员会（简称云南省国资委）、中国宝武和昆钢公司签署委托管理协议，云南省国资委委托中国宝武代为管理昆钢公司。云南省政府副秘书长、省国资委党委书记、主任陈明与中国宝武党委常委、副总经理张锦刚签署委托管理协议。云南省副省长陈舜、省政府秘书长杨杰，中国宝武党委常委、副总经理侯安贵参加签约仪式。

2月20日，中国宝武中南钢铁成立支撑工作领导小组，指定支撑工作总代表，设置制造提升、营销采购等7个小组，全面展开支撑昆钢公司工作。　　（吴永中）

八一钢铁富氢碳循环高炉控制室　　　　　（姚海山 摄于2021年4月）

八一钢铁富氢碳循环高炉实现重大技术突破

6月11日，中国宝武绿色低碳冶金实验平台——八一钢铁富氢碳循环高炉接入经过脱碳处理的欧冶炉煤气。经过一个星期的运行，高炉吨铁燃料比下降45千克，碳减排效果明显。

高炉炼铁要实现真正意义的碳减排，就必须实现全氧冶炼，实现碳循环。传统高炉采用热风炉生产，产生的高炉煤气因含有大量氮气，不具备脱碳（去除二氧化碳）再循环利用的价值，这也是传统高炉实现碳减排最大的难点。八一钢铁将脱碳后的煤气接入富氢碳循环高炉中进行实验，实验结果与理论分析和模拟计算吻合，达到第一阶段35%富氧目标。这是全球首次实现脱碳煤气循环利用的案例，标志着八一钢铁在高炉碳减排、碳循环技术探索方面取得重大突破。

7月30日，八一钢铁富氢碳循环高炉实现第二阶段50%高富氧冶炼目标。　　　　（王振邦）

中国宝武与淡水河谷、鑫海科技合作建设巴哈多比镍铁项目

6月24日，中国宝武与巴西淡水河谷公司（简称淡水河谷）印尼公司、山东鑫海科技股份有限公司（简称鑫海科技）在上海、印度尼西亚雅加达同步签署《印度尼西亚巴哈多比镍铁建设与运营项目合作框架协议（PCFA）》。根据协议，中国宝武太钢集团、淡水河谷印尼公司、鑫海科技将携手建设和运营位于印度尼西亚中苏拉威西省莫罗瓦利县的镍铁项目。中国宝武党委书记、董事长陈德荣，淡水河谷首席执行官柏安铎和鑫海科技董事局主席王文光出席签约仪式并致辞。太钢集团总经理魏成文、鑫海科技董事长王文龙、淡水河谷印尼公司首席执行官费布莉亚妮·艾迪分别代表三方签署框架协议。

淡水河谷是世界最大的铁矿石生产商之一，在印度尼西亚拥有最大的优质镍矿资源。淡水河谷印尼公司是印度尼西亚证券交易所上市企业，通过运营一个露天矿及配套设施生产高冰镍，额定年产能7.50万吨。鑫海科技是中国镍电一体模式的开创者，拥有成熟的镍铁生产经验、丰富的镍铁项目建设经验和雄厚的技术实力，拥有年产180万吨高镍合金、5万吨氨基乙酸、60亿千瓦时电力的生产能力，其中高镍合金产品占全国市场份额的30%。太钢集团是中国宝武不锈钢产业的一体化运营平台，肩负着中国宝武不锈钢产业全球引领的使命。

根据协议，太钢集团与鑫海科技将先期建立中方合资公司，再与淡水河谷印尼公司建立合资公司，其中淡水河谷印尼公司占股49%。项目包括8条RKEF镍铁冶炼生产线及其他配套设施，预计年产镍7.30万吨。项目使用天然气发电站为冶炼厂供电，实体冶炼项目减碳60%。　　　　　　（张　萍）

全球首套智慧高炉运行平台在宝钢股份建成投运

7月8日，宝钢股份炼铁控制中心运行智能管控系统上线，标志着全球首套智慧高炉运行平台在宝钢股份建成投运。这是宝钢股份深化推进"一总部多基地"的专业化整合模式，打造高炉运行指挥"最强大脑"，推动智慧制造由1.0版迈向2.0版所取得的重大突破。

智慧高炉运行平台汇集了宝钢股份四大基地炼铁工序L2、L3、L4各级系统，集互联网、大数据、工艺技术规则、模型库于一体，使宝钢股份跨基地高炉大数据能实时汇聚到该平台，实现了高炉炉况指数化诊断、高炉运行智能化控制、高炉指标全面化对标及高炉操作数字化转型，并具备事前预警、分层推送、实时对标和闭环控制等功能。通过该平台，宝钢股份可推行远程信息化支撑体系，实现专家远程指导，有效提高操作协同指挥、远程支持效率，进而探索建立多基地协同的世界先进水平的高炉生产管理模式。

智慧高炉运行平台采集宝钢股份四大基地14座高炉的产量、经济技术指标、质量、实时运行等数据，开发实时监控、炉况诊断、闭环控制、综合对标等模块系统，既能对直属厂部4座4 000立方米级高炉实行集中化操作控制和生产管理，还可对武钢有限、湛江钢铁、梅钢公司10座高炉进行实时远程管控与技术支撑，并具备移动终端显示功能。其中，高炉闭环控制的研发成功实现了"高炉智能操炉"，该模型实时跟踪高炉运行状态数据，自动调整高炉部分重要运行参数，实行智能闭环控制，为

高炉生产运营提供智能决策，是高炉操作在"跨人机界面"智慧制造2.0版方面的创造性实践。高炉综合对标是"高炉评价标杆"，该模块包含综合竞争力评价、经济技术指标、成本、工序能耗对标等，可在同一标准下对各级别的高炉全面评判，形成综合竞争力评价指数，为各基地高炉"跨空间"开展全面对标找差提供决策参考依据。数字化高炉和长寿管理模块，采用结构化建模、图像学以及可视化技术，运用有限元计算方法，实时计算炉内状态，跨"人机界面"模拟高炉三维生产过程和炉缸长寿智能监控，构建世界首套数字化高炉系统，开启了数字高炉的新时代。

（张　犀）

中国宝武发起设立国内规模最大碳中和主题基金

7月15日，宝武碳中和股权投资基金设立发布会暨联合发起人合作备忘录签约仪式在宝武大厦举行。中国宝武总经理、党委副书记胡望明，上海市政府副秘书长王为人，中国宝武党委常委、总会计师兼董事会秘书朱永红，国家节能

中心副主任史作廷出席签约仪式，并与生态环境部、上海市生态环境局的相关领导，共同为基金设立按下启动键。

宝武碳中和股权投资基金总规模500亿元，为国内规模最大碳中和主题基金，首期100亿元。基金由中国宝武与国家绿色发展基金股份有限公司、中国太平洋保险（集团）股份有限公司、建信金融资产投资有限公司发起，体现了投资人对绿色发展理念的高度认同，对中国宝武在钢铁低碳产业布局的高度认同。

签约仪式上，中国宝武与国家绿色发展基金股份有限公司、中国太平洋保险（集团）股份有限公司、中国建设银行、中银资产管理有限公司、中邮人寿保险股份有限公司、新华人寿保险股份有限公司、光大永明人寿保险有限公司等基金意向投资人发出《"双碳"投资倡议宣言》：尽己所能、共同担当，充分发挥产业力量，充分运用金融手段，为中国如期实现碳达峰、碳中和目标，切实履行应有的责任！宝武碳中和股权投资基金依托中国宝武"一基五元"的规划布局，

2021年7月15日，宝武碳中和股权投资基金设立发布会暨联合发起人合作备忘录签约仪式在宝武大厦举行

（施　琮摄）

2021年11月18日，中国宝武发起成立全球低碳冶金创新联盟　　　　　　（张　勇　摄）

聚焦清洁能源、绿色技术、环境保护、污染防治等方向，参与长江经济带的转型发展，跟踪国家清洁低碳安全高效的能源体系建设，深度挖掘风能、太阳能等清洁能源潜在发展地区和投资市场上优质的碳中和产业项目，为国家经济绿色低碳高质量发展作出贡献。

中国宝武作为世界钢铁行业的龙头，对于钢铁行业的减碳减排有着义不容辞的责任，率先向党中央提出实现"双碳"时间表：2021年发布中国宝武低碳冶金路线图，2023年力争实现碳达峰，2025年形成减碳30%的工艺技术能力，2035年力争减碳30%，2050年力争实现碳中和。　　　　　（张　萍）

中国宝武发起成立全球低碳冶金创新联盟

11月18日，由中国宝武倡议并联合全球钢铁业及生态圈伙伴单位共同发起的全球低碳冶金创新联盟在金色炉台·中国宝武钢铁会博中心成立。来自15个国家的企业家、专家、学者参加成立大会，共商应对低碳挑战之策，共谋开创绿色未来之路。会上，中国宝武发出建设全球低碳冶金创新联盟的倡议，同时提出要建设低碳冶金创新中心和筹建低碳冶金技术创新基金，得到世界钢铁协会以及世界多国企业领导人的赞同和响应。

中国宝武党委书记、董事长陈德荣出席成立大会并致欢迎辞。中国钢铁工业协会执行会长何文波、中国工程院院士干勇、世界钢铁协会总干事埃德温·巴松等出席会议。大会由中国宝武总经理、党委副书记胡望明主持。

全球低碳冶金创新联盟由来自世界15个国家62家企业、高等院校、科研机构共同组建，国际联盟成员包括安赛乐米塔尔集团、蒂森克虏伯公司、印度塔塔钢铁公司、巴西淡水河谷公司、澳大利亚必和必拓公司、力拓集团、FMG公司（富特斯克金属集团）等国际知名企业，以及亚琛大学、乌克兰冶金研究院、意大利达涅利集团等科研院所和工程技术公司；国内联盟成员单位有鞍钢集团有限公司、河钢集团有限公司、首钢集团有限公司、江苏沙钢集团有限公司等20家钢铁企业，中国钢研科技集团有限公司、江苏产业研究院等科研机构，上海交通大学、北京科技大学、东北大学、重庆大学、中南大学等11所大学，以及来自钢铁上下游产业的合作伙伴。联盟定位于低碳冶金创新领域的技术交流平台，目的是为了聚集全球钢铁业及上下游企业、大学及研究机构的研发资源，合作开展基础性、前瞻性低碳冶金技术开发；促进技术合作、技术交流、技术转化，促进低碳技术的工程化和产业化，形成钢铁低碳价值创新链，推动钢铁工业的低碳转型。

大会推选中国宝武党委常委、副总经理侯安贵担任联盟秘书长，冶金工业规划研究院总工程师、俄罗斯自然科学院外籍院士李新创担任联盟常务副秘书长，北京科技大学副校长薛庆国担任联盟副秘书长。联盟设立技术委员会，以推进绿色低碳冶金技术交流，评估技术创新进展，提出技术发展方向。聘请干勇担任技术委员会主任；中国宝武工程科学家朱仁良担任技术委员会常务副主任；中国工程院院士王国栋，原北京科技大学校长张欣欣，中国钢研科技集团有限公司首席科学家田志凌，中国钢铁工业协会副秘书长黄导，澳大利亚莫纳什大学副校长、中国工程院外籍院士余艾冰担任技术委员会副主任。

截至会前，低碳冶金创新中心的"一中心多试验基地"建设在中国宝武初步成型，可为来自全球的科研人员、专家、学者提供基础研究和现场验证的条件。中国宝武设立了低碳冶金技术创新基金，发布第一期低碳冶金创新基金项目指南，先期按照每年3 500万元的力度提供资金支持。

（吴永中　张　萍）

大事记

1月

1日　马钢交材举行智慧中心揭牌暨智慧制造一期项目投运仪式。

4日　中国宝武举行绿色发展与智慧制造马钢现场会，集团公司对2021年安全生产、能源环保和智慧制造工作提出新要求。

同日　欧冶链金马鞍山慈湖江边中心基地建成投产，具备年产280万吨废钢的加工生产能力。

5日　太钢集团举行干部大会。中国宝武宣布太钢集团、太钢不锈领导班子任职的决定。

同日　太钢集团召开工作汇报及管理对接会，标志中国宝武与太钢集团管理对接正式启动。中国宝武将太钢集团作为一级子公司纳入管理体系。

9日　湛江钢铁三号高炉系统项目炼钢、连铸工程热负荷试车。这是三号高炉系统首个热负荷试车的主体项目。

14日　中国宝武与安徽省六安市人民政府战略合作框架协议签约仪式在宝武大厦举行。根据协议，双方拟在六安市矿产资源整合及资源综合利用、钢铁技术与管理提升、新材料研发、清洁能源、绿色低碳冶金示范等方面开展战略合作。中国宝武党委书记、董事长陈德荣，六安市委副书记、市长叶露中见证签约。中国宝武党委常委、副总经理郭斌，六安市委常委、副市长束学龙代表双方签署战略合作框架协议。

15日　中国宝武钢铁集团有限公司山西总部在太原揭牌。山西省委书记、省人大常委会主任楼阳生和中国宝武党委书记、董事长陈德荣为中国宝武山西总部揭牌。山西省委副书记、省长林武致辞，副省长王一新主持揭牌仪式；中国宝武总经理、党委副书记胡望明，党委常委魏尧出席揭牌仪式。

19日　中国宝武党委书记、董事长陈德荣与到访的中国一重集团有限公司党委书记、董事长刘明忠一行在宝武大厦座谈。双方就加强战略协同，推动冶金设备数字化升级和设备维护合作等进行互动交流。

20日　中国共产党中国宝武一届五次全委（扩大）会暨2021年干部大会在中国宝武钢铁会博中心举行。

同日　中国宝武发布碳减排目标：2023年力争实现碳达峰，2025年具备减碳30%工艺技术能力，2035年力争减碳30%，2050年力争实现碳中和。

21日　中国宝武一届四次职工代表大会在中国宝武钢铁会博中心召开。

同日　中国宝武2020年度人物颁奖典礼在中国宝武钢铁会博中心举行。

同日　宝钢股份湛江钢铁三号高炉系统项目炼焦工程3B焦炉点火烘炉。

22日　重庆钢铁二号烧结机复产点火，标志着重庆钢铁3台360平方米烧结机升级改造项目完工。

2021年1月21日，中国宝武举行2020年度人物颁奖典礼　　　　　　　　　　（张　勇摄）

27日　中国宝武发文，决定设立海外事业发展部。海外事业发展部与外事办公室、港澳台事务办公室"三块牌子、一个机构"运作。

同日　中国宝武发文，决定设立资本运营部。资本运营部和产业金融业发展中心合署运作。

2月

1日　云南省人民政府与中国宝武签署合作协议，推进中国宝武与昆明钢铁控股有限公司联合重组。

同日　云南省国资委、中国宝武和昆钢公司签署委托管理协议。云南省国资委委托中国宝武代为管理昆钢公司。

2日　重庆钢铁三号高炉完成升级改造、复产点火，标志着重庆钢铁高炉系统升级改造全面完成，开始"三大一小"4座高炉同时满负荷生产。至此，重庆钢铁具备年产千万吨铁水的生产规模。三号高炉于2020年12月6日停炉，实施升级改造。

3日　中国宝武发文，根据《云南省人民政府与中国宝武钢铁集团有限公司合作协议》和相关委托管理协议内容，决定在昆钢公司受托管理期间将其纳入中国宝武管理体系，参照一级子公司进行管理，业务对口钢铁业中心。

同日　宝武集团财务有限责任公司武汉分公司揭牌成立，这是财务公司成立的第一家分公司。

12日　中国宝武党委、中国宝武联合发文，决定工会、团委、宝武大学实施协同运作，优化下设机构设置，共享人力资源，强化协作配合。

20日　中南钢铁管理调研团队赴昆钢公司管理调研启动会召开，标志着中国宝武支撑昆钢公司工作全面展开。

22日　中国宝武党委、中国宝武联合发文，决定宝地资产与宝地吴淞（上海宝钢不锈钢有限公司、宝钢特钢有限公司）实行整合运作。

23日　中国宝武党委、中国宝武联合发文，决定将中国宝武新闻中心更名为"中国宝武融媒体中心"，挂靠党委宣传部。宝武管理学院下属的媒体与在线学习中心名称调整为"数智学习中心"，融媒体相关业务及人员划转至融媒体中心。

24日　中共中央总书记习近平对中国宝武碳达峰、碳中和工作作出批示：碳达峰、碳中和是一项复杂的系统工程，需要统筹各方力量付出艰苦努力；要正确处理好发展与减排、整体与局部、短期与中长期的关系；重点行业、重点企业要扛起责任，加快技术创新，坚定不移走绿色低碳发展之路。

25日　在北京召开的全国脱贫攻坚总结表彰大会上，中国宝武扶贫工作领导小组办公室、宣威海岱昆钢金福食品有限公司获"全国脱贫攻坚先进集体"称号。

3月

8日　上海市委常委、副市长吴清一行到宝信软件调研企业发展、工业互联网平台建设等情况。

9日　中国宝武与湖北大学签订战略合作协议，与湖北大学、湖北省教育投资有限公司签订三方合作协议，标志中国宝武应用型本科院校建设取得新进展。

同日　重庆钢铁2 700毫米中板生产线升级改造项目完成，轧出第一块钢板。

10日　中国宝武党史学习教育动员部署会在中国宝武钢铁会博中心举行。

11日　武汉市委常委、常务副市长胡亚波率代表团到访中国宝武。中国宝武党委常委、总会计师兼董事会秘书朱永红接待来访客人。双方就进一步加强合作，以及一些具体项目的推进落地进行交流。

12日　中国宝武党委发文，设立落实党风廉政建设责任制领导小组办公室，成员单位包括党委办公室（办公室）、党委组织部（人力资源部）、纪委、党委巡视工作领导小组办公室。

3月　宝钢股份（直属厂部、武钢有限、湛江钢铁）和太钢不锈、鄂城钢铁获评2020年度中国钢铁工业"清洁生产环境友好企业"。

4月

1日　甘肃省兰州市委副书记、市长张伟文率兰州市政府代表团到访中国宝武。中国宝武总经理、党委副书记胡望明在宝武大厦接待来访客人。双方就加快推进相关项目合作，以及区域总部建设等事宜进行沟通交流。

7日　中国冶金矿山企业协会发布2020年中国冶金矿山企业50强名单，宝钢资源下属马钢矿业、武钢资源、大红山矿业、八钢矿业、重钢矿业、梅山矿业6家矿山企业榜上有名。

8日　宝钢股份在上海发布"宝钢BSI标准产品交易价格指数"。该指数以宝钢股份多年的真实交易数据为基础，在钢材市场上树立"科学、公正"的信息风向标。

9日　中国宝武矿业专业委员会成立。

2021年4月9日，宝钢股份发布一款具有自主知识产权的超轻型、高安全、纯电动白车身"BCB EV"
（张　勇摄）

同日　宝钢股份在中国宝武钢铁会博中心首发一款具有自主知识产权的超轻型、高安全、纯电动白车身"BCB EV"（BaosteelCar Body Electric Vehicle）。它在整车轻量化、吉帕钢R用材比例上达到国际纯电动白车身的领先水平。

10日　宝钢资源重要的冶金熔剂生产基地——马钢矿业桃冲矿青阳白云岩矿200万吨/年技改扩建项目开工建设。

14日　重钢集团专业化整合委托管理协议签约仪式在重庆市举行，矿山运营业务组受托方宝钢资源、空分运营业务组受托方宝武清能、冶金固体废物业务组受托方宝武环科、研发业务组受托方宝武特冶分别与委托方重钢集团签约。这标志着中国宝武托管重钢集团后，重钢集团专业化整合工作进入实质性操作阶段。

15日　中国宝武在云南昆明召开昆钢公司经营管理大会。会上，签署昆钢公司4个专业化整合项目的委托管理协议，矿山资源组受托方宝钢资源，工程业务组受托方宝钢工程，工业品采购业务组受托方欧冶工业品，环保业务组受托方宝武水务，分别与委托方昆钢公司签约。这标志着中国宝武托管昆钢公司后，昆钢公司专业化整合工作进入操作实施阶段。

22日　由中国钢铁工业协会主办、冶金科技发展中心承办、中国宝武协办的钢铁行业低碳工作推进委员会成立大会暨钢铁行业低碳发展路径研讨会在宝山宾馆召开。

25日　以"数字赋能国企，创新引领未来"为主题的第四届数字中国建设峰会国有企业数字化转型分论坛在福建省福州市举行。中国宝武钢铁数智生态平台入选十大国有企业数字技术成果。

5月

8日　装载着1000余吨重型钢轨的"铁路国际联运"列车从湖北省武汉市武昌东站出发，途经广西凭祥直发出口越南安员。这是欧冶云商首批直发越南的铁路国际联运运输项目。

10日　中国宝武扶贫工作领导小组更名为"中国宝武乡村振兴工作领导小组"，中国宝武扶贫工作领导小组办公室更名为"中国宝武乡村振兴工作领导小组办公室"。

同日　中钢集团承建的全球首例氢冶金示范工程——河钢集团宣化钢铁集团有限责任公司氢能源开发和利用工程示范项目举行开工仪式。

12日　中国宝武首批爱国主义教育基地——太钢李双良纪念馆揭牌。

13日　宝钢股份举行第四届取向硅钢应用技术大会，面向全球首发B18P080、B18R060、35Q155-Z、B18R055、B20R060、35Q155-Y、B23HS075七大高等级取向硅钢产品。

同日　中国宝武首期"战略预备班"在宝武（常熟）领导力发展中心开班。

14日　历时7个多月的协同推进，第十届中国花卉博览会首个企业冠名花园——"宝钢花园"竣工。

18日　宝信软件与安徽省马鞍山市人民政府签署《马鞍山市"城市大脑"建设战略合作框架协议》，双方拟在智慧城市建设、打造长江三角洲（简称长三角）智慧城市群的典型案例和样板工程等领域开展全面合作。

18—20日　中国宝武举行党委理论学习中心组（扩大）学习暨第11期决策人研修，进一步明晰以"一总部多基地"为主要特征的资产经营层管理体系。

26日　第20届中国国际冶金工业展览会在上海国家会展中心

开幕。中国宝武展台以"绿色钢铁，美好生活"为主题，集中展示绿色低碳、智慧制造、精品材料等领域的核心产品、技术、装备和解决方案，展现中国宝武全球钢铁业引领者、绿色精品材料制造服务商的品牌形象。

同日　中国铁路物资股份有限公司与中国宝武设立的中国铁物铁路资源循环利用马鞍山生产基地投产。

27日　中国宝武首批爱国主义教育基地——马钢展厅（特钢）揭牌。

28日　中国宝武首批爱国主义教育基地——梅钢厂史陈列馆揭牌。

同日　宝武环科绿色建材智慧中心建成启用。该中心具备数据共享、对标协同、远程诊断、专家指导等数智化功能，是国内领先的智能化矿粉生产生态系统。

30日　中国宝武以"创新争先，汇聚高质量发展的磅礴力量"为主题，表彰第二届"创新争先"优秀团队15个、优秀科技工作者15人。

31日　集团公司发文，聘请首批3名中国宝武管理学家、17名中国宝武工程科学家。

同日　中国首列出口欧洲双层动车组在中车株洲电力机车有限公司（简称中车株机）下线。该动车组车轮均由马钢交材提供，是马钢交材客运动车组车轮首次依托中车株机以整车方式出口欧洲市场。

6月

3日　工业和信息化部副部长刘烈宏一行到宝钢股份、宝武炭材等生产一线调研"5G（第五代移动通信技术）+工业互联网"现场运

2021年5月27日，中国宝武首批爱国主义教育基地——马钢展厅（特钢）揭牌

（罗继胜 摄）

用情况。

同日　华北地区最大的金属再生资源基地——欧冶链金山西瑞赛格公司在山西省长治市举行揭牌仪式。

4日　青海省海南州代表团到访中国宝武，感谢中国宝武8年来给予同德县的帮扶，并向中国宝武赠送锦旗。

8日　中国宝武在吴淞口创业园举办"水处理与大气治理"技术研讨对接会，发布"减量化资源化的全膜法技术及系统"等水处理与大气治理领域七大全新绿色技术。

9日　中国宝武与云南省文山州代表团举行联席工作会，双方就在巩固拓展脱贫攻坚成果同乡村振兴有效衔接的工作中进一步深化帮扶协作等事宜，进行深入交流。

2021年6月4日，青海省海南州同德县委、县人民政府向中国宝武赠送锦旗

（施 琮摄）

同日 宝钢股份党性教育智慧体验中心落成。

同日 中国宝武首批爱国主义教育基地(宝钢股份宝山基地站)揭牌仪式在"旗帜力量"主题雕塑前举行。

10日 中国宝武在第16届中国企业社会责任国际论坛"2021金蜜蜂企业社会责任·中国榜"发布典礼上,获颁"领袖型企业奖"。

11日 中国宝武绿色低碳冶金实验平台——八一钢铁富氢碳循环高炉接入经过脱碳处理的欧冶炉煤气。这是全球首次实现脱碳煤气循环利用的案例,标志着八一钢铁在高炉碳减排、碳循环技术探索方面取得重大技术突破。

16日 国务院国资委公布首批100个中央企业爱国主义教育基地,宝钢股份宝山基地、中钢集团的"不忘初心,信念永恒——洛耐职工怀念习仲勋同志展览"、武钢博物馆、太钢李双良纪念馆、重庆工业博物馆入选。

17日 中央企业党史学习教育第二指导组到中国宝武开展指导工作,召开座谈会听取工作汇报。

同日 中国宝武"丹心碧血铸钢魂"红色主题展览在宝武大厦揭幕。

同日 宝钢股份1580热轧"1+N"智慧产线、冷轧部"云翼中心"建成投入运行。

21日 中国宝武举行庆祝中国共产党成立100周年主题歌咏会。

22日 人力资源和社会保障部在北京召开第15届高技能人才表彰大会,宝钢股份金国平获"中华技能大奖",中钢集团张衍朝、宝钢股份季益龙、太钢集团牛国栋、宝武特冶杨磊等获"全国技术能手"称号,武汉工程职业技术学院获评"国家技能人才培育突出贡献单位"。

同日 中国宝武首批爱国主义教育基地——"红钢印记"(武钢博物馆+中国宝武武汉展厅)、黄石国家矿山公园、"武钢新村"易地扶贫搬迁安置示范基地揭牌。

同日 武钢集团现代产业园10个标志性项目集中开工。

24日 太钢集团、淡水河谷印尼公司、鑫海科技签署《印度尼西亚巴哈多比镍铁建设与运营项目合作框架协议(PCFA)》,共同建设和运营位于印度尼西亚中苏拉威西省莫罗瓦利县的镍铁项目。

25日 宝武碳业科技股份有限公司召开创立大会暨第一次股东大会。

同日 年产能60万吨的宝钢股份梅钢公司厚规格酸洗生产线全面建成投产。至此,宝钢股份拥有5条连续酸洗产品生产线,年产能400万吨,位列全球首位。

26日 宝钢德盛精品不锈钢绿色产业基地项目不锈钢冶炼系统热负荷试车,第一块300系不锈钢板坯下线。

28日 全国"两优一先"表彰大会在北京人民大会堂举行。中国宝武中央研究院首席研究员王利被授予"全国优秀共产党员"称号,宝钢湛江钢铁有限公司党委被授予"全国先进基层党组织"称号。

同日 世界在建规模最大、技术难度最高、单机容量世界第一、装机规模世界第二大水电站——金沙江白鹤滩水电站首批机组投产发电。宝钢股份为金沙江白鹤滩水电站建设提供厚板、热轧及硅钢关键用材5.75万吨。

同日 由中国中车集团有限公司承担研制的首列中国标准地铁列车在郑州下线。该列车车轮由马钢交材供货,实现了马钢交材产品在中国标准地铁列车上的首次应用。

同日 中国宝武首批爱国主义教育基地——重庆工业博物馆揭牌。

29日 上海市委书记李强赴吴淞创新城不锈钢型钢厂地块、中国宝武钢铁会博中心调研宝山区

2021年6月17日,中国宝武"丹心碧血铸钢魂"红色主题展览揭幕 　　(施 琮摄)

创新转型工作。

同日　经上海市市场监督管理局核准，宝武炭材料科技有限公司更名为"宝武碳业科技股份有限公司"（简称宝武碳业）。

同日　宝日汽车板新建冷轧废水回用项目进入热负荷调试阶段。该项目是宝钢股份宝山基地冷轧废水实现零排放的标志性项目，投用后可实现全流程废水零排放。

30日　宝钢股份智慧经营决策支持系统、智慧质量系统、智慧设备管理系统上线，硅钢事业部第二智慧工厂揭牌。

同日　宝武碳业乌海基地宝杰新能源负极材料石墨化工序建成，具备试生产条件。

同日　重庆钢铁首条智慧制造生产线——双高棒产线（棒材和高速线材生产线）投产，标志其轧钢工序升级改造全面完成。该产线设计产能140万吨/年，主要生产直径8～22毫米螺纹钢棒材。

同日　吴淞创新城重大项目，由上海市教委、宝山区政府、上海大学、中国宝武等单位合作建设的上海美术学院主校区项目启动。

7月

1日　中国宝武党委举行以"红色基因百年辉煌，钢铁报国铸梦起航"为主题的庆祝中国共产党成立100周年座谈会，表彰一批优秀共产党员、优秀党务工作者和先进基层党组织，为生活在上海的10名老党员代表颁发"光荣在党50年"纪念章。

同日　马钢集团整合融合信息化系统切换上线。该系统涉及马钢集团炼铁、炼钢、轧钢所有区域，覆盖制造、销售、物流、成本等17个子系统。

4日　中国宝武发文，集团公司不再直接管理马钢交材，马钢交材由马钢股份进行管理。自7月15日起，马钢交材按调整后的管理关系运作。

8日　全球首套智慧高炉运行平台——宝钢股份炼铁控制中心运行智能管控系统上线。

同日　中国宝武与西藏自治区八宿县签署2021年对口支援协议。根据协议，2021年中国宝武拟在八宿县投入援藏资金1 500万元。

10日　中国宝武与西藏自治区丁青县签署2021年对口支援协议。根据协议，2021年中国宝武拟在丁青县投入援藏资金1 500万元。

13日　国务院国资委官网通报2020年度中央企业负责人经营业绩考核结果，中国宝武获得A级评价，名列第七，较上年进步7位，创历史最好水平。

14日　中国宝武中央研究院—宝武智维联合研发中心揭牌成立，标志着中国宝武实现在智能运维技术创新领域的产研无缝对接、优势互补。

同日　中国宝武发文，宝武大学更名为"产教融合发展中心"，管理学院更名为"管理研修院"。

15日　宝武碳中和股权投资基金设立发布会暨联合发起人合作备忘录签约仪式在宝武大厦举行。该基金由中国宝武、国家绿色发展基金股份有限公司、中国太平洋保险（集团）股份有限公司、建信金融资产投资有限公司共同发起，总规模500亿元，首期100亿元。

19日　中国宝武发文，财务部更名为"经营财务部"。

20日　美国《财富》杂志中文网发布2021年中国500强排行榜，中国宝武6家上市公司上榜：宝钢股份名列第40位，继续保持国内同行业最优业绩；马钢股份、太钢不锈、韶钢松山、重庆钢铁、八一钢铁分列第139位、第171位、第329位、第400位、第434位。

22日　中国宝武向河南省捐赠1 000万元，支持其防汛救灾。

同日　由广东省广物控股集团有限公司、中南钢铁、欧冶云商合资组建的广东广物中南建材集团有限公司在广州揭牌成立。该公司的定位是成为以粤港澳大湾区为核心、辐射中南区域的大建材供应链服务商，为客户提供采购、物流、仓储、加工、金融服务、技术服务、销售、结算等功能于一体的全方位综合服务。

同日　宝钢股份在全球首次发布耐微生物腐蚀钢管RCB产品。

23日　为期5年的中国宝武一线员工全员培训在上海启动。

同日　中国宝武职业技能等级认定指导中心揭牌成立。

同日　中国机械冶金建材工会全国委员会主席、分党组书记陈杰平到宝钢股份、宝信软件和宝武碳业走访慰问。

29日　中国钢铁工业协会第六届会员大会二次会议在中国宝武钢铁会博中心召开，中国宝武党委书记、董事长陈德荣担任中国钢铁工业协会当值会长。

30日　国务院国资委发布国有重点企业管理标杆创建行动标杆企业、标杆项目和标杆模式名单。中国宝武入选2个标杆企业、1个标杆项目、1个标杆模式。其中，标杆模式共10家,中国宝武排名第一。

同日 八一钢铁富氢碳循环高炉实现第二阶段50%高富氧冶炼目标。

8月

1日 中国宝武首批爱国主义教育基地挂牌(八钢站)暨红色故事讲演活动在八一钢铁举行。

同日 八一钢铁管理信息系统全面升级改造二期及巴州钢铁、伊犁钢铁信息系统覆盖项目上线,建成中国宝武首个覆盖"8+1"业务体系的数智管控平台,实现数字监控、智慧管理工作质的飞跃,成为中国冶金行业信息化2.0时代的领跑者。

2日 美国《财富》杂志发布世界500强企业排行榜,中国宝武以2020年营业收入976.43亿美元排名第72位,比上年跃升39位,继续位居全球钢铁企业首位。这是中国宝武首次进入世界百强。

4日 中国宝武中央研究院太钢技术中心、不锈钢研发中心在太钢集团揭牌。

9日 集团公司在中央研究院举行首批中国宝武科学家授牌签约仪式。

10日 中国宝武举行太钢集团专业化整合委托管理协议签约仪式。这标志着太钢集团专业化整合步入实质性操作阶段。

12日 世界首创热轧卷—板连续热处理线——武钢有限热轧厂新建连续热处理线项目开工建设。该产线年设计产能20万吨,产品定位为超高强结构钢、耐磨钢、特殊钢、低应力回火钢。

16日 中国宝武举行脱贫攻坚总结表彰会暨2020年社会责任

2021年8月1日,八一钢铁举行管理信息系统全面升级改造二期及巴州钢铁、伊犁钢铁信息系统覆盖项目上线仪式　　　　　　　　　　(姚海山 摄)

报告发布会,发布2020年中国宝武社会责任报告及社会责任优秀案例,表彰一批在脱贫攻坚战线上涌现出的先进集体和个人。

同日 中国宝武首条连铸直接轧制生产线——昆钢公司红钢公司高速线材绿色低碳直接轧制技术改造项目投产。该项目可降低工序能耗10.62千克标准煤/吨,每年可减少二氧化碳排放7.12万吨,工序减碳率大于46%。

同日,中国机械冶金建材工会和中国钢铁工业协会联合发布《关于"全国重点大型耗能钢铁生产设备节能降耗对标竞赛"2020年度竞赛结果的通报》,中国宝武下属长流程钢铁企业获"冠军炉"2项、"优胜炉"13项、"创先炉"7项。

17日 中国宝武党委、中国宝武联合发文,将每年的12月23日确立为中国宝武"公司日"。

19日 2021年冶金科学技术奖揭晓。中国宝武牵头申报的项目有23个获奖。其中,"热轧无缝钢管在线组织性能调控关键技术、装备开发及应用"获特等奖,"环境

友好型搪瓷用钢关键技术研究及应用"等5个项目获一等奖,"岩体工程灾变机制与预警控制技术"等4个项目获二等奖,"炭材料用高品质沥青绿色制造新技术和标准研制应用"等13个项目获三等奖。

同日 马钢集团新特钢工程项目奠基。该项目包括新建2座150吨转炉及配套精炼设施、3台连铸机、1条合金钢线材和大盘卷复合生产线、1条合金钢中规格棒材生产线。

24日 宝武铝业气垫炉机组热负荷试车。该机组的投入运行,是宝武铝业打通汽车铝板生产流程的重要标志,为未来进入国内铝合金汽车板市场打下基础。

同日 中国宝武李俊、罗爱辉、赵欣、章华兵获中国金属学会第11届"中国冶金青年科技奖"。

26日 2021上海企业100强榜单公布,中国宝武以2020年营业收入6 737.40亿元名列第二。

同日 2021上海新兴产业企业100强揭晓,中国宝武下属欧冶云商、宝钢金属、宝武特冶3家企业

上榜,其中欧冶云商名列第二。

27日　西藏自治区党委副书记、自治区政府主席齐扎拉在拉萨会见中国宝武总经理、党委副书记胡望明,双方就深化合作进行会谈。

同日　国际信用评级机构穆迪分别将中国宝武、宝钢股份、宝钢资源(国际)有限公司信用评级上调一级,其中中国宝武和宝钢股份评级由A3上调至A2,宝钢资源(国际)有限公司评级由Baa1上调至A3,3家单位评级展望继续维持"稳定"。

30日　中国宝武总经理、党委副书记胡望明在合肥与安徽省省长王清宪举行工作会谈,双方围绕下一步如何深入开展央地(中央企业和地方国有企业)合作、助推长三角一体化发展等展开交流。

31日　工业和信息化部公布2021年国家技术创新示范企业复审评价结果,中国宝武通过国家技术创新示范企业复审。

同日　国务院国资委网站公布最新"双百企业"名单,中国宝武有7家企业上榜,分别是:宝山钢铁股份有限公司、武钢集团有限公司、宝武特种冶金有限公司、宝钢金属有限公司、上海宝钢包装股份有限公司、飞马智科信息技术股份有限公司、太原钢铁(集团)有限公司。

同日　中国宝武召开首期挂职锻炼(岗位见习)启动会,来自各分(子)公司首批54名挂职锻炼(岗位见习)的年轻干部赴新岗位履职。

8月　中国宝武党委常委会、董事会专题研究审议向宝钢教育基金补充资金的预案,决定向宝钢教育基金再投入5 000万元支持教育事业。

同月　欧冶商业保理有限责任公司完成对马钢(上海)商业保理有限公司的吸收合并,注册资本变更为10亿元,跃居行业头部企业。

9月

3日　宝钢股份与内蒙古包钢钢联股份有限公司(简称包钢股份)在包头市签订央地结对协作协议和钢管产业委托管理协议。

同日　武钢集团在银行间市场发行第一期中期票据16亿元,债券期限3年,票面利率3.30%,由交通银行担任主承销,兴业银行担任联席承销。

6日　宝钢股份在银行间市场发行上海市首单可持续发展挂钩债券(中期票据),作为拓展绿色金融、探索支持低碳转型发展投融资新模式的最新实践。该债券由浦发银行为牵头主承销商,中国银行为联席主承销商,募集金额50亿元,期限3年。

7日　宝钢股份与沙特阿拉伯国家石油公司(Saudi Arabian Oil Company)以"云签约"方式签署谅解备忘录,协商在沙特阿拉伯合作建设一座全流程厚板工厂,并就开展项目可行性研究及双方后续联合开展的工作内容达成一致。

17日　宝武特冶航研科技有限公司在重庆市揭牌成立。

18日　新疆八一钢铁股份有限公司通过国家高新技术企业认定,正式列入国家高新技术企业。

20日　昆钢公司本部钢铁生产基地永久性停产。

同日　宝钢股份首席研究员、汽车用钢开发与应用技术国家重点实验室副主任王利获评"2021感动上海年度人物"。

25日　"2021中国企业500强""2021中国战略性新兴产业领军企业100强""2021中国大企业创新100强"榜单公布,中国宝武分别名列第25位、第12位、第30位,均列钢铁企业首位。

26日　国务委员王勇到宝钢股份武钢有限调研。

30日　昆钢公司发生一起高处坠落较大事故。宝武智维桥钢公司协作单位润弘建设有限公司在其承接昆钢公司红钢公司动力厂7万立方米煤气柜防腐项目作业时,发生吊篮坠落事故,造成5人死亡。

10月

11日　中南钢铁广东宝联迪国际运营管理有限公司(简称宝联迪)与老挝钢铁有限责任公司(简称老挝钢铁)签订运营管理服务合同。宝联迪依托中南钢铁的技术、人才储备等优势,对老挝钢铁开展从工程建设支撑到生产运营管理的全方位服务。

12日　中国宝武在宝武大厦举行混合所有制改革项目专场推介会。推介会所选21个项目,拟通过增资扩股、改制上市等多方式、多渠道实施混合所有制改革,并计划于2至3年内培育上市。

13日　世界钢铁协会第12届Steelie奖揭晓。中国宝武"钢铁工业余热梯级综合利用方法及其关键技术开发与应用"项目获Steelie奖之"可持续发展卓越成就奖"。

同日　西藏自治区政府副主席任维到访中国宝武。中国宝武总经理、党委副书记胡望明接待来访客人。双方就进一步加强沟通,发挥各自优势、深化产业援藏等进行交流。

同日　甘肃省兰州市委常委、兰州新区党工委书记杨建忠一行到访中国宝武。中国宝武总经理、党委副书记胡望明在宝武大厦接待来访客人。双方就加快推进相关项目落地、实现共赢发展等进行交流。

15日　中国宝武首批爱国主义教育基地（洛耐站）挂牌暨红色故事讲演活动在中钢洛耐科技股份有限公司举行。

同日　中国宝武发文，同意宝钢资源有限公司变更公司名称，即由"宝钢资源有限公司"变更为"宝武资源有限公司"（简称宝武资源）。

18日　太钢集团通过山西省红十字会，向山西遭受洪涝灾害的地区捐款1亿元，定向用于山西防汛救灾和恢复重建等工作。

21—22日　中国宝武举行党委理论学习中心组（扩大）学习暨第12期决策人研修，以聚焦"解决卡脖子问题""提升抗风险能力""开新局、谱新章"等主题，结合大调研成果，开展专题学习专题研讨。

26日　2021年美国《财富》杂志发布的"最受赞赏的中国公司"揭晓，中国宝武在全明星榜上名列第五，与2020年相比上升3位；在金属行业榜中，连续5年位列榜首。

同日　中国宝武在金色炉台·中国宝武钢铁会博中心举行首届供应商大会暨绿色智慧供应链论坛。

11月

1日　首批印有"碳中和"字样的宝钢股份钢管产品——供新加坡的X65MSO高钢级直缝埋弧焊管在成品码头发运。

3日　2020年度国家科学技术奖励大会在人民大会堂举行。宝钢股份"特高压高能效输变电装备用超低损耗取向硅钢开发与应用"项目，获国家科学技术进步奖二等奖。中国宝武参与的"工业烟气多污染物协同深度治理技术及应用"项目获国家科学技术进步奖一等奖；"连铸凝固末端重压下技术开发与应用""广域协同的高端大规模可编程自动化系统及应用""钢材热轧过程氧化行为控制技术开发及应用""钢铁行业多工序多污染物超低排放控制技术与应用"4个项目获国家科学技术进步奖二等奖。

4日　中国宝武与中国中铁股份有限公司在宝武大厦签订战略合作协议，双方按照"优势互补、互利共赢、长期合作、共同发展"的原则，建立全面战略合作伙伴关系。

8日　中国宝武在第四届中国国际进口博览会现场举行"铸绿新未来·共建高质量钢铁生态圈"主题活动。ABB集团（Asea Brown Boveri）、德国西马克公司（SMS）、西门子公司等10家国际知名供应商与宝钢股份、宝信软件、八一钢铁等中国宝武下属子公司集中采购签约。签约内容涵盖智能装备、智能化项目和铁矿、锰矿等。

16日　中国宝武与上海市宝山区签订上海宝山吴淞创新城（宝武地块）整体转型升级实施协议。中国宝武党委常委魏尧和宝山区区长高奕奕代表双方签署协议。该协议是2018年中国宝武与上海市政府《关于上海宝山吴淞地区整体转型升级的合作协议》的延续和落实。

18日　由中国宝武倡议并联合全球钢铁业及生态圈伙伴单位共同发起的全球低碳冶金创新联盟在金色炉台·中国宝武钢铁会博中心成立。

同日　酒泉钢铁（集团）有限责任公司党委书记、董事长陈得信一行到访中国宝武。中国宝武总经理、党委副书记胡望明接待来访客人。双方就共同关心的改革创

2021年11月8日，中国宝武在第四届中国国际进口博览会现场与10家国际知名供应商举行集中采购签约　　　　　　　　　　　　　　　　　（施　琮摄）

新、产业布局、节能减排、绿电使用等事宜进行会谈交流。

同日　马钢集团新特钢工程项目举行开工仪式。该项目计划总投资92.69亿元，设计年产钢320万吨、钢坯315万吨，中棒100万吨、线材及大盘卷115万吨。工程分两期实施，一期工程计划于2023年6月底前投产，二期工程计划于2024年12月前投产。

同日　由长三角三省一市企业联合会共同发布的2021长三角百强企业排行榜出炉。其中，在2021长三角企业100强排行榜中，中国宝武名列第四；在2021长三角制造业企业100强排行榜中，中国宝武名列第三。

24日　宝山复旦科创中心启用暨首批重大创新项目入驻仪式在吴淞创新城中国宝武吴淞园举行。国家自然科学奖一等奖获得者、中国科学院院士、宝钢优秀教师特等奖得主赵东元领衔的功能介孔材料研发项目等8个复旦大学重大创新项目落户中国宝武吴淞园。

25日　中国宝武召开工业互联网研究院专家委员会首届首次会议，聘请中国工程院院士柴天佑、中国工程院院士王国栋、中国智库理事长兼研究院院长焦兴旺等16人为中国宝武工业互联网研究院首届专家。

同日　中铁建设集团有限公司党委书记、董事长汪建平一行到访中国宝武。中国宝武总经理、党委副书记胡望明在宝武大厦接待来访客人。双方就装备制造、绿色低碳发展、"走出去"等相关事宜进行沟通和交流。

同日　中国宝武发文，决定调整华宝（上海）股权投资基金管理有限公司的管理关系，由中国宝武

2021年11月18日，马钢集团新特钢工程项目举行开工仪式　　　　（罗继胜 摄）

直接管理。华宝股权作为中国宝武一级子公司，业务对口产融业中心。

30日　新疆维吾尔自治区首条镀锌钢丝自动包装生产线在新疆八钢金属制品有限公司建成投运。

11月　世界钢动态公司（WSD）发布2021年世界级钢铁企业竞争力排名，中国宝武以8.04分的得分，较上年加权平均得分提高0.44分，由上年的第11名跃升至第5名。

同月　华宝冶金资产管理有限公司完成工商注销。

12月

3日　在第13届《企业社会责任蓝皮书》发布会暨ESG（环境、社会、治理）中国论坛2021年冬季峰会上，中国社会科学院院课题组发布《企业社会责任蓝皮书》。中国宝武社会责任发展指数位列国有企业前十强。

7日　世界品牌实验室（World Brand Lab）在美国纽约发布2021年度（第18届）世界品牌500强排行榜，中国宝武作为国内唯一上榜

的钢铁企业，名列第333位；在上榜的中国品牌中名列第31位。

9日　宝武水务与山东钢铁股份有限公司签署战略合作协议。

同日　经85天施工，马钢集团A号高炉大修改造工程竣工点火。

10日　第四届中国宝武"十大杰出青年""十大优秀青年"评选决赛在宝武大厦举行。

同日　2021年度宝钢教育奖评审工作委员会决定，授予全国75所高校和2家单位的470名同学宝钢优秀学生奖，26名同学宝钢优秀学生特等奖，253名教师宝钢优秀教师奖，8名教师宝钢优秀教师特等奖，9名教师宝钢优秀教师特等奖提名奖。

同日　宝华招标华北分公司揭牌成立，标志着太钢集团招标代理项目专业化整合工作全部完成，其招标业务由中国宝武统一管理。

10—12日　中国宝武247项职工岗位创新成果参展第25届全国发明展览会，其中获金奖53项、银奖65项、铜奖68项，并获"世

界知识产权组织最佳女性发明奖"优秀展团奖"等奖项。

13日 工业和信息化部公布第五批国家工业遗产名单，武钢有限申报的武钢一号高炉入选。

15日 宝武特冶特种冶金材料新基地项目奠基仪式在安徽省马鞍山市举行。

16日 宝武碳业兰州宝航新能源材料有限公司（简称兰州宝航）10万吨负极材料项目在甘肃省兰州新区举行奠基仪式。

17日 中国宝武党委书记、董事长陈德荣，总经理、党委副书记胡望明会见到访的中国远洋海运集团有限公司董事长、党组书记万敏，董事、总经理、党组副书记付刚峰。双方就落实中央经济工作会议精神，进一步加强战略合作，深化战略对接，保障重要战略资源供应安全等进行会谈交流。

18日 八一钢铁富氢碳循环高炉三期项目开工建设。

19日 宝钢金属宝玛克（合肥）科技有限公司巢湖轻量化项目（一期）投产仪式在安徽省巢湖市举行。

23日 中国宝武举办首个"公司日"活动。上午8时，在金色炉台·中国宝武钢铁会博中心广场举行升旗仪式。

同日 2021年中国宝武全员创新日活动在金色炉台·中国宝武钢铁会博中心举行，表彰320项"优秀岗位创新成果奖"、106个"金点子"、100名"智多星"、37名"岗位创新新人奖"，命名36个"中国宝武职工（示范型）创新工作室"。

同日 太钢集团太原基地不锈钢绿色智能升级改造项目奠基。中国宝武党委书记、董事长陈德荣，中国宝武总经理、党委副书记胡望明在金色炉台·中国宝武钢铁会博中心主会场参加奠基仪式；山西省太原市委常委、副市长卢秋生参加仪式并致辞。

同日 武钢有限原料区低碳高效清洁化生产项目群举行开工仪式。中国宝武党委书记、董事长陈德荣，中国宝武总经理、党委副书记胡望明在金色炉台·中国宝武钢铁会博中心主会场参加开工仪式；湖北省武汉市委常委、副市长彭浩参加开工仪式并致辞。

同日 湛江钢铁全氢零碳绿色示范工厂百万吨级氢基竖炉工程奠基，这是全球首个全氢零碳绿色示范工厂。中国宝武党委书记、董事长陈德荣，中国宝武总经理、党委副书记胡望明在金色炉台·中国宝武钢铁会博中心主会场参加奠基仪式。

同日 "宝武绿碳私募投资基金（上海）合伙企业（有限合伙）"工商核名揭牌。

同日 由宝武资源作为控股方、重庆钢铁作为合资方的合资公司——宝武精成（舟山）矿业科技有限公司成立揭牌。

同日 中国宝武举行宝武碳业浙江绍兴柯桥碳纤维项目"云签约"仪式。

同日 中国宝武举行"钢铁工业大脑"战略项目授旗仪式，向14个"钢铁工业大脑"攻关团队授旗。

同日 中国宝武举行澳大利亚API公司哈迪铁矿（API-Hardey）

2021年12月16日，宝武碳业兰州宝航10万吨负极材料项目奠基　　　　　　　　　　　　　　（张　勇摄）

2021年12月23日，中国宝武举行澳大利亚API公司哈迪铁矿（API-Hardey）开发项目"云签约"仪式　　　　　　（张　勇摄）

2021年12月23日，中国宝武举行2021年度人物颁奖典礼　　　　　　（施　琮摄）

开发项目"云签约"仪式。

同日　集团公司在金色炉台·中国宝武钢铁会博中心举行2021中国宝武年度人物颁奖典礼。

28日　宝钢金属安徽宝镁轻合金有限公司年产30万吨高性能镁基轻合金及深加工项目，在安徽省青阳经济开发区开工。安徽省副省长杨光荣，中国宝武总经理、党委副书记胡望明，中国宝武党委常委、副总经理侯安贵，池州市委书记方正等领导为项目奠基。

29日　上海市浦东新区世博地区央地融合区域化党建联盟成立大会在宝武大厦举行。联盟有中国宝武、中国商飞等45家成员单位。

同日　南京市旅游资源规划开发质量评定委员会发布公告，确定宝钢股份梅钢工业文化旅游区为国家AAA级旅游景区。

30日　湖北省鄂州市委书记孙兵将"国家AAA级旅游景区"牌匾授予鄂城钢铁。经鄂州市文化和旅游局组织评定，鄂城钢铁工业旅游景区达到国家AAA级旅游景区标准要求，成为湖北省首家被授予AAA级旅游景区的重工业企业。

31日　中国宝武标准财务系统覆盖昆钢公司、重钢集团。

12月　由共青团中央、全国绿化委员会、全国人大环境与资源保护委员会、全国政协人口资源环境委员会、生态环境部、水利部、农业农村部、国家林业和草原局等多部委联合在生态环境领域设立的第十届"母亲河奖"揭晓，宝钢股份能源环保部获"绿色贡献奖"。

同月　由上海市地方志编纂委员会主编、中国宝武承编的《上海市级专志·宝钢集团志》，由上海社会科学院出版社出版发行。这是继《宝钢志（1977—1992）》《宝钢志（1993—1998）》后，记载宝钢发展历程的第三部志书。

（张文良）

编辑：张　鑫

04

企业管理

企业管理

战略规划（经济与规划研究）

【概况】 2021年，战略规划部（经济与规划研究院）以集团公司战略规划为引领，围绕战略规划、投资管理、产业策划、战略合作与协同四条主线，推进业务联合重组和钢铁生态圈建设。完成《中国宝武"十四五"战略规划》编制和上报，并组织启动规划评估和新一轮规划修编，强化规划引领作用，完善战略管控体系；优化投资管理体系，服务战略规划落实；优化联合重组战略策划，开展并购寻源；策划专业化整合，推动从联合走向融合；推进主动型战略合作，以集团公司名义签署6项战略合作协议，战略合作协议事项实行清单化管理；推进生态化协同管理，提升内部协同效益；推进对标找差，促进创建世界一流；策划"专精特新"企业培育，推动公司高质量发展。年底，在册员工19人。 （张 云）

【编制上报《中国宝武"十四五"战略规划》】 2021年，战略规划部牵头，编制形成并上报《中国宝武"十四五"战略规划》。同时，以规划为引领，协同集团公司相关部门确定子公司三年任期战略任务等目标；指导支撑子公司的规划和商业计划书编制工作；并以规划确定的子公司战略要素为基础，参与组织绩效评价体系建设等工作。
（张 云）

【组织启动新一轮规划修编】 2021年，战略规划部结合党史学习教育大调研课题，策划提出中国宝武新的战略定位、愿景和使命迭代升级的设想，从新时代、新挑战、新战略、新任务等角度，诠释中国宝武在新发展格局下企业发展战略迭代升级的必要性，调研课题成果在中国宝武第12期决策人研修上发布。在年度战略规划评估基础上，牵头启动新一轮战略规划修编。 （张 云）

【完善战略管控体系】 2021年，战略规划部完成《战略规划管理制度》转版。落实联合、整合、融合工作，完成昆钢公司、重钢集团战略规划管理体系对接，实现新进子公司规划管理体系同步覆盖。

（张　云）

【优化投资管理体系】 2021年，战略规划部更新转版9项投资相关管理制度，优化制度间的管理界面，加强对非主业投资的管控力度，进一步完善投资管理职能。规范子公司投资方向，加强投资风险管控，严控固定资产投资规模。年内，协同各部门完成投资项目审查60项。优化投资分析管理工具，改进升级投资管理系统（BIMS），有效支撑投资计划、投资统计、投资评估等各项工作。

（张　云）

【策划专业化整合方案】 2021年，战略规划部完成太钢集团等专业化整合总体方案策划，并经集团公司决策通过。 （张　云）

【推进主动型战略合作】 2021年，战略规划部组织完成6项战略合作协议的起草、协商与签署工作。完成修订并颁布《中国宝武战略合作管理办法》，完善战略合作闭环管理流程。上报《战略合作协议落实及清单化管理报告》，推进协议事项清单化管理。完成38个主要战略合作协议的清单梳理；梳理与广东省、湖北省等地合作协议事项落实情况，并发函广东省、湖北省人民政府，推进协议落实落地。 （张　云）

【制定《生态化指数及2021—2023年目标设定》】 2021年，战略规划部组织集团公司相关单位，发布《生态化指数及2021—2023年目标设定》。生态化指数由8个分项指数构成，覆盖中国宝武所有一级子公司。通过生态化指数指标，驱动各子公司全方位推进相关业务领域协同，为生态化协同和专业化整合等工作提供了评价方法和三年任期制目标依据。牵头组织子公司生态化指数填报数据审核工作，开展对子公司生态化协同指标的专业化评价工作。 （张　云）

【推进对标找差工作】 2021年，战略规划部围绕"全面对标找差，创建世界一流企业"管理主题，组织协调对标找差工作。通过组织开展集团公司层面的对标找差，形成年度报告。为全面贯彻落实国家和中国宝武碳达峰、碳中和、科技创新等重大战略，2021年度的对标指标体系从偏重经济效益，向经济效益、政治效益、社会效益和绿色效益协调发展的指标体系延伸。聚焦绿色创新和"卡脖子"技术，强化生态化协同。

（张　云）

【策划"专精特新"企业培育】 2021年，战略规划部牵头开展"专精特新"企业培育工作，下发《关于加快培育"专精特新"企业的指导意见》，明确培育工作的方向目标、职责分工和保障措施。对接工业和信息化部，制订实施《中国宝武制造业单项冠军培育提升工作方案》，启动"中国宝武制造业单项冠军企业培育提升专项行动"，建立项目储备库；组织开展2021年度申报示范企业和"单项冠军"产品申报，太钢不锈超纯铁素体不锈钢等2个产品获工业和信息化部认可为"单项冠军"产品。 （张　云）

【实施"振兴东北中央地方百对企业协作行动"】 2021年，按照国务院国资委要求，战略规划部牵头组织宝钢股份、宝钢资源、宝武碳业、宝武环科、宝武清能，分别对口内蒙古包钢钢联股份有限公司、包钢矿业有限责任公司、包钢集团节能环保科技产业有限责任公司，开展"振兴东北中央地方百对企业协作行动"，促进中国宝武与包头钢铁（集团）有限责任公司协同发展。

（张　云）

【助力乡村振兴工作】 2021年，战略规划部协助做好产业帮扶等工作，会同集团公司相关产业中心，完成中国宝武"十三五"援藏、援疆项目梳理，支撑《中国宝武乡村振兴"授渔"计划》等文件出台。

（张　云）

公司改革

【概况】 中国宝武全面深化改革工作办公室（简称深改办）作为集团公司全面深化改革领导小组（简称深改领导小组）常设机构，直接对深改领导小组负责，是集团公司深化改革工作的枢纽。深改办主要负责开展全面深化改革政策研究，掌握改革全局，提出全面深化改革工作实施意见和年度全面深化改革工作要点，并组织集团公司重大改革方案制订及宣传贯彻工作，协调推进各项改革方案的实施工作。2021年2月，集团公司设立中国宝武改革发展指导组（简称改革指导组）。改革指导组是中国宝武深化改革与管理创新委员会的特设机构，在集团公司党委和深化改革与管理创新委员会统一领导下开展工作。集团公司设3个改革指导组，分别对应"一基五元"产业板块。其中，第一改革指导组对口钢铁业、新材业板块，第二改革指导组对口智慧业、资环业板块，第三改革指导组对口园区业、产融业板块。

（赵　真　谭承昊）

【修订"国企改革三年行动实施方案"】 2021年，深改办按国务院国资委要求，组织中国宝武"国企改革三年行动实施方案"修订、研修、审批，上报《中国宝武钢铁集团有限公司改革三年行动实施方案（2020—2022年）》。 （秦长灯）

【落实专项改革工作】 2021年，深改办根据国务院国资委关于创建世界一流示范企业的统一决策部署和各项工作安排，起草编制并出台《创建世界一流示范企业实施方案》。选取运营、资产、高科技、高效率、高市场占有率、生态化、国际化等7大类14个结果性和驱动型指标，对标世界一流水平，明确中国宝武创建世界一流示范企业对标指标体系和对标对象。根据国企改革三年行动部署，编制《中国宝武重大决策体系优化完善方案》《中国宝武"三重一大"决策机制实施办法》《中国宝武重大事项决策的权责清单》，完善细化党委、董事会、经理层决策"三重一大"事项的具体权责和工作方式，为中央"三重一大"决策制度体系文件出台后的实施作好准备。中国宝武3个科改示范企业案例全部编入国务院国资委《国企改革案例集》一书。宝信软件在专项评估中被评为"优秀"。 （秦长灯）

【推进厂办大集体改革】 2021年，深改办按照国企改革三年行动方案的要求，深入推进武钢集团、武钢资源、鄂城钢铁厂办大集体改革工作，推进马钢集团、太钢集团、伊犁钢铁厂办大集体改革新增任务，基本完成厂办大集体改革工作。至12月底，完成集体产权法人处置436户，处置完成率92.96%。其中，清算注销266户，依法破产107户，股权转让63户。除武钢集团还剩余33户集体法人实体处置任务以外，马钢集团、太钢集团、鄂城钢铁、武钢资源、伊犁钢铁等全面完成厂办大集体改革任务。 （王诚翔）

【国企改革三年行动巡回指导】 2021年，改革指导组按照"策划、检查、指导、沟通、评估"工作思路，定期跟踪、检查、督促各业务板块子公司执行《中国宝武改革三年行动实施方案》《2021—2023年任期指标目标》《年度商业计划书》等所确定的各项改革任务的落实情况。完成全部一级子公司的巡回指导及部分二、三级子公司的穿透式调研，总计156场次；指导各一级子公司建立完善国企改革三年行动任务清单；组织召开子公司国企改革三年行动专题交流推进会4场。汇编《中国宝武改革发展指导组简报》9期；汇编《子公司国企改革典型案例》1期；编制并向子公司下发国企改革三年行动内部学习材料。为集团公司新任子公司部门长培训1次。 （谭承昊）

公司治理

【概况】 中国宝武公司治理部主要承担集团公司管控模式整体策划、子公司法人治理模式优化、全面风险管理体系建设、商业秘密保护管理、信息化管理和组织绩效评价工作。2021年底，在册、在岗员工15人。 （王萌华）

【成立中国宝武山西总部】 1月14日，为更好地开展中国宝武聚焦整合融合工作，推动中国宝武在山西区域的产业结构调整和布局优化，助推"一基五元"战略规划落地，健全和完善不锈钢产业生态体系，集团公司成立中国宝武钢铁集团有限公司山西总部，并明确其机构设置及运作方式。山西总部作为中国宝武总部部门职能职责的延伸，不承担经营职责，代表中国宝武总部行使区域发展、区域监管、区域协调、区域服务等职责。区域发展：推进区域内的产业布局及发展协调；区域监管：对区域内子公司执行国家及中国宝武规定、要求的情况进行管理、监督和检查；区域协调：面向属地政府的信息沟通、报告、协调，建立区域应急响应机制、信访维稳保障体系等，并与区域内子公司进行信息传达、汇总和沟通协调；区域服务：区域性统计报表编制，提供共享服务，承担中国宝武名义的外事和办公服务等。 （史永超）

【设立资本运营部】 1月27日，为深化中国宝武国有资本投资公司试点，强化"管资本"的功能定位，提升集团公司总部资本运作能力，优化集团公司联合重组项目的管理，稳妥推进混合所有制改革和子公司改制上市，中国宝武设立资本运营部，定位为总部职能部门，和产业金融业发展中心合署运作。财务部下属的"资产管理"模块划转至资本运营部，作为资本运营部下属模块，主要负责国有资产产权、长期投资项目效益分析、资产效率分析、混合所有制改革常态化推进等综合管理；"资产管理"模块承担的子公司利润分配、中央企业负责人经营业绩考核职责保留在财务部，由"预算"模块承担；财务部下属的"产权交易"模块成建制划转至资本运营部，作为资本运营部下属模块，主要负责产权交易、国有资产评估、产权登记等综合管理；产业金融业发展中心下属的"资本运作"模块划转至资本运营部，作为资本运营部下属模块，原有职责不作调整，新增子公司改制上市常态化推进的综合管理、集团公司级联合重组项目的可行性研究及项目实施等职责；撤销投行服务办公室，相关工作职责由资本运营部资本运作模块承担；退出资本资产办公室由挂靠财务部调整为挂靠资本运营部。　　　　　　（王萌华）

【设立海外事业发展部】　1月27日，为更好落实中国宝武新一轮战略规划要求，加快中国宝武创建世界一流示范企业的步伐，实现"一带一路"国际化布局取得实质性突破，中国宝武将海外事业发展办公室更名为"海外事业发展部"，定位为具有相关管理职责的业务部门，主要负责统筹协调集团公司内外部资源，加强海外事业组织协同，实现海外事业发展的集中策划、协同高效运作等。11月27日，为加快推进海外钢铁基地建设，建立健全海外业务推进责任体系，充分发挥海外事业发展部牵头协调作用，中国宝武对海外钢铁产业投资项目推进职责及工作机制进行优化。　　　　　　　　（王萌华）

【工会团委宝武大学协同运作】　2月12日，为加强国有资本投资公司工会功能发挥，推进团委工作体系及能力延伸，协同深化中国宝武产教融合试点工作，充分利用各项教育培训资源，促进群团组织功能有机衔接，中国宝武决定工会、团委、宝武大学实施协同运作。2月23日，为创新工会、团委及宝武大学协同运作模式，优化资源配置，深化群团改革，强化群团组织力量，提高管理效率，适配国有资本投资公司总部建设，中国宝武对集团公司工会、宝武大学下设机构进行调整。　　　　（王萌华）

【撤销中国宝武青山地区环境治理工作领导小组】　2月20日，基于武汉市青山地区环境治理工作成效明显，集团公司层面协调工作减少，为提高效率，进一步落实法人主体责任，集团公司决定撤销中国宝武青山地区环境治理工作领导小组。　　　　　　　（王萌华）

【宝地资产与宝地吴淞整合运作】　2月22日，为进一步聚焦主责主业，开展产业园区类企业"一地一企"整合，深化存量不动产业务专业化协同，增强与属地政府的统一、高效对接，更好服务于构建高质量钢铁生态圈，中国宝武决定，上海宝地不动产资产管理有限公司（简称宝地资产）与上海宝钢不锈钢有限公司/宝钢特钢有限公司（简称宝地吴淞）实行整合运作。　　　　　　　　　（王萌华）

【新闻中心更名】　2月23日，为构建中国宝武融媒体运营工作体系，集团公司将中国宝武新闻中心更名为"中国宝武融媒体中心"，挂靠党委宣传部，负责集团公司层面媒体的内容制作及发布、向各子公司提供集团公司层面的媒体信息共享服务。　　　　　　（史永超）

【设立改革指导组】　2月23日，为全面落实党中央国务院国资国企改革决策部署，进一步加强改革推进实施体系，完善指导督促机制，确保高质量如期完成各项改革任务，中国宝武设立3个改革指导组，分别对应"一基五元"产业板块。其中，第一改革指导组对口钢铁业、新材业板块，第二改革指导组对口智慧业、资环业板块，第三改革指导组对口园区业、产融业板块。　（史永超）

【成立"两会"代表委员工作室】　2月26日，为支撑中国宝武的全国人大代表、政协委员履职，协助全国人大代表、政协委员等开展建言献策、提案准备等工作，成立"两会"代表委员工作室。　　　（王萌华）

【运营共享服务中心设立三个区域分中心】　3月15日，为加快推进集团公司财务共享业务一体化集中管理，提升运营共享专业体系能力，中国宝武决定，运营共享服务中心（档案中心）设立鄂州区域分中心、韶关区域分中心、南京区域分中心。鄂州区域分中心挂靠鄂城钢铁，韶关区域分中心挂靠韶钢松山，南京区域分中心挂靠宝钢股份梅钢公司。　　　　　（王萌华）

【建立碳中和工作推进体系】 3月18日，为统筹推进绿色低碳领域的科技创新、技术合作、最佳实践推广及集团公司碳数据、碳资产管理等工作，中国宝武将低碳冶金技术创新推进领导小组更名为"碳中和推进委员会"，加强对中国宝武绿色低碳工作的领导；设立碳中和办公室，作为碳中和推进委员会领导下的特设机构，与科技创新部、能源环保部合署办公。 （王萌华）

【成立专业化整合工作领导小组】 3月29日，为推进集团公司级联合重组项目的聚焦融合工作，加快形成"一企一业、一业一企"业务格局，统筹协调各专业化整合项目有序开展，尽快发挥专业化整合协同效应，中国宝武成立专业化整合工作领导小组，下设专业化整合管理办公室，作为领导小组的日常办事机构。专业化整合管理办公室设在公司治理部。 （史永超）

【马钢交材管理关系调整】 7月4日，为优化"分业经营、分级管理"的三层管控架构，加快打造优特钢长材规模化精品生产基地，加强马鞍山区域钢铁生产单元的资源整合协同，中国宝武决定，宝武集团马钢轨交材料科技有限公司不再由集团公司直接管理，调整为由马钢股份进行管理。 （史永超）

【实施太钢集团研发业务整合协同】 7月14日，为优化中国宝武科技创新体系，加大钢铁单元研发业务专业化整合推进力度，共享集团公司内部研发资源，完善不锈钢业务研发体系，加速实现全球不锈钢行业引领者的目标，实现集团公司整体效益最大化，中国宝武决定实施太钢集团研发业务整合协同，在中国宝武中央研究院成立太钢技术中心、不锈钢研发中心。 （史永超）

【宝武大学、管理学院更名】 7月14日，为落实教育部、国务院国资委等部门对于规范"大学""学院"名称登记使用的相关要求和整改意见，中国宝武将宝武大学更名为"产教融合发展中心"，管理学院更名为"管理研修院"，建设产教融合型企业领导小组更名为"产教融合管理委员会"，宝武大学校务委员会相关职责进入产教融合管理委员会。 （史永超）

【财务部更名】 7月19日，为持续优化国有资本投资公司总部建设，细化职责分工，加强经营职能管理，中国宝武决定将财务部更名为"经营财务部"。 （史永超）

【成立宝武碳中和股权投资基金筹备组】 7月30日，按照党中央国务院关于绿色低碳高质量发展的重大战略决策部署，为加快推进基金落地实施，助推中国宝武双碳战略发展，中国宝武成立宝武碳中和股权投资基金筹备组，作为中国宝武特设机构。 （王萌华）

【优化安全督导工作体系】 9月30日，为适应中国宝武"超亿吨"战略目标和"一基五元"业务快速拓展需要，做好新形势下安全督导工作，中国宝武在全面评估以往工作实践基础上，制定印发《安全督导工作指导意见》，进一步完善安全督导组织体制，优化安全督导工作机制，加强安全督导队伍建设，发挥区域总部的区域监控协调作用，建立本区域安全生产工作的沟通机制、协调机制、应急机制。 （王萌华）

【加强子公司董事会建设】 11月22日，为落实国企改革三年行动部署，加快推进各级子公司依法合规设立董事会，规范董事会运行，履行股东职责，更好发挥子公司董事会"定战略、作决策、防风险"的作用，切实增强企业改革发展活力，中国宝武印发《中国宝武加强子公司董事会建设工作方案》，推进各层级子公司实现董事会"应建尽建"。 （王萌华）

【落实子公司董事会职权】 11月22日，为落实国企改革三年行动部署，加快完善中国特色现代企业制度，推进子公司落实董事会职权，提升子公司董事会行权履职能力、增强企业改革发展活力，中国宝武印发《中国宝武落实子公司董事会职权工作方案》，推动重要子公司落实董事会重点职权。 （王萌华）

【明确华宝股权管理关系】 11月25日，为更好地开展宝武碳中和股权投资基金"募投管退"（募集、投资、管理、退出）全流程管理，满足各方投资人对基金管理公司的要求，中国宝武决定调整华宝股权管理关系，作为集团公司直接管理的一级子公司，业务对口产融业务中心。 （王萌华）

【推进"一总部多基地"管理体系建设】 12月23日，为落实中国宝武"一基五元"战略业务布局，贯彻"分业经营、分级管理"的管控架构要求，加强管理体系和管理能力建设，强化资产经营层公司经营管理能力和生产运营层公司运营执行能力，加快培育"专精特新"企业，集团公司印发《资产经营层公司"一总部多基地"管理体系建设指导意见》，明确"产业经营""区域经营"概念，拓展形成"三层架构四级管理"，推进重点管控职能实现"覆盖""延伸""自主"等管理方式，整理归纳典型"一总部多基地"管理模式特点。（史永超）

2021年中国宝武一级子公司（管理关系）一览表

一级子公司（管理关系）		对口总部业务中心	
全　称	简　称	全　称	简　称
宝山钢铁股份有限公司	宝钢股份	钢铁产业发展中心	钢铁业中心
宝武集团中南钢铁有限公司	中南钢铁		
马钢（集团）控股有限公司	马钢集团		
太原钢铁（集团）有限公司	太钢集团		
宝钢集团新疆八一钢铁有限公司	八一钢铁		
宝武碳业科技股份有限公司	宝武碳业	新材料产业发展中心	新材业中心
宝钢金属有限公司	宝钢金属		
上海宝钢包装股份有限公司	宝钢包装		
宝武特种冶金有限公司	宝武特冶		
武汉钢铁集团耐火材料有限责任公司	武汉耐材		
上海宝信软件股份有限公司	宝信软件	智慧服务产业发展中心	智慧业中心
欧冶云商股份有限公司	欧冶云商		
宝钢工程技术集团有限公司	宝钢工程		
宝武装备智能科技有限公司	宝武智维		
宝武重工有限公司	宝武重工		
欧冶工业品股份有限公司	欧冶工业品		
宝武资源有限公司 宝钢资源（国际）有限公司	宝武资源	资源环境产业发展中心	资环业中心
宝武集团环境资源科技有限公司	宝武环科		
宝武原料供应有限公司	宝武原料		
宝武水务科技有限公司	宝武水务		
宝武清洁能源有限公司	宝武清能		
欧冶链金再生资源有限公司	欧冶链金		
西藏矿业资产经营有限公司	西藏矿业		

（续　表）

一级子公司（管理关系）		对口总部业务中心	
全　称	简　称	全　称	简　称
武钢集团有限公司	武钢集团		
上海宝地不动产资产管理有限公司 上海宝钢不锈钢有限公司 宝钢特钢有限公司	宝地资产 宝地吴淞	产业园区业发展中心	园区业中心
华宝投资有限公司	华宝投资		
华宝信托有限责任公司	华宝信托		
华宝基金管理有限公司	华宝基金	产业金融业发展中心	产融业中心
华宝证券股份有限公司	华宝证券		
宝武集团财务有限责任公司	财务公司		
华宝(上海)股权投资基金管理有限公司	华宝股权		

【获管理创新成果奖】　2021年，八一钢铁中报的"龙头企业牵引的区域钢铁产能整合管理"创新成果获评第28届（2021年）全国企业管理现代化创新成果（二等）。中国宝武22项成果获评"2021年冶金企业管理现代化创新成果"，13项管理创新成果获评上海市工业经济联合会"2021年上海市企业管理现代化创新成果"，2项管理创新成果获评"2021年新疆维吾尔自治区企业管理现代化创新成果"，2项管理创新成果获评"2021年安徽省企业管理现代化创新成果"，11项管理创新成果获评"2021年湖北省企业管理现代化创新成果"。

（赵　真）

中国宝武获2021年冶金企业管理现代化创新成果一览表

序　号	申　报　单　位	成　果　名　称	成果等级
1	宝钢股份湛江钢铁能源环保部	基于集控模式的钢铁企业废水零排放管理创新与实践	一等
2	宝钢股份设备部	基于操检维一体化的大型钢企设备管理变革与实践	一等
3	宝钢股份营销中心（宝钢国际）	以用户为中心的全程物流管控体系	一等
4	宝钢工程	数字化"智慧工程"价值管理实践	一等
5	太钢集团太钢不锈	超低排放A级企业的创建	一等
6	宝钢股份冷轧部	专业化整合驱动多基地冷轧制造能力提升	一等
7	宝钢股份营销中心（宝钢国际）广州宝钢南方贸易有限公司	汽车板智慧营销模式探索与实践	一等
8	太钢集团职工教育培训中心	钢铁企业技能人才评价模式的探索与实践	一等
9	太钢集团技术中心	钢铁企业基于流程优化和数据化方法深度应用的质量管理升级	一等

（续 表）

序 号	申 报 单 位	成 果 名 称	成果等级
10	宝武智维	传统离散型生产企业精智转型发展之实践	三等
11	中南钢铁韶钢松山	廉洁系统智慧监督	三等
12	宝钢金属	"一总部多基地"的制造管理	三等
13	中南钢铁鄂城钢铁	六西格玛精细化管理在铁水一罐到底中的应用	三等
14	中南钢铁韶钢松山	以标准化体系助推高炉产能提升	三等
15	宝钢股份梅钢公司	建立敏捷高效原料运行体系探索与实践	三等
16	太钢集团太钢不锈	炼钢原料的精益化管理创新与实践	三等
17	太钢集团能源环保部	特钢企业水系统生态化治理的创新与实践	三等
18	太钢集团太钢不锈	轧机电机远程协同解体检修创新与实践	三等
19	太钢集团太钢国际经济贸易有限公司	不锈钢资源产业"五位一体"套期保值风险管理体系的构建与提升	三等
20	中南钢铁鄂城钢铁	以"一人一表"精细化绩效管理助推全面对标找差	三等
21	欧冶云商上海欧冶物流股份有限公司	基于工业互联网的钢铁产成品智慧物流服务体系建设	三等
22	宝钢股份原料采购中心	智慧采购物流系统在钢铁企业的创新实践	三等

中国宝武获2021年上海市企业管理现代化创新成果一览表

序 号	申 报 单 位	成 果 名 称	成果等级
1	欧冶云商马钢集团物流有限公司	协同生态圈共建大物流体系的探索与实践	一等
2	宝钢金属	赋权赋能构建具有活力的基层合伙机制	二等
3	宝钢股份硅钢事业部	"1个决策中枢+N个智慧工厂"基层管理变革实践	二等
4	宝钢股份营销中心（宝钢国际）	比较优势理论在多基地产品产线分工中的应用管理	二等
5	欧冶工业品	工业品多基地集中采购管理实践与创新	二等
6	欧冶云商	欧冶直联助力金融机构服务中小微企业的管理实践	二等
7	宝钢工程宝华招标	阳光、协同、智慧、共享的统一招标业务平台构建管理	二等
8	宝武环科	"一总部多基地"管理体系与能力提升实践与思考	三等
9	宝武清能	资本运作推进产业加速发展的管理实践	三等
10	宝武智维	基于智能运维平台的四位一体管理实践	三等
11	宝钢股份营销中心（宝钢国际）上海宝钢商贸有限公司	基于客户配套服务需求的钢管专业化电商平台管理实践	三等

序　号	申　报　单　位	成　果　名　称	成果等级
12	欧冶云商上海钢铁交易中心有限公司	期（货）现（货）联动的场外交易服务体系创建	三等
13	中国宝武新材料产业发展中心	基于生态圈协同的新材料产业发展管理实践	三等

中国宝武获2021年新疆维吾尔自治区企业管理现代化创新成果一览表

序　号	申　报　单　位	成　果　名　称	成果等级
1	八一钢铁	大型钢铁企业基于全口径的物流成本管控能力提升	一等
2	八一钢铁企划部	基于供给侧结构性改革背景的新疆钢铁产能整合管理实践	一等

中国宝武获2021年安徽省企业管理现代化创新成果一览表

序　号	申　报　单　位	成　果　名　称	成果等级
1	马钢集团马钢股份	适应新发展定位,持续提升体系能力的管理变革和流程再造	二等
2	马钢集团马钢股份	大型钢铁企业"智控炼铁"的探索与实践	二等

中国宝武获2021年湖北省企业管理现代化创新成果一览表

序　号	申　报　单　位	成　果　名　称	成果等级
1	中南钢铁鄂城钢铁	钢铁企业铁水运输全流程安全可视化管控体系的构建与创新	一等
2	宝钢股份武钢有限	基于行动学习法和大数据分析的成本变革与创新	一等
3	中南钢铁鄂城钢铁	档案价值理论在鄂钢档案管理实践中的应用与创新	二等
4	中南钢铁鄂城钢铁	基于智慧制造条件下的生产班组管理模式的创新	二等
5	武钢集团工会	构建思想引领"树"　团结带领职工在企业改革发展中建功	二等
6	宝钢股份武钢有限	大型钢铁企业鱼雷罐铁水运输优化创新实践	二等
7	中南钢铁鄂城钢铁	整合优化供应链,构建具有鄂钢特色的招标采购管理模式	三等
8	武钢集团项目发展业务部	树立"项目为王"的鲜明导向　推动存量主题园区的打造	三等
9	中南钢铁鄂城钢铁	价格拟定标准评价指标体系在销售价格管理中的创新与实践	三等
10	中南钢铁鄂城钢铁	以创新思维推进完成厂办大集体改革攻坚任务	三等
11	宝钢股份武钢有限焦化公司	"冗余"模式管理干熄焦关键设备效率提升管理实践	三等

（赵　真）

【重大风险管控】 2021年，公司治理部编制《中国宝武钢铁集团有限公司2020年全面风险管理报告》，1月25日，经集团公司第一届第十八次董事会专题通过。年内，发布《中国宝武2021年全面风险管理工作推进计划》，明确集团公司6项重大风险，逐一落实管理责任和任务目标，形成具体的管控举措，定期组织跟踪、评价和完善。 （蒋 华）

【内控合规体系建设】 2021年，公司治理部发布《中国宝武内控体系能力提升方案》，明确8大类30项工作任务，促进各单位及时补齐短板、提升内控体系能力、加强业务监管；梳理总部各职能涉及的190项管理制度和240个监管文件合规要点，组织编制集团公司"一文一表"，甄别6 220个关键合规事项，纳入《中国宝武内控合规评估标准（2021版）》；按照制度文件梳理适应性公司层面4大类82个内控关键点，以及流程层面18个专业领域共1 065个关键控制活动的内控要求，修订更新《中国宝武集团（总部）内控合规手册（2021版）》。 （蒋 华）

【制度体系建设】 2021年，公司治理部深化总部各专业"1+N"制度整合优化，发布《中国宝武制度树（2021版）》。更新《全面风险与内控合规管理制度》，建立中国宝武风险内控合规"1+N"制度体系的主文件；更新发布《中国宝武钢铁集团有限公司经营投资纪律》。 （蒋 华）

【风险隐患排查】 2021年，公司治理部针对国务院国资委发布的"5大类30个典型问题"，开展中国宝武全层级"内控缺陷自查自纠"，发布《关于开展全层级经营管理风险隐患专项排查的工作通知》，排查内控缺陷，发现771个问题点，并形成整改报告。 （蒋 华）

【严控"两头在外"贸易风险】 9月，公司治理部严控"两头在外"贸易风险，出台《关于禁止"两头在外"贸易业务并进一步规范集团外贸易行为的通知》，实行集团公司外贸易行为分类管理，严禁非主业"两头在外"贸易业务，明确中国宝武批准开展的集团公司外贸易行为定位于贸易服务，并推动各一级子公司强化集团公司外贸易常态化管理。 （蒋 华）

【全层级关键业务信息登记备案】 2021年，公司治理部牵头推进关键业务信息的全层级填报功能，出台《关于启动全层级关键业务信息常态化登记备案填报的通知》，逐步建立完善全层级填报责任体系，全面开展全层级关键业务信息常态化登记，涉及资金要素、"两金"管控、法人证章、内控授权、集团公司外贸易5大类16份专业台账。 （蒋 华）

【开展组织绩效评价】 2021年初，公司治理部组织开展2020年度、2018—2020年任期组织绩效评价工作。围绕"全面对标找差，创建世界一流"管理主题，形成年度"大盘卓越评价法"和任期"卓越引领评价法"。3月9日，下发《2021—2023年子公司年度及任期组织绩效评价框架方案》，作为开展子公司组织绩效评价工作的主要依据。3月10日，集团公司召开干部大会，首次颁发年度（2020年）组织绩效奖和任期（2018—2020年）组织绩效奖。 （张 鹰）

【构建子公司组织绩效目标体系】 3月10日，集团公司与各一级子公司领导班子签订任期经营与战略任务责任书，倡导契约精神，强化激励约束，激发子公司市场化经营动力活力。3月11日，下达子公司年度经营管理任务书。3月19日，编制下发子公司年度专业管理评价表，构建子公司组织绩效目标体系。 （张 鹰）

【获评国务院国资委"标杆项目"】 2021年，在国务院国资委组织的"国有重点企业创建管理提升标杆活动"中，"中国宝武绩效驱动型战略执行体系"项目获评"标杆项目"。 （张 鹰）

【优化组织绩效管理信息系统】 2021年，公司治理部新开发绩效任务书编制模块、组织绩效跟踪模块，升级年度数据填报和绩效评价功能等模块，实现组织绩效策划、下发、跟踪、评价全过程在线、透明管理，基本实现绩效数据不落地。运用组织绩效管理信息系统开展年度绩效评价。 （张 鹰）

【开发"一人一表"管理信息系统】 2021年，公司治理部加强总部管理者"一人一表"全过程管理，将总部部门组织绩效管理与总部管理者"一人一表"有机统一，开发"一人一表"管理系统和移动端App（手机应用程序），实现编制、审核、跟踪点评、总结评价的全过程管理，集团公司领导可实现穿透式查看与点评，年末依托该系统开展年度总部部门绩效评价。 （张 鹰）

【推进子公司经理层成员任期制和契约化管理】 2021年，公司治理部会同集团公司党委组织部推进落实子公司经理层成员任期制和契约化管理。5月初，制定下发《关于子公司经理层成员任期制和契约化管理的指导意见》，根据工作计划组织推进、督导。年底，457家子公司，1 156名经理层成员100%签订岗位聘任协议和经营业绩责任书。 （张 鹰）

【规范子公司下属单位档级管理】 2021年初，公司治理部编制下发《一级子公司下属单位档级管理指导意见》，规范一级子公司下属"副公司级"单位档级管理。 （张 鹰）

办公室事务管理

【概况】 中国宝武办公室与党委办公室、董事会办公室合署办公，党委办公室与人民武装部合署办公。下设调研室、秘书室、行政室3个职能模块，并承担信访办公室、保密办公室、应急管理办公室、党风廉政建设领导小组办公室职责，其中党风廉政建设领导小组办公室为2021年3月新设，成员单位包括党委办公室（办公室）、党委组织部（人力资源部）、纪委、党委巡视工作领导小组办公室，负责承接上级部门有关落实主体责任、党风廉政建设工作要求，做好日常工作协调联络。党委办公室是集团公司党委的综合管理部门，按党委要求协调有关方面开展工作，承担党委运行保障具体事务，推动党委决策

部署落实落地。董事会办公室作为董事会的办事机构，负责筹备董事会和董事会专门委员会会议，为董事会运行提供专业支持和服务。 （许沧海 吴蓓珠）

【董事会建设】 2021年，董事会办公室组织召开董事会会议14次（其中召开战略务虚会1次），审议讨论议题70项，其中涉及重大投融资决策8项、战略规划与实施5项、内控与风险管理9项、财务预决算8项、对外捐赠5项、对外担保5项、金融衍生品8项；形成董事会决议43项。各专门委员会围绕董事会重要事项，召开19次会议，为董事会重大决策提供咨询、建议。9月，召开外部董事务虚会1次。中国宝武董事会工作连续3年被国务院国资委评价为"优秀"。 （庞丽雯）

【贯彻落实习近平重要讲话和指示批示精神】 2021年，办公室（党委办公室）组织开展贯彻落实习近平总书记重要讲话和指示批示情况专项检查，汇总形成《专项检查情况报告》，在集团公司范围内通报专项检查情况。结合党史学习教育巡回指导，对贯彻落实情况和整改情况进行抽查。策划并组织实施习近平总书记考察调研中国宝武太钢集团、马钢集团一周年活动，并向党中央专题报告。贯彻落实习近平总书记关于中国宝武碳达峰、碳中和重要批示精神，组织召开党委常委会、干部大会等做好学习传达，会同相关部门制定下发有关实施意见，上报《学习传达贯彻落实总书记关于碳达峰碳中和重要批示精神的情况报告》。认真落实"第一议题"制度，动态跟踪梳理习近平总书记重要讲话和

指示批示清单，制订学习计划，构建以党委常委会"第一议题"常态学、党委理论中心组学习深入学和公司领导日常自学为一体的学习体系。全年通过党委相关会议学习传达部署贯彻习近平总书记重要讲话和重要指示批示26次，开展党委理论学习中心组学习12次，向党中央提交报告15篇。 （金芳英）

【中央巡视反馈问题整改督办管理】 2021年，办公室（党委办公室）履行巡视整改工作领导小组办公室职责，做好中央巡视整改工作。组织各有关单位就中央巡视整改未办结的整改举措和专项攻关项目进行再跟踪、再落实，新增完成2条整改举措和2个专项攻关项目的销号闭环，剩余2条整改举措（超低排放推进实施、钢铁主业项目建设）和2个专项攻关项目（长江沿线生产基地生态环境保护、厂办大集体改革）按计划推进。 （许沧海 吴蓓珠）

【疫情防控】 2021年，办公室（党委办公室）履行应急管理办公室职责，统筹协调各单位，加强新冠肺炎疫情防控，做到"闭环闭得住，防控防到位，措施有温度"。落实新冠肺炎疫情常态长效防控措施，坚持"外防输入、内防反弹"的防控策略，加强各单位特别是海外单位的疫情监测排查，确保疫情信息畅通。根据年内"多点散发"式防控形势，坚持常态化精准防控和局部应急处置紧密结合，进一步完善应急预案和应急处置机制，筹措防疫物资。接到国务院国资委、上海市、宝山区疫苗接种通知要求后，第一时间主动申请，为中国宝武

2021年7月下旬，南京暴发大规模新冠肺炎疫情。宝钢股份梅钢公司组织员工进行4批次核酸采样，共检测5.60万人次
（朱 飞 摄）

员工开设新冠疫苗接种"宝武专场"，中国宝武成为在沪唯一开设疫苗接种专场的中央企业。根据上级有关要求，号召各单位组织员工利用社会资源接种"加强针"。
（胡佳溪）

【"三重一大"相关工作】 2021年，办公室（党委办公室）做好董事会、党委常委会、总经理常务会等公司级决策会议的组织实施工作，对上会议题严格把关，按照会前充分酝酿、会中依规决策、会后督促落实进行闭环管理，组织召开39次党委常委会，将习近平总书记重要讲话和指示批示精神作为党委会"第一议题"，安排学习24项内容，审议议题275个，其中党委前置研究讨论议题86个；组织召开总经理常务会34次，审议议题159个。根据国务院国资委"三重一大"监管系统全覆盖要求，建设中国宝武"三重一大"信息系统，对接国务院国资委中央企业"三重一大"决策和运行监管系统。建立各级公司数据报送机制，集团公司党委、经理层、董事会的信息均按时报送国

务院国资委中央企业"三重一大"决策和运行监管系统。贯彻落实中央企业在完善公司治理中加强党的领导的要求，进一步优化重大事项决策体系和相应的会议体系，2022年按新体系执行。 （吴海凤）

【文件管理】 2021年，办公室（党委办公室）做好公文（代拟文、呈批文、外来文、其他文）的登记、初审、拟办、承办、催办等工作，全年处理各类文件6 824份。定期跟踪集团公司领导批文周期，做好提醒跟踪。文件处理周期平均为1.54天，集团公司领导两天内作出批示的文件平均批文率达95.90%。全年收到党内文件21 186份，分发中未发生遗失、缺少等现象。做好集团公司密码传真件的收、发、流转、回收等工作，全年接收密码电报15件。做好密码机密钥保管、更换及试报工作；清退2020年度上海市委机要局下发的密码电报21份。 （刘 玲）

【督办管理】 2021年，办公室（党委办公室）做好党政年度工作要点、会议决议等各类事项的跟踪督

办，牵头编制形成集团公司8大方面74大项年度重点任务，衔接来自会议决议、公文批示、调研指示等日常重要事项，按照"PDCA（计划、实施、检查、处理）+认真"的原则，按月开展跟踪督办，并通过党政联席会、总经理工作例会等滚动报告，实现闭环管理。组织开展督办实务专项培训。启动督办信息系统建设。 （冯茂芬 吴蓓珠）

【信息调研】 2021年，办公室（党委办公室）强化内部宣传阵地建设，统筹办好《集团通报》（原《办公室通报》）、《每日要情》、《海外周讯》、《办公室邮件》，全年编发《集团通报》（含《办公室通报》）24期、《每日要情》254期、《海外周讯》54期、《办公室邮件》22期，按期出刊率100%。组织开展信息条线专项培训。启动信息报送系统建设，完成《每日要情》《海外周讯》等功能初步开发。制订下发《学习贯彻习近平总书记"七一"重要讲话精神 深入开展2021年党史学习教育大调研实施方案》，结合党史学习教育专题研讨，集团公司总经理助理以上领导牵头，每人聚焦1个课题，深入开展大调研活动。组织各一级子公司党委完成大调研课题选题和调研成果备案工作，要求各单位结合战略规划修编、商业计划书编制，将调研成果纳入其中予以体现。
（吴蓓珠 许沧海）

【改进作风建设】 2021年，办公室（党委办公室）进一步"精文减会"，全年召开集团公司级会议167次，比上年减少30%以上。建立全新文件督办体系，下发《关于切实提升总部文件办理效率的工作

提示》《进一步加快集团公司批复下发新流程的操作规范》。严格履职待遇、业务支出管理，全面修订履职待遇、业务支出制度。做好违反中央八项规定精神问题方面的审计反馈整改工作。坚持办公家具、办公资源统一调配、统筹保障，实现闲置资源整合利用、集中共享。牵头党史学习教育第二巡回指导组，聚焦员工急难愁盼问题，指导推进基层党组织"我为群众办实事"实践活动，发现亮点、提炼案例。深化公车市场化社会化改革，集团公司全年新增压减公车254辆（其中公务车36辆、生产用车218辆），武钢集团退出营运车辆业务。推进太钢集团、昆钢公司、重钢集团、西藏矿业等新进单元全球定位系统（GPS）应装尽装。

（胡超伦）

【修订完善管理制度】　2021年，办公室（党委办公室）做好制度梳理完善工作，在2020年压减基础上，新增挖潜合并废止5项制度，修订新增制度12项，两年压减率达51.50%。年底，办公室（党委办公室）有制度性文件26份，其中基本制度文件6份、重要制度文件20份。

（金芳英）

【接待及会务工作】　2021年，办公室（党委办公室）优化完善重大会务重要接待活动工作流程。协同组织完成"进一步贯彻落实习近平总书记考察调研中国宝武太钢集团、马钢集团重要讲话精神"系列活动、党委第一届第五次全委（扩大）会议、党委第一届第六次全委（扩大）会议、中国钢铁工业协会第六届会员大会、全球低碳冶金创新联盟成立大会、中国宝武混合所有制改革项目专场推介会，以及宝武碳中和股权投资基金设立发布会、上海美术学院主校区项目启动仪式、爱国主义基地挂牌、首个中国宝武"公司日"升旗仪式等重大仪式活动的组织、协调任务，重要接待、重要活动差错率为零。

（胡超伦）

【智慧办公平台建设】　2021年，办公室（党委办公室）研究制订《中国宝武智慧工作平台整体改进工作方案》，分阶段组织开展办公自动化（OA）平台升级改造。聚焦差旅服务及管理的痛点难点，打造智慧差旅平台。对外整合资源，引入商旅行业航空、酒店、用车等细分领域最优供应商，通过集中采购为企业降低差旅成本。对内优化"差旅小秘书"App（手机应用程序）功能，实现全流程系统管控和智能差旅标准管理。

（蒋丹枫　吴海凤）

【信访维稳工作】　2021年，办公室（党委办公室）履行信访办公室职责，办理各类信访事项332件、764批、1 016人次，呈现"信访总量下降，信访结构不断优化，信访秩序保持好转，突出信访矛盾总体稳控"的态势。没有发生影响中国宝武形象的重大事件。组织开展"定期+不定期"不稳定因素排查，制订工作预案，完善专项风险管控措施，做好各类重要会议、重大活动期间专项稳控工作，协同属地公安系统开展政府企业共商会议，联防联控。集中治理重复信访积案。全年，集团公司党委常委会2次专题研究、党委专题会1次重点推进，集团公司主要领导和分管领导批阅信访件7批次，批签推进信访积案化解专项工作的

各类报告或文件27件。组织召开"政企共商""警企共建"等平台会议9次，向国务院国资委信访办公室、上海市信访办公室等上报各类专项材料60余份，信访积案化解（办结）率100%，其中实体化解率67.30%。集团公司层面突出信访矛盾降级调整7件，完成率为58%。加强对太钢集团、西藏矿业、重钢集团、昆钢公司、中钢集团的信访维稳体系管理对接与制度覆盖。每季度对信访干部进行一次培训，提高信访干部专业技能，全年集团公司总部组织开展集中培训100课时，1 088人次参加培训。总结提炼典型案例16篇，择优上报国务院国资委3篇。

（沙雄伟）

【保密管理】　2021年，集团公司党委常委会专题听取保密总结、研究部署保密工作1次，集团公司党委专题会研究落实年度保密重点工作2次，保密办专题推进保密工作10次。保密办公室根据最新保密法律、法规和上级有关文件要求，适应性修改完善《保密管理制度（2021版）》。梳理集团公司总部国家秘密涉密岗位和涉密人员，强化涉密人员上岗前保密审查、在岗保密培训、离岗脱密期和因私出国（境）全流程保密管理，组织保密培训9次，落实脱密期管理。做好保密技术防护措施。采取专项检查、互相检查、综合检查等方式协助各单位及时发现问题、快速解决相关问题。年内，中国宝武被国务院国资委评为"中央企业保密管理对标标杆企业"。

（高时庄）

【费用管理】　2021年，办公室（党委办公室）从严从紧控制总部后

勤管理支出。精准分类管控各项费用，以合同管理为中心夯实办公租赁、后勤费用管理，全年预算精度近100%，实现费用同口径持平。巩固公务用车改革、差旅平台集中采购工作成果，租车费用环比下降20%；坚持办公家具、办公资源统一调配、统筹保障，实现闲置资源整合利用、集中共享，办公家具费用环比下降约20%。加强零星固定资产年度计划管理，严控采购费用，对于大宗、非个性化零星固定资产，通过欧冶工业品平台集中采购。统筹资源利用，梳理闲置零星固定资产，提高资产利用效率。

（庞丽雯　王召军）

档案管理

【概况】　中国宝武档案中心成立于2020年2月，承担集团公司档案管理职责，对口国家、地方档案行政管理部门开展工作，对集团公司内成员单位档案管理工作进行指导监督检查。档案中心与运营共享服务中心实行"两块牌子、一套班子"运作方式，运营共享服务中心（档案中心）增设档案室。2021年，档案中心完成各类档案（含人事档案）整编入库12 760件、33 180卷，提供利用374 739卷（件），移交社会化管理退休人员档案1 920卷。年底，档案中心档案室有馆藏纸质档案237 256件、903 322卷，照片档案49 733张，录音/录像磁带173盘，实物档案3 110件，电子文件存储量5 000 GB。年内，中国宝武档案工作获国家档案局档案工作综合检查"优秀"评价等次。　（毛小春）

【加强档案管理体系建设】　2021年，档案中心完成《档案工作管理办法》的修订，增加境外档案管理、重大活动及突发事件档案管理、资产与产权变动档案处置、档案管理应急预案等内容。新增修订《档案管理专业规范》；将原《文书档案管理规范》《工程项目档案管理规范》《会计档案管理规范》3个规范进行合并，原规范废止；新编《科学技术研究档案工作规范》和《电子文件归档与电子档案管理规范》。将管理标准应用与系统操作相结合，梳理各门类档案管理的收、管、存、用业务流程，分别制定36个岗位工作规程。　（毛小春）

【新建智慧档案管理系统】　2021年，档案中心完成中国宝武智慧档案管理系统建设方案的系统策划，12月31日上线运行。该系统通过引入业内成熟产品软件设计理念，基于中国宝武产业生态平台（ePlat），结合大数据、人工智能等新技术，完成智慧档案管理系统基座功能和统一接收平台的设计、开发、测试，建立了"系统架构先进、业务分级操作、数据集中共享、突出电子档案"的智慧档案管理系统。　（毛小春）

【组建档案专家团队】　2021年，档案中心通过制订《中国宝武档案专家团队成员评选工作方案》，对各单位推荐人选从专业特长、任职资格等多维度审核，并结合管理覆盖需要与区域分布情况，审定首批专家团队成员。10月9日，集团公司发布《关于组建中国宝武档案专家团队的通知》，组建中国宝武档案专家团队。首批专家团队成员10人，技术职称均为副研究馆员及以上。（毛小春）

法律事务管理

【概况】　中国宝武法律事务部（简称法务部）负责集团公司法律事务、子公司及其续延分支重大法律事务的处理及监督管理，具体贯彻和落实集团公司法律风险防范工作及各项措施。2021年，为集团公司总部及下属子公司50多个重组、整合、投资、融资、资产处置方面重大项目提供法律服务；审核各类合同逾600份，对中国宝武183件管理制度进行合规审核，处理各类工商登记、备案和"宝武"字号授权使用事项。全年，集团公司新增重大诉讼、仲裁案件36起，涉案金额为54.40亿元。年底，法务部在册、在岗员工7人。

（蔡东辉　章晓军）

【制订"十四五"法治央企建设规划】　5月，中国宝武制订《中国宝武钢铁集团有限公司"十四五"法治央企建设规划》，并将其纳入《中国宝武钢铁集团有限公司"十四五"战略规划》中。规划明确了指导思想、规划目标以及完善集团公司法务管理制度体系、健全完善合规管理体系建设、进一步完善总法律顾问制度、强化总法律顾问参与经营管理决策机制等九个方面的规划举措，规划目标是在"十四五"期间，构建适应超亿吨中国宝武发展战略的法务体系，健全五个体系、提升五种能力，即"健全领导责任体系、依法治理体系、规章制度体系、合规管理体系、工作组织体系，持续提升法治工作引领支撑能力、风险管控能力、涉外法治工作能力、主动维权能力和信息化管理能力"，力争到2025年，中国宝武法治工作达到国内一流水平，为改革发展提供更加有力的支撑保障。　（章晓军　黄志燕）

【开展子公司法治企业建设考评】7月1日，法务部下发《2021年度子公司法治企业建设情况考评表》，将法治企业建设"组织领导、依法治理、合规经营、规范管理、守法诚信、队伍建设"六个方面工作分解为43项量化指标，要求各单位对照《2021年度子公司法治企业建设情况考评表》的具体要求，开展自评，分析查找本单位法治建设各项工作中的薄弱环节，加以整改。第四季度，组织开展子公司法治企业建设复评工作，针对子公司法治企业建设呈现的"三弱三强"（"组织领导、依法治理、队伍建设"弱，"依法合规、规范经营、诚信守法"强）特征，对子公司在企业法治建设方面存在的短板进行剖析，查找问题，对症下药。　（章晓军　黄志燕）

【推进法务智慧工作平台建设】2021年，法务部组织开发一套统一、完整、高效、适用的法律事务管理信息系统（法务智慧工作平台），推动法律事务管理信息系统向各级子企业延伸。该项目于11月完成立项和可行性研究，工作平台设有合同管理、法律纠纷管理、合规管理、投资项目法务管理、贸易救济案件管理、工商事务管理、商标事务管理、授权管理、法务队伍建设、外聘律师管理、规章制度及案例11个模块。12月31日，实现第一期项目上线，工商事务管理和诉讼管理模块在宝钢股份、宝信软件、华宝信托、宝地资产、欧冶云商、宝武资源6家试点子公司上线运行。（蔡东辉　章晓军　杨正波）

【开展子公司合同检查】3月起，法务部对中国宝武31家一级子公司开展合同检查工作。抽查各一级子公司及下属各级正常经营企业98家。每家随机抽取合同数量不少于50份，总计抽取合同数量逾5 000份。对中钢集团、重钢集团和昆钢公司，指导开展自查工作。通过对子公司合同检查，及时发现其在制度建设、流程管理、台账及归档管理、合同内容管理、信息化建设及适应《中华人民共和国民法典》等方面存在的问题，并根据问题隐患，提出解决思路和工作意见。　（章晓军　杨 巍）

【开展境内外反垄断申报】2021年，法务部结合集团公司各类项目开展情况，牵头组织昆钢公司等子公司的多个项目境内外反垄断审查申报工作，收集、分析、整理信息数据，协调各子公司研究申报策略，并与反垄断执法机构保持良好沟通，3月完成昆钢公司项目境内反垄断申报。

（章晓军　杨 巍　王 瑶）

【开拓磁选案达成调解协议】2021年4月，上海开拓磁选金属有限公司（简称开拓磁选）案达成调解协议。开拓磁选为宝钢发展有限公司（简称宝钢发展）控股的中外合资经营企业（宝钢发展占股51%，美方占股29%，日方占股20%）。2020年4月，开拓磁选向上海市第二中级人民法院起诉上海宝钢不锈钢有限公司《不锈钢渣处理服务合同》违约，索赔1.08亿元。该案涉及上海市政府规划调整、钢铁去产能等历史因素，案情复杂，双方诉求差距巨大。2021年4月20日，案件以1 300万元补偿款的方式

达成调解书，一揽子解决后续诉讼风险。　（蔡东辉　杨正波）

【海南澳华案达成和解】2021年11月，中国中钢股份有限公司（简称中钢股份）、中钢集团衡阳重机有限公司（简称中钢衡重）和海南澳华工贸有限公司（简称海南澳华）就海南澳华案达成和解。2015年7月，因融资租赁争议，上海浦东法院判决中钢衡重支付远东国际租赁有限公司（简称远东公司）租金损失及利息3 046万余元。中钢股份对中钢衡重上述付款义务承担连带清偿责任。2015年11月，远东公司向上海浦东法院申请强制执行，同时申请查封了中钢股份所持有的中钢集团安徽天源科技股份有限公司（简称中钢天源）价值3 000万元股份，以及中钢衡重11块土地、房产等资产。2018年4月，远东公司将中钢衡重和中钢股份的债权转让给海南澳华。2021年5月，上海浦东法院查封中钢股份11个银行账户，并将中钢股份列为失信被执行人。11月，中钢股份、中钢衡重和海南澳华达成执行和解，三方确定中钢衡重、中钢股份应还总债务为6 524万余元，三方同意和解金额为5 000万元。通过和解，中钢衡重、中钢股份挽回损失1 524万余元。　（蔡东辉　朱芩蔚）

安全生产监督管理

【概况】中国宝武安全生产监督部是集团公司安全生产监督管理机构，下设安全企划、安全督查职

能，主要负责安全管理体系的策划和推进、各单元安全管理工作的督查、评价和指导，为各单元安全管理工作提供管理和技术支撑，同时代表中国宝武对口政府部门开展工作。2021年底，在册员工6人。全年，集团公司区域内纳入统计工亡事故20起、死亡24人（含托管单位1起5人较大事故），工亡人数与事故总量较2020年上升明显，百万吨钢工亡频率和百万吨钢伤害频率在下降趋势线附近。 （张丽梅）

【落实安全生产责任】 1月，中国宝武下发2021年度安全生产工作要点，要求坚持"生命至上""违章就是犯罪""隐患就是事故"的理念，建立高质量的产业生态圈，成为员工与企业共同成长的典范。1月4日，中国宝武召开年度安全生产工作会议，集团公司安全委员会与所有子公司、职能及业务部门签订《2021年度安全生产与消防工作责任书》，实施年度责任签约承诺，明确年度安全生产工作职责和工作目标，下达安全生产控制指标，要求各子公司聚焦体系融合，推进一总部多基地建设，强化责任落实，全面建立安全履职清单。 （张丽梅）

【推进安全文化及标准化创建工作】 1月，中国宝武收到中国安全生产协会《关于2020年全国安全文化建设示范企业复审结果的通知》。太钢集团矿业分公司东山石灰石矿、太钢集团矿业分公司峨口铁矿、宝钢股份热轧厂、宝钢股份武钢有限运输部、宝钢资源武钢资源程潮矿业有限公司等单位通过2020年全国安全文化建设示范企业复审，有效期至2023年12月31日。 （张丽梅）

【开展非煤地下矿山和尾矿库安全生产大排查】 3月起，中国宝武结合已开展的非煤矿山安全生产专项整治三年行动、非煤矿山安全生产专项检查和严格非煤地下矿山建设项目施工安全管理工作，开展非煤地下矿山和尾矿库安全生产大排查工作。通过排查，发现地下矿山及尾矿库各类生产安全事故隐患2 374项，除个别隐患因涉及地方政府居民搬迁、企业停产等原因整改时限较长外，其余均按计划推进整改中。 （张丽梅）

【学习贯彻习近平总书记关于安全生产重要论述】 4月，中国宝武召开安全委员会全体会议，学习习近平总书记关于安全生产重要论述和《中华人民共和国刑法修正案（十一）》关于惩治生产安全犯罪有关内容，传达落实全国安全生产电视电话会议精神以及国务院国资委安全生产电视电话会议精神。 （张丽梅）

【组织开展消防安全专项整治】 4月，中国宝武要求各子公司开展消防安全专项整治工作，推进安全生产专项整治三年行动消防安全专项的集中攻坚。整治重点是建设项目、消防设施设备、消防安全重点部位以及轧机系统防火安全。整治中发现隐患问题5 617项，截至年底，整改5 552项，整改完成率98.80%。 （张丽梅）

【开展新进单位皮带机专项整治】 4月，中国宝武编制下发《关于开展新进单位皮带机专项整治工作的通知》，整治工作范围涵盖2019年及以后加入、涉及矿山和冶金皮带机的单位，皮带5 621条。各单位全年排查隐患数量7 154项，完成6 934项，整改完成率96.90%。 （张丽梅）

【开展协力管理变革和检修施工安全专项行动】 5月起，中国宝武开展协力管理变革和检修施工安全专项行动，实施严格标准化作业专项工作，以解决现场操作人员习惯性违章、风险辨识不全面、协力安全管理责任落实不严、建设施工项目过程安全管控把关不细、安全管控措施针对性不强等问题。通过专项行动与专项工作，在全员参与、深度诊断、精准施策、全面整改上下功夫，遏制检修施工事故多发势头。 （张丽梅）

【开展钢铁企业专项督查】 6月中下旬，中国宝武对各钢铁基地开展安全生产执法检查重点事项专项督查，进一步强化钢铁各基地重大安全风险管控。专项督查实行钢铁基地全覆盖原则，并以新进单元为重点单位，以"熔融金属罐冷热修区不应设在高温熔融金属吊运路线上"为重点内容，以炼铁、炼钢为重点区域。检查发现重大事故隐患116项（含自查61项），截至年底，各单位全部完成整改。 （张丽梅）

【开展新《安全生产法》学习培训】 4月23日，中国宝武在第二季度安全工作例会上对新颁布的《中华人民共和国安全生产法》（简称《安全生产法》）进行宣传解读，并为集团公司领导、总部部门负责人配发《安全生产法（新旧条文对照)》，供大家深入自学；协同管理研修院开发新《安全生产法》网络培训课程，组织员工参加网络课程培训，培训84 720人，考试合格69 624人；组织员工参与应急管理部、司法部、中华全国总工会和全国普法办公室联合开展的第三届全国应急管理普法知识竞赛。　　　　　　（张丽梅）

【完善安全管理体系与评价方案】8月，中国宝武制订、下发《2021年安全生产管理评价方案》，按照安全绩效与安全管理体系运行过程并重的原则，依据集团公司安全管理体系规范和年度安全生产重点工作，对各子公司安全管理体系运行状况和年度安全生产重点工作落实情况进行评价。
　　　　　　　　　　（张丽梅）

【开展煤气危险区域专项整治】2021年，中国宝武组织近两年新进单位开展煤气危险区域人员密集场所专项整治工作，提升其冶金煤气安全管控水平。至年底，太钢集团、昆钢公司等新进单位排查出煤气危险区域人员密集场所82间，完成整改56间。　　（张丽梅）

【加强重点专项督导检查】2021年，中国宝武年度安全督导工作主题为"控重点、抓履职、促落实，持续提升安全管理体系保障能力"。5个安全督导组根据年度安全督导工作计划，开展专项检查、安全诊断评估逾80次，实现对集团公司下属生产性子公司的"长时间、全覆盖、不间断"安全督导；对新进入的太钢集团、重钢集团、昆钢公司、伊犁钢铁、巴州钢铁开展安全诊断评估工作。年内，专项督导形成专

项报告11份，下发整改指令单85份，检查发现各类问题隐患1 614项，完成整改1 446项，整改完成率90%。　　　　　　　（张丽梅）

【开展冶金煤气相关安全管理研究】2021年，中国宝武组织有关单位开展冶金煤气数字化、可视化安全管理系统方案研究，系统总结中国宝武冶金煤气实施"四个一律"最佳实践经验，推动人工智能、BIM（建筑信息模型）和数字孪生技术等与冶金煤气管网安全风险和隐患排查治理机制深度融合，实施冶金煤气管网和设备设施的日常巡检、专项检查、精密点检、检修更换、定期检测和科研试验等数字化、可视化信息系统建设，提升冶金煤气泄漏快速感知、实时监测定位、超前预警、应急处置和系统集成能力。　　　　　（张丽梅）

【实施全员安全教育培训】2021年，安全生产监督部协同管理研修院，对新任职安全生产责任者、管理者的安全管理实务及一线员工的安全基本知识培训内容进行调整和完善。全年，启动2021年新任职班组长、安全生产责任者和管理者、建设工程项目、职业卫生等安全管理人员网络培训，培训18 440人，通过考试18 163人，合格率逾98%。　　　　　　（张丽梅）

【创新优化现场员工培训方式】2021年，安全生产监督部联合产教融合发展中心、人才开发院，宝钢股份安全保卫部，宝钢工程上海宝钢建筑工程设计有限公司等单位，开发运用体感实训、虚拟现实技术等科技手段，开发出高处坠落——屋面瓦更换场景，优化现场员工培

训方式，形成规范正向教育培训和创新逆向体验训练结合互补的培训方法。现场员工除参加常规性培训外，还需参加规定学时的模拟事故隐患和伤亡事故的体验感知训练，进一步提升安全培训效果。
　　　　　　　　　　（张丽梅）

【开展智慧制造专项劳动竞赛】2021年，中国宝武各子公司克服新冠肺炎疫情影响，不断调整和优化劳动竞赛项目，报送参赛项目287项，计划使用机器人531台。其中："甲A类"项目150项、使用机器人291台，年内全部完成；"甲B类"项目109项、使用机器人191台；"甲C类"项目28项，使用机器人49台。　　　　　　（张丽梅）

境外事务管理

【机构调整】1月，中国宝武海外事业发展办公室更名为"海外事业发展部"。海外事业发展部与外事办公室、港澳台事务办公室"三块牌子、一个机构"，下设海外事业、海外投资、外事管理3个模块。印尼镍铁项目组由海外事业发展部管理。　　　　　　（徐 菁）

【完善外事管理制度】2021年，海外事业发展部根据集团公司"制度树"建设要求，结合外交部相关文件精神，以《外事工作管理办法》为统领，对《因公出国（境）团组管理细则》《邀请外国人来华管理细则》《外国专家管理工作实施细则》进行修订整合，建立中国宝武外事管理"1+N"制度体系。（徐 菁）

【外事业务培训】 2021年，海外事业发展部通过开展各类涉外培训和会议活动，加强外事队伍建设、涉外人才培养和国际化能力提升。组织开展的培训有：境外安全风险防范实操培训、涉外礼仪培训、外事工作实务培训等，承办外交部"外交外事服务走企业"活动，中国宝武、中国商用飞机有限责任公司等在沪中央企业以及上海汽车工业（集团）总公司、上海浦东发展银行等33家市属重点国有企业涉外部门的120余人参加活动。组织宝钢股份、欧冶云商等子公司参加国务院国资委国际合作局主办的"央企外事干部党史学习教育专题"活动。

（徐 菁）

【出国（境）管理】 2021年，海外事业发展部完成太钢集团、中南钢铁、乌鲁木齐总部等外事管理覆盖和整合工作。按照外交部工作要求，开展中国宝武出访来访外事审批权检查调研并上报。发布出入境管控和境外疫情防控相关工作要求16批次。新冠肺炎疫情期间，执行所有因公出入境人员由集团公司集中审批制度，全年受理上报522人次；执行员工及家属出入境（隔离）信息报告制度，全年受理审批出国（境）团组138批次，出具任务批件231批次；受理驻外人员护照换发、出境证办理等40批次。

（吴俊珺）

【境外疫情防控】 2021年，海外事业发展部跟踪境外新冠肺炎疫情，确保及时发现、精准管控、快速处置、有效救治。执行疫情日报制度，落实各项常态化防控要求，执行非必要不派出、未接种不派出、

有新冠肺炎高风险性基础疾病不派出等工作要求，科学制订人员派出和返回计划。指导监督境外机构（项目）全面接入"中央企业远程医疗平台"，开展急救站（包）、隔离室等标准化建设，实现外派员工100%接种新冠疫苗。助力54个境外机构（项目）与区域内超过70余家企业的160余家境外子机构（项目）结对，构建"网状"互助模式。

（吴俊珺）

【对外邀请管理】 2021年，海外事业发展部按照"防疫为先、确保必需、压实责任、体现便利"的原则，开展邀请外国人来华管理工作。新冠肺炎疫情期间，严格集中审核审批对外邀请事项，并配合驻外使领馆核查。全年受理317批次、498人次的邀请函审批和签发工作，受邀外国人主要来自日本、德国、意大利、法国、韩国等34个国家，分别赴钢铁业、智慧业、新材业等子公司，执行技术服务或常驻派遣。上半年，集团公司受理审批外国人签证延长事项60人次；下半年，规范和优化外国人签证延长审批流程，对一级子公司适当授权，由一级子公司受理审批76人次。

（徐 菁）

【外国专家管理】 2021年，海外事业发展部根据"外防输入、内防反弹"的总策略，指导监督各子公司外籍人员入境后的防疫和日常管理工作。制定并下发涉外防疫抗疫文件，执行每周两次外国专家出入境（隔离）信息统计上报制度，强化涉外防疫全链条管控。对子公司开展中外友好活动、处理涉外突发事件进行指导和支撑。全年入境的、在集团公司范围内

开展技术服务的外国专家（含合资公司常驻派遣人员）无感染者，未发生重大涉外突发事件。

（徐 菁）

【服务国际交流合作】 2021年，海外事业发展部为中国宝武参加世界钢铁协会各类会议、第11届中国国际钢铁大会、第四届中国国际进口博览会、中国国际服务贸易交易会等国际性会议及国际性大型活动做好组织协调工作。对接世界钢铁协会，协调太钢集团重返世界钢铁协会下属国际不锈钢论坛（ISSF）；组织参与世界钢铁协会第12届Steelie奖项评选，宝钢工程"钢铁工业余热梯级综合利用方法及其关键技术开发与应用"项目入围Steelie奖之"可持续发展卓越成就奖"。9月，组织协调相关子公司参展中国国际服务贸易交易会，宝钢工程、宝武水务申报的两个案例分别入选"中国服务实践案例""绿色发展服务示范案例"。11月8日，集团公司领导出席中国宝武在第四届中国国际进口博览会上举行的"铸绿新未来·共建高质量钢铁生态圈"主题活动，10家国际知名供应商与中国宝武现场集中签约。组织协调境外合作伙伴加入全球低碳冶金创新联盟。11月18日，由中国宝武倡议并联合全球钢铁业及生态圈伙伴单位共同发起的全球低碳冶金创新联盟宣布成立，并召开2021全球低碳冶金创新论坛，联盟来自全球15个国家的62家企业、高等院校、科研机构。

（徐 菁）

【服务重要外事活动】 2021年，海外事业发展部在疫情防控常态

化背景下,利用"线上+线下"方式策划、组织实施集团公司重要外事活动20批,签字仪式1次。通过交流密切国际交往、促进国际合作,交流对象涉及力拓集团、淡水河谷、普锐特冶金技术有限公司、意大利达涅利集团、日本三井物产株式会社、奥镁集团等合作企业;世界钢铁协会、联合国全球契约组织等重要国际组织;安赛乐米塔尔集团、韩国浦项制铁公司(POSCO)等同业伙伴等。6月24日,《印度尼西亚巴哈多比镍铁建设与运营项目合作框架协议(PCFA)》在上海、印度尼西亚雅加达同步签署。

(徐 菁)

国际化业务

【国际化发展策划与研究】 2021年,海外事业发展部撰写完成《中国宝武在东南亚、南亚布局及日韩钢铁高端市场开拓设想》《中国宝武钢铁产业国际化布局的战略设想》等报告。优化海外大区总部工作机制,修订《海外大区总部工作管理细则》,对接各海外大区总部,落实《海外周讯》信息收集、甄别和报送工作,选用率45%。

(徐 菁)

【完善境外投资制度】 2021年,海外事业发展部完善境外投资制度体系,制定并下发《境外投资项目流程操作指引(试行版)》。同时认真贯彻部署国务院国资委关于加强境外国有资产管理工作要求,会同集团公司各相关职能部门,制订下发《关于贯彻落实中国

宝武进一步加强境外资产管理的实施方案》,按季度组织推进。

(何庆龙)

【海外项目寻源及推进】 2021年,海外事业发展部克服新冠肺炎疫情不利影响,开展海外钢铁基地项目寻源与策划工作,陆续跟踪东南亚、南亚、中东、非洲区域的一批新项目;有序推进印度尼西亚镍铁项目等重点项目,并完成意向签约;加大资源开发类项目的整体规划,集中力量推进澳大利亚API公司哈迪(Hardey)铁矿开发项目等重点项目的可行性研究及合作谈判;在多元产业推进国际化布局,宝钢包装柬埔寨项目、欧冶云商老挝项目获批,并完成项目公司注册成立,合计批复投资总额7 820万美元。 (何庆龙)

【境外存量资产处置管理】 2021年,海外事业发展部牵头推进子公司境外资产处置项目预审、组织决策会议审议、批复等工作,促进中国宝武专业化整合、法人压减、参股退出等方案的落实落地,提高境外资产质量,累计完成11项处置项目;推进在港资产业务整合工作方案,提升资产效率。

(何庆龙)

运营共享服务

【概况】 中国宝武运营共享服务中心成立于2018年5月,为集团公司各级分(子)公司提供财务及人力资源共享服务。2021年,运营共享服务中心完善"一总部多基

地"的共享业务布局,成立南京、韶关、鄂州区域分中心,服务498家单元的财务共享业务及109个发薪单元的薪酬处理共享业务,保障1 034家标准财务系统、770家人力资源管理系统的正常运行。年底,在册、在岗员工315人。 (章 玮)

【推进财务共享业务全覆盖】 2021年,运营共享服务中心按照"横向到边、纵向到底"原则,推进中国宝武内尚未覆盖的各级公司财务共享业务覆盖,完成共享区域分中心所在地(上海市、武汉市、马鞍山市、乌鲁木齐市、南京市、韶关市、鄂州市)各级公司273家单元共享业务覆盖。年底,共享业务覆盖498家单元。 (章 玮)

【推进标准财务系统全覆盖】 2021年,运营共享服务中心完成西藏矿业9家公司、太钢集团80家公司、昆钢公司164家公司、重钢集团50家公司标准财务系统的覆盖。年内,标准财务系统新增覆盖411家公司。 (章 玮)

【新建统一合同信息管理平台】 2021年,运营共享服务中心新建中国宝武统一合同信息管理平台。完成统一合同信息管理平台架构设计和建设实施方案,引入区块链、自然语义识别等新技术,年底完成合同信息备案和合同结算控制功能建设。 (章 玮)

【推进公车运行平台全覆盖】 2021年,运营共享服务中心完成太钢集团、西藏矿业、昆钢公司、重庆钢铁、重钢集团、中钢集团等新进单元1 692台车载全球定位系统(GPS)设备安装及平台上线。年

底,公车运行平台覆盖集团公司920家用户,在线车辆5 355辆。 (章 玮)

【推进党费核算业务共享全覆盖】
2021年,运营共享服务中心完成中国宝武党费核算系统功能开发及上线。通过跨党建云、智慧办公、党费核算系统多平台协同数据处理及集成方式,实现党费收缴的一站式核算及党费核算快速集中共享。完成党费账户区域集中下党费核算业务全共享覆盖,承接275个党委责任中心的党费核算业务。 (章 玮)

【推进"差旅小秘书"全覆盖】 2021年,运营共享服务中心推进"差旅小秘书"对各一级子公司及下属单位的全覆盖。全年新增覆盖589家公司。同时,新增上海东美航空旅行社有限公司机票、火车票和携程用车产品,满足灵活多维度的差旅应用场景。通过商旅服务产品的汇聚、应用和数据积累,支撑中国宝武协议航空、酒店的集采及资源共享。 (章 玮)

【启动运营共享大数据中心建设】
2021年,运营共享服务中心在前期积累财务数据、客商信息数据、员工数据、交易发票数据、公车数据的基础上,启动运营共享大数据中心建设前期工作。组建专家团队,排摸原有数据资产和系统资产,开展架构脉络梳理和规划蓝图编制,并启动一期需求分析工作。

(章 玮)

【支撑专业化整合工作】 2021年,运营共享服务中心完成各共享单元专业化整合、法人压减、业务重组等重点工作的财务、人事专业支撑。支持宝地资产专业化事业部管理及四网融合建设、宝钢股份营销核心业务系统重构、马钢股份一体化系统上线、欧冶链金业务系统建设评估等重大业务变化,设计实施共享方案和系统优化方案。 (章 玮)

【应对财税与人事新政策变化】
2021年,运营共享服务中心开展财税和人事新政的研究应对、配套调整设计及实施。完成研发费用加计扣除、钢铁产品出口退税取消、小微企业税收优惠、意外综合团体保险方案、个人所得税税收优惠筹划等政策调整实施。全年申报个人所得税21.40万人次,实现个人所得税税收优惠筹划1.84亿元。

(章 玮)

【完善一体化运营管理体系】
2021年,运营共享服务中心完善"一总部多基地"的管理体系和运营模式,建设一贯到底的制度体系,明确统一的内部管理体系及运行机制。推进共享总部模式在各分中心的快速复制移植,推进区域资源优化配置,试点钢铁板块业务、产业园区业务、智慧服务业及资源环境业跨区域整合共享。 (章 玮)

编辑:李 冰

05

科技工作

科技工作

概　述

2021年，中国宝武研发投入率为3.20%，专利申请4 395件，其中发明专利3 168件。一批创新成果获国家和行业表彰，实现历史性突破，牵头项目"特高压高能效输变电装备用超低损耗取向硅钢开发与应用"获2020年国家科学技术进步奖二等奖，与产业链相关单位合作的5个项目，获国家科学技术进步奖一等奖1项、二等奖4项；在2021年冶金科学技术奖评选出的24项特等奖、一等奖中，中国宝武11个项目获奖（其中牵头6项、参与5项），占比45.80%，其中牵头项目"热轧无缝钢管在线组织性能调控关键技术、装备开发及应用"获特等奖，"环境友好型搪瓷用钢关键技术研究及应用"等5个牵头项目获一等奖；评选出2021年中国宝武技术创新重大成果奖45项，其中"欧冶炉工艺技术创新研究"获特等奖，8项成果获一等奖。

（李　钊）

科技管理

【提升技术创新体系能力】　2021年，中国宝武按照国务院国资委工作部署和中国宝武"十四五"规划工作要求，制定《中国宝武"十四五"科技专项规划》，围绕绿色制造、绿色产品、绿色产业等，布局富氢碳循环高炉、氢基竖炉等重大技术。对接国家创新体系，组织国家重点实验室申报。（李　钊）

【推进"双碳"工作】　2021年，中国宝武建立碳中和推进机制，组织开展碳中和工艺路径研究，形成低碳冶金路线图；推进低碳冶金创新"一中心多试验基地"建设，实施富氢碳循环高炉、氢基竖炉等重点项目；设立低碳冶金技术创新基金，支持基础研究和应用基础研究。11月18日，策划召开全球低碳冶金创新联盟成立大会和全球低碳冶金创新论坛，全球15个国家的62家企业、高等院校、科研机构参会，会上发布《中国宝武碳中和

075

行动方案》。　　　　　　（李　钊）

【绿色制造研发创新获突破】
2021年，中国宝武富氢碳循环高炉完成了高炉鼓风含氧50%的工业试验，实现了脱二氧化碳、煤气的循环使用，初步具备降低碳排放10%以上的能力；研究策划湛江钢铁氢基竖炉、巴州钢铁短流程技术方案。高强度、高耐蚀、高效能产品研发实现突破，成功应用于国家重大工程，为白鹤滩水电站建设提供焊接裂纹敏感性高强钢、高强磁轭钢及高性能硅钢等关键用材；630℃超超临界机组的新型耐热钢材料G115研发实现突破，成为全球唯一可用于630℃超超临界机组的成熟材料。　　　（李　钊）

【推进核心关键技术攻关】　2021年，中国宝武全面完成关键核心技术攻关专项任务。大型运载火箭发动机用GH3600合金形成批量稳定供货能力；新一代发动机高温合金GH4169G等实现批量交付，保障了航空发动机和重型燃机材料安全；核电蒸发器用690合金U形管实现产业化生产及推广应用；625合金满足第四代高温气冷堆示范机组需求。　　　（李　钊）

【推进钢铁材料升级】　2021年，中国宝武耐热刻痕取向硅钢B23HS075、高能效卷铁心变压器用B23P080等15项产品实现全球首发。高性能碳钢方面：全面完成向乌东德水电站、白鹤滩水电站等重大工程提供磁轭钢SXRE750产品；服务国家交通战略，打破高铁轴承等关键部件依赖进口局面，开发模铸和电渣两种工艺，研制高铁转向架用高碳铬轴承钢和渗碳轴

2021年12月23日，中国宝武举行以"绿色制造、制造绿色"为主题的科技成果发布会
（张　勇摄）

承钢，交付中国中车集团有限公司开展台架试验；成功开发耐微生物腐蚀管线管产品，抗腐蚀性能比常规产品提高4倍以上，并批量应用于中国石油化工集团有限公司涪陵页岩气田；8MND5钢板应用于"华龙一号"核电关键设备制造，确立中国宝武5米宽厚板在碳钢核电领域的领先地位；纳米高强钢全球首发，通过东风日产乘用车公司材料认证；Q420级超大尺寸热轧H型钢等产品打破国外垄断，完成向加拿大液化天然气项目批量供货；推动中国国家铁路集团有限公司高铁车轮国产化进程，获得CRH3、CRH2型车用D2车轮CRCC试用证书，完成供复兴号列车用材的试制。高性能不锈钢方面：N08810合金特大单重特厚板材料应用于国内首个国产化光伏多晶硅项目——亚洲硅业（青海）股份有限公司项目，解决了国内碳达峰、碳中和领域关键装备材料依赖进口问题；国内独家突破SUS630沉淀硬化马氏体不锈钢冷轧板生产关

键工艺，产品批量应用高端PCB行业，可替代进口；开发大科学研究装置用硬X射线光源用不锈钢板材和锻材，产品各项性能指标满足设计要求；独家中标重庆蟠龙抽水蓄能电站项目两台机组用顶级牌号50W230产品，并实现提前交货。　　　　　　（李　钊）

【推进智慧制造】　2021年，中国宝武统筹考虑"四个一律""三跨融合"推进要素，发布智慧制造指数管理要求，并以智慧制造指数为牵引，推动各子公司深化应用工业机器人、先进智能装备、5G（第五代移动通信技术）等先进数智化技术，推进现场集中化、无人化、远程化，推动工序互联共享，打破界面，减少中间环节，提升生产效率。智能化技术的深度应用，加快改变传统钢厂运作模式，形成宝钢股份硅钢第四工厂、1580热轧线、008热镀锌线、马钢股份原料产线等"一线一岗"极致效率模式的智能化产线。　　　　　　（李　钊）

2021年中国宝武科研成果获奖情况表

项 目 名 称	负责单位	奖 项	获奖等级
特高压高能效输变电装备用超低损耗取向硅钢开发与应用	宝山钢铁股份有限公司	2020年国家科学技术进步奖	二等奖
工业烟气多污染物协同深度治理技术及应用	中钢集团天澄环保科技股份有限公司(参与)	2020年国家科学技术进步奖	一等奖
连铸凝固末端重压下技术开发与应用	宝武集团广东韶关钢铁有限公司(参与)	2020年国家科学技术进步奖	二等奖
广域协同的高端大规模可编程自动化系统及应用	上海宝信软件股份有限公司(参与)	2020年国家科学技术进步奖	二等奖
钢材热轧过程氧化行为控制技术开发及应用	山西太钢不锈钢股份有限公司(参与),马鞍山钢铁股份有限公司(参与)	2020年国家科学技术进步奖	二等奖
钢铁行业多工序多污染物超低排放控制技术与应用	中钢集团天澄环保科技股份有限公司(参与)	2020年国家科学技术进步奖	二等奖
高等级无取向硅钢高性能控制和高效制造技术开发与创新	太原钢铁(集团)有限公司	2021年山西省科学技术进步奖	一等奖
重载铁路货车用系列高品质耐蚀钢关键制造技术创新和产品开发	太原钢铁(集团)有限公司	2021年山西省科学技术进步奖	二等奖
资源节约型高性能铁素体不锈钢焊接关键技术创新与产业化应用	太原钢铁(集团)有限公司	2021年山西省科学技术进步奖	二等奖
空心微珠新材料工业化技术开发与应用	中钢集团马鞍山矿山研究总院股份有限公司	2021年安徽省科学技术进步奖	一等奖
超高强高韧热成形用钢关键技术研究及产业化	马鞍山钢铁股份有限公司	2021年安徽省科学技术进步奖	二等奖
炼焦工序安全高效除尘及其自动操作关键技术开发与集成	马鞍山钢铁股份有限公司	2021年安徽省科学技术进步奖	三等奖
基于绿色生态设计的大型烧结机立体调优提质技术研究与应用	马鞍山钢铁股份有限公司	2021年安徽省科学技术进步奖	三等奖
变频电机用薄规格高品质硅钢关键技术研究及应用	马鞍山钢铁股份有限公司	2021年安徽省科学技术进步奖	三等奖
液压多缸同步控制新方法及其应用技术研究	马鞍山钢铁股份有限公司	2021年安徽省科学技术进步奖	三等奖
复杂低品位铁矿资源采选一体化绿色高效利用技术与工程示范	马钢(集团)控股有限公司马钢矿业南山矿业有限公司	2021年安徽省科学技术进步奖	三等奖
姑山区域难采选铁矿资源绿色高效开发利用关键技术研究	安徽马钢矿业资源集团有限公司	2021年安徽省科学技术进步奖	三等奖
长寿命锰酸锂用电池级四氧化三锰制备关键技术及产业化	中钢天源股份有限公司	2021年安徽省科学技术进步奖	三等奖
大型露天矿清洁爆破关键技术与生态开发模式示范	中钢集团马鞍山矿山研究总院股份有限公司	2021年安徽省科学技术进步奖	三等奖

（续　表）

项　目　名　称	负责单位	奖　项	获奖等级
一种谐振式在线矿浆密度（浓度）分析仪的研制与应用	中钢集团马鞍山矿山研究总院股份有限公司	2021年安徽省科学技术进步奖	三等奖
工业余热梯级综合利用关键技术研发与应用示范	上海宝钢节能环保技术有限公司	2021年上海市科学技术进步奖	二等奖
宝钢1730冷轧碳钢产品生产制造技术研发	宝山钢铁股份有限公司	2021年上海市科学技术进步奖	二等奖
铸机状态智能诊断系统	宝山钢铁股份有限公司	2021年上海市科学技术进步奖（工人奖）	二等奖
基于正协同效应的复杂煤源条件下绿色智能炼焦配煤技术	武汉钢铁有限公司	2021年湖北省科学技术进步奖	二等奖
取向硅钢关键分析技术开发及应用	武汉钢铁有限公司	2021年湖北省科学技术进步奖	二等奖
高品质板坯连铸生产送修技术与装备研发	武汉钢铁有限公司	2021年湖北省科学技术进步奖	二等奖
汽车用功能型电镀锌产品制造技术集成	武汉钢铁有限公司	2021年湖北省科学技术进步奖	三等奖
环保涂层取向硅钢的应用研究	武汉钢铁有限公司	2021年湖北省科学技术进步奖	三等奖
基于HCR/DHCR工艺的节能型热连轧关键技术的研究与应用	武汉钢铁有限公司	2021年湖北省科学技术进步奖	三等奖
云南装配式钢结构抗震民居设计、制造与产业化	云南昆钢建设集团有限公司	2021年云南省科学技术进步奖	三等奖
热轧无缝钢管在线组织性能调控关键技术、装备开发及应用	宝山钢铁股份有限公司	2021年冶金科学技术奖	特等奖
镁处理洁净钢新产品开发与关键技术集成	上海梅山钢铁股份有限公司	2021年冶金科学技术奖	一等奖
核电用高品质不锈钢制造技术及品种开发	太原钢铁（集团）有限公司	2021年冶金科学技术奖	一等奖
环境友好型搪瓷用钢关键技术研究及应用	宝山钢铁股份有限公司	2021年冶金科学技术奖	一等奖
冷轧热镀锌线锌锅电磁驱渣技术研究及产业化应用	宝山钢铁股份有限公司	2021年冶金科学技术奖	一等奖
连铸无人浇钢技术开发与应用	上海梅山钢铁股份有限公司	2021年冶金科学技术奖	一等奖
宝钢冷轧废水生化—物化耦合强化处理技术开发与工程应用	宝山钢铁股份有限公司	2021年冶金科学技术奖	二等奖
岩体工程灾变机制与预警控制技术	中钢集团马鞍山矿山研究总院股份有限公司	2021年冶金科学技术奖	二等奖
大跨度桥梁工程1 960、2 000 MPa（兆帕）高强度缆索用钢开发及应用	宝山钢铁股份有限公司	2021年冶金科学技术奖	二等奖
特大型智慧生态原料场技术	宝山钢铁股份有限公司	2021年冶金科学技术奖	二等奖

项　目　名　称	负责单位	奖　项	获奖等级
−19微米粒级铁矿选矿高效综合技术开发与应用	太原钢铁（集团）有限公司	2021年冶金科学技术奖	三等奖
矿井典型尘源产尘特征与控除尘关键技术开发	中钢集团马鞍山矿山研究总院股份有限公司	2021年冶金科学技术奖	三等奖
共伴生复杂难选高硫铁矿高效综合利用关键技术研究及应用	安徽马钢罗河矿业有限责任公司	2021年冶金科学技术奖	三等奖
炭材料用高品质沥青绿色制造新技术和标准研制应用	宝武炭材料科技有限公司	2021年冶金科学技术奖	三等奖
干熄焦炉体新型材料研发与高效修复技术创新与实践	马鞍山钢铁股份有限公司	2021年冶金科学技术奖	三等奖
大型烧结机调优提质技术研究与应用	马鞍山钢铁股份有限公司	2021年冶金科学技术奖	三等奖
铁水KR（机械搅拌脱硫法）搅拌动力学量化设计与高效脱硫技术研究	武汉钢铁有限公司	2021年冶金科学技术奖	三等奖
湛江（湛江钢铁）2150板坯连铸结晶器电磁搅拌装置的开发	宝山钢铁股份有限公司	2021年冶金科学技术奖	三等奖
新一代满足品种钢生产的先进热连轧精轧稳定轧制技术自主研发	宝山钢铁股份有限公司	2021年冶金科学技术奖	三等奖
Ti（钛）强化系列热轧产品的制造技术与应用集成	武汉钢铁有限公司	2021年冶金科学技术奖	三等奖
基于工程自主集成的高速重载车轴产品开发应用	宝武集团马钢轨交材料科技有限公司	2021年冶金科学技术奖	三等奖
绿色焦化全流程关键技术装备开发与工业应用	太原钢铁（集团）有限公司	2021年冶金科学技术奖	三等奖
冶金车载式渣罐在线倾翻装备与技术开发	山西太钢不锈钢股份有限公司	2021年冶金科学技术奖	三等奖
欧冶炉工艺技术创新研究	宝钢集团新疆八一钢铁有限公司	2021年中国宝武技术创新重大成果奖	特等奖
长流程钢厂固废（固体废物）全量厂内协同再利用关键技术研发与应用	宝钢湛江钢铁有限公司	2021年中国宝武技术创新重大成果奖	一等奖
R6级高性能链条用钢系列产品及工艺技术开发和应用	宝山钢铁股份有限公司	2021年中国宝武技术创新重大成果奖	一等奖
高性能厚板管线钢及UOE（大口径直缝焊管）焊管高效制造技术及应用	宝山钢铁股份有限公司	2021年中国宝武技术创新重大成果奖	一等奖
硅钢极致效率的智慧工厂建设与运营技术——中国宝武首个智慧制造2.0实践	宝山钢铁股份有限公司	2021年中国宝武技术创新重大成果奖	一等奖
无取向硅钢绿色环保涂层产品开发与应用	宝山钢铁股份有限公司	2021年中国宝武技术创新重大成果奖	一等奖

（续　表）

项　目　名　称	负责单位	奖　项	获奖等级
铁钢界面智能高效热链接技术开发与应用	宝山钢铁股份有限公司	2021年中国宝武技术创新重大成果奖	一等奖
热轧卷后在线热处理组织调控技术研发及应用	宝钢湛江钢铁有限公司	2021年中国宝武技术创新重大成果奖	一等奖
钢铁产线设备智能运维系统解决方案研究及应用	宝武装备智能科技有限公司	2021年中国宝武技术创新重大成果奖	一等奖
页岩气开采用高强度射孔枪管和套管系列产品开发及应用	宝山钢铁股份有限公司	2021年中国宝武技术创新重大成果奖	二等奖
无底层特殊涂层高磁感取向硅钢的开发及规模化制造	武汉钢铁有限公司	2021年中国宝武技术创新重大成果奖	二等奖
风电及轨道交通用细晶粒高性能齿轮钢关键技术研究	马鞍山钢铁股份有限公司	2021年中国宝武技术创新重大成果奖	二等奖
合金化热镀锌（GA）超高强汽车板生产能力提升关键装备研发与控制技术研究	宝钢日铁汽车板有限公司	2021年中国宝武技术创新重大成果奖	二等奖
乘用车高强度弹簧钢产品和关键技术开发及应用	宝山钢铁股份有限公司	2021年中国宝武技术创新重大成果奖	二等奖
冷速可调控铁路车轮淬火系统自主设计及工艺创新	宝武集团马钢轨交材料科技有限公司	2021年中国宝武技术创新重大成果奖	二等奖
碳钢薄板冷热轧库存材智能优化充当模型与系统	宝山钢铁股份有限公司	2021年中国宝武技术创新重大成果奖	二等奖
7.63米焦炉耐火材料关键技术改进与应用	武汉钢铁有限公司	2021年中国宝武技术创新重大成果奖	二等奖
冷轧废水资源化零排放工艺开发与工程应用	宝山钢铁股份有限公司	2021年中国宝武技术创新重大成果奖	二等奖
大型电子束冷床炉设计制造及熔铸关键技术	云南钛业股份有限公司	2021年中国宝武技术创新重大成果奖	二等奖
梅山细粒湿尾资源化利用技术研究与生产实践	上海梅山矿业有限公司	2021年中国宝武技术创新重大成果奖	二等奖
电炉产线精炼钢包长寿综合技术研究	宝山钢铁股份有限公司	2021年中国宝武技术创新重大成果奖	二等奖
高表面汽车板连铸关键技术研究及应用	宝山钢铁股份有限公司	2021年中国宝武技术创新重大成果奖	二等奖
湛江厚板高效轧制与精整技术研究与应用	宝钢湛江钢铁有限公司	2021年中国宝武技术创新重大成果奖	三等奖
提高铁精矿品位的试验研究	武钢资源金山店矿业有限公司	2021年中国宝武技术创新重大成果奖	三等奖

（续　表）

项　目　名　称	负责单位	奖　项	获奖等级
热轧酸洗高等级汽车板关键设计及控制技术研究	宝山钢铁股份有限公司	2021年中国宝武技术创新重大成果奖	三等奖
深拉伸及高强度热轧酸洗搪瓷用钢的研制、关键制造技术与产业化	上海梅山钢铁股份有限公司	2021年中国宝武技术创新重大成果奖	三等奖
高性能低屈强比建筑系列钢关键制造技术集成创新及应用	宝武集团鄂城钢铁有限责任公司	2021年中国宝武技术创新重大成果奖	三等奖
不锈钢退火炉节能降本技术	宁波宝新不锈钢有限公司	2021年中国宝武技术创新重大成果奖	三等奖
2030酸轧极限能力提升及与后机组板形匹配技术	宝钢湛江钢铁有限公司	2021年中国宝武技术创新重大成果奖	三等奖
湛江钢铁钢制品(冷轧)物流效率提升项目	宝钢湛江钢铁有限公司	2021年中国宝武技术创新重大成果奖	三等奖
持续降低烧结工序能耗关键技术的研究与应用	马鞍山钢铁股份有限公司	2021年中国宝武技术创新重大成果奖	三等奖
古马隆树脂全系列产品的创制与产业化	宝武炭材料科技有限公司	2021年中国宝武技术创新重大成果奖	三等奖
高铁低硅低镁烧结技术研发与应用	上海梅山钢铁股份有限公司	2021年中国宝武技术创新重大成果奖	三等奖
热轧中高碳钢高效制造技术及应用	武汉钢铁有限公司	2021年中国宝武技术创新重大成果奖	三等奖
RH喷粉脱硫工艺与装备技术研究	宝山钢铁股份有限公司	2021年中国宝武技术创新重大成果奖	三等奖
CSP(薄板坯连铸连轧)流程高效低成本洁净化冶炼技术研究与应用	武汉钢铁有限公司	2021年中国宝武技术创新重大成果奖	三等奖
典型危废(危险废物)内部工序间低成本安全化无害化资源化协同处置关键技术研究与应用	马鞍山钢铁股份有限公司	2021年中国宝武技术创新重大成果奖	三等奖
亚包晶钢板坯连铸高拉速技术研究	马鞍山钢铁股份有限公司	2021年中国宝武技术创新重大成果奖	三等奖
低碳、绿色、生态废水零排放系统研究及应用实践	宝武集团鄂城钢铁有限责任公司	2021年中国宝武技术创新重大成果奖	三等奖
基于工业互联的智控中心建设及示范应用	宝武集团鄂城钢铁有限责任公司	2021年中国宝武技术创新重大成果奖	三等奖
2000级高炉炉役后期安全低耗稳定生产技术开发	武汉钢铁有限公司	2021年中国宝武技术创新重大成果奖	三等奖
超低碳冷镦钢关键技术研究及产业化	宝武集团广东韶钢松山股份有限公司	2021年中国宝武技术创新重大成果奖	三等奖

（续　表）

项　目　名　称	负责单位	奖　项	获奖等级
超高强钢辊压成形工艺技术研究与产业化应用	宝山钢铁股份有限公司	2021年中国宝武技术创新重大成果奖	三等奖
面向产线的行车智能控制系统关键技术的研究与开发	上海宝信软件股份有限公司	2021年中国宝武技术创新重大成果奖	三等奖
低温大壁厚管线钢塔形控制研究与应用	武汉钢铁有限公司	2021年中国宝武技术创新重大成果奖	青年奖

（刘翠华）

科研机构

中国宝武中央研究院（技术中心）/宝钢股份中央研究院（技术中心）

【概况】　中国宝武中央研究院（技术中心）和宝钢股份中央研究院（技术中心）（简称中央研究院）实行"两块牌子、一套班子"运作方式，与中国宝武新材料产业创新中心合署运行，定位于"立足股份、服务集团、引领行业"。中央研究院实行理事会领导下的院长负责制运行模式，理事会是中央研究院的决策机构，学术委员会是中央研究院的学术咨询机构。"汽车用钢开发和应用技术国家重点实验室"和"国家硅钢工程技术研究中心"两个国家级平台依托中央研究院建设；中国宝武低碳冶金创新中心以及在澳大利亚、德国和英国建设的3个海外研发中心，设立或挂靠在中央研究院。2021年底，在册员工1 853人。　　　　（马永柱）

【精品研发】　2021年，中央研究院按照"生产一代，研发一代，储备一代"的代际管理模式，加强新产品开发和市场拓展，全年销量逾480万吨。硅钢、汽车用钢、热轧、冷轧、厚板、长材和钢管7大类产品13个牌号新产品实现全球首发。吉帕钢®开发与应用取得突破性进展，实现超轻型高安全纯电动白车身"BCB EV"（Baosteel Car Body Electric Vehicle）全球首发。支撑国家标志性重大工程——白鹤滩水电工程建设，实现蜗壳用800兆帕级高强调质厚板、转子用750兆帕级热轧高强磁轭钢、定子用新一代新型环保涂层高等级无取向硅钢和不锈钢等关键用材一揽子供应。　　　　　（马永柱）

【低碳创新】　2021年，中国宝武低碳冶金创新中心从极致能效、富氢碳循环高炉、氢基竖炉、近终形制造、冶金资源循环利用、碳回收及利用六大技术方向着手，编制中国宝武碳中和冶金技术路线图，明确未来低碳冶金研发方向与路径；针对25个研发方向技术需求，编制低碳冶金创新基金项目指南；落实低碳冶金技术在中国宝武的应用，探索开发钢铁全流程碳中和技术路线，助力中国宝武打造"八一钢铁富氢碳循环高炉""湛江钢铁氢基竖炉—电炉短流程零碳工厂""新疆巴州钢铁绿色短流程示范项目"3个工业级别碳中和示范性工厂；开展碳中和冶金技术国家重点实验室申报工作。　　　　　（卢正东）

【智慧制造】　2021年，中央研究院聚焦智能装备技术、智能过程控制、智能质量管控、智能决策优化等重点领域工作，推进转炉智能化冶炼、高炉自动控制关键、热轧智能产线制造、机器人应用等多项智慧制造技术。在中央研究院负责的智慧制造技术成果中，有7项入选宝钢股份最佳实用技术，23项（含联合申报）入选宝钢股份软实力种子项目。

（夏　瑛）

【研发体系建设】　2021年，中央研究院按照"专业集中、统分结合、资源共享"原则推进研发体系整合融合。6月22日，中央研究院—东莞先进陶瓷和复合材料研究院联合工程研发中心揭牌成立。7月14日，中央研究院—宝武智维联合研发中心揭牌成立。8月4日，中国宝武中央研究院太钢技术中心和不锈钢研发中心揭牌成立，标志着

太钢产品技术研发全面融入中国宝武科技创新体系。 （马永柱）

【科研成果】 2021年,中央研究院负责的"热轧无缝钢管在线组织性能调控关键技术、装备开发及应用"项目获冶金科学技术奖特等奖,4项成果获一等奖,4项成果获二等奖,3项成果获三等奖;"倾斜式滚筒法高温熔渣处理工艺及装置"获中国专利奖优秀奖;"基于正协同效应的复杂煤源条件下绿色智能炼焦配煤技术""超高强高韧热成形用钢关键技术研究及产业化"等12项成果获省级科学技术进步奖;22项成果获中国宝武技术创新重大成果奖和第11届宝钢专利创意奖;6项成果通过上海市高新技术成果认定,新增承担政府项目3项。

（崔 敏）

中国宝武科学技术协会

【概况】 中国宝武钢铁集团有限公司科学技术协会(简称中国宝武科协)是集团公司党委联系科技工作者的桥梁和纽带,是推动中国宝武科技进步的重要力量,是互联网时代以人为载体开展的信息交流平台,是推进中国宝武科技创新及经营战略任务落实的重要平台,是全面对标找差创一流、提升企业竞争力的重要平台,是快速补齐各基地技术短板、技术交流共享与技术推广的重要平台,是培养和发现中国宝武科技英才的重要平台,是推动各专业委员会实现专业领域技术引领的重要平台。中国宝武科协是中国科学技术协会企业科协的成员单位,是上海市科学技术协会的基层组织,业务上接受其指导。2021年底,在册、在岗员工3人。 （袁鹏飞）

【加强科协组织建设】 2021年,中国宝武科协分别于1月18日、9月16日召开科协工作研讨会议,明晰科协重点工作。扩大对原科协基础薄弱的子公司、园区等进行组织覆盖和工作覆盖。3月,将昆钢公司科协纳入中国宝武科协组织体系。对宝钢资源进行针对性辅导,4月9日成立宝钢资源科协。以"双创"工作为抓手,在园区扩大科协工作网络。组织相关基层科协按程序换届。7月15日,召开太钢集团科协第六届代表大会,魏成文当选新一届太钢集团科协主席;7月16日,召开马钢集团科协第七届代表大会,丁毅当选新一届马钢集团科协主席。 （袁鹏飞）

【打造专业委员会平台】 2021年,中国宝武科协在已建成的铁区、炼钢、热轧、冷轧、长材、厚板技术管理推进委员会,以及能源环保专业委员会基础上,进一步扩大专业覆盖面。2月24日,中南钢铁成立专业协同委员会;2月28日,太钢集团成立技术管理推进委员会,组建团队开展对标、技术交流等工作。4月12日,中国宝武科协成立矿业专业委员会,集团公司党委常委、副总经理郭斌担任主任,矿业专业委员会办公室挂靠宝钢资源战略规划部(科技创新部)。

（袁鹏飞）

【推广最佳实践技术】 2021年,中国宝武科协及各专业委员会策划技术专题,逐月发布提高高炉利用系数、降低铁钢比、提高热装率、提升轧制节奏等最佳实践技术,促进各基地取长补短;推荐低碳冶炼、连铸连轧、智能采矿等前沿技术进展及应用案例。全年发布123篇技术案例,形成案例集。 （袁鹏飞）

【提升各基地制造水平】 2021年,中国宝武科协与集团公司钢铁业中心、工会共同推进"全工序对标提升效率创一流"劳动竞赛,明确参赛基地及工序单元,各专业委员会每季度对其绝对值和进步率进行排名,按月在"中国宝武"官方微信发布。上半年,通过提高高炉利用系数、降低铁钢比、提高热装率、提高轧制节奏等,各关键指标明显提升。下半年,根据集团公司经营策略向经济运行模式转向的要求,适时调整铁区、炼钢等关键指标,通过低碳经济、工序能耗、钢铁料消耗等指标对标,确保效益最大化。各专业委员会根据专业特点,针对制造能力指数(MCI指数)、成材率、关键能效因子等指标,开展精准对标。9—12月,铁区专业委员会以等效铁水成本代替各基地铁水财务计算成本,反映各基地的高炉运行水平;矿业专业委员会与鞍钢集团有限公司、河钢集团有限公司精准对标,以单位产品、原矿和精矿制造成本为具体指标,全面反映矿山生产单元技术经济水平。 （袁鹏飞）

【加强技术交流】 2021年,中国宝武科协在集团公司层面组织召开15次工作会议,各专业委员会开展197场活动,重点围绕对标找差、降本增效、新技术推进等进行交流;铁区、炼钢、能源环保等专业委员会在太钢集团、鄂城钢铁、昆钢公司开展技术支撑、技术诊断和经验分享，提升集团公司整体专业技术水平。

（袁鹏飞）

【开展科技工作者主题活动】 5—6月，中国宝武科协聚焦"党史学习教育、学术交流、科技人员座谈会、评比表彰"等主题，开展49项主题活动。其中，开展"科技工作者代表讲党课""看钢城巨变"等活动；组织开展第二届中国宝武"创新争先"优秀科技创新团队和工作者评选，中央研究院低碳冶金团队等15个优秀科技创新团队、宝钢股份厚板厂苗雨川等15名优秀个人受表彰。

（袁鹏飞）

【组织"双创"支撑项目验收】 1月27日，中国宝武科协组织召开"双创"支撑项目验收会。由国务院国资委、国家发展和改革委员会专项资金扶持的"欧冶云商大宗商品智慧服务平台"通过专家验收评审。

（袁鹏飞）

【参加全国"双创"活动周活动】 10月19日—25日，中国宝武科协推选吴淞口创业园"孵化＋转化"创新项目、互联宝地入驻企业"湃道AI智慧安全监管解决方案"入选全国"双创"周郑州主会场主题展示项目；10月22日，吴淞口创业园会同上海科技大学承办全国"双创"活动周上海分会场"国家'双创'示范基地校企行专项行动暨第六届临港智能制造检验检测专业论坛"。

（袁鹏飞）

【参加中央企业熠星创新创意大赛】 2021年，中国宝武科协组织46个项目参加第三届中央企业熠星创新创意大赛，3个项目进入复赛，2个项目进入全国100强，参加7月举行的总决赛。其中，宝钢工程"数字化设计交付、数字化钢厂建设及运营服务"项目获二等奖，宝钢金属"多材料汽车车身轻量化解决方案"项目获三等奖，宝武水务"大型焦炉推焦水封除尘技术优化与应用"项目获优秀奖。中国宝武获评优秀组织单位，宝地资产吴淞口创业园胡翙、宝信软件李尚春两位导师获评优秀导师。

（袁鹏飞）

【承办行业重要会议】 3月19日，武钢有限、湖北省金属学会承办绿色低碳钢铁技术标准化工作研讨会；4月24—25日，武钢科协（武钢有限）承办近终形制造技术高端论坛；5月28日，武钢科协（武钢有限）、湖北省金属学会组织召开2021年青年学术年会暨武钢有限青年学术年会；5月12—14日，马钢集团科协协办全国冶金焦化节能减排关键技术研讨会；7月16日，宝钢股份科协组织召开2021年金属涂镀层技术分会换届工作会议暨学术年会；9月2日，宝钢股份科协组织召开电工钢分会第三届委员会换届会议；12月15—17日，宝钢股份科协协办2021年可持续发展钢铁冶金技术国际学术会议。

（袁鹏飞）

【科技创新成果】 8月，宝钢股份章华兵、罗爱辉，太钢集团李俊，宝武特冶赵欣获中国金属学会评选的第11届"中国冶金青年科技奖"。12月16日，在中国科学技术协会、科学技术部、天津市人民政府主办的2021年中国创新方法大赛总决赛上，昆钢公司红钢公司"低品质铁矿石条件下提高烧结矿强度"、马钢集团"TRIZ（发明问题解决理论）助力'美颜'——硅钢成品表面发暗缺陷控制"项目获二等奖。

（袁鹏飞）

编辑：李 冰

06

节能环保

节能环保

概　述

2021年，中国宝武吨钢综合能耗564千克标准煤，同口径同比下降1.65%；二氧化硫、化学需氧量和氮氧化物排放总量分别为

23 079吨、1 994吨和53 840吨，同口径分别同比下降20.80%、7.80%和24%。年内，湛江钢铁获超低排放A级认定，梅钢公司、鄂城钢铁分别被当地政府主管部门批准为国家AAA级旅游景区，武钢有限获评"全国冶金绿化先进单位"，湛江钢铁烧结工序被工业和信息

宝钢股份直属厂部高炉区域　　　　　　　　　　　　　　　　　　（刘继鸣 摄于2021年3月）

化部授予"2021年度重点用能行业能效'领跑者'"称号，宝钢股份能源环保部获"上海市'十三五'节能先进集体"称号、第十届"母亲河奖"之"绿色贡献奖"，太钢集团获第二届促进金砖工业创新合作大赛优秀项目奖；安徽皖宝矿业股份有限公司秀山矿、太钢集团尖山铁矿入选自然资源部2020年度全国绿色矿山名录；昆钢公司玉溪大红山矿业有限公司获首届"全国绿色高质量发展20佳矿山"称号。

（林高平）

2021年10月8日，宝武清能源网荷储一体化绿色供电园区项目举行开工仪式

（魏 华 摄）

节能减排

【马钢重机开发混铁车保温加盖机器人】 3月10日，由宝武重工安徽马钢重型机械制造有限公司（简称马钢重机）自主研发的混铁车保温加盖机器人在马钢股份完成首次热负荷试车，实现一键式操作，并具备紧急故障排除能力，属国内钢铁行业首创。该机器人采用密闭式轻量化箱型结构，消除了高温、高粉尘、狭小空间等恶劣环境影响，降低了铁水运输途中烟气、粉尘外排和热辐射对环境带来的不利影响，减少铁水温度下降带来的能量损失，实现铁水绿色环保运输。 （林高平）

【宝钢德盛新建转炉煤气柜投运】 7月2日，由宝钢工程EP（设计、采购承包）承接的宝钢德盛精品不锈钢绿色产业基地项目——新建转炉煤气柜项目通气并投入运行。项目投运后，实现了转炉煤气应收尽收，没有放散。（林高平）

【中国宝武当选碳中和行动联盟常务理事单位】 7月16日，在全国碳市场上线交易启动仪式（上海会场）上，全国碳排放权交易市场交易中心落户上海，碳中和行动联盟成立。碳中和行动联盟由上海环境能源交易所倡议，首批常务理事单位共同发起。中国宝武当选联盟常务理事单位。宝武清能受中国宝武委托参加联盟成立仪式，加入行动联盟，负责管理相关日常事务。 （林高平）

【八一钢铁富氢碳循环高炉实现阶段目标】 7月30日，作为中国宝武绿色低碳冶金实验平台的八一钢铁富氢碳循环高炉，实现第二阶段50%高富氧冶炼目标，各项重要参数稳定可控，高炉燃料比较喷吹脱碳煤气前基准期燃料比降低70千克/吨。 （林高平）

【马钢气体制氢项目投产】 8月30日，宝武清能下属安徽马钢气体科技有限公司（简称马钢气体）2 000立方米/小时大制氢项目投

入试生产，装置设计产能2 000立方米/小时。项目投产助力中国宝武建立"长江氢走廊"，满足宝武清能"氢动长江"规划要求。

（林高平）

【宝武清能三门峡绿电项目开工建设】 10月8日，作为沪豫合作第二批项目和河南省三门峡市重点工程，宝武清能在三门峡市投资建设的源网荷储一体化绿色供电园区项目开工建设。一期规划设计风电建设规模达150兆瓦，投产后每年绿电发电量可达3.50亿千瓦时，能够满足宝武铝业一期全年用电需求，并可为其出口产品提供绿电认证保障。 （林高平）

【中国宝武一项目获Steelie奖】 10月13日，世界钢铁协会公布第12届Steelie奖获奖名单，由宝钢工程下属上海宝钢节能环保技术有限公司牵头申报的"钢铁工业余热梯级综合利用方法及其关键技术开发与应用"获Steelie奖之"可持续发展卓越成就奖"。该项目在宝钢股

份、中南钢铁韶钢松山、常州东方特钢有限公司等实现应用。（林高平）

【宝武清能中标华阳中来气体站项目】 9月23日，宝武清能中标苏州中来光伏新材料股份有限公司下属山西华阳中来光电科技有限公司（简称华阳中来）年产16吉瓦高效晶硅电池项目大宗气体站项目。10月19日，宝武清能与华阳中来签订8 000牛立方米/小时深冷制氮大宗气体站供气合同，约定宝武清能承担8 000牛立方米/小时制氮设备系统及氧、氮、氩后备系统的建设、安装、调试、运营，为华阳中来供应生产光伏单晶电池所需的高纯气。 （林高平）

【全球首创全无人智慧铁水运输系统上线】 11月6日，由宝钢股份运输部、宝信软件、人连华锐重工集团股份有限公司等联合开发的全球首创全无人智慧铁水运输系统（Smart HIT）上线测试。系统由灵巧鱼雷车（Smart TPC）和智慧铁路（Smart Rail）两部分构成：灵巧鱼雷车采用自动驾驶、纯电力驱动，替代原有的火车头柴油驱动，单台车周转率提高2.50倍，实现"需要才拉、满罐即走"的极致效率铁水运输模式，有效减缓铁水降温和燃油消耗。按年生产1 500万吨铁水计算，每年可节约标准煤4 000吨，减少二氧化碳排放量1万吨；智慧铁路以铁路微机联锁系统为基础，结合宝钢股份铁水运输安全性、及时性等特殊要求，自动进路、全自动充电、全场景设备状态监控，可安全感知铁路线路和道口系统，实现对灵巧鱼雷车的安全控制和高效运行。 （林高平）

【首条双高棒产线热送直轧成功】 6月30日，中国宝武首条双高棒产线（棒材和高速线材生产线）热送直轧项目在重庆钢铁投产。该产线设计产能140万吨/年，主要生产直径8～22毫米螺纹钢棒材。高温铸坯经高速辊道、粗轧机、精轧机、冷床工序，产品性能合格率100%。项目除传统的保温辊道外，采用最新的天然气补热系统，免去加热炉二次加热铸坯的环节，节省煤气，同时每年可减少二氧化硫排放57吨、氮氧化物排放44吨、颗粒物排放24吨，达到一级能源标准。 （林高平）

【宝钢股份厂房光伏发电项目并网】 11月17日，由宝武清能承建的宝钢股份直属厂部煤场全门架料场厂房光伏发电项目并网发电。项目总建设规模约为17.04兆瓦，年发电量1 432万千瓦时，每年可减排二氧化碳1.22万吨。 （林高平）

环境保护

【滚筒渣技术入选国家《绿色技术推广目录》】 1月8日，国家发展和改革委员会、科学技术部、工业和信息化部、自然资源部联合发布《绿色技术推广目录（2020年）》，中国宝武"滚筒法冶金钢渣高效清洁处理技术"入选该目录中的"节能环保组产业"。该技术是宝钢股份历时20余年自主研发具有世界领先水平的一种新型绿色环保的钢渣处理方式，由宝钢工程下属上海宝钢节能环保技术有限公司产业化推广。相比传统渣处理方法，

具有短流程、清洁化、资源化、渣不落地、占地面积小、安全性好的特点，在中国宝武、青岛钢铁有限公司、韩国浦项制铁公司、印度JSW公司、巴西CSP公司等钢铁企业推广应用。 （林高平）

【欣创环保获评国家级"环保优秀品牌企业"】 2月25日，宝武水务安徽欣创节能环保科技股份有限公司（简称欣创环保）被生态环境部、中国环境报社授予2020年度"环保优秀品牌企业"称号。年内，欣创环保获北极星杯"钢铁烟气治理影响力企业"和"焦化烟气治理影响力企业"等称号，并通过国家"'专精特新'小巨人企业"认定；获马鞍山经济技术开发区评选的"工业营业收入20强""科技创新20强企业""主导产业优秀企业"称号。 （林高平）

【马钢股份原料场C型料棚建成投运】 3月26日，马钢股份原料场2号C料棚建成投运，实现原料的棚内存储及外供功能，改变了露天堆放原料的状况，减少了环境污染，改善了周边环境。该料棚于2019年9月20日开工建设，投资总额8.27亿元。 （林高平）

【举办钢铁企业绿色制造专题研修班】 4月27—29日，由中国钢铁工业协会、宝武大学和人才开发院联合举办的钢铁企业绿色制造专题研修班在人才开发院开班。来自全国重点钢铁企业、冶金职业院校及相关技术服务公司的45名学员参加培训。研修班邀请中国宝武中央研究院、能源环保部、宝信软件，以及上海环境能源交易所等单位的业内专家，围绕钢铁行业碳

宝钢股份直属厂部一角　　　　　　　　　　　　　　　　　　　　　　　　（杜毅铭 摄于2021年7月）

减排形势、低碳高能效技术与标准化、智慧能源技术、中国宝武碳达峰碳中和工作情况、绿色城市钢厂评价体系、生命周期评价在钢铁低碳绿色中的应用、全国碳市场发展与展望等方面进行讲授和研讨。

（林高平）

【中国宝武发布七大全新绿色技术】 6月8日，中国宝武发布减量化资源化的全膜法技术及系统、抗硫催化剂、低温精脱硫及挥发性有机物（VOCs）吸附浓缩技术、新型环保表面重防腐材料、智能污水处理平台、重金属废水处理先进技术、高温热解处理技术及智慧节水等水处理与大气治理领域七大全新绿色技术。 （林高平）

【宝钢股份获"绿色贡献奖"】 12月，第十届"母亲河奖"揭晓，宝钢股份能源环保部获"绿色贡献奖"。保护母亲河行动是由共青团中央于1999年联合全国绿化委员会、全国人大环境与资源保护委员会、全国政协人口资源环境委员会、生态环境部、水利部、农业农村部、国家林业和草原局七部委共同发起实施的群众性生态环保公益活动。"母亲河奖"于2000年设立，每两年评选一次。

（林高平）

循环经济

【固体废物不出厂】 2021年，中国宝武长流程钢铁企业全面完成固体废物不出厂目标。6月，中国宝武举办固体废物不出厂及土壤污染防治专题研修会；重庆钢铁、太钢集团、马钢集团、昆钢公司制订"固体废物不出厂"方案，集团公司专家组答疑解惑、审议方案，下半年各单位按正式下发方案推进落实。为提高固体废物资源利用效率和价值，中央研究院"金苹果"团队开展"热态渣高值利用及协同处置关键技术开发与应用"研究，宝武环科制订《钢渣价值提升三年行动方案》并落实。

（林高平）

【危险废物处置】 2021年，中国宝武各钢铁基地挖掘冶金炉窑消纳社会危险废物能力。宝钢股份直属厂部取得2万吨/年危险废物经营许可证，涉及5类危险废物，总体形成5万吨/年协同处置能力；宝武环科武汉金属资源有限责任公司获0.50万吨/年铁质废油桶及

油漆涂料桶预处理资质；韶钢松山"冶炼炉窑协同处置工业固体废物"项目通过申领危险废物综合许可证专家技术审查。　（林高平）

【宝武环科与包钢节能合作】　9月14日，宝武环科与包钢集团节能环保科技产业有限责任公司（简称包钢节能）在上海市宝山区签署战略合作框架协议，双方聚焦产业链供应链优化协同、传统产业转型升级、关键核心技术攻关、公司治理和企业管理水平提升、人才队伍建设等方面，开展广泛交流，推进多方式、多层次合作。　（林高平）

绿色低碳

【建立碳中和工作推进体系】　3月18日，中国宝武建立碳中和工作推进体系，将低碳冶金技术创新推进领导小组更名为"碳中和推进委员会"，加强对中国宝武绿色低碳工作的领导。主要职责是：审议中国宝武绿色低碳发展总体目标和发展规划，研究决策碳中和推进过程中重要事项和重大问题；审议确定中国宝武绿色低碳发展重点建设投资项目和研发项目；审议协调集团公司范围内跨基地绿色低碳发展重点专题的立项实施方案；审议批准绿色低碳发展年度推进工作计划；审议研究绿色低碳创新技术的发展趋势和关键技术，明确重点研发方向；检查碳中和推进工作进展情况，督促任务落实；统筹集团公司内外部资源，支持碳中和推进工作；其他需要碳中和推进委员会协调审议事

项。同时设立碳中和办公室，为碳中和推进委员会领导下的特设机构，负责推进绿色低碳领域的科技创新、技术合作、最佳实践推广及集团公司碳数据、碳资产管理等日常工作。　（林高平）

【组织开展绿色低碳专项劳动竞赛】　2021年，中国宝武围绕实现碳达峰、碳中和目标，组织开展绿色低碳专项劳动竞赛。劳动竞赛以工序能耗对标活动为抓手，促进各长流程钢铁企业持续降低工序能耗，以开展绿色低碳群众性活动为载体，提升全员意识，促进职工行为养成。其中，"工序能耗下降竞赛"每季度评出两名，全年有4家一级子公司获奖，八一钢铁、太钢集团各获3次奖励，宝钢股份、中南钢铁各获1次奖励；全年征集383个绿色低碳案例，选出63个优秀案例；太钢集团、宝钢股份、八一钢铁、马钢集团、宝武资源、宝钢工程、宝钢金属、宝武环科获绿色低碳专项劳动竞赛"优秀组织奖"。　（林高平）

【发起设立碳中和主题基金】　7月15日，中国宝武发起设立宝武碳中和股权投资基金。该基金总规模500亿元，首期100亿元，由中国宝武与国家绿色发展基金股份有限公司、中国太平洋保险（集团）股份有限公司、建信金融资产投资有限公司共同发起。　（林高平）

【宝钢股份首单碳中和产品发运】　11月1日，印有"碳中和"字样的宝钢股份碳中和钢铁产品第一单——供壳牌新加坡SBM（荷兰海洋石油与天然气工程公司）海底管线项目的1 744.40吨X65MSO高钢级直缝埋弧焊管在宝钢股份成品码头发运完毕，填补了宝钢股份向国际石油公司批量供应抗酸海底管线的空白。　（林高平）

【发起成立全球低碳冶金创新联盟】　11月18日，由中国宝武倡议并联合全球钢铁业及生态圈伙伴单位共同发起的全球低碳冶金创新联盟在上海宣布成立。该联盟由来自世界15个国家的62家企

2021年11月18日，全球低碳冶金创新联盟在上海成立　　　（施　琮摄）

业、高等院校、科研机构共同组建，是低碳冶金创新领域的技术交流平台。在联盟成立仪式上，中国宝武提出建设低碳冶金创新中心和筹建低碳冶金技术创新基金，得到世界钢铁协会以及世界多国企业领导人的赞同和响应。中国宝武低碳冶金创新中心可为来自全球的科研人员、专家、学者提供基础研究和现场验证的条件；中国宝武设立的低碳冶金技术创新基金，先期按照每年3 500万元的力度提供资金支持。　　　　　　（张文良）

【宝钢股份发布降碳行动方案】12月7日，宝钢股份发布降碳行动方案，提出碳达峰、碳中和目标：2023年宝钢股份直属厂部、武钢有限、湛江钢铁、梅钢公司总体实现碳达峰，2025年形成减碳30%工艺技术能力，2035年力争减碳30%，2050年力争实现碳中和。基本路径包括：铁钢工艺流程变革；能源结构优化调整；加快低碳冶金新工艺研发，实施技术创新降碳；极致能效降碳。（林高平）

【中南钢铁发布"双碳"行动方案】12月20日，中南钢铁发布《碳达峰、碳中和行动方案》，提出碳达峰、碳中和目标：2023年实现碳排放总量达峰，2030年碳排放总量相较峰值下降15%，2035年力争碳排放总量相较峰值下降30%，2050年力争实现碳中和；同时明确了"规划降碳、效率降碳、工艺降碳、技术降碳、绿色降碳、链圈降碳"的降碳路径。　　　　　　（林高平）

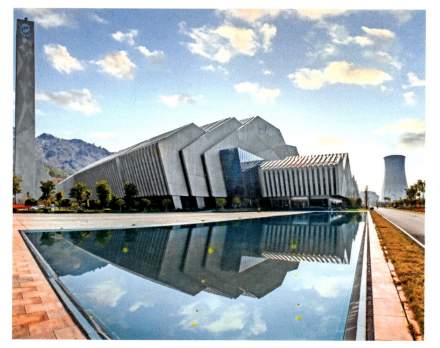

重庆钢铁集团建设工程有限公司承建的重庆市第三垃圾焚烧发电厂
（郭　兵　摄于2021年2月）

【重钢集团一环保项目获"国家优质工程奖"】 12月，重庆钢铁集团建设工程有限公司承建的重庆市第三垃圾焚烧发电厂项目获2020—2021年度第一批"国家优质工程奖"。该项目是亚洲最大的生活垃圾焚烧发电厂，位于重庆市江津区西湖镇，占地350公顷，建成后每天可处理生活垃圾4 500吨，发电量135万千瓦时。　（林高平）

编辑：李　冰

07

人力资源

人力资源

概　述

中国宝武人力资源工作包括人力资源管理和教育培训工作。

中国宝武人力资源部是集团公司人力资源管理的职能部门，下设领导力发展、人事效率、薪酬福利、员工发展4个职能，主要职责包括领导力发展机制的整体策划、实施与评估，下属各单位领导班子建设与发展的整体策划与实施，人事效率提升体系策划、目标制定及评估督导，招聘计划制订、评估及指导实施，协力用工规范与优化，工资总额与人工成本管理，激励机制建设与薪酬福利体系总体策划，人力资源规划、人才发展规划的拟订、实施及评估，员工教育培训制度及政策的整体策划、拟订及完善等职能管理工作。

中共中国宝武党校（简称宝武党校）围绕党的路线、方针、政策，对干部和党员进行党的理论教育和党性教育，以提高党员、干部队伍的思想政治素质、党性修养和领导能力；中国宝武管理研修院（简称宝武管理研修院）负责管理人员的教育培训与管理研究等工作，支撑中国宝武战略落地、管理变革和能力提升；产教融合发展中心负责中国宝武技术技能人才教育培训的一体化管理，是新生人才培养基地、岗位赋能培训基地、产教融合创新基地。　　　　（张　钊）

领导力发展

【健全选贤任能制度】　2021年，人力资源部坚持"对党忠诚、勇于创新、治企有方、兴企有为、清正廉洁"的"二十字"国有企业好干部标准，以打造一支"德才兼备、智勇双全、志同道合、干事创业"的中国宝武领导人员队伍为目标，制订《关于实行领导人员到达一定年龄转任专项工作机制及有关实施方案》，促进正常更替、人岗相适；出台《关于进一步规范领导人员交流任职后人事关系管理等工作的方案》；形成《干部管理权限优化及相关任用流程规范》，规范前备案管理、加强集团公司总部重点管理岗位人员队伍建设。 （霍兆光）

【建立子公司领导班子建设模型】

2021年，人力资源部结合中国宝武一级子公司领导班子建设实际，聚焦"定总量、优结构、强治理"，分别从职数标准、功能结构、扁平化管理3个维度，形成一级子公司领导班子建设的数量模型、结构模型和治理模型，强化领导班子和干部队伍优化建设。在子公司档级，决定班子职数配置标准的数量模型基础上，按照班子配置的共性功能要求，聚焦各班子自身的特征性配置需要，考虑班子阶段性需求，构建子公司领导班子配置结构模型，通过访谈"问诊"班子建设症结，纵横比较"扫描"班子运行效能，对下属一级子公司持续滚动开展班子分析工作，形成子公司领导班子分析报告，打造年龄梯次合理、专业优势互补、功能合理、与国有资本投资公司相匹配的子公司领导班子队伍。 （霍兆光）

【优化领导班子职数和领导人员配置】 2021年，人力资源部立足有利于规范子公司领导班子配置、有利于领导人员队伍建设、有利于推动整合融合化合，结合现有配置标准，实施优化举措，对17家一级子公司30名主要领导进行调整、配备，提拔，进一步使用29人，其中进一步使用8人、提拔使用21人。为进一步适配国有资本投资公司总部建设要求，结合相关重点管理岗位空缺及所在部门实际需求，从严把关、广泛物色，形成部分集团公司总部重点管理岗位选聘方案，通

过比选择优的方式，配置相关部门7名总监、处长，充实集团公司总部重点管理岗位人员队伍。 （霍兆光）

【推进"三跨两多"干部交流任职】

2021年，人力资源部以"三跨两多"（跨地域、跨单位、跨领域、多层次、多岗位）"之字形"培养为抓手，加大集团公司总部与子公司干部交流力度，促进干部队伍补齐能力短板、填补知识弱项、消除经验盲区，提升多基地管控、跨单元协同、企业文化融合等能力素质。全年调整直管干部120人次，其中集团公司总部与子公司之间干部交流30人次，占直管干部比例10%。为促进整合融合，开展项目化"实战"训练，通过管理对接、实施协同支撑、挂职等方式开展干部交流工作，选派2批7名年轻干部赴山东钢铁集团有限公司挂职，同时，接收山东钢铁集团有限公司12名管理人员至中国宝武下属单位实习培训，选派4名干部赴八一钢铁进行专业支撑，选派6名干部支撑昆钢公司生产经营和环保搬迁项目建设。 （霍兆光）

【培养年轻干部】 2021年，人力资源部组织各一级子公司党委对照战略规划，聚焦队伍结构现状及问题，梳理本单位优秀年轻干部培养发展情况及后续培养使用计划。推动一级子公司逐步实行年轻干部能力素质分析和综合评价，分类别、分专业建立964名年轻干部后备人才库，并对人选建立成长档案。 （霍兆光）

【完善层级管理体系】 2021年，人力资源部修订、完善并印发《管理岗位与干部层级体系管理办法

（2021年版）》，形成"单位档级设置规范有序、岗位层级符合递推规则、必须坚持扁平化管理原则"的单位档级、岗位层级审核规则。结合子公司档级提升情况，按照有关规定，开展宝武资源等7家子公司领导班子岗位提级考察评估工作，对65名集团公司党委直管领导人员的层级予以调整。 （霍兆光）

【加强组织绩效的应用】 2021年，人力资源部突出"强绩效"导向，构建与组织绩效评价相匹配的领导人员绩效评价机制，营造干部担当作为、干事创业的浓厚氛围。年内，完成256名直管领导人员、70名集团公司总部重点管理岗位人员的2020年度绩效评价工作，2018—2020年任期子公司领导班子成员和集团公司总部部门正职、副职226人次的任期绩效评价工作。推进干部"能者上、庸者下"，激励鞭策各级领导干部奋发有为，2020年度直管领导人员和2018—2020年度任期绩效评价中，有2人被评为基本称职，占比1%；全年有7名干部不再纳入集团公司直管，占比2.50%。 （霍兆光）

【外派董事监事职务化管理】

2021年，人力资源部按照"规范化、职务化、产融结合"的原则，加强外部董事人才队伍建设，一级子公司外部董事全部按照"占多数"进行配置。实施子公司外部董事"职务化"管理机制，结合子公司新一轮任期经营发展战略，配齐、配强一级子公司外部董事，全年为一级子公司调整、配备外部董事和监事153人次，发挥好董事会"定战略、做决策、防风险"作用和监事会监督作用。 （霍兆光）

【选派挂职干部】 2021年，人力资源部针对到期需轮换的帮扶挂职岗位，按照择优选派和精准选派的原则，组织各单位集中开展新一届帮扶挂职干部的选拔轮换工作。通过自下而上推荐和自上而下物色相结合的方式，经推荐报名、资格审查、体检、面试、考察及审定，选派11名新任帮扶挂职干部赴云南和广西、湖北等地挂任副县长及驻村第一书记。实施完成6名援青援藏干部挂职两年集中考核相关工作。

（霍兆光）

【开展领导人员个人有关事项填报】 2021年，中国宝武召开干部监督年度工作会议，就个人有关事项填报等有关工作进行部署和全面培训，通过《干部监督工作通讯》等载体，督促相关领导干部开展集体学习，加深政策理解。年内，人力资源部完成306名领导干部的个人事项报告工作；结合历年领导人员实际填报和查核过程中遇到的有关问题，整理形成"领导干部报告个人有关事项易错遗漏点""突出问题填报工作提醒"等材料，编写《干部监督工作通讯》，以案说法，提升报告准确度、规范性。在全年查核人数接近翻番的前提下，确保中国宝武领导干部个人有关事项查核一致率稳定保持在90%。

（霍兆光）

【落实上级专项工作要求】 2021年，人力资源部按照中共中央组织部、国务院国资委有关工作要求，推进规范领导人员配偶、子女及其配偶经商办企业行为专项工作，"影子公司""影子股东"专项整治工作，境外腐败专项治理工作等，制订形成《中国宝武钢铁集团有限公司规范领导干部配偶、子女及其配偶经商办企业行为的规定（试行）》《中国宝武党委深入整治"影子公司""影子股东"问题专项工作实施方案》等规定及专项工作方案。

（霍兆光）

【加强干部监督】 2021年，中国宝武下发《关于进一步规范子公司领导班子分工的通知》，提出"领域覆盖完整全面、管理负荷均衡合理、功能配置合规高效、职能管控纵向穿透"的指导原则，规范领导班子的分工表述，落实领导班子成员分工调整报告制度。从强化制度意识、规范兼职流程、树牢底线思维等方面，规范和加强领导人员兼职管理。深化横向配合、增强监督合力，组建选人用人专项检查工作组，在年内第二轮集团公司专项巡视期间，开展对华宝基金等6家子公司的选人用人专项检查。

（霍兆光）

中国宝武钢铁集团有限公司负责人（2021年12月）

董事长： 陈德荣
董 事： 胡望明
　　　　李国安（外部董事）
　　　　林建清（外部董事）
　　　　罗建川（外部董事）
　　　　文传甫（外部董事）
　　　　张贺雷（职工董事）
总经理： 胡望明
副总经理： 郭 斌 侯安贵
　　　　　　高建兵
总会计师： 朱永红
党委书记： 陈德荣
党委副书记： 胡望明
党委常委： 陈德荣 胡望明
　　　　　　邹继新 朱永红

　　　　郭 斌 孟庆旸
　　　　侯安贵 魏 尧
　　　　高建兵
纪委书记： 孟庆旸
工会主席： 张贺雷
董事会秘书： 朱永红（兼）
总法律顾问： 蒋育翔
总经理助理： 肖国栋

中国宝武钢铁集团有限公司总部各部室领导人员（含总监、处长及内设、挂靠部门负责人）（2021年12月）

钢铁产业发展中心
总经理：姚林龙
钢铁业规划总监：祝方义
钢铁业投资总监：陈君明
钢铁业运营评价总监：温卫萍
武汉分中心主任：赵昌武
新材料产业发展中心
总经理：王立新
新材业规划投资总监：虞 跃
新材业运营评价总监：李永东
智慧服务产业发展中心（智慧化与大数据建设办公室）
总经理（主任）：吕 军
智慧业规划投资总监：任 勇
智慧业运营评价总监：张彤艳
信息总监：张群亮
资源环境产业发展中心
总经理：钱 峰
资环业规划投资总监：吴青贤
资环业运营评价总监：方庆舟
产业园区业发展中心
副总经理：顾柏松
园区业规划总监：刘晋波
园区业项目总监：夏 琦
园区业资产总监：金学湛
产业金融业发展中心（资本运营部）
总经理：路巧玲
退资办专职副主任：赵春阳

资产管理总监：刘 俊
产权交易总监：刘文昕
资本运作总监：李建涛
产业金融运营管理总监：李 钊
原料采购中心
总经理：徐昌林
副总经理：朱学滨 周 斌
矿石业务总监：陈芳妹
海外事业发展部（外事办公室、港澳台事务办公室）
总经理（主任）：王 建
印尼镍铁项目组专职组长：史国敏
海外事业发展总监：李庆林
外事办公室副主任：张 敏
党委办公室、办公室
主任：冯爱华
副主任：杨建忠
信访办公室主任：杨建忠
信访办公室副主任：严 俊
行政室主任：王茂森
秘书室主任：蒋丹枫
调研室副主任：吴蓓珠
战略规划部（经济与规划研究院）
总经理（院长）：吴东鹰
规划投资总监：常兴辉
战略合作与协同总监、经济与规划研究院院长助理：何太平
制造业发展策划总监：韩 冰
服务业发展策划总监：池忠仁
经营财务部
总经理：何宇城
预算总监：夏 峰
资金总监：聂志权
首席会计师：周宝英
税务筹划总监：赵 莹
党委组织部、人力资源部、党委统战部、老干部工作部
部长、总经理、部长、部长：汪 震
副部长、副总经理、副部长、副部长（常务）：秦铁汉
副部长、副总经理：计国忠
领导力发展总监、干部监督处处

长：冯 军
人事效率总监：郭 斌
薪酬福利总监：张玉宾
员工发展总监：刘兆华
组织统战处处长：陆卫忠
中国宝武党建督导高级专员：寿耀明
公司治理部（全面深化改革工作办公室）
总经理（主任）：秦长灯
公司治理总监：吴 迪
风险控制总监：刘新宇
组织绩效总监：刘亦飞
深改办专职成员：王诚翔 殷 登
党委宣传部、企业文化部、党校、管理研修院
党校校长：魏 尧（兼）
部长、部长、常务副校长、院长：钱建兴
副部长、副部长、副校长、副院长：田 钢 徐美竹 胡志强
新闻管理处处长：钱建兴（兼）
融媒体中心主任：钱建兴（兼）
思政工作处处长：汤平健
企业文化处处长：王丹云
史志办公室主任：张文良
管理研修院院长助理兼党校、管理研修院办公室主任：陶云武
融媒体中心专职副主任：童 赟
党建教研室主任：徐力方
管理教研室主任：梁 军
中国宝武党史学习教育第四巡回指导组副组长：杨敏宏
法律事务部
部长：蒋育翔（兼）
诉讼管理处处长：蔡东辉
审计部
部长：张立明
投资审计处处长：唐志强
经营审计处处长：尚 宁
管理审计处处长：王 菲
派出子公司监事管理处处长：赵 雍

纪委、监察专员办公室
副书记：朱汉铭 张忠武
信访案管室主任：武海山
纪检干部监督与综合管理室主任：陈 佳
监督检查室主任：张颖睿
审理室副主任：陈宁国
党委巡视工作办公室
主任：胡达新
党委巡视组
专职组长：吴声彪 陶全兴 毛文明 韩瑞平
第四巡视组副组长：戴洪涛
能源环保部、安全生产监督部、科技创新部
部长：肖国栋（兼）
安全生产监督部副部长：孙有力
碳中和办公室专职副主任：马朝晖
中国宝武科协矿业专业委员会专务副主任：马法成
环境保护处处长：韩 晶
安全督查处处长：孙有力（兼）
安全企划处处长：李 盛
科技发展处处长：拓西梅
中国宝武科学技术协会副秘书长：拓西梅
环境保护督查组
专职组长：王 平
副组长：戴 坚
安全督导组
第一安全督导组组长：李四清
第一安全督导组副组长：周学龙
第二安全督导组组长：何荣杰
第二安全督导组副组长：杨小川
第三安全督导组组长：胡邦喜
第三安全督导组副组长：尹小鹏
第四安全督导组副组长：张望兴
第五安全督导组组长：熊贤信
第五安全督导组副组长：吴 斌
工会
副主席：陈英颖 陈志宇 周 瑾
综合管理部部长：吕艳斌

基层工作部部长：王　健
权益发展部副部长：李士伟

团委

书记：周　瑾
副书记：郑卓君

机关党委

党委书记：冯爱华
纪委书记：陈　佳
工会主席：吕艳斌

产教融合发展中心（武汉工程职业技术学院）

武汉工程职业技术学院党委书记：
　陈英颖
武汉工程职业技术学院院长：
　张文辉
武汉工程职业技术学院党委副书记：张文辉　郭　众
武汉工程职业技术学院副院长：
　陈英颖
武汉工程职业技术学院纪委书记：
　郭　众
人才开发院院长：陈志宇
人才开发院副院长：张丽娟

运营共享服务中心（档案中心）

总经理（主任）：陆怡梅
党委书记：陆怡梅
党委副书记：钱　昆
副总经理：郭　岩　张翠娥

改革发展指导组

组长：傅连春　汪平刚　蔡伟飞
副组长：潘世华　范松林

海外矿业投资重大项目办公室

专务主任：张典波
专职副主任：曹传根

中国宝武钢铁集团有限公司各子公司负责人
（2021年12月）

中国中钢集团有限公司

总经理：刘安栋
副总经理：马利杰　胡乃民
总会计师：刘德斌

党委副书记：刘安栋　张经华
纪委书记：李荣庭

宝山钢铁股份有限公司

董事长：邹继新（兼）
总经理：盛更红
副总经理：傅建国　胡　宏
　　　　　李　华（挂职）
党委书记：邹继新（兼）
党委副书记：盛更红　周学东
党委常委：邹继新　盛更红
　　　　　周学东　陈冬生
　　　　　施　兵　吴小弟
　　　　　傅建国　胡　宏
纪委书记：陈冬生

宝武集团中南钢铁有限公司

董事长：李世平
总裁：李世平
高级副总裁：张文洋　赖晓敏
班子副职：解　旗　吴琨宗
党委书记：李世平
党委副书记：蔡建群
纪委书记：蔡建群

马钢（集团）控股有限公司

董事长：丁　毅
总经理：刘国旺
副总经理：唐琪明
党委书记：丁　毅
党委副书记：刘国旺　何柏林
党委常委：丁　毅　刘国旺
　　　　　毛展宏　唐琪明
　　　　　任天宝　何柏林
　　　　　伏　明　章茂晗
纪委书记：何柏林

太原钢铁（集团）有限公司

董事长：高祥明
总经理：魏成文
副总经理：曹志福　尚佳君　刘鹏飞
党委书记：高祥明
党委副书记：魏成文　汪　震
　　　　　　高　铁
党委常委：高祥明　魏成文
　　　　　汪　震　李　华

　　　　　高　铁　曹志福
　　　　　尚佳君　刘鹏飞
纪委书记：汪　震

宝钢集团新疆八一钢铁有限公司

董事长：吴　彬
总经理：柯善良
副总经理：季艳军　谢香山
党委书记：吴　彬
党委副书记：柯善良　冯　义
　　　　　　塔依尔·买买提
党委常委：吴　彬　柯善良
　　　　　冯　义
　　　　　塔依尔·买买提
　　　　　兰　银　季艳军
　　　　　谢香山
纪委书记：冯　义

武钢集团有限公司

董事长：周忠明
总经理：傅新宇
副总经理：肖　扬　陆人胜　张　轶
党委书记：周忠明
党委副书记：傅新宇　张先贵
纪委书记：张先贵

宝武资源有限公司、宝钢资源（国际）有限公司

总裁：纪　超
高级副总裁：张　华　熊新海
　　　　　　崔伟灿　朱学滨
　　　　　　王铁成　吴寒芬
宝钢资源（国际）有限公司党委副书记：纪　超　杨大宏
宝钢资源（国际）有限公司纪委书记：杨大宏

上海宝信软件股份有限公司

董事长：夏雪松
总经理：王剑虎
副总经理：周建平　宋健海
　　　　　陈　健　胡国奋
　　　　　宋世炜　梁越永
党委书记：夏雪松
党委副书记：王剑虎　高银波
纪委书记：高银波

欧冶云商股份有限公司

董事长：赵昌旭

总裁：金文海

高级副总裁：张 维 张佩璇
　　　　　　潘智军 顾永兴

党委书记：赵昌旭

党委副书记：金文海 王小干

纪委书记：王小干

宝武集团环境资源科技有限公司

董事长：陈在根

总经理：朱建春

副总经理：苟士保 张 波

党委书记：陈在根

党委副书记：朱建春 袁文清

纪委书记：袁文清

上海宝地不动产资产管理有限公司、上海宝钢不锈钢有限公司、宝钢特钢有限公司

董事长：王继明

总裁（总经理）：王 语

高级副总裁（副总经理）：
　　冯国辉 黄道锋 施劲松
　　张鹤鸣 周新平 蒋勤芳
　　范宏超

党委书记：王继明

党委副书记：王 语 朱 超

纪委书记：朱 超

宝武碳业科技股份有限公司

董事长：林秀贞

总裁：徐同建

副总裁：李峻海 汪爱民 王立东

党委书记：林秀贞

党委副书记：徐同建 翁志华

纪委书记：翁志华

宝钢工程技术集团有限公司

董事长：陆鹏程

总经理：赵恕昆

副总经理：袁 磊 李晓庆
　　　　　　陈孝文

党委书记：陆鹏程

党委副书记：赵恕昆 徐建耀

纪委书记：徐建耀

宝钢金属有限公司

董事长：王强民

总裁：祁卫东

高级副总裁：陈国荣 庄建军
　　　　　　李长春

党委书记：王强民

党委副书记：祁卫东 蔡正青

纪委书记：蔡正青

上海宝钢包装股份有限公司

董事长：曹 清

总裁：曹 清

高级副总裁：葛志荣 谈五聪
　　　　　　朱未来

党委书记：刘长威

党委副书记：夏 辰

纪委书记：夏 辰

宝武特种冶金有限公司

董事长：章青云

总经理：陈步权

副总经理：刘剑恒 施 威

党委书记：章青云

党委副书记：陈步权 徐克勤

纪委书记：徐克勤

宝武装备智能科技有限公司

董事长：朱湘凯

总经理：孔祥宏

副总经理：许寿华 李 杰
　　　　　　黄加坤

党委书记：朱湘凯

党委副书记：孔祥宏 张智勇

纪委书记：张智勇

宝武重工有限公司

董事长：胡玉良

总经理：薛灵虎

副总经理：程建国 赵厚信
　　　　　　李庭海

党委书记：胡玉良

党委副书记：薛灵虎 程建国
　　　　　　封 峰

纪委书记：封 峰

欧冶工业品股份有限公司

董事长：王 静

总裁：王 静

高级副总裁：田国兵 李志霞
　　　　　　周建平（挂职）

党委书记：田国兵

党委副书记：谈爱国

纪委书记：谈爱国

宝武水务科技有限公司

董事长：严 华

总经理：张 青

副总经理：金志杰 董晓丹
　　　　　　胡新华

党委书记：严 华

党委副书记：张 青 戴相全

纪委书记：戴相全

宝武清洁能源有限公司

董事长：周建峰

总裁：魏 炜

高级副总裁：魏春奇 蔡方伟
　　　　　　杨建夏

党委书记：周建峰

党委副书记：魏 炜 崔荣新

纪委书记：崔荣新

欧冶链金再生资源有限公司

董事长：陈昭启

总裁：严鸽群

高级副总裁：陶 炜 曹玉龙

党委书记：陈昭启

党委副书记：何 潮

纪委书记：何 潮

西藏矿业资产经营有限公司

董事长：曾 泰

总经理：曾 泰

班子副职：次 仁 尼 拉
　　　　　　布琼次仁

党委书记：曾 泰

党委副书记：张金涛 拉巴江村

纪委书记：拉巴江村

华宝投资有限公司

董事长：胡爱民

党委书记：胡爱民

总经理：贾 璐

副总经理：陈 然

党委副书记：贾　璐　黄洪永

纪委书记：黄洪永

华宝信托有限责任公司

董事长：李琦强

总经理：孔祥清

副总经理：刘雪莲

班子副职：许旭东（党委委员）

监事会主席：徐兴军

党委书记：李琦强

党委副书记：孔祥清　刘月华

纪委书记：刘月华

华宝基金管理有限公司

董事长：朱永红（兼）

总经理：黄小薏

副总经理：向　辉

党委书记：黄孔威

党委副书记：欧江洪

班子副职：吕笑然

纪委书记：欧江洪

华宝证券有限责任公司

董事长：刘加海

总裁：熊　伟

班子副职：严　曜（党委委员）

党委书记：刘加海

党委副书记：徐世磊

纪委书记：徐世磊

宝武集团财务有限责任公司

董事长：朱永红（兼）

副董事长：王明东

总经理：陈海涛

副总经理：姚文忠　张　波

党委副书记：王明东　陈海涛

　　　　　　童卫银

纪委书记：童卫银

华宝（上海）股权投资基金管理有限公司

董事长：张晓东

武汉钢铁集团耐火材料有限责任公司

执行董事：李　军

总裁：李　军

高级副总裁：胡　波

总会计师：匡奕军

党委副书记：李　军（主持工作）

　　　　　　孙　彤

纪委书记：孙　彤

人事效率

【提升人事效率】　2021年，人力资源部根据子公司不同业态和发展阶段，精细化设计人事效率指标。在钢铁主业，优化人力资源结构，提升人均产钢量；"五元"板块聚焦主责主业，围绕人力资本投入产出，以人均规模（人均营业收入和人均实物产量）、人均利润两大类指标展开对标。至年底，集团公司在岗人员同口径优化14 400人，优化7.50%；在册人数精简16 970人，精简7.40%；从业人员人力资源优化8.40%。　　　（杨　军）

【专业协作管理变革】　2021年，人力资源部启动专业协作管理变革三年专项行动，变主从式协力关系为伙伴式协作关系，培育"专业化、规模化、市场化"的专业化协作、战略化协同供应商。年初，召开专项工作启动会，明确将"两度一指数"（专业化协作度、战略化协同度，"操检维调"指数）作为牵引管理推进的重要指标。5月，结合协力安全问题频发的状况，按照"三立即、两加快"（立即启动协力供应商安全管理体系能力专项评估；立即组建协力管理变革专项工作组，建体系、理制度、强准入；立即清理"插入式"混岗和生产现场劳务派遣用工；加快业务灭失和业务回归速度，推进本质化安全；加

快建立协力信息化管理系统）的推进要求，部署开展协力管理变革专项行动。9月，深入各单位开展调研，完成有关课题，为专业协作管理变革的不断深化指明方向。至年底，钢铁主业同比期初，减少协力供应商453家（减少34%），精简协力人员14 928人（精简12%），优化常规协力人员9 487人，清除"插入式"混岗人员3 822人，其中钢铁业子公司现场"插入式"混岗人员归零，减少劳务派遣用工3 347人。

（黄　宇　朱立辉）

【提升人才引进质量】　2021年，人力资源部制定《集团公司招聘管理工作相关意见（试行）》，明确应届毕业生、社会成熟人才及技能人才招聘标准，传递高质量招聘导向。对于集团公司内进员，做到"进员必审核、审核必严格"。全年新进本科及以上应届毕业生957人，其中毕业于国内外知名院校及专业院校占77.74%。围绕战略核心，聚焦关键"卡脖子"技术，指导并推动各子公司抢抓高端人才、引进紧缺人才，全年引进302名高端及紧缺人才，满足高温合金、人工智能、工业互联网、物联网、金融科技等领域人才需求。　（陈利萍）

【开展全球校园招聘】　2021年，中国宝武首次以"心怀'国之大者'　铸梦钢铁生态圈"品牌形象，组织中国宝武下属一级子公司，按照"搭建宝武网申平台、产业板块充分联动、流量共享相互赋能"的招聘工作策略，以"四个统一"（统一标准、统一平台、统一行动、统一工具）招聘模式，开展中国宝武2022全球校园招聘。克服新冠肺炎疫情影响，举办北京大学、清华

2021年9月26日，中国宝武在北京大学举行校园宣讲会　　　　　（张　勇摄）

大学、上海交通大学等9场校园宣讲会，吸引1 200名学生现场参与；收到学生投递简历2万余份。

（陈利萍）

【内部人才流动】　2021年，中国宝武通过集团公司内部人力资源市场，实现1 504人次的跨单位调动，推动内部存量人力资源共享和拉动。实现1 374人次"跨基地、跨空间"交流任职，3 248人次跨单位交流实习，人力资源得到充分使用。推动外部共享用工，释放存量富余人力资源，促进协作供应商能力提升。至年底，通过协作出向、借用支撑等方式选派、调配3 493人，到业务承接方、外部民营企业等单位工作。　　　　（陈利萍）

【落实"稳岗扩就业"政策】　2021年，人力资源部深挖岗位需求，发布800个适合高校毕业生的就业岗位，带头吸纳高校毕业生。按照第11届中央企业面向西藏自治区、青海省、新疆维吾尔自治区高校毕业生专场招聘活动要求，为"三地招聘"专场提供702个就业岗位。落

实乡村振兴、就业扶贫要求，在云南省宁洱县、罗田县等对口扶贫县举办网络专场招聘会；邀约产业上下游企业参与专场招聘会，帮助3 073人转移就业。　　（陈利萍）

【推进员工社会化转型】　2021年，人力资源部推动人才向社会外溢，保持与上海市及相关区政府部门沟通，挖掘定向中国宝武员工岗位招聘需求93个，发动转型员工应聘，232名员工报名参与杨浦区、虹口区、长宁区、宝山区居民区党组织书记、社区工作者岗位招聘，63名员工转型。2016—2021年，有812名中国宝武员工转型为居民区党组织书记、社区工作者及工会社工。　　　　　　（黄　宇）

【建设中国宝武智慧人力资源系统】　2021年，人力资源部与宝信软件项目组研究、梳理项目需求，确认开发功能，在原信息系统基础上重构、迭代和打造新的中国宝武智慧人力资源系统（BWHR）一体化平台，并于12月22日上线。新系统具有更加专业化的功能、更加

强大的数据存储和挖掘能力，更加安全合规。　　（陈　亮　宁向军）

薪酬福利

【实施差异化工资总额决定机制】　2021年，人力资源部推动子公司实施差异化工资总额决定机制，按照"1个原则，5个要素"总体要求（1个原则指只有创造价值，才可分享价值；5个要素指业务属性和行业特点、发展阶段和制约因素、绩效期望和关键指标、支付能力和历史因素、分配规范和分配效能），结合新一轮任期战略任务和经营业绩目标，对9家子公司实施差异化工资总额管理，体现不同业务板块价值创造特性。　　　（丁　冲）

【开展中长期激励】　2021年，人力资源部制定"1+1+N"中长期激励制度体系，发挥顶层设计和牵引作用。中国宝武下属7家上市公司推出股权激励计划，4家同行业上市公司（宝钢股份、马钢股份、八钢股份、太钢不锈）同步实施股权激励；扩大国有科技型企业股权和分红激励实施面，新增飞马智科信息技术股份有限公司、上海宝钢建筑工程设计有限公司、上海科德轧辊表面处理有限公司3家单位，实施国有科技型企业岗位分红；结合混合所有制改革工作开展，推动国有控股混合所有制企业员工持股。　　　（丁　冲）

【优化员工意外综合团体保险】　2021年，人力资源部按照精准与普惠原则，对员工意外综合团体保险

责任进行优化调整,加大疾病身故保障责任保障力度,新增百万医疗保障责任。　　　　　(丁　冲)

【策划"公司日"福利项目方案】 2021年,结合中国宝武首个"公司日"整体安排,人力资源部策划"公司日"福利项目方案,通过"公司日"红包(司庆普惠奖)和"公司日"休假单(带薪休假1天),传递对广大员工的关心与关爱,增强对"同一个宝武"的认同感、归属感、获得感。　　　　　(丁　冲)

员工发展

【编制人力资源战略规划】 2021年,人力资源部形成《中国宝武人力资源战略规划(2020—2022年)评估报告》。结合中国宝武"十四五"战略规划编制要求,聚焦党建引领、人力资源体系能力建设,完成组织及人力资源新一轮战略规划编制工作,并纳入《中国宝武钢铁集团有限公司"十四五"战略规划》。　　　　　(张　钊)

【建立健全宝武科学家制度】 2021年,中国宝武聚焦打造集团公司战略型科技人才、完善高层次人才梯队建设,创新出台《中国宝武科学家选拔聘用和管理实施意见》,规范中国宝武科学家聘任管理,探索"头雁高飞"新机制。坚持"党管人才、服务发展、竞争择优"的原则,开展动议、考察、评议、审议、公示、发文聘任全流程探索试点,遴选产生首批17名中国宝武工程科学家、5名中国宝武管理学家。围

绕绿色、精品、智慧制造、核心技术攻关等重大创新项目,聚焦"担纲挂帅""决策咨询""孵化培养"3大类81项重点任务、188项重点工作计划及213个关键指标,制定中国宝武科学家"年度绩效目标责任书",并与中国宝武科学家签署"年度绩效目标责任书"。(张　钊)

【管理人员队伍建设】 2021年,人力资源部建立"族群班"(立足角色定位)和"进阶班"(立足梯队建设)管理人员培训体系,重点抓好管理人员履职培训、进阶研修。实施"直管总经理班""三级单位总经理班""制造单元厂部长班""部长、主任班""高级经理班"履职培训,619名各级管理人员参加培训。创新实施首期"战略预备班",针对35岁左右、同层次、跨业务、跨单元的年轻干部,公开选拔42名年轻学员,开展为期2年的定期培训,为集团公司培育一批年轻的后备力量。全年,集团公司管理人员培训投入4 217.20万元,占年度培训投入的17.40%;人均投入3 093.60元,有62.40万人次参与培训,完成263万个脱产和网络学时。(张　钊)

【技术业务人才队伍建设】 2021年,人力资源部提升专业族群技术业务人才能力,实施产业金融高端人才培训,围绕"金融素养、产业投融资、市值管理、行动学习"等6个模块,对160名学员开展为期6个月的培训;实施组织人事部长研修,组织各子公司50名组织人事负责人,开展为期3天的主旨演讲、专业报告、职能分享、优秀实践、专题研讨等学习研修,促进组织及人力资源专业化人才队伍建设。以"高

精尖缺"和骨干技术人才为对象,实施"TOP10(十佳)研修""走进大师""'金苹果'研修""慧学堂公开课"等206个专业技术项目、604个培训班次,培训84 252人次。年内,集团公司技术业务人员培训投入7 293.90万元,占年度培训投入的30.20%,有165.70万人次参与培训,完成777万个脱产和网络学时。(张　钊)

【技能操作人才队伍建设】 2021年,人力资源部落实"三个全面"工程,制订《中国宝武一线员工全员培训方案》,7月23日全面启动一线员工全员培训,全年实施3轮5 064人次的跨区域培训。聚焦"操检维调"一体化,6月25日召开中国宝武一线技能人才培训现场推进会,推动技能员工能力素质提升。结合人力资源和社会保障部有关要求和集团公司高技能人才队伍建设需要,制定出台8项职业技能等级认定相关制度,规范职业技能等级认定工作流程,集团公司109家分支机构中有61家完成人力资源和社会保障部、属地省级人力资源和社会保障厅(局)"双报备"工作,完成2 800人次"四员(考评员、管理员、质量督导员、认定专家)培训",1 760人完成认证考试。全年,集团公司操作技能人员培训投入12 682.20万元,占年度培训投入的52.40%,有222.90万人次参与培训,完成1 188万脱产和网络学时。(张　钊)

【培养青年高潜力人才】 2021年,人力资源部完成第七期"青苹果"集中研修,经过3年着重培养,37名学员完成8次47门课程的学习、7次参访交流、2年在线英语培

训等研修内容，实现职业素养、领导力、执行力、创造力、多元思维等素质能力提升。面向1 356名新进大学毕业生，按照"宝武文化、宝武战略、宝武治理、宝武纪律"四统一的理念，策划实施为期一年的培训。支撑集团公司国际化战略，推进员工外语能力提升，建立10个区域考点，面向29家单位1 356名新进大学毕业生，统筹实施中国宝武等级英语考试。聚焦45名财务类专业族群新进大学毕业生，开展财务类"三基"（基础知识、基本流程、基层岗位）赋能行动，实施2年"业务一线、财务一线"定制培养，通过基础知识学习、基本流程练习、基层岗位锻炼，加强"基层实践、一线锻炼"。　（张　钊）

【向国家和地方推荐高端人才】2021年，中国宝武聚焦"创新精神"，遴选推荐第六批国家高层次人才特殊支持计划青年拔尖人才3人、科技创新领军人才3人，第六届全国杰出专业技术人才2人，国防科学技术奖评审专家13人，国资国企综合研究专家3人，上海市首届产业菁英计划22人。弘扬"工匠精神"，1人获"中华技能大奖"，4人获"全国技术能手"称号，1家单位获"国家技能人才培育突出贡献单位"称号，2人获"上海市技术能手"称号，1家单位获评上海市技能人才培育突出贡献单位，1人获"上海市技能人才培育突出贡献个人"奖。推选国家级优秀人才45人。　（张　钊）

【提升总部职能管理体系能力】2021年，集团公司总部实施党的政治建设、企业家精神淬炼、生态圈共建、智慧绿色等9个类别、113

个培训项目。开展"宝武有约"综合类系列培训16期，聚焦"视野·实力""文化·兴趣""健康·和谐""三有"主题，集团公司总部员工3 656人次参加培训。聚焦集团公司总部员工专业化服务和个性化需求，围绕基础服务、定制服务、专项服务模式，实施集团公司总部员工帮助计划（EAP）暖心行动8期，有1 210人次参加。搭建外部资源分享平台，全年发布国务院国资委、工业和信息化部、中国钢铁工业协会等35期"外部培训"信息，有69名集团公司总部员工完成3 471个学时零星外出培训。
　（张　钊）

【开展校企合作】2021年，人力资源部启动上海交通大学在职工程类博士联合培训项目，选拔推荐宝钢股份、宝武碳业、宝信软件、宝武清能的4名产业重点培养对象作为博士候选人并被录取；作为上海交通大学重点合作单位，推选宝信软件和宝武特冶的3名行业导师人选，通过"双导师制"引导博士候选人开展行业科研攻关。深化中国宝武—复旦大学实习实践基地建设，全年征集42类岗位、109人次复旦大学实习实践需求，7月6日举行2021年复旦大学学生实习实践活动启动仪式，经"双向选择"，遴选14名复旦大学学生赴集团公司总部及各一级子公司开展为期2个月的岗位实习实践。作为联合企业，协同复旦大学联合申报"上海高校学生职业（生涯）发展教育校外实践基地"并入选。
　（张　钊）

【实施跨单位交流见习】2021年，人力资源部实施首期交流任职

（岗位见习），聚焦生产制造、设备管理、能源环保等管理岗位选拔54人，开展为期3个月到1年的挂职锻炼，推动产业整合、文化融合、管理提升。聚焦产业对标找差、优秀实践共享，实施生态圈跨单位实习交流，促进产业内外交流互通、文化融合，传导分享典型实践，集团公司总部、各子公司之间全年开展3 248人次跨单位交流实习。
　（张　钊）

【推动"乡村振兴"工作】2021年，人力资源部结合定点帮扶县实际情况，实施"人才振兴"。全年培训基层干部、乡村振兴带头人、专业技术人才、乡村教师等11 544人次；在"宝武微学苑"开设帮扶县"兴乡村·智互联"e学堂免费网络学习专区，为2 801人次提供53门党性教育、经济建设、专业技术等课程。开展"智力援青（青海）"，聚焦企业管理人才和青年干部培养，举办青年干部培训班1期、企业家高级研修班1期，有79人参加培训。　（张　钊）

教育培训

宝武党校/宝武管理研修院

【概况】2021年7月14日，为落实教育部、国务院国资委等部门对于规范"大学""学院"名称登记使用的相关要求和整改意见，中国宝武将管理学院更名为"管理研修院"。宝武党校、宝武管理研修院根据院校新的愿景、使命、功能定位，聚焦集团公司战略重点任务，

开展习近平总书记"七一"重要讲话精神学习、党史学习教育活动、决策人研修、产业金融高端人才培训、管理人员履职培训、专业化整合、管理与文化融合等重点培训项目,支撑集团公司战略落地、管理变革和能力提升。完成重点培训项目40个,办班148个,239 225人次参加培训。编写完成《中国宝武高质量党建引领高质量发展十讲》《中国宝武基层党建案例汇编》等党建教材和案例。完成"基于智慧制造的韶钢基层管理变革""中国

宝武不锈钢产业战略发展专项调研报告""安全督导工作管理评估"等22项管理研究课题与任务。探索"三个100"(培育100名支撑生态圈建设的企业名师,100门具有理论深度、指导实践的精品课程,100个启迪思想、激发活力的经典案例)建设,开展"三个100"评审,推进专业分类,构建课程体系;加强过程管控,优化培训过程管理;顺应数字时代学习型组织要求,网络培训突破创新;强化培训宣传,拓展培训影响力;围绕四大定位开展对

外培训。年底,宝武党校、宝武管理研修院有员工47人。 (奚赛峰)

【完成各类培训360余万人次】2021年,宝武党校、宝武管理研修院聚焦集团公司战略重点任务,开展决策人研修、产业金融高端人才培训、管理人员履职培训、专业化整合、管理与文化融合等各类培训185项(其中面授71项),362.07万人次(其中面授近6.35万人次)参加学习,合计100.37万个培训日(其中面授7.86万个培训日)。 (奚赛峰)

2021年宝武党校、宝武管理研修院各类培训完成情况表

部 门	项目数(个)	班级数(个)	培训人次	培训日(个)
党建教研室	31	136	47 306	50 712
管理教研室	39	83	16 118	27 810
数智学习中心(网络)	114	1 051	3 557 198	925 045
数智学习中心(面授)	1	1	59	118
面授合计	71	220	63 483	78 640
合计(含网络)	185	1 271	3 620 681	1 003 685

(奚赛峰)

【党建课题研究】2021年,宝武党校党建研究主要围绕集团公司党委关于党的建设的工作部署和基层优秀实践展开。深化党的领导融入公司治理的相关理论研究,形成"发挥中央企业党委把方向、管大局、促落实的领导作用研究"课题报告,获中国冶金职工思想政治工作研究会优秀课题成果一等奖。为迎接中国共产党成立100周年,总结中国宝武重组以来党的建设的先进经验,集中反映中国宝武在基层党建的优秀实践,宝武党校策划在3年内完成中国宝武系列党建教材编写的计划,2021年完成《中国宝武高质量

党建引领高质量发展十讲》(理论专著)和《中国宝武基层党建"百优"案例集》(优秀实践)。发挥专业优势,开发完成集团公司主要领导在中国宝武党委庆祝中国共产党成立100周年座谈会上的专题党课课件——"中国共产党始终走在时代前列的奥秘——用党史滋养争创世界一流伟大企业的力量"。支撑党史学习教育,服务集团公司党委中心组理论学习。 (徐力方)

【基层党组织负责人培训】11月17—21日,宝武党校举办中国宝武2021年度基层党组织负责人培训

班,来自马钢集团、八一钢铁的二、三级党委的43名党委书记、专职党委副书记参加为期5天的培训。培训旨在帮助党委书记、专职党委副书记强化用高质量党建引领公司治理体系治理能力现代化的政治自觉、思想自觉、行动自觉,提高抓好党建工作的使命感和责任意识,掌握做好党委工作的基本理论、基本制度、基本政策、基本职责和基本方法。为进一步强化互助互融,将党建优势转化为中国宝武联合重组、整合融合的发展优势,邀请中南钢铁、太钢集团党委书记作以"高质量党建引领高质量发展,打造先进基层党组织"为主题的二级

党委经验交流分享。　　（徐力方）

【党委书记研修】　2021年，宝武党校结合宝钢股份"一人双职"党委书记逐渐增多的现状，针对党委书记、行政负责人"一肩挑"领导体制下党委书记迫切需要解决的问题，以研修为主基调，以培训为基础，为宝钢股份举办3期研修，量身定制培训课程、授课师资和现场交流。　　（徐力方）

【党支部书记履职培训】　2021年，宝武党校贯彻全面从严治党要求和全国国有企业党的建设工作会议精神，以"学习最新要求、掌握工作实务、淬炼坚强党性、传递特色实践、改进工作方法、行动学习实战"为重点，优化党支部书记履职培训，更新完善培训课程，强化训战合一，实施9期新任党支部书记履职培训。来自集团公司总部和宝钢股份、宝信软件、宝武资源等26家子公司的310名新任党支部书记参加培训并结业。八一钢铁的100名党支部书记通过网络直播的方式参加培训。
　　（张晔青）

【党支部书记培训示范班暨党支部书记研修会专题研修】　10月25—27日，由集团公司党委组织部、宝武党校、党支部书记研修会、马钢集团党委组织部策划组织的中国宝武2021年度党支部书记培训示范班暨党支部书记研修会专题研修在马钢集团举行，来自中钢集团、宝钢股份等单位的50名党支部书记、研修会成员参加培训研修。培训研修设置专题授课、现场督查式教学、现场参访、情景模拟、分享交流等模块，采取

沉浸式、体验式教学。学员们还参观了马钢特钢展示厅、特钢公司优棒材生产线、马钢股份炼铁智控中心和马钢展示馆等。
　　（张晔青）

【党群工作者系列研修】　2021年，宝武党校策划形成二级单位组织人事部门和党群工作部门负责人培训方案。具体培训安排由集团公司党群部门根据业务和队伍实际提出需求，宝武党校配合组织实施。支撑集团公司党委组织部、人力资源部实施中国宝武组织人事部长研修1期，63人参加学习。开展集团公司及宝钢股份统战干部、统战代表人士培训3期，120人参加培训。实施宣传文化工作研修2期，114人参加学习；宣传与团干部研修1期，66人参加学习。开展集团公司和各二级单位企业文化专题培训3期，482人参加学习。实施保密工作实务培训2期，920人参加学习。开展维稳信访专业化培训5期，323人参加培训。支撑集团公司纪委实施纪检监察专业化培训8期，557人次参加培训；开展巡视巡察工作实务培训4期，330人次参加学习。支撑集团公司工会和各二级单位实施工会干部培训4期，680人参加学习。支撑子公司党委中心组学习7期，214人参加学习。开展基层党务人员研修16期，942人参加学习。
　　（徐力方）

【统战代表人士、组织统战干部专题研修】　9月23—26日，由集团公司党委组织部、统战部和宝武党校策划组织，集团公司下属各一级子公司和集团公司总部机关等单位的46名统战代表人士和25名

统战干部在中国宝武（常熟）领导力发展中心参加为期4天的培训研修。研修设置专题授课、现场参访、专题研讨和分享交流等模块。除专题授课，还邀请统战代表人士走上讲台讲述各自党派的发展历史，参观沙家浜爱国主义教育基地。
　　（郑智敏）

【党员集中培训】　2021年，宝武党校聚焦中国共产党成立100周年和党史学习教育，结合党的创新理论、党性教育和中国宝武企业文化等内容，设计、开发5门特色课程，发挥集团公司内党校党建师资的协同优势，组织集体备课，实施党员培训31期，27 774人参加学习，实现在沪党员集中培训全覆盖。
　　（张晔青）

【入党积极分子、发展对象培训】　2021年，宝武党校开展入党积极分子培训3期、发展对象培训6期。培训内容以《党章》为纲，组织学员到中共一大会址等红色教育基地开展体验式党性教育，入党积极分子456人、发展对象281人参加培训并结业。
　　（张晔青）

【委托代理人法律知识考试】　2021年，宝武党校组织实施委托代理人法律知识考试，1 319人参加考试，合格率51.02%。　　（陈恂为）

【为离退休人员提供培训服务】　2021年，宝武党校支撑宝钢老干部（老年）大学漠河路教学点"政治理论班"授课，3—6月、9—12月，每两周一次授课，内容包括百年党史、经济形势、社会民生热点等方面，授课48个学时。
　　（陈恂为）

【管理研究】 2021年，宝武管理研修院围绕集团公司重点工作，完成管理研究课题与任务22项，其中离线自主19项，离线外协3项，涉及落实集团公司重点工作、支撑集团公司治理、优秀实践案例总结、支撑子公司管理等。重点课题包括"基于智慧制造的韶钢基层管理变革""中国宝武不锈钢产业战略发展专项调研""全面加强管理体系和管理能力建设，加快创建世界一流示范企业""安全督导工作管理评估""党委巡视办公车改革案例总结""碳达峰、碳中和教材""三企联动　助推高质量发展""西藏矿业复诊评估"等。围绕宝武管理研修院"3个100"建设，完成精品课程开发19项，完成经典案例编写15个，其中《基于智慧制造的韶钢基层管理变革》《碳达峰碳中和中国宝武在行动》《三企联动　助推高质量发展》，均以内部书籍的形式呈现。　　（雷锐戈）

2021年宝武管理研修院管理课题研究项目一览表

序　号	项　目　名　称	项目类型	项目来源
1	基于智慧制造的韶钢基层管理变革	离线自主	集团公司
2	中国宝武不锈钢产业战略发展专项调研	离线自主	集团公司
3	全面加强管理体系和管理能力建设，加快创建世界一流示范企业	离线自主	集团公司
4	安全督导工作管理评估	离线自主	集团公司
5	党委巡视办公车改革案例总结	离线自主	集团公司
6	碳达峰碳中和教材	离线自主	集团公司
7	三企联动　助推高质量发展	离线自主	集团公司
8	以全员绩效管理为抓手助推鄂城钢铁管理变革	离线自主	集团公司
9	西藏矿业复诊评估	离线自主	集团公司
10	宝武碳业收购精功碳纤维案例	离线自主	集团公司
11	中国宝武"一总部多基地"管理模式探索	离线自主	宝武管理研修院
12	绿色发展理论与马钢股份、武钢有限实践案例	离线自主	宝武管理研修院
13	鄂城钢铁对标管理案例	离线自主	宝武管理研修院
14	智慧制造背景下的组织变革	离线自主	宝武管理研修院
15	强化治理机制设计　推进全镁产业链发展	离线外协	宝钢金属
16	宝武智维发展战略、组织模式与人力资源研究	离线外协	宝武智维
17	欧冶链金合规管理体系建设项目	离线外协	欧冶链金
18	传承百年荣耀　放飞青春梦想，用拼搏和奋斗谱写中国宝武建设世界一流伟大企业崭新华章	离线自主	宝武管理研修院
19	管理创新成果管理流程优化方案	离线自主	宝武管理研修院
20	中国宝武领导力模型构建	离线自主	宝武管理研修院

（续　表）

序　号	项　目　名　称	项目类型	项目来源
21	宝武碳业"一总部多基地"管控模式实践	离线自主	宝武碳业
22	战略与投资课件支撑	离线自主	宝武管理研修院

（雷锐戈）

【决策人研修】　5月18—20日，中国宝武党委理论学习中心组（扩大）学习暨第11期决策人研修开班，主题为"全面加强管理体系和管理能力建设，加快创建世界一流示范企业"。此次研修突出党史理论学习，邀请中共中央党校教授董振华宣讲"中国共产党精神谱系的一脉相承和与时俱进"，集团公司党委常委兼宝钢股份党委书记、董事长邹继新领学习近平总书记《论中国共产党历史》，集团公司总经理胡望明作《全面加强管理体系和管理能力建设，加快创建世界一流示范企业》主题报告，宝钢股份、中南钢铁、马钢集团、太钢集团、宝钢资源、宝地资产、宝武炭材就"一总部多基地"实践进行大会交流，261人参加研修。10月21—22日，中国宝武党委理论学习中心组（扩大）学习暨第12期决策人研修开班，主题为"学习贯彻新发展理念　提升战略引领能力　建设世界一流伟大企业"。此次研修围绕解决"卡脖子"问题、提升抗风险能力、开新局谱新章，由集团公司总经理胡望明作《大力弘扬调查研究的光荣传统　全面加强风险管控体系和治理能力建设》、集团公司副总会计师朱永红作《学习习近平总书记关于"解决'卡脖子'问题""提升抗风险能力""开新局、谱新章"重要讲话精神》、集团公司副总经

理侯安贵作《深入学习贯彻习近平总书记关于碳达峰、碳中和的重要批示精神，坚定不移走绿色低碳发展之路》学习报告；中央企业党史学习教育第二指导组组长，中国长江三峡集团有限公司原党组书记、董事长卢纯作《努力建设世界一流的绿色低碳钢铁企业立志成为新时代党和人民信赖依靠的重要力量和强国重企》辅导报告；围绕12份大调研报告由13人在大会上进行发布，323人参加研修。

（董荣胜）

【聚焦融合行动学习】　3月28—31日，中国宝武聚焦融合行动学习——昆钢公司、重钢集团专项培训在中国宝武（常熟）领导力发展中心举行。集团公司总经理胡望明作动员讲话，战略规划部就昆钢公司、重钢集团内专业化整合方案进行宣讲，公司治理部就《中国宝武专业化整合指导手册》进行解读，涉及6个业务中心，20个整合项目，涉及企业有中南钢铁、昆钢公司、重钢集团、宝钢资源、宝信软件、欧冶云商、宝武环科、宝钢工程、宝武特冶、宝武智维、宝武重工、欧冶工业品、宝武水务、宝武清能、财务公司。集团公司领导听取20个项目方案汇报并进行点评，299人参加培训。7月29—30日，中国宝武聚焦融合行动学习——

太钢集团专项培训在宝武大厦举办。集团公司副总经理郭斌作动员讲话，战略规划部作《太钢集团专业化整合总体方案》宣讲，专业化整合管理办公室解读《专业化整合主要环节及实施要点》。培训新增"重大事项社会稳定风险评估实施办法""中国宝武经营投资纪律"内容，涉及整合项目7项，涉及企业包括太钢集团、宝武环科、宝地资产、宝钢工程、宝武智维、宝武水务、宝武清能、财务公司。集团公司领导听取7个项目方案汇报并进行点评，142人参加培训。

（董荣胜）

【管理人员履职培训】　6月28日—7月30日，中国宝武2021年管理人员履职培训第一期高级经理班开班，37人参加培训；7月5—16日，中国宝武2021年管理人员履职培训——制造单元厂部长班第一阶段培训分别在上海、常熟举办，27人参加培训；10月9—20日，中国宝武2021年管理人员履职培训——直管干部总经理班第一阶段培训开班，20人参加培训；10月9—21日，中国宝武2021年管理人员履职培训——三级单位总经理班第一模块培训开班，32人参加培训；10月25日—11月25日，中国宝武2021年管理人员履职培训——部长、主任

班开班,子公司及集团公司总部24人参加培训;11月1—12日,中国宝武2021年管理人员履职培训第二期高级经理班开班,35人参加培训;11月15—26日,中国宝武2021年管理人员履职培训——制造单元厂部长班第二阶段培训在韶钢松山管理实践基地实施,21人参加培训;12月,由直管干部总经理班、三级单位总经理班学员负责开展集团公司二轮公车改革调研。

(黄 艳 钟 辰)

【子公司管理者研修】 2021年,宝武管理研修院举办宝钢金属构建组织优势领导力培训班2期、宝武智维管理者研修班1期、宝武重工管理者研修班1期、宝钢股份经营者研修班1期。培训内容涉及企业管理、党史、"一总部多基地"研究、智能运维平台运用、培训方式与技巧、新一代生态技术平台及运营支撑体系规则、碳交易形势与政策、钢铁制造低碳挑战与机遇等内容展开,438人参加培训。

(利 玮)

【新进大学毕业生入职培训】
2021年,宝武党校、宝武管理研修院通过网络培训方式举办中国宝武新进大学毕业生入职培训。同时围绕新大学毕业生岗位认知、岗位实践和项目历练的需求,每月推出新进大学毕业生"月月训"系列主题活动,分别开展"共建高质量生态圈""工业互联网助力中国宝武智慧制造""坚持绿色发展道路、建设世界一流企业""创新思维、赋能人生""做一个遵章守纪的宝武人"5期主题培训。 (黄 艳)

【产业金融高端人才专项培训】
3—10月,在集团公司人力资源部、产业金融业发展中心、宝武管理研修院策划下,产业金融高端人才专项培训先后在上海国家会计学院、中国宝武(常熟)领导力发展中心举办,围绕金融素养、产业金融与投融资、资本市场与上市实务、市值管理、并购重组与整合管理、金融科技与风险控制等开展6期培训,来自集团公司各产业板块158人参加培训。学员同步开展结合实战课题的行动学习,提交15个小组行动学习课题报告、个人培训小结和产融结合案例。 (黄 艳)

【援青培训】 4月25—29日,第八期青海青年干部培训班在宝武管理研修院举办。培训内容包括学习宝武管理精要、管理理论,参观宝钢股份、宝武炭材等优秀企业,参观中共一大会址、陈云故居等,40人参加培训。5月11—20日,青海省政协企业家(经济界)委员培训班在宝武管理研修院举办,培训涉及宝武管理、经济与管理理论、改革开放实践、现场考察与红色之旅等内容,39人参加培训。

(董荣胜)

【网络学习】 2021年,宝武管理研修院利用覆盖集团公司所有子公司与全体员工的网络学习平台,围绕集团公司工作重点,推进《2018—2022全国干部教育培训规划》的实施。全年,员工在"宝武微学苑"学习平台学习数据创历史新高,登录人数19.10万人,比上年增长57%;浏览量3 889万次,比上年增长93%;学习量423万人课次,比上年增长106%。员工人均登录47次、选课17门、完成28个学

时,"宝武微学苑"微信公众号网民人数从年初的12万人增至年底22.50万人,上涨87.50%。数智学习中心协同集团公司安全生产监督部、能源环保部、智慧化与大数据建设办公室、企业文化部,策划打造绿色发展项目,实施1个专题班、3个学习专区和2门公开课的"碳达峰、碳中和"网络培训项目,18.50万人注册学习;聚焦中国共产党成立100周年,策划实施系列党史学习教育网络学习专区,开设党史教育类课程209门,19.60万人注册专区选课学习。全年组织实施网络培训项目114个,举办培训班1 051个。 (李晓虹)

【网络课程制作】 2021年,宝武管理研修院网络课程开发注重理论培训与感性教育相结合、视频与音频相结合、党史国史与中国宝武历史相结合、内部开发与外部寻源相结合。完成网络课件制作开发318个,共计473个学时,比上年翻番。重点打造"中国宝武发展历程"等网络课程25门。多渠道拓展、多维度挖掘党建网络课程,推动思想政治工作传统优势与信息技术高度融合,特邀上海外国语大学马克思主义学院3名教授,围绕领会习近平总书记"七一"重要讲话精神进行课程录制。特邀第一代宝钢建设者李维国、王喆等讲授宝钢精神与企业文化,并以系列短视频形式在"中国宝武"视频号上推出;与集团公司机关党委合作,将朗读周、公开党课等录制、转化为网络课程。9门网络课程参加中国钢铁工业协会举办的第十届钢铁行业职工培训和职业教育优秀多媒体课件大赛,获一等奖1个、二等奖2个、三等奖2个、优秀奖3

个，中国宝武以排名第一的成绩获优秀组织奖。 （李晓虹）

【"三个100"建设】 2021年，宝武党校、宝武管理研修院启动"三个100"建设，即培育100名支撑生态圈建设的企业名师，100门具有理论深度、指导实践的精品课程，100个启迪思想、激发活力的经典案例。通过推进课程开发、拟定评审标准、组建评审团队、加强课程评价或复盘分析等方式，推进"三个100"建设和成果评审。教师节前夕，评选出第二批14名"金牌讲师"，全年评选出33门精品课程、30个经典案例、32名企业名师。 （奚赛峰）

【中大院宝武教学基地培训】 2021年，中国大连高级经理学院（简称中大院）宝武教学基地举办国有企业基层党支部书记履职能力提升专题研修班、国有企业公司治理与集团管控专题研修班，共4期；学员平均总体满意度97.60，达到中大院本部的学员满意度水平。通过项目合作形式，对接中大院管理类网络课程，与中大院合作实施12个网络培训项目，引进课程147门。 （许 勇 李晓虹）

【课程开发】 2021年，宝武党校、宝武管理研修院党建教研室完成"深入学习习近平总书记在庆祝中国共产党成立100周年大会上的讲话精神""百年恰是风华正茂——中国共产党奋斗历程及历史启示"等20门课程开发；管理教研室完成"基于智慧制造的韶钢基层管理变革""专业化整合方法与要点""宝武商业计划管理体系""碳达峰碳中和——宝武面临的形势

和任务"等14门课程开发，其中重点课程9门；数智学习中心自主完成网络课件制作开发318个，共计473个学时。 （奚赛峰）

【专职师资队伍建设】 2021年，宝武党校、宝武管理研修院开展主任师、高级主任师岗位选聘工作，1人晋升为主任培训师。策划、实施"宣传照片摄制""项目管理""'四史'学习教育专题培训"等内部培训，组织"继承发扬宝钢'85·9'精神"网络课程学习和集中网络学习。参加中国大连高级经理学院、国务院国资委干部教育培训中心等机构组织的外出培训22人次。组织国有企业党建、管理培训等岗位招聘，接收实习10人次，其中1人入职宝武党校。 （于 敏）

【兼职师资队伍建设】 2021年，宝武党校、宝武管理研修院聘请使用宝武兼职教师277人，授课576人次。其中，聘请集团公司直管人员85人，授课196人次；聘请集团公司总部重点岗位人员31人，授课84人次；聘请集团公司领导8人，授课51人次。 （奚赛峰）

【合同及供应商管理】 2021年，宝武党校、宝武管理研修院执行《供应商管理办法》，做好对供应商的即期、年度评估，3月召开年度供应商评审会，形成《2020年度合格供应商推荐名录》。严控供应商准入与合同审签流程，完成各部门104份合同审核与签订工作，涉及42家供应商和6家客户，其中培训类26家（新增9家）、测评类1家、研究类1家、文化宣传类4家、后勤服务类10家。 （王 健）

【对外培训与交流】 2021年度，宝武党校、宝武管理研修院配合中共上海市宝山区委组织部，举办"党员赋能行动"培训班；配合和支持中国宝武援藏、援青干部工作，策划举办西藏仲巴县村"两委"（村中国共产党支部委员会、村民自治委员会）骨干成员培训班等对外培训。全年开设各类对外培训班9个，培训学员625人。 （许 勇）

【获得荣誉】 2021年，宝武管理研修院陶云武获冶金工业教育资源开发中心、中国钢铁工业协会职业培训中心评选的第五届钢铁行业教育培训"突出贡献奖"，尹洪源获"先进个人"称号。"宝武微学苑"微信公众号获中国企业高管培训发展联盟授予的2020—2021年度"网络学习优秀单位"称号。 （于 敏）

产教融合发展中心

【概况】 2021年7月14日，中国宝武根据教育部、国务院国资委等部门对于规范"大学""学院"名称登记使用的相关要求和整改意见，将宝武大学更名为"产教融合发展中心"，其主要职责及运作方式保持不变。产教融合发展中心作为中国宝武直属机构，负责中国宝武技术技能人才教育培训的一体化管理，是新生人才培养基地、岗位赋能培训基地、产教融合创新基地，下设综合管理部和教育发展部。综合管理部与工会综合管理部合署办公，负责日

常运行管理工作；教育发展部承担全国钢铁工业产教融合联盟秘书处工作和产教融合领导小组办公室日常工作，负责集团公司产教融合发展规划与年度计划编制落实、产教融合发展中心总体规划编制落实、教学改革与创新等工作。 （刘 岩）

【一线员工全员培训】 7月23日，集团公司试点启动"中国宝武一线员工全员培训"工作。年内，产教融合发展中心聚焦企业发展战略要求和员工技术技能转型升级需要，8个校区实施25个培训项目，开设134个班次，集团公司21家一级子公司和钢铁工业产教融合联盟成员单位的5 064名学员参加培训，学员总体培训满意度达98.41%。 （邱家乐）

【国家产教融合型企业建设】 7月，国家发展和改革委员会、教育部印发《关于印发产教融合型企业和产教融合试点城市名单的通知》，中国宝武成为国家首批产教融合型企业。年内，产教融合发展中心各校区进一步深化校企合作，推进"订单班"人才培养，上海校区与安徽工业大学开展"宝钢班"双元制人才培养，98名学生完成学业，进入宝钢股份直属厂部工作；武汉校区以鄂城钢铁、宝武碳业、宝武智维"订单班"为基础，校企共同制订人才培养方案、开发课程、组建教学团队、评价培养质量，创新中国宝武"双元"育人经验；位于马鞍山的江南校区与欧冶链金共建再生资源技能人才实验班，与安徽马钢张庄矿业有限责任公司合作的"订单班"有66人实习就业，与梅钢公司、欧冶链金

2021年7月23日，产教融合发展中心举行中国宝武一线员工全员培训启动仪式（施 琮 摄）

合作的"订单班"有33人实习就业，与11家外部单位合作35人就业。江南校区、昆明校区、上海校区为属地公司培养2 100名新型学徒制学生；昆明校区组建3个现代学徒制人才培养班，申报获批30个"1+X"证书试点，105名教师考取职业技能等级证书或考评员证书，1 056名学生参加"1+X"试点取证考试。 （蔡国华）

【职业技能等级认定】 2021年，中国宝武启动职业技能等级认定，认定组织体系、人员队伍、机构备案与认定实施等工作全面展开；建立认定指导中心、地区认定中心、认定分支机构三级认定组织体系。7月23日，中国宝武职业技能等级认定指导中心揭牌成立；8月26日，授权成立8个地区认定中心；在人力资源与社会保障部申请备案73个认定分支机构、217个职业（工种）认定。以"理论+实务""网络+面授"的培训模式，培训2 567名认定工作人员，建设认定工作队伍，统一培训课件与考试标准；推进"双报备"工作，年内实施127个职业（工种）、5 513人次的认定。联合宝信软件，开发中国

宝武职业技能等级认定管理系统。 （聂仲英）

【技术技能人才及基层管理者培训】 2021年，产教融合发展中心各校区支撑属地公司完成员工培训205 270人次。上海校区完成培训项目389个，开设1 220个班级，培训127 275人次。其中围绕"双碳"目标，开设集团公司总部能源环保与碳达峰等专题培训8个班，培训3 500人次。推进智造型人才培养，开设宝钢股份多基地维护工程师任职资格培训班4期，培训225人。完成首期宝武智维运维工程师人才培训与认证，44人取得技能等级证书。配合集团公司人力资源部完成国际化高潜质人才选拔工作，围绕海外战略实施相关培训，1 260人参加学习。开展特种作业、特种设备安全培训和考试工作，实施安全持证培训21个项目，开设162个班级，培训6 911人次，组织7 600人次参加上海市应急管理局考试。推进宝钢股份技能大师训练营项目，完成"金蓝领""银蓝领"等研修，培养高级技能大师255人；开设12个技师、高级技师培训及认定强化班，176人参加学习。开设

集团公司和子公司作业长任职资格培训班和在职研修班10个、316人参加学习。通过安全VR（虚拟技术）体感、行动学习、课题实战、组织经验萃取、网络+面授相结合等多种培训形式，确保培训质量和效果。

（张丽娟）

【支撑各类技能大赛】 2021年，产教融合发展中心协同宝钢股份开展安全技能、设备点检员（复合）、金属材精整工、金属材热处理工、燃气储运工、化学检验员、高炉炉前工等技能竞赛，有278人参加；组织协力单位检修人员复合型技能竞赛，服务宝钢股份的6家检修单位、42人参赛。通过系统设计，组建专家组，编制竞赛大纲与方案，发挥竞赛专业支撑和技术保障的作用。协同中国宝武推进第九届钢铁行业职业技能竞赛"宝武种子队"4个竞赛工种的选手集训工作；组队参加上海市工业机器人应用技能大赛暨第四届全国工业机器人技术应用技能大赛选拔赛及选拔后的集中训练。

（张丽娟）

【专兼职师资队伍建设】 2021年，产教融合发展中心从"引、用、育、留"等角度，探索专兼职师资队伍活力机制，推进各校区教职工赴企业实践锻炼，提升"双元"素质能力，有121名教师赴中国宝武各子公司挂职实践；通过组织教师集体研修、选派优秀教师到兄弟校区授课等方式，初步实现师资共建共享；教师节期间，策划组织首届"桃李春风奖"评奖和颁奖，来自产教融合发展中心各校区、中国宝武各子公司的60名专兼职教师分获金奖、银奖和提名奖，制作形成《2021年桃李春风奖群英录》，弘扬立德树人之美德。

（蔡国华）

【教育扶贫】 2021年，产教融合发展中心协同中国宝武乡村振兴办公室，利用各校区教育培训优势资源，以产教融合助力智力帮扶。武汉校区承办中国宝武"重走脱贫攻坚长征路，开启乡村振兴新动能"乡村振兴专题培训项目，组织来自中国宝武定点帮扶和对口支援的12个地区、50名基层干部或乡村振兴带头人开展专题研修；通过中央政策解读、实践案例分析、示范项目考察等方式，搭建学习交流平台，强化乡村振兴人才支撑，提升挂职帮扶干部做好新时代乡村振兴工作的本领和能力。江南校区将乡村振兴与校企合作培养相结合，采取"订单"方式招收"励志班"学生，来自贵州省、安徽省阜南县等地的170名学生参加学习，其中有113名学生进入企业实习。

（朱婷婷）

【武汉工程职业技术学院概况】 武汉工程职业技术学院是由湖北省人民政府批准成立、教育部备案、中国宝武主办的全日制普通高等职业院校。2021年，面向全国17个省、自治区招生，录取学生3 696人，实际入学3 514人，报到率95.08%；应届毕业生4 436人，就业率93.82%。全年完成培训600期，培训67 895人次，组织考试7万人次，送培单位满意度97%。6月，被人力资源和社会保障部授予"国家技能人才培育突出贡献单位"称号。

（王有农）

【专业建设】 2021年，武汉工程职业技术学院实施"双师型"（同时具备教师资格和职业资格）素质提高计划，围绕智慧制造、产业发展等选送骨干教师参加产教融合实践培训29人次，"双师"比例达67.77%；选送专职教师参加"思想政治课"等专项培训，4批14人次参加学习；推进"1+X"（学历证书+若干职业技能等级证书）课证融通、产学结合，300人取得证书；以学生全面发展为中心，鼓励教师开展教学方法与手段创新，推进网络与面授混合式教学、一体化教学、项目式教学、模块化教学等教法改革。

（王有农）

【校企合作】 2021，武汉工程职业技术学院深化与中国宝武各子公司的合作关系，联合湛江钢铁、宝武碳业等10家企业举办专场招聘会9场，其中到中国宝武各子公司实习学生250人，签约就业138人；探索创造"双元"育人经验，与鄂城钢铁、宝武智维等子公司开设"订单"班。与地方企业开展合作服务，和大明金属科技有限公司等单位开展"订单"联合培养；与北京京东世纪贸易有限公司合作，在其武汉华中物流基地开展跟岗实习。

（王有农）

【助力乡村振兴】 2021年，武汉工程职业技术学院围绕专业建设、课程建设、信息化建设、师资培养、招生就业等重点任务，对湖北省建始县中等职业技术学校开展职教帮扶工作。组成驻村工作组，赴湖北省恩施土家族自治州建始县龙坪乡楂树坪村开展驻村帮扶工作。年内，获湖北省"全省脱贫攻坚先进集体"称号。

（王有农）

编辑：张　鑫

08

财务审计

财务审计

概　述

2021年7月19日，中国宝武将财务部更名为"经营财务部"。经营财务部下设预算室、资金室、会计室和税务室。年底，经营财务部在册员工16人。

中国宝武审计部下设经营审计处、投资审计处、管理审计处和派出子公司监事管理处；中国宝武审计体系实行两级设置、统一管理，集团公司和直接管理的一级子公司设立内部审计机构，二级（含）以下子公司原则上不设内部审计机构，其业务由上一级内部审计机构集中管理。年底，审计部在岗员工21人，审计体系在岗员工217人（不含托管企业）。　　（梁晓婷　黄立毅）

财务管理

【亏损企业扭亏增盈专项治理】
2021年，经营财务部按照"企业不消灭亏损，就消灭亏损企业"的导向，点面结合，组织各子公司制订2021年度扭亏增盈工作计划，并将亏损面控制在10%的年度控制目标范围内。按月跟踪扭亏增盈工作推进情况，通过召开专题会议，不定期检查重点单元落实推进状况。第四季度，按月下发扭亏增盈预警通知单，通报提示各单元扭亏增盈实绩，督促亏损单位落实推进。剔除跨周期调节因素，全年亏损面为8.70%，完成年度控制目标。

（康晓春）

【对标找差】　2021年，中国宝武开展与国内外优秀钢铁企业对标找差，经营财务部建立并发布成本对标、成本管控长效机制。设计并推进纵向到底的钢铁板块成本竞争力指数，按月交流成本数据，按季度进行跟踪，实现精细化管理，打造成本核心竞争力。全年，集团公司降成本153亿元，完成年度目标的117%。　　（巫云邦）

【中央企业负责人经营业绩考核】
2021年，根据《中央企业负责人经

营业绩考核办法》，经营财务部牵头制定2020年年度考核指标，并向国务院国资委上报完成情况，最终考核结果经国务院国资委党委会审议通过，中国宝武名列A级企业名单第七位，创历史最好水平。

（周　钦）

【信用评级】　2021年，经营财务部保持与标准普尔、穆迪、惠誉等三大评级机构的沟通，准备年度评级复审材料。标准普尔、穆迪、惠誉三家评级机构对中国宝武的评级维持全球综合类钢铁企业最优信用评级水平，其中标准普尔给予中国宝武的信用评级为"A-"，评级展望为"稳定"；穆迪将中国宝武信用评级上调一级，为"A2"，评级展望为"稳定"；惠誉给予中国宝武的信用评级为"A"，评级展望为"稳定"。三家评级机构对中国宝武的评级结果均为国际综合类钢铁企业最高评级水平。

（夏美芳）

【跟踪分析子公司商业计划书执行情况】　2021年，经营财务部聚焦重点、挖掘深度、持续优化，进一步发挥商业计划书对规划分解落地和生产经营导向的作用。以管理报告为重要载体，按季组织相关部门对各子公司商业计划书目标和举措进行过程跟踪，创新思维，拓展分析方法，丰富分析视角，深层次揭示与国内外优秀企业的差距，发挥对标管理的"指示灯"功能。季度管理报告的重点从经营成果延伸到经营过程和经营质量的跟踪分析，经营分析决策支撑作用日益凸显。年内，全面完成"两利四率"（利润总额、净利润，营业收入利润率、研发经费投入强度、全员劳动生产率、资产负债率）指标。

（夏美芳）

【降低融资成本】　2021年，经营财务部协调并牵头推进昆钢公司债务置换工作，配合八一钢铁举办金融机构交流会，统筹集团公司资源与银行互动交流，建立总对总（集团公司总部对银行总部）银企合作机制等方式，协助昆钢公司、重钢集团、八一钢铁等单位降低融资成本、优化融资结构，助力中国宝武与昆钢公司战略重组，支撑八一钢铁、宝钢德盛等战略发展规划实现，降低钢铁单元财务费用2.70亿元。

（何　萍）

【完善金融衍生业务管控体系】　2021年，经营财务部完善中国宝武金融衍生业务管理体系，明确相关管理原则与业务规则。牵头财务公司、宝武资源，建设金融衍生业务系统。9月，金融衍生业务管控平台一期上线运行，具备可视化监控、风险监测预警、交易信息全要素统计分析等功能，实现对金融衍生业务全级次覆盖与穿透。

（朱陈铭）

【提升"两金"周转效率】　2021年，经营财务部强化组织、落实落细"两金"管控工作责任，制订"两金"效率提升方案，策划组织专项劳动竞赛，减少资金占用，防范存货跌价风险，合计增效103亿元。建立存货日报、周报机制与逾期应收账款信息收集机制，强化过程跟踪评价，提升"两金"管控意识。年底，集团公司合并"两金"周转效率较年初效率提升26%。　（范永兴）

【降杠杆减负债】　2021年，经营财务部制订并下发《资产负债率管控指导意见》，策划资产负债率管控方案，落实责任主体。采取对经营现金流实得应得比、自由现金流等指标跟踪管控的方式，加强现金流管理，提高资金使用效率，对有息负债规模与资产负债率进行月度跟踪分析。年底，集团公司合并资产负债率51.45%，完成国务院国资委55%的资产负债率考核目标。

（周炜旻）

【优化国有资本投资公司财务管控体系】　2021年，经营财务部采取座谈、调查问卷等方式，调研40家子公司在财务体系建设方面存在的问题，听取子公司的改进建议。并与中兴通讯股份有限公司、中国中信集团有限公司等优秀企业开展交流学习，形成"打造与国有资本投资公司三层管理架构相匹配的世界一流财务管控体系"课题方案。

（周炜旻）

【检查财务基础工作】　2021年，经营财务部根据《中国宝武财务基础工作检查方案》，组织下属587家全级次子公司和408家托管企业及其子公司开展财务基础工作检查，防范经营风险，确保会计信息真实可靠，提升财务管理水平。检查覆盖会计、预算、资金、税务等环节的161个关注点；形成总报告1份、一级子公司检查报告30份、托管企业检查报告3份。　（梁晓婷）

【成立新一届会计政策委员会】　2021年，中国宝武为提升财务管理水平，加强集团公司内财务领域交流，在各子公司组织推荐的68人基础上，经初步筛选后确定21人进入面试评审环节，最终选定10人成为内部专家委员。同时，年报审计机构推荐5人组成外部专家委员，会同9家单位委员共同组建成立新一

届会计政策委员会。年内,会计政策委员会围绕6个课题开展研究工作。 （张 祺）

【财务信息化建设】 2021年,经营财务部会同运营共享服务中心推进昆钢公司、重钢集团、西藏矿业、中国香港地区子公司及集团公司内新设子公司标准财务系统覆盖相关工作,并于年底按计划完成上述公司的标准财务系统覆盖。 （施 蔚）

【推进民营企业清欠工作】 2021年,中国宝武推进民营企业清欠工作,巩固清欠长效机制。清理民营企业欠款时,杜绝新增无分歧欠款,采取多种方式加快清理有分歧欠款,抓好拖欠问题线索核实处理等。全年底,对有分歧逾期款898万元完成清欠327万元。组织相关单位回应民营企业合理诉求,并形成书面核实报告,年底处理10条问题线索,未发现漏报瞒报情况。 （梁晓婷）

【子公司利润分配管理】 2021年,中国宝武执行《子公司利润分配管理办法》,按照"收支两条线"原则和"穿透管理"原则,加强子公司利润分配管理,实现"应分尽分"。全年,集团公司总部收到子公司现金分红104.01亿元,收到参股投资企业现金分红37亿元,合计141.01亿元。 （林钉欧）

【获中央财政补助】 2021年,中国宝武获得国有资本经营预算和一般公共预算中央财政补助资金10.72亿元。其中,中钢集团实施的"1025专项"资金8亿元,国家重点战略中央基建项目、先进制造

业和现代服务业发展专项资金、专项进口任务资金、离职休养干部医药费补贴等2.72亿元。财政预算补助资金全部拨付到位,预算执行率100%。完成2020年度"三供一业"分离移交、特困企业专项治理等工作。 （杨华荣）

【税收缴纳及税收优惠】 2021年,中国宝武实际上缴税费468.51亿元,比上年增长76.57%。与营业收入和损益相关的增值税、企业所得税、资源税、城建税金及附加增幅最大,其中缴纳增值税231.55亿元,企业所得税131.06亿元,资源税9.09亿元,分别比上年增长76.74%、95.88%和61.03%,主要是由于钢铁产品价格上涨,企业经营效益增长;资源税费增长较快,主要得益于国际矿价上涨带动国内矿价上涨,以及国内钢铁市场持续向好,矿产资源需求大幅上升所致。废钢行业税费增长较大,全年入库增值税70.20亿元,主要为废钢行业进项抵扣严重不足所致。全年,集团公司争取享受税收优惠政策,特别是研发费用加计扣除在第三季度得到提前享受,全年加计扣除预计减免税额超31.64亿元。 （杨华荣）

审计管理

【审计项目实施】 2021年,中国宝武审计体系按照年度审计计划安排,完成479项审计项目(不含委托中介机构实施的1 228项工程造价审计、187项净资产审计),发现审计问题3 973项,提出管理建议3 151项,审计挽回金额1.25亿

元,挖潜、盘活资金9.40亿元。审计部完成27个审计项目,包括3项大数据审计、5项经营审计、7项投资审计、11项战略绩效审计、1项内部控制审计。 （黄立毅）

【战略绩效审计】 2021年,审计部完成11个战略绩效审计项目,包括围绕国家重大政策贯彻落实完成集团公司公车改革管理审计、中央企业驻京(外)办事机构专项清理工作专项审计、"两非"企业数据专项核实等审计项目;围绕资产运营效率提升、扭亏增盈、多元产业市场占有率、中长期激励等集团公司战略关注重点,完成子公司年度经营绩效审计等审计项目。 （黄立毅）

【经营审计】 2021年,审计部完成5个经营审计项目,包括对11家子公司开展经济责任审计,其中对八一钢铁等8家子公司的经济责任审计中,探索审计体系集中管理机制,创新开展集中交叉审计模式,统筹调配子公司审计人员,组建柔性审计团队,创建"标准+α"审计方案,强化审计工具与方法、审计过程、审计成果的统一管控,发挥审计资源协同效应。克服新冠肺炎疫情影响,利用智慧审计和互联网技术,完成宝钢新加坡有限公司境外资产大监督体系协同审计。 （鲍雷军）

【投资审计】 2021年,审计部助力集团公司投资效率提升,围绕相关板块商业计划书重点投资项目目标实现和重要子公司、重点项目投资管理能力提升,完成武钢集团、宝武资源、马钢集团投资项目后评价审计,宝武碳业合资新建炭

材料一体化项目专项审计调查，资环业中心、园区业中心相关子公司商业计划书重点投资项目目标执行情况专项审计，宝武碳业投资项目后评价后续审计等7个项目。

（李卓明）

【内部控制评审】 2021年，审计部落实国有资产监管要求、围绕集团公司战略和高质量发展，编制内控监督评价规划。针对各一级子公司发展阶段和特征，分类施策，针对性加强内控评价督导与管理，推动子公司建立健全内控评审工作体系。向太钢集团管理者及内控骨干讲授中国宝武内部审计及内控评价管理，促进管理对接与融合。对发生重大风险事件的子公司，进行重点督导，指导其强化外部审计监督。

（王 菲）

【子公司审计项目指导协调】 2021年，审计部强化统一管控，聚焦关键领域，对子公司十大重点审计项目进行指导协调，帮助子公司优化审计方案、拓宽审计思路、完善审计报告，使审计成果更加清晰、完整、有效，并在各类审计项目中，举一反三加以应用，实现"一审多用、一审多果"。

（赵 雍）

【配合审计署经济责任审计】 2021年，审计部牵头，审计体系和集团公司总部各部门协同，配合审计署完成经济责任审计工作。审计配合过程中，收集提供各类审计资料739项，承接审计组交办4类大数据线索核查任务；组织集团公司总部相关单位，就审计问题会商研究30次，与审计组沟通80次，组织相关单位与审计组专题报告12次。

（赵 雍）

【审计整改与成果运用】 2021年，审计部起草《中国宝武关于建立健全审计查出问题整改长效机制的若干措施》，修订《审计问题整改及成果运用管理办法》，优化完善审计整改长效机制。推进审计署经济责任审计问题整改，并与内部审计、年报审计查出问题整改一体推进，将整改成果转化为治理效能。组织集团公司总部及子公司全面梳理2019—2021年审计问题整改情况，督促、督办整改不到位事项。完善外部审计发现问题整改的信息沟通、跟踪督促机制，通过信息化手段，常态化做好外部审计发现问题的跟踪督促。围绕"安全管理、购销管理、信息系统、舞弊与欺诈风险"等主题，编制《审计提示》，分析问题发生趋势，提出管理优化建议，提高风险识别与防范能力。

（王 菲）

【支撑产权变动和投资决策业务】 2021年，审计部组织审计体系完成187项净资产审计项目，参与51个投资项目决策前预审，分析提示合规风险点，落实审计从事后向事前、事中的转变。

（尚 宁 唐志强）

【加强审计体系指导监督】 2021年，审计部结合新冠肺炎疫情防控要求，组织内部审计统计调查在线培训（527人参加学习），新审计法培训（451人参加），年度审计体系集中培训（313人参加）；召开审计体系半年度及下半年体系工作会议，并通过新进单元审计管理对接、子公司审计人员挂职培养等措施，进一步加强对审计体系的指导监督。

（苏 央）

【优化审计管理制度】 2021年，审计部修编4项、废止2项、新增1项管理文件。修编的4项管理文件，包括《内部审计制度》《审计问题整改及成果运用管理办法》《投资项目后评价管理办法（试行）》《集团公司所属单位领导人员经济责任审计管理办法》；废止的2项管理文件，包括《特约审计专员管理办法》《信息系统审计管理办法》；新增1项管理文件为《内部审计质量评估管理办法》。年底，内部审计文件有11项。 （吴翠芳）

【对中介机构归口管理】 2021年，审计部履行审计业务聘用社会中介机构的归口管理职能，通过日常专业管理及年度评价，组织审计业务合格社会中介机构名录的调整、发布。中介机构受聘开展或参与各类审计项目261项；完成工程造价审计1 231项，净核减7.94亿元，净核减率10.94%；提供专业人员支撑172人次。 （曾子然）

（编辑：张 鑫）

09

钢铁主业

钢铁主业

钢铁产业发展中心

【概况】 钢铁产业发展中心(简称钢铁业中心)负责集团公司钢铁产业供给侧结构性改革、结构调整、发展规划、投资和运营评价等工作,按照绿色、精品、智慧、高效原则,推进钢铁业低碳绿色高质量发展,以钢铁子公司业务为驱动,按照项目化运作方式,推进集团公司级联合重组项目、集团公司内专业化整合项目、钢铁子公司重大投资项目、"瘦身健体"项目等。钢铁业中心下设钢铁规划、投资管理、资本运作、运营评价等业务模块。2021年底,在册、在岗员工12人。

（金黎镝）

【策划钢铁板块碳达峰方案】2021年,钢铁业中心科学系统地策划各钢铁子公司的碳达峰时间,提出钢铁板块碳达峰行动方案,在8月9日召开的中国宝武碳中和会议上,发布《中国宝武钢铁板块碳达峰方案》,钢铁板块通过"优化升级产业布局,实现规划降碳和强化创新引领,实现科技降碳"等7个重点任务,2023年力争实现碳达峰,2025年具备减碳30%工艺技术能力,2035年减碳30%,2050年力争实现碳中和。 （金黎镝）

【完成粗钢产量压减任务】 2021年,钢铁业中心每周牵头各钢铁子公司召开粗钢产量压减专题会,协调各子公司压减计划调整、督促检查压减计划执行情况、协调解决生产组织中困难,同时在低负荷经济运营模式下,合理安排高炉等设备停产计划。全年,中国宝武实际粗钢产量为10 721.22万吨(不含太钢集团太原基地),与考核目标10 721.30万吨相比压减0.08万吨。太钢集团太原基地粗钢产量为1 273.14万吨,压减工作纳入山西省粗钢产量压减考核体系。全年,中国宝武实际粗钢产量为11 994.36万吨。 （金黎镝）

【推进钢铁产能置换】 2021年,钢铁业中心推进集团公司内钢铁产能置换工作。完成钢铁去产能和产能置换"回头看"检查工作，获国务院国资委专项检查组认可。实施湛江钢铁三号高炉系统项目出让产能的调整工作。完成湛江钢铁氢基竖炉、马钢集团新特钢项目新建转炉的产能置换工作。

（金黎镐）

【优化"弯弓搭箭"空间布局】 2021年，钢铁业中心优化完善中国宝武在国内的钢铁空间布局；强化在西北地区的战略布局，协同八一钢铁，在疆内已形成千万吨级产能格局的基础上，探索与国有、民营钢铁企业的多元化合作，加速推进新疆及西北区域的产能整合。与相关意向企业进行多次沟通，建立良性对接机制，并完成若干调研分析报告。

（金黎镐）

【组织钢铁子公司开展规划编制工作】 2021年，钢铁业中心牵头组织各钢铁子公司开展规划编制工作，完成马钢集团、太钢集团的规划编制。聚焦"将马钢股份打造成最具竞争力的优特钢精品基地"这一战略定位，同步考虑与宝武特冶等企业的协同，完成马钢股份产品产线规划调整实施方案。为解决中国宝武不锈钢产业战略发展需要的镍、铬资源保障和不锈钢产品竞争力提升，完成《太钢集团不锈钢发展规划》的编制。 （金黎镐）

【深化"对标找差"】 2021年，钢铁业中心组织各钢铁子公司聚焦全工序关键经济技术指标，开展工序间横向对标，完成全年"全工序对标提升效率创一流"专项劳动竞赛方案设计、全工序对标劳动

竞赛评比及激励，总结提炼优秀实践案例并推广。在高炉低碳经济运行、降低炼钢工序能耗和钢铁料消耗、提高热装率、提升轧制节奏等方面取得成效：高炉平均利用系数达到2.427吨/立方米·日，比上年提升8.90%；钢工序能耗平均进步率为9.39%，钢铁料消耗进步率为0.47%；热轧产线热装能力整体进步29.27%；长材大部分产线热装进步率超过50%；中厚板有3条产线热装进步率超过20%；冷轧产线生产效率发挥达到103.58%。

（金黎镐）

【推进"精准协同"】 2021年，钢铁业中心牵头宝钢股份完成对马钢股份协同支撑工作，"提升制造管理体系能力"等15个项目均完成结题工作。支撑项目团队围绕管理能力提升、技术经济指标改善、整合融合信息化建设等方面开展工作，有效支撑马钢股份制造管理体系、能源环保管理、安全管理、设备管理、对标找差体系、科技管理、高效财务管理、采购能力、营销能力、人力资源管理优化、基建技改管理全面融入中国宝武管理体系。

（金黎镐）

宝山钢铁股份有限公司

概 述

宝山钢铁股份有限公司（简称宝钢股份）是中国宝武下属控股子公司，2000年2月3日由宝钢集团有限公司（简称宝钢集团）独家发起创立，同年12月12日在上海证券交易所挂牌上市，2017年2月27日吸收合并武钢股份并复牌上市。同年3月，武汉钢铁有限公司（简

宝钢股份直属厂部一角

（刘继鸣 摄于2021年6月）

称武钢有限）挂牌成立。2021年，宝钢股份获国务院国资委"国有重点企业管理标杆创建行动标杆企业"称号。年底，宝钢股份总股本为22 268 411 550股，其中有限售条件股份为56 058 113股。

宝钢股份拥有四大钢铁制造基地，即宝山基地（宝钢股份直属厂部为主）、青山基地（武汉钢铁有限公司）、东山基地（宝钢湛江钢铁有限公司）和梅山基地（上海梅山钢铁股份有限公司），专业生产高技术含量、高附加值的碳钢薄板、厚板与钢管等钢铁精品。拥有国内领先的系列产品，汽车用钢、硅钢等大类品种在国内高端市场居于领导地位，质量控制水平居行业前列，冷轧超高强钢等部分品种达国际领先水平，部分品种实现全球首发。拥有国内领先的技术，开发应用先进制造和节能环保技术，在超高强钢、高表面质量、高性能要求、高尺寸精度产品及用户使用技术方面拥有大量核心技术，构成差异化的核心能力。拥有遍布全球的营销网络，聚焦战略产品群与独有领先产品发展，优化产品结构，

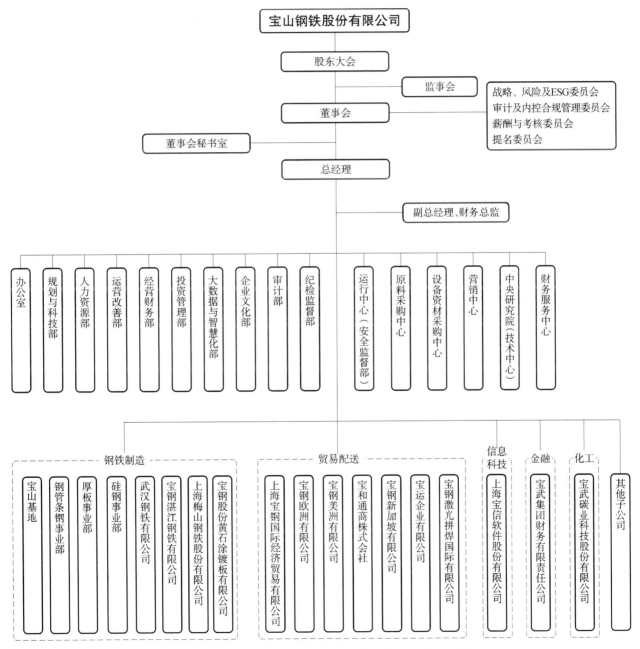

宝山钢铁股份有限公司组织机构图（2021年12月）

保持市场领先地位。在国内拥有众多的钢材服务中心，为汽车等行业提供剪切配送、激光拼焊、车轮制造、热冲压、液压成型、焊接总成等全系列加工配送服务，并通过现代信息技术构建便捷的供应链服务系统，为客户提供一流的产品、技术和服务，成为客户最值得信赖的价值创造伙伴。在满足国内市场需求的同时，产品出口70多个国家或地区。

2021年，宝钢股份产铁4 726万吨，产钢4 787万吨，商品锭坯材产量4 659万吨，销售商品坯材4 656万吨；实现营业收入3 653.42亿元，利润总额307.08亿元；耗能总量3 175万吨标准煤，吨钢综合能耗568千克标准煤；绿色化发展指数81，在中国宝武钢铁板块中名列第一。研发投入率3.16%，新产品试制量314.50万吨，实现13项产品全球首发，申请专利1 292件，其中发明专利占96%，科技新增效益37.30亿元。在关键核心技术攻关上，高效环保变压器用极低铁损取向硅钢技术、高铁转向架用轴承钢、内嵌仪成套系统设备、无机自润滑钢板等产品及技术取得突破性进展，解决国内相关材料、设备的"卡脖子"风险。顶煤气循环氧气高炉工业试验、喷吹富氢工业化应用等取得突破。全年立项投资256.30亿元，剔除环保、碳中和类项目后，立项投资75亿元。年底，在册员工49 274人，在岗员工39 658人。　　　　（孙荣祥）

【企业负责人简介】　邹继新，1968年7月生，湖北监利人，中共党员，教授级高级工程师，宝钢股份党委书记、董事长。

盛更红，1964年1月生，江西永新人，中共党员，高级工程师，宝钢股份总经理、党委副书记。

（孙荣祥）

宝钢股份主要装备（生产线）一览表

区　域	装　备　和　规　格	数　量
宝钢股份直属厂部	600平方米烧结机	3台
宝钢股份直属厂部	7米50孔焦炉、6米50孔焦炉	各4座
宝钢股份直属厂部	7米55孔焦炉	2座
宝钢股份直属厂部	4 966立方米高炉、4 706立方米高炉、4 850立方米高炉、4 747立方米高炉	各1座
宝钢股份直属厂部	300吨转炉、250吨转炉	各3座
宝钢股份直属厂部	1 930毫米板坯连铸机、1 450毫米板坯连铸机	各2台
宝钢股份直属厂部	2 300毫米板坯连铸机、1 750毫米板坯连铸机	各1台
宝钢股份直属厂部	2 050毫米热连轧机、1 580毫米热连轧机、1 880毫米热连轧机	各1套
宝钢股份直属厂部	2 030毫米冷连轧机、1 420毫米冷连轧机、1 730毫米冷连轧机	各1套
钢管条钢事业部	直径140毫米无缝钢管机组、中口径直缝焊管机组、大口径直缝焊管机组	各1套
钢管条钢事业部	460毫米无缝钢管机组	1套
钢管条钢事业部	150吨电炉	2座
钢管条钢事业部	320毫米×425毫米大方坯连铸机	1台
钢管条钢事业部	1 300毫米初轧机组、高速线材机组	各1套
硅钢事业部	1 550毫米冷连轧机	1套
厚板事业部	5米厚板轧机	1套
武钢有限	6米55孔焦炉	3座

（续　表）

区　　域	装　备　和　规　格	数　量
武钢有限	7米60孔焦炉	2座
武钢有限	7.63米70孔焦炉	2座
武钢有限	450平方米烧结机	3台
武钢有限	360平方米烧结机	1台
武钢有限	2 600立方米高炉	1座
武钢有限	3 200立方米高炉	3座
武钢有限	4 117立方米高炉	1座
湛江钢铁	550平方米烧结机	3台
湛江钢铁	5 050立方米高炉	3座
湛江钢铁	65孔焦炉	6座
湛江钢铁	500万吨球团生产线	1条
湛江钢铁	350吨转炉	4座
湛江钢铁	2 150毫米连铸机	2台
湛江钢铁	2 300毫米连铸机	1台
湛江钢铁	1 650毫米连铸机	1台
湛江钢铁	2 250毫米热连轧机	1套
湛江钢铁	1 780毫米热连轧机	1套
湛江钢铁	4 200毫米厚板轧机	1套
湛江钢铁	2 030毫米冷连轧机	1套
湛江钢铁	2 030毫米热镀锌机组	2套
湛江钢铁	2 030毫米连退机组	1套
湛江钢铁	1 550毫米酸洗机组	1套
湛江钢铁	1 550毫米冷连轧机	1套
湛江钢铁	1 550毫米热镀锌机组	1套
湛江钢铁	1 550毫米连退机组	1套
湛江钢铁	1 550毫米硅钢机组	2套
湛江钢铁	连退/热镀锌超高强钢机组	1套
湛江钢铁	1 750毫米冷连轧机	1套

（续　表）

区　　域	装　备　和　规　格	数　　量
湛江钢铁	1 750毫米连退机组	1套
湛江钢铁	1 750毫米热镀锌机组	2套
湛江钢铁	彩涂机组	1套
梅钢公司	198平方米烧结机	1台
梅钢公司	450平方米烧结机	2台
梅钢公司	1 280立方米高炉、3 200立方米高炉、4 070立方米高炉	各1座
梅钢公司	150吨转炉	3座
梅钢公司	250吨转炉	2座
梅钢公司	1 320毫米连铸机、1 650毫米连铸机	各2台
梅钢公司	1 422毫米热连轧机、1 780毫米热连轧机	各1套
梅钢公司	1 630毫米热轧酸洗机组	1套
梅钢公司	1 420毫米冷连轧机	1套
梅钢公司	1 630毫米厚规格酸洗机组	1套
梅钢公司	20万吨镀铝锌机组、25万吨镀铝锌机组、40万吨连退机组、20万吨电镀锡机组	各1套
黄石公司	45万吨酸洗机组、15万吨镀锌机组、20万吨镀铝锌机组、12万吨建筑彩涂机组、8万吨家电彩涂机组	各1条
黄石公司	20万吨冷轧机组	2条
宝日汽车板	1 800毫米冷连轧机	1套
广州JFE钢板	40万吨热镀锌机组	2条
广州JFE钢板	49万吨连续退火热镀锌两用机组（连退12万吨、热镀锌37万吨）	1条
广州JFE钢板	180万吨酸洗冷轧机组	1条
宝武铝业	30吨熔保炉、50吨熔保炉、110吨熔保炉	各1套
宝武铝业	铣面机	1台
宝武铝业	"1+3"热轧线	1套
宝武铝业	2 500毫米轧机、3 000毫米轧机	各1台
宝武铝业	气垫炉	1套

（孙荣祥）

股东大会 董事会 监事会

【股东大会重要事项】 1月25日，宝钢股份召开2021年第一次临时股东大会，审议通过《关于回购注销第二期限制性股票计划部分激励对象限制性股票的议案》《关于修改〈公司章程〉的议案》。2月9日，召开2021年第二次临时股东大会，审议通过《关于增选公司第七届董事会董事的议案》。5月18日，召开2020年度股东大会，审议通过《2020年度董事会报告》《2020年度监事会报告》《2020年度报告（全文及摘要）》《关于2020年度财务决算报告的议案》《关于2020年度利润分配方案及缩短2021—2023年度利润分配周期的议案》《关于2021年度预算的议案》《关于2021年度日常关联交易的议案》《关于续聘安永华明会计师事务所为2021年度独立会计师及内控审计师的议案》《关于债券发行额度储备及发行方案的议案》《2020年度董事、监事及高级管理人员薪酬执行情况报告》《关于修改〈公司章程〉的议案》《关于选举公司第八届董事会董事的议案》《关于选举公司第八届董事会独立董事的议案》《关于选举公司第八届监事会非职工代表监事的议案》。7月5日，召开2021年第三次临时股东大会，审议通过《关于增加监事会人数的议案》《关于增选秦长灯先生为公司第八届监事会监事的议案》。9月13日，召开2021年第四次临时股东大会，审议通过《关于2021年中期利润分配方案的议案》《关于回购注销第二期限制性股票计划部分激励对象限制性股票的议案》。 （李 于）

【董事会重要事项】 1月7日，宝钢股份以书面投票表决的方式召开第七届董事会第二十九次会议，审议通过《关于第二期限制性股票计划解除限售期解除限售相关事项的议案》《关于回购注销第二期限制性股票计划部分激励对象限制性股票的议案》《关于修改〈公司章程〉的议案》《关于召开2021年第一次临时股东大会的议案》。1月19日，以现场结合通讯的方式召开第七届董事会第三十次会议，审议通过《关于以集中竞价交易方式回购公司A股股份的议案》。1月24日，以书面投票表决的方式召开第七届董事会第三十一次会议，审议通过《关于聘任公司总经理的议案》《关于增选公司第七届董事会董事及调整执行董事、专门委员会成员的议案》《关于召开2021年第二次临时股东大会的议案》。3月27日，以书面投票表决的方式召开第七届董事会第三十二次会议。4月16日，以书面投票表决的方式召开第七届董事会第三十三次会议，审议通过《关于宝武炭材股份制改制及减资的议案》。4月25日，召开第七届董事会第三十四次会议，听取《2020年度总经理工作报告》《关于2020年度资产损失情况的报告》《关于2019—2020年度固定资产投资项目情况的报告》《宝钢股份市值管理方案》，审议通过《关于2020年末母公司提取各项资产减值准备的议案》《2020年年度报告（全文及摘要）》《关于2020年度财务决算报告的议案》《关于2020年度利润分配方案及缩短2021—2023年度利润分配周期的议案》《关于2021年度预算的

议案》《关于2021年度日常关联交易的议案》《关于执行新租赁会计准则的议案》《关于2021年一季度末母公司提取各项资产减值准备的议案》《2021年第一季度报告》《关于2021年金融衍生品操作计划及2020年金融衍生品开展情况的议案》《关于债券发行额度储备及发行方案的议案》《关于〈2020年度内部控制评价报告〉的议案》《2020年度董事、监事及高级管理人员薪酬执行情况报告》《关于总经理2021年度绩效指标（值）设置的议案》《关于2020年捐赠项目执行情况暨2021年捐赠项目的议案》《宝钢股份2020年度可持续发展报告》《2020年度全面风险管理报告的议案》《2020年度组织机构管理工作执行情况及2021年度工作方案的议案》《关于续聘安永华明会计师事务所为2021年度独立会计师及内控审计师的议案》《关于宝钢股份ESG治理架构建设的议案》《关于修改〈公司章程〉的议案》《关于董事会换届选举的议案》《关于宝信软件合资设立河北宝信的议案》《关于聘任公司副总经理的议案》《关于召开2020年度股东大会的议案》。5月18日，以书面投票表决的方式召开第八届董事会第一次会议，审议通过《关于选举公司第八届董事会董事长的议案》《关于选举公司第八届董事会专门委员会成员及执行董事的议案》《关于聘任公司总经理的议案》《关于聘任公司副总经理、财务总监的议案》《关于聘任公司董事会秘书、证券事务代表的议案》《关于2021年云南定点帮扶项目及资金安排的议案》。6月7日，以现场结合通讯的方式召开第八届董事会第二次会议，审议通过《关于湛

江钢铁氢基竖炉项目（一步）的议案》《关于解决平煤集团与宝钢方交叉持股的议案》《关于宝武炭材混合所有制改革方案的议案》。6月15日，以书面投票表决的方式召开第八届董事会第三次会议，审议通过《关于高级管理人员2020年度绩效评价结果及薪酬结算的议案》《关于推进经理层成员任期制和契约化管理工作的议案》《关于召开2021年第三次临时股东大会的议案》。8月27日，召开第八届董事会第四次会议，听取《2021年半年度总经理工作报告》《关于宝钢股份、武钢有限、湛江钢铁及梅钢公司增资入股宝武水务的报告》《关于S项目进展情况的报告》《公司用煤总量风险控制情况汇报》，审议通过《关于2021年二季度末母公司提取各项资产减值准备的议案》《2021年半年度报告（全文及摘要）》《关于2021年中期利润分配方案的议案》《关于调整2021年度固定资产投资规模的议案》《关于武钢有限一四烧结、五烧结环保提升改造的议案》《关于回购注销第二期限制性股票计划部分激励对象限制性股票的议案》《关于湛江钢铁捐赠项目的议案》《新一轮硅钢产能发展规划》《关于召开2021年第四次临时股东大会的议案》。9月17日，以书面投票表决的方式召开第八届董事会第五次会议，审议通过《关于宝钢股份、武钢有限、湛江钢铁及梅钢公司增资入股宝武水务的议案》。10月29日，召开第八届董事会第六次会议，听取《ROE目标不能达成的风险—风险管控策略及应对方案》《供丰田B25AHV1300M产品专利纠纷情况报告》《宝钢股份新一轮发展规划报告》，审议通过《关于

2021年三季度末母公司提取各项资产减值准备的议案》《2021年第三季度报告》《关于挂牌转让宝力钢管（泰国）有限公司股权的议案》《关于取向硅钢产品结构优化（二步）项目的议案》《宝钢股份ESG绩效改善小结和提升计划》。11月22日，以现场结合通讯的方式召开第八届董事会第七次会议，审议通过《关于分拆所属子公司至创业板上市符合相关法律、法规规定的议案》《关于分拆所属子公司宝武碳业科技股份有限公司至创业板上市方案的议案》《关于〈宝山钢铁股份有限公司关于分拆所属子公司宝武碳业科技股份有限公司至创业板上市的预案〉的议案》《关于分拆所属子公司至创业板上市符合〈上市公司分拆所属子公司境内上市试点若干规定〉的议案》《关于分拆所属子公司至创业板上市有利于维护股东和债权人合法权益的议案》《关于公司保持独立性及持续经营能力的议案》《关于宝武碳业科技股份有限公司具备相应的规范运作能力的议案》《关于本次分拆履行法定程序的完备性、合规性及提交的法律文件的有效性的说明的议案》《关于本次分拆目的、商业合理性、必要性及可行性分析的议案》《关于提请股东大会授权董事会及董事会授权人士办理公司本次分拆相关事宜的议案》《关于宝武碳业成立全资子公司开展"兰州10万吨负极材料项目"的议案》《关于宝信软件长期投资管理优化的议案》。12月21日，以书面投票表决的方式召开第八届董事会第八次会议，审议通过《关于优化一公司多基地模式组织架构的议案》《关于调整智慧制造推进组织的议案》。12月31

日，以现场结合通讯的方式召开第八届董事会第九次会议，审议通过《关于〈宝山钢铁股份有限公司第三期A股限制性股票计划（草案）及其摘要〉的议案》《关于〈宝山钢铁股份有限公司第三期A股限制性股票计划实施考核管理办法〉的议案》《关于提请股东大会授权董事会办理公司第三期A股限制性股票计划相关事宜的议案》《关于宝钢股份高级管理人员绩效管理办法、薪酬管理办法修订的议案》《关于武钢有限增资入股宝武环科的议案》《宝钢股份落实董事会职权事项实施方案》《关于修改〈公司章程〉的议案》《关于召开2022年第一次临时股东大会的议案》。

（李　于）

【监事会重要事项】 1月7日，宝钢股份召开第七届监事会第二十九次会议，审议通过《关于审议董事会"关于第二期限制性股票计划解除限售期解除限售相关事项的议案"的提案》《关于审议董事会"关于回购注销第二期限制性股票计划部分激励对象限制性股票的议案"的提案》。1月19日，以现场结合通讯的方式召开第七届监事会第三十次会议，审议通过《关于审议董事会"关于以集中竞价交易方式回购公司A股股份的议案"的提案》。1月24日，以书面投票表决的方式召开第七届监事会第三十一次会议，审议通过《关于审议董事会"关于聘任公司总经理的议案"的提案》《关于审议董事会"关于增选公司第七届董事会董事及调整执行董事、专门委员会成员的议案"的提案》《关于审议董事会"关于召开2021年第二次临时股东大会的议案"的提案》。

3月27日，以书面投票表决的方式召开第七届监事会第三十二次会议。4月16日，以书面投票表决的方式召开第七届监事会第三十三次会议，审议通过《关于审议董事会"关于宝武炭材股份制改制及减资的议案"的提案》。4月25日，召开第七届监事会第三十四次会议，审议通过《2020年度监事会报告》《2020年度董事履职情况的报告》《2020年度内部控制检查监督工作报告》《关于监事会换届选举的提案》《关于审议董事会"关于2020年末母公司提取各项资产减值准备的议案"的提案》《关于审议董事会"2020年年度报告（全文及摘要）"的提案》《关于审议董事会"关于2020年度财务决算报告的议案"的提案》《关于审议董事会"关于2020年度利润分配方案及缩短2021—2023年度利润分配周期的议案"的提案》《关于审议董事会"关于2020年度预算的议案"的提案》《关于审议董事会"关于2021年度日常关联交易的议案"的提案》《关于审议董事会"关于执行新租赁会计准则的议案"的提案》《关于审议董事会"关于2021年一季度末母公司提取各项资产减值准备的议案"的提案》《关于审议董事会"2021年第一季度报告"的提案》《关于审议董事会"关于〈2020年度内部控制评价报告〉的议案"的提案》《关于审议董事会"2020年度可持续发展报告"的提案》《关于审议董事会"关于续聘安永华明会计师事务所为2021年度独立会计师及内控审计师的议案"的提案》《关于审议董事会"关于修改〈公司章程〉的议案"的提案》《关于审议董事会"2020年度全面风险管理报告的议

案"的提案》。5月18日，以书面投票表决的方式召开第八届监事会第一次会议，审议通过《关于选举公司第八届监事会主席的提案》。6月7日，以现场结合通讯的方式召开第八届监事会第二次会议，审议通过《关于审议董事会"关于湛江钢铁氢基竖炉项目（一步）的议案"的提案》《关于审议董事会"关于解决平煤集团与宝钢方交叉持股的议案"的提案》《关于审议董事会"关于宝武炭材混合所有制改革方案的议案"的提案》。6月15日，以书面投票表决的方式召开第八届监事会第三次会议，审议通过《关于增加监事会人数及增选监事的提案》。8月27日，召开第八届监事会第四次会议，审议通过《2021年上半年度内部控制检查监督工作报告》《关于审议董事会"关于2021年二季度末母公司提取各项资产减值准备的议案"的提案》《关于审议董事会"2021年半年度报告（全文及摘要）"的提案》《关于审议董事会"关于2021年中期利润分配方案的议案"的提案》《关于审议董事会"关于回购注销第二期限制性股票计划部分激励对象限制性股票的议案"的提案》《关于审议董事会"关于武钢有限一四烧结、五烧结环保提升改造的议案"的提案》。9月17日，以书面投票表决的方式召开第八届监事会第五次会议，审议通过《关于审议董事会"关于宝钢股份、武钢有限、湛江钢铁及梅钢公司增资入股宝武水务的议案"的提案》。10月29日，召开第八届监事会第六次会议，审议通过《关于审议董事会"关于2021年三季度末母公司提取各项资产减值准备的议案"的提案》《关于审议董事会"2021

年第三季度报告"的提案》。11月22日，以现场结合通讯的方式召开第八届监事会第七次会议，审议通过《关于审议董事会"关于分拆所属子公司至创业板上市符合相关法律、法规规定的议案"的提案》《关于审议董事会"关于分拆所属子公司宝武碳业科技股份有限公司至创业板上市方案的议案"的提案》《关于审议董事会"关于〈宝山钢铁股份有限公司关于分拆所属子公司宝武碳业科技股份有限公司至创业板上市的预案〉的议案"的提案》《关于审议董事会"关于分拆所属子公司至创业板上市符合〈上市公司分拆所属子公司境内上市试点若干规定〉的议案"的提案》《关于审议董事会"关于分拆所属子公司至创业板上市有利于维护股东和债权人合法权益的议案"的提案》《关于审议董事会"关于公司保持独立性及持续经营能力的议案"的提案》《关于审议董事会"关于宝武碳业科技股份有限公司具备相应的规范运作能力的议案"的提案》《关于审议董事会"关于本次分拆履行法定程序的完备性、合规性及提交的法律文件的有效性的说明的议案"的提案》《关于审议董事会"关于本次分拆目的、商业合理性、必要性及可行性分析的议案"的提案》《关于审议董事会"关于宝武碳业成立全资子公司开展'兰州10万吨负极材料项目'议案"的提案》《关于审议董事会"关于宝信软件长期投资管理优化的议案"的提案》。12月21日，以书面投票表决的方式召开第八届监事会第八次会议，审议通过《关于审议董事会"关于优化一公司多基地模式组织架构的议案"的提案》《关于审议董事会"关于调

整智慧制造推进组织的议案"的提案》。12月31日，以现场结合通讯的方式召开第八届监事会第九次会议，审议通过《关于审议董事会"关于〈宝山钢铁股份有限公司第三期A股限制性股票计划（草案）及其摘要〉的议案"的提案》《关于审议董事会"关于〈宝山钢铁股份有限公司第三期A股限制性股票计划实施考核管理办法〉的议案"的提案》《关于审议董事会"关于提请股东大会授权董事会办理公司第三期A股限制性股票计划相关事宜的议案"的提案》《关于公司第三期A股限制性股票计划（草案）的核查意见》《关于审议董事会"关于宝钢股份高级管理人员绩效管理办法、薪酬管理办法修订的议案"的提案》《关于审议董事会"关于武钢有限增资入股宝武环科的议案"的提案》《关于审议董事会"宝钢股份落实董事会职权事项实施方案"的提案》《关于审议董事会"关于修改〈公司章程〉的议案"的提案》《关于召开2022年第一次临时股东大会的议案"的提案》。　　（李 于）

生产经营管理

【编制新一轮规划】　2021年，宝钢股份在规划总纲、业务子规划、专项行动方案三个层面，编制《宝钢股份发展规划（2022—2027年）》，对宝钢股份"1+5"战略进行全面升级，清晰描绘了宝钢股份未来发展的战略蓝图。新一轮规划提出：公司愿景是"成为全球最具竞争力的钢铁企业，成为最具投资价值的上市公司"，公司使命是"做钢铁业高质量发展的示范者，做未来钢铁的引领者"，创新深化"一公司多基地"管理模式，持续打造产品、技术、绿色、智慧、效率的引领能力，成为全球最具竞争力的钢铁企业。　　（孙荣祥）

【深化"一公司多基地"管理】2021年，宝钢股份推进"经营中心"建设，优化总部与基地间业务界面，初步建立跨基地、跨专业、跨终端的一体化经营管控及决策支持体系。12月24日，"宝钢股份运行中心"挂牌成立，加强制造基地统筹、协调能力。深化营销中心建设，全年小炉次（一个月订货量不到一炉的牌号）比上年下降52%，实现效益5 834万元；近地化销售占比75%。深化采购中心建设，推进"阳光"采购，强化业务风险管控。深化研发中心建设，构建面向市场的研发体系，推进价值贡献分享的创值团队机制，为行业用户提供系统技术解决方案。深化产品和工序专业化改革，硅钢事业部"产销研实体化、基地一体化"模式运行良好，完成钢管条钢事业部、厚板事业部的专业化整合和管理变革；深化工序管理部变革，强化多基地同工序技术统筹管理，加速各基地制造能力提升。（孙荣祥）

【成本变革】　上半年，宝钢股份以铁钢极限规模下的低成本运行为核心，推进制造端挑战极限效率，增产146万吨，实现增量效益16.50亿元。下半年，执行国家限产政策，成本管理重心调整为极限降成本，优化配煤配矿，提高界面运行效率，提升产品品质，降低质量成本，全年降低成本11.50亿元。　　（孙荣祥）

【科技创新】　2021年，宝钢股份加速"三性技术"（颠覆性技术、前瞻性技术、突破性技术）研发，加速全球首发产品研发与市场拓展。硅钢品种首发3个顶级牌号，耐热刻痕中试产线实现月达产，批量生产B23HS080和B23HS085；深水钢悬链X65QO立管国产化研制工作通过中国海洋石油集团有限公司中期评审；开发具有世界先进水平的低残余应力高强度油缸无缝钢管。推进面向未来的应用基础研究，顶煤气循环氧气高炉实现工业试验，喷吹富氢实现工业化应用。板坯连铸连轧技术、热轧精准调温、全废钢高效电炉冶炼技术等31项标志性技术取得突破。第四轮"金苹果"计划取得年度经济效益超5亿元。　　（孙荣祥）

【市场营销】　2021年，宝钢股份聚焦高市场占有率、高盈利，策划"百千十"（即体量规模百万吨级，单位毛利达千元，毛利总额十亿元以上）产品经营战略，明确"1+1+N"（1个千万吨级、1个五百万吨级、N个百万吨级）产品族群战略，推动取向硅钢、彩涂、镀锡产品的商业模式创新。销售冷轧汽车板837万吨，保持55%以上市场份额，其中冷轧汽车板超高强钢销量67.40万吨，比上年增长17%。取向硅钢期货销售量97.60万吨，在国内头部变压器企业的市场占有率接近80%，变压器核心企业市场占有率达到100%。抓住新能源车快速增长的机遇，抢占高效高牌号无取向硅钢市场。镀锡产品定位国内高端市场，基本实现高端市场定价权，全年盈利6.82亿元，武钢日铁（武汉）镀锡板有限公司实现扭亏。汽车弹簧钢市场占有率42%、冷镦钢市场占

有率35%。　　　　　　（孙荣祥）

【智慧制造】　2021年，宝钢股份实现4个基地14座高炉的档案建立、远程监视、高炉画像、智能对标、炉况远程智能诊断等。实现各基地每日主要生产数据和指标自动采集并在运行中心管控大屏展示。实现宝山基地五大专业深度协同，推动柔性制造及算账生产。围绕"三流一态一点"（物流、能源流、价值流、状态、排放监控点），实现生产计划和定年修计划联动响应，柔性结合和动态调整。跨基地管理的铁水智能管理系统基本版上线试运行。年度"四个一律"指数达到65%，保持集团公司内领先。宝钢股份1580热轧"1+N"智慧产线，硅钢事业部第一、第二、第三、第四智慧工厂，湛江钢铁三号高炉系统智能化产线群、梅钢公司二炼钢智能产线等一批智能工厂相继投入运行。武钢有限推动5G（第五代移动通信技术）+钢铁应用，建成国内最大规模的5G企业核心专网。智慧经营决策系统、宝山基地工序一贯质量系统、硅钢智慧决策系统、智慧设备管理系统（IEQMS）等完成功能开发并上线投运。全面布局数字化升级，大数据中心形成应用功能（页面级）超过1 100个，用户点击量达3.50万次/月，数据应用接口（API）共享服务780个。全年"三跨融合"67个项目任务取得阶段成效，数据网络建设延伸至生态圈、产业链，营销体系数字钢卷实现宝钢股份数据与用户数据的智能交互，升级供应链服务。　　（孙荣祥　许胜利）

【安全管理】　2021年，宝钢股份推进隐患排查、查违纠违和管理重心下移，提升安全工作质量和有效性；实施重大安全风险与隐患重点整治，着力解决薄弱环节和突出问题；在高风险区域、高风险作业推进智慧制造项目，推动现场安全作业条件本质化改善。全年安全生产总体平稳受控，未发生较大及以上安全事故，各项安全指标全面完成。　　　　　　　（孙荣祥）

【绿色低碳制造】　2021年，宝钢股份重点污染源在线排放100%达标，二氧化硫、氮氧化物排放量分别比上年下降17%和20%，创同口径历史最好水平。在废气超低排放方面，全面启动A级企业创建，湛江钢铁率先取得广东省涉工业炉窑A级企业认定。在废水零排放方面，各基地明确废水零排放实施方案，按照"雨污分流、源头减量、废水零排放"的思路，宝日汽车板冷轧废水零排放示范工程建成投运，武钢有限推进雨污分离、废水深度处理与回用，湛江钢铁率先具备并稳定保持废水零排放能力，梅钢公司实现冲渣区域零排放。在固体废物不出厂方面，宝山基地、湛江钢铁实现100%固体废物不出厂，武钢有限99.55%，梅钢公司99.51%。提升"四化"（洁化、绿化、美化、文化）水平，实施宝山基地景观提升改造等重点项目；打造第十届中国花卉博览会"宝钢花园"，获"第十届中国花卉博览会卓越贡献奖"；梅钢工业文化旅游区被评为国家AAA级旅游景区。推进碳达峰、碳中和工作，建立宝钢股份碳中和工作推进体系，实施《宝钢股份碳达峰与减排行动方案》，与云南省普洱市签订林业碳汇合作框架协议，宝钢股份碳中和钢铁产品第一单——1 700余吨高钢级直缝埋弧焊管发运，武钢有限托管的武汉钢电股份有限公司完成电力行业全国碳市场中国宝武首笔碳排放配额交易。　（孙荣祥）

【发挥供产销研合力】　2021年，宝钢股份利润总额保持国内行业第一，湛江钢铁、梅钢公司盈利能力进步显著，公司吨钢利润在国内钢铁企业排名第九。制造端上

第十届中国花卉博览会"宝钢花园"　　　　　　　　（施　琮　摄于2021年5月）

半年抓住市场有利时机，全力以赴提升制造效率；下半年执行国家限产政策，运行模式由"规模和速度"向"成本和品种"转变，实现减产不减效。营销端坚持差异化、同质化并举，完善以客户为中心的机制，重点产品实现高市场占有率、高盈利，全年跑赢钢铁行业大盘近60亿元。原料端加强市场研判，铁矿石采购全年跑赢普氏指数2.177美元/吨。研发端面向市场，产品发展与创新、技术解决方案、产品认证和供应商先期介入（EVI）专项各节点均超目标完成。

（孙荣祥）

【国际化项目】 2021年，宝钢股份推进海外全流程基地的并购和建设工作，重点推进沙特阿拉伯项目，并取得阶段性成果。9月，宝钢股份与世界最大石油企业沙特阿拉伯国家石油公司以"云签约"方式签署谅解备忘录，协商在沙特阿拉伯合作建设一座全流程厚板工厂。年底，项目已完成前端工程设计招标，并正式开展前端工程设计工作。全年纳入公司项目池管理的项目有19个。 （孙荣祥）

【对标找差】 2021年，宝钢股份建立并优化对标找差工作机制，常态化开展"走出去"对标交流，公司领导带队赴石横特钢集团有限公司、北京建龙重工集团有限公司、河北普阳钢铁集团和山东莱钢永锋钢铁有限公司等开展实地对标；精细化组织开展四基地同工序"比学赶帮超"，系统化应用对标找差成果，提升公司竞争力。通过对标找差，提升净资产收益率达到行业55分位值，"两金"周转天数74.40天，钢铁主业员工人均钢产

量达1 516吨/人·年。 （孙荣祥）

【推进基地间互供料】 2021年，宝钢股份开展典型钢种关键产品特性及过程特性对标，促进各基地制造能力提升，实现4个基地间互供料70万吨。对标提升互供的镀锡基板质量，武钢日铁（武汉）镀锡板有限公司互供的镀锡基板质量整体良好。武钢有限普通冷轧板和热镀锌780DP超高强钢产品具备批量生产能力。合金化热镀锌钢板（GA）外板成材率达75%以上，热镀锌板（GI）外板成材率达85%以上。湛江钢铁形成低成本超高强钢制造能力，80～120千克级产品实现批量生产，成品成材率与宝钢股份直属厂部相近。

（许胜利）

【深化改革】 2021年，宝钢股份推进国企改革三年行动方案落地，74项任务完成59项，完成率79.70%。深化三项制度改革，公司经理层全部实施任期制管理，84家独立法人主体的187名经理层成员签订任期目标绩效责任书。推进子公司压减和"参股瘦身"工作，完成法人压减3户，参股公司"瘦身"2户；推进"处僵治困"，完成重庆宝井钢材加工有限公司和南通宝钢钢铁有限公司重点亏损子企业三年专项治理目标。年度管理口径亏损面9.10%。推进基层组织变革，以硅钢事业部为试点，实现"1个决策中枢+N个智慧工厂"模式切换；制定《宝钢股份基层组织变革实施指导意见》，推动宝钢股份直属厂部炼铁厂、炼钢厂、热轧厂、能源环保部、设备部等单位实施基层组织变革。推进协力管理变革，协

力向协作转变比例达91%，其中高质量协作比例达75%，战略协同度达69%，协力劳动效率提升8%，"低小散"供应商减少46家。推进设备管理变革，"操维（操作维护）一体"项目197项，启动率92.50%；16个"检维（点检维护）、检修（点检维修）"项目支撑维修成本削减；设备故障实绩比上年下降20%。 （孙荣祥）

【生态圈建设】 2021年，宝钢股份加大对宝武铝业的支持力度。宝武铝业完成配套辅作业线建设，110吨熔铸线、"1+3"热轧线、2 500毫米冷轧、气垫炉等机组实现日达产，主作业线43条机组设备状态基本稳定。做好对中国宝武钢铁主业的支持，完成马钢股份第一批15个协同支撑项目和全厂信息化建设项目；助推销售、金融业务"应上尽上"，全年在欧冶云商平台实现产品预售804万吨；加大"通宝"业务推进，公司全口径"通宝"开立量552亿元，占集团公司的62%。 （孙荣祥）

【人才队伍建设】 2021年，宝钢股份提升干部队伍管理效能，调整直管干部120人次，干部跨基地交流任职60人次，跨单位交流任职59人次，对外支撑14人次，提拔使用"80后"（1980—1989年出生的人员）优秀年轻干部84人次。聘任中国宝武工程科学家9人，占集团公司总数的53%，开展新一轮首席工程师、首席管理师、技能大师集中评聘工作，实施"英才"招聘计划，举办首期数字化人才培养精品班；推进职工岗位创新，29个项目命名为"2021年宝钢股份先进操作法"。

（孙荣祥）

【获得荣誉】 2021年，宝钢股份获国务院国资委"国有重点企业管理标杆创建行动标杆企业"称号；入围"央企ESG（环境、社会、治理）·先锋50"榜，名列第七位；入围《财富》中国500强排行榜，位列第40名，保持国内同行业最优业绩；世界三大评级机构之一穆迪将宝钢股份的评级由A3上调为A2，评级展望继续维持"稳定"。"特高压高能效输变电装备用超低损耗取向硅钢开发与应用"获国家科技进步奖二等奖；"热轧无缝钢管在线组织性能调控关键技术、装备开发及应用"获冶金科学技术奖特等奖，"环境友好型搪瓷用钢关键技术研究及应用"等6个项目获冶金科学技术奖一等奖；"倾斜式滚筒法高温熔渣处理工艺及装置"获第22届中国专利奖优秀奖。宝钢股份湛江钢铁党委被授予"全国先进基层党组织"称号。宝钢股份"湛江钢铁5G工业远程控制应用创新"项目获全国第四届"绽放杯"5G应用征集大赛标杆赛金奖，武钢有限"5G+全连接工厂的创新应用与实践"获全国第四届"绽放杯"5G应用征集大赛全国总决赛一等奖。 （孙荣祥）

宝钢股份直属厂部

【概况】 2021年，宝钢股份成立硅钢事业部和厚板事业部，分别对硅钢、厚板生产实行统一管理。年底，宝钢股份直属厂部有4个生产厂（炼铁厂、炼钢厂、热轧厂、冷轧厂）和5个业务部（制造管理部、设备部、能源环保部、运输部、安全保卫部）。 （孙荣祥）

炼铁厂

【全球首套智慧高炉运行平台投运】 7月8日，全球首套智慧高炉运行平台在宝钢股份直属厂部炼铁控制中心建成投运。平台汇集了宝钢股份四大基地炼铁工序生产数据系统，集互联网、大数据、工艺技术规则、模型库于一体，"跨空间"实时汇聚各基地高炉大数据，"跨人机界面"实时指数化诊断、智能化控制，具备事前预警、分层推送、实时对标、自学习和闭环控制等功能。项目列入国务院国资委中央企业超级工程。 （仇晓磊）

【炼焦电车实现无人化操作】 2021年，炼铁厂实现二期焦炉电车作业无人化，完成炼焦所有电车的无人化操作改造，首次在国内钢铁企业中实现单一炉组和双炉组、7米新型焦炉和6米老焦炉全面电车无人化作业。 （仇晓磊）

【四号高炉热风炉烟气净化装置投运】 12月26日，炼铁厂四号高炉热风炉烟气净化装置建成投运。这是国内首套4 000立方米级高炉热风炉烟气净化装置，由宝钢股份自主研发集成，填补行业空白。装置投运后，热风炉烟气排放物浓度降低60%以上，达到A级企业超低排放标准要求，副产品在炼铁区域内全量消纳，实现固体废物不出厂的最优环保利用。 （仇晓磊）

炼钢厂

【管理改革】 2021年，炼钢厂打造"一个中心、三大单元"的两级矩阵式组织。撤销分厂建制，设置一转炉工场、二转炉工场、一连铸工场、二连铸工场、行车工场五大工场，实现生产运行与设备状态维护的一体化管理。重构厂部层面的平台化管理功能，建立支撑工场长现场管理的集中统一的信息平台和管理技术团队。 （王佳）

【智慧制造】 8月，全球首台"水口快换+加渣多功能机器人"在炼钢厂六号连铸机取得突破，水口快换成功率和保护渣自动加入率均达100%。年内，炼钢厂推进四号RH真空精炼炉、三号RH真空精炼炉和二号连铸机功能考核和达标达效，完善智能精炼与自动化浇钢功能，完成一炼钢转炉冶炼自动化改造和一炼钢新增钢（铁）包一体化管理系统等项目。年底，转炉自动倒渣技术在二号炉实现现场应用。 （王佳）

热轧厂

【管理变革】 2021年，热轧厂推动流程再造、岗位重构，打造"一个中心、四大工场"的两级管理模式，设置2050热轧、1580热轧、1880热轧、精整四大工场，工场接受"智能决策中心"指令，以最高效率完成标准作业任务。 （刘春会）

【绿色低碳发展】 2021年，热轧厂整合热轧生产现场与外部院校、研究所、先进节能技术公司的优势，成立"低碳"联合工作室。成立燃耗创值团队，针对提高板坯热装率、品种钢工艺优化、炉内气氛精细化控制等技术开展攻关。全年，热轧燃耗比上年下降6.93%，月均非计划停炉次数比上年下降55.60%，板坯400℃以上装炉比例达50.70%。1580热轧产线实施多轮次以板坯极致热装为特征的"直接轧制"工艺，为全面实现高效轧制奠定技术储备和经验积累。

（刘春会）

【提升盈利能力】 2021年，热轧产品发货188.78万吨，吨钢毛利比上年增加70.80%。2050热轧产线：实现复合板全天候轧制，首发复合花纹板品种；BW300TP品种钢材实现极限规格拓展，现货发生率降低65%；连续油管用钢首次在传统热连轧机上实现全自动变厚轧制。1580热轧产线：利用热卷箱实现1.0毫米极薄规格通板（轧制成卷）。1880热轧产线：批量生产钛板，形成非钢铁金属材料制造能力。

（刘春会）

【打造高效极致产线】 2021年，热轧厂策划不同开炉模式下极致产能方案，确定"3+2+3"（2050热轧产线3炉、1580热轧产线2炉、1880热轧产线3炉）为最经济开炉运行模式。实施"赛马制"，将短期劳动竞赛转化为长效机制。5月，"3+2+3"模式突破月均日产4万吨大关，创造该模式历史最好日产规模。

（刘春会）

【集约型热处理线项目开工建设】 6月2日，2050热轧新增集约型热处理线项目开工建设。该项目是全球首条热轧热处理全连续产线，具备10万吨高板形、高均匀性的薄规格调质产品能力；配套中板横切线改造，具备20万吨（超）高强钢切板能力。项目开发"集约型热处理设备及工艺"平台技术，可生产多种超高强钢产品，实现板、卷两种状态供货，满足下游用户对超高强钢热轧卷的需求。

（刘春会）

冷轧厂

【提升制造能力】 2021年，冷轧厂汽车外板综合成材率、超高强钢成材率较上年分别提升0.67%和0.74%。热镀铝硅镀层钢产量较上年增加22%，综合成材率较上年提升2.43%。家电板产量161万吨，质量改判率较上年下降0.82%。开发71钝化技术，提高镀锡产品镀层耐蚀性和漆膜附着力，产品主要用于八宝粥及功能饮料包装用材。优化连退平整工作辊轧辊磨削工艺，改善带钢形貌及粗糙度，实现向雀巢公司等海外高等级奶粉罐厂家批量供货。

（董 洁）

【开发新产品】 4月，冷轧厂生产的洁净空间专用洁白®系列彩涂钢板（HygiSteel®）下线，这是国内首次研发制造出的可以有效阻断新型冠状病毒传播的彩涂钢板。年内，高端微电机用钢SW产品向德昌电机集团大批量供货；DH780+ZM和CP800-SF牌号超高强DH钢实现全球首发；电镀锌980DP超高强钢实现稳定生产，批量替代进口；电镀锌980QP超高强钢通过FIAT（菲亚特汽车公司）认证，批量出口意大利；开发瓶型罐用、含盐食品罐用覆膜铁新产品；拓展高附加值电池钢产品，在高端电池钢产品市场份额中占比超50%，向福建南平南孚电池有限公司、福建金杨科技股份有限公司等碱性电池钢用户批量稳定供货。

（董 洁）

【智慧制造】 6月17日，冷轧厂镀锡集控中心投入运行。同日，"卡脖子"技术攻关项目——内嵌仪装备在C171机组投产。这是全球首套能够用于汽车板的内嵌仪，实现0.80毫米汽车板内部50微米夹渣的在线实时检测。11月30日，全球首套轧机自动打磨和磨后缺陷智能检测系统投入运行，缺陷识别率超过人工水平。年内，推进1730冷轧单元智慧工厂建设，新增智能机器人5台。

（董 洁）

【设备体系变革】 2021年，冷轧厂将原设备管理室点检维护人员、普通技术人员164人划转至各生产区域管理，完成"操（操作）检（点检）合一"及生产、点检岗位融合，形成更加高效的设备管理体系。

（董 洁）

【"云翼中心"投运】 6月17日，冷轧部"云翼中心"投入运行。该中心是基于工业互联网的平台中心，集成应用自动化技术、信息网络技术和大数据、人工智能等前沿技术，实现宝钢股份冷轧部跨省市多基地、多产线的云端化管理、云端化操作和云端化交付。

（董 洁）

制造管理部

【推进绿色高效制造】 2021年，宝钢股份高炉利用系数较上年提升2.40%，转炉铁钢比下降4%。鱼雷罐车周转率较上年提升15%，铁钢界面温度下探到160℃以下。推进低碳减排轧制，1580热轧全天候直接热装轧制率突破91%。

（许胜利）

【推进经济运行】 2021年，宝钢股份直属厂部加强质量管控，提高收得率、成材率及其他相关技术经济指标，以有限的产量指标获最大的效益。下半年，板坯有效利用率较上半年提升1.12个百分点，提升期货商品材7.13万吨；一炼钢直进铁水温度下降5.03℃，二炼钢温度下降1.51℃；下半年，鱼雷罐车周转率较上年提升11.90%，热送热装创出单月新高，1580热轧产线热送热装率创4个基地历史最好水平。

（许胜利）

【支撑国家重点工程项目建设】
2021年，宝钢股份为中俄东线天然气管道项目南段穿越段批量生产1.08万吨特厚管线；向南段供货39.60万吨，占中俄东线南段钢板总量比例48.30%。向中国海洋石油集团有限公司唐山20万立方米超大型液化天然气项目接收站一阶段工程提供液化天然气储罐用9Ni（镍）钢2万吨，全流程成材率提升4.3个百分点。实现高等级桥梁钢全钢种、全规格覆盖，是国内唯一实现全覆盖的生产厂家。向上海江南长兴造船有限责任公司批量稳定供应船用止裂钢9893吨，用于建造集装箱船。向澳沄大桥项目批量供应上千吨Q690q产品，其中桥梁复合板为国内首发产品。供应常（常州）泰（泰州）大桥低屈强比型Q500qE产品1.27万吨，产品性能达到国际领先水平。

（许胜利）

【推动国产替代】　2021年，宝钢股份直属厂部汽车发动机摇臂16MnCr5M2产品替代韩国东国制钢有限公司产品，酸洗汽车扭力梁用钢CP800产品替代德国沙士基达钢铁公司产品，酸洗80千克级高强钢SPH780FC-OD产品替代日本制铁株式社会产品，均实现国产化。开发成功高扩孔高冷弯要求的980DP产品。首发产品

BW300TP耐磨钢具备4毫米及以下批量稳定生产能力。出口澳大利亚APA集团北部金矿连接线项目焊管性能全部一次合格。

（许胜利）

【提升用户使用绩效】　2021年，宝钢股份直属厂部组建36个以首席工程师为主力的专业技术服务团队，走访用户34次。深化初物（首次供货产品）管理系统应用，推广应用初物验证系统，预防质量异议，10月份拓展到宝钢股份4个基地，全年累计发起各类验证需求188份。针对天津一汽丰田汽车有限公司酸洗超高强钢SPH780FC-OD出现冲压开裂、板形翘曲、涂装不良等质量问题，采取"高温终轧＋低温卷取"的模式组织生产，增加冷轧精整测量确认等措施，涂装不良彻底改善，冲压开裂未再发生。

（许胜利）

【推进数字化转型】　2月10日，宝钢股份直属厂部智慧质量系统示范线投入运行，实现薄板产品性能封闭自动处理、冷轧动态取样优化、现货代码自动转换、冶金规范自动推荐等功能。智慧生产冷轧精整机组自动排程项目全年月均自动排程覆盖率达80%以上。7月28日，铁水智能管理系统基本版上线运行，实现对铁水和混铁车的调度和运行管理，铁钢界面基本信息的上下追溯和实时共享。年内，智能配煤配矿模型、原料进厂智能配载模型研究及应用项目，初步完成混匀矿配料的目标优化功能；智慧检测原料二步项目完成交工验收，满足对原料三期码头卸载铁矿石、煤炭在线试料调制和水分、粒度在线检测

及焦炭在线试样收集，实现试验返料不落地。　　（许胜利）

【编制效率提升子规划】　11月，由制造管理部牵头的《宝钢股份2022—2027年效率提升子规划》完成编制。该规划范围涉及制造效率、劳动效率、资金资产效率、成本削减、土地腾退5个专业，同时存在与产品经营、技术引领、绿色低碳、智慧制造等子规划的接口，并考虑与4个基地行动方案和5个工序部行动方案的有机衔接。

（许胜利）

设备部

【设备管理】　2021年，宝钢股份直属厂部实施29个"操维一体"项目，综合劳动效率比上年提升22.47%。拓展推进"检维一体"，2050精轧、厚板精整、冷轧涂镀等6个"检维一体"项目故障实绩比上年下降19.63%。规范推进"检修一体"，对炼铁环境除尘、炼钢蓄热式烘烤等10个项目，开展32次体系能力评估；对22名设备管理者组织专项辅导，提升总包单位设备管理体系能力；16个"检维、检修一体"项目，降低维修成本1881.96万元。6月30日，智慧设备管理系统（iEQMS系统）的基准、点检、状态、检修、机旁库管理等第一阶段功能上线；9月30日，计量、特种设备管理、智慧监督业务功能上线；12月底，备修、合同、资产管理等第二阶段功能全面投入运行。12月31日，设备信息系统管理切换至智慧设备管理系统（iEQMS系统）运行，原设备信息系统管理同步停机退役。12月底，宝钢股份直属厂部远程运维指数为39.45%，8.80万台设备上平台。　（苏浩）

【运行状态管理】 2021年，宝钢股份直属厂部设备状态总体平稳，一、二级设备事故为零，34条主作业线月均故障时间143.38小时，55条重要作业线月均故障时间113.06小时，合计故障时间较目标值下降45.44%，主要（重要）作业线时间开动率累计93.85%，完成"目标90.50%、挑战92.50%"的指标任务。支撑炼钢厂提升设备状态，主要（重要）作业线月均设备故障时间较上年月均下降45.50%，时间开动率累计96.75%，完成挑战目标（95.93%）。 （苏 浩）

【备件管理】 2021年，宝钢股份直属厂部加强物料库存、成本管控，备件库存总量7.83亿元（财务净值），比年初下降2.26亿元，下降率22.40%。常规维修物料消耗（不含轧辊）14.84亿元，比上年下降15.40%。 （苏 浩）

【供应商管理】 2021年，设备部有检修供应商49家（较上年减少3家，不含一事一议供应商8家）、检修分包商62家（含一事一议分包商13家）、备件修理供应商132家、维修工程设计供应商30家。推进协力改革，将原69类检修供应商归并整合为7类；形成《检修供应商管理标准》，并推广至4个基地。 （苏 浩）

【设备前期管理】 2021年，设备部组织并实施"2050热轧轧线自动化能力提升综合改造""湛江钢铁三号高炉系统项目""工序一贯质量分析应用系统改造"等36个技术改造项目L2（过程控制系统）模型的自主集成，完成投运14项，节约投资2 810万元。参与宝钢股份直属厂部建设技术改造项目审查893次。组织审查技术改造项目建议书84份。 （苏 浩）

能源环保部

【能源管理】 2021年，能源环保部开展电量跨省替代交易，完成交易输电通道、协议实施等相关信息的跟踪和联络协调，完成电力交易10.20亿千瓦时，绿色电力占比100%。通过稳定高炉炉况，降低燃料比，减少高炉总用煤量；通过外购兰炭、焦炭，替换部分高炉用喷吹煤和炼焦煤，减少直接用煤量；适当减少电煤，与上海市政府协商，通过电量替代交易减少部分发电煤；停用烧结用煤，采用外购焦粉替代烧结用煤；停用焙烧用煤，用焦炉煤气替代，其他用户焦炉煤气不足部分用外购天然气补足。 （孙 莹）

【碳资产管理】 2—3月，能源环保部牵头策划《宝钢股份直属厂部2021年碳履约及碳资产管理方案》并获批，提出交易策略从低成本履约转变为碳资产管理，并提前开展碳交易，择机灵活开展储备交易。4—8月，通过碳排放交易网，以购买、协议转让、挂牌交易、拍卖等方式采购碳配额，并于9月28日完成清缴。 （孙 莹）

【智慧制造】 2021年，能源环保部完成生产运行中心建设和能源中心适应性改造，进行宝山基地能源调度及环保监控，以及供配电、燃气等专业化操控；通过热轧、冷轧煤气加压站工艺及控制功能优化改造，提高能源中心对燃气系统的集中管控；热力系统通过智慧制造改造，将干熄焦发电、烧结发电进行集中监控；6月3日，宝环变电所开关柜测温、主变压器油色谱在线分析功能投入运行，9月23日，新中变电所、轧钢变电所、烧结变电所具备开关在线测温功能。 （孙 莹）

【供配电系统改造】 2021年，能源环保部完成宝钢股份重点项目——一、二期供配电系统改造项目。6月3日，宝环变电所投入运行；9月23日，新中变电所投入运行，有效缓解发电用煤减少导致的系统安全运行风险。 （孙 莹）

【超低排放改造】 2021年，能源环保部加快废气超低排改造进度，完成炼铁厂四号高炉热风炉增设烟气净化装置、二炼钢转炉区域除尘系统优化改造、长材电炉产线新增精炼跨除尘系统改造等一批有组织超低排放治理项目，年内投入运行；通过优化物流路径、提高水运比例、逐步淘汰不符合超低排放要求的老旧车辆及非道路移动机械、更新新能源汽车等措施，提高宝钢股份直属厂部清洁运输比例。组织废水零排放规划编制，按照"分类治理、分质利用、集中布置"基本原则，完善优化规划方案。推进废水零排放示范项目实施，宝日汽车板新建冷轧废水回用项目采用空气接触式蒸发、机械式蒸汽再压缩蒸发、双极膜制酸碱等新技术，6月29日热负荷试车，每年减排200万吨废水；硅钢五期废水零排放项目实现废水全回用和固体物质分离，在零排放工艺中采用纳滤分盐、低温多效蒸发、机械式蒸汽再压缩蒸发等新技术，并设置纯水制备系统，实现废水最终制取纯水回用，项目投产后每年可

制取纯水70万吨,年产生氯化钠工业盐2 000吨。　　　　　（孙　莹）

【绿化建设】　2021年,宝山基地完成绿化建设面积52万平方米,其中新增绿化面积8万平方米。建成犇牛花田、独树一帜、群山荟萃、闲趣荷苑等特色景观和5 000米健身步道。　　（孙　莹）

运输部

【机构改革】　2021年,运输部撤销铁区运输中心、废钢供应中心的机构建制,整合成立铁钢配送室,主要负责工艺铁路、废钢供应、普通铁路、原料汽车的运输组织、工艺技术、设备运维等相关业务。　　　　　　　　　（王赛斐）

宝钢股份运输部综合码头生产现场　　　　　　　　　　　（刘继鸣 摄于2021年12月）

【物流改革】　3月31日,马迹山港区由宝钢资源托管。马迹山港区主要承担进口铁矿石中转业务,曾作为运输部下设生产单元进行管理。根据集团公司"一基五元"发展战略及"一业一企,一企一业"的发展路径要求,宝钢资源作为中国宝武矿山资源和原燃料贸易物流专业化平台公司,2020年开始对马迹山港区进行专业化整合,宝钢股份与宝钢资源签署相关委托管理协议,托管期限为2020年7月1日至2023年12月31日,宝钢资源在受托范围内行使对马迹山港区的社会矿揽货和外轮排港业务的管理。　　　　　　　（王赛斐）

【生产管理】　2021年,运输部产成品码头装卸量完成1 300万吨,其中宝钢股份钢制品装卸量988.52万吨,内贸水运一次直发率70.85%,降低成本5 529万元。　　　　　　　　　（王赛斐）

【智慧制造】　1月15日,运输部联合宝信软件、大连华锐重工集团股份有限公司研发的全球首台SmartTPC(灵巧鱼雷车)在宝钢股份直属厂部上线运行,并于2月16日成功受铁。11月6日,SmartHIT(智能铁水运输系统)上线调试,作业指令和信息通过系统自动交互,实现铁水运输智能调度。全年鱼雷罐车月均周转率达到3.72次,较上年的3.26次提升15%,有效降低了铁水温度,优化了机车司机人员配置。　　　　　　　　　（王赛斐）

【安全管理】　2021年,运输部通过提升高发(严重)违章管控力度、推进"无违章员工""安全正激励"绩效引导、项目化推进高发违章专项整治和隐患排查、强化检修高危作业安全管控等举措,夯实安全体系管理,年度禁令违章下降60%,全年所辖区域内人身伤害事故为零(含协力员工)。　　（王赛斐）

【环保管理】　2021年,运输部推进"清洁运输",通过优化运输模式、扩大废钢水运进厂比例、优化产品出厂模式等方式,8—10月,大宗物料和产品的清洁方式运输比例提高至80%以上。12月,经生态环境部环境工程评估中心评估,宝钢股份运输部达到清洁方式运输超低排放水平,并通过中国钢铁工业协会的评估。　　　　（王赛斐）

钢管条钢事业部

【概况】　2021年,宝钢股份钢管条钢事业部下设行政人事部、经营企划部、纪检监督部、安全保卫部、销售部(商贸公司)、制造管理部、设备能环部、电炉厂、条钢厂、无缝钢管厂、焊管厂、精密钢管厂、宝钢特钢长材有限公司、烟台鲁宝钢管有限责任公司、南通宝钢钢铁有限公司、宝力钢管（泰国）有限公司，拥有电炉、初轧、棒材、高速线材、型材、无缝钢管、中口径直缝焊管（HFW）和大口径埋弧焊管（UOE）多条世界先进的现代化生产线，形成以棒线材、无缝钢管、焊管三大系列为核心的产品体系，年生产能力400万吨棒线材、400万吨无缝钢管、80万吨焊管。钢管产品形成油井管、锅炉管、管线管、机械结构管四大系列产品；长材产品形成初轧商品坯材、棒线材产品两大系列产品。产品通过美国石油学会（API）、英国标准学会（BSI）、日本品质保证协会（JQA）、船级社（美国ABS、英国LR、德国GL、法国BV、韩国KR、中国CCS）等国际权威机构的认证，广泛应用于石油、化工、电站锅炉、汽车、机械、船舶、航天、军工等领域和行业，远销欧美、东南亚、大洋洲、非洲等国家或地区。全年，销售商品坯材335.60万吨，降低成本1.27亿元，实现营业收入222.60亿元。年底，在册、在岗员工3 714人。　　（李叶钧）

【深化改革】　2021年，钢管条钢事业部实施组织机构和管理模式变革，营销、研发体系融入宝钢股份平台。营销体系整合方面，将钢管条钢事业部营销部更名为"销售部"，营销预案及预算、价格、授信、市场信息研究、单证、周以上资源平衡等营销平台共性业务划转至营销中心（宝钢国际）管理，相关人员随业务划转；将营销中心（宝钢国际）承担的型材产品业务和技术服务工作划转至钢管条钢事业部销售部；在营销中心（宝钢国际）下增设钢管条钢销售部，与钢管条钢事业部销售部按"一支队伍、两

块牌子"方式运作。研发体系整合方面，将宝钢股份中央研究院下设的钢管技术中心更名为"钢管研究所"，管线钢产品研发业务划转至厚板研究所；钢管研究所、长材研究所纳入钢管条钢事业部体制，按"一支队伍、两块牌子"方式运作。制造体系整合方面，将钢管条钢事业部所辖宝山基地相关生产单元的维修费预算和管控、钢管区域维护业务划转至宝钢股份设备部，将能源环保统筹规划职责纳入宝钢股份能源环保部；钢管区域过程控制系统维护相关人员随业务划转至宝钢股份设备部。精简机关职能方面，撤销综合管理部、人力资源部和经营财务部的机构建制，整合成立行政人事部、经营企划部。安保、制造、设备、能源环保等管理体系向上层集中，强化管理责任落实。12月16日，钢管条钢事业部代表宝钢股份，与武钢有限签订《武钢有限条材厂委托管理协议》，托管武钢有限条材厂。推进钢管条钢事业部销售部和宝钢股份营销中心（宝钢国际）下属上海宝钢商贸有限公司的一体化运营变革，与钢管条钢销售部实施一体化管理，按照"一室对一部"的垂直管理原则实施整合，实现"一套领导班子，一支销售队伍"。　（李叶钧）

【设备管理变革】　2021年，钢管条钢事业部完善设备管理变革，围绕点检、检修、生产三支队伍提升管理效率。以"操维合一"推进为主要抓手，策划实施生产操作人员承担部分运行点检和专项点检职责，培养一批会操作、懂设备、能维修的操维人员；深化推进运行抢修业务优化，利用现有点检、操维及检维人员替代原独立运行保障职

能人员；推进实施电炉区域及条钢区域的检修功能计价，直缝高频电阻焊管产线的年度总包，进一步引导检修供应商从"对检修项目负责"向"对产线状态和产出负责"，实施后设备状态总体稳定，实现主产线故障时间下降2.10%，常规维修费投入比上年下降8.60%，常规检修费比上年下降1 488万元。推进协力业务专业化总包，引进螺纹加工专业化协作供应商山东永利精工石油装备股份有限公司，完成无缝钢管厂管加工六号线"管用养修"（管理、操作、点检、维修）总包；由武水务完成精密钢管厂水处理业务专业化总包。提升全口径劳动效率，优化用工成本，实现劳动效率提升43.80%，总包区域总成本下降16.20%。　　（李叶钧）

【与包钢股份合作】　8月20日，宝钢股份与包钢股份签订《钢管产业合作框架协议》；9月3日，与包钢股份签订《央地（中央企业和地方国有企业）结对协作协议》和《钢管产业委托管理协议》。在此基础上，钢管条钢事业部会同宝钢股份经营财务部、董事会秘书室、规划与科技部、运营改善部等部门，推进与包钢股份合资设立钢管平台运营公司和合资经营包钢股份钢管公司的各项工作，就项目可行性研究、合资合同、财务审计、法务审计、资产评估进行充分调研与评估，并与包钢股份进行多轮协商，组织编制项目可行性研究报告，与包钢股份商谈平台公司合资合同、包钢钢管合资合同及附件、钢管产业委托管理协议。　　（李叶钧）

【对标找差】　2021年，钢管条钢事业部针对资金效率、资产效率、

极致降本、劳动效率和生产制造能力提升，建立全面对标找差推进体系和机制。全年，事业部层面存货周转天数、日历作业率、综合成材率、废次降率4项指标达到标杆水平，产线工序层面27项指标达到标杆水平，产品层面等指标达到标杆水平。 （李叶钧）

【智慧制造】 2021年，钢管条钢事业部开展数据域建设和生态圈互联互通试点，提升数字化软实力。全年合并操作室15间，上线工业机器人33台，申报宝钢股份最佳实用技术项目5项。电炉连铸集控中心投运，接箍磷化涂漆线立体库、线材成品立体库、线材辊环立体库等一批智能装备项目上线。 （李叶钧）

【提升制造能力】 2021年，钢管条钢事业部的70项技术经济指标中，56项优于上年实绩，40项优于历史最佳水平。电炉产能达到近5年最好水平，大方坯产线生产炉数达6 189炉，创历史最高纪录，品种钢、高合金产能稳定提升。 （李叶钧）

【优化产品结构】 2021年，钢管条钢事业部生产的新型高耐候焊丝用钢应用于160千米动力集中型复兴号动车组；高端汽车轮毂轴承用钢取得销售增量0.80万吨；矿山刮板机传输链条用材实现进口替代。生产的无缝管产品中，非标石油管占石油管比例提升至55%，其中13Cr（铬）系列高合金管销量在国内储气库市场份额达95%；高等级无缝海洋石油用管、高强工程用管、大口径气瓶管销量均创历史最好水平。生产的焊管产品，保持中国海洋石油集团有限公司直缝高

频电阻焊管海底管线管100%中标率；在国家石油天然气管网集团有限公司的市场份额提高至25%。大口径埋弧焊管18米独有产品应用于中俄东线天然气管道工程泰安泰兴项目及江苏滨海液化天然气项目。 （李叶钧）

【开发差异化产品】 2021年，钢管条钢事业部完成新产品试制41万吨，申请发明专利23件，实现科技创新效益2.43亿元。承担国家配套科研项目4个，高强度弹簧钢及切割钢丝、马氏体耐热钢锅炉管项目指标达标；高应变管线钢海底管线管试制，关键塑性指标达标；高铁轴承钢氧含量和接触疲劳寿命等指标满足要求。桥梁缆索钢丝B96SiQL、地质钻杆ZT600V、非调质地质钻探管BGR900、耐微生物腐蚀管线管BG L245N−RCB等4个产品实现全球首发。 （李叶钧）

【强化用户技术服务】 2021年，钢管条钢事业部加强用户技术服务，提高用户满意度。石油管方面，构建"1个基地+2个中心+N个服务点"服务网络，实现工作有序配合、人员统筹安排、各区域相互学习、服务业务布点全覆盖。汽车用线棒材方面，将技术服务向零部件及汽车厂延伸，精准把握用户需求。焊管方面，实施分层分类管理，解决国内多个管线项目开工、服务人员紧缺困难，保障产品顺利交付使用。围绕重点市场、重点用户、重点品种的市场开发和个性化需求策划EVI（供应商的先期介入）项目31项。 （李叶钧）

【获得荣誉】 2021年，钢管条钢事业部完成上海市高新成果审定4

项，成果转化项目获财政资金扶持2 318万元。"热轧无缝钢管在线组织性能调控关键技术、装备开发及应用"获冶金科学技术奖特等奖，"大跨度桥梁工程1 960、2 000 MPa（兆帕）高强度缆索用钢开发及应用"获冶金科学技术奖二等奖。"一种钢管超声波探伤设备的新功能开发综合技术"等项目获第25届全国发明展览会银奖。"高速电液伺服系统信号监测与测试诊断技术"获第33届上海市优秀发明选拔赛铜奖。"降低连轧机机前F3辊道跳电频率"获2021年全国质量管理小组成果发表交流活动专业级成果奖。刘绍锋获"中央企业优秀共产党员"称号，金国平获中华全国总工会和中央广播电视总台联合举办的"大国工匠"2021年度人物、第15届中华技能大奖。朱军、于永军获第九届全国数控技能大赛机床装调维修工大赛二等奖。 （李叶钧）

厚板事业部（厚板厂）

【概况】 2021年，宝钢股份厚板事业部（厚板厂）下设综合管理部、技术质量部、厚板销售部、厚板研究所、东山工厂5个机构。全年，完成轧制量378.10万吨，缴库量345.90万吨。 （费凡）

【机构改革】 10月29日，宝钢股份撤销厚板部机构建制，整合厚板产销研相关专业化团队，成立厚板事业部，与厚板厂实施一体化管理，其组织机构名称为"厚板事业部（厚板厂）"，仍保留厚板厂机构

建制。厚板事业部是模拟经营单位，负责宝钢股份厚板产品从研发、制造到市场的一体化战略规划的制定与实施，对宝钢股份厚板产品的综合竞争力负总责，同时接受宝钢股份营销、制造、研发体系的覆盖管理。　　　　　（费　凡）

【管理变革】　2021年，厚板事业部（厚板厂）推进"操检合一"一体化运行，完成前后两个机电作业区和轧钢、精整两个综合管理作业区的合并；取消轧钢、精整区域点检岗位配置，增设维护工程师、运行维护师、智慧集控工岗位，建立新形势下的操作人才队伍；优化班组设置，将班组从原来的59个精简为36个；磨辊间整体划转至宝武重工。　　　　　（费　凡）

【新品研发】　2021年，厚板事业部（厚板厂）独有新试产品比例达42.89%，新试产品销量突破18万吨。开发试制"高强耐蚀、性能翻番"绿色产品，首次批量生产常

泰长江大桥用S31603+Q370qE/Q500qE轧制桥梁复合板；首次批量轧制宽度3.70米的国内最宽厚板不锈钢，结束了国内液化天然气主管道用钢材长期依赖进口的局面；研发生产18MnD5钢板，应用于"华龙一号"核电关键设备制造。　　　　　（费　凡）

【对标找差】　2021年，厚板事业部（厚板厂）废次品比例2.43%，其中9月废次品比例1.66%，创投产以来单月最佳水平；全年热送热装比例为49.89%，东山工厂全年热送热装比例为73.24%；宝山工厂热处理产线通板量为30.10万吨，东山工厂热处理产线通板量为25万吨。全年生产高镍钢突破2万吨，不锈钢缴库量3.88万吨。
　　　　　（费　凡）

【智慧制造】　2021年，厚板事业部（厚板厂）试样剪无人化项目及关键设备状态监控等项目投入运行，操控一律集中指数提升至

66.67%，作业一律机器指数提升至62.64%，运维一律远程指数提升至33%。机器人装备数增加5台（套）。厚板数据与智能应用系统技术移植到东山工厂和鄂城钢铁。
　　　　　（费　凡）

【获得荣誉】　2021年，厚板事业部（厚板厂）朱剑恩的"一种热处理炉炉辊快速更换装置"获第25届全国发明展览会金奖；丁海绍的"辊道辊面激光熔覆焊耐磨层的方法"获第25届全国发明展览会银奖；王红的"基于位置信号扰动的阀控技术"获第25届全国发明展览会铜奖。
　　　　　（费　凡）

硅钢事业部

【概况】　2021年，宝钢股份硅钢事业部下设行政人事部、经营企划部、硅钢销售部、硅钢研究所、技术质量部、青山工厂，以及宝山硅钢部无取向制造室、轧钢制造室、取向制造室、设备管理室、生产运行室、项目组、第一智慧工厂、第二智慧工厂、第三智慧工厂、第四智慧工厂。全年实现销量391.10万吨，其中取向硅钢94.60万吨，无取向硅钢296.50万吨。年底，在册、在岗员工2 590人。　（高　阳）

【完成基层组织变革】　6月30日，硅钢事业部第二智慧工厂揭牌成立，宝山硅钢部完成基层组织架构切换。通过基层组织变革，宝山硅钢部打破科层制的金字塔模型，由原来4级管理层级扁平化为3级管理层级，原3个分厂、43个作业区

2021年5月，宝钢股份中标国家级水利工程——云南省滇中引水项目中厚板用钢
（赵高平 摄）

2021年6月30日，硅钢事业部第二智慧工厂揭牌成立 　　　　（张　勇摄）

和198个班组变革为4个智慧工厂（作业区级）和20个大班组；原来以机组为单位设置的多种岗位，分步合并成为智慧运行工、运行维护师、维护工程师3种类型的硅钢智慧岗。

（高　阳）

【新产品开发】　2021年，硅钢事业部全球首发B23P080、B25AHVR1150和B23HS075三个顶级产品牌号，"高效环保变压器用极低铁损取向硅钢技术研究"和"薄规格低温取向硅钢用MgO制备技术"两项关键核心技术攻关项目取得进展。全年完成极低铁损取向硅钢销售量4.45万吨，远超年销售量1.20万吨的指标要求。极低铁损取向硅钢在特变电工变压器有限公司、苏州吴变电气科技有限公司、河北高晶电器设备有限公司等知名变压器企业，批量应用于制造新1级和新2级能效配电变压器，满足了国内高能效变压器市场需求，助力变压器能效新标准升级。自主联合开发国产氧化镁BW-H1应用于宝钢股份薄规格高等级低温取向硅钢，关键技术指标和产品质量优于国外进口氧化镁，打破国外垄断，实现国产氧化镁制备技术的重大突破。

（高　阳）

【注册宝钢硅钢"BeCOREs"品牌】　3月25日，硅钢事业部创建宝钢硅钢"BeCOREs"品牌，并举行品牌发布会，11月由国家知识产权核准注册。通过策列系列品牌宣传和推广活动，逐步在行业和社会上树立起"自主创新、绿色低碳、国之重器"的宝钢硅钢品牌形象。

（高　阳）

BeCOREs 宝钢硅钢

图为宝钢硅钢标识（loge）

【获得荣誉】　硅钢事业部参与的"特高压高能效输变电装备用超低损耗取向硅钢开发与应用"项目获2020年度国家科学技术进步奖二等奖；硅钢事业部第四智慧工厂获上海市"工人先锋号"称号。

（高　阳）

武汉钢铁有限公司

【概况】　武汉钢铁有限公司（简称武钢有限）的前身为中华人民共和国成立后兴建的第一个特大型钢铁联合企业，地处湖北省武汉市青山区，厂区面积21.17平方千米，年产能规模为1 600万吨。产品以碳钢板材为主，有6大类500多个品种，有冷轧硅钢片、汽车板、高性能结构用钢、精品长材四大战略产品。产品广泛应用于汽车、家电、石油化工、机械制造、能源交通、金属制品、航天航空、核电、电子仪表等行业。2021年，武钢有限下辖办公室（党委办公室），人力资源部（党委组织部、党委统战部），运营改善部，经营财务部，纪检监督部（纪律检查委员会机关），投资管理部，党群工作部（党委宣传部、企业文化部、工会、团委）7个职能部门；制造管理部、设备管理部、安全保卫部（人防武装部）、能源环保部、运输部5个业务部门；炼铁厂、炼钢厂、条材厂、热轧厂、硅钢部、冷轧厂、质检中心7个厂部单位，以及子公司武汉平煤钢铁联合焦化有限责任公司（简称焦化公司）。受托管理武钢日铁（武汉）镀锡板有限公司、武汉钢电股份有限公司（简称钢电公司）2家公司。全年，武钢有限申请发明专利138件，国际发明专利5件；获冶金科学技术奖一等奖1项，二等奖2项，三等奖2项；被评为"武汉市十大智能标杆工厂"；获2020年度"中国钢铁工业清洁生产环境友好企业""全国冶金绿化先进单位"称号。薄板坯连铸连轧产线被工业和信息化部、国家发展和改革委员会、财政部、国家市场监督管理总局评为"2021年度智能制造示范工厂揭榜单位"；武钢一号高炉入选国家工业遗产。全年生产铁1 314万吨、钢1 501万吨、钢材1 415.40万吨，实现利润总额55.94亿元；工业产值1 017.87亿元，首次突破千亿元大关，成为武汉市工业产值逾千亿元的三家企业之一。年底，在册员工17 913人，在岗员工10 592人。

（余明程）

【企业负责人简介】 吴小弟，1969年6月生，浙江平湖人，中共党员，高级工程师，武钢有限党委书记、执行董事。

敖爱国，1968年12月生，江西高安人，中共党员，高级工程师，武钢有限总经理（2021年4月起）、党委副书记、副总经理（主持工作，至2021年4月）。 （余明程）

【制造能力】 2021年，武钢有限合同完成率96.43%，百米重轨挑出率94.75%，冷轧热镀锌板（GI）外板原品种成材率比上年提升5.35个百分点，热轧品种钢比例达64%，冷轧汽车板比例达44%以上。取向硅钢0.23毫米系列薄规格产品的接单比例较上年提高10个百分点。新能源用无取向硅钢合同量比上年增长15.70倍。武钢有限连续3年被卡特彼勒公司评选为亚太地区唯一钢铁企业"银牌供应商"。硅钢、磁轭钢产品助力国家重大工程白鹤滩水电站投产发电，中国长江三峡集团有限公司、哈尔滨电气集团有限公司特致感谢信。

（余明程）

【绿色发展】 2021年，武钢有限推进超低排放A级企业创建工作，

武钢有限厂区一角 （张运学 摄于2021年10月）

有组织、无组织超低排放达标率以及清洁运输比例分别达80.28%、43%、71.18%，厂区空气质量优良天数比例达82%。通过源头减量、过程管控、末端治理，焦化废水实现零排放。协同处置工业与城市固体废物7.70万吨，比上年增加80.20%。厂区绿化率达32%。聚焦厂区景观环境、现场作业环境，推进厂容厂貌提档升级、现场5S管理，完成厂区内环线、中环线改造。投入8 000万元对炼铁厂一号高炉进行改造，承载着武钢人"根"与"魂"的一号高炉入选国家工业遗产。118座高耸建筑物外观全部彩绘，工业港码头成为长江岸线一道靓丽的风景，175条道路照明得到整治。 （余明程）

【智慧制造】 2021年，武钢有限建成国内最大5G企业内网，开通54个5G宏基站，融合智慧物流、智慧生态环保、智慧运维、智慧安保等6大类25项5G工业应用，推动传统钢厂到智慧钢厂的转变，受邀成为2021中国"5G+工业互联网

大会"现场参观点。打造基于铁水运输的"5G+铁钢智慧平台"应用，首次实现炼铁、运输、炼钢一体化和智能化调度，炼钢厂操控中心（二期）建成投用，钢电公司操控中心投用，推动制造管控从"1+4"加速迈向"1+N"。 （余明程）

【项目建设】 2021年，武钢有限投资完成50.40亿元、资金支付52.40亿元，分别占年度计划的110.60%、101.50%。全年新立项72项，投资额达86.20亿元，计划执行率100%。其中，投资15个法律法规类项目45.05亿元，投资11个市场类项目19.94亿元，投资46个现场类项目21.19亿元。13个三年行动提升计划重点技改项目投运6项，C1料场、亚临界燃气锅炉、转底炉等18个节能环保项目启用，六号高炉、新棒材线等提质增效项目陆续投运。

（余明程）

【效率提升】 2021年，武钢有限通过对标找差，提升原料、铁钢、

钢轧、热冷界面效率，铁水罐周转率月度突破4.0，入炉铁钢比达0.851，炼钢厂铁钢比0.867。钢轧界面热装热送率持续提升，四炼钢热送率达到98.48%，二热轧、三热轧热装率分别达到65.53%、77.95%。全工序产量实现突破，热连轧两条产线、冷轧酸轧机组、硅钢产线分别较上年增产64.8万吨、64.94万吨、14万吨。

（余明程）

【管理变革】 2021年，武钢有限策划《全面深化改革行动实施方案（2021—2022年）》，确定19项重点工作任务。完成仓储配送、磨辊、聚焦精等业务专业化整合。受托管理上海宝钢心越人才科技有限公司武汉分公司，搭建出向业务平台，拓宽员工转业转岗渠道。深化协力管理变革，协作比例和高质量协作分别达91%、82%。实施焦化公司厂管作业区改革，由4室、3分厂、27个作业区精简为3室、9个作业区。

（余明程）

【关爱员工】 2021年，武钢有限开展"我为群众办实事"实践活动，30项公司级办实事项目完成，升级改造2个非机动车棚、2栋生活楼、焦化二餐厅、6号门停车场。新增6条道路实现机动车、非机动车隔离。各厂部实施398项办实事项目。新增"百万医疗"保障，在厂内开辟疫苗接种点，构建全员免疫屏障。改善员工工作生活条件，推动生活后勤服务更加精细化，员工餐补从20元涨到25元，太空休眠仓、健身房、按摩椅搬进一线作业区。推动员工工资合理增长，在岗员工收入比上年增长14.27%。

（余明程）

【党史学习教育】 2021年，武钢有限推进党史学习教育，组织近7 000名党员视频参加宝钢股份党员政治轮训，下发学习书籍7 000余套。"武钢有限"微信公众号刊发党史学习教育专栏文章180余篇，编发党史学习教育工作简报71期。策划纪念中国共产党成立100周年系列活动，先后举行"致敬钢铁 情满青山"主题活动、"喜迎建党100周年女职工红色教育活动"、"百年风华正青春"青年主题集会、"钢花敬先烈 铁心跟党走"职工踏寻红色足迹健步行活动、庆祝中国共产党成立100周年大会暨"钢铁报国心向党"歌诗汇。

（余明程）

【企业文化建设】 2021年，武钢有限与湖北之声、武汉市青山区委宣传部合作策划"百人话百年"视频制作，讲述武钢发展史。策划和制作"钢铁报国'三争'精神永放光芒"精品党课，面向武汉市全体党员宣讲。代表青山区参加武汉市"百年征程忆初心"红色故事汇活动，讲好武钢故事。"红钢印记（武钢博物馆＋中国宝武武汉展厅）"获评中国宝武首批爱国主义教育基地，入选"百年峥嵘 初心见证"中央企业红色资源网络展，作为百家中央企业展馆之一亮相人民网。与人民日报社、共青团中央、中国宝武联合推出报道《美国医院氧气告急，有人问：当时武汉的氧气哪来的？》，阅读量逾10万、点赞量逾6万。开展"公众开放日"活动30余场，政府部门、民主党派、教育机构、省市媒体4 000余人进入厂区参观。与汉阳区钟家村小学师生开展红歌"快闪"，视频登上学习强国平台。承办10月28日中

国5G＋工业互联网大会"媒体行"活动，人民日报、新华网等17家媒体报道武钢智慧制造成效。11月19—21日展览期间，向全社会展示武钢有限在5G＋工业互联网应用、智慧制造成果。

（余明程）

【武钢有限大事纪要】 1月5日，武钢有限与江苏兴达钢帘线股份有限公司签订战略合作框架协议，明确双方在产品研发、质量控制等方面加强交流探讨和合作，共同探索制造业转型升级的业务模式和发展路径。

1月11日，武钢有限热轧厂"三争"精神展厅揭牌。

1月，以武钢有限厂区为主体的"武钢工业文化区"入选武汉市文化和旅游局、武汉市教育局发布的《武汉市首批中小学生研学旅行服务机构和研学旅行基地、营地推荐名单》。

2月23日，中国国电集团有限公司长源电力股份有限公司党委书记、董事长赵虎一行到访武钢有限。双方就相关电力合作事宜进行交流。

3月12日，武钢有限开展"森林中的钢厂"义务植树活动，栽下红枫、银杏、桂花、樱花、紫藤、钢竹等树苗2 000余株。

同日，中国平煤神马集团总经理杜波一行走访武钢有限。

4月，武钢有限通过复评审，获2020年度"中国钢铁工业清洁生产环境友好企业"称号，是湖北省唯一通过复审的钢铁企业。

5月13日，武钢有限信息系统迁移到武钢大数据中心，为推进智慧制造系统和大数据平台"上云"奠定基础。

5月17日，武钢有限新建棒材

生产线开工建设。

5月，武钢有限硅钢部四分厂见习作业长胡惊雷获2021年全国五一劳动奖章，武钢日铁（武汉）镀锡板有限公司首席工程师任予昌获2021年湖北省五一劳动奖章。

6月4日，武钢有限开展"世界环境日"公众开放日活动。武汉市青山区政府、青山区环保局和相关部门、街道负责人及工作人员代表走进厂区参观。

6月11日，武钢有限连续3年被卡特彼勒公司评选为亚太地区唯一钢铁企业"银牌供应商"。

6月28日，国家"西电东送"重大工程金沙江白鹤滩水电项目首批机组投产发电。在该电站的16台水轮发电机组中，"武钢硅钢"供货8 190吨，占总用量的50%；"武钢磁轭钢"供货1.60万吨，占总用量的81%。

7月20日，武钢有限投用首批新能源重型卡车——东风商用新能源重型卡车。

8月20日，条材厂一炼钢分厂铸坯切割自动点火装置应用于3台连铸机，结束了沿用23年的手动点火历史。

8月25日，中铁检验认证中心有限公司同意武钢有限U75V产品在兰州铁路局开展上道试铺。

8月，经中国钢铁工业协会评审，武钢有限炼铁厂四号高炉获全国重点大型耗能钢铁生产设备节能降耗对标竞赛"优胜炉"称号。

9月1日，武钢有限告别沿用多年的产品外发"五联单"出门凭证，所有产成品出厂采用系统自动识别车号放行模式。

9月3日，武钢有限举办第一届数据分析大赛。

9月10日，热轧厂1580产线产量12 850吨，热装率达100%，创单日热装率新高，达行业最优水平。

9月26日，国务委员王勇到武钢有限调研。

9月28日，武钢有限薄板坯连铸连轧产线突破技术壁垒，首创0.80毫米极薄材轧制新技术。

10月26日，湖北省委副书记、省长王忠林一行到武钢有限调研稳增长和企业生产经营等情况。

10月31日，武钢有限固体废物不出厂关键环保项目——一号转底炉生产线投产。

10月，武钢有限获中国钢铁工业协会绿化委员会授予的"全国冶金绿化先进单位"称号。

11月6日，武钢有限建成国内最大规模5G企业内网。

11月11日，湖北省委常委、武汉市委书记郭元强一行到武钢有限调研。

11月19—21日，2021中国5G+工业互联网大会在武汉市举行，武钢有限受邀成为大会现场参观点。

11月20日，武钢有限获"武汉市十大智能标杆工厂"称号。

11月30日，武钢有限大型清洁高效发电项目——亚临界燃气锅炉一号机组首次并网发电，标志着武汉市首个超高温亚临界煤气发电项目投运。

12月3日，中（中国）老（老挝）铁路线全线通车运营。中老铁路线上的"复兴号"动车组牵引变压器所用硅钢片由武钢有限提供。

12月3—4日，武钢有限"宝钢股份武钢有限5G+全连接工厂的创新应用与实践"项目获全国第四届"绽放杯"5G应用征集大赛总决赛一等奖。

12月7日，经过5个月大修改造后的六号高炉出铁，六号高炉第二代炉役开始服役。

12月10—12日，武钢有限在第25届全国发明展览会上获金奖5项、银奖4项、铜奖5项。武钢有限员工宋畅获世界知识产权组织最佳女性发明奖。

12月13日，工业和信息化部发布消息，武钢一号高炉入选第五批国家工业遗产。

12月14日，武钢有限钢电公司和太钢不锈在全国碳排放权交易平台完成中国宝武首笔碳排放配额交易，涉及达配额22万吨，价值超900万元。　　（余明程）

宝钢湛江钢铁有限公司

【概况】　宝钢湛江钢铁有限公司（简称湛江钢铁）于2011年4月18日在广东省湛江市注册成立，同年5月22日揭牌。宝钢股份持股90%，广东恒健投资控股有限公司持股10%。湛江钢铁以华南地区为目标市场并辐射东南亚，产品主要品种有热轧薄板、普冷板、热镀锌板、宽厚板、无取向硅钢等，面向汽车、家电、机械、建筑、造船、集装箱等碳钢板材高端市场，同时具备热轧超高强钢生产能力。2021年，74项对标指标达到设定目标，达标率90.20%；操作一律集控72.91%，操作一律机器人68.24%，设备一律远程41.89%；保持"固体废物不出厂"，固体废物综合利用率100%；一号高炉、二号高炉系统完成超低排放改造，通过"涉工业炉窑企业分级和重污染天气重点行业绩效分级"A级企业认定，是宝钢股份首个获评环保绩效A级企业的制造基地。7月30日，三号高炉系统完成产能置换调整手续。全年，生产铁水840.70万吨、钢坯915万吨，销售商品坯材854万吨，合同完成率96.80%，吨钢综合能耗572千克标准煤。年底，在册、在岗员工4 840人。　　　　　　（牟　志）

【企业负责人简介】　刘代德，1963年4月生，四川绵阳人，中共党员，高级工程师，湛江钢铁党委书记、董事长。

　　陈云鹏，1973年3月生，重庆人，中共党员，高级工程师，湛江钢铁总经理、党委副书记。（牟　志）

【三号高炉系统项目炼钢、连铸工程投产】　1月9日，湛江钢铁三号高炉系统项目首个热负荷试车

的主体工程——炼钢厂四号转炉出钢、三号连铸机出坯，标志着三号高炉系统项目炼钢、连铸工程热负荷试车一次成功，较总进度计划分别提前3个月和2个月。该工程定位于生产高强钢、硅钢等高附加值产品，年设计产能新增合格板坯360万吨，采用自动倒罐、自动扒渣、自动出钢、自动浇钢、中间包机器人、远程机清、无人化废钢配料等智能化装备和铁水预处理集控、连铸全集控、智慧浇注等智慧制造技术。炼钢工程总投资5.71亿元，主要建设内容包括：在现有主厂房及预留位置新建一号KR（铁水预处理）搅拌脱硫系统、四号转炉系统及配套、二次除尘系统等设施，新建二号废钢配料间、铁钢包综合维修间，扩建南区高压配电

室，扩建渣处理设施和相关公辅配套设施等，设计年产360万吨。该工程由宝钢工程技术集团有限公司设计，并负责转炉系统的EP（设计、采购承包）供货，其他主要供应商包括德国丹戈一丁南塔尔公司（DANGO & DIENENTHAL MASCHINENBAU GMBH）、德国基伊埃比肖夫公司（GEA Bischoff GmbH）、德国欧萨斯能源环境公司（OSCHATZ ENERGY AND ENVIRONMENT GMBH）、日本钻石工程株式会社（DIAMOND ENGINEERING CO., LTD）、太原重工股份有限公司、大连华锐重工集团股份有限公司、无锡巨力重工股份有限公司、河南卫华重型机械股份有限公司、苏州宝联重工股份有限公司、苏州海陆重工股份

湛江钢铁厂区鸟瞰　　　　　　　　　　　　　　　　　　　　　　　　　　（朱家耀　摄于2021年6月）

2021年1月9日，湛江钢铁三号高炉系统项目炼钢、连铸工程热负荷试车　　　　　　　　　　　　　　　　（朱家耀 摄）

有限公司等。连铸工程总投资7亿元，主要建设内容包括：扩建现有连铸厂房和机械维修车间厂房，搬迁改造精整区离线手清场，在预留位置上建设1 650毫米双流板坯连铸机、水处理系统及相关公辅配套设施等，设计年产280万吨。项目于2019年4月9日打桩，由中冶赛迪工程技术股份有限公司负责工厂设计，并负责平台及精整设备的EP（设计、采购承包）供货，1 650毫米连铸主机系统由普锐特冶金技术奥地利公司进行工艺设备设计，并负责部分核心设备供货，其他设备供应商包括大连华锐重工集团股份有限公司、上海振华焊割工具有限公司、上海开隆冶金机械制造有限公司、上海东震冶金工程技术有限公司等，中国十七冶集团有限公司作为总包方承建。　（牟 志 于牧言）

【三号高炉系统项目原料工程投产】　1月15日，湛江钢铁三号高炉系统项目原料工程热负荷试车成功。该工程总投资11.30亿元，项目主要建设内容包括受料系统、混匀配料系统、破碎筛分系统、供料系统、返矿返焦系统、水渣输送系统及公辅设施等，设计年受料量1 406.86万吨，年供料量2 189.17万吨。该工程于2019年4月29日打桩，项目设计单位为中冶赛迪工程技术股份有限公司，项目设备由蒂森克虏伯工程技术（中国）有限公司、铜陵天奇蓝天机械设备有限公司、河南省大方重型机器有限公司等提供，工程施工采用招投标方法，由上海宝冶集团有限公司中标建设。　　（牟 志 莫希飘）

【三号高炉系统项目石灰工程投产】　1月20日，湛江钢铁三号高炉系统项目石灰工程三号双膛窑点火，标志着三号高炉系统项目石灰工程热负荷试车一次成功。该工程采用世界上最先进、最节能的麦尔兹型双膛竖窑，运用全密封输送、全过程抑尘的先进环保技术，以及高效率燃烧，低成本、大粒度、高质量煅烧技术，设计年产合格生石灰20.40万吨。石灰工程总投资1.07亿元，主要建设内容包括：在石灰双膛窑区域预留位置上新建1座600吨/天双膛窑及配套的原料贮运筛分系统、成品贮运加工系统、煤气加压站、除尘设施、净循环水处理站等公辅设施等。工程由宝钢工程技术集团有限公司负责工厂设计，窑主体系统由南京大岠集团有限公司EP（设计、采购承包）供货，其他主要设备供应商包括山东省章丘鼓风机股份有限公司、江阴市鹏锦机械制造有限公司、宜兴市侨联风机有限公司等，工程于2019年7月25日打桩，由中国十七冶集团有限公司以总包方式承建。工程投产后，湛江钢铁石灰工序年产量突破100万吨。

（牟 志 于牧言）

【三号高炉系统项目全天候码头投产】　3月22日，湛江钢铁三号高炉系统项目全天候码头投入试生产。该工程采用码头少人化系统，融合起重机无人驾驶、库区智能管控、机器视觉感知等模型与技术，实现码头面港机作业无人化，船舱内港机作业少人化，劳动效率提升50%以上。总投资2.98亿元，主要建设内容包括：在已建3 000吨级全天候泊位南侧新建1个5 000吨级全天候泊位；已建成的30万吨级和25万吨级矿石泊位新增1台3 600吨/小时链斗式卸船机及其配套水平运输设备。其中，全天候泊位设计年通过能力为112万吨，原料码头新增设计年通过能力为铁矿石504.30万吨、煤炭474.40万吨。工程于2019年9月15日打桩，全天候泊位部分设计由中交第三航务勘察设计院有限公司承担，原料码头部分由中交第四航务勘察设计院有限公司负责，设备主要由大连华锐重工集团股份有限公司、洛阳起重机厂有限公司等提供，中交第四航务工程局有限公司中标建设。全天候码头的投产，可提升湛江钢铁年产成品水运发运能力150万吨。11月9日，湛江钢铁三号高炉系统项目码头工程通过竣工验收。 （牟 志 郭晓晓）

【三号高炉系统项目煤精工程投产】 4月19日，湛江钢铁三号高炉系统项目煤精工程热负荷试车。该工程总投资6.06亿元，项目主要建设内容包括焦油氨水分离系统、鼓冷系统、硫铵回收系统、轻油捕集与蒸馏系统、脱硫系统，设计焦炉煤气处理量9万标准立方米/小时。该工程于2019年6月25日打桩，项目设计单位为中冶焦耐（大连）工程技术有限公司，项目设备由中冶焦耐（大连）工程技术有限公司、金通灵科技集团股份有限公司、阿法拉伐（上海）技术有限公司、天津天达联合工程技术有限公司、宝钢欧洲有限公司等提供，工程施工采用招投标方法，由五冶集团上海有限公司中标建设。（牟 志 莫希飘）

【三号高炉系统项目炼焦工程投产】 4月21日、5月21日，湛江钢铁三号高炉系统项目炼焦工程3B焦炉、3A焦炉分别热负荷试车，标志着三号高炉系统项目炼焦工程投产。该工程设计年产干全焦160万吨，整体分为3A和3B两座焦炉，均采用高7米、65孔炭化室的大容积复热式顶装焦炉。2019年6

月25日开工建设，工程总投资15.68亿元，主要建设内容包括：2×65孔炭化室高7米大容积复热式顶装焦炉，配套3×100吨/小时干熄焦设施，1×30兆瓦抽汽凝汽式汽轮发电机组，设计年产160万吨焦炭。2019年6月25日打桩，由中冶焦耐（大连）工程技术有限公司，中冶焦耐（大连）工程技术有限公司、大连华锐重工集团股份有限公司、湖南中冶长天节能环保技术有限公司等提供设备，中国五冶集团有限公司中标建设。 （牟 志 莫希飘）

【三号高炉系统项目三烧结工程投产】 5月17日，湛江钢铁三号高炉系统项目三烧结工程热负荷试车成功。该工程以打造"智慧烧结"为目标，采用烧结机一键点火、烧结过程智慧控制等智能新技术，提高了烧结机组的生产效率。同时，采用节能环保新技术，其中烧结机采用综合密封技术，漏风率得到改善；烧结矿冷却采用液密封型环冷机，较传统技术可减少冷却风量25%以上；烧结机头烟气净化采用具有世界先进水平的活性炭吸附+SCR（选择性催化还原脱硝）技术，能够实现多种污染物协同处理，稳定实现超低排放。工程总投资11.59亿元，主要建设内容包括：新建1台550平方米烧结机系统及配套设施，设计年产613万吨。工程于2019年6月17日打桩，由中冶长天国际工程有限公司设计，中冶长天国际工程有限公司、龙净环保公司等提供设备，上海二十冶建设有限公司中标建设。 （牟 志 莫希飘）

【三号高炉系统项目冷轧工程投产】 5月29日，湛江钢铁三号高炉系统项目冷轧工程1750酸轧机

组热负荷试车，生产出第一卷成品；6月25日，连续退火机组热负荷试车；6月29日，二号热镀锌机组热负荷试车；12月8日，一号热镀锌机组热负荷试车，冷轧工程全部建成投产。该工程设计年产能166万吨（含先行投产的高强钢38万吨），主要建设内容包括：1条六机架酸轧机组、1条以高强钢为主的连退机组、1条以汽车板为主的热镀锌机组（一号热镀锌机组）、1条以高强钢为主的热镀锌机组（二号热镀锌机组）以及配套机组及公辅设施。1750酸轧机组年设计产量181.90万吨，具备120千克级超高强钢生产能力，极限生产能力可达到150千克级，是国内首条碳钢全连续六机架六辊冷连轧机，也是国内首条专业化超高强钢酸轧机组。采用一系列先进工艺及设备，其中包括第四机架HYPER-UC（可逆式轧机）小辊径技术、酸再生流化床技术等，环保设备满足国家超低排放新标准。二号热镀锌机组年设计产能40万吨，是结合宝钢股份近10年超高强钢生产经验，进行集成创新的热镀锌高强钢机组产线，退火炉采用明火加热技术，能够解决可镀性问题，并提高通板的稳定性，同时配置纵磁感应加热装置，预留横磁感应加热位置，满足第三代超高强钢——QP钢（淬火延性钢）的高温加热要求，能实现更低成本、更加绿色的超高强钢镀锌产品生产，产品具有良好的耐蚀性、磷化以及抗氢脆性能。冷轧工程于2019年6月11日开工建设，由宝钢工程技术集团有限公司总体设计，宝钢工程技术集团有限公司提供设备，部分关键设备引进普锐特冶金技术有限公司

(PTJ)和法孚斯坦因冶金技术（上海）有限公司（STEIN）。由上海宝冶集团有限公司、中国二十冶集团有限公司和五冶集团上海有限公司共同承建。（牟志　张璐）

【三号高炉系统项目热轧工程投产】　5月31日，湛江钢铁三号高炉系统项目热轧工程热负荷试车。该工程概算总投资31.62亿元，项目主要建设内容包括4座保温炉、3座步进梁式加热炉、定宽压力机、二架带立辊粗轧机、热卷箱、1台曲柄式飞剪、七机架四辊精轧机、2架全液压卷取机、钢卷运输系统、开卷检查线等设备，设计年产450万吨。该工程于2019年5月9日打桩，项目设计单位为中冶赛迪工程技术股份有限公司，项目设备由德国西马克有限公司、普锐特冶金技术（德国）有限公司、中冶赛迪工程技术股份有限公司、中国一重集团有限公司、常州宝菱重工机械有限公司、南京高精齿轮集团有限公司、上海梅山工业民用工程设计研究院有限公司等提供，工程施工采用招投标方法，由中国二十冶集团有限公司、上海宝冶集团有限公司中标建设。（牟志　李文涛）

【厚板厂热处理5G操作室投用】　6月7日，湛江钢铁厚板厂热处理5G操作室投入试生产运行。该操作室是湛江钢铁首个应用5G技术在线控制生产线的操作室。通过PLC（可编程控制器）数据采集模块，采集现场实时控制数据；通过现场布置的5G摄像头，采集现场生产画面，依托5G网络上传服务器，实现对生产状况和设备状态的实时控制。（牟志　韦晓然）

【热镀锌智慧排程系统2.0版本上线】　7月9日，湛江钢铁热镀锌智慧排程系统2.0版本上线运行。该系统具有适配动态生产组织的高度灵活性，以模块化、模型化的思路，采用正向启发式算法、变邻域搜索、差分进化等算法，以"搭积木"的方式建立起整套模型，具有强大的通用性和机组适配性。（牟志）

【分布式光伏发电项目并网发电】　12月15日，湛江钢铁首个分布式光伏发电项目并网发电。该工程于9月15日开工，利用4 200毫米厚板、2 250毫米热轧、1 550毫米冷轧、2 030毫米冷轧、铁路成品库等宽阔厂房屋面，安装光伏组件，共安装100 981块单晶硅光伏板，总面积达41.25万平方米，总装机容量48.20兆瓦，年平均发电量4 755万千瓦时，相当于每年节约标准煤1.57万吨，每年可减排二氧化碳4.69万吨。（牟志）

【氢基竖炉工程奠基】　12月23日，湛江钢铁全氢零碳绿色示范工厂百万吨级氢基竖炉工程举行奠基仪式。该工程（一步）总投资18亿元，项目主要是建设1座设计年产直接还原铁100万吨的508立方米竖炉，包括竖炉系统、气体回路系统、成品系统，配套建设通风除尘设施、燃气热力设施、给排水设施及公辅设施等。项目设计单位为中钢集团工程设计研究院有限公司，项目设备由中钢集团工程设计研究院有限公司、神钢无锡压缩机股份有限公司、中国船舶重工集团公司第七一一研究所等提供，工程施工采用招投标方法，由上海宝冶集团有限公司中标建设。项目

将建成国内首套自主集成的百万吨级竖炉，是首套集成氢气和焦炉煤气进行工业化生产的直接还原生产线，可为后续自主集成并开发全氢冶炼技术积累经验，形成具备中国宝武自有知识产权的低碳冶金工艺技术。（牟志　莫希飘）

【节能降耗】　1月14日，工业和信息化部、国家市场监督管理总局联合发布《2020年重点用能行业能效"领跑者"企业名单》，湛江钢铁烧结工序单位产品工序能耗43.20千克标准煤/吨，获钢铁行业能效"领跑者"称号；焦化工序单位产品能耗101.90千克标准煤/吨，获焦化行业能效"领跑者"称号。（牟志）

【获评环保绩效A级企业】　12月17日，湛江钢铁通过"涉工业炉窑企业分级和重污染天气重点行业绩效分级"A级企业认定，成为广东省首家环保绩效A级企业。湛江钢铁是国内第一家全工序按照特别排放限值设计、建设和运营的钢铁企业，2021年，湛江钢铁开展全流程环保管控，清洁生产水平全球领先，实现废气超低排、废水零排放、固体废物不出厂。（牟志）

【产品拓展】　12月31日，宝钢股份中铝锌铝镁镀层钢板BaoXM®工业化第一卷产品在湛江钢铁下线，标志着宝钢股份具备低铝、中铝、高铝全系类锌铝镁的生产能力。中铝锌铝镁作为宝钢股份锌铝镁系列产品家族的新成员，兼具耐蚀性高、成形性好、环境适应性强等优点，广泛应用于家电、汽车零配件、工程机械、建筑等行业。（牟志）

【湛江钢铁大事纪要】

1月9日，湛江钢铁三号高炉系统项目首个热负荷试车的主体工程——炼钢厂四号转炉出钢、三号连铸机出坯，标志着三号高炉系统项目炼钢、连铸工程热负荷试车。

1月15日，湛江钢铁三号高炉系统项目原料工程混匀矿堆积系统热负荷联动试车。同日，原料工程A300系统完成设备单机试车。

1月20日，湛江钢铁三号高炉系统项目石灰工程三号双膛窑点火，标志着三号高炉系统项目石灰工程热负荷试车。

2月14日，5万吨级海轮"厦门行动"号靠泊湛江钢铁成品码头，装载8 000多吨冷轧卷驶往非洲大陆，标志着湛江钢铁首条直航非洲大陆航线开通。

2月23日，湛江钢铁热轧厂轧制出超极限规格耐磨钢，拓展了1 000兆帕级BW300TP产品。

同日，湛江钢铁1550冷轧新增彩涂机组工程钢结构完成第一吊，较原计划提前6天。该工程于2020年10月29日开工建设，新建1条年产能为21万吨建筑用钢的彩涂机组，配套立式钢卷包装站及相应公辅设施等。

2月25日，湛江钢铁三号高炉系统项目1780热轧工程精轧机设备开始单体试车。

3月11日，湛江钢铁炼钢厂四号转炉自动出钢热负荷试车一次成功，实现了"一键炼钢+自动出钢"的智能化模型控制工艺贯通。

3月22日，湛江钢铁三号高炉系统项目全天候码头投入试生产。

3月25日，湛江钢铁举行三号高炉系统项目投产冲刺誓师大会暨火炬传递启动仪式。

2021年6月25日，湛江钢铁1750冷轧连续退火机组热负荷试车，生产出第一卷产品

（朱家耀 摄）

同日，湛江钢铁三号高炉本体黏土砖通过验收，三号高炉本体耐材全部砌筑完成。

3月29日，湛江钢铁二号高炉系统项目炼铁工程热风炉点火烘炉，进入为期38天的烘炉升温阶段。

4月19日，湛江钢铁三号高炉系统项目煤精工程热负荷试车。

4月21日，湛江钢铁三号高炉系统项目炼焦工程3B焦炉热负荷试车。

4月27日，湛江钢铁获中华全国总工会颁发的2021年全国五一劳动奖状。

5月21日，宝钢湛江钢铁三号高炉系统项目3A焦炉热负荷试车，三号高炉系统炼焦工程和煤精工程全线建成投产。

5月29日，湛江钢铁三号高炉系统项目冷轧工程1750酸轧机组热负荷试车。

5月31日，湛江钢铁三号高炉系统项目热轧工程热负荷试车成功。

6月4日，湛江钢铁举办"增殖放流暨6·5环境主题日"活动，放流8 100万尾海洋鱼类和虾类。

6月25日，湛江钢铁冷轧工程1750连续退火机组热负荷试车。

6月28日，湛江钢铁党委获中共中央颁发的"全国先进基层党组织"称号。

6月29日，湛江钢铁三号高炉系统项目冷轧工程二号热镀锌机组热负荷试车。

7月1日，湛江钢铁1550冷轧新增彩涂机组工程进入设备吊装阶段。

10月30日，湛江钢铁东港池外轮"青峰岭"号整船作业完工，比原计划提前15个小时，冷卷作业单船通算效率443.44吨/小时，创造2021年成品码头冷卷作业效率新纪录。

10月31日，湛江钢铁酸轧智慧排程系统2.0版上线，智慧排程系统在冷轧区域实现全线贯通。

12月8日，湛江钢铁三号高炉系统项目冷轧工程一号热镀锌机组热负荷试车。

12月17日，湛江钢铁通过"涉

2021年12月31日，湛江钢铁冷轧智慧集控中心启用　　　　（朱家耀 摄）

工业炉窑企业分级和重污染天气重点行业绩效分级"A级企业认定，成为广东省首家环保绩效A级企业。

12月23日，湛江钢铁全氢零碳绿色示范工厂百万吨级氢基竖炉工程举行奠基仪式。

12月31日，湛江钢铁冷轧智慧集控中心启用。　　　（牟　志）

上海梅山钢铁股份有限公司

【概况】　上海梅山钢铁股份有限公司（简称梅钢公司）创立于2001年6月26日，2005年5月进入宝钢股份。2011年8月，梅钢公司与上海梅山有限公司（简称梅山公司）实行一体化运营。2021年，梅钢公司下设办公室（党委办公室），企划部，财务部，人力资源部（党委组织部、党委统战部），纪检监督部，企业文化部（党委宣传部），安全管理部，投资管理部，规划科技部，制造管理部，设备部，保卫人武部，能源

环保部，物流部，工会，团委，以及冷轧厂、热轧厂、炼钢厂、炼铁厂、热电厂。南京宝地梅山产城发展有限公司新事业分公司、培训中心由南京宝地梅山产城发展有限公司委托梅钢公司管理。全年生产铁矿原矿467.07万吨、铁精矿233.50万吨、生铁730.40万吨、连铸坯804.40万吨、热轧板卷798.01万吨、酸轧产品87.30万吨、酸洗产品（含厚板）130.26万吨、热镀铝锌（108）产品17.23万吨、热镀铝锌（208）产品31.53万吨、电镀锡产品22.89万吨、连退卷35.60万吨、烧结矿1 065.61万吨、焦炭245.63万吨，新热力、干熄焦、高炉煤气余压发电装置（TRT）共发电19.01亿千瓦时。实现利润总额40.49亿元；吨钢综合能耗555.10千克标准煤。年底，梅钢公司在册员工4 927人，在岗员工4 582人。　（金　利）

【企业负责人简介】　施兵，1967年8月生，安徽怀远人，中共党员，高级工程师、高级政工师，梅钢公司党委书记、董事长，梅山公司党

委书记、执行董事。

吴琨宗，1971年2月生，福建惠安人，中共党员，正高级会计师、注册会计师，梅钢公司（梅山公司）党委副书记、总经理（至2021年5月）。

刘宝军，1978年10月生，陕西榆林人，中共党员，正高级工程师，梅钢公司（梅山公司）党委副书记、总经理（2021年5月起）。（金　利）

【机构改革】　2021年，梅钢公司精简机构、调整机构职责，设置炼铁、炼钢、热轧等8个综合项目组，撤销财务部报支核算模块。设立景区运营中心，负责梅钢工业文化旅游景区创建及运营等工作。厚规格酸洗纵切线业务委托南京宝钢住商金属制品有限公司运营。完成操维一体化组织整合10个，撤销炼铁厂煤精机电仪点检作业区、炼钢厂机械检修作业区等。精简三级机构2个、作业区2个，精简比例1.27%。调整运输部组织机构及职能，撤销运输部安全管理室、财务管理室，运输部更名为"物流部"，逐渐完成由物流运行实体向物流综合管理部门的转变。成立公司碳中和推进委员会，优化碳减排相关职能设置，推动"双碳"战略有效落地。

（金　利）

【专业化整合】　1月起，南京宝地梅山产城发展有限公司的业务（不含委托梅钢公司管理的下属分子公司及相关业务）委托宝地资产管理。5月起，梅钢公司财务核算、结算及报表等财务共享业务，由中国宝武运营共享服务中心南京区域分中心承接覆盖。9月1日，梅钢公司环境监测中心自行监测业务

由宝武智维上海金艺检测技术有限公司管理运营。　　（金　利）

【管理变革】　2021年，梅钢公司深化管控中心建设，制定《管控中心基础管理细则》，策划编制《梅钢数字化转型制造专业线条设计方案》。管控中心"提高高炉利用系数"项目通过采取大富氧、大风量操作模式，大高炉煤比突破160千克/吨。全年生产804万吨板坯，创历史最好成绩。冷轧厂以团队为抓手，形成技术服务团队16个，业务推进团队9个；热轧厂从"追求极致产能、品种结构增效、重点装备能力提升改造项目"3个维度，形成支撑项目和协同项目各4项；炼钢厂参与策划《千万吨钢铁精品基地三年能力提升规划》，并形成相关支撑项目7项；炼铁厂支撑开展四号高炉中修开炉、制粉系统建设投运等项目，全年铁水成本比上年下降4.67%。按照"核心业务，牢牢掌握在手；非核心业务，总体规划，分步实施，专业化外委"原则，完成炼钢厂转炉炉料预热系统、鱼雷罐加废钢预热、原料码头吸尘车作业等业务委外工作。聚焦设备系统痛点和难点，成立"操维一体化"变革推进组，制订总体推进计划，明确工作推进机制及要求，出台变革配套岗位顶层设计，按计划完成操维一体化组织整合10个，形成定岗定编初步方案8个；完成二期点检资格培训及考试，381人参加培训。制订梅钢公司改革三年行动实施方案和任务清单。在治理体系和能力调整、深化混合所有制改革、健全市场化经营机制、加强企业党的领导和党的建设五个方面制定27项工作举措，并细化为66项工作任务。（金　利）

【制造能力提升】　2021年，梅钢公司围绕"算账生产、挂图作战，发挥机组效率；精准突破，多方联动，提升盈利能力；对标找差，生态协同，优化经营环境"三条主线，提升制造能力。上半年，各工序稳产高产，钢产量达到451.30万吨，超同期历史纪录69.40万吨，下半年在"三限"（限产、限能、限电）约束下，产量压减情况符合预期，铁钢完成产量计划；高盈利、高竞争力产品销量达340.30万吨；通过品种结构优化，增效10 201万元；经济技术指标持续优化，141项指标达标率76%，刷新率达54%。　　（金　利）

【重点项目推进】　2021年，梅钢公司聚焦规模、成本、效率、效益、环保以及能力等方面，梳理确定"煤焦资源拓展技术优化降本"等5个瓶颈突破项目和"提升炼铁产能"等17个重点项目，以专项形式进行推进，并按"挂图作战"要求将重点举措进度节点化，公司阶段性评估项目进度及完成风险，并在每季度绩效对话会上进行点评，同时根据完成情况给予相应的奖励。下半年，取消提升产能类的重点项目，新增"热轧1422产线经济运行""降低现货及废次降发生率"和"提高弹性生产能力，控产保量保供"3项成本和能力保障类项目。　　（金　利）

【一贯绩效管理信息系统投运】　6月29日，梅钢公司一贯绩效管理信息系统建成投运。该系统是支撑公司"赛马"绩效变革落地的关键措施，可让员工随时查询绩效指标的完成情况和得分情况，实现绩效数据即时可视化。公司全部135个作业区和一线员工绩效评价和奖金发放均通过一贯绩效系统实现，取消了实行多年的"人工做奖金"环节。一贯绩效管理信息系统由梅钢公司组织开发，在集团公司内首家使用。　　（金　利）

【固定资产投资】　2021年，梅钢公司固定资产投资项目156项，其中新开固定资产投资项目97项（立项额50.80亿元），结转项目59

梅钢公司炼铁厂五号高炉炉前工　　　　　　　　（朱　飞　摄于2021年4月）

项。全年完成固定资产投资18.74亿元,完成比例为93.42%。鱼雷罐加废钢预热、一炼钢废钢间预热、二号高炉喷吹系统改造、液氧气化及加压吸附真空解析（VPSA）制氧一期、大高炉制粉、二炼钢废钢间增设预热功能、炼钢钢包扩容等项目相继投运;新建110千伏精炼炉变电站主体建成;合金加热系统改造项目建成;一炼钢LF精炼炉项目热负荷试车;二炼钢转炉炉料预热项目具备热负荷试车条件。

（金利）

【科技创新】 2021年,梅钢公司研发投入占全年产值的3.20%;开发新产品37个,新产品转产30个;实现科研、新品、技术推广结题效益3.45亿元;申请发明专利169件,科技政策利用0.88亿元。牵头的"镁处理洁净钢新产品开发与关键技术集成""连铸无人浇钢技术开发与应用"项目获冶金科学技术奖一等奖,参与的"高炉两段式煤粉喷吹理论与关键技术及其配套装备""特大型智慧生态原料场技术"分获冶金科学技术奖一、二等奖;"梅钢公司5G+MEC数字炼钢项目"获工业和信息化部组织的第四届"绽放杯"5G应用大赛工业赛道全国决赛三等奖;"基于智能化的热轧薄带高强钢轧制稳定性控制技术及工业应用"获北京市科学技术奖二等奖。承担、参与的国家重点研发计划"高温熔融金属储运容器防泄漏技术与装备研发""高温熔融金属作业事故虚拟交互与综合防控预警系统""扁平材全流程智能化制备关键技术",以及江苏省工业和信息产业转型升级专项资金省重大技术攻关项目（招标项目）——"车辆轻量化

材料"专题攻关项目结题。《高炉喷吹兰炭技术要求》团体标准（T/SSEA0095-2020）通过冶金工业规划研究院组织的审定,由中国特钢企业协会发布实施。组织参赛的冷轧厂自主管理课题获2021全国质量管理小组成果发表赛示范级奖。

（金利）

【节能减排】 2021年,梅钢公司采取专业化管理、嵌入式支撑的方式,追求极致的能源效率和极致的环境低成本。组建碳减排管理体系,制订《梅山钢铁节能降碳能效提升计划》,以项目化的形式推进99个节能降碳项目。成立环保A级企业创建专项推进组,实行双组长负责制,制定《环境管理办法》《环境检查考核标准》《厂容环境责任区域划分图》等文件,通过自查自纠不断夯实管理基础。全年,吨钢综合能耗555.10千克标准煤、吨钢耗新水2.62立方米、固体废物不出厂率99.51%。其中,吨钢耗新水领先钢铁行业水效先进值0.48立方米,跻身"江苏省水效领跑者"行列。公司绿化覆盖率达41.10%,获评"江苏省蓝色信用等级单位"。

（金利）

【资源利用】 2021年,梅钢公司通过对炼钢转炉除尘细灰压球设备升级改造,开发高压冷压球工艺,实现除尘细灰全部返生产利用,冷压球水分从8%下降到5%以下,提高了冷压球质量;以高炉一次灰、兰炭为原料,开发自产发热球替代外购发热剂,实现炼钢用发热剂自产的能力;以高炉一次灰、氧化铁皮为原料,开发高炉灰压球返炼钢使用,替代部分矿石消耗,通过自产发热球与高炉灰压球的

开发,提高高炉一次灰的返产利用比例,实现高炉一次灰的价值最大化;通过减少含锌废钢使用量,降低转炉渣锌含量,促进混合渣粉返杂矿使用,提高混合渣粉的用量。优化脱硫渣的扒渣与淬化工艺,从源头降低脱硫渣铁产出量,渣铁库存从年初的2.80万吨下降到年底的1 200吨;推进棒磨加工线建设、达产,累计处理渣钢原料6.80万吨。全年固体废物返生产利用率为28%;含铁固体废物返生产利用率为50.32%。

（金利）

【梅钢工业文化旅游区建设】 2021年,梅钢公司依托红色基因、钢铁文化、冶炼工艺、智慧制造与花园工厂,以"钢铁是怎样炼成的"为主题打造形成集钢厂观光、科普研学、文化体验、亲子娱乐为一体的工业文化旅游区。工业文化旅游区围绕"艰苦创业、奋发创新"精神内核和"钢铁是怎样炼成的"脉络主线,配合绿化景观和游览步道设计,建成"梅钢站""励志书屋""慢铁9424""火车驿站""钢铁工艺墙""钢铁文明墙""钢铁文化中心""钢铁之歌广场"等一系列文化场所和网红打卡点。联合南京广电荔枝读书会打造"励志书屋",开展系列活动,"励志书屋"被授牌世界文学之都地标网络;与印联网合作设置印记梅钢大众数字篆刻体验区,开展为期半个月的"印记初心,大众篆刻"展;与南京电视台合作在钢铁之歌广场举办梅钢公司第11届集体婚礼。梅钢公司成为中国宝武十大爱国主义教育基地之一,与雨花台烈士陵园共同入选"缅怀革命先烈+重温艰苦创业"主题,成为南京市委党史学习教育办公室

2021年12月29日，梅钢工业文化旅游区被确定为国家AAA级旅游景区。图为梅钢工业文化旅游区一角　　　　　　　（朱　飞摄）

发布的第一批5大主题10条精品线路及党史学习教育基地，上线人民网"中央企业红色资源"。12月，梅钢工业文化旅游区被南京市旅游资源规划开发质量评定委员会确定为国家AAA级旅游景区。全年接待游客5万人次，讲解接待4.20万人次。　　（金　利）

【梅钢公司大事纪要】

1月5日，一炼钢精炼炉加废钢工艺热负荷试车。

1月7日，四号高炉经中修后点火开炉。

1月19日，冷轧厂108热镀铝锌机组速度首次突破150米/分钟。

1月21日，梅钢公司通过南京市生态环境局2020年清洁生产审核验收评估。

1月25日，炼钢厂一号LF精炼炉快速恢复项目热负荷试车。

3月11日，炼钢厂智能行车实现国内首创的5G网络远程操作。

3月24日，热轧厂1780产线首次实现精轧机组两块钢同时轧制。

3月26日，梅钢公司S235JR、275J0、S355J2等10个牌号产品通过莱茵技术（上海）有限公司第三方认证机构实施的产品安全性（CE）现场审核。

同日，梅钢公司加压吸附真空解析（VPSA）项目第一套装置投用，并向四号高炉送氧。

4月2日，梅钢公司和深圳华美板材有限公司成立冷压延产品联合工作室。这是梅钢公司热轧战略品种高品质冷压延产品成立的第一家联合工作室。

4月14日，梅钢公司首台高效真空吸尘车在原料码头投入使用。

4月19日，工业和信息化部发布《工业互联网平台应用管理接口要求》公告，将梅钢公司制定的《含铁尘泥磷含量的测定铋磷钼蓝分光光度法》和《含铁尘泥氧化钙含量的测定络合滴定法》两项标准列入国家行业检测标准。这是梅钢公司首次参与制定国家行业检测标准。

4月26日，炼铁厂二号液氧气化装置提前4天投入试运行。该装置可为梅钢公司提供1万立方米/小时的氧气供应能力，满足炼铁产能提升的需求。

4月27日，热轧厂1422产线轧制奥氏体、铁素体带钢首次实现"零"间隙切换，解决了铁素体批量轧制困难、自由轧制产能受限的难题。

5月21日，梅钢公司通过英国标准管理体系认证公司（BSI）IATF16949质量、环境及职业健康安全管理体系复评审核。

6月10日，梅钢公司一号轨道衡通过国家轨道衡计量站强制检定。

6月25日，二炼钢废钢预热四号线点火投产。至此，梅钢公司一炼钢、二炼钢废钢预热4条生产线全部建成投产。

7月13日，梅钢公司试制成功厚规格酸洗线石油焊管GT90。

7月29日，梅钢公司110千伏精炼变电站项目投用。

9月1日，梅钢公司首台电动自卸重卡和首台电动牵引车投入试运行。

9月28日，炼钢厂倒角结晶器技术试验获得成功。

10月20日，一炼钢新增单工位LF精炼炉项目热负荷试车。该项目的投用，实现了对所有钢种的全精炼炉处理工艺，提高了LF精炼炉脱硫和温度精准控制能力。

11月14日，梅钢公司通过JIS（日本工业标准）产品审核。

11月28日，经中钢集团武汉安全环保研究院现场评审认定，梅钢公司能源环保部煤气单元、炼钢厂达到"冶金行业安全生产标准化一级企业"标准。

11月30日，梅钢公司第二次通过国家高新技术企业认定。

12月2日，四号高炉热风炉烟气脱硫环保改造项目热负荷试车。

12月7日，热轧厂1780轧机首次试制高强度极限规格钢板桩用钢Q460C，各项指标全部合格。

12月9日，热轧厂1780轧机首次试制高强度极限规格结构钢管用钢Q355B，各项指标全部合格。

12月10日，梅钢公司和江苏澳洋顺昌科技材料有限公司成立镀铝锌液晶模组产品联合工作室。

12月29日，南京市旅游资源规划开发质量评定委员会发布公告，确定梅钢工业文化旅游区为国家AAA级旅游景区。

（金 利）

宝钢股份黄石涂镀板有限公司

【概况】 宝钢股份黄石涂镀板有限公司（简称黄石公司）是由宝钢股份、湖北省黄石市国有资产经营有限公司、黄石新港开发有限公司和香港臻德企业共同经营的合资企业，4家单位股权比例分别为：50.63%、25.94%、13.37%和10.06%。拥有团城山和新港两个生产区域，其中团城山区域推进"退城入园"，逐步对机组进行关停或拆迁到新港区域。2021年底，团城山区域1条15万吨镀锌和1条20万吨冷轧机组维持生产；新港区域一期项目拥有年产20万吨镀铝锌、12万吨建筑彩涂、8万吨家电彩涂机组各1条；二期项目在建。全年，黄石公司生产钢材34.88万吨、销售34.99万吨，销售收入29.32亿元，利润总额10 849万元。年底，在册、在岗员工451人。

（朱伟杰）

【做好搬迁期间生产组织】 2021年，黄石公司针对部分产线停产及从团城山区域搬迁至新港区域带来原料供应结构变化的情况，制定"百家料"运营机制，保证生产稳定。全年采购重庆钢铁、黄石山力科技股份有限公司、武钢日铁（武汉）镀锡板有限公司、山东冠洲股份有限公司等厂家的热轧卷、镀锌/镀铝锌基板超10万吨。月度最高外加工1万吨轧硬板、8 000吨冷轧板、3 000吨彩基板。 （朱伟杰）

【管理变革】 2021年，黄石公司将项目管理人员兼任的相应室主任职责进行剥离，调整管理人员27人次，建立梯次培养。在对每一条机组、每一个作业区、每一个业务条线进行岗位配置的评估、核实的基础上，推进业务整合和岗位再设计，劳动效率提升10.10%。推进协力供应商管理，对酸洗业务、磨辊业务、检修业务外包结算模式进行优化调整，建立价值分享式的费用定价和结算机制，优化协作绩效评价、激励及合同管理方式；系统梳理委外生产协力业务，识别出磨辊异常磨削量、轧辊大轴承和电费倍系数等问题，并进行整改。 （朱伟杰）

【降本增效】 2021年，黄石公司强化成本管控机制，修订完善轧机、连退、镀锌标准成本，建立新港区域成本标准；摸索优化成本分析方式，适时反馈成本现状，引导各单位改善成本。全年降本增效1 823万元。 （朱伟杰）

【产品经营】 2021年，黄石公司把彩涂产品作为盈利核心，放量生产，全年销量超25.15万吨，比上年增长33%。推进家电板制造能力建设，拓展彩涂家电板品种，成为美的集团家电彩涂产品合作供应商。开展水性涂料产品、双色印花产品、彩涂门板、镀铝锌200克镀层产品、镀锌DC03家电板的研发及试制。承接牧原食品股份有限公司、河南双汇投资发展股份有限公司、宁德时代新能源科技股份有限公司等重大工程彩涂订单1.20万吨。 （朱伟杰）

【节能环保】 2021年，黄石公司能耗指标比上年下降3%。年度总能耗计划≤2.96万吨标准煤，实绩为2.82万吨标准煤；综合吨钢能耗指标值≤88千克标准煤，实绩为79.33千克标准煤。制订"长江大保护"和"碳达峰、碳中和"行动方案，推进轧机碱液回收、彩涂烟气治理等项目，完成新港区域彩涂补热炉烧嘴及排烟风机改造任务。 （朱伟杰）

宝钢股份营销中心（宝钢国际）

【概况】 2021年，宝钢股份营销中心（宝钢国际）在全国44个大中城市设立营销网点87家，投资设立及托管各类子公司85家，其中运营管控类子公司57家、战略管控类子公司17家、财务管控类子公司10家，资产清理类子公司1家。全年销售产品3 838万吨，实现全流程毛利371.70亿元。年底财务库存240.83万吨，其中渠道库存159.92万吨；集团公司外应收账款38.20亿元。宝钢国际实现利润31.20亿

元,加工配送量795万吨。年底,在册、在岗员工3 258人。 (张雨曦)

【深化"一公司多基地"营销管理】
2021年,宝钢股份营销中心(宝钢国际)以效益优先原则动态优化资源配置,实现整体效益最优前提下的多基地产销平衡。优化资源36.60万吨,增效1.50亿元;开创委托加工业务,实现业务量25.50万吨。优化多基地产线分工,近地化销售比例达75%,提升产销运营管控能力,发布小炉次产品(即一个月订货量不到一炉的牌号)集约化第三版分工方案,包括91个品种和牌号;以普通冷轧产品为试点策划冷轧产线分工,形成400万吨级连续退火机组和2条家电板专业产线;探索预测生产,尝试"以销定产"和"柔性制造"相结合的产销平衡新模式,追求产销协同极致效率。 (张雨曦)

【策划新一轮产品经营规划】
2021年,宝钢股份营销中心(宝钢国际)强化技术服务,加强高附加

值产品销售,独有领先产品销量1 275万吨。推进绿色低碳产品营销,通过开展低碳领域钢铁话语权的早期部署,完成32家汽车、变压器行业代表客户碳减排供应链调查;接受客户绿色技术评审,完成碳钢板材SDS(材料安全数据)报告。强化品牌策划,推进宝钢汽车板品牌迭代与内涵重塑、硅钢品牌焕新亮相、培育细分行业明星品牌,全面构建"Beyond超越行动"品牌蓝图。 (张雨曦)

【提升资产质量】 2021年,宝钢股份营销中心(宝钢国际)常态化严控"两金",提升业务运营效率,库存均值较2020年下降50万吨,实现持续低位运行,周转加快15%。完成产成品物流成本3年(2019—2021年)下降20%的总体要求,实现物流降成本2.92亿元,体系外委外业务环比下降19.20%。针对达产率长期不足10%的产线,推进体系内再利用或社会化处置,完成南昌宝江钢材加工配送有限

公司1500纵切机组、南京宝钢住商金属制品有限公司三号激光拼焊线等产线搬迁改造;按参股公司"应退尽退"原则,完成武钢诺贝(武汉)激光拼焊技术有限公司退出。 (张雨曦)

【推进智慧营销】 2021年,宝钢股份营销中心(宝钢国际)整体策划推进营销核心业务系统重构,落实双中台战略,以业务中台标准化支撑前台轻量化、服务灵活化,以数据中台集成化支撑业务智能化、数据资产价值化,并将境外公司、境外加工中心纳入系统重构整体策划、统一推进。以移动可视化终端为载体,完成营销数据集成,物流一体化系统完成首批功能迁移及新增,客户智慧服务系统投运,加工中心智慧制造系统建设完成自动上下料体系推广、自动换工装、冲压自动化机械臂技术改造等多个项目。推进汽车板智慧营销,试点推进恺博座椅机械部件有限公司等4家汽车用户数字化钢卷建设。 (张雨曦)

2021年宝钢国际全资、控股子公司一览表

序 号	公 司 名 称	经 营 范 围	持股比例
1	上海宝钢钢材贸易有限公司	钢材贸易	100%
2	广州宝钢南方贸易有限公司	钢材贸易	100%
3	北京宝钢北方贸易有限公司	钢材贸易	100%
4	天津宝钢北方贸易有限公司	钢材贸易	100%
5	武汉宝钢华中贸易有限公司	钢材贸易及加工配送	100%
6	成都宝钢西部贸易有限公司	钢材贸易及加工配送	100%
7	沈阳宝钢东北贸易有限公司	钢材贸易及加工配送	100%
8	上海宝钢商贸有限公司	钢材贸易	100%

（续　表）

序　号	公　司　名　称	经营范围	持股比例
9	上海宝钢浦东国际贸易有限公司	钢材贸易	100%
10	上海宝井钢材加工配送有限公司	钢材加工配送	65%
11	上海宝钢高强钢加工配送有限公司	钢材加工配送	100%
12	安徽宝钢钢材配送有限公司	钢材加工配送	70%
13	南京宝钢住商金属制品有限公司	钢材加工配送	51%
14	杭州宝井钢材加工配送有限公司	钢材加工配送	65.20%
15	宁波宝井钢材加工配送有限公司	钢材加工配送	65.20%
16	上海宝钢新材料技术有限公司	钢材加工配送	100%
17	芜湖威仕科材料技术有限公司	钢材加工配送	托管
18	浙江宝井精密钢材科技有限公司	钢材加工配送	100%
19	常熟宝升精冲材料有限公司	钢材加工配送	50%
20	上海宝钢车轮有限公司	加工销售	100%
21	烟台宝钢车轮有限公司	加工销售	100%
22	湖南宝钢车轮有限公司	加工销售	100%
23	上海宝钢高新技术零部件有限公司	加工销售	100%
24	广州宝钢井昌钢材配送有限公司	钢材加工配送	51%
25	福州宝井钢材有限公司	钢材加工配送	71.50%
26	广州花都宝井汽车钢材部件有限公司	钢材加工配送	64.96%
27	广州宝丰井汽车钢材加工有限公司	钢材加工配送	68.08%
28	柳州宝钢汽车钢材部件有限公司	钢材加工配送	100%
29	厦门宝钢精密钢材科技有限公司	钢材加工配送	100%
30	佛山三水宝钢钢材部件有限公司	钢材加工配送	100%
31	东莞宝钢钢材部件有限公司	钢材加工配送	100%
32	柳州宝钢汽车零部件有限公司	钢材加工配送	95%
33	湛江宝钢高强钢科技有限公司	钢材加工配送	100%
34	武钢（广州）钢材加工有限公司	钢材加工配送	托管

序　号	公　司　名　称	经营范围	持股比例
35	青岛宝井钢材加工配送有限公司	钢材加工配送	82.85%
36	青岛宝钢钢材加工配送有限公司	钢材加工配送	100%
37	天津宝钢钢材配送有限公司	钢材加工配送	100%
38	烟台宝井钢材加工有限公司	钢材加工配送	65%
39	济南宝钢钢材加工配送有限公司	钢材加工配送	100%
40	天津宝井钢材加工配送有限公司	钢材加工配送	65%
41	天津武钢钢材加工有限公司	钢材加工配送	托管
42	重庆宝井钢材加工有限公司	钢材加工配送	85.63%
43	重庆宝钢汽车钢材部件有限公司	钢材加工配送	80%
44	西安宝钢钢材加工配送有限公司	钢材加工配送	100%
45	成都宝钢汽车钢材部件加工配送有限公司	钢材加工配送	100%
46	重庆宝钢钢材加工配送有限公司	钢材加工配送	100%
47	重庆宝吉汽车零部件有限公司	钢材加工配送	100%
48	南昌宝江钢材加工配送有限公司	钢材加工配送	51%
49	郑州宝钢钢材加工配送有限公司	钢材加工配送	100%
50	长沙宝钢钢材加工配送有限公司	钢材加工配送	51%
51	襄阳宝钢钢材加工配送有限公司	钢材加工配送	90%
52	武汉威仕科钢材加工配送有限公司	钢材加工配送	托管
53	开封威仕科材料技术有限公司	钢材加工配送	托管
54	宝钢激光拼焊（武汉）有限公司	钢材加工配送	托管
55	大连宝友金属制品有限公司	钢材加工配送	52%
56	长春宝钢钢材贸易有限公司	钢材加工配送	100%
57	长春一汽宝友钢材加工配送有限公司	钢材加工配送	53.19%
58	吉林市一汽宝钢汽车钢材部件有限公司	钢材加工配送	70%

（张雨馨）

宝钢欧洲有限公司

【概况】 宝钢欧洲有限公司(简称宝欧公司)是宝钢股份全资子公司,1993年10月11日成立,注册资本400万马克(204.52万欧元),位于德国慕尼黑市威尔赫姆瓦根菲尔德路26号。宝欧公司致力于开展中国宝武钢铁产品销售业务,开展设备、备件、资材进出口业务,探索欧非中东区域钢铁投资、供应链建设及技术合作。下设财务管理部、钢铁部、设备备件部、欧洲技术服务中心、南非代表处、俄罗斯代表处、土耳其代表处,并管理宝钢意大利钢材集散中心有限公司、宝钢西班牙有限公司和宝钢中东公司3家子公司。2021年,销售钢铁产品96万吨,实现总销售收入9.93亿欧元,其中设备备件销售收入3 182万欧元。年底,在岗员工62人。 （宝　欧）

【年接单量首次突破百万吨】 2021年,宝欧公司钢铁产品接单量达100.70万吨,年接单量首次突破百万吨大关,比上年提高44%。其中取向硅钢销量达8.30万吨,高等级牌号的产品销往西门子公司、ABB集团、施耐德电气有限公司、SGB集团、美国通用电气公司等知名跨国变压器客户;无取向硅钢销量达9.90万吨,主要销售给西门子公司、ABB集团、日本电产株式会社等客户;热镀锌销量达21.30万吨,主要是菲亚特汽车公司、西雅特汽车公司、大众汽车公司、Becker公司等汽车客户;硅钢销量达17.40万吨,主要是Silgan(西格尔)、Crown(皇冠)等客户;

在非洲、中东等区域的不锈钢销量达到5.10万吨;热轧(含酸洗)产品销量24.30万吨;电镀锌销量2.50万吨;钢管销量4.30万吨;普通冷轧产品销量6万吨。（宝　欧）

【扩大设备备件贸易业务】 2021年,宝欧公司全面融入中国宝武钢铁生态圈,服务范围从宝钢股份四大基地拓展到宁波宝新、常州宝菱重工机械有限公司、宝钢德盛、宝武铝业、苏州大方特种车股份有限公司、韶钢松山、马钢股份、重庆钢铁、鄂城钢铁。全年设备备件销售收入达到3 182万欧元,比上年增长16.10%。 （宝　欧）

宝钢美洲有限公司

【概况】 宝钢美洲有限公司(简称宝美公司)的前身为1996年4月9日在美国成立的宝钢美洲贸易有限公司,2013年11月15日更名,注册资本98万美元,是宝钢股份的全资子公司,位于美国新泽西州蒙特威尔市切斯纳特里奇路85号。宝美公司主要从事钢铁相关产品营销、多元贸易等业务,主要市场覆盖南美洲和北美洲,下设财务部、钢铁部、多元部和美洲技术服务中心,在美国洛杉矶、加拿大多伦多、墨西哥墨西哥城和巴拿马设有代表处,有宝钢巴西贸易有限公司1家子公司。2021年,销售钢材63.53万吨,实现销售收入8.61亿美元。年底,在册员工32人。 （丁建成）

【经营业绩】 2021年,宝美公司抓住美洲市场需求恢复、当地钢

厂供应不足的机会,开拓市场,实现钢材销售63.53万吨、销售收入8.61亿美元,分别比上年增长133%和215%;加强与区域内跨国公司的合作,跨国公司销售占比超过60%;酸洗、普冷、电镀锌、镀锡和镀铬等产品年销量创历史最佳,酸洗、普冷和镀锡3个产品年销售量均超10万吨。 （鲍震宇）

宝和通商株式会社

【概况】 宝和通商株式会社(简称宝和通商)成立于1993年8月26日,注册资本8.76亿日元,是宝钢股份的全资子公司,位于东京都千代田区一番町15番地。宝和通商主要从事钢材贸易,设备、备件、资材贸易,钢铁原料和钢铁深加工产品贸易,钢铁销售区域涵盖日本、韩国、新西兰、澳大利亚和中国台湾地区。下设社长室、经理部、钢铁部(含物流室)、机材部、综合营业部,在韩国和中国台湾地区分别设立首尔事务所和高雄事务所,在澳大利亚设有宝钢澳大利亚贸易有限公司和墨尔本办事处,在韩国设有合资的钢材加工配送中心——BGM株式会社。2021年,实现营业收入1 626.51亿日元,销售钢材145.82万吨,销售收入1 533.91亿日元,资材备件和多元贸易销售收入92.60亿日元。年底,有员工77人(含派遣员工),其中中方员工29人、外籍员工48人。 （严伟良）

【经营业绩】 2021年,宝和通商销售宝钢股份钢材突破100万吨,

比上年增长超过50%；加大与资材备件供应商的价格交涉力度，为宝钢股份资材备件采购降本增效1.18亿日元；产成品库存低于管理目标3.80万吨；净资产收益率从2020年的9.90%提升到2021年底的15.85%。　　　　　（张　攀）

【支撑新产线投产】 2021年，宝和通商首次出口宝钢股份耐热刻痕取向硅钢（BeCOREs-HS）产品，取向硅钢销售比上年增长30%。支撑武钢有限、梅钢公司新酸洗机组投产，酸洗产品销量达到2020年的25倍；首次出口湛江钢铁1780热轧新产线产品。
　　　　　　　　　　（张　攀）

【加大上游资源采购】 2021年，宝和通商针对钢铁生产上游资源不足的形势，为集团公司和宝钢股份寻找、提供高质量坯源，进口品种钢板坯和方坯1.50万吨；扩大再生钢铁原料进口业务，为宝钢股份各基地采购再生钢铁原料1.10万吨，首次实现再生钢铁原料的人民币跨境结算。　　　（张　攀）

【扩大生态圈业务】 2021年，宝和通商扩大中国宝武钢铁生态圈业务。支撑宝武铝业国际化业务，首次出口汽车用铝板，并协助宝武铝业推进神户制钢株式会社的采购认证工作；参加欧冶云商上海钢铁交易中心产能预售竞标，6次中标，实现18.68万吨钢材的交易；推进宁波宝新和宝钢德盛产品的销售，签约销售12 564吨不锈钢产品；推进常熟宝升精冲材料有限公司冷轧高碳钢的销售，签约销售734吨；推广太钢集团不锈钢产品20吨。　　　　　（张　攀）

【加强物流管理】 2021年，宝和通商针对国际航运市场价格大幅上升的不利形势，跨周期提前租船订舱，并首次采取近洋包租3.8万吨级大船模式。在3月19日—4月30日40多天的时间内，合计发船51条、发货23.45万吨。 （沈益军）

宝钢新加坡有限公司

【概况】 宝钢新加坡有限公司（简称宝新公司）的前身为成立于1997年2月25日的宝钢新加坡贸易有限公司，2013年3月20日更名，注册资本金150万新加坡元，位于新加坡淡马锡林荫大道7号新达城第一大厦40楼。宝新公司主要从事钢铁相关产品贸易活动，主要市场包括越南、印度尼西亚、泰国、马来西亚、新加坡、菲律宾等东南亚国家和印度、巴基斯坦、孟加拉国等南亚国家。2021年，出口宝钢股份产品（签约量）128.10万吨，实现销售收入12.79亿美元，排名新加坡1 000强企业第396位；出口宝钢股份碳中和钢铁产品第一单。年底，在岗员工170人，其中宝钢股份外派员工21人。　　　　　　（陈　强）

【强化盈利能力建设】 2021年，宝新公司聚焦高市场占有率、高效益品种销售，深化宝钢股份海外加工中心工贸一体化运营模式，全年实现利润总额1 827.60万美元，其中印度加工中心和印度尼西亚加工中心实现利润总额302万美元，为上年的8.2倍。
　　　　　　　　　　（胡佩珠）

【出口碳中和钢铁产品】 2021年，宝新公司中标壳牌新加坡SBM（荷兰海洋石油与天然气工程公司）海底管线项目，出口宝钢股份碳中和钢铁产品第一单。11月1日，1 744.40吨X65MSO高钢级直缝埋弧焊管在宝钢股份成品码头发运完毕，填补宝钢股份向国际石油公司批量供应抗酸海底管线的空白。　　　　　（胡佩珠）

宝金企业有限公司

【概况】 宝金企业有限公司（简称宝金公司）由原上海宝山钢铁总厂和香港董氏集团金山轮船代理有限公司合资组建，1992年11月3日在香港注册成立。2021年底，宝钢股份占股50%，金山轮船代理有限公司占股50%。宝金公司拥有6艘18万吨级海岬型船舶——"宝勇"轮、"宝泰"轮、"宝欣"轮、"宝仪"轮、"散装墨西哥"轮和"散装西班牙"轮，拥有1艘6.5万吨级巴拿马型船舶——"散装日内瓦"轮，并长期租用1艘20万吨级海岬型船舶——"宝诚"轮。全年，完成铁矿石运输量868.80万吨，实现营业收入9 625.70万美元。 （王中泽）

【"宝勇"轮和"宝欣"轮坞修】 11月和12月，宝金公司"宝勇"轮和"宝欣"轮在浙江友联修造船有限公司完成坞修。 （王中泽）

【"散装日内瓦"轮买船返租】 1月26日，宝金公司与希腊散货日志公司（Drylog）签署协议，购买卖家的1艘6.50万吨散货船"散装日内瓦"轮，再以光租形式返租给卖家，租期10年。2月16日，该轮交予宝金公司，并同时起租。　（王中泽）

宝运企业有限公司

【概况】　宝运企业有限公司（简称宝运公司）由原上海宝山钢铁总厂和中国对外贸易运输（集团）总公司（简称中国外运集团）共同出资，于1992年1月9日在香港注册成立。1997年，宝山钢铁（集团）公司收购中国外运集团占有的50%股份。2005年10月，宝运公司进入宝钢股份，成为宝钢股份以航运为主业的境外全资子公司；2017年9月1日，合并武钢香港贸易有限公司和武钢（香港）航运有限公司业务。宝运公司业务包括国际航运海外运营，进口原燃料及国际航运结算，境外融资、投资和资金运作等。下设财务部、航运部、市场部、运营部。2021年，宝运公司签署进口原料代理采购合同150份。完成进口原料代理采购结算量8 144万吨，结算金额84.53亿美元；铁矿石销售结算量563万吨，销售金额8.48亿美元。完成国际航运结算量3 569万吨，结算金额4.43亿美元。年底，在册员工16人。　（杨　勇）

【推进远洋物流智慧化】　1月，宝运公司承接宝武原料供应有限公司的国际航运运营业务，并通过宝运公司开发的航运业务系统完成首单运输及票据结算。通过宝武原料供应有限公司，协同中国宝武各单元做好远洋物流平台建设，以智慧化、集成化运作方式降本增效。　（于浩崛）

【推进人民币跨境结算】　2021年，宝运公司协同上海欧冶金融信息服务有限公司（简称欧冶金服）与银行、供应商互动，通过欧冶金服自主研发的跨境贸易金融服务平台——Effitrade开展跨境人民币结算。与力拓集团、淡水河谷分别完成欧冶金服Effitrade区块链平台的首单人民币结算，涉及铁矿石结算量50.80万吨，金额7.40亿元。Effitrade平台在跨境人民币结算上的运用，提升了跨境贸易结算的数字化、便利化水平。　（桂哲斌）

【搭建跨境资金池平台】　2021年，宝运公司以宝钢股份财务成本最低为目标，开展境内外汇率、利率联动策划和日常资金安排，提升境外融资平台效率。搭建完成中国银行（香港）有限公司为平台的跨境资金池，成员单位覆盖欧洲、中东地区和新加坡、美国等国家，涉及美元、欧元、人民币等币种。年底，通过该平台上收资金1.30亿美元。宝运公司获12家合作银行的42.50亿美元授信额度。　（桂哲斌）

宝钢激光拼焊国际有限公司

【概况】　宝钢激光拼焊国际有限公司（简称宝钢激光拼焊）的前身为武钢集团国际激光拼焊有限公司，2013年5月在德国杜伊斯堡注册成立，注册资本1 000万欧元。2019年4月17日更名为"宝钢激光拼焊国际有限公司"。宝钢激光拼焊主要从事激光拼焊板产品的研发、制造和销售，为全球汽车制造商提供激光拼焊解决方案，促进汽车轻量化发展；拥有全球领先的激光拼焊技术和产品，激光拼焊产品市场占有率全球第一。业务涵盖激光拼焊板制造、激光设备与技术两大板块，主要产品包括激光拼焊板、激光拼焊卷、铝合金拼焊板、激光拼焊管等，拥有宝钢激光拼焊（德国）有限公司、宝钢激光拼焊（瑞典）有限公司、宝钢激光拼焊（意大利）有限公司、宝钢激光拼焊（土耳其）有限公司、宝钢激光技术有限公司、宝钢激光拼焊（武汉）有限公司（宝钢国际托管）6家全资子公司，共7家工厂；与美国华新顿工业有限公司合资经营的TWB公司，拥有美国、加拿大和墨西哥的10家工厂（美国华新顿工业有限公司占股55%，宝钢激光拼焊占股45%）。2021年，实现销售收入2.46亿欧元，利润802万欧元。年底，有员工419人［不含托管给宝钢国际的宝钢激光拼焊（武汉）有限公司98人，不含与美国华新顿工业有限公司合资经营的TWB公司757人］。　（张　健）

【收购希洛工业公司激光拼焊业务】　6月8日，宝钢激光拼焊在美国的合资公司TWB公司收购希洛（Shiloh）工业公司的美国激光拼焊业务。通过收购希洛工业公司在密歇根州和俄亥俄州的3个工厂，TWB公司进一步扩大了激光拼焊特别是曲线焊和铝拼焊产品的生产能力。　（张　健）

【激光拼焊门环中试产线建成】 9月20日，宝钢激光拼焊（意大利）有限公司的激光拼焊门环生产中试生产线建成投产。该项目为意大利政府资助的科研项目，年产能20万片，可以同时进行热成形钢门环坯料、高强钢冷成形门环坯料的激光拼焊设备开发，通过应用激光拼焊新技术GONAT^{ECH}，使铝硅镀层热成形钢的焊接不再需要镀层消融工艺，具有绿色加工制造特点。　（张　健）

【展示宝钢股份电动汽车白车身】 9月21—22日，宝钢激光拼焊与宝钢股份中央研究院共同参与在德国亚琛举行的汽车白车身工程结构展览会，展示宝钢股份最新开发的电动汽车白车身（BCB—EV）及激光拼焊热成形门环，体现了绿色可持续的技术开发理念。

（张　健）

宝钢激光拼焊下属子公司（含托管单位）一览表

公司名称	地　　　　址	注册资金	主要经营范围	持股比例	在岗员工（人）
宝钢激光拼焊（德国）有限公司	德国杜伊斯堡曼内斯曼大街101号9号门（Mannesmannstr. 101, Gate 9, 47259 Duisburg, Germany）	411.60万欧元	激光拼焊板产品在德国区域的研发、制造和销售	100%	230
宝钢激光拼焊（意大利）有限公司	意大利都灵大区圣吉奥韦尔：德鲁恩托大街40号〔Via Druento, 40, 10040 San Gillio（TO）, Italy〕	380.95万欧元	激光拼焊板产品在意大利区域的研发、制造和销售	100%	68
宝钢激光拼焊（瑞典）有限公司	瑞典乌洛夫斯特伦（SE—29380, Olofström, Sweden）	193.97万欧元	激光拼焊板产品在瑞典区域的研发、制造和销售	100%	72
宝钢激光拼焊（土耳其）有限公司	土耳其布尔萨尼鲁佛尔：费特希耶马哈莱西格里卡德街4号（Fethiye OSB Mahallesi, Gri Cadde, No.4, Nilüfer, Bursa Turkey）	280.33万土耳其里拉	激光拼焊板产品在土耳其区域的研发、制造和销售	100%	16
宝钢激光技术有限公司	德国拉芬斯堡梅茨格大街36号（Metzgerstrasse 36, 88212 Ravensburg）	2.50万欧元	激光拼焊板的制造、激光设备与技术	100%	26
宝钢激光拼焊（武汉）有限公司（宝钢国际托管）	湖北省武汉东湖新技术开发区高新二路30号	2 100万美元	激光拼焊技术的开发、研制、技术转让、咨询、服务，钢材加工和销售	100%	98
TWB公司（合资公司）	美国、加拿大、墨西哥		激光拼焊产品的生产和销售	45%	757

（张　健）

宝钢日铁汽车板有限公司

【概况】 宝钢日铁汽车板有限公司（简称宝日汽车板）下设生产部、技术质量管理部、销售部和管理部。其中，生产部下设轧钢分厂、镀锌分厂、设备管理室、能介车间，技术质量管理部下设生产技术室、品质管理室，销售部下设生产物流室、销售业务室、销售一室、销售二室、技术服务室，管理部下设综合管理室、财务管理室、人力资源室。2021年，汽车板期货交库量204.11万吨，其中镀锌产品132.64万吨，普冷产品71.47万吨；销售商品材229.80万吨；实现销售收入160.76亿元、利润6.79亿元。年底，有中方员工608名，日本制铁株式会社派遣人员17名。

（黄传举　陈大伟　杨海萍）

【提升用户满意度】 2021年，宝日汽车板以用户使用绩效为中心，以五大重点用户快速响应团队为平台，促进用户端红橙黄快速响应机制稳定高效运行，提高汽车板品质，用户满意度提升至94.83分。

（方百友）

【科技创新结硕果】 2021年，宝日汽车板聚焦智慧制造、设备功能改善、工艺优化、品质提升、系统升级及市场应用技术，加大研发投入，以A08机组为抓手的样板智能机组打造取得初步成果，C402出口全自动机器人打磨、A08智慧点检挂牌等项目在宝钢股份试点推广，开发成功C412连退机组平整液循环使用工艺、低温脱脂剂应用等低排放低消耗新技术。

（方百友）

【提升员工操作技能】 2021年，宝日汽车板按照"师徒带教培养、岗位技能确认、在岗操作实践"流程，开展多能工、机组长培养，培养多能工20人、机组长4人。4名技能大师带教6名徒弟。 （宋建玮）

【提升技术人员专业能力】 2021年，宝日汽车板为技术人员指定项目、量化任务、明确目标，通过"以战代训"的方式，促进技术人员专业水平和技术能力提升。全年培养技术人员21人次，承担科研20项，技术攻关10项，申报技术秘密9项，专利5件。 （宋建玮）

【新建冷轧废水回用项目热负荷调试】 6月29日，宝日汽车板新建冷轧废水回用项目热负荷调试。项目于2020年5月18日开工建设，总投资1.87亿元，设备供应商、设计方均为宝钢工程技术集团有限公司，由五冶集团上海有限公司承接施工。该项目是宝钢股份宝山基地冷轧废水实现零排放的标志性项目，废水深度处理效能达世界领先水平，投用后可实现全流程废水零排放。其项目工艺技术路线具有行业示范意义，采用双极膜制酸碱、低温蒸发结晶等创新工艺，将冷轧废水变废为宝，工艺制备的盐酸和液碱实现生产再利用，每年产生工业盐可作为产品对外销售，降低了运行维护成本。同时，工艺流程中关键技术参数采用在线检测手段，通过自动控制系统进行控制，实现废水站智慧运行。项目全面投运后，废水处理能力可达到每小时400立方米，每年可实现回用废水240万吨。

（杨晓梅）

【轧机智能打磨机器人投用】 4月12日，宝日汽车板和宝武智维联合研发的宝钢股份首台轧机智能打磨机器人，历时近3年的实验室研究、现场施工、安装和测试，在现场机组投入使用，完全代替传统上需要人工完成的带钢打磨工作。该机器人具有"准、快、智、省"四大特点。"准"，机器人具有带钢平整度、高度落差的自适应功能，可以补偿板形不良和带钢水平度差带来的影响，保证打磨油石和带钢的良好贴合，打磨效果接近操作工手工打磨效果，可以打磨出1毫米以上的辊印。"快"，机器人能在4分钟内完成2米带钢的打磨作业，较人工打磨快3倍时间，完全满足严苛的汽车外板生产节奏的要求。"智"，在展开需检查的带钢后，机器人通过极其便捷的"一键启动"方式便可完成整个自动打磨作业过程。打磨完成后，设备自动回到起始位置。即使因误操作或故障导致设备停止时，也可采用一键复位的方式回到起始位置，避免设备与带钢干涉而造成损坏。"省"，机器人布置在水平检查台带钢上方，不占用平台两边的空间，可适用于空间狭小区域的打磨作业。

（刘 蓉）

2021年4月12日，宝钢股份首台轧机智能打磨机器人投用 （宋 湉摄）

【获得荣誉】　2021年，宝日汽车板获上海市人民政府颁发的"上海市文明单位"称号；获上海市对外经济贸易委员会颁发的"外商投资先进技术企业"的称号。

（王祥红）

广州JFE钢板有限公司

【概况】　广州JFE钢板有限公司（简称广州JFE钢板）下设经营企划部、营业部、制造部、品质管理部、综合管理部。2021年，生产钢材93.40万吨、销售102.80万吨，实现利润总额9.36亿元。年底，有中方员工673人，日本钢铁工程控股公司（JFE）派遣人员22人。

（陈晓霞　邓华军）

【降本增效】　2021年，广州JFE钢板得益于稳定的产品品质及精细的客户服务，保证了汽车板订单的充足，同时，全面开展对标找差，围绕产能提升、强化节能减排等内部挖潜措施，实现利润的稳步提升。全年，产品平均毛利率达16.24%，净资产收益率达到18.72%。

（冯丹）

【酸轧、连退机组改造项目建成投用】　2021年，广州JFE钢板进行酸轧、连退机组改造。6月3日，酸轧机组改造项目建成投用；11月23日，连退机组改造项目热负荷试车，生产出第一卷镀锌产品。酸轧机组改造项目于2020年8月1日开工建设，项目新增1台激光焊机、增加0号轧机机架，以提升产线的超高强钢生产能力，总投资2.48亿

元，国外设备供应商为三菱商事株式会社，项目由宝钢工程技术集团有限公司EPC（设计、采购、施工）总承包。2020年12月，第一次停机改造；2021年1月20日，轧机牌坊吊装就位；1月21日，激光焊机吊装就位。连退机组改造项目于2020年4月15日开工建设，项目新增热镀锌生产所需设备（锌锅、加热炉等），实现机组共线切换生产连退、热镀锌产品的工艺功能，保留连退12万吨/年，新增热镀锌37万吨/年。项目总投资5.59亿元，国外设备供应商为三菱商事株式会社，由宝钢工程技术集团有限公司EPC总承包。2020年4月，开始设备拆除；8月，开始设备桩基施工；11月18日，设备钢结构开始安装；2021年5月15日，设备单机调试；8月27日，加热炉烘炉；12月27日，镀锌线实现日达产。

（范彦军）

【废水站提标扩容改造项目投产】　4月20日，废水站提标扩容改造项目完成设备单体调试及清水试车，10月19日完成功能考核并投入生产。该项目于2020年6月16日开工建设，主要包括新建废水站1座；新建含油废水预处理系统：流量80立方米/小时；改建含油、稀碱废水脱氮及生化处理系统：流量150立方米/小时（最大处理180立方米/小时），项目总投资2 860万元，由上海东振环保工程技术有限公司EPC总承包。

（范彦军）

【新建检测实验室项目竣工】　11月19日，新建检测实验室项目竣工验收，实现检化验系统的自动化。该项目于2020年4月1日开工建

设，主要包括新建实验室1栋，建筑面积3 700平方米，新增1套智能检测系统。总投资6 530万元，由宝钢工程技术集团有限公司EPC总承包。2020年7月完成主体结构施工，9月开始设备安装，2021年6月交工验收。

（范彦军）

【获得荣誉】　2021年，广州JFE钢板获"广汽本田2021年度成本优胜供应商""广汽三菱2021年度优秀供应商""2021年广东省制造业企业500强""广东省守合同　重信用企业""广州市劳动关系AAA级和谐企业"等称号。

（刘　洋　李雪淳）

宝武铝业科技有限公司

【概况】　宝武铝业科技有限公司（简称宝武铝业）的前身为河南同人铝业有限公司，2019年2月由中国宝武、河南能源化工集团、三门峡市投资集团有限公司三方股东合资设立，注册资本金35亿元，为中国宝武的控股子公司，委托宝钢股份管理。宝武铝业主要从事铝材料研发、铝板产品生产，产品有汽车板、罐盖料、建筑装饰、电子行业、铝合金罐车料、船用板、航空航天用中厚板等。2020年12月20日，一期项目主产线投产。2021年，销售铝合金扁锭2.60万吨、热轧产品1.50万吨、厚板产品4 000吨、冷轧产品1.20万吨；实现销售收入10.34亿元。年底，在册员工205人，在岗员工737人（含宝钢股份支撑员工532人）。

（李　聪）

【企业负责人简介】　智西巍,1960年2月生,陕西大荔人,中共党员,正高级工程师,宝武铝业党委书记、董事长。

杨春平,1964年3月生,江苏金坛人,中共党员,高级工程师,宝武铝业党委副书记、总经理(至2021年5月)。

刘斌,1975年5月生,四川南充人,中共党员,高级工程师,宝武铝业总经理、党委副书记(2021年5月起)。　　　　　(赵裴娜)

【组织机构调整】　10月,宝武铝业结合从建设到生产的运行转变,将组织机构调整为:熔铸厂、热轧厂、冷轧厂3个生产单位,技术质量部(研发中心)、设备能环部、运营管理部、工程管理部4个业务部门,经营财务部、综合管理部(党委办公室、党委组织部)、党群工作部3个职能部门。　　　　(李　聪)

【中国宝武三门峡铝基新材料研发中心理事会成立】　3月31日,中国宝武三门峡铝基新材料研发中心理事会在河南省三门峡市成立。三门峡市委常委、常务副市长范付中任研发中心理事会名誉理事长,中国宝武中央研究院院长、宝钢股份总经理助理吴军任研发中心理事会理事长,中国宝武首席科学家张丕军任研发中心技术委员会主任。研发中心面向铝基新材料制造前沿、面向国民经济发展重大需求,以人才聚集、技术创新为根本,致力于以"铝合金为重点的材料开发及应用研究,以掌握关键技术推动企业高质量发展,形成平台能力服务区域产业链"为愿景,助推宝武铝业及地方铝加工产业的高质量发展。　　　　　　(李　聪)

【气垫炉机组热负荷试车】　8月24日,宝武铝业气垫式退火炉连续热处理和表面处理线(简称气垫炉机组)热负荷试车,生产出第一卷产品。该项目总投资2.30亿元,由意大利特诺恩公司(TENOVA S.P.A.)负责设计及提供设备,中国二十冶集团有限公司土建施工及安装。机组由艾伯纳气垫炉、特诺恩机械总成构成,工艺段包括碱洗、矫直、酸洗、钝化(喷淋、辊涂和浸泡模式)、预时效、表面检测、喷码、涂油、在线油膜检测。2020年7月开工建设。2021年9月28日,气垫炉机组日产338吨,超越日产291.60吨的设计产能,实现日达产,创造宝武铝业投产以来最快速达产的纪录。气垫炉作为宝武铝业生产高附加值产品的核心机组,其投运是打通汽车铝板生产流程的重要标志。　　　(张立彬)

【市场开拓】　2021年,宝武铝业依托宝钢国际(营销中心)营销体系及宝钢股份中央研究院,与各区域公司、专营公司、境外公司围绕用户铝板需求、技术要求、认证流程、合作意愿、竞争对手产品信息、营销策略等方面调研用户500余家,开发了河南明泰铝业股份有限公司、洛阳万基铝加工有限公司、安徽中基电池箔科技有限公司、郑州东昇汽车零部件有限公司、上海宇亚铝业有限公司、山东信义通铝业科技有限公司等53家用户,合计发货5.70万吨,覆盖铝箔加工厂、铝板带加工厂、汽车零部件配套厂、贸易商等领域;与宝钢股份境外公司开发6家海外用户,向美国、韩国等小批量供货,用于医疗器械、建筑装饰、厨房用具等。年底,具备常规合金扁锭、热轧中厚板、热轧卷、冷轧普卷等10余个合金牌号产品的批量供货能力。　　　　　　(王　政)

【汽车板研发与供应】　2021年,宝武铝业获山西大运汽车高端重卡V9驾驶室门内外板订单,为宝武铝业首单汽车ABS板;汽车隔热罩用3004-O、5052-O产品,实现稳定供货;5754-O和5182-O隔热罩产品、5754-RSS中通道护板、5754-H12刹车盘保护罩等产品,完成工业化试制及客户试用,具备批量供货能力。年内,宝武铝业建立产销研推进组织体系,按照主机厂、汽车零部件厂及配套企业特性,突出重点、分类实施开展工作,与东风日产乘用车公司、神龙汽车有限公司、奇瑞汽车股份有限公司等主机厂进行多轮技术交流,推进产品认证工作。　　　(李　聪)

【绿色发展】　1月26日,宝武铝业与宝武清能签订协议,就共同推进厂房屋顶分布式光伏利用达成合作。宝武清能自发绿电应上尽上项目群之宝武铝业光伏项目,包括11兆瓦分布式屋顶光伏、50千瓦/100千瓦时储能系统、50千瓦直流照明及智慧化管控系统。由宝武铝业提供厂房屋顶作为采光点,宝武清能投资打造光伏—储能一体化的综合能源服务系统,以优惠电价向宝武铝业售电。项目于3月15日开工建设,12月16日并网发电,每年可向宝武铝业提供清洁电能991万千瓦时,与燃煤电厂相比,每年可节约标准煤3 568吨,减少二氧化碳排放量约1万吨。　　　　　(李　聪)

【获得荣誉】　2021年,宝武铝业被三门峡城乡一体化示范区(高新区)授予2020年"突出贡献企业"

称号；获评三门峡市节能减排劳动竞赛先进单位。宝武铝业工会被河南省总工会授予"模范职工之家"称号。 （李 聪）

【宝武铝业大事纪要】

1月13日，宝武铝业熔铸110吨生产线投产，标志着宝武铝业熔铸生产线全线投产。

4月19日，宝武铝业汽车铝板零部件首次亮相2021年第19届上海国际汽车工业展览会。

4月22日，宝武铝业启动铝锭采购规范管理专项监督工作。

6月10日，中国有色金属工业协会党委书记、会长葛红林到宝武铝业调研。

6月15日，宝武铝业厂区绿化工程完工。厂前区绿化面积2万平方米，厂区绿化面积9万平方米。

6月25日，宝武铝业热轧厂试轧出4米铝合金特宽厚板。

7月6日，河南省三门峡市委书记、市人大常委会主任刘南昌到宝武铝业调研，现场办公协调解决企业发展中遇到的困难和问题。

7月7日，宝武铝业首次参加2021亚洲汽车轻量化展览会和中国国际铝工业展览会，展示汽车隔热罩、中通道护板、储气筒、玻璃导轨支架总成、卡车减震器上下支架等6款零部件。

8月20日，以铝合金熔铸首席工程师任允清名字命名的"任允清创新（大工匠）工作室"揭牌。

9月15日，宝武铝业125兆牛预拉伸机热负荷试车。

11月1日，宝武铝业启动热轧机组乳化液系统改造工作。

12月30日，宝武铝业热轧厂热轧产线月累计产量首次突破1万吨。 （李 聪）

宝钢股份大事纪要

1月5日，宝钢股份举行党委常委（扩大）会暨2021年安全、环保工作会议，回顾总结2020年工作，对2021年安全环保重点工作进行部署，签订2021年度《安全生产工作责任书》和《节能环保目标责任书》。

1月6日，在上海市宝山区第27届"蓝天下的至爱"慈善活动上，宝钢股份捐赠250万元，助力宝山区社区环境改善和帮困送温暖活动。自2015年起，宝钢股份累计向宝山区捐赠1 390万元。

1月15日，宝钢股份与江南造船（集团）有限责任公司签署联合实验室战略合作协议。

1月20日，由招商局重工（江苏）有限公司建造的、世界最大海洋平台——CM-SD1000型半潜式钻井平台起航出海。该平台锚泊系统全部采用宝钢股份R6系泊链圆钢制成的锚链。

1月，宝钢股份获卡特彼勒公司"最值得信赖的合作伙伴"称号；获安徽江淮汽车集团股份有限公司"优秀供应商"称号；获富士康科技集团2020年度"最佳战略供应商"；获海尔集团2020年度"全球战略合作伙伴"和"金魔方"奖。

2月5日，宝钢股份召开五届四次、总部首届八次职代会暨干部大会、三届二次工代会，全面回顾总结2020年度各项工作，明确2021年度经营总体指导思想、总方针、总目标。

同日，宝钢股份举行"融伟大敬平凡"2020"感动宝钢"主题活动。

2月16日，全球首台SmartTPC（灵巧鱼雷车）在宝钢股份炼铁厂四号高炉投入运行。

2月，由宝钢股份主要负责起草制定的《塑料薄膜热覆合钢板及钢带》国家标准通过审定。

同月，宝钢股份中标常泰长江大桥5.50万吨桥梁工程用钢，这是宝钢高性能桥梁钢首次中标跨长江公铁两用桥项目。

3月3日，宝钢股份厚板部（厚板厂）成为沙特阿拉伯国家石油公司抗酸管线钢厚板的合格供应商。

3月24日，宝钢股份获2020年度广汽丰田汽车有限公司供应商3项奖项。其中，宝日汽车板获2020年度"安全活动优秀奖"，宝钢股份直属厂部与湛江钢铁同获"品质协力奖"。

3月25日，湛江钢铁举行三号高炉系统项目投产冲刺誓师大会暨火炬传递启动仪式。

3月30日，宝钢股份与江苏南通通达矽钢冲压科技有限公司举行"宝钢股份—通达矽钢联合实验室"揭牌暨战略合作协议签字仪式。

3月，宝钢股份启动宝山基地景观提升改造项目。项目按照"园林化+森林化"的原则，形成"二线、三横、四纵、多枝、五园、一重点"的总体设计方案，打造现代化花园工厂标志性景观。

同月，上海领军人才培养计划入选名单公布，宝钢股份中央研究院能源与环境研究所首席研究员李咸伟入选"上海市领军人才"培养计划。

4月8日，"宝钢BSI标准产品交易价格指数"在上海发布。

4月9日，宝钢股份具有自主知识产权的超轻型、高安全、纯电动白车身"BCB EV"（Baosteel

Car Body Electric Vehicle），在金色炉台·中国宝武钢铁会博中心全球首发。

4月19日，宝钢股份汽车板以"SMART Solution for Auto智享未来"为主题，参展第19届上海国际汽车工业展览会。

4月27日，宝钢股份发布2020年度业绩报告暨2021年第一季度报告。2020年，宝钢股份利润总额排名全球钢铁行业第一。

4月，宝钢股份获理想汽车有限公司2021年度"最佳供应奖"；获一汽红旗汽车销售有限公司年度"新高尚旗帜奖"荣誉；获一汽奔腾轿车有限公司年度"卓越贡献奖"荣誉；获一汽大众汽车有限公司"卓越合作伙伴""风雨同舟30年"两项荣誉。

5月13日，宝钢股份在江苏省溧阳市举行第四届取向硅钢应用技术大会，发布B18P080、B18R060、35Q155-Z、B18R055、B20R060、35Q155-Y、B23HS075等7个自主研发的高等级取向硅钢全球首发产品。

同日，"宝钢股份中央研究院—江苏国强联合实验室"揭牌。

5月14日，第十届中国花卉博览会首个企业冠名花园——"宝钢花园"竣工。

5月28日，宝钢股份发布2020年度ESG（环境、社会和公司治理）报告。

同日，"永远跟党走"中国宝武首批爱国主义教育基地（梅钢站）挂牌暨红色故事讲演活动在梅钢公司举行。

5月，宝钢股份获上海汽车集团股份有限公司乘用车公司年度"优秀供应商"称号，获万华化学集团股份有限公司"2021—2023年

2021年6月19日，宝钢股份举行"永远跟党走"健步走活动　　　　　　（张　勇摄）

度金牌战略供应商"称号，获2020年度中车时代电气股份有限公司"优秀供应商"称号。

6月9日，宝钢股份举行"永远跟党走"党性教育智慧体验中心落成暨中国宝武首批爱国主义教育基地（宝山基地站）揭牌仪式。

6月17日，宝钢股份迎接建党100周年里程碑项目——1580热轧"1+N"智慧产线、冷轧部"云翼中心"建成投运。

6月18日，宝钢股份召开第三次党代会。

6月19日，作为宝钢股份庆祝中国共产党成立100周年系列活动之一，宝钢股份举行"永远跟党走"大型群众性健步走活动。

6月24日，以"初心向党　礼赞百年"为主题的宝钢股份庆祝中国共产党成立100周年主题活动在中共四大纪念馆举行。

6月25日，宝钢股份梅钢公司厚规格酸洗产品下线。

6月28日，全国"两优一先"表彰大会在北京召开，湛江钢铁获"全国先进基层党组织"称号，是中国宝武唯一获此荣誉的钢铁基地。

同日，宝钢股份首批7 000吨中俄东线项目江苏段18.30米加长大口径埋弧焊管发运。这是该规格加长管在国内大口径输气管道的首次推广应用。

同日，宝钢股份获2020年度上汽大众汽车有限公司"优秀合作表现奖"。这是宝钢股份第三次获此荣誉。

6月30日，宝钢股份迎接中国共产党成立100周年里程碑项目——信息化里程碑项目上线、硅钢事业部第二智慧工厂揭牌。

6月，由宝钢股份承接的常泰长江大桥用S31603+Q370qE/Q500qE轧制桥梁复合板首发，填补国内外空白。

7月1日，宝钢股份宝山基地入选首批100个中央企业爱国主义教育基地。

7月5日，中国长江三峡集团向宝钢股份发来感谢信，对宝钢股份全力支撑金沙江白鹤滩水电站从开工建设到首批机组安全投产发电，并长期支持国家清洁能源事业表示感谢。宝钢股份为世界在建规模最大、单机容量最大、技

术难度最高的金沙江白鹤滩水电站全部16台水电站机组蜗壳提供1.20万吨800兆帕级低焊接裂纹敏感性高强钢；为12台水电站机组转子提供1.60万吨750兆帕级热轧高强磁轭钢；为核心发电机组和配套输电变压器提供近3万吨硅钢产品。

7月8日，宝钢股份炼铁控制中心运行智能管控系统上线，标志着全球首套智慧高炉运行平台在宝钢股份建成投运。

7月16日，中国钢铁工业协会公示"全国重点大型耗能钢铁生产设备节能降耗对标竞赛"2020年度评审结果，武钢有限炼铁厂四号高炉获评"优胜炉"。

7月20日，美国《财富》杂志中文网发布2021年中国500强排行榜，宝钢股份位列第40名，继续保持国内同行业最优业绩。

同日，由中国中车集团有限公司承担研制、具有完全自主知识产权的国内时速600千米高速磁浮交通系统下线。宝钢股份为首列5辆编组600千米高速磁浮工程化列车及其轨道系统供应项目所需的全部专用硅钢产品。

7月29日，国务院国有重点大型企业监事会原主席、高端取向硅钢和立体卷铁芯变压器应用推广调研组组长武保忠率队到宝钢股份调研。

7月，宝钢股份申报的"宝钢1730冷轧碳钢产品生产制造技术研发""铸机状态智能诊断系统"获2020年度上海市科技进步奖二等奖。

同月，国务院国资委公布"国有重点企业管理标杆创建行动标杆企业、标杆项目和标杆模式"名单，宝钢股份获"标杆企业"称号。

8月16日，湛江钢铁烧结机组在2020年度"全国重点大型耗能钢铁生产设备节能降耗对标竞赛"中，蝉联"冠军炉"称号，在该项目评比中实现"三连冠"。

8月19日，2021年冶金行业最高科学技术奖"冶金科学技术奖"揭晓，宝钢股份有19个项目获奖，其中由宝钢股份牵头申报的12个项目中，"热轧无缝钢管在线组织性能调控关键技术、装备开发及应用"获特等奖；"环境友好型搪瓷用钢关键技术研究及应用"等4个项目获一等奖；"宝钢冷轧废水生化—物化耦合强化处理技术开发与工程应用"等3个项目获二等奖；"铁水KR（机械搅拌脱硫法）搅拌动力学量化设计与高效脱硫技术研究"等4个项目获三等奖。此外，宝钢股份与全国大型科研院所及兄弟钢厂科研合作，共有7个参与项目榜上有名，包括一等奖2项、二等奖2项、三等奖3项。

8月20日，宝钢股份与包钢股份采用远程连线方式，举行钢管产业合作签约仪式，推进钢管产业合作专业化、平台化建设。

8月24日，宝武铝业气垫炉机组热负荷试车。

8月27日，世界三大评级机构之一的穆迪将宝钢股份的评级上调一级，由A3上调为A2，评级展望继续维持"稳定"。

8月30日，宝钢股份召开2021年中期业绩发布会。

8月，宝钢股份"倾斜式滚筒法高温熔渣处理工艺及装置"发明专利获第22届中国专利奖优秀奖。

同月，被称为"绿巨人"的时速160千米动力集中型复兴号动车组通车，宝钢自主研制的EW新型高耐候焊丝用钢应用于列车机组。

同月，宝钢股份宝山基地、梅钢厂史陈列馆入选首批中央企业红色资源。

9月3日，宝钢股份与包钢股份在包头签订央地（中央企业和地方国有企业）结对协作协议和钢管产业委托管理协议。

9月6日，宝钢股份在银行间市场发行上海市首单可持续发展挂钩债券（中期票据），作为拓展绿色金融、探索支持低碳转型发展投融资新模式的最新实践。

2021年9月3日，宝钢股份与包钢股份签订钢管产业委托管理协议　　（鲍　刚摄）

9月7日，宝钢股份与沙特阿拉伯国家石油公司签署合作建厂项目谅解备忘录。

9月10日，宝钢股份与申能股份有限公司签署能碳领域业务合作框架协议。

9月18日，由国务院国资委主办、中国社会责任百人论坛承办的"责任创造价值　责任引领未来——中央企业社会责任报告集中发布活动（2021）"在北京举行，宝钢股份入围"央企ESG·先锋50"榜，达到四星半级领先水平，名列"央企ESG·先锋50指数"第七位。

9月，"2021感动上海年度人物"揭晓。宝钢股份首席研究员、汽车用钢开发与应用技术国家重点实验室副主任王利，获评"2021感动上海年度人物"。

同月，由宝钢股份针对页岩油勘探开发而"量身定制"的非API规格超高强度特殊扣套管作为油层套管，在中国石油化工股份有限公司华东油气帅垛页岩油区块的帅页3-7井试用。

10月12—14日，宝钢股份领导带队赴石横特钢集团有限公司、北京建龙重工集团有限公司和河北普阳钢铁有限公司开展对标交流活动。

10月15日，宝钢股份与江苏联博精密科技有限公司成立无取向硅钢应用联合实验室。

10月20日，中央企业党史学习教育第二指导组到宝钢股份开展穿透式党史学习教育及全国国有企业党的建设工作会议精神贯彻落实情况"回头看"调研指导。

10月，宝钢超轻型高安全纯电动白车身BCB EV获"中国十佳车身"评审委员会特别奖。

11月3日，2020年度国家科学技术奖励大会在北京人民大会堂召开。宝钢股份牵头的"特高压高能效输变电装备用超低损耗取向硅钢开发与应用"项目获国家科学技术进步奖二等奖。

11月8日，云南省普洱市与宝钢股份签订林业碳汇开发战略合作框架协议。2021年，宝钢股份聚力帮扶云南定点4县乡村振兴，累计捐赠帮扶7 070万元，援建帮扶项目55个。

11月9日，国内首创5G+铁钢界面智慧平台在武钢有限上线，首次实现"铁、运、钢"5G扁平化管控及铁水智能调度。

11月18日，宝钢股份获2021年度富士康科技集团"最佳战略供应商"称号。

11月19—21日，2021中国5G+工业互联网大会在武汉举行，武钢有限受邀为大会现场参观点，武钢有限获"武汉市十大智能标杆工厂"称号。

11月23日，广州JFE钢板系列重大改造项目全面完成。该项目于2019年开工建设。

11月26日，宝钢股份厚板事业部（厚板厂）成立揭牌。

11月，宝钢股份从太钢集团采购宽幅板坯，首次批量轧制规格12.90毫米×3 796毫米×12 010毫米的国内最宽厚板不锈钢，结束国内液化天然气主管道用板长期依赖进口的局面。

同月，宝钢股份完成中国海洋石油集团有限公司唐山液化天然气项目4个20万立方储罐的9Ni（镍）钢供货，成为国内液化天然气储罐用钢领域唯一实现为4个储罐同时供应9Ni（镍）钢板的钢铁企业。

12月1日，宝钢股份获评东风乘用车有限公司2021年度"优秀供应商"。

12月2日，"宝钢股份、上汽乘用车有限公司先进汽车用材联合创新实验室"揭牌成立。

12月4日，宝钢股份"湛江钢铁5G工业远程控制应用创新"项目获全国第四届"绽放杯"5G应用征集大赛标杆赛金奖，武钢有限"5G+全连接工厂的创新应用与实践"获5G应用征集大赛全国总决赛一等奖。

12月7日，宝钢股份申报的2021年度享受市财政资金扶持的高新技术成果项目通过上海市财税部门的审核，宝钢股份获市级财政扶持资金8 174.30万元。

同日，宝钢股份开展"双碳"目标及行动主题研修，各基地发布降碳行动方案。宝钢股份提出的碳达峰、碳中和目标：2023年4个基地总体实现碳达峰，2025年形成减碳30%工艺技术能力，2035年力争减碳30%，2050年力争实现碳中和；明确降碳基本路径：铁钢工艺流程变革、能源结构优化调整、加快低碳冶金新工艺研发实施技术创新降碳、极致能效降碳。

12月10—12日，在第25届全国发明展览会上，宝钢股份代表团参展的80个项目获金奖18项、银奖24项、铜奖22项。

12月13日，工业和信息化部公布第五批国家工业遗产名单，武钢有限武钢一号高炉入选。

12月17日，湛江钢铁通过"涉工业炉窑企业分级和重污染天气重点行业绩效分级"A级企业认定，成为广东省首家环保绩效A级企业。

12月20日，山东荣成石岛湾高温气冷堆核电站示范工程1号反应堆并网送电。标志着宝钢股份高温气冷堆内构件用钢作为核一级关键材料实现了工程应用。宝钢股份2008年1月承接、2009年8月为该核电站提供近800吨高温气冷堆内构件用钢。

12月23日，湛江钢铁全氢零碳绿色示范工厂百万吨级氢基竖炉工程奠基。

12月24日，宝钢股份深化"一公司多基地"管理模式，整合公司层面生产运行统筹、协调性职能，成立宝钢股份运行中心。

12月29日，梅钢公司被南京市旅游资源规划开发质量评定委员会认定为国家AAA级旅游景区。

12月31日，宝钢股份与国电科技环保集团有限公司签订战略合作协议，宝钢股份在践行"绿色制造、制造绿色"的核心理念、促进超级耐候钢绿色钢材在光伏清洁能源领域的应用走出重要一步。

12月，宝钢股份—华体科技材料研究中心揭牌成立，宝钢股份热轧产品进入智慧灯杆制造供应链。

同月，宝钢股份能源环保部煤气制氢质量管理小组"降低制氢装置氢气成本"课题获第46届国际质量管理小组大会最高奖项"卓越奖"。

同月，由宝钢股份制造管理部牵头、宝信软件合作完成的"钢铁产品跨工序质量一贯管理技术研究与信息系统构建"项目，获2021年度中国质量协会质量技术奖一等奖。这是宝钢股份工序质量一贯管理和信息化建设获得的首个国家奖项。

（孙荣祥）

宝武集团中南钢铁有限公司

概述

宝武集团中南钢铁有限公司（简称中南钢铁）的前身为宝武集团广东韶关钢铁有限公司（简称韶关钢铁），于2020年12月5日揭牌成立。中国宝武持股51%，广东省广物控股集团有限公司（简称广物控股）持股49%。中南钢铁拥有控股上市公司广东韶钢松山股份有限公司（简称韶钢松山）和宝武集团鄂城钢铁有限公司（简称鄂城钢铁），并受中国宝武委托管理重庆长寿钢铁有

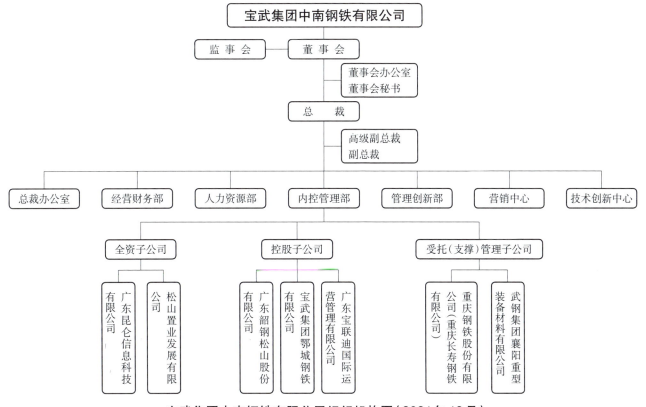

宝武集团中南钢铁有限公司组织机构图（2021年12月）

限公司、重庆钢铁股份有限公司（简称重庆钢铁）。中南钢铁作为中国宝武的区域化平台公司，以"成为备受认同的钢铁生态圈构建者"为愿景，以"三高两化"为实施路径，积极探索构建以市场为导向的"一总部多基地"管控模式，深化全面对标找差，加快整合融合，强化采购、销售、制造协同支撑，快速形成技术引领、效益引领、规模引领的区域优势。2021年，中南钢铁生产铁1 727万吨、钢2 074万吨、钢材2 029万吨；实现营业收入791.93亿元，利润40.40亿元，净资产收益率16.70%，资产负债率48.26%。

年底，在册员工15 415人，在岗员工10 619人。

（徐英彪 金美娟 朱德扬）

【企业负责人简介】 李世平，1964年9月生，上海人，中共党员，高级工程师，中南钢铁党委书记、董事长、总裁。 （徐英彪）

中南钢铁主要装备（生产线）一览表

区　域	装　备	规　格	数　量
韶钢松山	焦炉	4.30米,55孔	2座
韶钢松山	焦炉	6米,55孔	4座
韶钢松山	烧结机	360平方米	2台
韶钢松山	高炉	1 050立方米	1座
韶钢松山	高炉	2 200立方米	1座
韶钢松山	高炉	3 200立方米	1座
韶钢松山	转炉	120吨	3座
韶钢松山	转炉	130吨	2座
韶钢松山	钢包精炼炉（LF炉）	120吨	3座
韶钢松山	钢包精炼炉（LF炉）	130吨	3座
韶钢松山	真空精炼炉（RH炉）	120吨	1座
韶钢松山	真空精炼炉（RH炉）	130吨	1座
韶钢松山	钢包精炼炉（VD炉）	130吨	1座
韶钢松山	连铸机	6机6流方坯连铸机	2台
韶钢松山	连铸机	5机5流方坯连铸机	2台
韶钢松山	连铸机	2 300毫米板坯连铸机	1台
韶钢松山	连铸机	7机7流方坯连铸机	1台
韶钢松山	连铸机	5机5流方坯/矩形坯连铸机	1台
韶钢松山	连铸机	8机8流方坯连铸机	1台
韶钢松山	中厚板轧机（热轧）	3 450毫米	1套
韶钢松山	线材轧机（热轧）	550～191毫米	1套
韶钢松山	线材轧机（热轧）	550～170毫米	1套

区　域	装　备	规　格	数　量
韶钢松山	线材轧机（热轧）	750～150毫米	1套
韶钢松山	棒材轧机（热轧）	750～380毫米	1套
韶钢松山	棒材轧机（热轧）	580～360毫米	1套
韶钢松山	棒材轧机（热轧）	550～350毫米	1套
韶钢松山	特钢中棒线轧机（热轧）	900～370毫米	1套
韶钢松山	特钢大棒线轧机（热轧）	1 100～600毫米	1套
鄂城钢铁	高炉	2 600立方米	1座
鄂城钢铁	高炉	1 800立方米	1座
鄂城钢铁	高炉除尘装置	50万立方米/小时	1座
鄂城钢铁	高炉除尘装置	38万立方米/小时	1座
鄂城钢铁	高炉煤气余压回收透平发电机组	二级透平机1.50万千瓦时	1座
鄂城钢铁	高炉煤气余压回收透平发电机组	二级透平机1.20万千瓦时	1座
鄂城钢铁	炉渣处理装置	2 800吨渣/天	1座
鄂城钢铁	炉渣处理装置	2 600吨渣/天	1座
鄂城钢铁	烧结机	260平方米	2台
鄂城钢铁	烧结机头烟气脱硫脱硝	150万立方米/小时	1套
鄂城钢铁	烧结机头烟气脱硫脱硝	156万立方米/小时	1套
鄂城钢铁	焦炉	6米55孔	4座
鄂城钢铁	干熄焦设备	140吨/小时	2套
鄂城钢铁	焦炉烟气脱硫脱硝装置	36万立方米/小时	1套
鄂城钢铁	焦炉烟气脱硫脱硝装置	30万立方米/小时	1套
鄂城钢铁	酚氰废水处理系统	120立方米/小时	2套
鄂城钢铁	转炉	130吨	2座
鄂城钢铁	转炉	100吨	1座
鄂城钢铁	板坯连铸机	单流,200/250/300×1 500～2 300毫米	1台
鄂城钢铁	方坯连铸机	7机7流,155×155毫米	3台
鄂城钢铁	精炼炉	130吨	2座

（续　表）

区　　域	装　　备	规　　格	数　　量
鄂城钢铁	真空炉	130吨	1座
鄂城钢铁	脱硫站	130吨	1座
鄂城钢铁	热轧长材机组	粗轧直径550毫米×3台、直径450毫米×4台，中轧直径400毫米×6台，精轧直径350毫米×6台，直径12～25毫米螺纹、直径14～25毫米圆钢（棒一）	1套
鄂城钢铁	热轧型材机组	粗轧直径750毫米×2台、直径650毫米×3台、直径550毫米×3台，中轧直径550毫米×1台、直径450毫米×3台，精轧直径450毫米×2台、直径350毫米×4台，直径22～130毫米圆钢、直径20～46毫米螺纹、直径60～150毫米方钢（棒二）	1套
鄂城钢铁	热轧长材机组	粗轧直径420毫米×1台、直径560毫米×4台、直径520毫米×2台，中轧直径520毫米×2台、直径420毫米×4台，精轧350毫米×6台，直径12～40毫米螺纹钢（棒三）	1套
鄂城钢铁	热轧成材机组	粗轧直径550毫米×4台、直径450毫米×3台，中轧直径400毫米×6台，预精轧直径285毫米×4台，精轧直径216毫米×10台，直径6.0～12毫米盘螺、直径5.5～16毫米盘圆	1套
鄂城钢铁	宽厚板轧机	4 300毫米单机架轧机；规格：厚度6～120毫米，宽度900～4 100毫米	1套
重庆钢铁	焦炉	6米60孔	6座
重庆钢铁	干熄焦设备	150吨/小时	3套
重庆钢铁	烧结机	360平方米	3台
重庆钢铁	高炉	1 750立方米	1座
重庆钢铁	高炉	2 500立方米	3座
重庆钢铁	转炉	80吨	3座
重庆钢铁	转炉	210吨	3座
重庆钢铁	连铸机	6机6流方坯连铸机	3台
重庆钢铁	连铸机	2机2流板坯连铸机	2台
重庆钢铁	连铸机	单机单流板坯连铸机	1台
重庆钢铁	板坯轧机	1 780毫米机组、2 700毫米机组、4 100毫米机组	各1套
重庆钢铁	方坯轧机	双高棒机组、线材机组、棒材机组	各1套

（陈立新　方　彪　朱　凯　余连权）

生产经营管理

【股东向中南钢铁增资】 5月31日，中国宝武与广物控股签署《中南钢铁增资协议》，中国宝武、广物控股同比例向中南钢铁合计增资102.77亿元，其中一期增资款45亿元签约当日到位。 （金美娟）

【成为鄂城钢铁直接控股股东】 5月31日，中南钢铁与武钢集团签订《股权交易合同》，以30.88亿元收购武钢集团持有的鄂城钢铁51%股权，成为鄂城钢铁直接控股股东。 （金美娟）

【组建广东广物中南建材集团有限公司】 7月22日，中南钢铁与广东广物金属产业集团有限公司、欧冶云商合资组建的"广东广物中南建材集团有限公司"揭牌成立。广东广物中南建材集团有限公司在钢材、钢坯、煤炭、废钢等行业与中南钢铁及中国宝武相关企业开展全方位的供应链合作，以实现广物控股与中南钢铁的业务融合。（金美娟）

【发布"双碳"行动方案】 12月9日，中南钢铁召开碳中和推进委员会工作会议，发布《碳达峰、碳中和行动方案》，提出碳达峰、碳中和目标：2023年实现碳排放总量达峰，2030年碳排放总量相较峰值下降15%，2035年力争碳排放总量相较峰值下降30%，2050年力争实现碳中和。同时，明确"6C"降碳路径，即"规划降碳、效率降碳、工艺降碳、技术降碳、绿色降碳、链圈降碳"，确保如期实现碳达峰、碳中和目标。 （徐英彪）

【降本增效】 2021年，中南钢铁从管理、技术、操作多层面开展对标找差、优化用料结构、改善生产技术指标、优化品种结构，推进降本增效工作。从采购、生产、管理、销售等11个方面制定29.47亿元的降本增效措施，全年降成本33.90亿元，完成目标的115%。 （金美娟）

【"两金"压控】 2021年，中南钢铁组织开展"两金"压降劳动竞赛，存货周转效率比年初最高点优化提升44%。其中，鄂城钢铁不断优化库存管控体系，精细管理每一个环节、指标分解到人、月月跟踪评比，追求物流极致高效率，库存周转天数年内最优达15天，处行业93分位值。 （金美娟）

【资源协同】 2021年，中南钢铁与广州当地银行建立联系，从金融条线打开公司对外拓展的窗口，分别与中国工商银行、中国农业银行、中国银行广东省分行签订战略合作协议，取得意向授信额度300亿元。利用总部资源优势，上半年抓住效益大幅提升利好机会，促进基地间成本对标，组织跨区域融资信息分享，做好存贷资源配置，压降有息负债的同时提前置换高成本贷款，提升融资议价能力，全年有息负债规模压降19亿元，资产负债率降低4个百分点，综合融资成本下降21个百分点。协调中国工商银行广东省分行参与中国工商银行总行对昆钢公司的20亿元新增授信，全年昆钢公司置换高利率贷款147亿元，综合融资成本从5.75%降至5.21%，年化可降低融资成本2.05亿元。 （金美娟）

【大数据金融】 2021年，中南钢铁创新下游供应链金融产品，与平安银行开展无追保理业务，打破公司与房地产建设企业直接采购合作瓶颈；以项目化方式推进供应链金融服务平台的搭建，引入平安银

2021年7月22日，广东广物中南建材集团有限公司揭牌成立 （孙 磊 摄）

行、宝武集团财务有限责任公司、招商银行、洛斯金融控股（重庆）有限公司4家金融机构加入该平台，实现降本增效2 967万元。　（金美娟）

【风险防控】　2021年，中南钢铁全面开展财务基础管理工作检查，通过组织自查，交叉互查，形成检查工作底稿8份，发现问题43项，涉及公司8家，年底完成整改23项。　　　　　　　（金美娟）

中国宝武韶关总部/广东韶钢松山股份有限公司

【概况】　中国宝武韶关总部（简称韶关总部）成立于2020年6月5日，与韶关钢铁合署办公，设综合管理部（办公室、财务部）、安全监察部、环保部。同年12月16日，调整为与广东韶钢松山股份有限公司（简称韶钢松山）合署办公，总代表由韶钢松山主要负责人兼任。韶关总部服务区域内各级子公司，建立区域联络机制，定期召集所在区域各子公司召开会议、收集信息、协调事项、传达政府的各项要求等，子公司有紧急事项或重要信息及时沟通。

韶钢松山由原广东省韶关钢铁集团有限公司独家发起，1997年4月29日成立，5月8日在深圳证券交易所上市（股票代码：000717）。2021年底，韶钢松山总股本为24.195亿股，其中中南钢铁持有12.835亿股，占总股本的53.05%。韶钢松山下设办公室（党委办公室、董事会秘书室），财务部，运营改善部，人力资源部（党委组织部、

团委），安全保卫部，投资管理部，内控管理部（纪委、审计部、纪检监督部），企业文化部（党委宣传部），工会9个职能部门；营销中心、制造管理部（技术研究中心）、设备管理部、能源环保部、物流部、检测中心6个业务部门；炼铁厂、炼钢厂、特轧厂3个生产厂；曲江分公司、宝武杰富意特殊钢有限公司。全年，烧结矿产量860万吨，自产焦炭256万吨；铁、钢、钢材产量分别为660万吨、802万吨、787万吨；销售钢材894万吨，比上年增长11.19%；实现营业收入454.82亿元，比上年增长43.78%；实现利税28.63亿元，比上年增加14.29%。年底，在册员工5 777人，在岗员工5 589人。

（陈立新　赖万立　杨　禹）

【企业负责人简介】　解旗，1971年11月生，江苏常州人，中共党员，高级工程师，韶钢松山党委书记、董事长。

谢志雄，1972年4月生，湖南衡阳人，中共党员，高级工程师，韶钢松山总裁、党委副书记（至2021年6月）。

李国权，1971年10月生，广东韶关人，中共党员，高级工程师，韶钢松山高级副总裁（主持工作）、党委副书记（2021年6月起）。

（赖万立）

【股东大会重要事项】　1月17日，韶钢松山召开2021年第一次临时股东大会，审议通过《关于拟续聘会计师事务所的议案》《关于补选谢志雄先生为公司董事的议案》。5月19日，召开2020年度股东大会，审议通过《2020年度董事会工作报告》《2020年度监事会工作报

告》等。7月7日，召开2021年第二次临时股东大会，审议通过《关于补选李国权先生为公司董事的议案》。11月16日，召开2021年第三次临时股东大会，审议通过《关于更新调整2021年度日常关联交易计划的议案》《关于拟续聘2021年会计师事务所的议案》等。12月16日，召开2021年第四次临时股东大会，审议通过《关于补选赖晓敏先生为公司非独立董事的议案》等。

（赖万立）

【董事会重要事项】　1月7日，韶钢松山召开第八届董事会第三次会议，审议通过《关于选举解旗先生为公司董事长的议案》《关于调整第八届董事会相关委员会成员的议案》。4月1日，召开第八届董事会2021年第一次临时会议，审议通过《关于对外捐赠的议案》《2021年金融衍生业务可行性分析报告的议案》等。4月27日，召开第八届董事会第四次会议，审议通过《2020年度董事会工作报告》《2020年度总裁工作报告》《关于对外投资参股设立广东宝氢科技有限公司暨关联交易的议案》等。4月28日，第八届董事会2021年第二次临时会议，审核实施炼铁厂五号、六号烧结机原地大修升级改造项目等。6月3日，召开第八届董事会2021年第三次临时会议，审议通过《关于聘任戴文笠先生为公司副总裁（副总经理）的议案》等。6月21日，召开第八届董事会2021年第四次临时会议，审议通过《关于聘任李国权先生为公司高级副总裁（主持工作）的议案》等。7月30日，召开第八届董事会2021年第五次临时会议，审议通过《关于"经理层成员任

期制和契约化管理推进方案"的议案》。8月25日,召开第八届董事会2021年第六次临时会议,审议通过《关于调整2021年度日常关联交易计划的议案》等。10月28日,召开第八届董事会2021年第七次临时会议,审议通过《关于制定〈合规管理制度〉的议案》等。11月29日,召开第八届董事会2021年第八次临时会议,审议通过《关于补选赖晓敏先生为公司非独立董事的议案》。12月16日,召开第八届董事会2021年第九次临时会议,审议通过《关于收购广东华欣环保科技有限公司49%股权暨关联交易的议案》等。12月27日,召开第八届董事会2021年第十次临时会议,审议通过《关于调整2019年股票期权激励计划股票期权激励对象、期权数量及行权价格的议案》等。　　　(赖万立)

【"基地管理、品牌运营"合作】　2021年,韶钢松山先后与广东粤北联合钢铁有限公司(简称粤北钢铁)、惠东县华业铸造厂、连平县华丰钢铁有限公司等签订"基地管理、品牌运营"合作框架协议。年初,和平县粤深钢实业有限公司(简称粤深钢)基地开始全品牌生产"韶钢牌"螺纹钢;3月,广东粤韶钢铁有限公司(简称粤韶)基地在轧线改造后,产线逐步理顺,生产"韶钢牌"螺纹钢占比达到80%;6月,粤北钢铁基地开始运作,"韶钢牌"产品产量逐步上升;连平县华丰钢铁有限公司完成轧线改造后,开始生产韶钢小规格螺纹钢,与粤深钢基地形成规格配套。全年,各基地生产"韶钢牌"螺纹钢100万吨。　　　(陈立新)

【精品生产】　2021年,韶钢松山低温螺纹钢通过中国石油化工集团有限公司认证,3月后陆续中标大型液化天然气储罐工程等项目;HRB600产品完成生产许可认证,具备批量生产的条件;HRB500E产品重点进行项目需求梳理和产品客户拓展工作,完成销售18.34万吨,比上年提升132%。工业线材精品占比达37%,同时开展工业线材质量改善,满足客户标准;易切削钢质量进一步提升,完成含碲超级易切削钢小批量试制和供货,客户反馈切削性能改善明显。　　　(陈立新)

【降本增效】　2021年,韶钢松山各工序对标挖潜降成本,实现项目降成本18亿元,完成年度目标的126%。炼铁厂聚焦产量最高、成本最低,促进高炉稳产顺产高产,实现降成本1.24亿元;炼钢厂以经济炼钢为抓手,开展降成本攻关,钢铁料消耗、渣量消耗、能源消耗等指标不断下降,实现降成本2.58亿元;特轧厂通过成本动态管控,提热送、降消耗,实现降成本2.06亿元;制造管理部通过优化配煤配矿结构,优化生产组织,创新工艺路径,提升制造体系能力,实现降成本2.30亿元;能源环保部通过高效发电强化节能利用,实现降成本0.60亿元;设备管理部通过提高检修效率、加大备件修复力度,促进降本增效,实现降成本2.72亿元;原料采购部通过强化市场研判、优化采购策略,实现降成本3.60亿元;产品销售部通过优化营销渠道,提高自营渠道占比,推进"基地管理、品牌运营",实现增效1.76亿元;财务部通过提高资金运营效率和效益,实现降成本0.75亿元。　　　(陈立新)

【基层基础管理】　2021年,韶钢松山采用"一月一厂、一月一专题相融合"的基层基础管理模式,对11个现场单位分批次进行巡查,共开展"产品标识规范化管理"等基层基础专题项目47项。深化岗位对标、岗位找茬、岗位提升活动,找茬46 858条。完成587份岗位规程的修订升级工作,并同步组织完成92家协力单位的223个岗位规程升级。建立管理、技术、业务人员岗位台账577份,梳理作业区履职清单2 167份。厂部、作业区针对1 834个指标开展对标找差,开展岗位培训2 446期,110 511人次参与。评选出炼钢厂焙烧作业区等6个"五星级作业区";特轧厂棒一产线等公司级标准化示范产线3条、厂部级示范产线14条。　　　(陈立新)

【设备管理】　2021年,韶钢松山主、重要作业线非计划停机时间94.89小时/月,完成年度106.25小时/月目标,检修计划准点率达99.25%。策划、组织以七号高炉大修为中心的联合检修,做好设备能力提升及隐患消缺工作;在特轧厂宽板工序试点"操检维调"四岗合一的设备管理模式,推进公司行车"管用养修"(管理、操作、点检、维修)四位一体总包模式,提升资产、资金、人员效率。　　　(陈立新)

【智慧制造】　2021年,韶钢松山形成"智能化作业、数字化运营、智慧化决策"智慧制造2.0规划总蓝图。其中,操作室一律集中指数达75%,操作岗位一律机器人指数达58.51%，设备一律远程运维指数达44.48%，服务一律上线指数达99%。推进以数字化料场、智慧高炉、一键炼钢、一键精炼、一键脱硫、自动浇钢、一线一室和"1+N"为典型标志的一批智慧制造项目。

（陈立新）

【科技创新】 2021年，韶钢松山开发新产品91个，其中特钢47个，销售新产品7.49万吨。开发汽车用钢、高端工业线材等一大批新产品新技术，其中韶钢松山博士团队承担的特钢高端汽车控制臂用钢研发项目突破国内行业关键技术难题。申请专利467件，其中发明申请数391件，发明专利占比83.70%；科研直接新增效益2.20亿元。"连铸凝固末端重压下技术开发与应用"项目获国家科学技术进步奖二等奖；"高炉炉缸活跃度与侧壁碳砖稳定性调控技术开发及应用"等17个项目申报广东省冶金科技奖，其中获特等奖1项、一等奖3项。

（陈立新）

【营销服务】 2021年，韶钢松山从"跑赢大盘、跑赢对手、跑赢自己"3个维度建立营销能力指数，搭建营销三级三维对标体系，创新营销模式，强化渠道建设，提升营销整体竞争能力。搭建供应链金融服务平台，推进数智营销服务平台建设，实现棒线材客户自助下单全覆盖，实现与中铁物贸集团有限公司、中国建筑第三工程局有限公司等5家客户销售"单据不落地"。外部物流通过优化动态管控系统模块，推行"抢单"模式，平台钢材配送能力超过3万吨/天，24小时到货率提升到92%。新产品、新客户、新渠道

产品销量稳步提升，高等级螺纹钢年度销量突破18万吨，比上年实现销量翻番；低温螺纹钢销量实现"零"突破，年度销量0.48万吨；工业线材"双高"（高附加值和高技术含量）产品销量达18.42万吨，比上年增加20%。（陈立新）

【节能减排】 2021年，韶钢松山按照超低排放标准，组织实施烧结、焦化、发电烟气脱硫脱硝等14个废气超低排改造项目，完善大气污染物源头减量及过程管控；以实现废水水质改善和减量为目标，推进中水回用、雨污分流、酚氰废水深度处理等5项废水治理改造项目，吨钢废水排放量比上年下降5.70%；煤气平衡及利用水平全面提升，煤气放散率仅为0.09%；开展固体废物不出厂工作，固体废物返生产利用率26.89%，比上年提升5.29%；利用25万吨转底炉、烧结设施协同处置城市固体危险废物2批次。吨钢综合能耗503.50千克标准煤，在全国65家重点钢铁企业中排名第12，高炉、炼钢、棒材工序能耗指标全国排名较上年进步，分别为第7名、第4名、第8名，板材工序能耗全国排名第一。

（陈立新）

【绿色发展】 2021年，韶钢松山有序推进光伏发电和氢能产业项目，10月9日，717小镇区域光伏项目5个并网点并网发电，成为中南钢铁首个实现光伏发电并网的基地；12月20日，广东省韶钢产业园加氢站投运。全年完成自发电量23.17亿千瓦时；11月27日，高效发电二期项目二号机组并网，煤气发电单耗降至2.83立方米/千瓦

时。12月10日，工业和信息化部发布《2021年度绿色制造名单公示》，韶钢松山进入公示名单。

（陈立新）

【韶钢产业园建设】 7月，"广东省韶钢产业园"项目获广东省政府批准。园区引进氢创产业园重点项目，项目总体投资规模32亿元。12月20日，韶钢产业园加氢站投入运营，第一批氢能重型卡车在韶钢松山投用。筹划和推进加氢站配套水电解制氢、焦炉煤气制氢（一期）、防灾减灾产业园等重点项目建设。

（陈立新）

【党史学习教育】 2021年，韶钢松山开展党史学习教育活动，学党史、悟思想、办实事、开新局。聚焦企业经营问题，做实大调研，形成10项重点课题成果。为员工办实事两批68件；公司各级党组织、党员列出清单，为群众办实事567件。

（陈立新）

【韶钢松山大事纪要】

1月19日，韶钢松山110千伏演山变电站界演甲线受电成功。该变电站是韶关地区第一个智能变电站。

3月3日，韶钢松山召开支撑昆钢公司玉钢公司工作动员会，明确采用"一厂包一厂，一部包一部"方式进行嵌入式支撑，并提出百日支撑计划。

3月5日，韶钢松山分别与广东粤北联合钢铁有限公司、惠东县华业铸造厂签订"基地管理、品牌运营"合作框架协议，加速广东钢铁行业调整结构、转型升级的进程。

3月30日，首批印有韶钢松

山标签的不锈钢覆层钢筋装车发货，交付客户使用。韶钢松山不锈钢覆层钢筋内层为HRB400E或HRB500E螺纹钢材质，外层为不锈钢。

4月22日，韶钢松山召开第一次党员代表大会，选举产生党委委员、纪委委员，提出"以'绿色、智慧、精品'为发展路径，奋力打造以钢铁为价值载体的高科技公司"的发展愿景。

6月7日，韶钢松山与松山湖材料实验室举行战略合作签约仪式。双方计划形成长期的"产学研用"合作，促进韶钢松山尽快实现碳达峰、碳中和及环境保护目标。

6月22日，韶钢松山与广东省连平县华丰钢铁有限公司签订"基地管理、品牌运营"合作框架协议。

6月30日，宝武（韶关）现代产业园获广东省政府批复，同意设立广东省韶钢产业园，纳入省产业园管理，实行省产业园有关政策。

7月24日，国家钢铁去产能"回头看"检查组一行到韶钢松山检查指导工作。

8月22日，韶钢松山在717小镇举行韶钢发展星光大道启动仪式、《红星耀钢城》厂史展、《钢铁荣耀韶钢路》摄影展、"我为群众办实事"座谈会等活动，庆祝韶钢建厂55周年。

8月24日，韶钢松山启动2021年"金秋助学"工作，分别为在读幼儿园的小朋友，在读高中、中专、技校的学生代表，在读大学专科学生代表，在读大学本科学生代表发放助学金、慰问品。

9月26日，韶钢松山炼铁厂化产技术主任师、高级技师杨涛获韶关市第三届"韶关工匠"称号。

同日，由韶钢松山主持起草的

2021年12月20日，广东省韶钢产业园加氢站投运　　　　　　（邓伟雄 摄）

《锰铁、锰硅合金和金属锰、硅、铁、磷含量测定波长色散X射线荧光光谱法》经工业和信息化部发布、实施，成为中国黑色冶金行业标准（YB/T 4907—2021）。

10月9日，韶钢松山光伏发电项目（一期）717小镇区域5个并网点并网发电。该项目是韶钢松山低碳新能源产业发展的标杆项目。

10月14日，国家发展和改革委员会、科学技术部、工业和信息化部、自然资源部联合发布通知，对"十三五"时期产业转型升级示范区建设经验进行通报表扬。韶钢松山高标准建设智慧中心获通报表扬。

10月18日，韶钢松山七号高炉原地大修节能环保升级改造工程项目群开工建设。

11月27日，韶钢松山高效发电二期项目二号机组并网发电，每年可减少外购电产生的二氧化碳排放量20余万吨。

12月10—12日，韶钢松山在第25届全国发明展览会上获金奖

5项、银奖4项、铜奖6项。

12月20日，广东省韶钢产业园加氢站投运。

12月21日，韶钢松山与欧冶云商签署产成品物流专业化整合协议。　　　　　　（陈立新）

宝武集团鄂城钢铁有限公司

【概况】　宝武集团鄂城钢铁有限公司（简称鄂城钢铁）始建于1958年，前身为湖北省地方钢铁骨干企业——鄂城钢铁厂；1997年5月，整体改制为鄂城钢铁集团有限责任公司；2004年11月，与武钢（集团）公司联合重组，成为其全资子公司。2018年1月，纳入中国宝武一级子公司管理；2020年5月更名为"宝武集团鄂城钢铁有限公司"；2021年1月，由中国宝武委托中南钢铁管理。鄂城钢铁拥有连轧棒材、合金型材、高速线材、宽

厚板等生产线，具备年产钢能力600万吨，是中国宝武在华中地区精品建材、优质工业材、高端板材的重要制造基地。条材生产线主要生产碳素结构钢、优质碳素结构钢、合结钢、弹簧钢、轴承钢、热轧带肋钢筋及连铸圆管坯等200多个品种规格；4 300毫米宽厚板生产线主要生产碳素结构板、高强度结构板、桥梁板、锅炉及压力容器板、高层建筑板、船板、石油管线板等。年内，设公司办公室（党委办公室、董事会办公室），经营财务部，运营改善部，人力资源部（党委组织部、党校、服务共享中心、培训中心），安全保卫部（武装部、安保中心），审计法务部，纪检监督部（党委巡察办公室），企业文化部（党委宣传部），工会（信访办公室），投资管理部10个职能部门，设备管理部、制造管理部（技术中心、质检中心、科协机关）、能源环保部3个业务部门，炼铁厂、炼钢厂、轧材厂、宽厚板厂、能源动力厂、销售中心、采购中心（招投标中心）、物流中心8个主体辅助单位，湖北鄂钢商贸服务有限公司1个全资子公司，湖北鄂钢长航港务有限责任公司1个控股子公司，参股湖北中平鄂钢联合焦化有限责任公司。全年生产铁442.22万吨、钢531.53万吨、材530.14万吨。实现营业收入332亿元。年底，在册员工7 219人，在岗员工4 034人。　　　　（王　奇）

【企业负责人简介】　王素琳，1963年5月生，湖北大冶人，中共党员，正高职高级工程师，鄂城钢铁党委书记、董事长（至2021年4月）。

吴琨宗，1971年2月生，福建惠安人，中共党员，正高级会计师，

鄂城钢铁党委副书记（主持工作）、副董事长（2021年4月起），党委书记、董事长（2021年5月起）。

赖晓敏，1972年10月生，广东南雄人，中共党员，高级会计师，鄂城钢铁总裁、党委副书记（至2021年4月）。

王虎祥，1970年4月生，湖北天门人，中共党员，正高级工程师，鄂城钢铁高级副总裁（主持工作）、党委副书记（2021年4月起）。　　（江竹君）

【生产组织管理】　2021年，鄂城钢铁围绕产线产能、能源利用、金属物耗、物流运输、组织人事、资产资金、管理协同"七大效率"组织生产。宽厚板作业率91.20%，高速线材作业率91.40%；内部铁水物流时间8分钟/趟，铁路卸车量增加10%；铁水脱硫比例降低7.40%，棒三热装率79.61%，宽厚板在无热装辊道的条件下热装率54.31%；轧材通过棒二、棒三提速改造，产量提升12%，作业率90.15%；吨钢综合能耗495千克标准煤，钢铁料消耗1 059千克/吨；铁水罐加废钢烘烤率达到96%。　　　　　　　　（王　奇）

【企业管理】　2021年，鄂城钢铁梳理形成行政文件和管理文件441份、党委制度文件94份。国企改革三年行动计划57项子任务60项措施完成91.67%进度目标。三级机构优化23.50%。推进厂办大集体改革收尾工作，9月1日，鄂州市中级人民法院裁定，湖北鄂钢附属企业总公司及其下属13家企业破产。完成"三供一业"财政补贴资金清算及收尾工作。完成工业气体、废钢等专业化整合。建立"三层三级"绩效评价体系，

实施销售、研发、品牌运营、重点项目等专项激励，强化绩效导向、指标联动和结果运用。获国家、省级管理创新成果9项。（王　奇）

【专业管理】　2021年，鄂城钢铁推进检修施工安全"百日行动"和煤气、危险化学品、消防、交通等专项治理，实现交通事故为零，一般及以上火灾事故为零。推动精益设备管理，建立到岗到机台的网格化，强化关要、特种设备运行，非计划停机月均同比下降15.20小时，降低21.20%。加强投资管理，推进标准化工地建设，完成重点项目17项，工程质量和进度总体受控。推进协力管理变革，专业化协作度79%，战略化协作度70%，"操检维调"指数54%，协力费用压降1 973万元。　　　　　　　（王　奇）

【对标找差】　2021年，鄂城钢铁形成"五级四维"（"五级"，即公司级、厂部级、车间级、班组级、岗位级；"四维"，即与行业先进比、与对标企业比、与历史最好水平比、与计划比）对标体系，通过"一人一表"绩效牵引，打造极致效率的平台。上半年，聚焦产线效率推进"百日攻关"1.0版，打破日产、月产纪录121项次；下半年，聚焦降本增效推进"百日攻关"2.0版，主要经济技术指标取得新突破。70项管理提升项目完成度88.57%，厂部级指标完成度90.21%。　　　　　　　（王　奇）

【科技创新】　2021年，鄂城钢铁推进产销研一贯制协同，开发耐候桥梁钢Q370qENH、稀土耐蚀钢07Cr2AlMoRE（HS）、软磁钢ERC430等新品种14个，其中耐候桥梁钢Q370qENH供应国内最大

2021年12月30日，鄂城钢铁获评国家AAA级旅游景区。图为鄂城钢铁鸟瞰 　　　　　　　　　　　　　　　　（桂　多　摄）

的城市免涂装耐候桥（湖北襄阳北跨编组站大桥），海洋平台钢DH36中标中国海洋石油集团有限公司流花油田项目，成为中国宝武批量生产WH630E高级别容器钢的重要基地。申报专利152件，其中发明专利100件，获得专利授权84件，其中发明专利24件；研发投入率3.18%，当年享受高新技术企业优惠政策减税5 774万元；与中建钢构武汉有限公司共同组建联合实验室，6月17日揭牌运行，这是鄂城钢铁与客户共建的首个联合实验室；取得中国合格评定国家认可委员会（CNAS）认可实验室证书，被中冶检测认证有限公司授予"建筑钢材质量品牌示范基地"。

（王　奇）

【智慧运营】　2021年，鄂城钢铁实施门禁物资进出厂管理、无组织管控一体化等信息化项目11个，提升现场装备智能化水平。协同推进专业化整合，欧冶工业品资材备件采购供应链系统（PSCS）、宝钢股份原料采购物流管控系统

（PLMS）等覆盖鄂城钢铁。推进棒二自动打捆机、连铸定重信息等智慧制造项目12个。数据上平台率指数由年初的60.67%提升到年底的76.70%。

（王　奇）

【绿色发展】　2021年，鄂城钢铁大气超低排放达标率83%，水循环利用率98.03%，固体废物综合利用率和不出厂率均达100%。推进节能降碳项目15个，实施80兆瓦超高温亚临界发电等项目，自发电率最高提升至77.42%，煤气放散率降至0.05%。实施全自动装卸钢坯缓冷坑，与红送辊道无缝衔接，轧材热装率提升到65.35%。实施焦化西区上升管余热利用替代化产粗苯管式炉项目，节约煤气年创效1 000万元。推进产城融合发展，厂区绿化面积增加到152万平方米，绿化率提高到41%。实施77项无组织超低排改造，推进电动重卡等清洁能源项目，达到超低排B级企业标准。12月30日，经鄂州市文化和旅游局组织评定，鄂城钢铁工业旅游景区达到国家AAA级旅

游景区标准要求，成为湖北省首家被授予AAA级旅游景区的重工业企业。

（王　奇）

【降本增效】　2021年，鄂城钢铁变固定成本为半固定、变动成本，全年降低成本7.25亿元，吨钢降成本136元。推行敏捷经营理念，及时研判原料市场，实行低价资源替代、性价比保供，调整焦炉、高炉和转炉的用料结构，降低成本9 757万元。推行极限库存，提高矿石、煤、废钢等周转效率，严控产成品、在制品库存，减少"两金"占用，存货周转天数17.26天。以市场需求和效益为导向，按品种效益排序组织生产，炼钢厂板坯产量160.52万吨，比上年增加13.47%，调结构创效8 726万元。资产负债率由年初的68.13%降至年底的59.50%。

（王　奇）

【市场拓展】　2021年，鄂城钢铁聚焦湖北省"一主两翼"区域布局和消费需求端改革，销售价格跑赢大盘（对标"我的钢铁网"显示的

销售价格）2.30%。新开发客户60余家，实现区域终端用户和市场渠道充足率"双提升"。开拓建材产品直供市场，加强与重点中央企业战略合作，省内建材市场占有率、工程直供比分别由年初的20%、46%提升到年底的23%、59%。HRB500及以上高强螺纹钢销量7.20万吨，比上年增长5.80%；HRB600/630（E）螺纹钢销量比上年增长167%。宽厚板供货鄂州花湖机场、引江济淮工程、中国海洋石油渤海有限公司等国家重点工程40余项。 （王　奇）

【产效协同】 2021年，鄂城钢铁创新商业模式，按照"统一制造、统一检测、统一销售、统一采购，覆盖物流、覆盖系统"的原则，累计拓展网络钢厂14个，年协同量265万吨。社会资源协同创效1.30亿元。推进采购协同，矿石、煤炭、废钢跑赢大盘1.57%。推进营销协同，与中建钢构武汉有限公司组建联合实验室，与武汉航科物流有限公司实现供应链系统无缝对接，与大冶华鑫实业有限公司实现网络钢厂统一销售。托管支撑武钢集团襄阳重型装备材料有限公司，建立24个体系支撑模块、117个项目。协同支撑昆钢公司红钢公司，开展百日提升计划、智慧制造等项目115个。 （王　奇）

【队伍建设】 2021年，鄂城钢铁推进"123"人才培养工程（培养100名管理人才、200名技术人才、300名技能人才），建立两级"人才库"和"人才地图"，推进员工晋升、职称评聘、岗位创新等渠道建设，95人次晋升技能等级、学历、职称等资格，1 679人通过"标准岗"

考评认定，1人获"鄂州工匠"称号。推进全员素质提升、管理素质提升、专业知识更新、岗位技能提高工程，举办培训项目330余期，培训2.80万人次。 （雷新鱼）

【和谐企业建设】 2021年，鄂城钢铁完善"我与群众面对面"了解需求机制、实事项目清单化管理项目化督办机制、发动职工献计献策机制、支部和党员办实事机制、"我是党员促发展"行动机制、党员下沉社区办实事机制，公司和二级单位"办实事"295件。落实员工体检、技能提升补贴、补充医疗保险等福利待遇，员工收入得到较快增长。抓好精准帮扶，慰问困难党员、职工423人次。依托五星班组建设平台，开展劳动竞赛等群众性经济技术创新，9名员工获全国发明展览会和冶金行业技术创新成果金奖2项、银奖1项、铜奖5项，获省级创新工作室命名1个。开展统战"十个一"活动，实施"爱献作"（爱企业、献良策、作贡献）项目45个。 （王　奇）

【鄂城钢铁大事纪要】

1月22日，鄂城钢铁"数智鄂钢建设项目"被工业和信息化部评为"2020年工业互联网试点示范项目"。

1月26日，鄂城钢铁钢筋混凝土用热轧带肋钢筋（螺纹钢）和船舶及海洋工程结构钢板，被中国钢铁工业协会认定为"金杯优质产品"。

2月1日，鄂城钢铁与湖北立晋钢铁集团有限公司签订"基地管理、品牌运营"战略合作协议。

2月7日，湖北省鄂州市委副书记、市长陈平到鄂城钢铁调研。

2月8日，鄂城钢铁入选湖北

省第四批"支柱产业细分领域隐形冠军"企业名单。

2月12日，鄂城钢铁铁钢比首次突破750千克/吨，达到746.60千克/吨。

3月3日—6月30日，鄂城钢铁开展"炼铁百日行动""铁钢比百日行动""宽厚板百日行动"。

3月25日，鄂城钢铁与十堰榕峰钢铁有限公司签订"基地管理、品牌运营"战略合作协议。

3月30日，鄂城钢铁被中国钢铁工业协会评为"清洁生产环境友好企业"。

4月8日，鄂城钢铁与大冶华鑫实业有限公司签订"基地管理、品牌运营"框架协议，并举行基地揭牌仪式。

4月14日，鄂城钢铁与扬州华航特钢有限公司签订"基地管理、品牌运营"战略合作协议。

5月18日，鄂城钢铁被工业和信息化部授予国家"高新技术企业"称号。

5月20日，鄂城钢铁被中国冶金报社授予"2021中国优秀钢铁企业品牌"称号。

5月25日，鄂城钢铁铁钢比达到最低的722千克/吨，达到国内行业前三名的水平。

6月5日，鄂城钢铁被中国冶金报社授予"绿色发展标杆企业"称号。

6月17日，鄂城钢铁与中建钢构武汉有限公司建立联合实验室，首次实现与战略客户之间检验系统无缝对接。

同日，鄂城钢铁与四川金泉钢铁有限公司签订"基地管理、品牌运营"战略合作协议。

6月28日，由鄂城钢铁供应40%钢板的白鹤滩水电站首批机组投产发电。该项目为在建规模全球第一、单机容量全球第一、装机规模全球第二大水电站。

6月29日，湖北省鄂州市委副书记、市长陈平一行到鄂城钢铁调研。

6月30日，鄂城钢铁成功取得中铁十一局襄阳内环线提升改造项目耐候桥梁钢Q370QENH订单。该项目为国内最大的城市免涂装耐候桥。

7月5日，鄂城钢铁与中国交建武汉航科物流有限公司对接绿色供应链智慧平台系统，首次实现与战略客户之间供应链系统无缝对接。

7月13日，鄂城钢铁与福建福华建设工程有限公司签订"基地管理、品牌运营"战略合作协议。

8月5日，湖北省鄂州市委书记孙兵一行到鄂城钢铁调研。

8月10日，鄂城钢铁海洋平台钢DH36中标中国海洋石油集团有限公司"流花11-1/4-1油田二次开发工程项目"。该项目平台作业水深超过300米，位居亚洲第一、世界第六。

8月20日，鄂城钢铁与吴城钢铁有限责任公司签订战略合作协议，吴城钢铁有限责任公司将19万吨产量委托鄂城钢铁生产。

9月6日，中南钢铁在鄂州市与淮北矿业（集团）有限责任公司、重庆市博赛矿业（集团）有限公司签订战略合作协议。

10月1日，鄂城钢铁举办绿色低碳清洁运输首批电动重卡投用仪式，首批12辆电动重卡投入使用。

10月8日，鄂城钢铁弹簧扁钢接受并通过襄阳重材/东风底盘新供方材料开发二方认证。

10月10日，湖北省鄂州市政府党组成员李梁军，及华中科技大学、中国地质大学、湖北美术学院等专家团队一行到鄂城钢铁调研国家AAA级旅游景区创建工作。

10月28日，鄂城钢铁与比亚迪汽车工业公司签订"助力清洁运输，共建绿色钢厂"战略合作框架协议。

11月14日，新华社客户端聚焦鄂城钢铁5G建设，连续两天以视频、图文方式报道智慧制造建设情况。

11月19—21日，鄂城钢铁作为湖北5G+工业互联网典型应用企业接受2021年中国5G+工业互联网大会记者团采访。

11月30日，鄂城钢铁通过湖北省生态环境厅组织的重污染天气企业绩效分级现场核查与评审。

12月11—13日，德龙钢铁集团、新天钢集团董事长丁立国一行到访鄂城钢铁。

12月30日，经鄂州市文化和旅游局组织评定，鄂城钢铁工业旅游景区达到国家AAA级旅游景区标准要求，成为湖北省首家被授予国家AAA级旅游景区的重工业企业。

（汤　亮）

重庆钢铁股份有限公司

【概况】　重庆钢铁股份有限公司（简称重庆钢铁）的前身为1890年12月23日张之洞创办的汉阳铁厂，1938年西迁至重庆市大渡口区。1997年8月11日，重庆钢铁股份有限公司成立，1997年10月17日、2007年2月28日分别在香港联合交易所、上海证券交易所挂牌上市。2007年1月，重庆钢铁搬迁至重庆市长寿区江南镇（今江南街道）。2020年12月2日，中国宝武成为重庆钢铁实际控制人。重庆钢铁主要生产和销售热轧薄板、中

重庆钢铁厂区一角　　　　　　　　　　　　　　　　（甘　泉　摄于2021年5月）

厚板、螺纹钢、线材、钢坯、钢铁副产品及焦炭煤化工制品，产品主要应用于机械、建筑、工程、汽车、摩托车、造船、海洋石油、气瓶、锅炉、输油及输气管道等行业。2021年，重庆钢铁产铁674万吨、钢712万吨、商品坯材716万吨，实现营业收入398.49亿元，利润总额22.63亿元。年底，在册员工7 579人，在岗员工6 734人。 （余连权）

【企业负责人简介】 刘建荣，1974年9月生，上海人，中共党员，高级工程师，重庆钢铁党委书记（至2021年6月）、董事长（至2021年7月）。

张文学，1963年5月生，福建仙游人，中共党员，高级工程师，重庆钢铁总裁（至2021年6月），重庆钢铁党委书记（2021年6月起）、董事长（2021年7月起）。

谢志雄，1972年4月生，湖南衡阳人，中共党员，高级工程师，重庆钢铁总裁、党委副书记（2021年6月起）。 （余连权）

【优化机构】 2021年，重庆钢铁推进集中一贯制管理，作业区由173个优化至63个，三级机构由93个精简至69个，形成"公司—厂部—作业区"三级管理架构。
（余连权）

【股权投资】 2021年，重庆钢铁开展股权投资，收购重庆新港长龙物流有限责任公司72%股权，向重庆长寿钢铁有限公司回购铁前资产，进一步夯实公司主体资产的完整性，公司产业链趋于完整。在专业化整合方面，与宝武环科组建宝武环科重庆资源循环利用有限公司，助力公司实现固体废物不出

重庆钢铁炼钢厂生产现场 （甘　泉　摄于2021年1月）

厂，提升处置效益。 （余连权）

【经济技术指标】 2021年，重庆钢铁创新建立高炉经济运行模型，保持高炉长周期稳定顺行，高炉各项月度技术经济指标创纪录达27次，在中国钢铁工业协会、中国宝武组织的劳动竞赛中获6次"冠军炉"、2次"优胜炉"称号。转炉平均冶炼周期从上年的43.09分钟降至38.74分钟，减少4.35分钟，在国内200吨以上转炉排名前三。钢铁料消耗较上年降低9千克/吨，入炉辅料消耗降低4.98千克/吨。
（余连权）

【科技创新】 2021年，重庆钢铁研发投入率达3.06%，新产品销售收入占比超过13%，新认定重庆市重大新产品4个。获重大新产品研发补助、长寿区企业研发经费支出补助等各项政策利用金额2 832.19万元。专利申请总量275件，其中发明专利105件。 （余连权）

【智慧制造】 2021年，重庆钢铁推进智慧制造项目建设，智慧制造固定资产投资项目立项38项，计划金额5.38亿元，其中12个项目完成交工验收。设备运维覆盖率提升至24.20%，"四个一律"综合指数提升至50.86%。 （余连权）

【热送热装】 2021年，重庆钢铁推进连铸坯热送热装，1 780毫米产线在5月和8月分别以81.78%、84.22%的热装率指标位居中国宝武第一。4 100毫米产线11月热装率50.31%，进步率27.35%，获评中国宝武中厚板产线热装进步率"冠军产线"。 （余连权）

【设备管理】 2021年，重庆钢铁推进点检定修管理，设备故障时间大幅减少，主作业线月均设备故障时间比上年减少31.11小时。优化点检标准15.30万项次，停机点检类项目在总检修计划量中占比提升到14.16%，防止了重特大

设备事故的发生。强化备件资材消耗和实物管理，年度维修费较目标值降低6.01元/吨，库存资金较年度目标值降低8 608万元。

（余连权）

【对标挖潜】 2021年，重庆钢铁推进精准对标，铁前工序对标永锋集团有限公司、湘潭钢铁有限公司，炼钢工序对标福建省三钢（集团）有限责任公司、永锋集团有限公司，轧钢工序对标宁波钢铁有限公司、湘潭钢铁有限公司。铁、钢、轧工序成本排名进步明显，吨钢利润指标在中国钢铁工业协会排名较上年提升27位，铁水成本在中国宝武10家钢铁基地中排名第三。围绕"一切成本皆可降"的理念，以项目化为抓手，全年实现降本增效10.90亿元。 （余连权）

【基层基础管理】 2021年，重庆钢铁系统推进基层基础管理工作，着力加强现场管理，打造完成39个标杆区域，制订731张标准作业卡。开展全员改善主题3 894个，41 610人次参与。开展岗位找茬活动，查找问题线索191 872条。开展公司、厂部、作业区三级培训1 355次，2.83万人次参与。开展环境大提升活动，实现4万平方米荒芜区域复绿，修复道路1.50万平方米，设备表面防腐5.50万平方米，构筑物和建筑物防腐1.20万平方米，粉刷砖混结构建筑物3万平方米。 （余连权）

【采购管理】 2021年，重庆钢铁强化采购管理，健全管理营运体系，质量综合达标率97.73%，采购计划完成率95%。推进极致库存，铁矿石库存天数从年初的84天降

低至年底的42天。稳定褐铁矿资源，拓展非主流矿采购渠道，开拓国内精粉资源，引入韶钢松山、鄂城钢铁煤炭在用品种。创新商业模式，航运物流改变"单一定价"模式，探索适用于公司的"自主定价＋竞价"量价分配模式，工业薄料压块采用"竞价采购"模式，硅锰合金与优质供应商建立"同步"发展模式，首次实现硅锰合金零库存。 （余连权）

【营销管理】 2021年，重庆钢铁开创营销新模式，实现营销人员从"坐商"向"行商"的转变，针对重点及以上级别用户建立"一户一表"档案，走访客户1 819家次。拓展品种钢，增加优利品种（指利润较高的产品）比例，热卷优利品种销售比上年提升11%，中厚板优利品种销售比上年提升4%。首次对钢材成品实施全面配送，建立物流全面配送体系，提升市场竞争力。 （余连权）

【安全生产】 2021年，重庆钢铁修订安全管理制度80个，组织97 586人次参加安全培训，发动全员开展隐患排查治理、危险源辨识与控制活动，查治隐患284 896项，辨识危险源34 106个，实施重大隐患挂牌督办和风险分级管控。开展应急演练779次，9 229人次参与。投入1.06亿元，完善消防设备设施功能；开展钢构防腐专项隐患整治。组织在岗员工职业健康体检4 536人，组织协力单位及新进人员入职体检6 375人，体检率均为100%。全年未发生较大及以上生产安全事故。 （余连权）

【节能降碳】 2021年，重庆钢铁成立碳中和工作推进委员会，发布

碳达峰行动方案，梳理评审能源管理文件和标准26个。推进能介平衡日管控、日计划、日平衡，1—4月自发电量、吨钢综合能耗均达到历史最好水平，转炉煤气回收具备≥130立方米/吨的能力。实施节能降碳项目15个，节约标准煤9.84万吨，减少二氧化碳排放28.19万吨。与宝武清能签订源网荷储一体化绿电项目战略协议，公司绿电比例较上年提高21.98%。

（余连权）

【绿色发展】 2021年，重庆钢铁新增设废气在线监测系统50套、废水监测系统12套，完成7个建设项目环评批复。全年降尘量为平均16.40吨/平方千米·月，比上年下降21%；一般固体废物综合利用率99.89%，危险废物合规处置率100%。对荣誉林等11.50万平方米绿地实施景观提升改造，对8.90万平方米退化绿化带进行复绿，厂区绿化率由原来的30.90%上升到32%。年度绿色发展指数较上年增加20分，公司被中国冶金报社授予"绿色发展标杆企业"称号。

（余连权）

【为群众办实事】 2021年，重庆钢铁对员工餐费补贴实施改革，每月餐费补贴提高至500元；投资720万元对闲趣园食堂及焦化、物运等7个配餐点重新装修改造，完善食物加工设施功能，改善员工就餐环境。投资1.20亿元分批整修12栋员工宿舍楼，投资1 600万元打造"五室一间一堂"（办公室、操作室、休息室、会议室、浴室、卫生间、食堂）第一批19个样板点，改善员工工作环境。新建钢韵湖环湖步道、新建羽毛球场、改造文体楼多功能

厅等。为员工购买综合意外团体保险，提高员工健康保障水平。

（余连权）

【六号连铸机升级改造】 2021年，重庆钢铁完成六号连铸机升级改造项目。项目对原六号连铸机公辅设施、土建基础及设备等进行升级改造，连铸机由5机5流改为6机6流，断面由150×150毫米改为170×170毫米，产能由80万吨/年升级到155万吨/年。采用智能集控技术、智能浇钢平台技术、自动开浇、智能二级系统、远程运维技术、铸坯出坯自动系统等技术，提升了智能化程度。总投资9 300万元。建设模式采用EPC（设计、采购、施工）总承包，由湖南镭目科技有限公司作为联合体牵头方中标，重庆钢铁集团设计院有限公司为设计单位，陕西建工安装集团有限公司（后变更为河北省安装工程有限公司）为施工单位。项目于2020年8月31日进场施工，12月31日完成热负荷试车，2021年1月15日竣工投产。 （江志强）

【烧结机升级改造】 2021年，重庆钢铁完成3座360平方米烧结机升级改造项目。项目从2020年7月8日起，分阶段实施，于2021年1月22日完成改造，施工总时间84天，总投资1.85亿元。改造的主要部位是配料室、一次混合机、二次混合机、烧结室。包括新建一号和二号混合灰仓、混合灰转运站、一号和二号热水泵站、混合灰仓除尘器系统、配料除尘器系统、综合高压变频器室、热力管道支架及基础、总图道路，改造除尘外网、变电所电气、煤气管道系统、压缩空气管道系统、蒸汽管道系统、厂区给

排水，及自动化控制系统优化改造等19个主体项目。项目设计单位为中冶北方工程技术有限公司，主要施工方为中国二十冶集团有限公司、中冶宝钢技术服务有限公司。改造分3个阶段实施，每阶段28天，其中一号烧结机2020年7月8日—8月4日，三号烧结机2020年10月27日—11月23日，二号烧结机2020年12月23日—2021年1月19日。升级改造后，烧结机利用系数≥1.37吨/平方米·小时，实现了既定目标。 （马 利）

【高炉系统升级改造】 2021年，重庆钢铁完成对3座2 500立方米和1座1 750立方米高炉的升级改造。项目自2020年3月9日起，分阶段实施，于2021年2月2日完成改造，总投资4.49亿元。主要改造项目有：一号高炉炉窑治理、炉顶设备升级改造、热风炉管道治理工程改造等7项；二号高炉样板化打造、水渣行车智能化改造、炉前设备能力提升等7项；三号高炉南渣嘉恒法大修、三号主沟改造、预热器改造等8项；四号高炉铁钩延长、摆动溜嘴改造、槽下干油集中润滑改造、热风炉空气切断阀、冷风阀、燃烧阀更换等14项。项目设计单位为中冶赛迪工程技术股份有限公司，施工单位为重庆钢铁集团建设有限公司、中冶宝钢技术服务有限公司、中国二十冶集团有限公司。改造按炉座分4个阶段实施，其中一号高炉2020年3月29日—5月8日，四号高炉2020年4月30日—9月27日，二号高炉2020年9月29日—11月30日，三号高炉2020年10月6日—2021年2月2日。实施改造后，一号高炉、二号高炉、三号高炉利用系数达2.60

吨/立方米·天，四号高炉利用系数达2.80吨/立方米·天，实现了改造目标。 （马 利）

【2 700毫米中板产线升级改造】2021年，重庆钢铁完成2 700毫米中板产线升级改造项目。2 700毫米轧机中板线原设计产能为100万吨/年，产线于2015年12月关停，2020年7月开始进行升级改造。该项目利用原有土地，重建2座步进式加热炉，对全线电控系统、火切机、毛刺机、标志机、高压除磷系统等设备进行成套更新，改造后产能扩展到130万吨/年。项目总投资4.97亿元，总承包方为宝钢工程技术集团有限公司，施工总承包为中国二十冶集团有限公司。2020年7月11日施工单位入场施工，2021年3月9日建成投产。

（周仕文）

【棒材和高速线材生产线投产】2021年，重庆钢铁完成棒材和高速线材生产线（简称双高棒产线）产能置换改建工程。项目拆除原型钢生产线并调整产品结构，新建1条140万吨/年的双高棒生产线。全线共设置1座步进式加热炉、32架轧机（包括6架粗轧、4架中轧、6架预精轧、2×4架单传悬臂精轧机组、2×4架模块精轧机组）、2套精整设备。主要生产直径8～22毫米的螺纹钢棒材，主要钢种为普通热轧钢筋、细晶粒热轧钢筋等。全线采取集中操作控制，采用热送热装技术和热送直接轧制技术、无孔型轧制及单一孔型系统技术、独立旋转底座导卫、高效生产模块轧机技术、全线物料跟踪技术、自动控制技术、可视化管理，以及设备在线状态参数监测、故障诊断等多项

国内领先技术。项目总投资6.50亿元，由中冶赛迪工程技术股份有限公司承接、中国一冶集团有限公司承建。2020年4月20日破土动工，2021年6月30日竣工投产。

（周仕文）

【重庆钢铁大事纪要】

1月13日，重庆钢铁四号高炉变压吸附制氧系统投入生产。

1月15日，重庆钢铁六号连铸机改造项目投产，改造后连铸机设计浇铸周期≤25分钟。

1月22日，重庆钢铁二号烧结机复产点火，标志重庆钢铁3台360平方米烧结机升级改造项目完成。

2月2日，重庆钢铁举行三号高炉复产点火仪式，标志重庆钢铁高炉系统升级改造项目全面完成。

3月9日，重庆钢铁2 700毫米中板生产线升级改造项目投产。

3月28日，重庆钢铁举行"荣誉林"落成仪式。

3月31日，重庆钢铁与重庆市长寿区江南街道联合开展"山水重钢，绿动江南"主题环保活动，在绿色发展领域加强地方与企业共建，推进产城融合。

4月29日，重庆钢铁废水处理系统扩能提质改造项目投运。

5月8日，重庆钢铁焦化、烧结脱硫脱硝工程开工建设。

5月25日，重庆钢铁高炉矿渣综合利用项目开工建设。

6月30日，重庆钢铁双高棒产线投产。

8月2日，重庆钢铁3项创新成果在全国机械冶金建材行业职工创新成果暨"创新百强班组"评比中获一等奖1项、三等奖2项。

8月16日，在2020年中国钢铁工业协会节能减排劳动竞赛中，重庆钢铁一号高炉获评2020年度全国"2 000立方米（含）～3 000立方米级高炉节能降耗优胜炉"。

9月28日，重庆钢铁进入"2021成渝地区双城经济圈企业社会责任百强榜"榜单。

10月9日，重庆钢铁员工谭海波、达朝晖被授予"重庆市劳动模范"称号。

10月31日，重庆钢铁经营管控智慧平台系统切换上线。

11月1日，宝武环科重庆资源循环利用有限公司揭牌成立。

12月12日，重庆钢铁在第25届全国发明展览会上获银奖1项、铜奖1项。

12月30日，重庆钢铁与四川雅安安山钢铁有限公司签署战略合作协议，开启"网络钢厂"运营模式。

（余连权）

中南钢铁大事纪要

2月20日，中南钢铁管理调研团队赴昆钢公司开展管理调研，开启中国宝武支撑昆钢公司的工作。

2月22日，中南钢铁与中国工商银行广东省分行在广州签署全面金融服务战略合作协议，进一步深化在资金协同、供应链金融、产业基金等多方面合作。

3月1日，中南钢铁成立专业协同委员会，下设铁区协同委员会、炼钢协同委员会、轧钢协同委员会、智慧制造协同委员会、绿色制造协同委员会5个分委会。

3月17日，中南钢铁与中国农业银行广东省分行在广州签署银企战略合作协议，并互赠"党建共建单位"牌匾，进一步深化在资金协同、供应链金融、产业基金等多方面合作。

3月18日，中南钢铁与中国建筑第三工程局有限公司签订战略合作协议。

4月28日，中南钢铁与中国银行广东省分行在广州签订战略合作协议，并互赠"党建共建单位"牌匾。

5月10日，中国冶金报社发布"2021年度中国钢铁品牌榜"，中南钢铁获"2021中国卓越钢铁企业品牌"。

6月2日，中南钢铁向广州市海珠区捐赠N95口罩43 200只、医用手套32 000双、医用口罩3 000只、防护服1 000套。

7月22日，广东广物中南建材集团有限公司在广州市揭牌成立。

8月19日，中南钢铁与中国诚通控股集团有限公司、深圳中昱实业集团有限公司签订战略合作协议。

8月25日，中南钢铁与平安银行广州分行签订战略合作协议，加强供应链金融、综合金融等方面的深度合作。

8月26日，中南钢铁与中国建筑第四工程局有限公司签订战略合作协议。

9月6日，中南钢铁与淮北矿业集团有限责任公司、重庆赛博汽车零部件有限公司签订战略合作协议。

10月11日，中南钢铁广东宝联迪国际运营管理有限公司与老挝钢铁有限责任公司签订运营管理服务合同。

10月18日，中南钢铁在鄂城钢铁举行第一届"十大杰出青年"

评选暨"青春逐梦　活力中南"青年文化艺术节活动。

12月5日，中南钢铁与德龙钢铁有限公司签订战略合作框架协议。

12月9日，中南钢铁发布《碳达峰、碳中和行动方案》。

12月10—12日，中南钢铁选送26项一线员工岗位创新成果参加第25届全国发明展览会，获金奖7项、银奖5项、铜奖8项。

（徐英彪）

中南钢铁下属子公司（含托管单位）一览表

公司名称	地　址	注册资金（万元）	主要经营范围	持股比例	在岗员工（人）
广东韶钢松山股份有限公司	广东省韶关市曲江区马坝镇	241 952.44	制造、加工、销售钢铁冶金产品、金属制品、焦炭、煤化工产品等	53.05%	5 687
广东昆仑信息科技有限公司	广东省韶关市曲江区马坝镇文化路鞍山路东文化大楼8层	1 000.00	信息技术服务	100%	79
广东宝联迪国际运营管理有限公司	广东省广州市海珠区琶洲大道83号	1 000.00	企业管理服务，供应链管理，业务流程外包，项目投资，电气机械设备销售，商品批发、贸易、代理，货物、技术进出口等	51%	1
宝武集团鄂城钢铁有限公司	湖北省鄂州市鄂城区武昌大道215号	599 800.00	冶金产品及副产品，冶金矿产品和钢铁延长产品，化工产品、炼焦生产及销售，废钢加工及销售，工业技术开发、咨询服务等	51%	3 522
广东广物中南建材集团有限公司	广东省广州市海珠区琶洲大道83号301房	50 000.00	金属材料、石油制品、再生资源、耐火材料、非金属矿及制品、金属矿石、煤炭及制品、建筑材料、水泥制品等销售；再生资源回收、加工；信息系统集成服务，信息技术咨询服务，网络技术服务，软件开发；货物进出口，技术进出口等	36.47%	228
武钢集团襄阳重型装备材料有限公司	湖北省襄阳市襄州区肖湾华强路18号	19 454.00	机械设备及备件的设计、加工、销售，铸钢件、铸铁件、有色件及副产品制造、加工、销售，金属材料研发、制造、销售，冶金炉料、钢延压产品生产、销售等	武钢集团100%，中南钢铁托管	447
湖北鄂钢商贸服务有限公司	湖北省鄂州市武昌大道219号	3 000.00	钢材利用品、金属材料的加工、制作及销售，房屋、汽车租赁，家政服务，餐饮、住宿服务，物业管理及咨询，绿化工程、水电气安装工程，装卸搬运、货运运输及货物仓储服务，建筑工程施工、装饰装潢等	鄂城钢铁100%	154
湖北鄂钢长航港务有限公司	湖北省鄂州市华容区	7 000.00	普通货运，码头设施经营，货物装卸、中转、储存服务，货运代办等	鄂城钢铁51%	65
重庆长寿钢铁有限公司	重庆市长寿区晏家街道齐心大道20号1—1室	400 000.00	码头运营，货物及技术进出口，钢铁原材料的销售，仓储服务，自有房产和设备的租赁等	中国宝武40%，中南钢铁托管	6 456

（续　表）

公司名称	地　　址	注册资金（万元）	主要经营范围	持股比例	在岗员工（人）
重庆钢铁股份有限公司	重庆市长寿区江南街道江南大道2号	891 860.23	生产、加工和销售板材、型材、线材、棒材、钢坯、钢带等	重庆长寿23.51%,中南钢铁托管	183
重庆钢铁能源环保有限公司	重庆市晏家工业园区	52 569.00	工业余热、电力、热力生产及销售，发电项目开发、建设及运营，环境污染治理,节能环保产品的研发、制造、销售及技术服务,水处理剂、水性涂料、润滑油、切削液等研发、生产及销售等	重庆钢铁100%	95
重庆新港长龙物流有限责任公司	重庆市晏家工业园区D区	11 000.00	货运、船舶、货物联运、汽车运输代理,货物装卸服务、货物仓储等	重庆钢铁100%	5 687

（雷小萍）

中国宝武马鞍山总部/马钢（集团）控股有限公司

概　述

马钢（集团）控股有限公司（简称马钢集团）的前身为成立于1953年的马鞍山铁厂。2019年9月19日,中国宝武与马钢集团实施联合重组,马钢集团成为中国宝武控股子公司。2020年6月5日,中国宝武成立马鞍山总部,与马钢集团合署办公,马鞍山总部设立办公室,作为延伸管理部门,与马钢集团办公室合署办公,总代表由马钢集团主要负责人兼任。马鞍山总部管理服务安徽省、马鞍山市区域内中国宝武各级分（子）公司20余家,建立日常联络机制、工作例会机制、信息报送机制,行使区域发展、区域监管、区域沟通、区域服务以及专项工作等职责。

2021年,马钢集团具备2 000万吨钢配套生产规模,主要生产轮轴、板带、长材三大系列产品。拥有马鞍山钢铁股份有限公司（本部）、安徽长江钢铁股份有限公司（简称长江钢铁）、马钢（合肥）钢铁有限责任公司（简称合肥公司）三大钢铁生产基地,以及轨道交通材料及装备、金属资源回收加工综合利用、冶金装备（备件）制造、设备远程运维、特种冶金材料、装配式建筑、矿产资源、信息技术8个多元产业。全年生产铁矿石780万吨、生铁1 823.39万吨、粗钢2 096.72万吨、钢材2 043.57万吨,实现营业收入2 093.28亿元、利润总额113.11亿元。年底,在册员工25 238人,在岗员工24 339人。　（李一丹）

【企业负责人简介】　丁毅,1964年12月生,安徽马鞍山人,中共党员,教授级高级工程师,中国宝武马鞍山总部总代表,马钢集团党委书记、董事长,马钢股份党委书记、董事长。

刘国旺,1972年2月生,河北邯郸人,中共党员,高级政工师,马钢集团总经理、党委副书记,马钢股份党委副书记。

（姜　波　方　超）

生产经营管理

【企业管理】　2021年,马钢集团探索建立跨部门多专业协同小组工作模式,开展集中一贯制和横向协作。策划设备设施管理体系咨询与认证工作,完成标准导入的宣传贯彻、手册及文件制（修）订、模拟内审等。聘用265名员工为2021—2023年度内审员（含实习内审员）。编制《2021年度马钢集团"一体化"制度建设实施方案》,发布《马钢集团制度树清单（2021版）》《马钢集团年

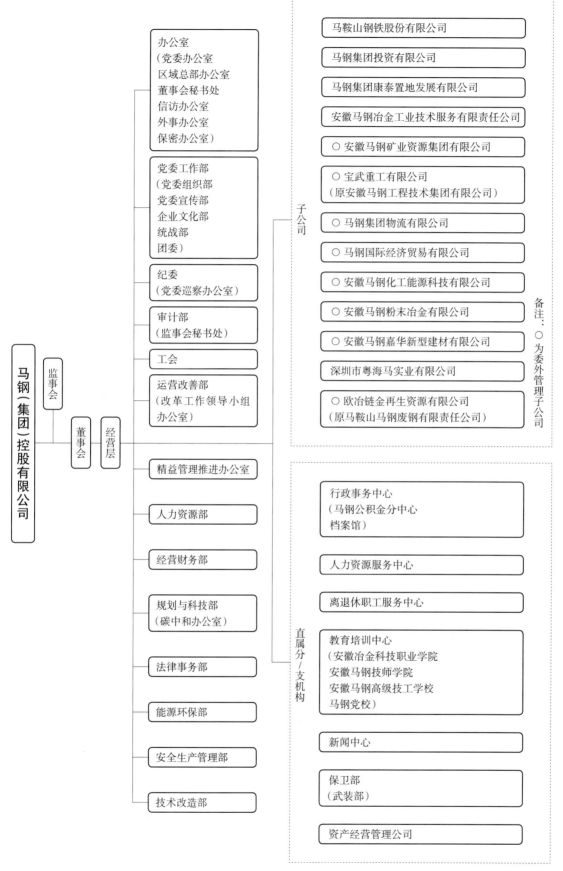

马钢（集团）控股有限公司组织机构图（2021年12月）

度管理文件制（修）订计划》，开展"一体化制度体系"建设专题调研。在宝武智慧工作平台发布马钢集团、马钢股份管理制度221项，其中马钢集团68项、马钢股份153项。建立完善"奋勇争先奖"激励机制，颁发"奋勇争先奖"68次，26家单位、8个项目团队（涉及81家单位，含分、子公司）获奖，奖励额1 549万元；推行经营管理团队任期制和契约化管理，推进限制性股票激励；完善薪酬分配机制，工资总额与人事效率挂钩，编制《2021年马钢集团领导班子经营业绩评价标准》《2021—2023年子公司年度及任期组织绩效评价方案》，完成123份任期及年度经营目标责任书编制与签约。聚焦新冠肺炎疫情防控、安全生产、环境保护、现金流和"两金"等十大类重大风险，发布《马钢集团和马钢股份2021年全面风险和内部控制工作计划》。7月，马钢集团被国务院国资委评为"国有重点企业管理标杆创建行动标杆企业"。

（胡善林）

【深化改革】 2021年，马钢集团制订印发《马钢（集团）控股有限公司改革三年行动实施方案（2020—2022年）》，启动改革三年行动，制定总目标、总思路及任务措施，明确改革总任务73项，共计子任务89项，包含推动企业高质量发展、剥离国有企业办社会职能、推进混合所有制改革工作、推进公司治理体系和能力现代化、激发企业内生活力动力、加强企业党的领导和党的建设等方面内容。全年完成改革任务73项，完成率为82%。

（周 全）

【整合融合】 2021年，马钢集团编制《马钢股份智慧化与大数据专项规划（2020—2022年）》，基于"统一语言、统一规范、统一平台、统一文化"整合融合要求，按照"云—边—端"工业互联网理念，再造扁平化智慧制造新IT（信息技术）架构，重点部署一批智慧制造重点项目。6月30日，专业化整合重点工程马钢股份信息化建设项目上线，马钢集团原旧系统数据全部导入新系统，实现生产不停、业务不断、数据不丢、管理不乱。

（胡善林）

【绿色发展】 2021年，马钢集团着力打造花园式滨江生态都市钢厂和智慧制造示范基地。启动实施超低排放改造项目29项，完成超低排放95%改造任务；推进长江钢铁6项超低排放项目；基本建成北区废水深度处理、雨污分流以及北区废水提盐等废水零排放项目12项；实施"固体废物不出

2021年，马钢集团着力打造花园式滨江生态都市钢厂，厂区环境面貌焕然一新　　　　　　　　　　（罗继胜 摄于2021年9月）

厂"工程项目8项。推进余热回收、轧钢加热炉自动烧钢（无需人工干预温度控制的全自动钢坯加热，具备分段烟气燃烧监测优化控制功能）等节能改造项目22项，全年实现节能效益3 200万。新建光伏发电装机容量15.60兆瓦，总装机容量达到39.30兆瓦，绿色发电量2 102万千瓦时，吨钢综合能耗552.70千克标准煤（马钢股份本部563.10千克标准煤），万元产值能耗（可比）1.50吨标准煤（马钢股份本部1.65吨标准煤）。颗粒物、二氧化硫、氮氧化物、化学需氧量、氨氮比上年分别下降59.19%、34.96%、49.07%、30%、53.12%，固体废物返生产利用率26.33%，比上年提升1.21。完成迎宾园、敬业园、拼搏园、开拓园、马钢西路、轮箍东路延长线等主干道沿线的绿化新建和提升项目，新建、改造绿地38.80万平方米，厂区绿化覆盖率达到33.90%。

马钢股份本部绿色发展指数得分为87分，在中国宝武各钢铁生产基地中位列第二名；长江钢铁绿色发展指数75分。

（邹　超）

【智慧制造】　2021年，马钢集团完成马钢合肥板材有限责任公司、马钢股份长材事业部、长江钢铁3家智控中心立项、评审、建设；12月，3家智控中心上线投运。落实制造场景与智能技术融合，4月30日，马钢股份特钢公司无人天车智能平面成品库建成投运，填补国内高速线材无人天车智能平面成品库空白；6月23日，马钢股份能源环保部北湖电厂结合燃气蒸汽联合循环发电机组发电项目，利用"5G+工业互联网"技术，建成"智能、协同、融合、安全、柔性"智慧电厂。

（胡善林）

【市场营销】　2021年，马钢集团优化品种结构，提高吨材利润水平，吨钢毛利427元，较上年提升197元；贯彻低库存运营，强化产销联动，现货发生率下降0.97%；创新营销模式，提高建筑用钢工程直供比例，探索形成H型钢产品设计—优化—生产—应用的新生态链；推广"长三角螺纹钢指数""长三角热轧指数"定价销售模式；与欧冶云商在现货、产能预售等领域合作，开展供应链、销售协同、多品种配套销售服务，全年实现协同效益4.40亿元。推进信息化平台建设，"一体化销售""销售物流管控""客户服务管理""客户自助"4个销售系统在6月30日切换上线；借助欧冶产成品智慧物流平台，实现信息流、物流、资金流、数据流"四流合一"。加强营销服务体系客服信息化平台建设，技术服务、产品拓展、供应商先期介入等满足用户个性化需求。优化销售渠道，汽车板产品新开发3家主机厂；特钢产品完成美国通用电气公司、常州光洋轴承股份有限公司等10家重点客户认证；热轧产品加大取向硅钢基料销售力度；高档家电面板、彩涂板销售分别比上年增长10%和27.50%。落实安全责任，编制《加工中心安全风险识别手册》《营销中心安全教育试题题库》，对各加工中心进行突击安全检查14次。全年销售钢材1 635.70万吨，实现税前销售收入840.20亿元（不含马钢交材和长江钢铁），出口80万吨（不含车轮产品）。

（荀　著）

【科技工作】　2021年，马钢集团研发投入率达3.99%，比上年增长1.88%；开发新产品138万吨；汽车悬架簧用钢、油井管用钢等10项新产品实现首发；实施9个"揭榜挂帅"项目，启动建设马钢研发中

2021年10月8日，国内首个高速线材无人天车智能平面成品库在马钢股份特钢公司建成投运

（罗继胜　摄）

心。1项成果获国家科学技术进步奖二等奖，12项成果获冶金科学技术奖、安徽省科学技术进步奖；新增授权专利456件。主持制修订13项国家行业标准项目，并通过全国标准化技术委员会专家审定，其中1项获批立项。加快技术人才队伍建设，2人入选宝武科学家，1人入选第八批安徽省学术和技术带头人。　　　　　　　（秦玲玲）

【安全生产】　2021年，马钢集团发布《安全生产管理办法》《安全事故管理办法》等22项安全管理制度和《检修协力管理办法》《工程项目安全标准化管理办法》等业务制度。梳理辨识危险源27 132处，并通过LEC法（对具有潜在危险性作业环境中的危险源进行半定量的安全评价方法）开展风险评价。推进安全管理信息系统建设，30个模块上线运行。查处各类违章1 081人次，从合同款中扣除99.20万元。制订《2021年安全管理标准化作业区达标建设工作方案》，293个作业区实现100%达标。开展安全教育培训3 400余人次，完成特种设备定期检验1 650台。对年内发生事故的相关人员进行问责和考核。其中，中层直管人员给予"通报、诫勉、警告、记过、降职"政纪处分13人次；直接给予经济考核16人次，从岗位薪资中扣除9.70万元。　　　　　　　（胡艺耀）

【人力资源管理】　2021年，马钢集团修订《待聘人员管理办法》《共享用工管理办法》，统筹实施政策性离岗、共享用工等员工转型方式，人均产钢量1 213吨。完成岗位体系优化和人员聘用工作，管理岗（马钢集团本部和马钢股份本部）比例从2020年9月管理变革前的10.40%降至2021年9月的6.40%。推进协作管理变革三年行动，压减协作供应商14%。修订发布《员工绩效管理办法》，在岗员工岗位绩效评价覆盖率100%。调整协作归口管理职能，马钢集团本部业务归口管理部门从2020年6月的12个减至2021年7月的4个。发布《协力业务管理办法》《生产协力项目管理办法》等17项协作管理制度和《马钢集团协力管理变革三年行动方案》，引入优质供应商。全年一线员工培训覆盖率100%，23 161人参加培训。　（纪长青）

【人才队伍建设】　2021年，马钢集团加强高层次技术人才队伍建设，岗位体系切换聘用27名首席师（包括首席管理师、首席培训师、首席工程师、首席营销师、首席研究员），通过选拔聘用50名首席师；加强高层次技能人才队伍建设，开展各等级技能等级认定辅导1 170人次；开展电工、炼钢工、金属轧制工等7个工种的技师认定工作；推荐高层次人才参加安徽省、马鞍山市政府人才工程和各类专家人才推荐申报，1人获评第八批"安徽省学术和技术带头人"，1人获评第二批"马鞍山市学术和技术带头人"，1人获安徽省技能大奖，6人获评第五届马鞍山市首席技师，11人获评马鞍山市"名师带高徒"活动名师。　　　　　（洪瑾）

【获得荣誉】　2021年，马钢集团获国务院国资委评选的"国有重点企业管理标杆创建行动标杆企业"称号。马钢股份"工业大脑""5G+智慧料厂"2个智慧制造优秀成果案例参展第四届数字中国建设峰会；基于工业互联网平台xIn3Plat冷轧"ALL IN ONE"（一体化）智慧工厂被认定为2021年度安徽省智能工厂；马钢股份、马钢交材被认定为2021年度马鞍山市智能制造标杆示范企业。马钢股份冷轧总厂"基于工业互联网平台xIn3Plat的冷轧'ALL IN ONE'（一体化）智控创新应用"入围工业和信息化部2021年工业互联网平台创新领航应用案例。10月21日，"山钢杯"全国钢铁行业职工网上安全生产知识竞赛决赛，马钢股份代表队获决赛团体一等奖。　　　　　（胡善林）

马鞍山钢铁股份有限公司

【概况】　马鞍山钢铁股份有限公司（简称马钢股份）的前身为成立于1953年的马鞍山铁厂。1993年，实施股份制改制，分立为马钢总公司和马钢股份。1993年11月3日，马钢股份在香港联合交易所挂牌上市。1994年1月6日、4月4日、9月6日，分3批在上海证券交易所挂牌上市。马钢股份钢材产品分为板材、长材、轮轴三大板块，包括热轧结构钢、冷轧板、镀锌板、电工钢、彩涂板、型钢、线棒材、车轮、特钢等产品，产品广泛应用于机械制造、建筑、家电、汽车、铁路、环保、能源等领域。2021年，马钢股份下辖董秘室（法律事务部），办公室（党委办公室、信访办公室、外事办公室、保密办公室），企业文化部，人力资源部，运营改善部，经营财务部，规划与科技部，安全生产管理部，审计部（监事会秘书室），技术改造部10个职能部门；制造管理部、设备管理部、能源环保部、营销中心（销售公司）、采购中心、技术中心、运输部（铁运公司）7个业务部门；行政事务中心、人力资源服务中心、离退休职工服务中心、教育培训中心、新闻中心、保卫部6家直属机构。下设检测中心、港务原料总厂、炼铁总厂、长材事业部、四钢轧总厂、冷轧总厂、特钢

公司、煤焦化公司和宝武集团马钢轨交材料科技有限公司、马钢（合肥）钢铁有限责任公司、安徽长江钢铁股份有限公司、埃斯科特钢有限公司、加工中心/区域销售公司、马钢集团财务有限公司、安徽马钢和菱实业有限公司、马钢宏飞电力能源有限公司、马钢（香港）有限公司、德国MG贸易发展有限公司、马钢（澳大利亚）有限公司、马钢美洲有限公司、马钢（中东）公

司13家全资和控股子公司。年底，马钢股份总股本7 700 681 186股。其中，人民币普通股5 967 751 168股，占比77.50%；境外上市的外资股1 732 930 000股，占比22.50%。全年，生产铁1 823.39万吨、钢2 096.72万吨、钢材2 043.57万吨，实现营业收入1 127.55亿元、利润总额70.07亿元。年底，在册员工25 238人，在岗员工24 339人。

（李一丹）

马钢股份主要装备（生产线）一览表

区　域	装　备	规　　格	数　量
马钢股份炼铁总厂	烧结机	300平方米	2台
马钢股份炼铁总厂	烧结机	360平方米	3台
马钢股份长江钢铁	烧结机	192平方米	3台
马钢股份炼铁总厂	高炉	1 000立方米	1座
马钢股份炼铁总厂	高炉	2 500立方米	2座
马钢股份炼铁总厂	高炉	3 200立方米	1座
马钢股份炼铁总厂	高炉	4 000立方米	2座
马钢股份长江钢铁	高炉	1 080立方米	2座
马钢股份长江钢铁	高炉	1 250立方米	1座
马钢股份长材事业部	转炉	60吨	4座
马钢股份长材事业部	转炉	120吨	5座
马钢股份四钢轧总厂	转炉	300吨	3座
马钢股份特钢公司	电炉	110吨	1座
马钢股份长江钢铁	电炉	140吨	1座
马钢股份长材事业部	连铸机	150毫米方坯连铸机	2套
马钢股份长材事业部	连铸机	160毫米方坯连铸机	1套
马钢股份特钢公司	连铸机	380毫米方坯连铸机	1套
马钢股份长江钢铁	连铸机	165毫米方坯连铸机	3套
马钢股份四钢轧总厂	连铸机	2套2 150毫米、1套1 600毫米板坯连铸机	3套
马钢股份特钢公司	连铸机	直流700毫米圆坯连铸机	1套

（续　表）

区　域	装　备	规　格	数　量
马钢股份长材事业部	连铸机	2流、3流、4流异型坯连铸机各1套	3套
马钢股份长材事业部	连铸连轧机组	1 600毫米薄板连铸连轧机组	2套
马钢股份长材事业部	H型钢轧机	950～1 200毫米、980～1 400毫米、550～980毫米各1套	3套
马钢股份长材事业部	中型型钢轧机	750～900毫米	1套
马钢股份长材事业部	棒材轧机	500毫米、600毫米	1套
马钢股份长材事业部	小棒轧机	600毫米、420毫米	1套
马钢股份特钢公司	优棒轧机	850毫米、750毫米	1套
马钢股份长江钢铁	棒材轧机	550毫米	1套
马钢股份长江钢铁	双棒材轧机	650毫米、550毫米	2套
马钢股份长材事业部	高速线材轧机	600毫米、560毫米、420毫米	1套
马钢股份特钢公司	高速线材轧机	650毫米、550毫米、450毫米	1套
马钢股份长江钢铁	高速线材轧机	570毫米、450毫米	1套
马钢股份长材事业部	薄板坯连铸连轧机组	2 000毫米	1套
马钢股份四钢轧总厂	热轧机组	2 250毫米、1 580毫米各1套	2套
马钢股份冷轧总厂	冷轧机组	1 720毫米、2 130毫米、1 430毫米、1 550毫米各1套	4套
马钢股份冷轧总厂	硅钢机组	1 420毫米	3套
马钢股份特钢公司	开坯机组	1 150毫米	1套
马钢股份特钢公司	钢坯连轧机组	770毫米、850毫米	1套
马钢股份冷轧总厂	镀锌机组	1 575毫米2套,1 650毫米、2 000毫米各1套	4套
马钢股份合肥公司	镀锌机组	1 430毫米	1套
马钢股份冷轧总厂	涂层加工机组	1 250毫米、1 575毫米各1套	2套
马钢股份炼焦总厂	焦炉	65孔	2座
马钢股份炼焦总厂	焦炉	50孔	4座
马钢股份炼焦总厂	焦炉	70孔	2座
马钢股份能环部	汽轮发电机组	1台50 000千瓦/小时,3台60 000千瓦/小时,1台135 000千瓦/小时,1台153 000千瓦/小时,1台183 000千瓦/小时	7台

（夏其祥）

【股东大会重要事项】 6月29日，马钢股份召开2020年度股东大会，审议及批准《董事会2020年度工作报告》《监事会2020年度工作报告》《2020年度经审计财务报告》《2020年度利润分配方案》《公司董事、监事及高级管理人员2020年度薪酬》《聘任安永华明会计师事务所（特殊普通合伙）为公司2021年度审计师并授权董事会决定其酬金的议案》，听取公司独立董事2020年度述职报告。11月30日，召开2021年第一次临时股东大会，审议批准马钢股份与中国宝武新签订《日常关联交易补充协议》，以更新2020年5月7日签署的《日常关联交易补充协议》项下2021年之建议交易上限；审议批准马钢股份与马钢集团新签订《持续关联交易补充协议》，以更新2020年5月7日签署的《持续关联交易补充协议》项下2021年之建议交易上限；审议批准马钢股份与欧冶链金新签订《持续关联交易补充协议》，以更新2020年5月7日签署的《持续关联交易补充协议》项下2021年之建议交易上限；审议批准马钢股份与安徽欣创节能环保科技股份有限公司签订《节能环保补充协议》，以更新2018年8月15日签署的2019—2021年《节能环保协议》项下2021年之建议交易上限；审议批准马钢股份与中国宝武签订2022—2024年《产品购销协议》项下拟进行的交易及年度建议上限；审议批准马钢股份与中国宝武签订2022—2024年《提供及接受服务协议》项下拟进行的交易及年度建议上限；审议及批准马钢集团财务有限公司与马钢集团签订2022—2024年《金融服务协议》项下拟进行的交易及年度建

议上限；审议批准《马钢股份增资入股宝武水务科技有限公司的议案》《关于为公司董事、监事及高级管理人员购买责任险的议案》。

（徐亚彦）

【董事会重要事项】 2021年，马钢股份董事会召开16次董事会议，听取《关于公司2020年度生产经营情况的汇报》《监事会2020年工作报告》等报告，批准《关于公司组织机构优化调整的议案》《关于张文洋先生辞去公司董事、总经理职务的议案》《关于免去田俊先生公司副总经理职务的议案》《关于聘任毛展宏先生为公司副总经理的议案》《关于炼铁总厂C号烧结机工程项目申请立项及审批概算的议案》《关于北区填平补齐项目公辅配套工程申请立项及审批概算的议案》《关于向马钢物流公司出售土地及相关地面资产的议案》等议案。同意公司增资入股宝武水务等议案。

（徐亚彦）

【监事会重要事项】 2021年，马钢股份监事会召开13次会议，列席2次股东大会、16次董事会议。审议通过公司定期报告、内部控制、资产处置、关联交易、对外投资等33项议案，参与公司重大决策部署落实过程；就公司2021年限制性股票激励计划（草案）及拟激励对象等进行核查，出具2份核查意见；起草或发布监事会议公告10份、决议11份；编制并披露2020年监事会工作报告、职工监事履职报告。

（沐韵琴）

【新建筒仓项目二期建成投用】 6月，马钢股份炼焦总厂新建筒仓项目二期建成投用。新建筒仓项目

利用原有3号、4号煤场的场地，按300万吨/年的焦炭产量新建一套贮配煤系统。项目投资计划4.20亿元，由中冶赛迪集团有限公司总包，中国五冶集团有限公司施工。

（黄远顺）

【马钢股份信息化建设项目投运】 7月1日，马钢股份专业化整合融合重点工程——马钢股份信息化建设项目上线运行。该项目于2020年3月31日开始建设，由宝信软件牵头负责，设标准财务、原燃料采购、资材备件采购、工程管理、设备管理、能环管理、产销一体化7个专业项目组，覆盖财务、采购、销售、生产、设备、能源环保、工程项目等全业务领域，借鉴中国宝武信息化建设经验，贯彻"统一语言、统一规范、统一平台、统一文化"的原则要求。项目的投运，推动马钢股份的业务从条块分割向协同运作转变，资源从分散向优化配置转变，管理从粗放向精益运营转变。

（张　泓　张蕴豪　杨凌珺）

【A号高炉大修改造工程竣工】 9月15日，马钢股份A号高炉休风停炉大修。A号高炉大修改造工程是马钢集团融入中国宝武后，马钢股份承接南北区"产品产能填平补齐"发展规划的重要项目，总投资13.90亿元。此次大修实施炉体二分段推移快速大修新工艺，炉体滑移重量7 786吨、滑移炉体高度21.70米，创造国内大型高炉快速大修"两项之最"；INBA（法渣处理工艺改进措施）水渣改造为底滤法渣处理工艺，突破渣处理工艺改造的瓶颈；首次实施干法除尘离线模块式组装，填补国内外煤气湿法除尘无法在短期

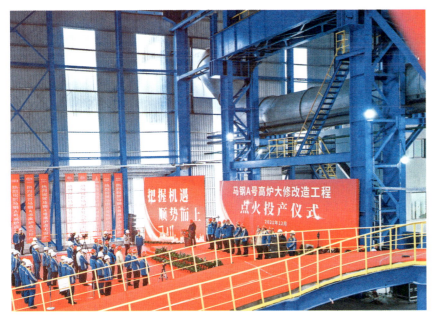

2021年12月9日，马钢股份A号高炉大修改造工程竣工点火 （张明伟 摄）

内改造为干法除尘的空白；A号高炉大修后采用智控中心远程操控，成功建立了高炉点火投产远程化操控的新模式。12月9日，A号高炉点火投产，实际大修用时85天，6天达产，创造了马钢集团大型高炉大修、开炉达产新纪录。至年底，高炉多生产铁水11万吨，创造产值3.63亿元，增加效益8800万元。 （石天顺）

【冷轧智控中心项目建成投用】 12月20日，马钢股份冷轧智控中心项目17条产线投用，标志着马钢股份智慧制造二期项目建成。马钢股份冷轧总厂按照地理位置主要划分为南、北两大区域，管辖5地31条生产线。由于产线分散、操作人员集中度低，给生产协调、安全环保、设备运维、综合业务等管理带来困难，且上下工序间的信息容易形成孤岛效应。冷轧智控中心项目建设打破传统生产模式，全面构建"1+N"智慧钢厂。项目选取17条典型产线，分两期建设，

形成1720冷轧、2130冷轧、1420硅钢三大制造单元的集中操控，产品覆盖冷轧、镀锌、硅钢、酸洗和彩涂五大品种。通过冷轧生产过程的智能化，在品种、质量、人事效率、成本等指标方面实现较大幅度提升。冷轧智控中心一期规划10条产线、二期规划7条产线，总投资2.78亿元。完成17条生产线、51个操作室（跨越5地超10千米）同处一室集控，实现多线一室操作。集中化指数从实施前2019年的18.80%提升至2021年的47.90%；远程化指数从2019年的0提升至2021年的56.80%；无人化指数从2019年的40%提升至2021年51.80%。项目的建成，也提升了人事效率，人均劳动生产量从2019年的2470吨提升到2021年的4160吨。2021年9月，基于工业互联网平台的冷轧"ALL IN ONE"（一体化）智慧工厂被命名为"安徽省智能工厂"，并获批工业和信息化部"2021年国家级工业互联网平台创新领航应用案例"。 （孙 琦）

【长江钢铁智控中心启用】 12月31日，长江钢铁智控中心启用暨信息化一期项目上线。长江钢铁智慧制造及整体信息化项目通过构建一个功能覆盖产线、高度整合的智能制造管控和集控平台，满足经营、制造和生产管控需求；通过信息化建设，覆盖核心业务环节，达到产销一体、管控一体、业财（业务和财务）一体，实现长江钢铁生产经营活动全过程动态实时可观可控，支撑长江钢铁绿色智慧转型升级。项目采用EPC（设计、采购、施工）总承包方式，由宝信软件总包，于2021年5月12日启动建设。项目分两个阶段推进。其中，信息化一期项目主要实现18个系统中的7个系统上线，涉及设备管理系统、门禁系统、铁区管理系统等。

（韩 远）

宝武集团马钢轨交材料科技有限公司

【概况】 宝武集团马钢轨交材料科技有限公司（简称马钢交材）的前身为马钢轨道交通装备有限公司，于2012年3月注册成立，2019年12月30日更名后由中国宝武直接管理，2020年4月7日完成工商登记变更。同年7月，托管马钢瓦顿公司（简称瓦顿公司）。2021年7月，马钢交材管理关系划归马钢股份。马钢交材主要从事轨道交通用车轮、轮箍、车轴、轮对、轮件、环件等产品制造以及轮对维修服务等业务。马钢交材拥有2条车轮轧制线、1条轮箍环件轧制线、2条车轮热处理生产线、3条车轮精加工生产线、6条车轮检测线、1条车轴生产线、1条弹性车轮生产线和1条轮对组装生产线，设备处于国际先进水平。产品实现轮轴全谱系覆

盖，包括整体车轮、车轴、齿轮坯、轮对、轮箍、环件、弹性车轮等，覆盖高速、重载、大功率和绿色城市轨道交通领域。全年实现营业收入25.71亿元，资产总额31.36亿元，产品出口至23个国家或地区，成为国际轮轴产品重要供应商。年底，在册员工1 228人，在岗员工1 167人。

（马 昊）

【健全体制机制】 2021年，马钢交材重建岗位体系，拓宽员工发展通道。初步完成管理、技术、操作三大序列岗位层级和职业发展通道的搭建，设计马钢交材岗位层级标准，明确各序列起点和相对位置关系。开展全员竞聘上岗，建立"赛马机制"；开展技术业务序列和操作维护序列全员竞聘上岗，实现职能优化、结构优化以及人才的有序流动。建立以市场为导向的工资总额管理机制，制订《工资总额管理办法》，设计各单位工资总额分配机制，突出激励导向。落实完善协力管理用工机制，削减19个插入式协力岗位，实现插入式协力"清零"目标。

（马 昊）

【市场营销】 2021年，马钢交材在国际市场首次获美国A43机车轮AAR（美国铁路）协会无限配额许可；韩国市场销量比上年增长138%；哈萨克斯坦T材质25吨轴重车轮首次通过GOST（俄罗斯国家认证标准）认证；与瓦顿公司协同，共同开发非洲车轴市场。获法国NANTES（南特）项目、摩洛哥CASABLANCA（卡萨布兰卡）项目及加拿大多伦多弹性车轮新产品订单。在国内市场，马钢交材生产的客车轮配装首列拉林线"复兴号"高原动车组；首发中国

标准地铁列车四方120B型车车轮产品；高速车轮应用于中国首列出口奥地利双层动车组；时速80千米B型地铁用弹性车轮通过专家评审，填补地铁用弹性车轮技术空白；国内车轮销售量比上年增长19%，销售收入比上年增长19%。

（马 昊）

【技术创新】 2021年，马钢交材研发的国内首款B型地铁用弹性车轮通过装车试用评审，完成国内首款自主知识产权供欧洲货车车轮设计、制造及供货。通过安徽省省级企业技术中心认定。"开发供欧洲高制动性能货车轮对"项目获安徽省重大合理化建设项目奖。

（马 昊）

【智慧制造】 1月4日，马钢交材智慧制造一期项目投运，初步实现运维操作远程、产销一体、管控一体、业财（业务和财务）一体。推进二期项目建设，包括北方分

公司工贸系统及业务、智维分公司业务、南区MES（企业生产过程执行管理）作业系统、工序成本建设项目、财务大数据挖掘平台项目、网络基础建设二期等项目。

（马 昊）

【马钢交材大事纪要】
1月4日，马钢交材智慧中心揭牌。

6月25日，马钢交材生产的客车车轮配装首列拉林线"复兴号"高原动车组。

6月28日，马钢交材生产的中国标准地铁用车轮实现国内首发。

9月24日，马钢交材生产的国内首款B型地铁用弹性车轮通过装车试用评审。 （马 昊）

安徽长江钢铁股份有限公司
【概况】 安徽长江钢铁股份有限公司（简称长江钢铁）是安徽省重要的建筑用钢材生产基地。2011年4月，与马钢股份联合重组，成为

2021年1月4日，马钢交材智慧中心揭牌 （王文生 摄）

国有控股混合所有制企业,注册资本12亿元,主要产品为螺纹钢、高速线材等。2021年,总资产118.22亿元,生产铁391万吨、钢456万吨。钢材452万吨;销售收入首次突破200亿元,达212.95亿元;利润总额18.26亿元,上缴税金9.20亿元。年底,在册员工4 098人,在岗员工4 093人。 (韩 远)

【安全管理】 2021年,长江钢铁修订发布16项安全管理制度。编制岗位红线卡,使员工知"红线",明"禁令"。加大安全生产投入,对安全设备设施、安全隐患整改资金开通"绿色通道",开展各类隐患排查和整改工作。制订《长江钢铁公司安全生产专项整治三年行动实施方案》,开展各类事故应急演练40场次。全年实现工亡、重伤、重大火灾事故均为零,职工职业病发病人数为零。 (韩 远)

【节能环保】 2021年,长江钢铁环境污染事故为零;二氧化硫、氮氧化物、颗粒物等主要污染物较上年分别下降18.30%、52.90%、61.50%;无组织排放次数较上年下降52.80%;环保在线监测小时超标次数较上年下降79.66%。自发电比例达44.53%。启动绿色景观提升项目,绿色发展指数75分,较上年增长13分。 (韩 远)

【项目建设】 2021年,长江钢铁投入10亿元,实施技术改造、节能环保、信息化智慧化项目建设。钢渣处理改造项目、烧结机脱硫脱硝、220千伏电炉变电站、140吨电炉项目等重点建设项目分别于3月20日、5月16日、9月15日、9月15日投入生产运行。5月12日,启动智慧

制造及整体信息化项目建设;12月31日,长江钢铁智控大楼、铁前集控中心启用,智慧制造暨信息化项目(一期)7个系统上线。 (韩 远)

【体系建设】 2021年,长江钢铁发布79项管理标准、1项工作标准、17项技术标准。围绕信息化智慧制造项目建设进行管理变革,精简员工160人,人均吨钢产量达1 114吨/年。参与4项国家、行业及团体标准的制定(修订)。被中冶检测认证有限公司认定为"建筑钢材质量品牌示范基地",获评冶金工业信息标准研究院"绿色低碳优秀品牌(2021年度)"称号。加大技术研发投入比例,全年研发投入比率为3.02%,申报专利及实用新型63项,比上年增长50%。

(韩 远)

【长江钢铁大事纪要】

9月15日,长江钢铁140吨电炉建成投运。

12月31日,长江钢铁智控中心启用。

同日,长江钢铁智慧制造暨信息化项目(一期)上线。 (韩 远)

马钢(合肥)钢铁有限公司

【概况】 马钢(合肥)钢铁有限公司(简称合肥公司)是在原合肥钢铁集团公司基础上,由马钢股份与合肥市工业投资控股公司共同出资组建,2006年5月12日挂牌成立,注册资本25亿元,其中马钢股份占71%,合肥市工业投资控股公司占29%。2021年,下设综合室、制造室、设备室、安全能源环保室4个室,12个作业区。全年,利润总额9 713.72万元,利税11 851.87万元,产值71.99亿元。年底,在册员工

704人,在岗员工632人。(王本静)

【生产经营】 2021年,合肥公司以马钢股份冷轧总厂、宝钢股份直属厂部1 730机组、湛江钢铁1 550机组为标杆,制定34项对标指标。全年28项指标达标、达标率82%;29项优于上年水平,进步率85%。10月,冷轧产品综合成材率首次达到95%。高附加值产品增幅明显,铝硅产品产量9.53万吨,比上年提高150%,其中家电薄料铝硅产品8.40万吨,比上年增长163%。 (王本静)

【企业改革】 2021年,合肥公司通过股权转让和吸收合并等方式,推进法人压减工作。9月,马钢(合肥)工业供水有限责任公司全部股权转让至宝武水务;12月中旬,合肥公司吸收合并马钢合肥板材有限责任公司(简称合肥板材),合肥板材完成注销手续;年底,安徽省江北钢铁材料质量监督检验有限公司全部股权转让给安徽省江南钢铁材料质量监督检验有限公司。11月,完成公司组织机构整合,将原7个部门和分厂整合为4个室,取消分厂机构,作业区由14个精简为12个,实行厂管作业区模式。

(王本静)

【企业管理】 2021年,合肥公司完成45个管理文件的修订、评审。组织开展环境、职业健康安全体系、"两化"融合管理体系、ISO/IATF质量管理体系等内审、管理评审和外审工作,完成5家供应商第二方审核工作。结合机构整合,修订完善制度体系,梳理有效制度231件,其中体系文件189件。规范合同管理,对7家外委协力保

产单位合同履行情况进行调查，并依法依规处理转包行为。严格执行禁入管理规定，对80名管理、采购销售和会计人员进行梳理排查，拟定禁入单位12个，拟定禁入人员1人。加强设备基础管理，镀锌线连续5个月实现设备零故障。举办各类培训班36期，部门、分厂组织培训60期，员工网络培训参训率达92.50%。获绿色工厂、智慧制造技术改造奖励补贴、稳岗补贴等政府奖励补贴资金258万元。

（王本静）

【安全环保】 2021年，合肥公司制定公司经营层和中层管理人员安全履职清单，落实安全生产隐患大起底、大排查、大整改"三大行动"专项整治工作，查处习惯性违章行为119起，排查各类安全隐患1 416项，按期整改率98.51%。推进绿色低碳发展，制定公司碳达峰、碳中和措施，完成一号连退退火炉余热回收利用、压缩空气节能改造合同能源管理、酸再生尾气排放环保改造、中水回用合同环境服务等项目。固体废物均委托有资质单位100%合规合法处置，废水、废气排污量均满足限值要求。

（王本静）

【智慧制造】 2021年，合肥公司智慧制造项目投资6 700万元，完成拆捆机器人、取样机器人、电磁撇渣智能装置等10个项目，11月30日智控中心项目建成投用，12月28日镀锌成品库智能库区项目投入试运行。"四个一律"集中化指数66.70%，无人化作业指数74.70%。6月30日，产销一体化新系统上线。

（王本静）

【技术进步】 2021年，合肥公司通过技术创新，拓宽酸轧机组HC420/780DP产品轧硬卷生产规格，并进行一号连退薄规格产品试制。全年立项技术攻关课题30个，专利受理10件，授权专利14件。3项质量课题获安徽省合肥市科学技术成果三等奖。"一种全自动焊缝质量智能检判系统"项目获第25届全国发明展览会银奖。唐家亮获"第五届安徽省工业机器人技术应用技能大赛"总决赛二等奖，葛祥等3人获全国"工业大数据算法技术技能大赛"安徽省总决赛三等奖。

（王本静）

【合肥公司大事纪要】

4月1日，马钢合肥板材有限责任公司铁路运营业务及18名员工移交合肥市地方铁路投资建设有限公司。

10月15日，合肥公司技术中心获"安徽省企业技术中心"认定。

10月28日，马钢合肥板材有限责任公司通过国家高新技术企业认定。

11月29日，合肥公司智控中心建成投用。

12月3日，合肥公司获第一届合肥市市长质量奖银奖。

12月，合肥公司"一种全自动焊缝质量智能检判系统"攻关项目获第25届全国发明展览会银奖。

（王本静）

马钢集团大事纪要

1月4日，中国宝武绿色发展与智慧制造现场会在马钢集团举行。

5月27日，永远跟党走——中国宝武首批爱国主义教育基地（马钢站）挂牌暨红色故事讲演活动，在马钢集团展厅（特钢）广场举行。

6月30日，马钢交材轨道装备智维分公司揭牌成立。

9月4日，国务院督查组一行到马钢集团调研。

9月17日，中华全国总工会副主席高凤林一行到马钢集团调研。

11月16日，安徽省委书记郑栅洁一行到马钢集团调研。

（王 广）

马钢集团下属子公司一览表

公司名称	地　址	注册资金（万元）	主要经营范围	持股比例	在岗员工（人）
马鞍山钢铁股份有限公司	安徽省马鞍山市九华西路8号	770 068	黑色金属冶炼与压延加工、焦炭与煤焦化产品、耐火材料、动力、气体生产及销售	45.54%	21 932

（续　表）

公司名称	地　址	注册资金（万元）	主要经营范围	持股比例	在岗员工（人）
马钢集团投资有限公司	安徽省马鞍山经济技术开发区太白大道1899号	330 000	以自有资金从事投资活动,包括股权投资和金融产品投资,自有资金投资的资产管理服务	100%	11
马钢集团康泰置地发展有限公司	安徽省马鞍山市印山西路656号	15 000	房地产开发、房屋租赁与管理、物业服务与管理、建安工程项目管理	50.80%	194
安徽马钢冶金工业技术服务有限责任公司	安徽省马鞍山市雨山区湖南西路1399号	15 000	技术服务和劳务服务	100%	709
深圳市粤海马实业有限公司	广东省深圳市南山区蛇口半岛花园A区5栋一单元102室	300	国内商业、物资供销业,房屋租赁(2017年9月停业)	75%	0

（李一丹）

中国宝武山西总部/太原钢铁（集团）有限公司

概　述

太原钢铁（集团）有限公司（简称太钢集团）的前身为1934年山西督军阎锡山创建的西北炼钢厂,1996年改制为国有独资公司——太原钢铁（集团）有限公司。2020年12月23日,与中国宝武联合重组,成为中国宝武的控股子公司和不锈钢产业一体化运营的平台公司。2021年1月1日,受托管理中国宝武下属宝钢德盛不锈钢有限公司和宁波宝新不锈钢有限公司。太钢集团长期专注发展以不锈钢为主的特殊钢,拥有山西太钢不锈钢股份有限公司（太原基地）、宝钢德盛不锈钢有限公司（福州基地）、宁波宝新不锈钢有限公司（宁波基地）、天津太钢天管不锈钢有限公司（天津基地）4个钢铁生产基地,矿产资源、新材料、国际贸易、工程技术、医疗健康、金融投资等相关战略多元业务单元。

中国宝武山西总部（简称山西总部）成立于2021年1月14日,与太钢集团合署办公,设办公室、规划发展部、系统创新部、法律事务部、审计部、资本运营部、计财部、人力资源部、安全生产管理部、能源环保部等作为延伸管理部门,与太钢集团同名部门实行合署办公,太钢不锈协助太钢集团开展相关工作。总代表由太钢集团主要负责人兼任。山西总部服务区域内各级子公司,建立区域联络机制,定期召集所在区域各子公司召开会议、收集信息、协调事项、传达政府的各项要求等,子公司有紧急事项或重要信息及时沟通。山西总部实行定期报告制度,重大事项随时报告,同时定期提交书面报告,报告所开展工作,所在区域政策信息及各子公司情况。

2021年,太钢集团生产精矿粉1 396.83万吨,球团444.69万吨,焦炭321.53万吨,烧结矿1 173.35万吨,铁水935.05万吨,粗钢1 273.14万吨(其中不锈钢447.24万吨),钢材1 206.87万吨(其中不锈材413.73万吨);实现营业收入1 162.10亿元,利润总额149.02亿元,上缴税金72.51亿元(含企业所得税)。年底,在册员工35 733人,在岗员工27 442人。(以上数据不含宝钢德盛、宁波宝新)。

（杨林汇）

【企业负责人简介】　高祥明,1962年9月生,山西朔州人,中共党员,正高级工程师,太钢集团党委书记、董事长。

高建兵,1976年10月生,山西运城人,中共党员,正高级工程师,太钢集团董事、总经理、党委副书记（至2021年3月）。

魏成文,1970年9月生,福建古田人,中共党员,高级工程师,太钢集团董事、总经理、党委副书记（2021年3月起）。　（温志钢）

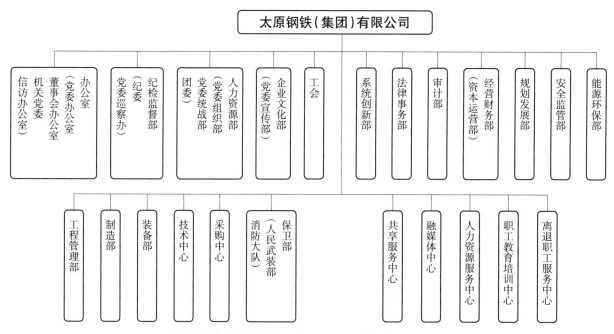

太原钢铁（集团）有限公司组织机构图（2021年12月）

太钢集团主要装备（生产线）一览表

装　　备	规　　格	数　　量	备　　注
矿山		6座	
焦炉	7.63米×70孔	3座	
烧结机	450平方米	2台	
高炉	1 800立方米	1座	
高炉	4 350立方米	2座	
转炉	80吨	2座	
转炉	90吨	1座	
转炉	180吨	3座	
电炉	80吨	1座	
电炉	90吨	1座	
电炉	160吨	2座	
连铸机		11套	
初轧机	1 000毫米	1套	
高速线材轧机		1套	
中厚板轧机	2 300毫米	1套	
中厚板轧机	3 300毫米	1套	
冷轧硅钢酸连轧机		1套	

（续　表）

装　　备	规　　格	数　　量	备　　注
不锈钢冷连轧机		2套	
热连轧机	1 549毫米/2 250毫米	2套	
六辊冷轧机		1台	
钢管冷轧机		37台	
二十辊冷轧机		20台	太钢不锈冷轧硅钢厂3台、冷轧厂11台、山西太钢不锈精密带钢有限公司2台、天津天管太钢焊管有限公司4台

（侯全红）

生产经营管理

【企业管理】　2021年，太钢集团与中国宝武实施管理对接，本着应接尽接、快速对接的原则，优化配置各类资源，提升管理效能、运营效率、资产效率，实现与集团公司发展战略紧密衔接，战略管控体系、语言与工具的高效对接与有机融合。成立"一总部多基地"管理推进工作组机构，编制"一总部多基地"管理"十四五"规划，形成太钢集团"一总部多基地""1+4"管控方案，组织推进两批次工作计划。完成《太钢集团制度树（2021版）》，并在中国宝武制度文件平台上线。制定太钢集团重大风险日常管理指标、关键风险指标及预警标准，完善全面风险管理体系报告及事件报备机制。开展太钢集团全层级经营管理风险隐患专项排查，排查问题215项，内控体系排查专项行动，自查问题196项。开展太钢集团全层级经营单元内控体系建设，提升内控体系能力。组织完成一体化体系内审，对其覆盖范围内的所有41个职能部门、业务部门、生产单位及子（分）公司进行了审核；发现35个不符合项和186个一般问题，全部组织整改并进行有效性验证，整改完成率100%；分专业体系并与相应专业管理年度总结会进行结合，分别组织开展本专业体系管理评审，管理评审覆盖率100%；质量、环境、能源、职业健康安全4个专业管理体系全部通过年度再认证审核，审核发现问题的整改完成率100%，获各专业认证的有效资质；组织通过Apple（苹果公司）等重点用户委托的年度社会责任第三方审核，并对其他第二方审核提供支持。　　　（单祥林）

【深化改革】　2021年，太钢集团推进国企改革三年行动任务，山西太钢不锈钢股份有限公司实行限制性股票激励计划，山西钢科碳材料有限公司完成混合所有制改革框架方案。收尾解决历史遗留问题，全面完成厂办大集体改革任务。　　　　　　（李　彬）

【科技创新】　2021年，太钢集团牵头承担的"十三五"国家重点研发计划项目"高强高耐蚀不锈钢及应用""苛刻环境下铁路车辆关键部件用钢"通过科学技术部综合绩效评价验收，牵头承担国家重点研发计划课题"超薄不锈钢箔材多辊镜面轧制及离子沉积改性技术"；5个项目获冶金科学技术奖，其中太钢集团主持的"核电用高品质不锈钢制造技术及品种开发"获冶金科学技术奖一等奖，"-19微米粒级铁矿选矿高效综合技术开发与应用"等4个项目获冶金科学技术奖三等奖；12个项目获山西省科学技术奖，其中山西钢科碳材料有限公司、山西太钢不锈钢精密带钢有限公司获"山西省企业技术创新奖"，太钢集团主持完成的"高等级无取向硅钢高性能控制和高效制造技术开发与创新"等3个项目获山西省科学技术奖一等奖，"资源节约型高性能铁素体不锈钢焊接关键技术创新与产业化应用"等4个项目获山西省科学技术奖二等奖，"大型钢铁企业余能综合利用的开发与研究"等3个项目获山西省科学技术奖三等奖；参与完成的"钢材热轧过程氧化行为控制技术开发及应用"项目获国家科学技术进步奖二等奖；受理专利324件，其中发明专利216件，发明专利比例为66.70%，"超薄超宽不锈钢产品轧制的辊系配备方法及轧制方法"等3件专利分获山西省第三届专利奖一、二、三等奖。　（王　艳）

【项目建设】　2021年，太钢集团固定资产投资项目共完成投资40.15亿元。按照进度目标，铁前物流智能升级改造项目、高端冷轧取向硅钢项目一期工程、高端碳纤维千吨级基地三期工程等22个项目建成投用，太钢不锈热轧厂中厚板生产线智能化升级改造项目、太钢不锈冷轧硅钢厂极薄规格高牌号无取向硅钢退火机组绿色化、智能化升级改造项目、太钢集团岚县矿业有限公司绿色升级资源综合利用改造工程（第二阶段碱性球团）等24个项目处于建设阶段。其中，铁前物流智能升级改造项目，2020年4月开工建设，2021年6月全线投用。项目投用后实现了电煤、高炉喷煤全火车运输，消除了公路运输污染，物料内部倒运减少约300车/日，煤粉汽车运输

量减少约6 000吨/日，提升了物流效率，改造后粉尘排放浓度小于10毫克/立方米。高端冷轧取向硅钢项目一期工程，2019年11月开工建设，2021年2月三号轧机投用，4月四号轧机投用，10月脱碳渗氮机组、平整拉伸机组、环形炉投用。高端碳纤维千吨级基地三期工程，2020年7月开工建设，2021年10月开始热负荷试车。项目实施后，产品性能指标和制造成本达到国际先进水平，满足航空、航天、风电叶片、海洋装备、轨道交通、新能源汽车等领域对高性能、低成本碳纤维日益增长的需求。应急料场全封闭环保升级改造工程，2021年4月开工建设，12月完工，项目实施后，增加物料储量11万吨，增加2.5天库存，减少75%的颗粒物排放。煤气锅炉升级改造项目，2020年1月开工建设，2021年4月投产，每年增加发电量1.90亿千瓦时，回收乏汽余热21.60万吉焦，每年可节约标准煤6.27万吨，减少二氧化硫排放量4 300吨，减少二氧化碳排放

量13.70万吨，减少氮氧化物排放量约2 000吨，减少烟尘排放量1 900吨。山西太钢鑫磊资源有限公司续建回转窑项目，2021年3月开工建设，7月点火烘窑，9月达产。

（田文瑜）

【智慧制造】　2021年，太钢集团制订《太钢集团智慧制造三年行动方案》，明确在新形势下公司智慧制造发展路径。以"四个一律""三跨融合"为重点，围绕矿石采掘、钢铁制造全流程，开展太钢集团信息化升级改造（一期）、太钢不锈"1+6"智慧化集控、不锈钢冷连轧智能车间、取向硅钢智能车间、宝钢德盛5G智能工厂、宁波宝新"一总部多基地"配套制造管理系统升级、太钢集团岚县矿业有限公司"智慧矿山"等重点项目。加速构建集智能装备、智慧化集控、设备远程运维、智能工厂、智慧矿山、智能运营于一体的智慧制造体系。启动智能冷轧"工业大脑"项目攻关。年内，太钢集团对能源管理信息化系统进行升级改造，10月进入程序开发阶段。

（刘彦男　张　浩）

【绿色发展】　2021年，太钢不锈、太钢集团矿业分公司东山石灰石矿、太钢集团岚县矿业有限公司、山西太钢鑫磊资源有限公司被山西省生态环境厅评为A级绩效企业。太钢不锈实施环保事件"事故化"管理机制，试行环保管理"人人有责"体系，各类环保事件均有效受控；实施水系统控盐提盐、废水串级利用，有序推进废水零排放工作；按照源头"减量化"、过程"规范化"、管理"信息化"、重点工作"项目化"，全方位推进固体废物不

2021年2月9日，太钢集团高端冷轧取向硅钢三号轧机热负荷试车　　　　　（王旭宏 摄）

出厂工作。宝钢德盛实现废水零排放、固体废物不出厂。 （尚瑞年）

【节能减碳】 2021年,太钢集团建立"双碳"工作体系,加大节能、减污、降碳技术开发和推广应用。太钢不锈自备电厂、太钢集团岚县矿业有限公司自备电厂首次纳入全国碳排放权交易市场。经山西省生态环境厅委派的第三方和第四方核查复核,按期完成碳配额清缴履约。同时,太钢不锈以市场化方式与武钢有限钢电公司完成碳配额缺额量交易。年内,太钢集团挖潜余热资源,研究推进低品位余热的回收利用,工业余热清洁供暖占比达60%,集中供热面积达2 150万平方米。 （张利军 马晋杰）

【安全生产】 2021年,太钢集团建立完善"一总部多基地"安全管理体系,落实全员安全生产责任制和安全管理履职清单,开展检修技改、协作供应商、有限空间、皮带机等安全专项整治,完成"钢八条"类、危险化学品等隐患治理。全年未发生较大及以上生产安全事故。 （郝 强）

【人事效率提升】 2021年,太钢集团下发《人事效率提升指导意见》《职工转岗创业管理办法》《援职管理办法》《向宝钢德盛专项援职管理办法》《转岗培训管理办法》,形成人事效率提升工作的配套制度体系。严格控制进员人数,原则上非核心技术岗位,缺员不补,由各单位通过劳动组织优化予以内部调剂解决;新建(增)项目一般性岗位通过内部公开招聘和内部挖潜解决;拓展人员分流渠道,通过内部统筹方式,向宝钢德盛派出技术、关键操作岗位员工311人,其中长期支持232人、短期支撑79人,保证宝钢德盛新项目的人员需求;推进钢铁主业等单位辅助工序与业务项目的专业化协作,19个单位639名员工随项目协力援职到协作单位;764人进入创业站,通过外部创业方式,解决矿山和本部房产物业等大量后勤辅助人员难以剥离的问题。 （常晋爱）

【人才队伍建设】 2021年,太钢集团对标优化引才政策,引进4名博士。制定《太钢管理学家管理办法》《首席师队伍建设管理办法的补充规定》,拓展员工发展通道,受聘中国宝武工程科学家、中国宝武管理学家、太钢管理学家各1名。制定《人才选优培养管理办法》,组织人才培训28项;组织职业技能培训,2 633人参加培训,1 450人通过职业技能等级认定考评,其中通过高级工以上等级认定考评401人;举办跨区域培训3轮5期,太钢集团跨区外送员工培训1 461人,接收集团公司其他单位学员跨区培训734人,组织员工申领地方人才补助107人次,组织人才推优18人次,1人获山西省首届人才突出贡献奖,1人获第11届冶金青年科技奖,1人获评"全国技术能手"。 （毛晓潭）

【员工培训】 2021年,太钢集团举办培训班491个,共13 228学时,45 421人次参加培训。举办党史学习研修班、政治理论读书班、支部书记轮训班、入党积极分子培训班等108个,培训学员18 099人次;承揽中国宝武"专业技术人员职业能力提升研修班""未来工匠成长营""班组建设与班组管理能力提升研修"3个培训项目,举办3轮5期培训,接待来自宝钢股份、武钢集团、中南钢铁、昆钢公司、重钢集团等中国宝武各子公司学员734人,同时外送赴中国宝武其他基地轮训1 461人;举办中国宝武企业文化、中国宝武管理精要、中国宝武发展历程、中国宝武商业计划管理实践、中国宝武人力资源管理等系列讲座22期,培训学员4 008人次;举办安全管理培训班96个,培训学员10 132人次;举办技能人员培训班202个,培训8 522学时,培训学员14 009人次;组织549名专业技术人员和高技能人才参加考评员培训;89个职业的2 133人参加职业技能等级认定,合格人数1 541人,其中高技能人才409人。职工教育培训中心被中国宝武确定为山西区域职业技能指导中心,负责中国宝武11个单位的职业技能等级认定指导工作。 （马玉花）

【国际化业务】 2021年,太钢集团实现进出口总额228.40亿元,比上年增长30.40%。其中,进口总额171.80亿元,比上年增长44%;出口总额56.60亿元,比上年增长1.30%。进口铬矿177万吨,比上年增长13%,进口量排名保持全国首位。开发红土镍矿258万吨,比上年增加224万吨,增幅达659%。进口铁矿石448.70万吨,比上年增长75%。 （王静卿）

【资源拓展】 2021年,太钢集团通过零单方式获取俄镍、镍豆资源,同时引入挪威镍板,弥补镍资源的不足;开发镍铁资源开发3 000吨。拓展焦煤和无烟煤新型业务,与俄罗斯科尔马集团公司下属KSL AG公司、埃尔加煤炭公司、俄罗斯西伯利亚无烟煤集团等上游企业形成稳定合作关系，获取优质资源；打通与国内大型钢铁企业供销通道，进口（转口）焦煤31.52万吨。与中国出口信用保险公司开展深度合作，扩大承保范围，完成国内信用保险和出口（转口）信用保险保单签发。太原钢铁（集团）国际经济贸易有限公司获中国出口信用保险公司授予的"中国信保Ⅴ级客户（最高信用等级）"称号。　　　　　　　（王静卿）

【子公司变动】　8月，哈尔滨太钢销售有限公司注销。9月，太钢国际贸易（南非）有限公司注销。10月，长沙太钢销售有限公司、济南太钢销售有限公司、揭阳太钢销售有限公司、郑州太钢销售有限公司、重庆太钢销售有限公司注销。11月，佛山市太钢不锈钢销售有限公司吸收合并广东太钢不锈钢加工配送有限公司，太钢集团临汾钢铁有限公司吸收合并山西新临钢钢铁有限公司；山西太钢峨口生态农业发展有限公司注销。12月，山西太钢房地产开发有限公司吸收合并太原钢铁（集团）物业管理有限公司；上海太钢钢材销售有限公司注销。　　　　　　　（杨雅芹）

【获得荣誉】　2021年，太钢不锈炼铁厂五号4 350立方米高炉、炼钢二厂二号180吨转炉获评全国钢铁行业"大型炉座节能减排对标竞赛优胜炉"；炼铁厂三号450平方米烧结机获评全国钢铁行业"大型炉座节能减排对标竞赛创先炉"；太钢集团获"山钢杯"全国钢铁行业职工网上安全生产知识竞赛团体一等奖；《太钢不锈2020年社会责任报告》获"中国企业社会责任报告评级专家委员会"五星级（卓

越）评价。太钢集团获中国红十字特级人道勋章。　　（雷亚明）

山西太钢不锈钢股份有限公司

【概况】　山西太钢不锈钢股份有限公司（简称太钢不锈）是太原钢铁（集团）有限公司1998年重组不锈钢经营性资产后募集设立的上市公司。2006年，太钢不锈完成对太钢集团钢铁主业资产的收购，拥有完整的钢铁生产技术装备及配套设施。2021年底，太钢不锈股本总额5 696 247 796元，太原钢铁（集团）有限公司为控股股东，持股比例63.31%，其余为公众股，合计持股比例36.69%。全年，产铁935.05万吨、钢1 273.14万吨、钢材1 206.97万吨（其中不锈材413.83万吨），降成本9.70亿元。年底，在册员工20 307人，在岗员工17 087人。　（乔亮云）

【董事会重要事项】　2月3日，太钢不锈召开第八届董事会第九次会议，审议并通过受让太原重工轨道交通设备有限公司部分股权（公司以现金出资受让太原重工股份有限公司持有的太原重工轨道交通设备有限公司20%股权，交易金额54 843.68万元）、调整子公司监事人员（提名员红星任山西太钢不锈钢钢管有限公司监事、监事会主席人选，赵志浩不再担任监事会主席职务；同意山西太钢不锈钢钢管有限公司选举赵志浩为职工监事职务）等议案。3月22日，因工作另有安排，高建兵向董事会提出辞去太钢不锈第八届董事会董事长、

董事职务，辞去董事会战略委员会的委员、召集人职务。4月6日，召开第八届董事会第十次会议，审议并通过《提名魏成文先生为太钢不锈第八届董事会董事候选人》。4月22日，召开第八届董事会第十一次会议，审议并通过《选举魏成文先生为董事长、调整第八届董事会战略委员会人选》等议案。4月22日，召开第八届董事会第十二次会议，审议并通过《太钢不锈2020年度利润分配预案（向全体股东每10股派送现金红利1.53元）》《注销部分子公司及沈水公司吸收合并辽宁公司［注销长沙太钢销售有限公司、哈尔滨太钢销售有限公司、太钢国贸（俄罗斯）公司3家子公司，并由沈阳沈水太钢不锈钢销售有限公司吸收合并辽宁太钢销售有限公司］》等议案。4月29日，因职务调整变动原因，尚佳君向董事会提出辞去太钢不锈营销总监职务，继续担任董事职务、董事会薪酬与考核委员会委员职务。5月24日，召开第八届董事会第十四次会议，审议并通过《关于调整董事会专门委员会人员的议案》。7月20日，召开第八届董事会第八届十五次会议，审议并通过《关于注销上海等五个销售子公司并成立四个分公司的议案》，注销上海太钢钢材销售有限公司、重庆太钢销售有限公司、揭阳太钢销售有限公司、郑州太钢销售有限公司、济南太钢销售有限公司5个销售公司；在揭阳、济南、郑州、重庆设立佛山市太钢不锈钢销售有限公司揭阳分公司、青岛太钢销售有限公司济南分公司、西安太钢销售有限公司郑州分公司、成都（太钢）销售有限公司重庆分公司4个分公司。8月3日，因职务调整变动原因，赵

恕昆向董事会提出辞去公司副总经理职务。10月29日，召开第八届董事会第十七次会议，审议并通过《太钢不锈2021年前三季度利润分配及资本公积转增股本（向全体股东每10股派送现金红利5.86元）》等议案。11月23日，召开第八届董事会第十八次会议，审议并通过《调整部分日常关联交易预计额》等议案。12月21日，召开第八届董事会第十九次会议，审议并通过调整董事会专门委员会人员、推进经理层成员任期制和契约化管理工作、经理层成员薪酬激励和业绩考核办法等议案。12月30日，召开第八届董事会第二十次会议，审议并通过《制定〈股权激励管理办法〉》等议案。　（杨润权）

【股东大会重要事项】　4月22日，太钢不锈召开2021年第一次临时股东大会，投票表决通过补选魏成文为太钢不锈第八届董事会董事。5月24日，召开2020年度股东大会，投票表决通过《太钢不锈2020年度利润分配及资本公积转增股本》《与太钢（天津）融资租赁有限公司开展10亿元额度融资租赁业务》等议案。11月16日，召开2021年第二次临时股东大会，投票表决通过《太钢不锈2021年前三季度利润分配及资本公积转增股本》等议案。12月9日，召开2021年第三次临时股东大会，投票表决通过《与太钢集团财务有限公司签订〈金融服务协议〉》等议案。　（杨润权）

【技术改造】　2021年，太钢不锈为提高余热余能利用水平，新建1座260吨/小时亚临界超高温煤气锅炉，配套1台80兆瓦亚临界超高

2021年5月12日，太钢不锈发布两个不锈钢新产品　（王旭宏　摄）

温直接空冷发电机组，煤气利用效率提高28%，相同煤气耗量条件下发电量可增加1.90亿千瓦时。推进燃气高效利用，完成1549热连轧混合站新建焦炉煤气脱硫装置项目、冷轧酸再生天然气置换改造、炼钢二厂南区转炉煤气放散塔点火伴烧改造、炼钢二厂氩氧脱碳精炼炉（AOD炉）烤炉壳改造等项目，实现低热值煤气替代高热值天然气，天然气用量比上年减少2.40%。提高蒸汽利用效率，炼钢一厂完成碳钢线钢包精炼炉（VD）余热汽抽真空改造，利用自产余热蒸汽替代中压蒸汽用于抽真空，自产余热蒸汽实现内循环，年削减中压蒸汽55%，增加发电量456万千瓦时。　（段新虎）

【新产品开发】　2021年，太钢不锈对接国家战略、重大工程和关键领域，开展使命类、"卡脖子"技术和产品攻关，重点新产品开发量突破20万吨，全球首发0.07毫米超平不锈钢精密带材、无纹理表面不锈精密带钢、电梯用低成本不

锈钢TES18、硬X射线自由电子激光装置用不锈钢和1 800毫米宽幅1 000兆帕级超高强热轧卷板5个新品。　（邓洪斌）

【市场营销】　2021年，太钢不锈销售钢材1 208.26万吨，其中不锈钢414.32万吨，产销率100%。出口钢材59.73万吨，其中不锈钢38.89万吨；"一带一路"沿线国家和地区出口销量比上年提高24%；向菲律宾巴丹加斯液化天然气终端项目供货；向沙特阿拉伯国家石油公司供应管线钢4.30万吨。　（饶巨力）

【提升资产运营效率】　2021年，太钢不锈从资产的"投（投资）、融（融资）、管（管理）、退（退出）"四个方面入手，通过推动成本削减、优化产品结构、严控"两金"规模、加强投资管理、推进法人压减、优化资本结构等措施，开展净资产收益率提升工作，公司的盈利能力、资产运营效率提高，资本结构日趋合理，净资产收益率比上年上升

12.52%，"两金"周转天数比上年加快16.05天；通过多渠道融资优化带息负债结构，降低资金成本，资产负债率47.43%，财务费用比上年降低3.46亿元。 （乔亮云）

【压减法人】 2021年，太钢不锈开展长期亏损投资项目的清理，对同质业务子公司进行整合。完成佛山市太钢不锈钢销售有限公司吸收合并广东太钢不锈钢加工配送有限公司，以及哈尔滨太钢销售有限公司、长沙太钢销售有限公司、济南太钢销售有限公司、郑州太钢销售有限公司、揭阳太钢销售有限公司、重庆太钢销售有限公司和上海太钢钢材销售有限公司7个销售子公司的注销工作，以及参股公司青岛太钢华运达集装箱板加工配送有限公司的股权转让工作。 （乔亮云）

【循环经济】 2021年，太钢不锈创新水系统管理理念，探索用水、节水管控新模式，深化水系统内、外部双循环资源化利用，再生水常态化回供城市湿地公园，日供水量达3万多吨；完成取向硅钢区域废水资源化项目和工业废水一膜深度处理系统提效改造项目，水系统利用效率得到提升。太钢不锈吨钢耗新水比上年降低20.20%，总取水中城市生活污水、中水占比达到53.40%。实施9号、10号锅炉通过环保提升改造，保证锅炉长期满负荷运行，纯高炉煤气工况下单台锅炉蒸发量由100吨/小时提高至120吨/小时，消化高炉煤气能力增加2万立方米/小时。

（段新虎　尚瑞年）

【系统节能攻关】 2021年，太钢不锈推进系统节能工作，实施的主要攻关项目有：蒸汽系统管网配置质量优化攻关、水系统利用质量指标提升攻关、热连轧煤气系统供用质量优化控制、转炉煤气回收及供出质量优化攻关项目。全年完成系统性改进24项。

（段新虎）

【区块化多链耦合减污降碳】 2021年，太钢不锈通过建立以铁前区域为代表的区块化多链耦合减污降碳发展模式，集成国内外先进节能环保技术，实施大规模的绿色低碳、循环经济改造项目，推动全方位、全流程卓越环保，率先成为国家首批绿色工厂和钢铁行业全流程超低排放绩效A级企业，实现碳排放、污染物排放协同下降，经济效益和环境效益双赢。"太钢区块化多链耦合减污降碳的创新与实践"获工业和信息化部优秀项目奖。 （段新虎）

【煤气区域整治】 2021年，太钢不锈开展煤气危险区域人员密集场所专项整治，搬迁（拆除）164处煤气危险区域人员密集场所，拆除（改造）或煤气管廊下方无关建筑物91处，在83处其他区人员密集场所制定防煤气泄漏安全措施，从根本上提高煤气安全风险管控水平。 （杨帆）

天津太钢天管不锈钢有限公司

【概况】 天津太钢天管不锈钢有限公司（简称太钢天管）的前身为2006年4月建成的天津天管圆通

太钢天管主要装备（生产线）一览表

装　　备	产　能　或　规　格	数　　量
混合退火酸洗线	产能：热线40吨/年、冷线20吨/年	1条
20辊森吉米尔轧机	产能：10万吨/年，最大速度800米/秒	4台
冷线（含在线平整机）	产能：40万吨/年，最大速度：150米/秒	1台
离线平整	产能：24万吨/年	1台
剪切线	产能：15万吨/年	2条
拉矫线	产能：16万吨/年	1条
修磨线	产能：缺陷修磨2.50万吨，成品磨光1.50万吨	1条
磨床	大磨床复磨离线平整机工作辊	2条

（郭仁新　赵骁）

不锈钢制品有限公司，位于天津港保税区。2007年12月1日，由太钢不锈与天津大无缝投资有限公司共同投资，并更名为"天津太钢天管不锈钢有限公司"，股权比例各占50%。2012年，太钢不锈控股65%。主要生产不锈钢301、316L、304、304J1等钢种，厚度0.3毫米～3.0毫米，宽度1 000毫米～1 300毫米，产品涉及研磨、深冲制品、精密薄带、硬态料等多个行业，广泛应用于电梯板、动车料、家具装饰、厨房设备及厨具、罐体、电机外壳、汽车配件等多个行业。2021年，产、销量45万吨，营业收入81.90亿元，利润总额2 500万元。

（郭仁新　赵　骁）

【对标找差】　2021年，太钢人管围绕"全面对标找差、创建世界一流"管理主题，落实中国宝武对标行动实施方案和工作清单要求，提升管理效能、运营效率、经营绩效。完善效率类指标体系，发挥"短、平、快"生产优势，挖掘关键工序潜能，实现产能利用率超120%。通过推进管理变革、专业化协作等，人事效率提升8%，实现人均钢产量1 240吨。

（郭仁新　赵　骁）

【技术创新】　2021年，太钢天管研发投入率为3.60%。确定304WT（流体管）、304EQ（啤酒罐）、316LDQ（水杯）等21个新产品研发项目，以联合协同的方式，实现新产品的开发、改进、提质4.20万吨。制定激励制度和政策鼓励科技创新，重奖发明专利获批人员，申报专利8件，其中发明6件。

（郭仁新　赵　骁）

【安全生产】　2021年，太钢天管全面融合中国宝武及太钢集团安全管理体系，进一步建立和完善从上到下、层层负责的责任机制，推进"安全生产专项整治三年行动""百日安全无事故"活动和重点环节的安全风险管控。开展检修维修安全、承包方安全、有限空间安全专项整治。深化重点环节的安全风险管控，共分析9类操作界面83个生产风险点位，从实际操作层面综合整治安全隐患26项，全年无事故。

（郭仁新　赵　骁）

【绿色发展】　2021年，太钢天管制定废水零排放、固体废物不出厂等工作办法，完成环保体系审核；完成雨污分流，降低污泥、废水排放量，水气声渣达标排放，降低新水消耗量，吨钢耗新水1.77立方米，水重复利用率达98.90%；完成板框压滤机隔膜改造、低氮烧嘴改造、降低破鳞机无组织排放改造。一般固体废物综合利用率达100%。　（郭仁新　赵　骁）

【智慧制造】　2021年，太钢天管落实智慧制造行动方案，对接太钢集团智慧制造整体规划，推进生产现场机器代人。钢卷自动打包机项目建成投运，混线焊缝视觉自动识别、磅房称重自动无人化投入运行，远程运维一期项目上线，完成6个操作室集中，智慧化指数达56%。　（郭仁新　赵　骁）

【市场营销】　2021年，太钢天管结合区域差异化产品，提供个性化定制服务，资源优先向直供用户倾斜，直供比提升至22%。强化资源配置，拓展薄规格的不锈钢销售，平均厚度降至1.31毫米。

（郭仁新　赵　骁）

【员工队伍建设】　2021年，太钢天管规范选人用人工作程序，到龄退休和解除岗位聘用8人。实施2021年培训计划，内训师自主授课116次、参培3 659人次、15 272课时，取得初级职称6人。员工参加脱产及网络培训4 215人次，培训实施率100%。（郭仁新　赵　骁）

【社会责任】　2021年，太钢天管购买津南区农产品6 000余元，进行消费帮扶；开展党团志愿服务，志愿服务10余场次，参与300余人次。　（郭仁新　赵　骁）

宝钢德盛不锈钢有限公司

【概况】　宝钢德盛不锈钢有限公司（简称宝钢德盛）的前身为成立于2005年11月的福建德盛镍业有限公司。2011年初，原宝钢集团收购福建德盛镍业70%的股权，成立混合所有制企业宝钢德盛，委托宝钢不锈钢有限公司管理。2017年10月，宝钢德盛由中国宝武直接管理。2020年12月30日，由中国宝武委托太钢集团管理。宝钢德盛坐落在福建省罗源湾开发区金港工业区，占地218万平方米，主要从事镍合金及不锈钢材料生产，具备炼铁、炼钢、热轧、冷轧等完整的不锈钢生产工艺。2021年，实现粗钢产量183万吨，营业收入159.07亿元，利润总额0.55亿元。年底，在册、在岗员工2 276人。　（徐　莉）

宝钢德盛主要装备（生产线）一览表

装　　备	规　　格	数　量
烧结机	126平方米	3台
烧结机	360平方米	1台
高炉	600立方米	3座
高炉	2 500立方米	1座
转炉	80吨	4座
转炉	150吨	2座
AOD炉	120吨	2座
脱硅站	80吨	1座
连铸机	180×1 250毫米一机二流板坯连铸机	1台
连铸机	200×1 600毫米一机一流板坯连铸机	1台
连铸机	200×1 650毫米一机一流板坯连铸机	3台
热连轧机	1 150毫米轧机	1套
热连轧机	1 780毫米轧机	1套
冷轧精整	1 150毫米	4套
冷轧DRAP机组（轧制、退火、酸洗不锈钢全连续生产线）	1 250毫米4台18辊连轧机	1套
冷轧HRAPL机组（黑卷轧制退火酸洗不锈钢全连续生产线）	1 250毫米2台18辊连轧机	1套
冷轧HAPL机组（不锈钢热带连续退火酸洗机组）	2～10毫米×750～1 600毫米	1套
罩式炉机组	2～8毫米×730～1 600毫米	30座

（张世松）

【企业负责人简介】 王清洁，1967年10月生，山西太原人，中共党员，正高级工程师，宝钢德盛党委书记、董事长。

钱海平，1969年3月生，辽宁营口人，中共党员，工程师，宝钢德盛总经理、党委副书记。（徐　莉）

【对标找差】 2021年，宝钢德盛对标先进企业，通过矿耗、燃料比、金属料消耗、成材率等经济技术指标对标，查找差距，提高制造水平；通过工序成本对标，挖掘潜力，缩小与标杆企业的差距，确定降成本项目46项，降低成本3.01亿元。

（徐　莉）

【技术创新】 2021年，宝钢德盛申报专利16件，其中发明专利8件。在第25届全国发明展览会上，获金奖1项、铜奖1项。推进多基地技术协同及科研管理工作，与太钢技术中心形成28项基地协同项目，其中由宝钢德盛牵头实施11项，参与实施12项，实现效益3 544.42万元；开展产学研合作，与重庆大学、北京科技大学等开展合作，利用外部资源组织"大师请进来"等技术交流活动4场（次）。

（徐　莉）

【安全生产】 2021年，宝钢德盛推进安全生产专项整治三年行动，深化重点环节的安全风险管控，重点分为2个专题和8个专项，细化形成38个子项深入推动实施。全

年安全整体受控,重伤及以上(含协力员工)事故为零。 (徐 莉)

【绿色发展】 2021年,宝钢德盛推进清洁生产,注重环保设施的投入和污染防治,开展全厂环境保护改造三年行动,全面推进水、气、声、渣污染达标治理,实施环保改造项目6项;实施给排水管网明管化,吨钢耗新水3.83立方米,废水重复利用率达97.97%,保持废水零排放。开展固体废物源头减量化、规范化、资源化和产品化,实现综合利用率100%,固体废物不出厂率100%。开展厂区环境整治,建设3A级智慧工业体验式生态旅游项目,厂区新增绿化面积13.60万平方米,较上年增长4.86%。 (徐 莉)

【智慧制造】 2021年,宝钢德盛策划智慧制造项目15项,年内完成12项。智慧化指数由2020年底的54.35%提升至2021年底的64.85%。以生产操控集约化为目标,推动劳动效率提升,操控室集中化指数(ACC)提升至70.71%,现场作业无人化指数提升至50.16%,设备运维远程化指数提升至39.41%,设备上平台指数30.82%,服务一律上线指数达101.11%。 (徐 莉)

【市场营销】 2021年,宝钢德盛结合区域定制化价格政策,提供个性化定制服务,评估用户价值,优化用户结构,资源优先向直供用户倾斜,直供比提升至84.86%。强化资源配置,拓展印度尼西亚、马来西亚等东南亚市场200系不锈钢的销售;拓展200系工业板的市场份额,销量占比由2020年0.13%提升

至6%,市场占有率达50%以上;销售400系不锈钢1.02万吨、BFS系列高强钢879吨。 (徐 莉)

【员工队伍建设】 2021年,宝钢德盛规范选人用人工作程序,岗位调整18人,到龄退休和解除岗位聘用6人。实施2021年培训计划,中国宝武内跨单位交流实习103人次,公司内部"跨岗学习"11人次,内训师自主授课57人次,取得中级职称17人、初级职称36人、员级职称13人。参加脱产及网络培训43 711人次,培训实施率94.60%。 (徐 莉)

【关爱员工】 2021年,宝钢德盛开展重大节日慰问,慰问补助100余人次;举办各类文体活动10余项;开展调研座谈5次,实施"三最"(最关心、最直接、最现实)实事项目90余项,召开综合事务沟通会12场,解决反馈员工意见建议60余条。完善员工福利体系,开通员工通勤车,提高员工餐贴至每月240元,社会保险缴费基数与员工收入挂钩。 (徐 莉)

【社会责任】 2021年,宝钢德盛购买罗源县农产品40余万元,进行消费帮扶;开展党团志愿服务,组建30支志愿服务队,先后开展"战疫青春,志愿有我""绿色星期六""通行车文明引导"等志愿服务40余场次,服务3 000余人次。 (徐 莉)

【宝钢德盛大事纪要】
3月31日,宝钢德盛与中国移动通信集团有限公司福建公司签署战略合作协议。
4月15日,宝钢德盛新建全封闭原料大棚工程开工建设。

6月7日,宝钢德盛精品不锈钢绿色产业基地项目2 500立方米高炉开始烘炉。

6月26日,宝钢德盛精品不锈钢绿色产业基地项目不锈钢冶炼系统第一块300系不锈钢板坯下线。

12月17日,福建省新一代信息技术与制造业融合发展暨"5G+工业互联网"工作现场会在宝钢德盛召开。 (徐 莉)

宁波宝新不锈钢有限公司

【概况】 宁波宝新不锈钢有限公司(简称宁波宝新)始建于1996年3月,隶属中国宝武,2020年12月委托太钢集团管理。宁波宝新由中国宝武、浙甬钢铁投资(宁波)有限公司、日铁不锈钢株式会社、三井物产株式会社、阪和兴业株式会社联合投资,投资总额为71.40亿元,注册资本为31.88亿元,出资比例分别为54%、12%、20%、7%和7%。宁波宝新地处浙江省宁波经济技术开发区,是专业生产冷轧不锈钢板、卷的企业,不锈钢板、卷年设计产能69万吨。主要产品为300、400系列钢种,产品广泛用于电梯、城轨、集装箱、精密电子、太阳能、汽车配件、家电制品、化工设备、建筑装潢等行业。2021年,宁波宝新完成冷轧不锈钢板卷产量67.70万吨、销量68.04万吨,受委托加工产量2.08万吨、销量1.71万吨;实现营业收入92.91亿元,主营业务收入92.91亿元,利润总额2.81亿元。年底,在册员工788人,在岗员工790人(含出资方派遣人员)。 (许徐敏 杨 武)

宁波宝新主要装备（生产线）一览表

装　　　备	规　　　格	数　　　量
不锈钢热带退火酸洗机组	宽度650～1 350毫米，厚度2.0～6.0毫米	1套
不锈钢冷带退火酸洗机组	宽度650～1 350毫米，厚度0.2～3.0毫米	3套
光亮退火机组	宽度650～1 350毫米，厚度0.3～2.0毫米	2套
罩式炉		18套
修磨抛光机组	宽度650～1 350毫米，厚度0.3～3.0毫米	4套
单机架冷轧轧机	宽度650～1 350毫米，厚度0.2～3.0毫米	7台
不锈钢平整机组	宽度650～1 350毫米，厚度0.2～3.0毫米	3套
拉矫机组	宽度650～1 350毫米，厚度0.2～3.0毫米	2套
重卷机组	宽度650～1 350毫米，厚度0.2～3.0毫米	2套
横切机组	宽度650～1 350毫米，厚度0.2～3.0毫米	2套
纵切机组	宽度650～1 350毫米，厚度0.2～3.0毫米	1套
焊管机组	激光焊管及高频焊管	各1套
精密轧机机组	宽度610～1 060毫米，厚度0.03～1.5毫米	1套
精密清洗机组	宽度610～1 060毫米，厚度0.03～0.6毫米	1套
精密光亮机组	宽度610～1 060毫米，厚度0.04～0.6毫米	1套
精密拉矫机组	宽度610～1 060毫米，厚度0.03～0.6毫米	1套
精密纵切机组	宽度300～1 060毫米，厚度0.03～0.6毫米	1套

（程金山）

【企业负责人简介】　徐书峰，1966年11月生，山西定襄人，中共党员，正高级工程师，宁波宝新党委书记、董事长。

饶志雄，1974年9月生，上海人，中共党员，工程师，宁波宝新总经理、党委副书记。　　（许徐敏）

【整合融合】　2021年，宁波宝新做好管理体系全面对接，协同推进不锈钢体系整合融合"百日计划"，新梳理、推进完成管理对接10大任务和81项子任务清单，在营销、科技、采购、设备4个领域形成10项协同快速产生效益项目，全年协同创效2.33亿元。学习太钢集团矩阵式管理模式，深化工序管理专业化整合管理变革，成立退火智造中心、轧钢智造中心、精整中心，优化基层组织机构。　　（许徐敏）

【对标找差】　2021年，宁波宝新围绕"吨钢利润"核心指标，按照原料端、销售端、制造端分解对标指标，逐月与甬金不锈钢有限公司、太钢不锈等企业对标，聚焦成材率水平、存货周转效率、资材采购价格等重点指标进行改善，全年实现吨钢利润超年度目标98元。开展"全面对标找差，创建世界一流"劳动竞赛，创造经济效益6 015

万元。　　　　　　　　（杨　武）

【优化产品结构】　2021年，宁波宝新践行"薄、特、精、优"的差异化产品战略，发挥"精品＋服务"的优势，推广430、400系超纯品种，提升400系钢种占比，全年400系占比56.40%，超目标5个百分点。扩大优势产品销量，光亮板产品销量10.84万吨，比上年提高7%；研磨品销量4.02万吨，比上年提高23%；汽车装饰条销量8 832吨，比上年提高17%。出口结算量比上年增长5.70%，出口金额比上年增长63%。　　　　　（杨　武）

【技术创新】　2021年，宁波宝新实施热酸区域操作维护点整合建设、光亮板焊缝判定系统等17个智慧制造项目；在2020年基础上新增新产品项目11项、结转4项，销售新产品2.77万吨，实现毛利6 439万元，开发新一代低成本汽车排气系统冷端用不锈钢，B425NT和B4312L两种材料通过汽车制造厂商10年整车耐久试验和路试试验；开发建筑用钢445J2产品，供应湛江机场和华南理工大学工程建设项目；研究开发绿色低碳不锈钢产品，重点开发2205和630两个钢种等。开展群众性技术创新工作，创建职工创新工作室，开设"宝新工匠学堂"，以老带新、以点带面推动经验、技术的分享和传承，"氢燃料电池双极板用不锈钢基材开发"申报国家级项目，"宝新"牌板卷产品被列入2021年浙江省优秀工业产品清单，"减少1号重卷机组钢卷卷形不良保留率"获浙江省优秀质量管理小组发布三等奖，"轨道车辆用不锈钢冷轧产品的应用研

2021年5月28日，宁波宝新轧制出0.025毫米超薄不锈钢精密带钢　　　（陈丽君　摄）

发"项目获宁波市北仑区科学技术奖二等奖，"一种立式光亮退火炉带钢定位调节辊设备发明专利"获第二届宁波市高价值专利大赛优秀奖。　　　（许徐敏）

【重点项目建设】　4月8日，宁波宝新2020年投产的3万吨汽车用钢产线轧制出厚度0.03毫米、宽度1 000毫米的精密带钢合格产品，较计划提前2个月实现产品规格达标；5月28日，轧制出0.025毫米超薄不锈钢精密带钢，突破轧机的设计厚度极限。8月，《年产6万吨高品质不锈钢光亮板项目可行性研究方案》经董事会会议审议通过。
　　　　　　　　　（许徐敏）

【绿色低碳】　2021年，宁波宝新推进"三治四化"工作，创建绿色工厂。全年回用含油废水36 640立方米、垫纸4 714吨、废捆带115吨、再生硫酸2 884立方米，实现资源循环再利

用；吨钢废水排放比上年下降8.24%；废气排放浓度及总量均达标；利用低碳环保、资源综合利用先进技术，实现污泥减量1 094吨，研磨渣危险废物转性处置1 374吨，创造环境效益173万元；实施循环水站节电改造等10项节能改造项目，年节约能耗1 200吨标准煤；参与宁波市"绿色工厂"创建，8月获"宁波市四星级绿色工厂"称号，10月获浙江省首批"无废工厂"称号。

　　　　　　　　　（许徐敏）

【获得荣誉】　8月，宁波宝新获宁波市企业联合会、宁波市企业家协会、宁波市工业经济联合会评选的"2021年宁波市制造业百强企业（第29位）""2021年宁波市综合百强企业（第50位）""2021宁波·竞争力百强企业（第48位）"称号；宁波宝新获浙江省企业联合会、浙江省企业家协会、浙江省工业经济联合会评选的"2020年浙江省制造业百强企业"

称号。　　　　　　　（许徐敏）

2月8日，宁波宝新"三最"（最关心、最直接、最现实）实事工程之一——逸苑公寓D楼宿舍改造项目落成启用。

3月9日，宁波宝新生产出0.049毫米宽幅超薄精密不锈钢带。

5月28日，宁波宝新轧制出0.025毫米超薄不锈钢精密带钢，突破轧机的设计厚度极限。

6月17日，宁波市委副书记、市长裘东耀到宁波宝新调研。

9月28日，宁波宝新"宝新工匠学堂"举行第一期分享会。

　　　　　　　　　（许徐敏）

太钢集团大事纪要

1月4日，中国宝武在太钢集团召开绿色发展与智慧制造现场会。

1月5日，太钢集团举行干部大会。中国宝武宣布太钢集团、太钢不锈领导班子任职决定。

同日，中国宝武与太钢集团管理对接工作启动。

1月11日，太钢集团矿业分公司尖山铁矿入选国家级绿色矿山名录，获全国冶金矿山"十佳厂矿"称号。

1月15日，中国宝武山西总部在山西省太原市揭牌。

1月30日，太钢不锈4 300毫米中厚板生产线智能化升级改造项目开工建设。

同日，"华龙一号"全球首堆核电机组投入运行，其核电机组堆内构件用核一级不锈钢板材100%由太钢不锈提供。

1月，太钢集团超超临界电站锅炉用高品质耐热无缝钢管获"中国钢铁工业产品开发市场开拓奖"。

2月9日，太钢不锈高端冷轧取向硅钢三号轧机热负荷试车成功。

同日，太钢不锈冷轧厂五号平整机项目热负荷试车。

3月4日，太钢集团与东方电气股份有限公司签署战略合作协议。

3月30日，太钢不锈被中国钢铁工业协会授予"中国钢铁工业清洁生产环境友好企业"称号。

4月15日，太钢集团粉煤灰综合利用公司产品结构调整及智能化升级项目——年产30万立方米蒸压粉煤灰加气混凝土板扩容改造项目热负荷试车。

4月26日，太钢集团举行2020年度"感动太钢人物"颁奖仪式。

4月30日，太钢集团召开庆祝"五一"暨劳模先进表彰大会。

5月10日，太钢集团在"2021（首届）钢铁工业品牌质量发展大会"上获"绿色低碳优秀品牌"称号。

5月12日，太钢集团0.07毫米超平不锈钢精密带材、无纹理表面不锈精密带钢两项新品全球首发。

同日，中国宝武首批爱国主义教育基地（太钢站）挂牌仪式暨红色故事讲演活动在太钢集团渣山公园内李双良纪念馆前的广场上举行。

6月23日，太钢集团举行"光荣在党50年"纪念章颁发仪式。

6月30日，太钢集团整合融合标准财务系统上线。

7月15日，中国宝武太钢集团科协召开第六届代表大会及委员会第一次全体会议，选举产生新一届领导机构。

7月19日，太钢集团召开专业化整合工作启动推进会，专业化整

2021年4月26日，太钢集团举行2020年度"感动太钢人物"颁奖仪式　　（王旭宏 摄）

合工作进入实施阶段。

8月4日，中国宝武中央研究院太钢技术中心、不锈钢研发中心揭牌成立。

8月5日，太钢集团与太原科技大学签订产学研合作协议。

8月10日，中国宝武举行太钢集团专业化整合委托管理协议签约仪式，固体废物利用、招标代理、智能运维、废水处理、空分运营、产业园区和财务公司7个项目组由委托方太钢集团分别与宝武环科、宝钢工程、宝武智维、宝武水务、宝武清能、宝地资产和财务公司7家受托方公司签署委托管理协议，标志着太钢集团专业化整合步入实质

性操作阶段。

9月16日，太钢集团以精品为本、标准化为基、数字为魂的"十化"质量管理模式获中国质量奖提名奖。

同日，太钢集团获全国群众体育先进单位。

10月18日，太钢集团通过山西省红十字会，向山西遭受洪涝灾害的地区捐款1亿元，定向用于山西防汛救灾和恢复重建等工作。

10月21日，太钢集团获"山钢杯"全国钢铁行业职工网上安全生产竞赛团体一等奖。

11月，太钢集团"碳纤维"项目获全国质量创新奖。

12月14—15日，由太钢不锈牵头承担的"十三五"国家重点研发计划项目"苛刻环境下铁路车辆关键部件用钢"和"高强高耐蚀不锈钢及应用"，通过科学技术部高技术中心验收。

12月20日，太钢集团与中冶宝钢技术服务有限公司签订战略合作框架协议，中冶宝钢技术服务有限公司山西分公司成立揭牌。

12月23日，太钢集团太原基地不锈钢绿色智能升级改造项目奠基。

同日，《中国不锈钢》新书发布会在太钢花园会议中心举行。

（雷亚明）

2021年12月23日，太钢集团太原基地不锈钢绿色智能升级改造项目奠基　　　　　　（王旭宏 摄）

太钢集团下属子公司（含托管单位）一览表

公司名称	地　址	注册资金	主要经营范围	持股比例	在岗员工（人）
太钢集团岚县矿业有限公司	山西省岚县梁家庄索家坡村	750 870万元	矿山经营、开采、运输	100%	1 335
太钢集团代县矿业有限公司	山西省忻州市代县峨口镇峨口铁矿办公楼	30 000万元	铁矿采选	100%	1 767

（续　表）

公司名称	地　　址	注册资金	主要经营范围	持股比例	在岗员工（人）
山西太钢工程技术有限公司	山西省太原市胜利街327号	20 000万元	钢铁冶炼、工业与民用建筑设计等	100%	227
太原钢铁(集团)粉煤灰综合利用有限公司	山西省太原市尖草坪2号	3 589.50万元	粉煤灰制品生产、销售	100%	146
山西世茂商务中心有限公司	山西省太原市解放北路83号	71 600万元	宾馆经营、出租汽车等	100%	24
太原钢铁(集团)电气有限公司	山西省太原市兴华街23号	2 460万元	电机、变压器、环保设备输配电线路及备件的制造	100%	132
山西太钢房地产开发有限公司	山西省太原市大同路289号	10 000万元	房屋修缮、设施维护、水电暖供应、房产交易管理	100%	194
山西太钢投资有限公司	山西省太原市桃园北路72号铭鼎国际17层	200 000万元	实业投资及咨询管理	100%	17
山西钢科碳材料有限公司	山西省太原市阳曲县黄寨镇城晋驿村	41 755万元	碳纤维研发、生产与销售	100%	470
山西太钢尖山生态农业发展有限公司	山西省娄烦县马家庄乡	2 000万元	蔬菜种植、销售,现代化养殖	100%	0
山西太钢岚县生态农业发展有限公司	山西省岚县梁家庄乡索家坡村(岚县矿业有限公司办公楼313号)	2 000万元	蔬菜种植、销售,现代化养殖	100%	4
山西太钢集团先进材料工程技术研究院有限公司	山西省太原市胜利街327号	6 000万元	工程设计、工程地质勘察	100%	0
山西太钢环境监测有限公司	山西省太原市尖草坪区尖草坪街2号	1 000万元	环境监测服务	100%	32
山西省冶金研究所有限公司	山西省太原市迎泽区迎泽大街338号	512.07万元	冶金技术咨询、工程技术服务	100%	7
太钢进出口(香港)有限公司	中国香港特别行政区金钟道89号力宝中心1座2601室	24 784万美元	进出口业务	太钢集团88.01%,太原钢铁(集团)国际经济贸易有限公司11.99%	8

（续　表）

公司名称	地　址	注册资金	主要经营范围	持股比例	在岗员工（人）
太原钢铁（集团）不锈钢工业园有限公司	山西省太原市尖草坪区钢园路73号	15 000万元	不锈钢制品的生产与销售、工业设备租赁等	太钢集团98%，太原钢铁（集团）国际经济贸易有限公司2%	76
太原钢铁（集团）国际经济贸易有限公司	山西省太原市尖草坪2号	150 000万元	进出口设备、原料及技术，出口冶金产品等	100%	36
山西太钢保险代理有限公司	山西省太原市尖草坪区解放北路83号	500万元	代理销售保险产品、代理收取保险费	太钢集团80%，太原钢铁（集团）国际经济贸易有限公司20%	3
宝钢德盛不锈钢有限公司	福建省罗源湾开发区金港工业区	425 333万元	镍合金及不锈钢材料生产	托管	2 276
宁波宝新不锈钢有限公司	浙江省宁波经济技术开发区	318 836万元	不锈钢卷板管制造、加工及相关技术指导、咨询，钢铁材料加工等	托管	1 128

（田丽斌）

中国宝武乌鲁木齐总部/宝钢集团新疆八一钢铁有限公司

概　述

宝钢集团新疆八一钢铁有限公司（简称八一钢铁）的前身为始建于1951年的新疆军区后勤部钢铁厂，2001年底更名为“新疆八一钢铁集团有限责任公司”，2007年4月28日加入宝钢集团，定名为“宝钢集团新疆八一钢铁有限公司”。2021年，铁产量793万吨，其中八一钢铁本部596万吨、新疆天山钢铁巴州有限公司（简称巴州钢铁）115万吨、新疆伊犁钢铁有限责任公司（简称伊犁钢铁）82万吨；钢产量855万吨，其中本部642万吨、巴州钢铁125万吨、伊犁钢铁88万吨；商品材产量836万吨，其中本部621万吨、巴州钢铁126万吨、伊犁钢铁89万吨；钢材销量839万吨，其中本部608万吨、巴州钢铁136万吨、伊犁钢铁94.73万吨。完成工业总产值（现价）512.48亿元，其中本部402.54亿元、巴州钢铁57.57亿元、伊犁钢铁52.37亿元；资产总额532.47亿元，营业收入406.35亿元，主营业务收入384.55亿元，利润总额35.05亿元。资产负债率69.85%，较年初的74.29%下降4.44%。年底，在册员工16 618人，在岗员工14 740人。

（卢晓亮　陈　洁）

【企业负责人简介】　肖国栋，1965年6月生，山东莱州人，中共党员，教授级高级工程师，中国宝武乌鲁木齐总部总代表，八一钢铁党委书记、董事长（至2021年3月）。

吴彬，1970年10月生，江苏江阴人，中共党员，高级工程师，八一钢铁总经理、党委副书记（至2021年3月）。中国宝武乌鲁木齐总部总代表，八一钢铁党委书记、董事长（2021年3月起）。

柯善良，1973年12月生，安徽安庆人，中共党员，高级工程师，八一钢铁总经理、党委副书记（2021年3月起）。

（张广平）

八一钢铁厂区一角 　　　　　　　　　　　　　　　　　　　　　　　　　（姚海山 摄于2021年8月）

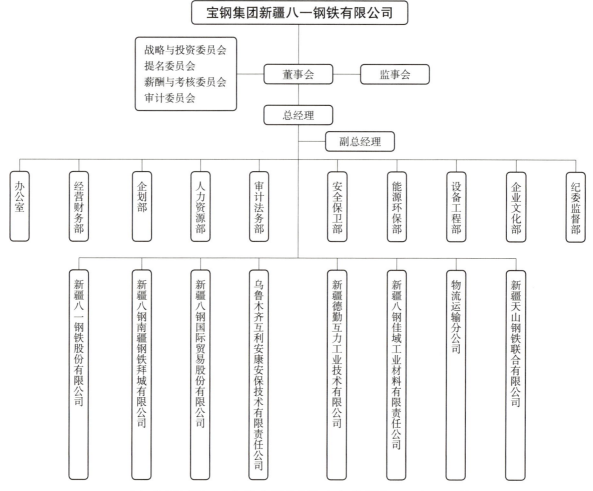

宝钢集团新疆八一钢铁有限公司组织机构图（2021年12月）

八一钢铁主要装备（生产线）一览表

装　　备	规　　格	数　　量
铁矿		4座（其中伊犁钢铁1座）
煤矿	以生产焦煤为主	2座（其中伊犁钢铁1座）
烧结机	90平方米	1台（伊犁钢铁）
烧结机	97.5平方米	1台（伊犁钢铁）
烧结机	430平方米	2台（其中南疆钢铁1台）
烧结机	265平方米	2台
烧结机	180平方米	1台（巴州钢铁）
焦炉	4.30米42孔	4座
焦炉	4.30米49孔（捣固）	1座
焦炉	5.50米60孔复热式（捣固）	2座（南疆钢铁）
焦炉	6米55孔	4座
焦炉	4.30米72孔	2座（伊犁钢铁）
熔融还原炼铁炉（欧冶炉）	C3000	1座
球团竖炉	10平方米	2座（伊犁钢铁）
高炉	2 500立方米	3座
高炉	1 800立方米	2座（南疆钢铁）
高炉	1 260立方米	1座（巴州钢铁）
高炉	588立方米	1座（巴州钢铁）
高炉	530立方米	2座（伊犁钢铁）
氧气高炉	430立方米	1座
转炉	150吨	1座
转炉	120吨	6座（其中南疆钢铁2座、巴州钢铁1座）
转炉	80吨	1座（伊犁钢铁）
电炉	70吨	1座
线材生产线	年产80万吨	1套（巴州钢铁）
高速线材机组		4套（其中南疆钢铁1套、伊犁钢铁1套）
棒材机组		5套（其中南疆钢铁1套、巴州钢铁1套、伊犁钢铁1套）
冷轧机组	1 420毫米轧机	1套
热轧机组	1 750毫米轧机	1套
中厚板机组	3 500毫米	1套

（李贞萍）

生产经营管理

【强化组织管理】 2021年，八一钢铁厘清"一总部多基地"资产经营层公司与生产运营层公司的管理与权责界面，明确总部和基地的功能与定位，搭建以"统一营销、统一采购、统一生产管控"为核心的智慧高效"一总部多基地"管控模式。以缩短管理流程、提高管理效率、提升专业化管理能力为出发点，调整能源中心计控分厂计量业务，提高基础能源数据管理的准确性、规范性。发挥"一总部多基地"大物流协同效益，将铁路运输协调相关业务职能调整至物流运输分公司。 （卢晓亮）

【"制度树"建设】 2021年，八一钢铁构建"全面覆盖、责任清晰、快速传递、运作高效"的制度体系。11月13日，八一钢铁"制度树"在中国宝武制度树平台上线。 （卢晓亮）

【整合融合】 2021年，八一钢铁以"'一总部多基地'整合融合百日行动计划"为抓手，在不同基地产线实施专业化管理分工、区域化协同、技术和人才共享，实现协同性变革、系统性重塑、规范性重整，巴州钢铁、伊犁钢铁两个基地收入及利润均创历史最好水平。通过推进"统一营销，统一采购，统一生产管控，协同物流管控"模式，实现科学化组织、精细化控制、高效化协同。全年实现协同效益8.74亿元。 （卢晓亮）

【降低成本】 2021年，八一钢铁将16个降成本一级项目分解到各子公司，各工序间围绕提高资产使用效率、提高热装热送率开展降成本工作，全年降成本8.55亿元。（卢晓亮）

【低碳绿色冶炼】 2021年，八一钢铁围绕低碳绿色冶炼中心工作任务，加快低碳冶金重点项目攻关。8月8日，欧冶炉熔融还原低碳冶金项目实现风口喷吹焦炉煤气，并将欧冶炉脱碳煤气和焦炉煤气输送至富氢碳循环高炉进行风口喷吹，实现世界首座高炉风口喷吹脱碳煤气，初步解决了超高富氧、富氢、碳循环利用的技术难题，整体降低炼铁工序碳排放。富氢碳循环高炉低碳冶金项目第二阶段工业试验完成，固体燃料消耗降低15%，实现15%碳减排。 （卢晓亮）

【智慧制造体系】 2021年，八一钢铁根据中国宝武"一公司多基地"+"工序专业化管理"的网络型管控要求，建成"宝之云"八一钢铁云计算中心，融入中国宝武云架构体系。按照"三跨融合"的统一规划，采用独立方式在属地云节点基础上部署完成产业生态平台（ePlat）。推进"上云上平台"，实现工业品集采平台、宝武智维远程运维平台、钢铁成品交易平台、智慧物流服务平台直联3.0业务与八一钢铁生产经营系统的贯通。 （卢晓亮）

【智慧制造信息技术】 8月1日，八一钢铁管理信息系统升级改造二期项目上线，建成中国宝武首个覆盖数字监控、智慧管理系统、业务体系的数智管控平台。11月23日，中国宝武"三跨融合"中跨产业互通融合的一项重点项目——八一钢铁"昆仑"项目上线，八一钢铁本部和巴州钢铁、伊犁钢铁两个生产基地，在产成品物流方面实现基于"一总部多基地"跨空间、跨产业和全流程、集约化、可视化跟踪管理的在线运行。12月15日，八一钢铁信息化全面升级改造二期项目"数字监控·智慧管理"首批模型上线，提升了生产过程动态实时数字管控能力。 （卢晓亮）

【智慧制造项目】 2021年，八一钢铁评审通过智慧制造项目54个，完成30个。汽车原料自动取样项目对汽车进厂物料实现全自动采样，消除了现场人机交叉作业的安全隐患。120吨连铸机大包浇铸区自动化项目提升了本质化安全，降低了职工的劳动强度。物流运输分公司铁路运输部14台机车遥控改造，实现新区3座高炉至120吨转炉炼钢区域铁水运输机车遥控操作全覆盖。新疆首条镀锌钢丝自动包装生产线在新疆八钢金属制品有限公司建成投运，实现了捆扎、包装、码垛产线流程自动化，岗位人员优化50%，效率提升100%。八一钢铁"四个一律"指数实绩57.47%，完成全年目标的100.80%。其中，"一总部多基地"操作室一律集中指数由上年70.20%提升到73.80%；远程运维拓展到本部24条产线。 （卢晓亮）

【"三废"治理】 2021年，八一钢铁在废气治理方面，成立超低排放改造工作领导小组，对八钢股份、伊犁钢铁、巴州钢铁及钢铁生态圈内所有生产环节大气污染物有组织排放、无组织排放以及运输过程开展超低排放改造；11月14日，投资4 600万元的120吨转炉三次除尘系统投入运行，除尘系统外排粉尘浓度及岗位粉尘浓度均达到国家环保标准。废水治理方面，八一钢铁本部加大城市污水处理厂中水回用力度，保持废水零排放；伊犁钢铁完成应急水池项目建设，实现工业废水零排放；巴州钢铁中水回用项目大幅提升工业废水利用量，工业废水百分百回收利用；南疆钢铁投资2 000万元，启动焦化废水提盐项目。固体废物治理方面，拓展脱硫灰利用途径，脱硫灰替代部分石灰石脱硫剂，作为电厂脱硫剂串级使用；针对难以返生产利用的含锌尘泥，投资1.30亿元，启动含锌尘泥资源利用项目；利用冶金炉窑协同处置危险废物，实现危险废物百分百处置。全年，固体废物综合利用率保持在98.50%。　　（卢晓亮）

【提升职工"三有"指数】　2021年，八一钢铁完善薪酬激励政策，制定针对各单位的工资总额包干机制＋劳动竞赛制度，实施职工岗位工资宽幅政策，员工收入与企业效益实现同步增长。通过智慧制造，降低工作强度，提升工作效率。推进绿色工厂建设，在厂区内新增15处文化景观，对渠滨园、滨河园设施进行修缮改造，种植草坪、花卉。提高职工"年节福利"和"生日福利"标准，"年节福利"标准从2020年每人360元提升至1 500元，"生日福利"标准从2020年每人100元提升至300元。（卢晓亮）

新疆八一钢铁股份有限公司

【概况】　新疆八一钢铁股份有限公司（简称八钢股份）是2000年7月27日由新疆八一钢铁集团有限责任公司联合邯郸钢铁集团有限责任公司、南京联强冶金集团有限公司、新疆华顺工贸有限公司、新疆维吾尔自治区技术改造投资公司发起设立，2002年8月16日在上海证券交易所挂牌交易。八钢股份的产线和设备具备国内先进水平，主要产品覆盖棒材、线材、型材、中厚板、热轧薄板、冷轧板、镀锌板、彩色涂层板等，产品广泛应用于西北地区的工业及民用建筑、铁道、桥梁、公路、水电等行业。其中，"互力"牌螺纹钢获全国"冶金产品实物质量金杯奖"，并通过国家首批质量免检认定。2021年，累计生产铁596万吨、钢642万吨、商品材621万吨，分别比上年增加5万吨、17万吨、24万吨；实现营业收入308亿元，比上年增长33.62%；实现净利润12.21亿元，比上年增长252.81%。年底，在册员工5 587人，在岗员工5 496人。　　（龙溢香）

【股权收购】　11月16日，八钢股份与控股股东八一钢铁签署《新疆八一钢铁股份有限公司支付现金购买资产之协议书》，以自有资金向控股股东收购其全资子公司新疆焦煤（集团）有限责任公司、新疆八钢金属制品有限公司的100%股权。收购完成后，新疆焦煤（集团）有限责任公司、新疆八钢金属制品有限公司成为八钢股份全资子公司，并于12月21日办理完成工商登记变更。　　（龙溢香）

【完善治理体系】　2021年，八钢股份健全完善公司股东会向董事会、董事会向经理层授权管理制度，落实总经理对董事会负责、向董事会报告的工作机制，发挥经理层谋经营、抓落实、强管理的经营管理作用。推行经理层成员任期制和契约化管理，经理层成员职务能上能下，收入能增能减。加快产业链整合，通过收购新疆八钢金属制品有限公司、新疆焦煤（集团）有限责任公司100%股权，延伸八钢股份产业链，将疆内资源利用价值最大化，向钢铁制造上下游产业链覆盖。　　（龙溢香）

【低碳冶金】　2021年，八钢股份作为中国宝武低碳冶金实验基地，富氢碳循环高炉低碳冶金项目完成第二阶段工业试验，燃料比突破历史纪录，达到减碳15%的预期目标。12月18日，富氢碳循环高炉三期项目开工建设。　　（龙溢香）

新疆八钢南疆钢铁拜城有限公司

【概况】　新疆八钢南疆钢铁拜城有限公司（简称南疆钢铁）是集钢铁冶炼、轧制、焦化、动力于一体的大型国有钢铁联合企业，2016年10月被八一钢铁收购，下设烧结厂、炼铁厂、炼钢厂、轧钢厂、动力厂、焦化厂6个分厂。2021年，钢铁生产线处于封存状态，焦化正常运行。全年生产焦炭97.11万吨，销售焦炭89.11吨，实现营业收入23亿元，利润3.14亿元。年底，在册、在岗员工152人。　　（钟　洁）

【焦炭供应】　4月，受呼图壁县煤矿事故影响，库（库车）拜（拜城）地区煤矿停产，南疆钢铁在瘦煤资源严重不足的情况下，开发利用无烟煤进行配煤炼焦。全年，发挥干熄焦质量的优势，在焦煤资源紧缺的情况下，生产焦炭97.11万吨。 （钟洁）

【降本增效】 2021年，南疆钢铁利用干熄焦锅炉长期放散的蒸汽45吨/小时回收循环利用发电，发电量达360万千瓦时/月（折合电费160万元/月）；焦炉煤气外销峻新化工有限公司3 417.11万立方米，降低能耗1.95万吨标准煤，降低碳排放量2.86万吨；收集现场废钢、粒钢、筛选含铁杂料，外销废钢312.06吨、粒钢1 270.44吨、筛选含铁杂料9 888.88吨；动力厂通过技术改造消除旧产线漏点等，使除盐水消耗量从120立方米/小时降至95立方米/小时。（钟洁）

【解决历史遗留问题】 2021年，南疆钢铁推动债务重组，清理历史欠账，改善营商环境，4个法律诉讼案件全部得到解决。 （钟洁）

新疆天山钢铁巴州有限公司

【概况】 新疆天山钢铁巴州有限公司（简称巴州钢铁）始建于2011年2月，前身为新兴际华集团新兴铸管新疆有限公司的300万吨和静县特钢产业援疆项目。2020年12月5日，中国宝武与八一钢铁出资设立新疆天山联合钢铁有限公司，重组收购新兴铸管新疆有限公司100%股权。巴州钢铁主营产品有螺纹钢、盘螺、盘圆、锚杆钢、碳素结构钢、圆钢、焊条、拉丝材等。

2021年，钢材产量126万吨、销量136万吨，实现营业收入63.02亿元、利润5.57亿元。年底，在册、在岗员工1 483人。 （高斌）

【整合融合】 2021年，巴州钢铁完成银行账户变更、管理体系对接等295项整合融合专项工作。在八一钢铁的管理模式下，区域资源得以最优配置，取得协同效益1.38亿元。 （高斌）

【改革创新】 2021年，巴州钢铁推动管理体系与八一钢铁本部全面对接，修订完善388项制度、流程和作业指导书，梳理设备功能精度四级管控指标2 298条。坚持全员设备管理，年检项目自施率保持90%以上，在设备大中修、工程项目推进、物资采购方面分别执行设备管理系统（EQMS）、工程管理系统（BPMS）、采购供应链系统（PSCS）线上操作，实现大中修项目立项、协议审批、发包申请、招标采购等全流程上线，使巴州钢铁设备管理逐步向"'操检维调'一体化"的全生命周期管理和远程运维延伸。 （高斌）

【提升经济技术指标】 2021年，巴州钢铁开展技术攻关65项，实现降本增效1.10亿元。其中B高炉利用系数最高4.10千克/吨；单日铁水耗最低795千克/吨，转炉冶炼周期最短26分钟，连铸拉速突破3.0米/分钟；公司整体生产能力提升到180万吨以上，人均劳动效率由2020年的819吨钢提升至2021年的898吨钢。 （高斌）

【智慧制造】 2021年，巴州钢铁投入资金5 351万元，打造经营管控系统，于8月1日实现生产管控、销售、采购、财务系统、行政办公、党建等18个模块的线上运行。推动"3D"（Dangerous风险大、Dusty环境脏、Duplicate重复劳动）岗位机器人替代工作和智控中心筹建方案落地，完成烧结气阀门组远程无人化操控、链篦机自动布料、钢坯喷号机器人等智慧制造项目7个。 （高斌）

【绿色低碳】 2021年，巴州钢铁制订《废水管网分步改造方案》《"固体废物不出厂"专项行动工作方案》等，投入2 234万元，开展脱硫防腐、漏风治理、除尘改造等大中修工程，逐步消除粉尘外排超标隐患，并实现废水百分之百回收利用。通过将水渣、干渣、石膏全部签订外售协议，除尘灰、红泥实现在线循环利用，最大限度利用固体废物资源。开展绿色钢厂、花园钢厂的创建活动，全年种植树木近3万棵，绿化戈壁厂区230 001平方米，通过国家级绿色工厂核审。获批建设新能源短流程零碳示范产线项目。该项目总体投资20亿元，采用"光伏绿电+电炉+薄带连铸连轧"工艺，年产50万吨零碳热轧带钢产品。 （高斌）

新疆伊犁钢铁有限责任公司

【概况】 新疆伊犁钢铁有限责任公司（简称伊犁钢铁）的前身为新疆伊犁州钢铁厂，是1958年4月建厂的国有独资企业，1998年6月改制为职工全员持股的混合所有制企业。2020年12月17日，新疆天山钢铁联合有限公司完成对伊犁钢铁的重组。伊犁钢铁的股权比例为：天山钢铁占77.125%，八一钢铁占20%、伊犁州国有资产投资经营有限责任公司占2.875%。具有矿山开采、烧结、焦炭生产、炼铁、炼钢到轧钢完整的生产工艺流程，具备年产100万吨钢铁综合产能。2021年，生产生铁81.23万吨、粗钢87.65万吨、钢材88.58万吨，销售钢材94.73万吨，实现销售收入44.85亿元，利润总额8.58万元。年底，在册员工3 399人，在岗员工3 050人。 （庄　丽）

【提升治理能力】 2021年，伊犁钢铁识别法律法规153个，识别重要风险10项，制定风险防控措施，完善管理制度。全年审核下发公司级管理文件189份，作业指导书191份，岗位说明书481份。 （庄　丽）

【对标找差】 2021年，伊犁钢铁炼铁厂按照综合效益最优的操作理念，以高炉顺行为基础，追求燃料比最低。燃料比由年初的730千克/吨降至年底的650千克/吨，下降80千克/吨。在原料资源紧缺的情况下，吨铁工序成本控制在2 727.19元/吨，全国排名第二。 （庄　丽）

【智慧制造】 8月1日，伊犁钢铁信息化系统全面上线，实现信息技术和生产组织深度融合。年内，制订三年（2022—2024年）智慧制造指数规划和实施方案；核减操作室7个，操作室一律集中指数46.60%。 （庄　丽）

【"三废"治理】 2021年，伊犁钢铁在废气治理方面，成立超低排放改造工作领导小组，投资2.50亿元，实施炼铁厂矿槽、出铁场、烧结机尾、供配料14台布袋除尘达标改造项目、烧结机烟气脱硫脱硝超低排放改造项目、动力厂锅炉超低排放改造项目、炼铁一体化料场建设项目。废水治理方面，制定废水零排放计划，完成应急水池项目建设，3月中旬实现工业废水零排放。固体废物治理方面，完成61.80万吨固体废物处置，11.60万吨固体废物返厂再利用。 （庄　丽）

八一钢铁大事纪要

3月8日，八一钢铁与中铁装备工程集团有限公司签署战略合作协议。

3月17日，八一钢铁与新疆克州亚新矿产资源集团有限公司、兴祥矿业责任有限公司签署战略合作协议。

4月29日，新疆八钢矿业资源有限公司揭牌成立，由八一钢铁委托宝武资源管理。

7月14日，八一钢铁与铁建重工集团股份有限公司签订合作框架协议，加强乌鲁木齐装备制造产业链对接。

7月31日，八一钢铁与欧冶云商签订《关于钢产品销售代运物流管理与服务一揽子合同》，八一钢铁将合同物流运输、仓储服务等业务委托欧冶云商管理。

8月1日，中国宝武首批爱国主义教育基地（八钢站）挂牌。

8月11日，八一钢铁与宝钢工程在乌鲁木齐和上海两地，以"云签约"的方式签订战略合作协议。

9月1日，八一钢铁与中钢集团邢台机械轧辊有限公司签订战略合作协议。

9月9日，以"绿色钢铁　智享未来"为主题，八一钢铁举行厂区开放日暨首次社会责任报告发布活动。

9月16日，八一钢铁与宁夏钢铁集团有限责任公司签订战略合作协议。

10月12—13日，人民网、新华

2021年10月13日，媒体记者到八一钢铁采访 （张　勇摄）

网、经济日报、中国日报、中国青年报、中国冶金报、新疆电视台、新疆报业集团等多家媒体记者到八一钢铁欧冶炉、富氢碳循环高炉等现场采访。

11月6日，在第四届中国国际进口博览会举办的"新疆是个好地方——丝绸之路经济带核心区投资合作推介会"上，八一钢铁与哈萨克斯坦欧亚资源集团（ERG）签署400万吨铁矿石供应合作意向书。

11月23日，中国宝武在八一钢铁举行"昆仑"项目（即"三跨融合"项目）发布仪式。八一钢铁运用区块链技术，实现总部与巴州钢铁、伊犁钢铁两基地的智慧物流服务平台与银企直联，在产成品物流方面实现了基于"一总部多基地"跨空间、跨产业和全流程、集约化、可视化跟踪管理的在线运行。

12月15日，八一钢铁信息化全面升级改造二期项目"数字监控·智慧管理"首批模型上线。

12月16日，八一钢铁换电站建成并投入运营，换电站分别适配来自吉利汽车集团公司和三一重工股份有限公司的换电牵引车。

12月18日，八一钢铁富氢碳循环高炉三期项目开工建设。

（李贞萍）

2021年12月18日，八一钢铁富氢碳循环高炉三期项目开工建设　　（姚海山 摄）

八一钢铁下属子公司一览表

公司名称	地　址	注册资金（万元）	主要经营范围	持股比例	在岗员工（人）
新疆德勤互力工业技术有限公司	新疆维吾尔自治区乌鲁木齐市头屯河区八一路15号	2 000.00	八钢股份的检修、备修及炼钢行车、欧冶炉操作、检查、维护、调整一体化运营服务	100%	609
乌鲁木齐互利安康安保技术有限责任公司	新疆维吾尔自治区乌鲁木齐市头屯河区八一路788号	400.00	安全咨询、车辆运营业务	100%	1 561
新疆八钢国际贸易股份有限公司	新疆维吾尔自治区乌鲁木齐经济技术开发区107号203号	13 975.12	自营和代理各类商品技术的进出口业务	82.77%	94

（李贞萍）

编辑：盛继军

10

新材料产业

新材料产业

新材料产业发展中心

【概况】 新材料产业发展中心（简称新材业中心）承担中国宝武新材料产业板块的资本投资运营功能，对资产总量、结构和效率负责，推进资本投资项目的"投、融、管、退"工作，下设规划投资和运营评价两个业务模块，采用项目化、矩阵式、扁平化的运作方式，以实现中心的常态化、专业化管理职责，对口管理宝武碳业、宝钢金属、宝钢包装、宝武特冶、武汉耐材等子公司。2021年底，在册员工7人。 （许钰晖）

【修编产业发展规划】 2021年，新材业中心启动2022—2027年新材料产业发展规划纲要修编工作。围绕新材料产业发展方向、定位、目标、基本策略等进行了完善、升级。基于上一轮规划的延续，着重突出对接国家战略，强调解决"卡脖子"材料，科技创新形成差异化竞争优势、产业战略目标及专业化

平台打造等方面具体工作任务。通过产业发展专项策划，夯实战略动机、战略定位和战略定力。

（许钰晖）

【深化体制改革】 2021年，新材业中心结合资产属性，分层分类、统筹策划推进板块子公司形成国企改革三年行动方案。各子公司围绕体制机制创新和三项制度改革等要求，在任期制和契约化管理、职业经理人制、工资总额备案制、员工持股、中长期激励、技术创新人才贡献累积金、混合所有制改革等方面积极探索实践。年内，宝武碳业完成改制及混合所有制改革；宝钢金属根据产业发展和资本经营要求，选择其下属企业宝玛克（合肥）科技有限公司先行进行混合所有制改革，完成框架方案审定；宝武特冶成立宝武特冶钛金科技有限公司，完成混合所有制改革，并同步开展员工持股项目；宝钢包装推进实施股票期权激励。 （许钰晖）

【优化产业布局】 2021年，新材业中心推进宝武碳业向碳基新材

料领域转型，支撑负极材料项目、碳纤维原丝项目落地；推进宝钢金属镁产业布局，支撑宝钢金属安徽宝镁轻合金有限公司年产30万吨高性能镁基轻合金及深加工项目启动，宝玛克（合肥）科技有限公司巢湖轻量化项目；支撑宝钢包装兰州制罐、安徽制罐、贵州制罐、温州制罐、马来西亚制罐等项目落地，助力宝钢包装拓展工业包装业务；协调沟通马钢集团、太钢集团，支撑推进宝武特冶新基地项目，从项目投资、使命类产品移植、技术竞争力等角度进行系统论证，初步确定"宝山—马鞍山"双基地方案，为宝武特冶发展夯实基础；牵头推进宝武耐材产业平台搭建工作，助推耐材产业转型升级，与武汉耐材共同编制高温非金属产业策划，为后续产业平台制定方向和具体路径。（许钰晖）

2021年12月28日，安徽宝镁轻合金有限公司年产30万吨高性能镁基轻合金及深加工项目开工建设
（施　琮摄）

【推进新业务领域项目寻源】2021年，新材业中心开展新业务项目寻源和策划，推进碳纤维等项目的有序实施、落地。会同华宝证券、战略规划部和新材料板块各子公司组成产业策划团队，围绕钛及钛合金、镁及镁合金、碳纤维、负极材料、工业包装等进行专项产业发展策划，为产业发展明确具体方向和主要路径。（许钰晖）

【对标找差】2021年，新材业中心推进板块内各子公司围绕大盘类、管控类、"三高两化"类共97项对标指标进行对标找差。以净资产收益率（ROE）行业分位值达到75分位为目标，根据"目标可量化、措施可操作、成效可考核"的总体思路，协助子公司系统梳理和策划资产效率提升计划，制订

内部挖潜、外部并购、结构调整方案。助力子公司聚焦主业，提高行业地位，宝武碳业焦油加工能力实现全球第一、国内碳纤维大丝束领域市场占有率国内第一；宝钢包装两片罐市场占有率亚洲第一；宝武特冶镍基合金（高温合金、耐蚀合金、精密合金）市场占有率突破40%，国内第一，成为国内首家镍基合金产量突破万吨的企业。（许钰晖）

【加强董事会和股东会管理】2021年，新材业中心深化对宝武碳业、宝钢金属、宝钢包装等子公司以及中国商用飞机有限责任公司、上海纳米技术及应用国家工程研究中心有限公司等参股公司相关董事会、股东会议案的综合管理。会同集团公司相关职能部门对重大议案进行背景分析和专业建议，完成子公司股东会、董事会表决事项处理，以及对参股公司行使股东权益管理，确保授权规范执行、不发生重大风险，不发生相关追责事件。（许钰晖）

【支撑使命类产品和关键技术攻关】2021年，新材业中心协调完成集团公司增资宝武特冶，开展设备填平补齐，提升关键产线装备功能精度和冶炼能力，保障宝武特冶完成2项国家专项任务，实现重点型号、重大工程配套关键材料研发保供，受到国务院国资委表彰；为航空发动机、战略战术导弹、长征系列火箭、舰用重型燃机等配套供应高温合金、钛合金等关键材料。全年，使命类产品合同产销10亿元，保供能力逐年增长。（许钰晖）

【推进专业化整合】2021年，新材业中心按照"应整尽整"原则，推进重钢集团、昆钢公司的专业化整合，包括：制订对云南濮耐昆钢高温材料有限公司的整合方案；云南钛业股份有限公司、云南楚丰新材料有限公司委托宝武特冶管理；完成重庆钢铁研究所有限公司的净资产审计和资产预评估，推进增资宝武特冶航研科技有限公司及资产收购。（许钰晖）

【推进落实压减任务】 2021年，新材业板块通过定期组织检查、协调和推进，明确方案、压实责任，压减法人3户，包括：宝钢金属下属上海宝钢型钢有限公司、上海宝钢金属贸易有限公司和宝武碳业下属吉林碳谷复合材料有限公司；完成"参股瘦身"1家，即宝钢金属下属深圳市大西洋焊接材料有限公司。 （许钰晖）

宝武碳业科技股份有限公司

【概况】 宝武碳业科技股份有限公司（简称宝武碳业）的前身为上海宝钢化工有限公司，2018年9月更名为"宝武炭材料科技有限公司"（简称宝武炭材），2021年6月完成股份制改制并更名为"宝武碳业科技股份有限公司"，9月完成混合所有制改革。宝武碳业由宝钢股份控股、中国宝武直接管理，注册资本金7.50亿元，拥有宝山基地及梅山分公司，苏州宝化炭黑有限公司等20个生产基地和子公司，以及东南亚代表处等机构。具有年处理248万吨焦油、33万吨粗苯、34万吨炭黑、52万吨改质沥青、针状焦19万吨（4万吨在建）、负极材料12.30万吨（10万吨在建）、10万吨超高功率石墨电极、1万吨碳纤维生产能力，焦油加工能力全球第一。全年，实现销售收入140亿元，利润10.50亿元；完成焦油处理量170.71万吨、粗苯31.49万吨，针状焦产量4.51万吨，改质沥青产量47.80万吨，炭黑24.14万吨，碳纤维1.01万吨。年底，在册员工3 385人（含托管单位），在岗员工3 328人。 （陆　路）

【企业负责人简介】 林秀贞，1964年12月生，福建福州人，中共党员，高级工程师，宝武碳业党委书记、董事长。

徐同建，1965年9月生，江苏淮安人，中共党员，高级政工师，宝武碳业总裁、党委副书记。

（陆　路）

【企业管理】 2021年，宝武碳业围绕"全面对标找差，创建世界一流"管理主题，克服常态化疫情防控、区域能耗双控等不利因素影响，贯彻"降本增效、提质增效"思路要求，提升产能利用率，发掘生态圈、产业链协同价值，全年焦油处理量170万吨，保持全球领先；沥青产能利用率比上年提高20%，高附加值沥青产品比例达到23%；通过设立资金中心，加强资金运作，降低宝旌板块（浙江宝旌炭材料有限公司、绍兴宝旌复合材料有限公司、吉林宝旌炭材料

有限公司等企业）碳纤维融资成本1 340万元；争取各类政策性奖补5 347万元；实现降本增效1.53亿元。 （陆　路）

【深化改革】 2021年，宝武碳业全面推进实施国企改革三年行动方案，国务院国资委考核12项任务全部按集团公司节点目标推进，54项任务超过70%的进度要求。克服首次公开募股（IPO）工作时间紧、界面多、复杂度高、无先例借鉴等困难，在确保规范的基础上，解决了同业竞争、非碳业务剥离等难题，完成公司股份制改革和混合所有制改革，引入万华化学集团股份有限公司等5家战略投资者，同步完成349名核心员工持股，组建主体多元、履职专业、治理规范的董事会，实现公司发展体制机制的转型。 （陆　路）

【整合融合】 2021年，宝武碳业按照"资产经营向公司总部集中，资源生产向制造基地下沉"的原

浙江宝旌炭材料有限公司碳纤维生产线 　　　　　　　　　　　　　　　　　　（施　琮　摄于2021年4月）

则，推动形成职能集中统一、穿透一体，生产制造集约高效的管控模式。成立董事会秘书室、运营改善部，强化职能专业管理，提升体系策划和管控能力。生产运营层推进组织变革和流程再造，深化"大部制"改革，推进"操（操作）检（检修）合一""检（检修）维（维护）合一"。完成对武汉宝聚炭材料有限公司的控股收购，推进宝旌板块管理体系与制度文化的一体化整合融合，深化重庆宝丞炭材有限公司、新疆宝鑫炭材料有限公司、安徽马钢化工能源科技有限公司、山西福马炭材料科技有限公司的整合融合。

（陆　路）

【智慧制造】　2021年，宝武碳业按照新三年（2021—2023年）智慧制造规划路径，推进智能装备、智能产线、智能工厂建设，宝山基地苯加氢全流程自适应生产项目、硫铵仓库黑灯工厂项目先后投用；完成财务、制造、设备等职能管控系统建设；生产执行系统（MES）、宝武碳业设备管理系统（CEMS）及安全、环保等系统上线。

（陆　路）

【科技工作】　2021年，宝武碳业研发投入率3.23%，申请专利48件，取得科研项目效益538.80万元。对接国家战略，瞄准"卡脖子"材料攻关，参与重点航空航天项目研发，完成国家重大科研项目试制任务。聚焦"双碳"，探索研究储备二氧化碳捕集和钢化联产新技术。新型炭材料研究方面，生产出软化点200～210℃、240～250℃等不同规格和品质的高软化点沥青，生产出软化点280～285℃的各向同性沥青产品；负极材料生

产工艺技术研究方面，成功建设负极材料中试试验线，并完成负极材料制备中试试验，研发出首款负极材料BWF-1。宝武碳业炭材料研究院获上海市（宝山）区级技术中心和宝山区高性能炭材料技术创新中心认定，"炭材料用高品质沥青绿色制造新技术和标准研制应用"项目获冶金科学技术奖三等奖，"50万吨/年煤焦油关键技术装备的开发及工业化"项目获湖北省科学技术进步奖二等奖。

（陆　路）

【节能环保】　2021年，宝武碳业修订完善环保管理制度和标准；开展自查自纠，加强督导检查，推进专项整治，完成对沪外16家单位的环保督导工作，完成17份环保督导报告，提出督导改进问题135条。加快落实长江大保护环保规划项目和各地各类达标改造项目，完成发电锅炉烟气脱硝项目、改质沥青低温成型项目、煤气精制系统循环氨水热量利用等11个长江大保护环保规划项目。实现主要基地厂界挥发性有机物（VOCs）无组织排放监控系统覆盖，7个基地委托第三方开展泄漏监测与修复工作，减少挥发性有机物排放量。沿江7家分（子）公司完成生产区域的雨污分流改造。加强固体危险废物日常管理，制定年度固体危险废物减量化目标，开展固体危险废物源头减量工作，宝山基地、梅山基地、宝钢化工湛江有限公司、安徽马钢化工能源科技有限公司的固体危险废物比上年下降11%。

（陆　路）

【安全生产】　2021年，宝武碳业落实《安全生产专项整治三年行

动方案》，全年发现隐患问题4 865项，督促整改完成4 785项；排查生产、检修、施工等场所（环节）隐患13 580条，完成整改13 460条，整改完成率99.12%，未整改完毕的隐患均落实临时性措施；年度督导发现问题350项，整改完成315项，整改完成率90%。落实特种作业证、特种设备作业证取证复证持证上岗，全年培训946人次，取证946人次，取证率100%。组织安全晚间课堂，累计3 000人次参与生产安全信息系统操作培训、新安全生产法宣贯、消防安全知识培训。16个生产基地的2 676人完成职业健康体检。实施安全演练449次，其中模拟实战379次，4 122人次参与。完成安全信息化系统在16个基地的全覆盖，实现技术信息、工作流程共享。

（陆　路）

【工程建设】　2021年度，宝武碳业固定资产投资续建项目18项，新开工项目32项，项目总投资28.70亿元。6月15日，宝钢化工湛江有限公司20万吨焦油加工项目建成投产；8月16日，乌海宝化万辰煤化工有限责任公司5万吨针状焦项目建成投产；11月30日，宝武碳业乌海宝杰新能源材料有限公司负极材料项目投产；12月26日，苏州宝化炭黑有限公司湛江炭黑基地二期项目建成投产。　（陆　路）

【宝武碳业（宝武炭材）大事纪要】

1月7日，宝武炭材宝山煤气精制净化系统环保达标改造项目开工建设。

1月15日，宝武炭材承担的工业和信息化部智能制造新模式项目通过工业和信息化部验收。

1月，宝武炭材获评云南省广南县扶贫明星企业。

同月，宝武炭材通过国家高新技术企业认定。

4月，宝武炭材蝉联"上海市文明单位"。

5月10日，宝武炭材成立"双碳"技术中心。

5月13日，宝武炭材与英国伯明翰大学先进炭材料联合研究中心成立，合作建立海外研发平台。

6月8日，宝武炭材与包钢股份签订30万吨/年焦油深加工项目合作协议。

6月15日，宝钢化工湛江有限公司20万吨焦油加工项目建成投产。

6月18日，宝武炭材与中国联通上海市分公司签订《数字化转型战略合作协议》，携手打造5G（第五代移动通信技术）全连接工厂。

6月21日，宝武炭材举行第一次党员代表大会，确立未来5年发展方向和工作目标。

6月25日，宝武碳业召开创立大会暨第一次股东大会，宝武炭材料科技有限公司更名为"宝武碳业科技股份有限公司"，完成股份制改革。

6月30日，宝武碳业与中林时代控股有限公司签订战略合作框架协议，探索基于碳中和、碳交易的新合作模式，达成从碳消费到碳供给的数字化战略合作伙伴关系。

2021年10月11日，"双碳振兴"战略合作框架协议签约仪式　　（边华俊　摄）

8月16日，乌海宝化万辰煤化工有限责任公司5万吨针状焦项目建成投产。

8月31日，宝武碳业引入万华化学集团股份有限公司、国新双白壹号（杭州）股权投资合伙企业（有限合伙）、中信证券投资有限公司、嘉兴交银兴赋创业投资合伙企业（有限合伙）、上海宝恒经济发展有限公司5家战略投资者，完成混合所有制改革。

9月18日，宝武碳业与复旦大学材料科学系开展合作共建，吸纳优秀毕业生到宝武碳业就业，加速科研成果的产生，并加快科研的工程成果转化。

10月11日，宝武碳业开展员工创新日活动，发布3款创新产品，下属15个基地及生态圈相关伙伴参与活动。

同日，宝武碳业、上海化工宝数字科技有限公司与云南省宁洱县签订"双碳振兴"战略合作框架协议。

11月30日，宝武碳业乌海宝杰新能源材料有限公司负极材料项目投产。

11月，由宝武碳业和冶金工业信息标准研究院共同申报的"炭材料用高品质沥青绿色制造新技术和标准研制应用"获2021年中国钢铁工业协会、中国金属学会评选的冶金科学技术奖三等奖。

12月1日，宝武碳业全资设立的兰州宝航新能源材料有限公司完成工商注册。

12月16日，宝武碳业兰州宝航新能源材料有限公司10万吨负极材料项目奠基。

12月26日，苏州宝化炭黑有限公司湛江炭黑基地二期项目建成投产。

（陆　路）

宝武碳业下属子公司（含托管单位）一览表

公 司 名 称	注册资本（万元）	主要经营范围	持股比例	在岗员工（人）
苏州宝化炭黑有限公司	49 500.00	炭黑制造	60%	268
宝钢化工（张家港保税区）国际贸易有限公司	3 000.00	化产品贸易	100%	7

（续　表）

公　司　名　称	注册资本（万元）	主要经营范围	持股比例	在岗员工（人）
上海化工宝数字科技有限公司	2 974.242 4	电子商务及数字化服务	18.52%（托管）	50
乌海宝化万辰煤化工有限责任公司	39 496.07	焦油加工	70%	115
宝钢化工湛江有限公司	29 000.00	焦油加工	100%	100
宝方炭材料科技有限公司	130 000.00	石墨电极	51%	289
宝化炭黑（达州）有限公司	4 000.00	炭黑制造	苏州宝化炭黑有限公司55%（宝武碳业托管）	32
乌海宝杰新能源材料有限公司	26 000.00	负极材料	51%	97
武汉宝聚炭材料有限公司	5 000.00	焦油加工	51%	126
安徽马钢化工能源科技有限公司	133 333.33	焦油、粗苯加工	马钢集团55%，马钢股份45%（宝武碳业托管）	72
山西福马炭材料科技有限公司	50 000.00	焦油加工	安徽马钢化工能源科技有限公司51%（宝武碳业托管）	106
重庆宝丞炭材有限公司	3 333.30	焦油加工	51%	77
新疆宝鑫炭材料有限公司	3 352.00	焦油加工	51%	116
湖北宝乾新能源材料有限公司	9 982.54	负极材料	60%	46
浙江宝旌炭材料有限公司	44 000.00	碳纤维	49.74%	133
绍兴宝旌复合材料有限公司	23 320.00	高性能纤维及复合材料制造	45.81%	235
浙江精业新兴材料有限公司	34 280.00	碳纤维及制品、纺织品	51.69%	18
吉林宝旌炭材料有限公司	20 000.00	碳纤维及复合材料生产	浙江宝旌炭材料有限公司51%（宝武碳业托管）	405
精功（绍兴）复合材料技术研发有限公司	2 000.00	碳纤维及复合材料研发	绍兴宝旌复合材料有限公司100%（宝武碳业托管）	26
兰州宝航新能源材料有限公司	230 000.00	负极材料生产	100%	13

（陆　路）

宝钢金属有限公司

【概况】　宝钢金属有限公司(简称宝钢金属)成立于2007年12月，注册资本40.55亿元。宝钢金属以"成为全球镁产业引领者"为愿景，以"打造中国镁业，共创镁好世界"为使命，定位于"轻量化解决方案供应商、中国宝武新材料主力军"，围绕国家发展先进制造业，满足国家战略和支柱产业需求，与钢铁制造业耦合协同，为用户提供镁、铝、钢综合材料解决方案，加快成为百亿元级营业收入、十亿元级利润的优秀企业，打造具有全球竞争力的一流企业。2021年，实现营业收入131.90亿元、利润6.75亿元。年底，在册员工2 253人，在岗员工2 096人，其中境内在册员工1 473人、在岗员工1 316人。　（唐兰君）

【企业负责人简介】　王强民，1970年1月生，江苏淮安人，中共党员，高级经济师，宝钢金属党委书记、董事长。

祁卫东，1970年10月生，河南淮阳人，中共党员，高级工程师，宝钢金属总裁、党委副书记。　（唐兰君）

【经营业绩】　2021年，南京宝日钢丝制品有限公司实现营业收入6.38亿元，利润总额3 050万元；完成日系产品和轴承钢供货量1.40万吨；优化技术，减少盐酸消耗量30%。武汉钢铁江北集团金属制品有限公司实现营业收入6.20亿元，利润总额1 200万元；完成PC钢绞线产能扩大项目。宝武轻材(武汉)有限公司精密带钢厂实现营业收入2.53亿元，利润总额831万元；年产量3.65万吨，产能利用率达到90%；优化产品结构，精密钢带产品年销量1.83万吨，其中高附加值产品销量占比71%。宝玛克(合肥)科技有限公司有序推进巢湖基地建设、合肥基地搬迁和混合所有制改革，完成营业收入2.61亿元，利润总额429万元。意大利宝玛克汽车零部件解决方案股份有限公司(简称意大利宝玛克公司)实现营业收入10.59亿元，比上年增长20%。武汉钢铁江北集团冷弯型钢有限公司将客车用高强度冷弯方矩形管的市场占有率保持在70%以上；配套湖南建筑工程机械市场完成新工厂建设，新建产线具备批量生产能力。宝钢集团南通线材制品有限公司实现营业收入6.84亿元，利润总额769万元；保持悬架弹簧钢丝国内引领地位，市场占有率达29%；巩固桥梁钢丝行业领先地位，镀锌钢丝销量2.88万吨，比上年增长45.70%。江苏宝钢精密钢丝有限公司针对工程轮胎用钢帘线产品，以客户为导向优化生产工艺，完成销售量2 162吨。　（唐兰君）

【企业管理】　2021年，宝钢金属有序推进组织变革，设立办公室(党群工作部)、投资发展部(法律事务部)、经营财务部(董秘室)、人力资源部(党委组织部)、运营改善部、审计部/纪检监督部(合署)六大职能部门和营销中心、技术中心、制造管理中心(安全环保部)三大业务中心，进一步明晰管控架构和功能定位，推动赋能型总部建设。建立宝钢金属制度树，并实现制度上平台。打造宝钢金属一体化运营平台，完成经营及制造管理系统对武汉钢铁江北集团冷弯型钢有限公司、武汉钢铁江北集团金属制品有限公司、宝武轻材(武汉)有限公司的覆盖。推进一体化营销和集中采购，探索一体化财务、人力资源管理模式，宝钢金属"'一总部多基地'的制造管理"获评第20届(2021年)冶金企业管理现代化创新成果(三等)。制订镁产业专项规划，构建技术创新体系，形成镁产业发展路线图。全面推行经营层成员任期制契约化管理，完成向下属生产单元的全覆盖。打造轻量化部件业务混合所有制改革平台，探索混合所有制改革企业差异化管控模式。建立宝钢金属风险监测体系，并实现监测指标上平台。　（唐兰君）

【深化混合所有制改革】　2021年，宝钢金属推进国企改革三年行动计划，按进度完成计划的93.70%。重新梳理公司业务，形成宝钢金属混合所有制改革整体思路，并分类分业务推进。打造轻量化部件业务混合所有制改革平台，形成宝玛克(合肥)科技有限公司混合所有制改革实施方案和核心员工持股方案；12月23日，宝玛克(合肥)科技有限公司混合所有制改革项目在上海联合产权交易所公开挂牌。　（唐兰君）

【对标找差】　2021年，宝钢金属出台《宝钢金属对标世界一流管理提升行动实施方案》，落实三年成本削减行动、净资产收益率三年提升行动。完成成本削减计划的103%，降低成本8 909万元。期末资产负债率45%，全年经营实得现金流1.60亿元，"两金"增幅低于营业收入增幅，"两金"周转天数93天。全年在岗人均利润15.60万元，在岗人均营业收入299.30万元。　（唐兰君）

【科技研发】 2021年，宝钢金属进一步优化科技创新体系架构，初步搭建包含8名博士在内的15人技术创新团队；宝钢金属技术中心设立镁及镁合金研究院、轻量化部件研发中心和先进制品研发中心。整合外部研发资源，与郑州大学签署《宝钢金属有限公司—郑州大学"新型镁冶金技术联合研究中心"合作协议》，与重庆大学共建先进镁技术联合研发中心，加入中国有色金属工业协会及其镁业分会、国际镁协会（International Magnesium Association）。 （唐兰君）

【安全环保管理】 2021年，宝钢金属范围内未发生一般及以上事故，职业病发生率为零，火灾、爆炸事故为零，厂内道路主责及以上道路交通死亡数为零，严重险肇事故为零，未发生有较大社会影响的治安案（事）件。年内，宝钢金属范围内未发生A类、B类环境保护事件；万元产值综合能耗为0.1396吨标准煤。 （唐兰君）

【人力资源管理】 2021年，宝钢金属引进镁产业领域科研骨干人才9人，其中博士7名、本科生2名。调整宝钢金属党委直管干部72人次，调整派出董事、监事34人次，选拔10名子公司年轻干部纳入优秀人才培养计划。完成"芽苗树—工商精英"第二次研修等重点培训项目；领导人员人均面授培训151学时，网络学习87学时；技术业务人员人均面授培训101学时，网络学习75学时。 （唐兰君）

【获得荣誉】 4月29日，宝玛克（合肥）科技有限公司获蔚来汽车科技有限责任公司2021年度"蔚来质量卓越合作伙伴"荣誉。6月18日，宝钢金属获中天钢铁集团有限公司2020年度"五星客户"荣誉。6月20日，宝钢金属营销中心国际贸易团队获"2019—2020年度上海市三八红旗集体"称号。8月26日，宝钢金属获"2021上海新兴产业企业100强"称号。8月31日，宝钢金属参与的"大跨度桥梁工程1 960、2 000 MPa（兆帕）高强度缆索用钢开发及应用"项目获中国钢铁工业协会、中国金属学会评选的冶金科学技术奖二等奖。9月30日，宝钢金属"多材料汽车车身轻量化解决方案"获第三届中央企业熠星创新创意大赛三等奖。12月12日，武汉钢铁江北集团冷弯型钢有限公司盛珍剑的"冷弯型钢的成型工艺和标准化的研究和实施"项目、南京宝日钢丝制品有限公司王景伦的"一种盘卷翻转机抱夹装置"项目分别获第25届全国发明展览会金奖和铜奖。12月20日，宝钢金属获国际镁协会颁发的国际镁科学与技术奖·2021年度特别创新贡献奖。12月28日，宝钢金属"'一总部多基地'的制造管理"获评第20届（2021年）冶金企业管理现代化创新成果（三等）。12月30日，南京宝日钢丝制品有限公司获江苏省工业和信息化厅颁发的"江苏省绿色工厂"称号。 （唐兰君）

【宝钢金属大事纪要】

1月11日，宝钢金属与东南大学就高等级线材制品、高性能镁合金领域合作签署合作框架协议。

4月1日，宝钢金属与上海交通大学签约技术合作开发协议。

4月6日，宝钢金属当选中国有色金属工业协会第四届理事会常务理事单位，宝钢金属总裁祁卫东当选常务理事。

4月9日，宝钢金属召开共青团宝钢金属有限公司第三次团员大会，会议选举产生新一届团委委员和团委书记。

4月26日，宝钢金属对总部机构进行调整，调整后总部下设6个部门、3个中心。

7月5日，由江苏宝钢精密钢丝有限公司承担的江苏省重点研发计划"新一代超高强度精细钢丝成套技术研发"项目在江苏海门通过项目结题专家组验收。

7月9日，中国共产党宝钢金属有限公司召开第二次党员代表大会，会议选举产生中共宝钢金属第二届委员会、中共宝钢金属第二届纪律检查委员会。

7月23日，宝钢集团南通线材制品有限公司自主集成的盘条盐浴热处理线投入试生产，实现国内首次不停机收线自动剪切与自动换盘。

8月9日，宝钢金属成立鹤壁项目组，负责推进河南鹤壁镁合金基地建设。

8月23日，宝钢金属出席国际镁协会第78届世界镁业大会。

8月27日，宝钢金属技术中心研发实验室可行性研究报告获立项批复。

8月30日，江苏宝钢精密钢丝有限公司废乳化液处理系统改造项目完成，投入运行。

9月7日，宝玛克（合肥）科技有限公司自主集成的定制型材RF5002产线试生产出蔚来汽车科技有限责任公司定制的型材。

10月19日，宝钢金属以特邀副会长单位身份出席2021年全国镁行业大会暨镁业分会第24届年会。

11月2日，宝钢金属铁粉包衣水稻种植项目在江苏省无锡市收割。

11月8日,武汉钢铁江北集团冷弯型钢有限公司娄底项目直径90毫米高精密圆管产线和F180方矩管产线投入运行,具备批量生产条件。

11月18日,宝钢金属"高性能精密异形钢丝的研究开发与应用"项目入选上海2021年度"科技创新行动计划"宝山转型发展科技专项项目清单,获上海市科委专项科研经费150万元。

12月19日,宝玛克(合肥)科技有限公司巢湖轻量化项目(一期)投产。

12月23日,宝玛克(合肥)科技有限公司混合所有制改革项目在上海联合产权交易所挂牌。

12月24日,安徽宝镁轻合金有限公司竞得13.20亿吨冶镁用白云岩矿采矿权。

12月26日,宝钢金属与重庆大学举行先进镁技术联合研发中心共建签约仪式。

12月28日,宝钢金属安徽宝镁轻合金有限公司年产30万吨高性能镁基轻合金及深加工项目在安徽省青阳经济开发区开工建设。

(唐兰君)

宝钢金属下属子公司(含参股公司)一览表

公司名称	地址	注册资金	主要经营范围	持股比例	在岗员工(人)
上海宝敏科汽车工程技术有限公司	上海市自由贸易试验区德堡路38号	400万元	汽车技术领域内的技术开发、技术咨询、技术服务,汽车配件、机电设备、机械设备及配件、五金交电、金属材料的批发	50%	6
宝钢集团南通线材制品有限公司	江苏省南通市港闸区陈桥街道宝钢路8号	68 064.09万元	金属材料、电线、电缆的生产、加工、销售	100%	185
南京宝日钢丝制品有限公司	江苏省南京经济技术开发区兴文路9号	20 459.60万元	生产冷镦钢丝、弹簧钢丝等二次和三次加工制品	51.402 8%	180
宝钢金属有限公司上海分公司	上海市宝山区蕴川路3962号16幢		货物进出口,技术进出口,金属材料、化工产品、环境保护专用设备、机械设备、金属制品、金属结构销售,汽车零配件零售	宝钢金属分支机构	50
江苏宝钢精密钢丝有限公司	江苏省海门市海门经济开发区香港路2566号	67 800万元	金属丝绳及其制品、太阳能光伏关键材料切割钢丝的生产、加工、销售	宝钢集团南通线材制品有限公司100%	115
上海宝成钢结构建筑有限公司	上海市宝山区蕴川路3962号	5 348.67万元	生产和销售各种钢结构产品及产品的维护	100%	0
武汉钢铁江北集团冷弯型钢有限公司	湖北省武汉阳逻经济开发区滨江大道特1号	51 027.14万元	加工、生产和销售薄板、焊接钢管、冷薄板、焊接钢管、冷弯型钢、带钢、无缝钢管等	100%	496
武汉钢铁江北集团金属制品有限公司	湖北省武汉阳逻经济开发区滨江大道特1号	12 000万元	金属丝绳及制品的制造,机械、金属制品加工,电机电器修理	100%	269
宝武轻材(武汉)有限公司	湖北省武汉阳逻经济开发区滨江大道特1号	50 000万元	金属制品、金属材料、汽车配件、机械设备制造、批发兼零售,货物或技术进出口	100%	0

（续　表）

公司名称	地　址	注册资金	主要经营范围	持股比例	在岗员工（人）
宝武轻材（武汉）有限公司精密带钢厂	湖北省武汉阳逻经济开发区滨江大道特1号		金属制品、金属材料、汽车配件、机械设备制造、批发兼零售,货物或技术进出口	宝武轻材（武汉）有限公司分支机构	151
宝钢金属（国际）有限公司	美国得克萨斯州休斯敦市奥尔巴尼2802号	849万美元	货物进出口、技术进出口贸易等	100%	0
宝钢金属制品工业（香港）有限公司	中国香港特别行政区九龙尖沙咀广东道28号力宝太阳广场803室	3 815万欧元	融资、投资、咨询、贸易	100%	0
意大利宝玛克汽车零部件解决方案股份有限公司	意大利都灵省提瓦索市卡鲁索大街50号	3 233.27万欧元	生产汽车零部件,设计和生产与其相关的制造工具	宝钢金属制品工业（香港）有限公司75%	335
法国宝玛克汽车零部件解决方案有限公司	法国阿冈西路易斯·布雷奥街2号	500万欧元	生产汽车零部件,设计和生产与其相关的制造工具	意大利宝玛克公司100%	210
罗马尼亚宝玛克汽车零部件解决方案有限公司	罗马尼亚德拉加萨尼圣都铎弗拉基米雷斯库大街778号,C-1区	9万列伊	汽车零部件的批发	意大利宝玛克公司51%	1
墨西哥宝玛克汽车零部件解决方案有限公司	墨西哥克雷塔罗工业园区卡拉达·爱思塔卡达大街550-B号	3 005万墨西哥比索	生产汽车零部件,设计和生产与其相关的制造工具	意大利宝玛克公司75%,法国宝玛克公司25%	111
巴西宝玛克汽车零部件解决方案有限公司	巴西库里蒂巴市圣何塞·多斯平海区塔瓦雷斯大街4737号	130万巴西雷亚尔	生产汽车零部件,设计和生产与其相关的制造工具	意大利宝玛克公司100%	28
宝玛克（合肥）科技有限公司	安徽省合肥市巢湖市安徽居巢经济开发区	30 400万元	新材料、汽车部件、精密型材、机械设备、模具、检具、夹具、工具的开发设计、生产制造和销售	100%	82
苏州启明融信股权投资合伙企业（有限合伙）	江苏省苏州工业园区苏虹东路183号东沙湖股权投资中心	12.47亿元	非证券股权投资活动及相关咨询业务	2.405 8%	0
宝瑞费拉有限公司	美国加利福尼亚州圣莱安德罗阿尔瓦拉多街1575号	出资额750万美元	正渗透膜研发、生产和销售	宝钢金属（国际）有限公司17.65%	27
上海宝武杰富意清洁铁粉有限公司	上海市宝山区蕰川路3962号	10 540万元	无偏析预混合铁粉生产、销售,金属材料科技领域内的技术开发、技术服务、技术咨询,货物及技术的进出口业务	50%	33

（续 表）

公司名称	地 址	注册资金	主要经营范围	持股比例	在岗员工（人）
广州万宝井汽车部件有限公司	广东省广州市花都区汽车城东风大道28号	18 989.50万元	汽车零部件及配件制造，模具制造，汽车零配件设计服务	25%	376
武汉万宝井汽车部件有限公司	湖北省武汉经济技术开发区全力二路9号	27 600万元	设计、开发、生产、加工汽车驱动桥和车厢关联零部件及其模具、夹具，销售本公司产品，并提供技术咨询及售后服务	25%	513
南京云海特种金属股份有限公司	江苏省南京市溧水经济开发区秀山东路9号	64 642.25万元	金属镁及镁合金产品、金属锶和其他碱土金属及合金、铝合金的生产和销售，镁、铝制品的生产和销售，铝、镁废料回收	14%	3 444
安徽宝镁轻合金有限公司	安徽省池州市青阳县童埠新区	240 000万元	生产和销售镁合金产品及金属镁锭、白云石等非金属矿物制品等	45%	0

（唐兰君）

上海宝钢包装股份有限公司

【概况】 上海宝钢包装股份有限公司（简称宝钢包装）成立于2010年，主营业务包括金属饮料罐及配套易拉盖和包装彩印铁产品的生产制造，主要服务于碳酸饮料、啤酒、茶饮料及食品企业。2015年6月11日，在上海证券交易所上市，股票代码601968。至2021年底，总股本1 132 807 440股。宝钢包装下设制罐事业部、印铁事业部、制盖、个性化定制等业务单元。全年，国内两片罐业务实现销量113.80亿罐；越南宝钢制罐有限公司实现销量19.30亿罐；印铁业务实现销量16.56万吨；制盖业务实现销量48.90亿片；柔性制造定制罐（iPrinting）实现交付927万罐。实现营业总收入69.68亿元，比上年增长20.40%；利润总额3.16亿元，比上年增长23.10%；实现归属于上市公司股东的净利润2.70亿元，比上年增长70.50%；实现归属于上市公司股东的扣除经常性损益的净利润2.65亿元，比上年增长66.90%。年底，在册员工1 409人，在岗员工1 408人。 （王 涵）

【企业负责人简介】 曹清，1965年8月生，安徽巢湖人，中国民主促进会会员，教授级高级工程师，宝钢包装董事长、总裁。

刘长威，1965年10月生，辽宁台安人，中共党员，高级政工师，宝钢包装党委书记。 （王 涵）

【股东大会重要事项】 5月28日，宝钢包装召开2020年度股东大会，审议通过《关于2020年度董事会工作报告的议案》《关于宝钢包装2020年度财务决算报告的议案》《关于宝钢包装2020年度利润分配方案的议案》《关于宝钢包装2021年度财务预算的议案》《关于选举刘凤委为第六届董事会独立董事的议案》等。8月16日，召开2021年第一次临时股东大会，审议通过《关于调整独立董事津贴的议案》等。12月29日，召开2021年第二次临时股东大会，审议通过《关于续聘2021年度会计师事务所的议案》。 （王 涵）

【董事会重要事项】 3月15日，宝钢包装召开第六届董事会第四次会议，审议通过《关于公司2018年股票期权激励计划首次授予部分股票期权第一个行权期行权条件成就的议案》。4月12日，召开第六届董事会第五次会议，审议通过《关于贵州新建智能化铝制两片罐生产基地项目的议案》《关于宝钢包装董事会补选提名董事候选人的议案》。4月28日，召开第六届董事会第六次会议，审议通过《关于2020年度董事会工作报告的议案》《关于2020年度报告的议案》《关于宝钢包装2020年度财务决算报告的议案》等。5月28日，召开第六届董事会第七次会议，审议通过《关于开展远期结售汇的议案》《关于调整公司第六届董事会专业委员会委员的议案》。7月30日，召开第六届董事会第八次会议，审议通过《关于调整2018年股票期权激励计划首次授予及预留授予的股票期权行权价格的议案》《关于新建柬埔寨铝制两片罐生产基地项目的议案》《关于向全资子公司增资的议案》等。8月27日，召开第六届董事会第九次会议，审议通过《关于2021年半年度报告的议案》。10月20日，召开第六届董事会第十次会议，审议通过《关于收购控股子公司少数股权暨关联交易的议案》。10月29日，召开第六届董事会第十一次会议，审议通过《关于2021年三季度报告的议案》《关于续聘2021年度会计师事务所的议案》等。12月13日，召开第六届董事会第十二次会议，审议通过《关于注销迁安印铁分公司的议案》《关于召开2021年第二次临时股东大会的议案》。12月27日，召开第六届董事会第十三次会议，审议通过《关于补选第六届董事会非独立董事的议案》《关于补选第六届董事会独立董事的议案》等。12月30日，召开第六届董事会第十四次会议，审议通过《关于公司2021年股票期权激励计划（草案）及摘要的议案》等。

（王　涵）

【监事会重要事项】　3月15日，宝钢包装召开第五届监事会第四次会议，审议通过《关于公司2018年股票期权激励计划首次授予部分股票期权第一个行权期行权条件成就的议案》。4月28日，召开第五届监事会第五次会议，审议通过《关于2020年度监事会工作报告的议案》《关于2020年度报告的议案》《关于宝钢包装2020年度利润分配方案的议案》等。7月30日，召开第五届监事会第六次会议，审议通过《关于注销部分已授予的股票期权的议案》等。8月27日，召开第五届监事会第七次会议，审议通过《关于2021年半年度报告的议案》。10月20日，召开第五届监事会第八次会议，审议通过《关于收购控股子公司少数股权暨关联交易的议案》。10月29日，召开第五届监事会第九次会议，审议通过《关于公司及部分子公司开展应收账款保理业务的议案》等。12月30日，召开第五届监事会第十次会议，审议通过《关于公司2021年股票期权激励计划（草案）及摘要的议案》等。

（王　涵）

【深化改革】　2021年，宝钢包装推进《改革三年行动任务清单》各项举措落实，整体完成率82.20%，重点推进"双百行动"综合改革方案，深化体制机制改革。落实混合所有制改革，引入1家股东。优化公司治理结构，调整董事会结构，推进董事会职权落实工作。完善市场化经营机制，与各分（子）公司签署2021—2023年任期目标责任书，全面落实任期制契约化管理。健全激励约束机制，完成首期股权激励的第一批期权行权，完成第二期股权激励计划授予程序。

（王　涵）

【技术创新】　2021年，宝钢包装开展科研项目74项，涉及覆膜铁成型及应用、智慧工厂、智慧供应链、罐型开发、印铁工艺、节能环保等领域。申请专利6件，其中发明专利4件（含共享发明专利2件）；拥有专利117件，其中发明专利11件。

（王　涵）

【绿色发展】　2021年，宝钢包装通过永磁电机改造、淘汰落后装备等，推广节能降耗项目；开发智慧安环信息化系统，对沪外分（子）公司的能源环保数据实施实时监控，加强能耗监管；利用各分（子）公司的厂房屋面建设光伏发电项目，减少碳排放。公司下属单位中，3家获国家级、2家获省部级"绿色工厂"称号。

（王　涵）

【智慧制造】　2021年，宝钢包装加快推进以"智慧供应链""智慧排产""智能工厂"为重点的数智化转型，推动两片罐生产基地的生产运营跨空间、跨界面融合。探索两片罐智慧制造，以哈尔滨宝钢制罐有限公司为载体，完成智能工厂V1.0建设、启动V1.5的建设，打造透明化的"数据工厂"，提高管理与技术人员的决策效率，改善岗位工作环境，提升安全本质化水平；智慧供应链系统完成对国内下属17家公司的覆盖，为"一总部多基地"跨基地、跨地区的采购协同和库存共享提供支撑;智慧排产系统全面覆盖国内两片罐12个生产基地15条生产线,通过产能协同,以价值最大化赋能生产运营。加强数据治理,完成主数据管理系统上线和数据仓库主体建设并投入试用。 （王　涵）

【安全管理】 2021年,宝钢包装健全安全环保工作体系,强化责任落实,完善协力安全管理模式,未发生较大及以上生产安全事故,重大安全生产事故隐患整改率100%,区域内所有事故管理改善措施100%落实,实现年度安全生产目标。推动安全生产专项整治三年行动,重点开展消防、危险化学品等8个专项整治,开展安全专项督导,完善安全生产监督管理信息化平台,提升安全风险和隐患监测、分析、预警和应急处置的信息化水平。申报的论文《企业安全文化建设能获得的安全"效益"》在应急管理部与国务院国资委主管的《企业管理》杂志社"第二届全国企业安全文化优秀论文征集活动"中获二等奖。 （王　涵）

【国际化业务】 2021年,越南宝钢制罐有限公司和越南宝钢制罐(顺化)有限公司具备年产能20亿罐、12亿盖的产能,为越南属地提供超400个工作岗位。 （王　涵）

【个性化定制业务】 1月,宝钢包装为广州王老吉药业股份有限公司推出"百家姓"定制罐,热销新年饮料市场。7月,首条柔性制罐线在宝钢包装上线,完善易拉罐小批量解决方案。9月,为可口可乐(中国)饮料有限公司推出"奥运礼盒"定制罐。12月,为上海博物馆推出"燕吴八景图"等6款数码定制罐。 （王　涵）

【覆膜铁罐业务】 2021年,宝钢包装在完成"覆膜铁成型及应用"科研项目中期评审的基础上,为覆膜铁业务的产业化生产和市场化运营提供技术支持与创新协同。生产覆膜铁食品罐120万罐,并根据产品特点制订针对性的食品安全性检验检测方案,对覆膜铁罐的灌装内容物从干货拓展到部分含水、含盐食品起到较好的技术支撑作用。 （王　涵）

【召开第二次党代会】 3月16日,宝钢包装召开中国共产党上海宝钢包装股份有限公司第二次党员代表大会,审议通过宝钢包装党委工作报告和纪委工作报告,选举产生宝钢包装新一届党委委员和纪委委员,提出今后五年党组织工作的指导思想和主要任务。 （王　涵）

【获得荣誉】 2021年,宝钢包装获2021年上海市五一劳动奖状;被中共上海市委、上海市人民政府授予"上海市文明单位"称号;被评为2020年度上海市宝山区"平安示范单位";获评宝山工业园区"十佳企业"并获2020年度扶贫先锋奖;被中国包装联合会授予包装行业优秀奖;获上海市包装技术协会授予的2020年"金属包装五星级企业"和"抗疫先进单位"称号;被授予"华润雪花五星供应商"称号,成为华润雪花啤酒(中国)有限公司最高级别供应商;在中国包装联合会、金属容器委员会举办的2021年中国金属包装行业大会上,获设计创新金

奖和技术创新金奖。宝钢包装的"以覆膜铁制罐为抓手,助力中国宝武产业扶贫事业"被评为2020年中国宝武社会责任优秀案例。上海宝翼制罐有限公司被江苏太古可口可乐饮料有限公司评为"2020年度最佳供应商",并获得2020年度进步企业奖;被杭州百事可乐饮料有限公司授予"2021年度最佳供应商"称号;被上海市宝山区罗店镇授予2020年度进步企业奖。成都宝钢制罐有限公司被百威(四川)啤酒有限公司授予2020年度最佳质量奖,被中粮可口可乐饮料(四川)有限公司授予最佳供应奖、抗疫特别奖;被成都市人民政府安全生产委员会授予成都市"安全文化建设示范单位"称号。哈尔滨宝钢制罐有限公司被中粮可口可乐有限公司评为2020年度优秀供应商,被授予2021百威亚太供应商最佳进步奖。河南宝钢制罐有限公司被郑州百事饮料有限公司评为2020年优秀供应商,被郑州可口可乐有限公司评为2021年度最佳供应商,被百威(河南)啤酒有限公司授予2021年度百威亚太供应商质量标杆奖。佛山宝钢制罐有限公司被工业和信息化部授予"国家级绿色工厂"称号,被广东省佛山市顺德区印刷包装业协会授予"行业标兵奖"称号。武汉宝钢包装有限公司被湖北省授予省级"'专精特新'小巨人企业"称号,在第25届全国发明展览会上获银奖1项。 （王　涵）

【宝钢包装大事纪要】
3月3日,宝钢包装完成定向增发2.95亿股上市公司股票。
3月31日,宝钢包装与贵州省黔南布依族苗族自治州龙里县人

民政府签订投资框架协议,选址龙里县投资新建智能化铝制两片罐生产线项目。

4月7日,甘肃省副省长张锦刚一行赴宝钢包装兰州新建智能化铝制易拉罐生产项目现场调研。

8月30日,西藏宝钢包装有限责任公司三片罐生产线投产。

9月26日,安徽宝钢制罐有限公司智能化铝制两片罐生产基地项目开工仪式在安徽省蚌埠市怀远县举行。安徽省蚌埠市委书记黄晓武、副市长葛锐等领导出席开工仪式。

10月13日,宝钢包装与贵州省黔南布依族苗族自治州龙里县

人民政府签订项目投资合同,在龙里县投资新建智能化铝制两片罐生产线项目。

10月21日,河北宝钢制罐北方有限公司印铁分公司项目投产。

11月17日,宝钢包装国内两片罐年产量首度突破100亿罐。

（王　涵）

宝钢包装下属分(子)公司(含参股公司)一览表

公司名称	地　址	注册资金	主要经营范围	持股比例	在岗员工（人）
上海宝翼制罐有限公司	上海市宝山区月罗路1888号	16 659.14万元	设计、生产、销售钢制、铝制两片式易拉罐及其他相关产品,包装印刷等	95.5%	130
河北宝钢制罐北方有限公司	河北省遵化市通华西街	28 000万元	制造和销售钢制、铝制两片式易拉罐、盖及相关产品,包装装潢印刷,货物进出口等	100%	86
成都宝钢制罐有限公司	四川省成都市新都区工业东区龙虎大道399号	19 842.66万元	钢制和铝制两片式易拉罐、盖及相关产品的制造、销售和科技研发,货物进出口,包装装潢印刷品印刷等	100%	108
佛山宝钢制罐有限公司	广东省佛山市顺德高新区(容桂)建业中路18号	63 984.48万元	设计、制造、销售钢制两片式易拉罐、铝制两片罐、金属盖及相关产品,包装装潢印刷品印刷	100%	99
河南宝钢制罐有限公司	河南省卫辉市唐庄镇百威大道2号	19 582万元	设计、生产、销售铝制两片式易拉罐及相关产品,包装印刷等	100%	44
哈尔滨宝钢制罐有限公司	黑龙江省哈尔滨经济技术开发区哈平路集中区春晖路28号	33 966万元	包装装潢印刷品和其他印刷品印刷,设计、生产、销售铝制两片式易拉罐及相关产品等	100%	52
西藏宝钢包装有限责任公司	西藏自治区拉萨经济技术开发区管委会办公楼	1 500万元	易拉罐的生产及销售,包装材料销售等	100%	8
兰州宝钢制罐有限公司	甘肃省兰州市东部科技城金州路8号	16 755万元	铝制两片式易拉罐及相关产品的设计、生产、销售,包装装潢及其他印刷等	100%	63
安徽宝钢制罐有限公司	安徽省蚌埠市怀远县榴城镇	17 800万元	铝制两片式易拉罐设计、生产、销售,包装印刷等	100%	23
贵州宝钢制罐有限公司	贵州省黔南州龙里县冠山街道龙里高新技术产业园区内5号路南侧	17 800万元	铝制两片式易拉罐设计、生产、销售,包装印刷等	100%	9

（续 表）

公司名称	地 址	注册资金	主要经营范围	持股比例	在岗员工（人）
越南宝钢制罐有限公司	越南平阳省新渊市永新社新加坡IIA工业区15号路2号IIA区	3 560万美元	生产、销售两片式易拉罐	70%	133
越南宝钢制罐（顺化）有限公司	越南承天顺化省香水市富牌坊富牌工业区B-13号	3 372万美元	生产、销售两片式易拉罐	100%	120
马来西亚宝钢制罐有限公司	马来西亚吉隆坡联邦直辖区生态城孟沙路3号	4 050万美元	销售、制造、加工、生产金属包装产品等	100%	99
武汉宝钢包装有限公司	湖北省武汉市黄陂区罗汉寺龙兴街118号	41 187万元	各类材质包装制品设计、加工、销售,包装装潢印刷等	100%	47
宝钢包装（意大利）有限公司	意大利亚历山大利亚省波佐罗佛罗米伽罗市托尔托纳路3号	2 129万欧元	钢铁行业一般钢铁产品及相关产品的切割和印刷	70%	0
上海宝钢制盖有限公司	上海市宝山区罗东路1818号	9 500万元	设计、制造、加工、销售各种材质包装的盖子等	75%	65
完美包装工业有限公司	中国香港九龙尖沙咀广东道7-11海港城世界商业中心1401室	6 318.41万 欧元	包装材料贸易	100%	0
上海宝颖食品饮料有限公司	上海市宝山区罗新路419号	1 000万元	饮料生产、销售,包装制品设计、销售,包装装潢印刷等	30%	0
河北宝钢制罐北方有限公司沧州分公司	河北省献县献王大道东、规划富强大街南侧		制造和销售铝制两片式易拉罐、盖及相关产品,包装装潢印刷,货物进出口等		0
上海宝钢包装股份有限公司上海印铁分公司	上海市宝山区罗东路1818号		金属涂彩产品设计、加工、销售,货物及技术的进出口业务		82
上海宝钢包装股份有限公司北京印铁分公司	北京市怀柔区雁栖经济开发区雁栖大街11号		包装制品及材料、金属彩涂产品设计、制造、加工、销售,包装装潢印刷品印刷等		63
上海宝钢包装股份有限公司佛山印铁分公司	广东省佛山市顺德高新区（容桂）建业中路18号		包装装潢印刷品印刷,包装制品设计、销售等		40
上海宝钢包装股份有限公司迁安印铁分公司	河北省迁安市西部工业园区园区大街368号		包装装潢设计服务,包装材料等产品销售,包装装潢印刷等		0
上海宝钢包装股份有限公司宝山分公司	上海市宝山区罗东路1818号		包装制品设计、销售,包装材料的销售,货物或技术进出口等		0

（续　表）

公司名称	地　址	注册资金	主要经营范围	持股比例	在岗员工（人）
武汉宝钢包装有限公司沌口制罐分公司	湖北省武汉经济技术开发区江城大道545号		各类材质包装制品设计、加工、销售,包装装潢印刷等		58
河北宝钢制罐北方有限公司印铁分公司	河北省遵化市西留村		制造和销售钢制铝制两片罐、盖及相关产品,包装装潢印刷等		15

（王　涵）

宝武特种冶金有限公司

【概况】　宝武特种冶金有限公司（简称宝武特冶）源自1958年成立的上海第五钢铁厂,1998年上海地区钢铁企业联合重组后进入上海宝钢集团公司。2018年10月1日,宝武特冶以特种冶金核心资产为主体独立运营,注册资本67 112.51万元,聚焦特种冶金技术为核心的高性能金属与合金材料,是中国宝武唯一特种冶金材料研发和制造企业,代表中国宝武践行特种冶金核心关键材料保供的使命,是中国特钢企业协会会长单位,高新技术企业,拥有宝山直属厂部及上海宝钢特殊金属材料有限公司、东莞宝钢特殊钢加工配送有限公司、宝武特冶钛金科技有限公司、上海实达精密不锈钢有限公司4家子公司,宝武特冶航研科技有限公司（简称宝特航研）、云南楚丰新材料集团有限公司（云南钛业股份有限公司,简称云南钛业）2家托管子公司。2021年,宝武特冶钢产量10.50万吨、商品坯材产量9.10万吨;营业收入44亿元,使命类产品收入逾10亿元,分别比上年上升45%、40%;利润总额0.65亿元,净资产收益率2.56%。镍基合金（高温合金、耐蚀合金、精密合金）产销1.40万吨,成为国内首家产销突破万吨的镍基合金企业;国内市场占有

宝武特冶宝山直属厂部鸟瞰 　　　　　　　　　　　　　　　　　（徐静艳 摄于2021年7月）

宝武特冶主要装备(生产线)一览表

装　　　备	规　　　格	数量
炼钢产线电炉	40吨	2台
特种冶炼产线感应炉和真空感应炉	0.15～12吨	7台
特种冶炼产线电渣炉	0.50～20吨	19台
特种冶炼产线真空自耗炉	5～15吨	8台
特种冶炼产线油压机	6 000吨	2台
锻造产线径锻机组	1 300吨径锻机	1套
锻造产线快锻机组	2 000吨快锻机、4 000吨快锻机、6 000吨快锻机	各1套
锻造产线热处理淬、回火(固溶)热处理炉	20～100吨	8台
锻造产线热处理退火(正火)炉	20～100吨	12台
锻造产线热处理淬火介质槽	4×8×3.50米	4套
等温锻产线油压机	500吨、新500吨、800吨、2 000吨、3 000吨、新3 000吨、6 300吨、8 000吨	各1台
精密钢管产线轧机	直径0.05～3.50毫米	4台
精密钢管产线热挤压机	直径51～325毫米	1台
精密钢管产线辊底式固溶热处理炉	1.80吨	1台
精密钢管产线冷轧机	直径3～220毫米	19台

(徐静艳)

率达40%以上,位居全国第一。年底,在册、在岗员工1 040人。

(徐静艳)

【企业负责人简介】　章青云,1969年8月生,安徽太湖人,中共党员,经济师,宝武特冶党委书记、董事长。

陈步权,1967年12月生,福建莆田人,中共党员,高级工程师,宝武特冶总经理、党委副书记。

(徐静艳)

【企业管理】　2021年,宝武特冶设置并落实5个核心指标、3个专项任务、17个"三高两化"指标。召开党委会30次,审议事项148项,其中"三重一大"事项129项,执行前置讨论程序54项。收集、辨识、更新整理法律法规及审核非格式合同文本121份。强化体系运行的风险控制能力,建立形成33类、231项专业管理矩阵,梳理出84项"负面"清单。通过生产组织、工艺技术、效率提升、协同和管理五个方面项目推进降本增效工作,全年降成本9 645万元。开展网络攻防演习活动,完成宝武特冶钛金信息化、宝武特冶无人值守汽车衡系统项目。

(顾佳超)

【"双百行动"改革】　2021年,宝武特冶进行混合所有制改革和市场化经营机制改革,完成9项"双百行动"改革任务。其中,加强党的领导和党的建设,制订实施宝武特冶创建党员示范岗和设立党员责任区方案，组织各级党组织、全体党员创建11个党员示范岗，45个党员责任区；分层分类开展混合所有制改革，成立宝武特冶钛金科技有限公司，引入外部投资者，实施员工持股；形成《宝特航研混改框架方案》《东莞宝钢混改框架方案》；完成宝武特冶本部及下属子公司董事会的'应建尽建'，实现外部董事占多数，发布实施《宝武特冶落实董事会职权工作实施方案》和《宝武特冶经营投资免责事项清单》。 （顾佳超）

【整合融合】 4月14日，重钢集团、宝武特冶、重庆钢铁研究所有限公司签订委托管理协议，宝武特冶对重庆钢铁研究所有限公司实施托管；9月17日，重庆钢铁研究所有限公司更名为"宝武特冶航研科技有限公司"。7月31日，昆钢公司与宝武特冶签订委托管理协议，宝武特冶对云南楚丰新材料集团有限公司（云南钛业股份有限公司）实施托管。年内，宝武特冶开展对宝特航研、云南钛业的专业化整合工作。对宝特航研制订"百日计划"总任务25项、协同项目3项、里程碑事项3项，年底全部完成；《宝特航研混改框架方案》《增资及资产收购可研报告》获中国宝武审批。对云南钛业制订"百日计划"总任务34项、协同项目3项、里程碑事项6项，年底全部完成；初步形成《云钛公司混改和员工持股方案》。全年，宝特航研、云南钛业实现协同效益4 469万元。 （顾佳超）

【科技研发】 2021年，宝武特冶为航空航天、军工等配套交付高温合金、耐蚀合金、精密合金、钛合金、高合金钢材料，完成国家重点型号、重大工程配套核心关键材料的保供任务。全年，承担国家、地方科技重大专项30项。通过上海市高新技术成果转化项目认定3项。 （刘 桢）

【智慧制造】 2021年，宝武特冶实施集团公司甲A类智慧制造项目3个，其中"现场操作—律机器人"项目1个、"操作室—律集中"项目1个、"设备运维—律远程"项目1个，全年投入改造经费240万元。实现生产管制一体化管理，特冶厂自耗炉结晶器自动抛刷，锻造厂燃气在线统一集中管控。 （刘 桢）

【知识产权】 2021年，宝武特冶专利受理44件，其中发明专利37件。截至年底，宝武特冶拥有授权专利221件，其中发明专利157件。 （刘 桢）

【节能环保】 2021年，宝武特冶推进现场工序能耗管控，工序能耗改善率为75%。开展节水型企业建设，通过开展水平衡测试、生活节水器具的运用和工业用水管控，新水消耗70.92万吨，比上年下降5.30%，并通过上海市节水办公室"上海市节水型企业"审核。围绕生产组织、效率提升，开展现场节能降耗活动，节能项目立项14项，实现节能降成本665.37万元。开展废气提标治理，年度废气污染物排放量均达到指标要求，其中排放二氧化硫1.481吨，较集团公司年度考核指标（2.30吨）下降35.60%；排放氮氧化物62.766吨，较集团公司年度考核指标（73吨）下降14%；排放烟（粉）尘34.77吨，较集团公司年度考核指标（95吨）下降63%；厂区大气降尘量7.49吨/月·平方千米，较集团公司年度考核指标（9.30吨/月·平方千米）下降19.50%。深化废水治理，完成区域生活污水的雨污分流和精密钢管事业部酸洗含酸废水达标处理改造，实现废水就地达标处理排放。推进固体废物源头减量，开展氧化铁皮、研磨屑、研磨屑灰、电渣渣饼等一般固体废物的集团公司内协同利用，废油桶、油泥、沾染类废物、油水混合物集团公司内部协同处置，全年钢渣产量比上年下降8.50%，氧化铁皮产量比上年下降33.60%。 （秦 刚）

【绿色发展】 2021年，宝武特冶成立宝武特冶碳中和推进委员会，统筹推进"双碳"工作，对宝武特冶本部、各子公司碳排放总量和趋势进行分析测算，摸清家底，明确目标。开展《强化减碳使命担当、践行绿色低碳发展》为主题的大调研，剖析现场用能的合理性、讨论工艺技术改善的路径、交流现场节能减碳方案，制定对策加以改善推进。对节能减碳的工艺技术进行征询，就绿色照明、余热回收、节能水泵、分布式光伏等相关技术开展现场调研并组织方案推进。开展环境风险辨识，细化污染排放控制措施。制订年度监测计划，对107个排放口实施全面监测，及时进行控制优化调整。结合公司整体规划及《上海市超低排放改造工作方案（2019—2025年）》要求，完成7台工业炉窑的超低排改造和25辆非道路移动机械的更新升级。 （秦 刚）

【安全管理】 2021年，宝武特冶安全生产工作稳定受控，安全生产重大隐患为零,重大险肇为零;较大以上火灾事故为零;厂区道路主责及以上交通死亡事故为零;区域内较大社会影响的治安案(事)件为零。　　　　　　（丁琦）

【人力资源管理】　2021年,宝武特冶持续深化"三项制度"改革,外部招聘13名各类紧缺人才,离职退出24人,实现经理层成员的"任期制、契约化"管理全覆盖,针对核心骨干员工推行多样化的薪酬激励与约束举措。　　（吴伟东）

【党群工作】　2021年,宝武特冶规范党组织设置,落实"应建必建"要求,在公司直属党组织中新成立特冶钛金党支部;推进4个党支部按期换届,按程序发展5名共产党员,召开庆祝中国共产党成立100周年暨"两优一先"表彰大会,评选表彰24名优秀个人和4个先进集体。　　　　　　（徐静艳）

【获得荣誉】　2021年,宝武特冶精密钢管事业部党总支获国务院国资委颁发的"中央企业先进基层党组织"称号。"先进航空发动机用典型高温合金大规格锻制棒材质量攻关"项目获2021年上海市重点产品质量攻关成果一等奖;"太阳能光热发电系统关键部件选材及其工程应用研究"获2021年全国锅炉行业科学技术奖二等奖;宝武特冶总工程师、总经理助理赵欣获"第11届中国金属学会冶金青年科技奖"。
　　　　　　（徐静艳）

【宝武特冶大事纪要】
　1月8日,宝武特冶成立混合所有制子公司——宝武特冶钛金科技有限公司。

　2月2日,宝武特冶收到长征五号运载火箭型号办公室感谢信。宝武特冶为"长征五号"遥五火箭发射"嫦娥五号"探测器任务配套研制高温合金锻件、管材、棒材等产品,满足各项使用要求。

　2月22日,中共中央总书记习近平等党和国家领导人在北京人民大会堂接见"嫦娥五号"探月工程任务参研参试单位和人员代表。"长征五号"大推力运载火箭发动机配套超长薄壁GH3600高温合金管材研发负责人欧新哲受到党和国家领导人接见。

　同日,上海市科学技术委员会联合上海市财政局、税务局向宝武特冶颁发"高新技术企业"证书。

　4月14日,重钢集团、宝武特冶、重庆钢铁研究所有限公司签订委托管理协议,宝武特冶对重庆钢铁研究所有限公司实施托管。

　4月29日,中国空间站天和核心舱发射升空,宝武特冶作为协作配套单位应邀现场观看发射任务。

　5月15日,中国首次火星探测任务取得成功。宝武特冶为"天问一号"探测器配套研制生产的耐高温高强度钛合金,成功应用于探测器姿态及轨道控制力矩系列发动机。

　5月21日,宝武特冶召开中国宝武特种冶金材料发展研讨会暨宝武特冶航材军工用户交流会。航空、航天、舰船、院所等领域43家单位参会。

　同日,宝武特冶通过上海市节水办公室现场审核,获"上海市节水型企业"称号。

　5月25日,宝武特冶召开公司一届四次职工代表大会,完成宝武特冶职工董事、监事选举等议程。

　6月24日,宝武特冶参加中国特钢企业协会十届一次会员大会,宝武特冶等5家特钢企业被选举为会长单位。

　7月31日,昆钢公司与宝武特冶签订云南楚丰新材料集团有限公司(云南钛业股份有限公司)委托管理协议,宝武特冶对云南楚丰新材料集团有限公司(云南钛业股份有限公司)实施托管。

　8月29日,宝武特冶入选2021上海新兴产业企业百强榜。

2021年1月8日,宝武特冶钛金科技有限公司举行成立揭牌仪式　　　　（徐静艳 摄）

9月8日，上海市科学技术委员会向宝武特冶颁发"高温加热炉用铁镍基合金无缝钢管""新型航空发动机用钛合金等温模锻件""高性能压铸模用热作模具钢"3项上海市高新技术成果转化项目证书。

9月17日，宝武特冶航研科技有限公司揭牌成立。

10月26日，由中国特钢企业协会主办的第17届（2021）中国国际特殊钢工业展览会暨高品质特殊钢论坛在上海新国际博览中心召开，宝武特冶应邀参加，并被授予"工模具钢行业自律规范"企业。

11月3日，宝武特冶第一轮填平补齐最大项目18吨真空自耗炉试车成功，可增加高温合金等特种冶金材料自耗重熔生产能力1 720吨/年。

12月18日，中国有色金属工业协会钛锆铪分会召开七届一次会员大会暨理事会换届会议，宝武特冶当选副会长单位，宝武科学家计波当选为副会长。

12月20日，国家科技重大专项、全球首座第四代球床模块式高温气冷堆——华能石岛湾高温气冷堆核电站示范工程1号反应堆并网发电。宝武特冶为其提供耐蚀合金棒、管、板、带等核心材料。

（徐静艳）

宝武特冶下属子公司（含托管单位）一览表

公司名称	地址	注册资本	主要经营范围	持股比例	在岗员工（人）
上海宝钢特殊金属材料有限公司	上海市宝山区泰和路679号	5 000万元	以工模具钢、特殊钢材为主的国际贸易，货物及技术的进出口业务、转口贸易、保税区内企业间的贸易及代理，保税区内商业性简单加工及商务咨询	100%	10
东莞宝钢特殊钢加工配送有限公司	广东省东莞市望牛墩镇银河工业园	3 000万元	金属材料及制品、钢材的销售，模具钢、不锈钢加工，物业租赁，货物进出口、技术进出口，金属材料热处理，新材料、金属材料专业科技领域内的技术咨询、技术服务、技术转让、技术开发等	100%	31
宝武特冶钛金科技有限公司	上海市宝山区水产路1298号	18 000万元	货物进出口，技术进出口；新材料、金属材料及相关生产装备专业科技领域内的技术咨询、技术服务、技术转让、技术开发；销售金属材料、钢材	69.64%	100
上海实达精密不锈钢有限公司	上海市闵行区华锦路291号	13 156万美元	销售精密不锈钢带，黑色、有色金属带材及制品，金属带材等；货物及技术进出口	40%	479
宝武特冶航研科技有限公司	重庆市大渡口建桥工业园A区镁桥路2号	5 500万元	研制试制和生产黑色、有色金属材料及制品，粉末冶金及制品的相关技术服务、技术咨询，销售本所研究试制、生产的产品	重钢集团100%	117
云南楚丰新材料集团有限公司	云南省楚雄彝族自治州禄丰县土官工业园区	15 082.79万元	研发、生产、销售钛、镍、锆、铪等稀有金属及其合金材料	昆钢公司100%	297
云南钛业股份有限公司	云南省楚雄州禄丰县土官镇	58 285.64万元	研发、制造、销售和委托加工钛及钛合金制品	昆钢公司50.22%	200

（徐静艳）

武汉钢铁集团耐火材料有限责任公司

【概况】 武汉钢铁集团耐火材料有限责任公司（简称武汉耐材）的前身为1957年伴随武钢兴建应运而生的武钢耐火材料厂。2018年4月1日，由武钢集团委托中国宝武直接管理。2021年，实现营业收入10.70亿元，利润4525万元。年底，在册员工961人，在岗员工658人。 （陈永飞）

【企业负责人简介】 李军，1969年3月生，湖北武汉人，中共党员，高级经济师，武汉耐材党委副书记、执行董事、总裁。 （陈永飞）

【经营管理】 2021年，武汉耐材通过强化"制造"和"智造"能力以及错峰采购，降低制造成本和总包现场服务成本。镁碳作业区吨产品制造成本比上年降低20.70%；散状料吨产品比上年降低4.60%；炮泥吨铁消耗比上年降低5%。销售利润率比上年增加94.80%；净资产收益率比上年增长226%。根据采购、制造、市场、研发及职能部门等业务板块的不同特性，量身定制业务回归、优化岗位配置等人事效率提升策略。全年，人均利润5.50万元，人均营业收入163万元，分别比上年增长54%、2.90%，人事效率提升22%。 （陈永飞）

【改革发展】 2021年，武汉耐材制订完善国企改革三年行动方案，拟定7大项、42个分项任务，年底完成85%。开展瑞泰科技股份有限公司等混合所有制改革项目中与武汉耐材有关的审计、评估、方案等工作。创新营销人员市场开拓激励机制，通过设置营销人员薪酬限期保护政策拓展新市场。设置利润率、回款期限、考核方式等约束指标，防控市场开拓风险。全年新增合同9000万元，新增收入1800万元。 （陈永飞）

【科技研发】 2021年，武汉耐材以研发人员为核心，联合制造和市场方面技术人员，按专业领域组建8个专业小组，建立以组为单位的项目激励机制，减少产、销、研业务界面，提高研发成果转化效率。其中，自产真空炉无铬砖在武钢有限5座真空炉上推广应用；鄂城钢铁无碳化钢包平均包龄从92次提高到135次；针对鄂城钢铁市场自主开发、投建的钢包在线测厚系统，被鄂城钢铁纳入智慧制造建设计划。与武汉科技大学等院校合作开发环保型快烧长寿转炉大面修补料、长寿命中间包涂料、钢包工作层整体浇注料、废钢消纳型铁水罐等新产品。 （陈永飞）

【安全环保】 2021年，武汉耐材系统清查、消除危险源，排查安全隐患1719项，违章查处176件。完成包装厂外迁及原有危房拆除、关停柴油加油站等工作。针对公司区域内发生的两起轻伤事故，按照事故"四不放过"（事故原因未查清不放过、事故责任人未受到处理不放过、事故责任人和广大群众没有受到教育不放过、事故没有制定切实可行的整改措施不放过）的原则，对事故相关责任人、管理者等21人进行考核和追责。按专业、人员类别组织开展"设备检维修安全管理

规范""安全生产教育""操作安全管理"专题培训3期，培训人员122人。开展环保自查自纠及现场管理提升工作，完成环保问题自查整改787项，巡查问题整改152项，环保设备整改35项。完成镁碳区域雨污分流系统、高温隧道窑烟气设备联网等项目改造，实现24小时在线监测，水排口、废气排口环境监测指标全部合格。 （陈永飞）

【风险管控】 2021年，武汉耐材完善法律管理体系，修订下发《法律事务管理实施细则》《授权管理办法》等管理文件。针对与瑞泰科技股份有限公司实施整合融合风险、新产品研发、市场开拓等7个重要风险，制订风险专项管控方案，并组织推进。制订安全风险隐患排查整治的工作方案，组织各责任单位开展安全生产、能源环保、信访维稳、意识形态安全、大宗原料供应、制度体系、依法治理、网络安全8个领域的安全风险隐患排查、评估和整改工作。 （陈永飞）

【人才培养】 2021年，武汉耐材围绕提升沟通协调、管理体系实践、群众管理工作等方面的能力，制订人才梯队建设配置及人员培养方案。组织23名主任工程师及以上人员开展3期轮岗锻炼；有针对性地开办技术人员能力提升研修班、管理人员研修班等专项培训班。系统排查、梳理C层级及重点领域、关键岗位管理人员经商办企业情况；加强干部日常监督力度，组织提醒谈话8次，诚勉谈话4人次。 （陈永飞）

【工会工作】 2021年，武汉耐材为基层班组增配光波炉23台，为在

岗职工发放防疫礼包，开展武汉城市圈职工重大疾病医疗互助活动，为148名女职工购买女性重大疾病"安康保险"。建设职工书屋，组织开展"耕读传家　书香铸梦"读书活动。开展"同心　同向　同乐"职工足球联赛、"廉洁和谐杯"职工羽毛球赛、篮球赛等活动。通过"献E计"平台，收集各类合理化建议216条，分类整理并推进实施113条。

（陈永飞）

【武汉耐材大事纪要】

3月15日，武汉耐材召开党史学习教育动员部署会。

8月21日，武汉耐材"导热油锅更换降低碳排放项目"获评中国宝武绿色低碳优秀案例。

12月10日，武汉耐材报送的"基于在线智能监测与大数据应用的钢包安全长寿技术及其应用""节能环保型鱼雷罐用耐材的探索与应用"项目分获第25届全国发明展览会金奖、银奖。（陈永飞）

武汉耐材下属子公司（含托管单位）一览表

公司名称	地　址	注册资金（万元）	主要经营范围	持股比例	在岗员工（人）
武汉武钢维苏威高级陶瓷有限公司	湖北省武汉市青山区工农村	9 284.00	生产和销售炼钢行业的滑动水口系列产品	50%	228
武汉武钢维苏威高级连铸耐火材料有限公司	湖北省武汉市青山区工农村	5 500.00	生产和销售炼钢行业连铸三大件产品	50%	54
武钢鄂州耐火材料有限公司	湖北省武汉市青山区工农村	625.00	生产和销售钢铁企业用耐火材料及化工用防腐炭砖	100%	44
瑞泰马钢新材料科技有限公司	安徽省马鞍山市雨山区丁周桥路8号	20 000.00	研发、生产和销售耐火材料、新材料	40%	213

（陈永飞）

编辑：李　冰

11

智慧服务业

智慧服务业

智慧服务产业发展中心/智慧化与大数据建设办公室

【概况】 智慧服务产业发展中心（简称智慧业中心）是中国宝武"一基五元"中智慧业板块的业务管理部门，承担智慧产业板块的资本投资运营功能，推进资本投资项目的"投、融、管、退"。下设智慧业规划投资和运营评价两个业务模块，对口子公司为上海宝信软件股份有限公司、欧冶云商股份有限公司、宝钢工程技术集团有限公司、宝武装备智能科技有限公司、宝武重工有限公司和欧冶工业品股份有限公司。年底，在岗员工7人（含柔性配置1人）。中国宝武智慧化与大数据建设领导小组办公室（简称智慧化与大数据建设办公室）是中国宝武智慧化与大数据建设工作的责任单位，承担中国宝武智慧化与大数据建设领导小组日常工作，同时负责中国宝武信息化管理职责。智慧化与大数据建设办公室与智慧业中心实行合署运作。年底，在岗员工6人（含柔性配置2人）。

（于 亮 顾慧达）

【推进智慧服务产业优化升级和结构调整】 2021年，智慧业中心聚焦重点规划目标指标完成情况、战略任务落实情况、重大投资项目推进情况，系统开展智慧业板块2021年规划评估、三年（2022—2024年）规划滚动修编、构建现代服务业体系、梳理"'专精特新'小巨人"核心业务等专项工作，进一步明晰智慧服务业的产业定位、业务组合、发展战略和实施路径；协助宝武重工完成中国宝武轧辊专项规划，明确轧辊产业的发展目标、商业模式和实施路径。 （于 亮）

【推进智慧业板块专业化整合】 2021年，智慧业中心牵头组织协调相关各方，按计划完成昆钢公司、重钢集团、太钢集团等3批次12个项目组、40余家整合标的专业化整合任务。研究策划《中国宝武轧辊产业专业化协同方案》。 （于 亮）

【开展投资及资本运作项目策划审查】 2021年，智慧业中心本着兼顾规范与效率的原则，规范投资（并购）类项目、股权和资产转让类项目经济行为的处理方式，编制完成《智慧业中心项目审查表》，完善投资项目全生命周期的管理与服务模式，提高投资项目审查的工作效率。完成9个重点投资项目审查，涉及新设法人7家、新增参股公司1家、投资总额12.50亿元。主要有：新设宝信软件（南昌）有限公司，投资总额5 000万元；合资设立宝信软件（南宁）有限公司，投资总额1 300万元；收购武汉港迪电气有限公司100%股权，投资总额1.50亿元；合资组建上海合昇能源科技有限公司，投资总额2 550万元；新设河北宝宣数据科技有限公司，投资总额6.50亿元；欧冶云商增资上海钢铁交易中心有限公司，投资总额3亿元；合资新设欧冶老挝有限公司，投资总额100万美元；欧冶云商参股广东广物中南建材有限公司，投资总额5 000万元；宝信软件向欧冶工业品转让上海润益互联网科技股份有限公司部分股权项目。

（于 亮）

【挖掘智慧服务业市场价值】 2021年，智慧业中心协同各子公司挖掘智慧服务业的市场价值，加速实现资本价值。年内，宝信软件总市值突破1 000亿元，在工业互联网上市公司中保持第一梯队；欧冶云商进行首次公开募股（IPO）准备工作；欧冶工业品作为重点企业推介项目之一，参加中国宝武混合所有制改革项目专场推介会；宝钢工程策划研究入股中钢国际工程技术股份有限公司方案；宝

武智维、宝武重工探索股权多元化改革。

（于 亮）

【推进法人压减和"参股瘦身"工作】 2021年，智慧业中心系统梳理对口各级子公司，对压减目标企业开展"一企一策"，协同集团公司相关职能部门加快审批效率，完成法人压减4家，参股公司"瘦身"4家。

（于 亮）

【加强对口子公司董事会管理】 2021年，智慧业中心会同集团公司相关职能部门对重大议案进行背景分析和专业建议，完成子公司董事会表决事项处理，以及对参股公司行使股东权益管理，为董监事决策提供依据。全年处理股东会、董事会30批次，涉及议案225项。

（于 亮）

【开展党史学习教育主题大调研】 2021年，智慧业中心开展"以亿吨宝武为基础的生态圈钢铁产成品服务体系建设"主题调研。调研围绕"渠道服务、加工服务、物流服务"三个领域及"数智化管理和绿色低碳"两个工具，开展产成品服务体系研究，以打造全球引领的钢铁产成品服务体系为目标。通过现场走访、深入调查研究，对标世界一流企业和优秀民营企业，提出构建中国宝武产成品服务体系的增值服务解决方案、4项体系能力提升方向、6项实施举措建议。

（于 亮）

【开展产业帮扶工作】 2021年，智慧业中心对乡村振兴任务目标进行细化分解，明确各子公司的任务目标，全程跟踪相关工作开展，通过季度工作报告、不定期跟踪等

方式及时掌握各子公司推进情况，并沟通解决工作中遇到的各类问题。全年引进无偿帮扶资金150万元，有偿帮扶资金1 282.50万元，实施帮扶项目4个。 （于 亮）

【强化数智化顶层策划】 2021年，智慧化与大数据建设办公室牵头组织《中国宝武智慧化与大数据专项规划》的修编工作。聚焦规划执行评估、生态应用创新、数据治理及应用、数智基建升级、数智建设保障等方面进行整体策划和方案编制。 （顾慧达）

【策划工业大脑战略计划】 2021年，智慧化与大数据建设办公室策划启动《中国宝武钢铁工业大脑战略计划》。该计划作为智慧制造2.0"三跨融合"的核心组成部分，着力打造一批人工智能与钢铁深度融合的典型示范项目，构建一套敏态创新、智能管理的工作体系，突破一批软硬件智能化关键技术，注册一批软硬件智能标准和专利技术，解决一批钢铁行业制造、服务、治理过程中的"黑箱"和"不确定性"难题，包括核心制造产线智能化、全流程业务智能化、设备运维智能化、智能软硬件技术4大攻关领域14个重点攻关项目及联动工作协同机制。 （顾慧达）

【推进"三跨融合"工作】 2021年，智慧化与大数据建设办公室强化数智化顶层策划，推进跨产业、跨空间、跨界面的"三跨融合"重点工作任务落地。基于中国宝武数智化规划确定的架构和平台，在统一的工业互联网体系架构下，会同各试点单位统筹设计"三跨

融合"工作方向、推进机制和工作计划。 （顾慧达）

【重构人力资源及办公系统】 2021年，智慧化与大数据建设办公室利用新技术、新平台，完成人力资源系统重构，推进智慧办公4.0建设。落实中国宝武对人力资源系统"全覆盖、可拓展，精细化、能监管，精准化、易演进，强协同、创价值"的重构要求，确定《人力资源管理系统智慧化重构项目》方案，采用软件服务模式，12月23日完成系统建设并投运。《中国宝武智慧办公系统数字化升级改造工作方案》采用软件服务模式，年内完成核心组件招标，基础功能、核心功能开发。 （顾慧达）

【推进运营共享系统覆盖】 2021年，智慧化与大数据建设办公室推进中国宝武运营共享系统覆盖，完成标准财务系统与马钢股份属地经营管理系统、制造系统的集成，实现业务和财务一体化运营。推进运营共享系统覆盖太钢集团、西藏矿业，完成下属104个单位智慧工作、标准财务、人力资源、内部审计和穿透式监督等系统全覆盖。推进运营共享核心系统覆盖昆钢公司、重钢集团等受托管理子公司，至年底，标准财务系统、新人力资源系统覆盖昆钢公司152家单位，标准财务系统覆盖重钢集团37个账套。 （顾慧达）

【推进大数据中心和数据治理体系建设】 2021年，智慧化与大数据建设办公室在数据治理方面，完善大数据中心的数据治理工作内容和方法论。在大数据中心建设过程中迭代完善方法规范，形成具有中国宝武特色的工业大数据实施方法论和中国宝武数据资产标准化管理规范，同时将方法规范固化在宝武工业互联网平台中。在数据节点部署方面，完成部署集团公司、宝钢股份等11个大数据中心节点。 （顾慧达）

【推动中国宝武生态圈统一基础设施建设】 2021年，智慧化与大数据建设办公室推动IaaS（基础设施即服务）层信息基础设施——"宝之云"全国布局。组织设计并确定全国集团专用网建设及租用模式，推动打造云边协同立体网络体系。推动云边协同、流程管控及数据智能一体的中国宝武大数据中心算力基础设施建设。基于新一代信息技术，迭代打造互联共享的PaaS（平台即服务）层平台基础设施——工业互联网平台体系（产业生态平台ePlat和工业互联平台iPlat）建设。 （顾慧达）

【推动新一代信息技术深度融合应用】 2021年，智慧化与大数据建设办公室围绕中国宝武关键研发技术图谱，以技术创新驱动业务创新，构建生态运营能力。对外全面对标找差，调研、走访华为技术有限公司、阿里巴巴集团控股有限公司、深圳市腾讯计算机系统有限公司等优秀互联网、制造业公司，汲取优秀企业在技术研发、技术创新实践、技术管理经验，寻找创新合作点，共建共创新商业模式。对内推动集团公司内部AI（人工智能）、5G（第五代移动通信技术）、大数据、区块链、各类即时通信工具等新一代信息技术与各类具体应用场景的实践创新。 （顾慧达）

【推进钢铁生态数据应用融通建设】 2021年，智慧化与大数据建设办公室推动"国资监管应用""改革三年行动在线督办""大数据审计""投资计划管理""碳资产管理"等一系列中国宝武国资监管信息化工作建设和优化完善工作，协同各相关单位推进"宝武智维设备远程运维平台""工业品采购服务平台""宝钢工程数字设计与交付平台""欧冶综合交易平台""欧冶产成品物流平台""大宗原料采购平台""中国宝武运营共享生态圈应用"等钢铁生态圈各功能体系"平台+"数智生态业务云标杆建设，推动各子公司"上云上平台"，部署工业互联网平台及大数据中心节点，逐步实现传统信息化、自动化架构向新一代信息架构的迁移、转型升级。 （顾慧达）

【提升网络安全保障能力】 2021年，智慧化与大数据建设办公室完成《网络安全管理办法》修编，与中国宝武网络安全监管平台1.0版上线同步。推进落实国资国企网络信息安全在线监管覆盖，完成30个一级子公司的全覆盖。推进中国宝武网络安全监测体系覆盖，完成36家一级子公司、各重要钢铁基地的覆盖，与中国宝武网络安全监管平台协同，初步形成集团公司网络安全在线监管机制。 （顾慧达）

【夯实网络安全保障机制】 2021年，智慧化与大数据建设办公室制订《中国宝武庆祝建党100周年网络安全保障工作方案》。建立集团公司网络安全保障体系和快速应急响应机制，落实各项保障要求，安全运行与应急保障相结合，完成马钢智慧制造现场会等7次64

天重大活动网络安全保障工作。

（顾慧达）

【开展网络攻防实战演习】 2021年，智慧化与大数据建设办公室参加有关部门组织的网络攻防演习，制订《网络攻防演习方案和准备工作指南》，建立演习指挥部和快速应急响应机制，部署落实演习各项准备工作。通过演习，发现网络安全问题隐患并落实整改，提升了攻防实战、安全防护、应急响应和安全协同能力。 （顾慧达）

【打造网络安全新基座】 2021年，智慧化与大数据建设办公室完成中国宝武专用网上海、武汉两大核心节点和12个汇聚节点建设和上线，50多家单位在新网上平稳运行；统一推进终端安全防护，完成建设运营方案审查和试点建设，具备全面推广条件；中国宝武网络安全运营中心初步建立，对集团公司信息基础设施和重要系统网络实施全天候安全值守、分析研判。

（顾慧达）

上海宝信软件股份有限公司

【概况】 上海宝信软件股份有限公司（简称宝信软件）是中国宝武实际控制、宝钢股份控股的IT（信息技术）企业，2001年4月在上海证券交易所上市。2020年，中国宝武成立工业互联网研究院、大数据中心，与宝信软件合署办公。截至2021年12月31日，宝信软件总股本为1 520 141 976股，其中：境内上市人民币普通股（A股）

1 133 469 976股（有限售条件股份为41 945 356股），境内上市外资股（B股）386 672 000股。全年，宝信软件实现销售收入117.59亿元，归属于上市公司股东的净利润18.19亿元。年底，在册员工5 155人，在岗员工5 069人。 （原秀芳）

【企业负责人简介】 夏雪松，1970年12月生，江苏金湖人，中共党员，宝信软件党委书记、董事长。

朱湘凯，1968年12月生，河北献县人，中共党员，高级工程师，宝信软件总经理、党委副书记（至2021年3月）。

王剑虎，1970年9月生，安徽桐城人，中共党员，高级工程师，宝信软件总经理、党委副书记（2021年3月起）。 （原秀芳）

【董事会重要事项】 1月19日，宝信软件召开第九届董事会第十六次会议，审议通过《首期A股限制性股票计划第二个解除限售期解除限售的议案》《修改公司章程部分条款的议案》。3月10日，召开第九届董事会第十七次会议，审议通过《关于公司第二期限制性股票预留部分首批授予的议案》《合资设立南宁宝信的议案》《董事、高级管理人员变更的议案》等。4月12日，召开第九届董事会第十八次会议，审议通过《2020年度董事会工作报告的议案》《2020年度报告和摘要的议案》《2020年度利润分配的预案》等。4月19日，召开第九届董事会第十九次会议，审议通过《2021年第一季度报告的议案》《聘任总经理的议案》。4月26日，召开第九届董事会第二十次会议，审议通过《心越人才吸收合并心越人力资源暨关联交易的议案》

《合资设立河北宝信的议案》《关于公司第二期限制性股票计划预留部分第二批授予的议案》。6月16日，召开第九届董事会第二十一次会议，审议通过《合资设立信成能源科技的议案》《修改公司章程部分条款的议案》。8月18日，召开第九届董事会第二十二次会议，审议通过《2021年半年度报告的议案》《设立南昌宝信的议案》《调整限制性股票计划激励对象的议案》等。10月28日，召开第九届董事会第二十三次会议，审议通过《2021年第三季度报告的议案》《聘任高级管理人员的议案》《转让上海润益股权暨关联交易的议案》等。12月3日，召开第九届董事会第二十四次会议，审议通过《收购港迪电气的议案》《清算注销考克利尔的议案》等。12月24日，召开第九届董事会第二十五次会议，审议通过《落实董事会职权实施方案的议案》《首期A股限制性股票计划第三个解除限售期解除限售的议案》《关于回购注销部分限制性股票的议案》等。 （邵向东）

【中国宝武工业互联网研究院建设】 2021年，中国宝武工业互联网研究院加大自主研发，优化工业互联网架构体系，支撑中国宝武"一总部多基地"管控模式，突破技术与业务边界。截至年底，工业互联网平台覆盖中国宝武28个一级子公司，覆盖率达90%以上。平台连接设备数超过400万台，工业模型6 000多个、工业App（手机应用程序）7 000多个，覆盖17个行业，具有9大领域50多个解决方案，服务企业用户超过29万家，开发者达1万多人，分布在全国17个省或直辖市。7月

10日,中国宝武工业互联网平台人工智能中台在2021年世界人工智能大会上首发,为中国宝武工业互联网平台xIn³Plat增添全新动力,助力非AI(人工智能)专业人员快速、便捷、高效地生成人工智能解决方案,加速智慧制造2.0进程。 (原秀芳)

【中国宝武大数据中心建设】 2021年,宝武数典1.0上线,实现中国宝武数据资产的逻辑统一管理;完成11个大数据中心节点部署。"宝信工业大数据5S套件"获评工业和信息化部2021年大数据产业发展试点示范项目。以宝钢股份为试点形成一套钢铁板块的数据标准。 (原秀芳)

【支撑中国宝武数智化转型】 2021年,宝信软件配合太钢集团、八一钢铁、马钢集团、昆钢公司、重庆钢铁等企业编制和推进智慧制造规划。服务多元产业,重点支撑欧冶云商、欧冶工业品、欧冶链金、宝武资源、宝武清能等打造产业互联网平台。策划碳资产管理系统、碳交易信息化平台方案,完成宝武清能"双碳"管理平台规划,开展宝钢股份LCA(生命周期评价)可行性研究;与中国工业互联网研究院等合作成立"双碳"创新联合实验室,参与工业和信息化部碳达峰相关行业标准制订及评审。编制中国宝武万台机器人实施规划,基于产线、岗位的调研与可行性论证,梳理形成集团公司内应用场景6 000多套。作为核心成员单位牵头或参与制造业数字化转型与钢铁行业工业互联网相关行业标准、团体标准编制工作。7月26日,发布自主研发的PLC(可编程逻辑控制器)产品,打破该市场领域由外商垄断的格局,全面实现国产自主可控高端控制系统的规模化、产业化发展。 (原秀芳)

【推进新一代信息基础设施全国布局】 2021年,宝信软件推进"宝之云"新一代信息基础设施业务全国布局。上海基地有序开展核心区域资源储备,获得上海市3 000个机柜能耗指标;推进—线城市周边地区产业布局,成立河北宝宣数据科技有限公司,获得宣化钢铁集团有限责任公司20万吨标煤能耗指标转换;推进云计算服务升级,"云网芯"ONE+平台投入运行。 (原秀芳)

【加大技术创新力度】 2021年,宝信软件围绕关键核心技术国产化替代与破解行业"卡脖子"难题,加大研发投入,申请发明专利116件;建立"宝信技术创新共享平台",推进研发协同和知识共享,促进技术交流与创新;设立技术创新积分,量化衡量技术创新活跃度,激发员工创新动能。 (原秀芳)

【专业化整合】 2021年,宝信软件践行中国宝武"资本—资产—生产"三层管控架构,构建宝信软件"一总部多基地"管理模式,以宝信软件(武汉)有限公司为试点构建"一部对一部"行动方案。9月1日,收购飞马智科信息技术股份有限公司股权。通过建立协同工作责任体系、开展专业管理对接、实施管理体系覆盖等举措,推进与重庆钢铁集团电子有限责任公司、云南昆钢电子信息科技有限公司、山西云时代太钢信息自动化技术有限公司的专业化整合融合工作,完成既定年度整合计划任务,实现管理、技术、市场、业务的全面协同。 (原秀芳)

【行业地位和品牌形象提升】 2021年,宝信软件获中国证券报"金牛最具投资价值奖",获中央广播电视总台上海总站"2021中国城市数字经济论坛风云榜数字赋能先锋奖",入选上海市软件业协会"2021上海软件核心竞争力企业",获评浦东新区"经济数字化转型挂帅企业"和"科技创新突出贡献奖",获评工业和信息化部制造业与互联网融合试点示范企业,在福布斯"2021年度中国十大工业互联网企业"中位居第五。中国宝武/宝信工业互联网平台作为工业和信息化部十五家双跨平台之一,通过国内首批最高级数字化成熟度(IOMM)卓越级认证,入选国家首批"工业互联网平台服务安全能力评价五星级平台"。 (原秀芳)

【宝信软件大事纪要】 1月,宝信软件入选由上海市工业互联网协会与人民网上海频道联合评选的"2020工赋上海年度风云企业"。

2月,宝信软件获由中国IT(信息技术)服务全媒体平台评选的"2020中国卓越智能运维100强""2020中国云服务10强""2020中国卓越智能远维服务奖""2020中国卓越云服务提供商"4个奖项。

3月8日,上海市政府调研宝信软件,要求宝信软件发挥技术优势,赋能工业互联网、赋能中小企业,积极助力城市数字化转型和制造业高质量发展。

3月31日，宝信软件通过卓越级企业IT（信息技术）数字化成熟度（IOMM）评估，标志着宝信软件IT数字化能力达到国内平台服务类最高等级。

4月7日，在中国软件行业协会主办的"2021中国软件产业年会"上，宝信软件获评"2020中国软件行业最具影响力企业"，轨道交通企业应用开发平台解决方案入选"2020中国软件行业优秀解决方案"。

4月25日，中国宝武钢铁数智生态平台入选国务院国资委"2021十大国有企业数字化技术成果"。

4月，宝信软件承担综合监控系统建设的浙江省温州市域铁路S1线一期工程，获中国城市轨道交通协会评选的2020年度城轨交通科技进步奖一等奖。

5月18日，安徽省马鞍山市人民政府与宝信软件签署《马鞍山市"城市大脑"建设战略合作框架协议》。

5月25—26日，宝信软件生产现场智能安防管理解决方案获评中国钢铁工业协会钢铁行业智能制造联盟"2021年度钢铁行业智能制造优秀解决方案"。

5月31日，宝信软件通过国家发展和改革委员会等四部门"国家鼓励的重点软件企业"审核，被纳入首批国家鼓励的重点软件企业清单。

6月3日，宝信软件召开第二次党代会，发动全员建设中国一流的信息科技服务公司。

6月25日，上海市大数据中心调研宝信软件工业互联网平台和大数据中心发展情况。

6月，上海宝康电子控制工程有限公司首次通过信息系统建设和服务能力评估CS3级认证。

7月9日，宝信软件获评"浦东新区经济数字化转型挂帅企业"。

7月10日，宝信软件自主研发的中国宝武工业互联网人工智能中台，在2021年世界人工智能大会"数智融合 聚变未来"工业智能高峰论坛上首发。

7月14日，宝信软件获评上海市宝山区"数字化转型场景建设生态联盟企业"。

7月26日，宝信软件发布自主研发的工业控制系统核心部件——大型PLC（可编程逻辑控制器）产品。

7月28日，宝信软件股票市值突破1 000亿元，年内最高市值1 125亿元。

8月，宝信软件（武汉）有限公司再次入选"2021年武汉服务业企业100强"。

9月28日，在2021全国大数据标准化工作会议上，宝信软件获评"标准化工作先进单位"。

9月29日，宝信软件入选上海市浦东新区科技创新突出贡献20强，蝉联"科技创新突出贡献奖"。

9月，宝信软件申报的堆取料机无人化控制软件、环境监测及综合管理软件、冶金企业产供销管理软件3项软件产品入选中国软件行业协会"2021年度优秀软件产品"。

10月15日，宝信软件申报的钢材加工供应链云服务平台软件V1.0、企业安全生产管理软件V2.0产品，入选国家工业信息安全发展研究中心发布的第四批次"工业互联网关键技术与产品白名单"。

10月，"宝之云"互联网数据中心一期、二期项目通过美国Uptime Institute（是全球公认的数据中心标准组织和第三方认证机构）对数据中心运维管理体系中人员组织、运行维护、培训、规划管理和运行工况等五大要素的审核，获得Uptime M&O认证。

11月21日，在2021中国"5G（第五代移动通信技术）+工业互联网"大会"5G+冶金钢铁"专题会议上，欧冶链金、宝信软件、中国电信集团有限公司、华为技术有限公司联合发布《废钢铁智能检判解决方案》。

12月13日，宝信软件获中央广播电视总台上海总站"2021中国城市数字经济论坛风云榜数字赋能先锋奖"。

12月，宝信软件入选上海软件行业协会"2021上海软件核心竞争力企业"。

（原秀芳）

宝信软件下属分公司及控股子公司（含托管单位）一览表

公司名称	地　　址
南京分公司	江苏省南京市雨花台区雄风路333弄梅花商业广场6楼
宁波分公司	浙江省宁波市北仑区明州路731号
海盐分公司	浙江省海盐县武原镇海丰西路218号

（续　表）

公司名称	地　　址
北京分公司	北京市朝阳区建国门外大街丙12号
西安分公司	陕西省西安市高新区科技二路77号
深圳分公司	广东省深圳市南山区科技南十二路18号
广州分公司	广东省广州市南沙区万顷沙镇粤海大道九涌段出口加工区管委会大楼
湛江分公司	广东省湛江市东海岛东简镇宝钢湛江钢铁有限公司厂东区11号楼
厦门分公司	福建省厦门市软件园观日路44号
成都分公司	四川省成都市高新区世纪城南路599号天府软件园D区
重庆分公司	重庆市渝中区时代天街2号
宝信软件（武汉）有限公司	湖北省武汉市青山区和平大道1278号
飞马智科信息技术股份有限公司	安徽省马鞍山市湖南路西段1390号
上海宝景信息技术发展有限公司	上海市宝山区友谊路910弄3号
上海宝康电子控制工程有限公司	上海市宝山区杨行工业园区锦富路298号
日本宝信株式会社	日本东京中央区新川1—24—12　SH大厦5层
上海梅山工业民用工程设计研究院有限公司	江苏省南京市雨花台区中华门外新建梅山一号路
宝信云计算（重庆）有限公司	重庆市两江新区互联网产业园12号楼
宝信软件（成都）有限公司	四川省成都市高新区吉庆三路333号
河北雄安宝信工业互联网平台研发中心有限责任公司	中国（河北）自由贸易试验区雄安片区容城县雄安市民服务中心企业办公区E栋
上海宝立自动化工程有限公司	上海市宝山区同济路1118号
大连宝信起重技术有限公司	辽宁省大连市甘井子区凌水镇七贤岭汇贤街19号
新疆宝信智能技术有限公司	新疆维吾尔自治区乌鲁木齐市头屯河区八钢文景西路69号
上海宝信数据中心有限公司	上海市宝山区蕰川公路777号
宝信软件（南京）有限公司	江苏省南京市雨花台区梅山街道雄风路333号梅山商业广场6楼
宝信软件（南昌）有限公司	江西省南昌市新建区经济开发区璜溪大道19号
河北宝宣数据科技有限公司	河北省张家口市宣化区宣府大街93号宣钢公司大楼5楼
宝信软件（广西）有限公司	中国（广西）自由贸易试验区南宁片区盘歌路4号碧园中心B座17层
上海宝信能源科技有限责任公司	上海市浦东新区郭守敬路515号1幢1211室
武汉港迪电气有限公司	湖北省武汉东湖新技术开发区理工大科技园理工园路6号

（续　表）

公司名称	地　　址
武汉武钢大数据产业园有限公司	湖北省武汉市青山区友谊大道999号武钢集团办公大楼A座9层
重庆钢铁集团电子有限责任公司（托管）	重庆市大渡口区钢花路5号
云南昆钢电子信息科技有限公司（托管）	云南省昆明市安宁市昆钢建设街17号
山西云时代太钢信息自动化技术有限公司（托管）	山西省太原市尖草坪2号

（张　萌）

欧冶云商股份有限公司

【概况】　欧冶云商股份有限公司（简称欧冶云商）成立于2015年2月，拥有上海钢铁交易中心有限公司（简称上海钢铁交易中心）、上海欧冶物流股份有限公司（简称欧冶物流）、上海欧冶供应链有限公司、欧冶国际电商有限公司、上海欧冶材料技术有限责任公司等子公司。2021年，欧冶云商完成GMV（成交总额）交易量4.80亿吨，比上年增长45%；实现营业收入1 266.69亿元，利润6.57亿元。年底，在册员工3 686人（含托管单位），在岗员工3 361人。　　　　（郑梁峰）

【企业负责人简介】　赵昌旭，1965年5月生，湖北通城人，中共党员，教授级高级工程师，欧冶云商党委书记、董事长。

金文海，1965年9月生，上海人，中共党员，高级经济师，欧冶云商总裁、党委副书记。（郑梁峰）

【创新交易模式】　2021年，欧冶云商通过优化平台交易规则，完善交易服务内容，提升集团公司外钢厂占比，实现终端用户数提升50%的目标；推进钢厂生产端和用户使用端两个现场的直达和互通，推进智慧预测服务，拓展店铺运营服务；加快银行直融业务拓展，深度融合业务场景，以直营店铺为载体，推出欧冶直联模式，实现欧冶平台、供方、需方、银行多方共赢，实现交易向服务转型的跨越。全年，欧冶云商综合平台共有企业注册用户15.70万户，钢铁交易SKU（库存量单位）数200万个；综合平台钢铁交易及服务量达6 362万吨，比上年增长33.60%。（郑梁峰）

【提升物流和加工能力】　2021年，欧冶云商成立物流中心，对物流板块内各业务单元分层分类管理，确立物流平台企业、物流资产企业、区域物流企业"三位一体"的体系架构，明确"标准化、产品化、社会化"的业务发展方向，推进板块内各节点物流单元整合融合，构建一套完整的钢铁产业链服务体系，为平台上300多家钢厂及其分支机构、10万家钢材服务商及用钢企业、2 000多家合作仓库、3万多辆承运车辆、600多家加工中心

欧冶云商总部办公大楼　　　　（李希彦　摄于2021年7月）

提供一体化解决方案服务。全年，欧冶物流平台仓储服务量3 865万吨，比上年增长22.16%。（郑梁峰）

【创新互联网营销模式】 2021年，欧冶云商从移动生态建设、营销活动策划、销售上平台、营销基础管理等方面深化互联网营销能力和生态化发展建设。围绕欧冶钢好App（手机应用程序）统一入口，推进移动生态由"交易助手"向"全产品服务"转型；举办首届"欧冶1018"活动，组织开展直播活动142场次；推进宝钢股份直通车业务，推进八一钢铁在线订货功能，以及太钢不锈、宝钢股份、重庆钢铁共享产能业务模式创新，八一钢铁、马钢股份、宝钢德盛区块链质保书实现上链。 （郑梁峰）

【资本运作】 2021年，欧冶云商完成马钢集团物流有限公司增资、安徽马钢物流集装箱联运有限公司增资、参股广州广物中南建材有限公司、参股欧冶工业品、欧冶链金增资、欧冶物流小股东股权购买、上海钢铁交易中心增资、新设欧冶老挝公司8个长期投资项目，投资总额首次逾10亿元。

（郑梁峰）

【为职工办实事】 2021年，欧冶云商开展"我为群众办实事"实践活动。全年征集职工需求244条，其中采纳219项，列入各级工会办实事项目清单。针对员工最关心的住房和租房问题，围绕上海地区青年员工、高端引进人才和沪外调入员工三类群体，研究制定租房补贴政策；发挥工会桥梁纽带作用，沪内单位聚焦关怀职工身心健康，慰问重大病、支出性困难职工32

人，发放慰问金及实物慰问4.90万元。升级建设"藕粉之家"，更新职工健身房设施，增设微健身区域；现场单位和物流节点企业关注职工安全需求，通过改进车辆、设备设施，增设完善现场员工休息室等项目为职工办实事。 （郑梁峰）

【欧冶云商大事纪要】 1月1日，马钢股份与欧冶云商马钢集团物流有限公司、欧冶物流共同签署《物流基地总包服务（三方）协议》。6月30日，欧冶物流对接马钢股份产销系统。

1月13日，欧冶云商召开物流领域生态合作大会。

1月22日，欧冶物流与宁波宝新签订《产成品运输及成品库管理业务与欧冶物流框架协议》。

同日，武汉钢铁集团物流有限公司焦作分公司铁路专用线焦作至青岛"海铁班列"首发。

1月27日，受国务院国资委委托，中国宝武对欧冶云商承担的中央企业"双创"支撑平台项目"欧冶云商大宗商品智慧服务平台"进行验收。

1月28日，欧冶云商获评上海市宝山区"建设全市科创中心主阵地科创示范企业"。

同日，上海钢铁交易中心的"长三角螺纹"产品上线。

3月14日，欧冶云商与本钢集团有限公司在上海举行年度高层沟通会。

3月17日，欧冶云商与八一钢铁在全国首次发行钢材区块链质保书。

4月1日，欧冶云商首批工作团组赴新加坡开拓海外业务。

4月8日，宝钢标准产品交易价格（BSI）指数上线。BSI是基于

在欧冶云商平台上公开发售的现货、产能预售与期货成交数据，反应宝钢股份产品在欧冶云商平台上真实成交的情况，为用户分析、决策提供依据。

4月，欧冶云商获评2019—2020年度"上海市文明单位"。

4月15日，欧冶云商与宁波宝新签订《宁波宝新不锈钢产成品出厂运输业务总包合同》，宁波宝新产成品出厂服务由欧冶物流总包。

4月20日，重钢集团与欧冶云商签订托管协议，重庆钢铁集团运输有限责任公司由欧冶云商托管。

4月29日，欧冶云商自主研发的企业资源计划（ERP）管理系统海欧工作台上线。

5月10日，欧冶云商与南华期货股份有限公司签订战略合作协议。

5月14日，欧冶云商与安徽省港航集团有限公司签署战略合作协议。

5月24日，欧冶云商、云南宝象物流集团有限公司入选商务部评选的首批"全国供应链创新与应用示范企业"。

同日，马钢集团物流有限公司入选国家发展和改革委员会物流业制造业深度融合创新发展案例名单。

5月26日，上海市商务委员会党组书记、主任顾军调研欧冶云商。

6月8日，宝武物流资产有限公司欧珐公司取向硅钢卷智能立体库建成并交付使用。

6月10日，欧冶云商与上海期货交易所签订基层党组织共建协议。

6月25日，欧冶云商入选上海市经济信息化委员会《2020年

2021年6月25日，欧冶云商与上海期货交易所举行"期现联动·服务实体"创新服务启动仪式

（张端阳 摄）

度上海市大数据服务供应商推荐目录》。

同日，欧冶云商与上海期货交易所举行"期现联动·服务实体"创新服务启动仪式。

6月28日，武汉钢铁集团物流有限公司在武汉工业港举行智能仓配区一期工程开工暨码头作业区无人库投产仪式。

6月30日，欧冶云商完成马钢股份移动营销整合，建立覆盖马钢股份营销全流程的在线业务管理体系。

7月1日，欧冶云商党委获"上海市先进基层党组织"称号。

同日，昆钢公司与欧冶云商签署托管协议，云南省物流投资集团有限公司由欧冶云商托管。

7月22日，欧冶云商综合平台上线宝钢股份用户直通车，发挥平台优势，让交易和服务直达客户。

7月31日，欧冶云商与八一钢铁签订《关于钢产品销售代运物流管理与服务一揽子合同》。

8月5日，欧冶云商综合平台上线宝钢股份旗舰店。

8月17日，欧冶云商"基于工业互联网的钢铁智慧物流服务体系建设"案例获2021（第三届）全球工业互联网大会"工业互联网融合创新应用·行业推广行动"典型案例。

8月23日，欧冶云商被上海市宝山区认定为"宝山区企业技术中心"。

8月26日，欧冶云商获评上海新兴产业企业100强（第二名）。

9月2日，欧冶云商入选上海数字商务发展案例与上海市首批商务领域数字化转型重点项目。

9月8日，安徽马钢物流集装箱联运有限公司与俄罗斯加兰特有限责任公司签订关于运输火车车轮的《中俄铁路运输服务协议》。9月28日，首列"中俄班列"从合肥北开往俄罗斯。

9月9日，欧冶云商下属循环资源综合服务平台——"欧冶循环宝"年交易金额突破100亿元。

9月26日，交通银行—八一钢铁欧冶直联服务系统上线。

10月9日，云南省物流投资集团有限公司智慧供应链云平台入选工业和信息化部第三批服务型制造示范平台。

10月18日，欧冶云商举办的2021首届欧冶峰会开幕。

同日，"96169"欧冶客服热线短号码上线。

10月19日，欧冶云商与安阳钢铁集团有限责任公司签署战略合作协议。

2021年10月18日，2021首届欧冶峰会开幕

（张 勇摄）

10月20日，欧冶云商入选上海市供应链创新优秀案例。

10月26日，欧冶云商与宝钢德盛签署合作框架协议，宝钢德盛委托欧冶物流作为产成品出厂物流总包服务商。

10月31日，八一钢铁产成品物流"昆仑"项目上线运行。

11月3日，欧冶云商与华东师范大学签约，成立华东师大—欧冶云商数智供应链联合实验室。

11月6日，欧冶云商与渣打银行（中国）有限公司签署合作谅解备忘录。

11月8日，云南宝象物流集团有限公司通过国家第二批多式联运示范工程验收。

11月10日，山东钢铁股份有限公司直营店入驻欧冶云商综合平台。

11月15日，重庆钢铁集团运输有限责任公司接管"钰昕库"，首次涉足钢材仓储管理。

11月22日，欧冶云商企业资源计划（ERP）管理系统海欧工作台完成100家企业入驻。

11月25日，欧冶云商设计的钢铁流通领域的碳足迹计算器上线。

12月3日，欧冶云商设立宝武物流资产有限公司南京分公司。

12月9日，欧冶直联服务年放款突破2亿元。

12月10日，欧冶云商在第25届全国发明展览会上获银奖1项、铜奖1项。

12月16日，I STEEL LAOS CO., LTD（欧冶老挝公司）注册成立。

12月21日，欧冶云商与韶钢松山签订合作协议，韶钢松山委托欧冶物流作为产成品出厂物流总包服务商。

12月28日，欧冶云商3个项目获上海市企业管理现代化创新成果，其中一等、二等、三等各1项。

12月29日，欧冶云商与重庆钢铁签订《重庆钢铁基地产成品物流管理与服务一揽子协议》，重庆钢铁委托欧冶物流作为产成品出厂物流总包服务商。

12月29日，欧冶云商入选工业和信息化部"新一代信息技术与制造业融合发展试点示范名单"。

12月31日，欧冶云商与宝钢股份签订《宝钢股份钢材产成品物流业务合作框架协议》，宝钢股份委托欧冶云商作为产成品出厂物流总包服务商。　　（郑梁峰）

欧冶云商下属子公司（含托管单位）一览表

公司名称	地　　址	注册资金（万元）	主要经营范围	持股比例	在岗员工（人）
上海钢铁交易中心有限公司	上海市宝山区双城路803弄9号楼3001室	26 216.22	第二类增值电信业务、电子商务、经济信息咨询服务、国内贸易、货物运输代理、货物存储等	61.86%	33
上海欧冶物流股份有限公司	上海市宝山区宝杨路2035号25幢	62 280.00	道路货物运输、国内水路运输、第二类增值电信业务、仓储服务（除危险品）、货物运输代理等	65.79%	189
上海欧冶供应链有限公司	上海市宝山区漠河路600弄1号5层B505、B506室	16 000.00	循环物资互联网平台交易和服务，钢材、金属材料及制品、再生资源等销售，信息咨询服务，第二类增值电信业务，金属材料及制品的剪切、加工以及配套服务等	100%	32
欧冶国际电商有限公司	中国（上海）自由贸易试验区荷丹路88号3幢3层	19 800.00	第二类增值电信业务，电子科技领域内的技术咨询、开发、服务、转让等，货物及技术进出口，大宗商品销售等	100%	27
上海欧冶材料技术有限责任公司	上海市宝山区漠河路600号A座6楼	10 000.00	电子商务，冶金材料及制品的设计、技术咨询、技术服务、技术转让和销售等	90%	16

（续　表）

公司名称	地　　址	注册资金（万元）	主要经营范围	持股比例	在岗员工（人）
佛山宝钢不锈钢贸易有限公司	广东省佛山市顺德区北滘镇三乐东路16号	8 700.00	不锈钢和碳钢的剪切、加工、销售、仓储及配套服务等	51%	81
宁波宝钢不锈钢加工有限公司	浙江省宁波市北仑区霞浦镇宁川路北首	4 700.00	不锈钢产品贸易,板材加工和激光落圆等	80%	43
宝武物流资产有限公司	上海市宝山区漠河路600号A座5楼	300 000.00	物流基础设施、园区（城区）的投资、开发与运营	托管	117
马钢集团物流有限公司	安徽省马鞍山市郑蒲港新区中飞大道277号孵化园9栋	37 500.00	公路、水路货物运输,仓储配送、全程物流总包,物流供应链服务、油品贸易、危险品运输、车辆修理等	托管	507
武汉钢铁集团物流有限公司	湖北省武汉市青山区冶金大道160号	20 239.00	钢材及散货等产品的物流经营,为客户提供仓储、运输、门对门配送、船代、货代、物流方案策划等综合性物流服务	托管	472
重庆钢铁集团运输有限责任公司	重庆市大渡口区重钢钢城大厦4~9、11	5 100.00	钢铁产线保产、原料短驳保供、产成品运输、"铁—钢"工程机械总包及修理	托管	263
云南省物流投资集团有限公司	云南省昆明市西山区环城南路777号昆钢大厦	100 000.00	园区运营、贸易、物流运输全流程的供应链服务	托管	891

（郑梁峰）

宝钢工程技术集团有限公司（中国宝武设计院）

【概况】　宝钢工程技术集团有限公司（简称宝钢工程）的前身为成立于1999年8月的上海宝钢工程技术有限公司,2009年12月更名,与中国宝武设计院实行"两块牌子、一套班子"方式运作,拥有工程技术事业本部、马钢集团设计研究院有限责任公司（简称马钢设计院）、上海宝钢节能环保技术有限公司（简称宝钢节能）、宝钢钢构有限公司（简称宝钢钢构）、上海宝钢建筑工程设计有限公司（简称宝钢建筑）、上海宝申建筑工程技术咨询有限公司（简称宝申咨询）、马鞍山博力建设监理有限责任公司（简称博力监理）、苏州大方特种车股份有限公司（简称苏州大方）、新疆钢铁设计院有限责任公司（简称新疆钢铁设计院）、宝钢工程印度有限公司、宝钢工程（越南）有限责任公司等子公司,委托管理上海宝华国际招标有限公司（简称宝华招标）、马鞍山云起工程勘察有限责任公司、云南益民投资集团有限公司（简称益民投资）、昆钢集团设计院有限公司（简称昆钢设计院）、云南昆钢集团山河工程建设监理有限公司、云南昆钢松本建筑集成有限公司、云南昆钢蓝天钢构有限

公司、云南众智招标代理有限公司、上海马钢机电科技有限责任公司,具有国家颁发的20多项公司资质,业务范围涵盖规划咨询、测绘勘察、设计施工、项目管理、招标监理等工程技术服务和节能环保、绿色建筑、高端钢结构、特种车辆等专业化产品服务领域,主要涉及全流程钢铁工程技术、城市建设、节能环保、智慧制造等方面。2021年,实现营业收入82.97亿元,利润3.22亿元。年底,在册员工1 968人,在岗员工1 924人。　（赵　莹）

【企业负责人简介】　王建跃,1961年6月生,上海人,中共党员,教授级高级工程师,宝钢工程党委书

记、董事长,中国宝武设计院院长(至2021年7月)。

陆鹏程,1967年9月生,浙江宁波人,中共党员,正高级工程师,中国宝武设计院院长、宝钢工程党委书记、董事长(2021年7月起)。

赵恕昆,1971年2月生,河北威县人,中共党员,正高级工程师,宝钢工程总经理、党委副书记(2021年7月起)。 (赵 莹)

【打造中国宝武钢铁业智库】2021年,宝钢工程为中国宝武钢铁主业提供高端规划咨询服务,完成中国宝武产能布局与产品结构调整优化规划的修改与完善;完成八一钢铁"十四五"产线绿色发展规划编制,聚力打造全球绿色低碳冶金示范基地;开展百万吨级氢冶金绿色智慧示范钢厂研究。履行低碳冶金技术工程化的主要承担者职责,从设计源头和工程化实现的角度出发,拟定《绿色低碳技术策划方案》,探索钢铁工业实现碳中和的技术路线,明确技术发展目标与重点方向;为韶钢松山、红钢公司、玉钢公司、梅钢公司等提供"十四五"节能规划和能效提升方案等咨询服务;推进数智低碳能效平台建设,以指标库、技术库和场景库为基础,引入数字化、可视化、智能化技术,从能源系统、碳排放管理、工厂能效、工序能效和设备能效不同层级实施能效低碳管控。推动构建中国宝武总图空间数字化管理体系,立足中国宝武总图布局优化要求,与各基地密切协作,共建智慧总图空间同信息服务云平台,实时掌握数字化动态总图数据,打造总图规划、建设、管理能力,分阶段实现多基地总图数据跨空间互联,提供高质、高效的总图管理与咨询服务,构建智慧总图数字孪生基座,支撑中国宝武总图规划决策。 (赵 莹)

【融入产业生态圈建设】2021年,宝钢工程下属工程技术事业本部先后实施宝钢股份无取向硅钢产品结构优化项目、湛江钢铁三号高炉系统项目、武钢有限镀铝锌生产能力改造、梅钢公司酸洗线改造、广州JFE钢板系列重大改造、宝钢德盛绿色产业基地系列项目、重庆钢铁中板线升级改造等一大批生态圈工程新建及改造项目。马钢设计院承接的马钢股份港料总厂2号C型棚、长江钢铁140吨电炉、马钢股份南区厂容整治、北区雨污分流等EPC(设计、采购、施工)总承包项目投产、投用。新疆钢铁设计院完成首个EPC总承包项目——新疆八钢金属制品有限公司生产线改造。宝钢节能为宝钢股份、重庆钢铁、宝武环科等单位提供高炉矿渣微粉、转炉渣一次处理、钢渣二次处理、渣场环保综合改造等方面的再生资源工程技术服务。宝钢建筑装配式钢结构建筑业务稳步拓展,各项经营指标实现跨越式增长,中国宝武内部市场订单增幅80%,以亚东边境小康村建设为代表的西藏市场快速增长并赢得地方政府赞誉,与中央研究院共同组建"钢结构建筑设计研究院"。宝华招标实施"三统一、一穿透"管理模式("三统一",指宝华招标总部与各区域分部使用统一的业务管理体系、资源共享体系、招投标信息化系统;"一穿透",指宝华招标对各区域分部进行横向到边、纵向到底、全过程、全方位穿透式职能管理),完善智慧招标采购共享平台,业务拓展至昆钢公司、重庆钢铁、太钢集团等区域,全年项目中标金额与利润总额实现台阶式增长。苏州大方中标俄罗斯4台动力平板车订单。宝钢钢构获盛虹炼化(连云港)一体化项目"最优供应商"、万华化学(宁波)有限公司"大修最佳合作伙伴"等称号。博力监理服务飞马智科智能装备及大数据工业产业园数据中心项目投产,实现相关领域监理业绩的积累与突破。宝申咨询拓展宝地资产宝山基地现代产业园1号地块一期项目、奥浦迈公共服务生物医药产业链平台项目等大型审图项目。 (赵 莹)

【强化技术创新体系能力】2021年,宝钢工程在组织建设方面,筹划构建以"总工办+专家委员会+技术(专业)委员会"为核心的技术创新咨询机构,通过召开11个技术(专业)领域专家座谈会,邀请公司总工程师、各技术(专业)领域专家参加专题研讨、重点项目及科技成果评审等方式,突出专家在公司技术创新决策上的咨询作用。制度建设方面,完成《技术创新管理办法》《技术创新奖励管理办法》《科研项目管理办法》《政府科技项目管理办法》等文件的修订。考核机制方面,优化技术创新绩效指标框架,将直接研发投入从观察项调整为考核项,推动各单位的资源配置更多向科技创新倾斜,加大战略性、前瞻性技术研发投入。 (赵 莹)

【加快"宝数云"工业互联网平台建设】2021年,宝钢工程与中国宝武和宝钢股份相关部门协同,围绕"交什么、交给谁、怎么用"开展探索创新。完成10个数字化设计标准和1个数字化交付标准,规范多专业协同设计、交付的标准和流程。打造"宝数云"工程软件中心,宝钢股份直属厂部、湛江钢铁、马钢设计院、新疆钢铁设计院4个节点完成分布式部署并上线试运行,为数字化设计提供超强图形算力,实现软件云端共享,满足异地、移动等差异化设计与办公需求。加强管理信息系统建设工作,保证经营管理系统和项目管理系统高效顺行。运用ICT(信息、通信和技术)技术,建立贯穿"销产供财税融"全流程的数字化智慧工程平台,实现工程企业项目全周期价值化管理。

（赵 莹）

【开展专业化整合】 2021年,宝钢工程调整马钢设计院等资产整合方案,逐一完成整合前相关资产关系调整、资产转移等准备工作。推进宝武重工、宝钢工程轧辊资产整合后续工作。完成马钢集团招标咨询有限公司股权并购和公司清算注销。完成马钢矿山岩土工程勘察联合公司联营方退出及公司制改制,制订并组织推进马钢矿山岩土工程勘察联合公司与马钢设计院院吸收合并方案。组织对安徽马钢利民建筑安装有限公司开展尽职调查,策划整合建议。开展昆钢公司区域专业化整合,制订昆钢工程技术业务专业化整合方案,与昆钢公司、云南昆钢建设集团有限公司协商签署委托管理协议,推进管理融合百日行动计划,推动事业本部与昆钢设计院建立市场拓展与项目设计协同机制,项目化推进益民投资及其下属公司有关低效资产处置方案。完成太钢集团招标业务专业化整合,整合太原钢铁(集团)国际经济贸易有

限公司招标事业部,宝华招标设立华北分公司,完成业务对接、非股权资产转让和人员切换。

（赵 莹）

【优化"一总部多基地"管理模式】 2021年,宝钢工程按照"管理上建服务型平台,推扁平化管理;业务上推一体化运营,促穿透式协同"工作目标,优化"一总部多基地"管理。策划完成《宝钢工程职能配置及机构设置优化方案》。设立云南分公司,在属地全方位支撑昆钢区域工程技术业务专业化整合。设立新疆分公司,与新疆钢铁设计院合署办公且一体化运营,发挥区域中心桥梁作用,同时借助公司总部管理力量,提升新疆钢铁设计院管理能力。

（赵 莹）

【推进人才队伍建设】 2021年,宝钢工程完善人才发展机制,评比表彰技术专家、卓越项目(产品)经理、数智能手30人;打造"星耀计划、星火计划、星辰计划",建立249人的核心人才库和141人的高潜人才库;落实以战代训、战训结合的人才培养模式。推进内部人才交流培养,实施跨单位岗位交流锻炼91人次;针对1985年后出生的高潜质青年人才,组织实施"青年训练营""创业训练营"人才发展项目。完善干部员工薪酬激励体系,健全管理团队增量分享激励机制;优化以超额利润分享为核心的工资总额管理机制;探索多样化薪酬激励机制,宝钢建筑申报的《国有科技型企业岗位分红激励方案》获中国宝武批准实施;提高应届毕业生薪资待遇标准;探索实施青年员工及引进人才租房补贴制度;提升员工综合

意外保险待遇保障。深化人事效率综合指数评价机制,实施差异化配置策略,将生态环境状况(EI)指数与效率目标、招聘配置、过程管控三挂钩。 （赵 莹）

【宝钢工程大事纪要】

1月4日,宝钢建筑中标宝钢不锈钢有限公司不锈钢地块科创产业园综合项目。

1月9日,由宝钢工程承担工程设计的湛江钢铁三号高炉系统项目炼钢工程热负荷试车。

1月28日,国家发展和改革委员会、科学技术部、工业和信息化部、自然资源部联合发布《绿色技术推广目录(2020年)》,宝钢节能"滚筒法冶金钢渣高效清洁处理技术"入选该目录中的"节能环保组产业"。

2月20日,马钢设计院EPC总承包的马钢股份原料场环保升级及智能化改造项目一次料场C型料棚一期工程热负荷试车。

2月23日,上海宝钢建筑工程设计有限公司与上海钢之杰钢结构建筑系统有限公司签署战略合作协议。

2月25日,工程技术事业本部中标甘肃酒钢集团宏兴钢铁股份有限公司本部一号、二号焦炉优化升级建设项目焦炉煤气净化EPC工程。

3月9日,由宝钢工程EPC总承包的重庆钢铁2 700毫米中板产线投产,在国内首次实现中板产线"一线两室"(一条产线、两个控制室)。

3月16日,由宝钢工程EP(设计、采购承包)承接的武钢有限冷轧厂108机组改造项目投产。

4月7日,宝钢钢构中标上海

市军工路立交桥1标段工程、湖北荆州洪湖市内荆河流域水污染治理工程景观桥工程、上海市南汇区临港新城无限桥3个市政桥梁项目，钢结构工程量总计超过1.20万吨。

4月15日，昆钢公司与宝钢工程签署专业化整合委托管理协议。即日起，昆钢公司下属云南益民投资集团有限公司（包含昆钢集团设计院有限公司、云南昆钢集团山河工程建设监理有限公司等单位）、云南众智招标代理有限公司由宝钢工程托管。

4月26日，宝钢节能中标重庆钢铁高炉矿渣综合利用EP项目（一期）及炼钢厂新建一次钢渣处理EPC总承包项目。

4月29日，宝华招标开拓基金行业招标市场，完成华宝基金智能客服系统建设招标项目。

5月11日，宝钢工程中标重庆钢铁轧钢厂热卷产线自动化能力和装备能力提升技术EPC改造项目。

5月15日，宝钢工程中标昆钢公司云南煤业能源股份有限公司200万吨/年焦化环保搬迁转型升级项目（三标段）煤气净化生产系统EPC项目。

5月25日，由宝钢节能牵头申报的"工业余热梯级综合利用关键技术研发与应用示范"项目获上海市科技进步奖二等奖。

6月5日，宝钢工程EP承接的梅钢公司大高炉新建制粉系统投产，项目历时5个月，创下国内同类工程最快投产记录。

6月9日，宝钢建筑EPC总承包的宝钢股份党性教育智慧体验中心落成。

6月13日，宝钢节能中标重庆钢铁炼铁厂五号、六号焦炉上升管余热回收利用项目。项目可实现每生产1吨焦炭，节约标准煤11千克，减少二氧化碳排放30千克。

6月18日，马钢股份炼焦总厂焦炉异地大修升级改造项目举行开工仪式，马钢设计院承接该项目干熄焦装置的工程设计、采购等相关服务，共建设2套130吨/小时干熄焦装置，建成后可年产全焦100万吨。

6月25日，由宝钢工程EP承接的梅钢公司冷轧厂厚板酸洗机组项目第一卷成品下线。

6月28日，宝钢节能中标重庆钢铁炼钢厂钢包及中间包烘烤器节能改造项目。该项目通过合同能源管理模式，对重庆钢铁炼钢厂多套钢包和中间包烘烤器进行节能改造，综合节能率达25%以上。

同日，由宝钢工程EP承接的武钢有限101酸洗钢产线、108铝锌铝镁产线、273/274板改卷产线投产。

6月30日，宝钢工程参加由上海市生产性服务业促进会组织的主题党建活动。宝钢工程申报的《深化改革创新，争创一流企业》征文获"庆建党百年、创行业先锋"征文、巡礼活动一等奖。

7月2日，由宝钢工程EP承接的宝钢德盛精品不锈钢绿色产业基地项目——新建转炉煤气柜项目通气并投入运行。

7月8日，宝钢工程中标马迹山港雨污水、矿污水及固体危险废物暂存综合整治EPC项目。改造完成后，充分满足港区雨污水的接收及处理功能，同时将处理后的水回用于抑尘、冲洗，为港区的环保治理和节水减排提供重要保障。

7月21日，宝钢工程中标重庆钢铁污染源自动监测及视频监控系统增设EPC总承包项目。该项目对重庆钢铁的31个重点废气排口和12个水排口进行污染物自动监控，同时对厂区内主要产尘点和运输道路两侧布设空气质量监测微站点，实时监控各处空气质量。

7月22日，宝钢工程与陕西钢铁集团有限公司（简称陕钢集团）举行战略合作协议签订仪式。双方拟围绕陕钢集团产品结构优化与产线升级改造规划，以及绿色低碳、智慧制造、智慧物流等具有前瞻性、引领性的技术开发深化合作。

7月23日，宝钢节能与中国科学院上海高等研究院签订战略合作框架协议，开展钢铁冶金领域二氧化碳捕集利用与封存新技术、新产业探索。

7月29日，宝钢工程中标湛江钢铁2250热轧、4200厚板及1550冷轧厂房屋面光伏发电EPC项目。项目建成后，25年内年均发电量2 800万千瓦时，折合年均可节约标准煤8 000余吨，减排二氧化碳2万余吨。

8月10日，由宝钢工程EPC总承包的重庆钢铁2 700毫米中板产线升级改造新建加热炉项目——一号加热炉点火烘炉。

8月11日，宝钢工程与八一钢铁签署战略合作协议。双方拟共同围绕八一钢铁产品结构优化与产线升级改造研究，开展绿色低碳冶金、节能减排、余能余压利用、智慧制造以及中国宝武总图空间数字管理平台建设等前瞻性技术开发与创新合作。

8月18日，马钢设计院承担设计的马钢交材箍环系统改造工程热负荷试车。

8月19日，由宝钢股份牵头，东北大学、中国宝武设计院/宝钢工程共同参与的"热轧无缝钢管在线组织性能调控关键技术、装备开发及应用"项目获冶金科学技术奖特等奖。

9月1日，重庆钢铁招标业务切换启动会在重庆钢铁召开，标志着宝华招标业务全面覆盖重庆钢铁。

9月4日，由宝钢工程申报的《连铸无人化浇钢解决方案》入选中国（北京）国际服务贸易交易会"中国服务实践案例"（全球共20个案例入选）。

9月10日，宝钢节能中标工业和信息化部"2021年度节能诊断服务机构选聘项目"。

9月17日，宝钢工程签约日泰（滁州）汽车标准件有限公司线材自动酸洗线EPC总承包项目，标志着宝钢工程自动酸洗技术拓展至高端汽车标准件行业。

9月22日，由宝钢工程承接的鄂城钢铁宽厚板厂一号加热炉液压系统综合节能改造项目投产。项目应用了宝钢工程自主研发且拥有知识产权的"加热炉液压势能回收技术"，有效降低主升降缸的负荷，达到节能超50%的目标。

9月27日，马钢设计院EPC总承包的鄂城钢铁原料（煤焦矿石）大棚二期项目开工建设。大棚跨度191米，长450米，高50米，采用拱形管桁架、预应力张弦结构，为华中地区最大单跨储料大棚。

10月14日，宝钢建筑仲巴项目团队获评"上海市工人先锋号"。

10月15日，宝钢工程成立新疆分公司，与新疆钢铁设计院一体化运营。

10月18日，由宝钢工程EPC总承包的韶钢松山七号高炉大修热风炉、喷煤标段环保升级改造项目启动。

10月21日，宝钢建筑中标宝地资产宝山基地现代产业园1号地块装饰装修项目，项目位于同济路与富锦路交叉口，总建筑面积10.06万平方米。

10月22日，世界钢铁协会公布第12届"Steelie奖"的获奖名单，宝钢工程"钢铁工业余热梯级综合利用方法及其关键技术开发与应用"获可持续发展卓越成就奖。

10月25日，宝钢工程和宝钢股份共同负责的"数字化设计交付、数字化钢厂建设及运营服务"项目获第三届中央企业熠星创新创意大赛二等奖。

10月29日，由宝钢工程EPC总承包的宁波钢铁炼钢厂二号连铸机综合改造项目热负荷试车。

11月3日，苏州大方自主集成的新能源电动重卡甩挂废钢车，在首钢股份有限公司投入运行。

11月15日，宝华招标获评上海市优秀"守合同重信用"企业。

11月23日，由宝钢工程EPC总承包的广州JFE钢板连退机组、酸轧机组、新建检测实验室等改造项目全面完成。

11月29日，宝钢建筑EPC总承包建设的宝钢股份码头防疫专班集中居住点改造工程项目，交付业主——宝钢股份运输部使用。

12月10日，宝华招标华北分公司揭牌成立，标志着太钢集团招标代理项目专业化整合工作全部完成。

12月10—12日，宝钢工程在第25届全国发明展览会上获金奖2项、银奖1项、铜奖1项。

12月15日，由宝武清能、国家电力投资集团徐闻风力发电有限公司采用合同能源管理项目模式进行投资建设，由宝钢工程负责EPC实施的宝钢股份湛江钢铁装机量48.20千瓦的光伏发电（一期）工程并网。

12月24日，由宝钢工程EP承接的宝武杰富意特殊钢有限公司中棒减定径机组改造项目热负荷试车。

12月29日，宝钢节能承接的宝武环科广东华欣环保科技有限公司转底炉风机节能改造项目投产，有效解决了转底炉区域风机系统运行效率偏低的问题。

（赵　莹）

宝钢工程下属子公司（含托管单位）一览表

公司名称	地址	注册资金	主要经营范围	持股比例	在岗员工（人）
马钢集团设计研究院有限责任公司	安徽省马鞍山经济技术开发区太白大道3号、太白大道1889号	1 651.50万元	工程项目前期咨询,资质证书范围内的(冶金矿山和金属材料等)工程设计、工程总承包、项目管理服务等	托管	270

（续　表）

公司名称	地　　址	注册资金	主要经营范围	持股比例	在岗员工（人）
上海宝钢节能环保技术有限公司	上海市宝山区克山路550弄7号楼	5亿元	钢铁、有色、化工等传统产业的绿色升级,提供高技术含量、高可靠性要求、高附加值特性的绿色制造关键工艺技术装备研发设计与改造优化的系统解决方案等	100%	93
宝钢钢构有限公司	上海市宝山区宝杨路2001号	3.20亿元	设计、制造、安装各种钢结构,销售自产产品;承包境外钢结构工程和境内国际招标工程等	100%	71
上海宝钢建筑工程设计有限公司	上海市宝山区同济路999号13号楼	3亿元	建筑工程设计、咨询和总承包,房地产开发等	100%	88
上海宝申建筑工程技术咨询有限公司	上海市长宁区定西路1118号	300万元	公建、住宅及工业项目施工图设计文件审查	100%	25
上海宝华国际招标有限公司	上海市宝山区克山路550弄8号楼	1 000万元	招标代理、招标采购管理咨询和网上招投标公共平台建设	中国宝武全资公司(托管)	155
马鞍山博力建设监理有限责任公司	安徽省马鞍山经济技术开发区阳湖路499号	300万元	专业范围内的工程监理服务和技术咨询	托管	33
苏州大方特种车股份有限公司	江苏省苏州高新区浒关工业园浒杨路71号	1.11亿元	设计、制造液压动力平板运输车、模块式液压全挂车、半挂车、轮胎式提梁机,以及其他重型特种运输设备	51%	143
新疆钢铁设计院有限责任公司	新疆维吾尔自治区乌鲁木齐市头屯河区八一路578号	500万元	工程咨询、城乡规划编制、工程设计、对外承包工程,特种设备设计等	51%	55
马鞍山云起工程勘察有限责任公司	安徽省马鞍山经济技术开发区太白大道3号	133.484万元	矿山、水文、边坡、尾矿坝基础、工业与民用建筑基础勘察设计与处理等	托管	4
上海马钢机电科技有限责任公司	上海市杨浦区大连路990号	665万元	机电科技技术领域内的技术开发、技术咨询、技术转让、技术服务,货物及技术的进出口业务等	托管	13
宝钢工程印度有限公司	印度马哈拉施特拉邦	94.50万美元	冶金工程,成套设备、备件贸易、技术服务贸易	66.70%	0
宝钢工程(越南)有限责任公司	越南胡志明市	100万美元	冶金工程,成套设备、备件贸易、技术服务贸易	100%	1
云南益民投资集团有限公司	云南省昆明市安宁市昆钢郎家庄	23 136万元	不动产出租	托管	23

（续 表）

公司名称	地 址	注册资金	主要经营范围	持股比例	在岗员工（人）
昆钢集团设计院有限公司	云南省昆明市安宁市昆钢公司内	650万元	工程项目前期咨询，资质证书范围内（冶金矿山和金属材料等）的工程设计、工程总承包、项目管理服务等	托管	49
云南昆钢集团山河工程建设监理有限公司	云南省昆明市安宁市昆钢公司内	350万元	专业范围内的工程监理服务和技术咨询	托管	45
云南昆钢松本建筑集成有限公司	云南省昆明市安宁市昆钢工程技术有限公司办公楼	3 000万元	建筑材料生产	托管	2
云南昆钢蓝天钢构有限公司	云南省昆明市安宁市太平社区桥钢厂内	1 600万元	钢结构加工	托管	0
云南众智招标代理有限公司	云南省昆明经济技术开发区经开路3号科技创新园C23室	1 000万元	招标代理	托管	29

（赵 莹）

宝武装备智能科技有限公司

【概况】 宝武装备智能科技有限公司（简称宝武智维）的前身为上海宝钢工业技术服务有限公司，2019年11月15日更名。注册资本5亿元。宝武智维主要从事状态把握与设备管理、环境监测、炉窑与节能技术、设备备件制造、设备维修工程、起重运输服务、轧辊技术、连铸技术等业务，下设炼钢事业部、连铸事业部、热轧事业部、冷轧事业部、长材事业部、工业智能事业部、炉窑建筑事业部、检修事业部8个事业部，有上海金艺检测技术有限公司等6家子公司，安徽马钢设备检修有限公司、广东韶钢工程技术有限公司、云南昆钢桥钢有限公司、太原钢铁（集团）电气有限公司4家受托管理公司，宝钢机械厂、南京分公司、宁波分公司、马鞍山分公司、武汉分公司、湖南分公司、重庆分公司、湛江分公司、韶关分公司9家分公司。2021年，实现营业收入46.92亿元，获全国总工会"模范职工之家"称号，获"2021年上海市五一劳动奖状"，连续5年跻身"上海市设备维修安装行业50强企业"前三强。年底，在册员工6 947人，在岗员工6 872人。

（翁 蔚）

【企业负责人简介】 李麒，1963年2月生，上海人，中共党员，教授级高级工程师，宝武智维党委书记、董事长（至2021年2月）。

朱湘凯，1968年12月生，河北献县人，中共党员，高级工程师，宝武智维党委书记、董事长（2021年2月起）。

王剑虎，1970年9月生，安徽安庆人，中共党员，高级工程师，宝武智维总经理、党委副书记（至2021年2月）。

孔祥宏，1972年3月生，江苏江阴人，中共党员，工程师，宝武智维总裁、党委副书记（2021年2月起）。

（翁 蔚）

【智能运维】 2021年，宝武智维聚焦智能运维产业发展定位，以"设备上平台指数、远程运维指数"的设计与应用为牵引，形成系列智维标准成果。迭代远程智能运维平台，具备百万级设备接入能力和毫秒级数据处理能力，中国宝武各钢铁生产基地设备接入达32万台；加速智能运维商业模式实践，对生产线实行操作、调试、维护、检修全包服务。业务覆盖宝钢股份直属厂部热轧精轧机至卷取区域，韶钢松山高速线材，宁波宝新冷轧，马钢股份1580热轧、2250热轧、高炉煤气余压透平发电装置等15条产线。全年，智能运维平台实现接入32.60万台设备，平台累计预警设备异常3 015次，平台预警准确率85.20%，其中发出诊断400台次、现场检修闭环362台次、验证诊断准确345台次，诊断准确率95.30%，积累典型案例150余台次。

（翁　蔚）

2021年7月14日，中国宝武中央研究院—宝武智维联合研发中心揭牌成立（张　勇　摄）

【整合融合】　2021年，宝武智维按照"一企一业、一业一企"原则，完成梅钢公司、武钢有限、太钢集团、昆钢公司等区域的检修检测专业化整合工作，基本形成"一总部多基地"的设备运维服务体系布局。制订实施《宝武智维改革三年行动方案》，涵盖完善重大事项决策、管理体系和能力现代化、全面风险防控、加速智能运维覆盖、探索混合所有制改革、深化市场化经营机制、加强党的建设、强化人才队伍建设、全面从严治党、强化组织保障10大类50项工作任务，完成改革任务45项，当年度任务完成率达94%。　　　（翁　蔚）

【共建共享】　7月14日，宝武智维与中国宝武中央研究院成立智能运维联合研发中心，形成炼铁、热轧、厚板、钢管等5个首批联合研发项目。年内，与西马克中国公司、施耐德电气（中国）有限公司、上海ABB工程有限公司等主机厂商达成合作共识；与专业服务商上海昂电电机有限公司、上海祥贸实业有限公司签订战略合作协议；与26家供应端伙伴签订战略合作协议，生态链上平台企业达到15家。（翁　蔚）

【企业文化建设】　2021年，宝武智维将红色基因融入企业文化活动，举办"红心向党　永跟党走"首届职工文艺汇演；开展"百年辉煌心向党　智慧共铸新荣耀"红色歌咏及"弘扬文化　献礼100周年"唱响司歌等系列庆祝中国共产党成立100周年活动；强化文化仪式感，策划"唱共同梦想　谱奋进新篇"庆祝中国宝武首个"公司日"宣传教育活动，举办多基地同升国旗、司旗仪式，开展"诵先进故事　树榜样力量"先进表彰、"看改革新貌　铸红色信仰"员工开放日等系列活动，普及推广宝武司歌活力操。　　　（翁　蔚）

【员工关怀】　2021年，宝武智维开展"我为群众办实事"主题实践活动，着力解决职工群众"急难愁盼"问题195项。公司首次获得"全国模范之家"称号。组织开展"职工代表看智维""员工开放日"等厂务公开活动。常态化开展"元旦春节、金秋助学、大病救助、生活帮困"等送温暖活动，优化升级"职工综合互助保障"，举办职工健康系列讲座，加强权益保障。丰富职工文化活动，在原有羽毛球、篮球、网球等13个协会基础上，增设瑜伽、书画、徒步协会；举办并组织职工参加跨基地、跨区域的职工文体比赛；突出传统佳节文化仪式感，开展猜灯谜、包粽子、做月饼等系列活动。　　　（翁　蔚）

【宝武智维大事纪要】

1月7日，宝武智维经营管理系统（IEMS）上线发布。

1月12日，宝武智维重庆分公司揭牌成立。

4月8日，宝武智维与广西盛隆冶金有限公司签订战略合作框架协议。

4月，宝武智维获全国总工会"模范职工之家"称号。

5月26日，宝武智维作为中国宝武智慧制造领域重要一环，参展第20届中国国际冶金工业展览会。

5月28日，宝武智维与昆钢

公司签订《智维业务委托管理协议》，标志着宝武智维与云南昆钢桥钢有限公司进入实质性整合阶段。

同日，宝武智维与上海昂电电机有限公司举行"Dr. Motor"电机医生品牌揭幕仪式。

6月1日，由宝武智维实施的首个中国宝武外智能运维项目——"涟钢智能运维平台一期项目"上线。

6月3日，宝武智维与石横特钢集团有限公司签订两项技术服务合同。

6月10日，宝武智维党委与宝钢股份设备部党委举行党组织共建签约仪式。

6月22日，宝武智维举办首届职工文艺汇演，以多种形式庆祝中国共产党成立100周年。

6月26日，上海金艺检测技术有限公司在上海市无损检测技能比武中获团体第一名。

7月6日，宝武智维与施耐德电气（中国）有限公司签订战略合作框架协议。

7月14日，中央研究院—宝武智维联合研发中心揭牌成立，标志着中国宝武实现在智能运维技术创新领域的产研无缝对接、优势互补。

8月10日，中国宝武举行太钢集团专业化整合委托管理协议签约仪式，宝武智维作为"智能运维"项目组与太钢集团进行委托管理协议"云签约"，太钢集团委托宝武智维管理太原钢铁（集团）电气有限公司。

8月，宝武智维连续5年获"上海市设备维修安装行业50强企业"称号。

同月，宝武智维炉窑建筑事业部参与的"变截面钢吊车梁疲劳性能评价及延寿关键技术研究与规模化应用"和"冶金工业建筑锈损钢结构诊治关键技术"获2021年中国钢铁工业协会、中国金属学会评选的冶金科学技术奖二等奖。

9月14日，上海金艺检测技术有限公司取得"DNV无损检测（NDT）批准服务供应商"资质证书，成为上海市四家持证企业之一，标志着宝武智维进入船舶检测领域。

9月30日，安徽马钢设备检修有限公司员工郑宏被授予"马鞍山市劳动模范"称号。

9月，钢铁行业智能制造联盟公布2021年钢铁行业智能制造优秀解决方案，宝武智维"钢铁行业设备远程智能运维解决方案"入选。

同月，安徽马钢设备检修有限公司在安徽省机械冶金系统焊工职业技能竞赛中包揽前三名，并获团体一等奖。

10月11日，工业和信息化部公布"2021年大数据产业发展试点示范项目名单"，宝武智维"支持大规模接入的钢铁行业设备智能运维关键技术研究与应用"入选。

10月14日，宝武装备智能科技有限公司获"2021年上海市五一劳动奖状"（竞赛类）。

10月，宝武智维员工技术创新成果"钢厂继电保护检修质量提升综合技术及应用"获全国职工优秀技术创新成果奖。

11月4日，宝武智维与上海ABB工程有限公司运动控制事业部签订战略合作协议。

同日，宝武智维第二届"十大杰出青年"评选揭晓，丁子翿等10名员工获评宝武智维"十大杰出青年"。

12月23日，上海金艺检测技术有限公司承接的宝钢股份钢管条钢事业部线材成品智能立体仓建成投用。

12月，宝武智维在第25届全国发明展览会上获金奖3项、银奖5项、铜奖5项。 （翁 蔚）

宝武智维下属子公司（含托管单位）一览表

公司名称	地 址	注册资金（万元）	主要经营范围	持股比例	在岗员工（人）
上海金艺检测技术有限公司	上海市宝山区同济路3521号	2 545.05	材料及设备的检测诊断技术服务，消防检测、房屋质量检测鉴定服务；不间断电源设备的检测、销售及维护	100%	395
安徽马钢设备检修有限公司	安徽省马鞍山市雨山区天门大道中段300号	6 962.00	维保检修、工程施工、设备再制造	托管	2 220

（续　表）

公司名称	地　　　址	注册资金（万元）	主要经营范围	持股比例	在岗员工（人）
广东韶钢工程技术有限公司	广东省韶关市曲江区	6 006.02	工程设计、工程建安、设备检修、设备制造	托管	733
云南昆钢桥钢有限公司	云南省安宁市金方街道钢海路云南昆钢桥钢有限公司办公楼	12 300.00	机电工程、建筑工程、环保工程、防水防腐保温工程、劳务派遣	托管	228
太原钢铁（集团）电气有限公司	山西省太原市尖草坪区兴华街23号	2 460.00	电机、变压器、环保设备输配电线路及备件的制造	托管	132

（翁　蔚）

宝武重工有限公司

【概况】　宝武重工有限公司（简称宝武重工）于2020年2月25日揭牌成立，注册资本169 688万元。宝武重工以原安徽马钢工程技术集团有限公司为基础组建，为中国宝武一级子公司，拥有安徽马钢重型机械制造有限公司（简称马钢重机）、安徽马钢输送设备制造有限公司（简称马钢输送）、上海宝钢铸造有限公司（简称宝钢铸造）、宝钢轧辊科技有限责任公司（简称宝钢轧辊）、常州宝菱重工机械有限公司（简称宝菱重工）、马钢共昌联合轧辊有限公司（简称马钢共昌）、上海分公司和轧辊协同发展事业部，经营业务涵盖机械加工、铸造、热处理全流程设备设计研发制造，以及磨辊间技术服务等智慧生态服务领域。宝武重工以"来源于钢铁，服务于钢铁"的理念，着眼未来冶金装备产业的发展趋势，聚焦四大战略产品，发挥掌握"冶金装备制造工艺"、理解"钢铁产品生产工艺"的优势，为钢铁冶金企业高质量发展创造价值。轧辊业务：以铸钢、铸铁和锻钢冶金轧辊为核心，服务于黑色及有色金属轧制产线，具备轧辊全生命周期解决方案和磨辊间服务能力。连铸机设备业务：具备连铸全工序冶金设备制造、再制造和全周期技术服务能力，为用户提供菜单式多选项综合解决方案服务。输送设备业务：以带式皮带输送机和管状皮带输送机为核心，具备皮带输送机设备制造、再制造和"管用养修"（管理、操作、点检、维修）技术服务能力；产品还包含托辊、滚筒、移动破碎站后连续智能皮带桥、履带式储带移置输送机和露天矿用多自由度多功能移动输送机等。热喷涂技术业务：具备结晶器铜板、热连轧层流辊、夹送辊、冷轧炉辊、各类转向辊、纠偏辊、沉没辊等制造和再制造能力。2021年，实现营业收入35.56亿元。年底，在册员工2 168人，在岗员工2 100人。（严　珏）

【企业负责人简介】　朱庆明，1962年11月生，江苏兴化人，中共党员，高级工程师，宝武重工党委书记、董事长（至2021年2月）。

胡玉良，1973年5月生，湖北黄冈人，中共党员，高级工程师，宝武重工党委书记、董事长（2021年2月起）。

薛灵虎，1962年10月生，河北宁晋人，中共党员，正高级工程师，宝武重工总经理、党委副书记（2021年2月起）。　（严　珏）

【深化改革】　2021年，宝武重工实施市场化薪酬业绩双对标，强化"以岗位付薪、以能力付薪、以业绩付薪"，实施差异化的"揭榜挂帅"项目风险抵押，试点开展多种方式的中长期激励，支撑公司战略落地。推进混合所有制改革三年工作计划，以各业务板块发展战略落地为目标，研究行业、业务发展情况，分析对口子公司混合所有制改革适宜性；探索马钢输送引入战略投资研究；推进宝钢轧辊混合所有制改革及上市工作。　（严　珏）

【企业管理】　2021年，宝武重工加强董事会建设，合理设置董事会结构，董事会"应建尽建"工作完成率100%。实施经理层成员任期制与契约化管理，建立评价考核、薪酬兑现、聘任退出等机制，签订任期经营绩效责任书和岗位聘任协议，加大经营业绩考核结果与薪酬激励、岗位退出的刚性挂钩力度。聚焦企业重大风险，建立监控指标体系，推进重大风险监测预警，开展公司全层级经营隐患排查工作，对发现的问题立行立改。针对客户授信、存货配置，做好压力测试，量化风险评估，制订不同场景的风险预案。健全完善制度树管理平台，审视并动态梳理《宝武重工制度树（2021版）》，完善《违规经营投资责任追究实施办法》等管理制度，指导子公司制度体系建立健全。更新完善内控合规清单及《内部控制自我评估标准》，组织公司内部控制自我评估工作。推进宝武重工法治企业建设工作，健全领导责任、依法治理、规章制度、合规管理、工作组织5个体系，构建适应宝武重工战略的法务体系。加强对审计发现问题整改工作的跟踪督导，开展专项后续审计，逐项验证审计问题的整改落实。推进重大风险监测预警。6月，开展公司全层级经营隐患排查工作；8月，开展管理制度健全完善工作；9月，与中信重工机械股份有限公司开展对标交流，形成对标找差调研报告。　　（严　珏）

【整合融合】　2021年，宝武重工按"运营管控型总部＋产业平台/专业公司＋生产/服务基地"的管控架构运营。6月1日，启动安徽马鞍山区域专业化整合，成立区域化公司——安徽马钢重型机械制造有限公司和专业化公司——安徽马钢输送设备制造有限公司。马钢重机由原安徽马钢重型机械制造有限公司、安徽马钢表面技术股份有限公司、宝武重工有限公司钢结构工程分公司、安徽马钢东力传动设备有限公司、马鞍山基地管控中心、原安徽马钢输送设备制造

有限公司精铸分厂组成，旨在全力打造马鞍山冶金装备制造业基地，在整合融合中实现业务拓展、生态链协同；马钢输送由原安徽马钢输送设备制造有限公司机加分厂、架体分厂、托辊分厂组成，旨在形成覆盖输送产品设计、制造、总包服务等服务能力，实现从单地域向多地域突破，从制造模式向服务模式转变。此次专业化整合，撤销马鞍山基地管控中心机构设置，区域化公司不再承担总部管理职能，涉及工商税务等属地化工作由马钢重机承担。同时，暂时保留安徽马钢表面技术股份有限公司的工商登记；注销安徽马钢东力传动设备有限公司。宝武重工所持马钢共昌联合轧辊有限公司的股权委托马钢重机管理。12月7日，成立轧辊协同发展事业部，加快落实轧辊产业专业化整合工作，完善轧辊服务布局，支撑宝武重工轧辊发展战略的实现，做强轧辊服务专业能力。牵头制订《中国宝武轧辊产业专业化整合方案》。　　（严　珏）

【智慧制造】　2021年，宝武重工开展轧辊全生命周期绿色循环再生技术的应用，全面构建轧辊产业智慧制造全生命周期服务能力。协同宝钢股份探索推进智慧磨辊间建设，实现自动化、数字化、网络化、智能化，打通钢铁主业使用方与磨辊间服务的数据连接与分析。6月22日，发布《2021—2023年智慧制造行动方案》，立项36个项目，其中11个项目年底结题，当年项目计划完成率91%。7月31日，宝钢轧辊科技有限责任公司轧辊全生命周期服务中心建成投用，实现数据可见可管可用。10月，喷焊辊涂层智能生产线建成投运；全生命周期服

务平台与轧辊全生命周期系统覆盖项目上线。11月18日，马钢重机获评"安徽省'5G（第五代移动通信技术）＋工业互联网'十大创新应用"。11月30日，宝钢轧辊数字化设计应用项目上线。12月，轧辊质量信息管理系统上线，网络安全改造项目完成。　　（严　珏）

【科技工作】　2021年，宝武重工申请专利68件，其中发明专利36件，受理"专利合作条约"（PCT）国际专利3件；宝武重工及其子公司均为高新技术企业，全年实现科技政策利用1 658万元。整合内外资源，构建"集中＋分布式"技术创新体系，与宝钢股份中央研究院成立联合研发中心，马钢重机成立技术中心，共同承担关键核心技术攻关。5月，与安徽工业大学等高校共同研发的"复杂工况下冶金领域关键部件表面工程技术与应用"课题，申报国家重点研发项目。5月21日，宝钢轧辊"轧辊表面激光快速原位非晶化增材再制造关键技术研发"作为首个江苏省重点研发计划项目通过验收。6月21日，宝钢轧辊高等级冷轧板材专用锻钢轧辊被纳入第26批江苏省重点推广应用的新技术新产品目录。7月，马钢重机"芯'素'面'硬'耐热蚀长寿命冶金连铸辊整周期应用研发"课题获安徽省重大专项认定。8月4日，宝钢轧辊获"江苏省五星级上云企业"认定。8月27日，宝钢轧辊获评江苏省常州市第一批先进制造业和现代服务业融合示范企业。9月，马钢输送（核心产品为输送设备）入选中国宝武第一批"'专精特新'小巨人"培育方向清单；宝钢轧辊（核心产品为锻钢冷轧辊）入选中国宝武第一

批"单项冠军示范企业"培育方向清单。12月23日,宝钢轧辊获江苏省"'专精特新'小巨人企业"称号。12月27日,宝钢轧辊获省级工程研究中心认定。　(严 珏)

【节能环保】　2021年,宝武重工以"三治四化"为抓手,聚焦环保问题,制定《长江大保护"水、气、固"治理清单》,严格排污许可管理,强化固体(危险)废物过程管控,完善固体(危险)废物分类收集综合利用,实现固体(危险)废物100%合规处置,未发生环境事件。编制下发《宝武重工有限公司碳达峰行动方案》,加强节能低碳管理,加大清洁能源应用,推进工艺改革、设备改造和可再生能源利用,全年综合能耗0.06吨标准煤/万元。3月,马钢重机完成智慧制造项目——马钢股份混铁车保温加盖机器人热负荷试车,实现少人化、无人化远程智控混铁车功能,全年创造直接经济效益5 250万元,节约碳减排1.80万吨,间接碳减排4～6万吨,项目获国家专利,并相继在马钢股份和宝钢股份投入使用。　(严 珏)

【安全生产】　2021年,宝武重工修订安全重要制度2个,新增管理规范4个。加强现场督察和违章记分考核,制订《宝武重工关于强化安全环保管理工作的方案》,推进安全风险与事故隐患双重预防机制建设。发布《宝武重工安全生产禁令》《关于实施严格标准化作业的方案》等,组织开展宝钢铸造三号、四号起重机改造项目的现场安全环保督察,强化安全过程监管。开展协力管理变革,全面盘点协力用工现状,明确职责体系分工,建立协作管理标准清

单及供应商负面清单。至年底,通过供应商资质评审、业务外包公开招标、协力员工劳动合同变更等举措,供应商由91家优化至43家。　(严 珏)

【市场营销】　3月16日,宝武重工上海分公司与欧冶工业品签订湛江钢铁三号转炉裙罩项目合同,宝武重工产品覆盖宝钢股份四大基地。8月12日,宝武重工建立"以客户为中心"的矩阵式营销体系,设置华东、华中、南方大区,布局大区营销。10月3日,马钢输送中标"八一钢铁摩擦下调心托辊、上调心托辊"项目;11月24日,马钢重机与太钢不锈签订中厚板横移翻板装置项目合同;12月14日,马钢输送中标"宝钢德盛一号高炉皮带机项目",宝武重工产品覆盖中国宝武各大生产基地。年内,宝武重工启动《产品手册(冶金装备分册)》编制工作,12月3日首批刊印发布。　(严 珏)

【国际化业务】　2021年,宝武重工通过强化远程视频服务、优化代理等举措,克服新冠肺炎疫情造成的影响,在欧洲市场开发包括美国钢铁欧洲区公司(USS)等大型钢铁集团在内的新客户10余家;在土耳其市场合同总量突破2 600万元;在俄罗斯市场新签直径1 200毫米以上支承辊订单,总金额2 000万元,实现在俄罗斯高端市场全系列轧辊产品的覆盖。12月10日,为日本钢铁工程控股公司(JFE)千叶六号高炉制作的最后一批冷却壁抵达千叶港。　(严 珏)

【人力资源管理】　2021年,宝武重工初步构建"1+2+N"("1"指面

向一线员工的全员培训项目,"2"指面向管理者的"千里计划"和技术业务人员的"三重赋"培训平台,"N"指下属子公司特色培训项目和总部职能条线专业培训项目)人才培养体系。公司层面重点组织实施强化年轻干部培养的"逐日千里"研修班,择优选拔25名高潜质后备人才;通过邀请管理者及内外部师资开展系列培训,实现公司直管干部100%上讲台;围绕营销体系、安全管理、基础管理、投资理财等开展专题培训,300余人次参加学习。　(严 珏)

【建设湛江钢铁智能化磨辊间】　2021年,宝武重工建设湛江钢铁1750/1780示范性智能化磨辊间,其中多项设备和技术均为国内首次应用。上海科德轧辊表面处理有限公司湛江分公司完成湛江钢铁1750和1780两个智能化磨辊间智能装备的安装调试,并于6月投产,在国内钢铁行业率先运用磨辊计划自动排程、轴承座机器人自动补油、乳化液集中过滤、轧机工作辊/中间辊轴承座4辊自动拆装、热轧工作辊自动装载机、轧辊射频识别技术(RFID)自动库位管理等先进装备技术,减少定员20%,减少电耗、水耗及砂轮渣泥、废弃乳化液等有害废物的排放。　(严 珏)

【承接马钢股份"管用养修"业务】　7月26日,宝武重工马钢输送参与竞争马钢股份"管用养修"(管理、操作、点检、维修)业务承接工作。9月17日和22日,马钢股份召开马钢输送"管用养修"承接方案评审会及承接资质评审会,马钢输送作方案汇报并通过第一次评审。10—11月,马钢输送编写承接

方案、具体任务分解表、员工宣传手册等。11月30日，从宝钢股份炼铁厂抽调3名专家为马钢输送进行为期2个月的现场支撑，形成《赴马钢港务原料总厂对标找查交流报告》。12月24日，通过马钢输送"管用养修"承接方案第二次评审；签订马钢股份原料总厂新建进煤线生产、检修协力过渡性合同。12月25日，成立马钢输送新建煤线项目部，承接马钢股份原料总厂管理职责。　　　　　（严　珏）

【宝武重工大事纪要】

1月13日，宝钢铸造签订由日本钢铁工程控股公司（JFE）千叶六号高炉大修项目冷却壁供货订单。至此，宝钢铸造累计为全球19座5000立方米级特大型高炉提供高品质铸铁冷却壁，市场占有率达50%。

2月22日，集团公司党委组织部宣布有关人事调整的决定，胡玉良和薛灵虎分别任宝武重工党委书记、董事长和总经理、党委副书记。

3月10日，马钢重机承接的智慧制造项目——马钢股份混铁车保温加盖机器人热负荷试车。

3月31日，欧冶工业品欧贝商城成立宝武重工专区，推进油脂油品、轴承、砂轮、紧固件实现专区平台化采购。

4月20日，宝武重工党委首次启动全覆盖巡察，分两轮对8家直属党组织开展为期一个半月的常规巡察和专项巡察。

同日，上海科德轧辊表面处理有限公司武汉分公司完成工商注册变更。

5月26日，上海科德轧辊表面处理有限公司与武钢有限签订磨辊间运营管理服务协议。

6月1日，宝武重工召开安徽马鞍山区域干部大会暨专业化整合动员会，马鞍山区域整合成立区域化公司——安徽马钢重型机械制造有限公司和专业化公司——安徽马钢输送设备制造有限公司，撤销马鞍山基地管控中心机构。

7月1日，由宝钢轧辊主持修订的行业标准YB/T4056—2021《金属板材矫正机工作辊技术条件》实施。

同日，武钢有限冷轧厂磨辊间划转至宝武重工。

7月7日，宝武重工"逐日千里"研修班（第一期）开班。研修班定位于公司直管领导人员后备队伍建设，首期25名学员参加。

7月30日，上海科德轧辊表面处理有限公司武汉分公司李成刚获"全国技术能手"称号。

9月1日，武钢有限热轧厂、硅钢部、薄板坯连铸连轧（CSP）磨辊间划转至宝武重工。

9月15日，宝武重工武汉分公司揭牌成立。

9月20日，宝钢轧辊科技有限责任公司轧辊热处理集中控制车间获"2020年江苏省示范智能车间"称号。

9月23日，马钢重机入选全国新一代信息技术与制造业融合发展试点示范企业名单。

9月29日，宝钢股份厚板厂与宝武重工上海江南轧辊有限公司就磨辊业务专业化整合签约。

10月19日，中央企业党史学习教育第二指导组到宝武重工开展穿透式检查指导。

11月2日，马钢重机与中钢集团邢台机械轧辊有限公司签订7支支承辊（共218吨）锻造合同。

11月3日，宝武重工发布《宝武重工安全生产禁令》。

12月1日，宝武重工和太钢集团签署协议，托管太钢集团所持有的山西阿克斯太钢轧辊有限公司的股份。

12月7日，宝武重工成立轧辊协同发展事业部。

12月9—10日，宝武重工召开2021年度管理研讨会暨党史学习教育调研成果交流会。

12月14日，宝武重工为中国宝武"公司日"活动预热，开展"星辰大海　青春澎湃"主题团日活动。

12月17日，宝武重工发布《宝武重工有限公司碳达峰行动方案》，提出形成"轧辊循环再生关键技术研究及产业化应用""精炼

2021年12月14日，宝武重工为中国宝武"公司日"活动预热，开展"星辰大海　青春澎湃"主题团日活动
　　　　　　　　　　　　　　（徐　臻　摄）

炉球铁炉盖推广应用""混铁车自动加盖机器人研发应用"等第一批碳达峰行动实施项目清单。

12月19日，宝武重工研制成功首台（套）氢冶金装备碱性水电解槽。

12月28日，宝武重工为中钢集团邢台机械轧辊有限公司制造的首件支承辊在马钢重机铸锻制造厂锻造完成。

12月30日，宝钢股份热轧厂、宝武重工、宝武智维三方就宝钢股份直属厂部和梅钢公司热轧磨辊业务整体划转至宝武重工签约。

12月，在第25届全国发明展览会上，宝武重工的"利用静态感应淬火对报废锻钢支承辊进行辊身工作层再生的方法""轧辊表面激光毛化处理技术"项目，分获金奖、铜奖，实现宝武重工参赛金奖零的突破。

（严　珏）

宝武重工下属分（子）公司（含托管单位）一览表

公司名称	地址	注册资金	主要经营范围	持股比例	在岗员工（人）
宝武重工上海分公司	上海市宝山区漠河路600号东鼎国际A座26层		工程管理服务，建筑工程机械与设备租赁，信息咨询服务，货物或技术进出口，冶金设备及备品备件研发、设计、制造、安装、维修、销售等		45
安徽马钢重型机械制造有限公司	安徽省马鞍山经济技术开发区太白大道3号	10.72亿元	机械设备、金属制品的设计、制造、组装、修复及技术服务等	100%	1 189
安徽马钢输送设备制造有限公司	安徽省马鞍山经济技术开发区阳湖路499号	1亿元	输送机及配件的设计、制造、安装与维护，机电设备及备件制造、安装等	100%	110
上海宝钢铸造有限公司	上海市宝山区宝钢九村37号203室	4 498.60万元	钢锭模、冷却壁、炉口水箱、管件加工	托管	58
宝钢轧辊科技有限责任公司	江苏省常州市钟楼区新冶路888号	6.44亿元	锻钢辊轴类产品的研发设计、生产制造、运维服务和修复再生	托管	356
上海江南轧辊有限公司	上海市宝山区富锦路1288号	5 355.01万元	金属切削、镀铬、毛化熔覆等表面处理，辊类件制造、修复及表面再加工	托管	74
上海科德轧辊表面处理有限公司	上海市宝山区锦富路301号	110万美元	轧辊和其他金属制品的磨削、毛化、镀铬等表面处理等	托管	454
宝武重工上海宝山分公司	上海市宝山区牡丹江路1325号3层A—3038X室		测绘服务、建设工程监理、建设工程施工、建设工程设计、国土空间规划编制、货物进出口、技术进出口、工程造价咨询业务等	托管	110
宝武重工南京梅山分公司	江苏省南京市雨花台区梅山街道梅钢公司热轧新办公楼3楼		轧辊磨削	托管	61
常州宝菱重工机械有限公司	江苏省常州市新冶路41号	5 995.875万美元	冶金设备、普通机械设备及其备品备件	托管	1 034

（续　表）

公司名称	地　址	注册资金	主要经营范围	持股比例	在岗员工（人）
马钢共昌联合轧辊有限公司	安徽省马鞍山市天门大道以北马钢12号门厂区内	3 000万美元	开发、加工、生产、销售轧辊及机械产品等	34%	84
山西阿克斯太钢轧辊有限公司	山西省太原市尖草坪区尖草坪2号	2.32亿元	开发、生产和销售用于热带钢轧机、炉卷轧机和中板轧机的铸造工作辊等	40.09%	264

（严　珏）

欧冶工业品股份有限公司

【概况】　欧冶工业品股份有限公司（简称欧冶工业品）成立于2020年9月，由中国宝武及下属宝钢股份、马钢股份、韶钢松山、八一钢铁、鄂城钢铁、欧冶云商、宝信软件7家成员企业联合发起成立，注册资金40亿元。欧冶工业品起步于对工业品专业化采购的积累和沉淀，集中整合中国宝武采购资源和能力组建而成，致力于建设全新工业品供应链生态平台，打造成为产业互联网领军企业。2021年，完成中国宝武内12家基地专业化整合，实现营业收入305.47亿元，利润总额0.09亿元；全体系降低采购成本4.50亿元，降低库存9.70亿元；平台交易量GMV（商品交易总量）完成2 669亿元，其中社会交易量844亿元；交易平台产品SKU（库存量单位）数量达121万个。年底，在册、在岗员工1 691人。

（纪晓丽）

【企业负责人简介】　王静，1963年10月生，湖北武汉人，中国民主促进会会员，高级经济师，欧冶工业品董事长、总裁。

田国兵，1974年8月生，安徽寿县人，中共党员，工程师，欧冶工业品党委书记、高级副总裁。（纪晓丽）

【专业化整合】　2021年，欧冶工业品确立"系统、代码、供应商、体系"四统一管理规则，明确"价格平移、账期平移、费用平移和激励分享"的切换原则，推进专业化整合工作。上半年，完成第一阶段11个钢铁基地专业化整合任务，实现整合切换"双稳双畅"（业务稳定、队伍稳定、流程流畅、士气舒畅）目标。下半年，推动昆钢公司一贯制整合，与昆钢公司签订工业品采购及服务委托管理协议。年内，推进多元单位的工业品集中采购覆盖，完成106家多元单位采购委托管理。

（纪晓丽）

【外部业务增长20亿元】　2021年，欧冶工业品完成外部业务增长20亿元的目标。其中，欧贝易购GMV（商品交易总量）实现2 699亿元，其中社会规模800亿元，较上年增长37.20%；欧冶采购点选业务实现5.04亿元，是上年的15倍；资材品类中心梳理形成有竞争力的产品资源，实现外部业务增长2亿元；备件品类中心完成外部业务增长2.10亿元；设备品类中心推进皮带机配套件业务，实现外部业务增长1.55亿元；华南大区开辟重点客户，以重点产品带动市场拓展，完成外部业务增长1.80亿元；华中大区建立大区营销体制，加速销售团队培育及成长，完成外部业务增长1.23亿元；华东大区策划构建全员营销体系，加大产业园区开拓，完成外部业务增长3 000万元；西北大区和西南大区开展区域市场调研，实现外部市场拓展零的突破。

（纪晓丽）

【构建工业品生态平台】　2021年，欧冶工业品贯彻"全品类、全链路、全流程、全场景、全数据、全透明"理念，从"四流（商流、物流、信息流、资金流）耦合""衍生产品""基础设施"三个维度，加速推进欧贝平台开发建设。10月26日，欧贝平台2.0版在中国宝武首届供应商大会上发布。全年，欧贝平台交易GMV（商品交易总量）2 699亿元，注册供应商20多万家，吸引2 000多家极具实力的采购组织，遍布钢铁、有色、化工和制造业行业用户。下游用户真实采购需求日均超过1 000多条，可实现实时需求发布和同步在线交易。"欧贝'六全'全景供应链生态平台创新应用"项目，入选工业和信息化部2021年工业互联网平台创新领航应用案例。 （纪晓丽）

【打造电商物流体系】 2021年，欧冶工业品开展工业品物流全链路调研分析，开发网上物流仓储管理系统、运输管理系统、订单管理系统、结算管理系统，逐步实现运输、仓储、配送全流程信息化、联网化、数字化和智能化，推进解决工业品供应链物流"进厂难、找货难、交付难"等问题，创造全新的工业品供应链物流。完成覆盖中国宝武12个钢铁基地361个库区73万平方米"储力"资源的专业化、标准化管理，建成包含703台钢铁基地属地配送车辆、1万台干线运输整车、13万条线路在内的零担和快递物流业务集中采购"运力"资源，社会化、市场化物流供应体系基本建立，集运、储、配一体化的物流交付能力初步形成。推动物流板块从"成本中心"到"利润中心"角色转变，实现新增营业收入2 239万元，降低成本1 219万元，对外经营服务体系基本形成。 （纪晓丽）

【加强营销体系建设】 2021年，欧冶工业品逐步构建起以"客户、价格、渠道、品牌、促销"为核心的营销体系，完成产品营销网络体系搭建。重点围绕冶金、能源、化工等行业，初步建成以大区为核心、以重点市场相支撑的欧贝营销网络体系，完成华中、华东、华南3个大区营销部筹建，开展西北、西南、华北、东北等重点区域销售站点筹备，初步形成具有显著行业特征、

线上线下相结合的工业品B2B（企业与企业之间通过互联网进行产品、服务及信息的交换的营销模式）市场营销网络体系。形成以客户为中心的市场开拓模式，明确钢铁、能源、化工等重点行业对象，完成500家供应商、230多家钢铁企业交易，形成"战略客户+价值客户/潜力客户+一般客户"的组合客户销售策略。建立重点客户团队负责制，推进完成华中地区46家客户的属地化承接，形成更齐全、更敏捷的重点客户贴身服务机制。加强客户服务呼叫中心团队建设，构建呼叫+在线+AI（人工智能）的欧贝呼叫客服系统。 （纪晓丽）

【推进产品设计优化与迭代升级】 2021年，欧冶工业品建立以客户需求、行业趋势为导向的产品管理体系，形成产品设计、孵化、上线的完整流程和管理体系。在构建欧贝易购平台产品的基础上，以"为用户提供一体化供应链全面解决方案"为核心，形成"易采""智采""慧采"三类欧贝易购工具产品思路，为满足用户差异化、个性化需求奠定了基础。欧贝商城与结算、物流等有效协同，初步实现"四流耦合"，并从"自营"向"自营+他营"生态化拓展，12家店铺开立；以标准化、数字化、场景化为核心，探索智能办公、油品、轴承、皮带机等核心优势品类的产品线建设，完成钢材加工中心、皮带机、连铸等7个场景化开发。 （纪晓丽）

【推进商品数字化】 2021年，欧冶工业品推进供应链全流程数字化，明确商品、会员、合约数字化三大重点。通过建立欧贝商城商品

中心，规范品牌与物料架构，实现商城与资材备件采购系统物料架构的统一；制定并优化商品数字化标准，品类中心、大区、欧冶采购以及供应商多方联动，推进商品数字化，商城有效SKU（库存量单位）超过120万个，其中自主开发上架SKU53.19万个。 （纪晓丽）

【强化治理体系与治理能力建设】 2021年，欧冶工业品初步建立健全规范、支撑发展的管理体系，创建高效、精简的组织架构。以战略为导向、以绩效为驱动，清晰"军种"和"战区"的责任分工界面，探索建立"一公司多大区N基地"运营管控模式，形成总部统一策划、大区区域管理、基地服务保障的运行机制，实现运营效率和服务能力的提升。以制度树建设为核心，全面梳理专业职能管理重点和核心业务流程，完成第一版管理手册编制发布，编制制度文件196个，发布文件179个，形成有据可依、严谨规范、科学运行的制度运营体系。通过BSI（国际标准化组织）综合管理体系认证，建立内审员和体系联络员队伍。建立全面风险管理运行机制。开展全层级风险隐患及内控体系排查，对采购、库存、付款等重点业务领域进行梳理自查，及时整改存在问题和风险隐患。完成标准财务系统和欧贝平台的对接与覆盖；完成经营管理系统第一阶段功能上线。制订国企改革三年行动方案及任务清单，明确19条改革举措、58项具体任务，形成改革三年行动工作推进机制。 （纪晓丽）

【加强人力资源管理】 2021年，欧冶工业品开展"军种+战区"的

人才盘点，完成11家单位1 562名员工的劳动关系平稳调整。通过公开招聘、社会招聘、校园招聘、内部举荐等方式，引进专业成熟人才154人。推进薪酬体系改革和调整，初步完成岗位薪酬体系框架设计，探索推进阿米巴绩效激励机制。建立供应链管理、市场营销等特色培训课程，启动实施"欧贝航海"培训计划，策划建立总部集训、轮岗挂职、见习培养等多维度、多层次的人才培养模式。　　　　　　　　（纪晓丽）

【加强企业文化建设】　2021年，欧冶工业品致力塑造"欧贝"品牌形象，举办中国宝武首届供应商大会暨绿色智慧供应链论坛，实现欧贝生态平台2.0版升级上线；承办第四届中国国际进口博览会"铸绿新未来·共建高质量钢铁生态圈"主题活动；运营"欧冶工业品"微信公众号和"欧贝智远"微信服务号，策划推广"焕新计划"、平台产品介绍、品牌活动报道等传播主题，提高公司品牌知名度；在新华社、人民日报等18家主流媒体发表报道25篇。　　　　　（纪晓丽）

【建立大监督体系】　2021年，欧冶工业品建立完善的廉洁管理责任体系，细化管理者"一岗双责"清单，推动各级管理者认真履职。聚焦重点领域和关键环节，全方位开展廉洁风险梳理，明确典型廉洁风险81项、确定敏感岗位从业人员983人、评估廉洁风险点1 042个。建立内部审计制度，对管理制度、采购业务、资金管理、项目建设4个重点领域开展专项审计，发现并推进整改59个典型问题。　　　　　　　（纪晓丽）

【欧冶工业品大事纪要】

1月3日，欧冶工业品完成对宝钢德盛、鄂城钢铁采购系统切换覆盖。

2月2日，欧冶工业品完成对韶钢松山采购系统切换覆盖。

4月2日，欧冶工业品完成对重庆钢铁采购系统切换覆盖。

4月15日，欧冶工业品完成对昆钢公司采购业务委托管理。

5月2日，欧冶工业品完成对八一钢铁采购系统切换覆盖。

5月27日，欧冶工业品与日照钢铁控股集团有限公司签订合作框架协议。

6月5日，欧贝2.0平台投运，欧贝平台会员中心同步投运。

7月1日，欧冶工业品完成对马钢股份采购系统切换覆盖。

8月1日，欧贝商城2.0版升级上线。

同日，欧冶工业品完成对八一钢铁下属伊犁钢铁、巴州钢铁采购系统切换覆盖。

10月26日，中国宝武举行首届供应商大会举行，欧贝生态平台2.0版升级上线。11月15日，欧贝易购2.0升级上线。

12月1日，欧贝物流订单管理系统、运输管理系统、仓储管理系统、结算管理系统及运营工作台上线投运。　　　　　（纪晓丽）

编辑：盛继军

12

资源环境业

资源环境业

资源环境产业发展中心

【概况】 资源环境产业发展中心（简称资环业中心）的职能是：对接国家资源能源战略，创新商业模式，构建满足钢铁及先进材料制造战略所需的安全可靠、成本可控的绿色资源和能源保障体系。坚持产城融合，依托城市钢厂的装备、技术和资源优势，以城市矿山开发、水气污染治理、资源综合利用为方向，强化科技创新，打造行业领先的资源利用与环保产业，支撑制造板块绿色高质量发展，助力构建低碳社会。承担资源、能源、环境产业板块"投、融、管、退"功能，代表集团公司行使对口子公司股东权利，承担对口子公司派出董事的人选推荐、议案处理、履职支撑和评价建议，承担所辖业务领域内的资产保值增值责任。2021年，资环业中心支撑钢铁主业资源保障与绿色低碳发展，助力城市钢厂与生态文明建设，推动资源与环境产业专业化、平台化、规模化和市场化发展。年底，在册、在岗员工5人。 （方庆舟）

【推进专业化整合】 2021年，资环业中心组织相关单位围绕太钢集团矿石资源、资源综合利用、污染物治理和清洁能源等方面，推进专业化整合工作。与重庆钢铁集团矿业有限公司、昆钢矿业资源有限公司分别进行区域研发、采销、产品、生产、管控等六个方面的协同共享共建。 （顾 青）

【落实国企改革三年行动方案】 2021年，资环业中心与各产业公司协同，完成7项改革重点任务；改革发展十大工程之一的"资源安全保障工程"按计划实施。制定《中国宝武铁矿石产能规划》，提出：至2025年，中国宝武铁矿石总产能达到1.40亿吨，其中境外7 000万吨、境内7 000万吨；至2030年，铁矿石总产能达到2亿吨，其中境外1亿吨、境内1亿吨。 （方庆舟）

【策划推进混合所有制改革】 2021年，资环业中心策划、推进混合所有制改革各项工作。其中，西藏矿业股权激励方案通过集团公司常务会审议，欧冶链金完成A轮融资15亿元；作为零碳电力产业发展平台，宝武环科首次公开募股（IPO）进入辅导期，宝武资源、宝武水务等公司的混合所有制改革完成财务顾问选聘工作，并开展编制混合所有制改革方案。 （张胜娥）

【开展规划编制和投资管理】2021年，资环业板块完成《中国宝武铁矿石产能规划》《中国宝武绿色能源规划》的编制。全年，资环业板块长期股权投资项目计划出资87.60亿元，实际出资20.60亿元，计划执行率23.50%；年度固定资产投资项目计划出资92.40亿元，实际出资40.50亿元，计划执行率43.80%。 （吴青贤）

【压减法人与管理层级】2021年，资环业中心完成对口子公司、参股公司的法人压减和管理层级压缩工作。其中，完成法人压减15户，"参股瘦身"2户，"处僵治困"2户。 （张胜娥）

宝武资源有限公司

【概况】 宝武资源有限公司（简称宝武资源）注册成立于2021年11月，是中国宝武的全资子公司，前身为宝钢资源有限公司（简称宝钢资源）。作为一家矿产资源供应链公司，通过打造"四大业务板块（境内矿山板块、海外矿山板块、平台与贸易板块、物流板块）+四个协同功能（智慧交易功能、智慧物

流功能、资金管控功能、技术创新功能）"的矩阵业态，构建集开发、运营、加工、物流、交易等于一体的矿产资源智慧供应链服务体系。在四大业务板块中，境内矿山板块主要开展铁精矿、球团矿、冶金熔剂矿及建材产品的生产、加工和销售，致力于构建"勘查、设计、建设、运营"于一体的冶金矿山产业体系，持续建设绿色矿山，为用户提供高品质的"低碳"原料；海外矿山板块主要从事海外优质矿产资源的投资和开发业务；平台与贸易板块主要从事矿石、煤炭、合金和有色金属等钢铁冶金主要原燃料、辅料的贸易及平台交易业务，致力于打造世界一流的大宗原燃料供应链服务平台，为用户提供集"商流、物流、资金流、信息流"于一体的综合服务；物流板块主要从事远洋、沿海、沿江运输和港口运营、船代和货代等全程物流配送服务，通过打造一流的智慧物流平台，构建"港航货"一体化智慧物流体系。全年，宝武资源实现营业收入382.30亿元，利润总额2.37亿元。年底，在册员工19 341人，在岗员工13 407人。 （温 萌）

【企业负责人简介】 张典波，1962年4月生，山东掖县人，中共党员，高级工程师，宝钢资源（国际）有限公司党委书记，宝钢资源（国际）有限公司、宝钢资源有限公司董事长（至2021年3月）。

陆克从，1964年7月生，安徽肥东人，中共党员，高级工程师，宝钢资源（国际）有限公司、宝钢资源有限公司总裁，宝钢资源（国际）有限公司党委副书记（至2021年3月）；宝钢资源国际党委书记，宝钢资源（国际）有限公司、宝钢资源有

限公司董事长（2021年3—11月）。

纪超，1972年11月生，湖北大冶人，中共党员，高级经济师，宝钢资源（国际）有限公司、宝武资源有限公司总裁，宝钢资源（国际）有限公司党委副书记（2021年3月起）。 （温 萌）

【深化改革】 2021年，宝武资源梳理形成改革三年行动方案及任务清单，任务清单具体分为高质量发展、混合所有制改革、公司治理、激励机制、党建工作、督查考核6大类、79个项目、148个子项。全年，超额完成任务目标的70%。 （温 萌）

【整合融合】 4月14日，宝钢资源托管重庆钢铁集团矿业有限公司（简称重钢矿业）、重庆重钢矿产开发投资有限公司协议生效。4月15日，宝钢资源托管昆钢矿业资源有限公司（简称昆钢矿业）、云南昆钢国际贸易有限公司、昆港贸易有限公司协议生效。10月1日，南京宝地梅山产城发展有限公司矿业分公司（简称梅山矿业）托管内蒙古自治区锡林郭勒盟苏尼特右旗宝德利矿业有限公司协议生效。 （温 萌）

【矿山运营】 2021年，宝武资源矿山板块构建矿山运营生产、质量、科技、采购、销售、工程管控体系，推动境内矿山整合融合和一体化运营；参与昆钢矿业、重钢矿业专业化整合，完成昆钢矿业、重钢矿业矿权梳理和问题清单的编制，并加强对国内参股矿山的管理。全年，境内矿山板块和参股矿山生产铁精矿2 134万吨、球团矿725万吨、熔剂产品1 228万吨、资源综合

利用产品3 670万吨、钛精矿等伴生类产品97万吨，利润、经营业绩创历史最好水平。境内矿山板块管理体系框架基本建成，初步形成上下联动信息机制，管理信息系统建设启动并加快推进；物资采购共享平台覆盖武钢资源集团有限公司（简称武钢资源）和安徽马钢矿业资源集团有限公司（简称马钢矿业）生产、设备和工程管理信息化平台启动论证和设计。境内参股矿山运营状况得以改善，其中山西霍宝干河煤矿有限公司、焦作煤业（集团）新乡能源有限公司、冀中能源峰峰集团邯郸宝峰矿业有限公司、山西中煤华利裕丰煤业有限公司4家主要参股煤矿考核口径权益净利润目标为1.56亿元，实际完成1.75亿元，完成率为112%。

（温　萌）

【矿山建设】　2021年，宝武资源重点推进武钢资源程潮矿、马钢矿业罗河矿、重钢矿业西昌矿的建设。武钢资源程潮矿负570米水平开拓工程基本建成，全年完成掘进量38 383.21立方米、支护量3 795.52立方米；负675米水平开拓工程完成盲竖井改绞工作，以及竖井、主井贯通的前期准备工作。马钢矿业罗河矿一期500万吨/年扩能工程地表主厂房扩建项目竣工，新建硫精矿过滤厂房项目封顶，2号主井井塔楼提升机安装完成，中细碎厂房扩建、总砂泵站检修厂房、新环水泵房竣工。重钢矿业西昌矿1 000万吨/年采选扩建工程完成计划目标：小麻柳尾矿库（二期）工程完成448.96万立方米，基建剥离工程完成777.31万立方米，尾矿输送系统工程完成建设。

（温　萌）

【资源开发】　2021年，宝武资源境外项目开发取得实质性进展。非洲几内亚西芒杜铁矿北部区块项目签订框架协议，完成项目可行性研究，与山东莱钢永锋钢铁有限公司、江苏永钢集团、中国中铁股份有限公司、中国交通建设集团、山东省港口集团5家中国宝武联合体成员签订备忘录，组建项目核心团队。推动与汉考克公司、MRL公司（Mineral Resources Ltd）就澳大利亚API公司哈迪铁矿开发项目和阿什伯顿项目合作达成一致，分别签署合作开发协议和合作框架协议；宝米铁矿项目《矿山开发协议》通过利比里亚参众议院审核通过，与合作方湖北京港远洋投资有限公司签署项目承包开发协议。

（温　萌）

【优化境外资产配置】　2021年，宝武资源境外法人压减和"参股瘦身"工作取得进展，完成澳大利亚福特斯克金属集团铁桥项目（FMG Iron Bridge）的退出，取得1 700万美元税前收益；完成武钢加拿大ADI资源开发投资有限公司压减，加拿大Lac Otclnuk矿业有限公司、香港武钢广新锦华资源有限公司强制清盘等。　（温　萌）

【平台服务与贸易】　12月7日，宝武资源成立平台与贸易事业部，聚焦经营策略向宝武资源总部集中、经营品种纵向一体化归口管理和区域市场渠道拓展属地化管理，探索业务"元素化+矩阵式"经营管控模式，形成以贸易为主体，金融与平台为两翼的运作模式。全年，宝武资源平台服务与贸易板块实现营业收入1 086亿元，比上年增长63%；利润总额7.03亿元，比上

年增长43%；销售量8 437万吨，比上年增长27%。其中，在期货现货业务推进方面，健全市场研判体系，完成中国宝武商品衍生品业务管理系统的搭建。该系统覆盖中国宝武境内外全部相关单位，可实现对中国宝武商品类金融衍生业务的在线全流程管控和线上穿透式监督。全年实现自产矿一体化线上销售860万吨。在平台系统建设方面，打造大宗原燃料智慧交易平台，欧冶资源"资源GO"平台全面升级改造。该交易系统打通了企业资源计划（ERP）和财务系统，在价格生成方面集成议价、卖方定价、买方竞价等多种模式，在交易类别上囊括定向、挂牌和竞价3种方式，在操作流程上实现销售端单系统操作、全局共享，有利于智慧决策和智慧风控，且与中国宝武大数据平台有机衔接，支撑中国宝武大数据战略的实施。　（温　萌）

【物流业务】　12月7日，宝武资源成立物流事业部，撤销原物流运营中心。12月23日，宝武资源与重庆钢铁挂牌成立马迹山港混矿项目合资公司——宝武精成（舟山）矿业科技有限公司，共同开展马迹山港混矿项目。该项目以马迹山港一期、二期为基础，最终形成以强力混合机新工艺为基础的设计方案，并申请国家专利，标志中国宝武集采集配战略推进实现重要突破。全年，宝武资源物流板块实现承运量4 467万吨，吞吐量9 570万吨，营业收入32.90亿元；利润总额4.18亿元，比上年增长99%；完成矿石、煤炭、合金、金属业务共157个航次1 891万吨的远洋操作和商务结算，比上年增长14%。其中，马迹山港克服新冠肺

2021年12月23日，宝武精成（舟山）矿业科技有限公司揭牌成立　　（张　勇摄）

炎疫情反复、钢厂限产、港口限电等困难，完成吞吐量6 008万吨，比上年增长11.80%；浙江舟山武港码头有限公司（简称舟山武港）完成30万吨级减载靠泊升级，开拓块矿筛分新业务。马迹山港、舟山武港开展库存共享、集团公司内客户异地借还矿等业务，实现"两港"异地报关新突破，全年调剂船舶18艘次，提升了协同效益。航运公司盈利能力和船舶资产运作能力大幅提升，其中上海宝钢航运有限公司、安徽中联海运有限公司的利润均超亿元，创造历史最佳业绩。

（温　萌）

【资产处置】　2021年，宝武资源完成法人压减（含壳公司清理）6户、"参股瘦身"1户。境外资产处置方面，阿奎拉资源投资有限公司下属澳大利亚阿奎拉钢铁有限公司［Aquila Steel（SA）Pty Ltd］将持有的阿奎拉南非公司［Aquila Steel（S Africa）（Pty）Ltd］100%股权上翻至阿奎拉资源投资有限公司直接持有；武钢加拿大ADI资源开发投资有限公司将其控股子公司加拿大Lac Otelnuk矿业有限公司60%股权协议转让给武钢资源加拿大有限公司；注销阿奎拉南非公司［Aquila Steel（S Africa）（Pty）Ltd］、澳大利亚阿奎拉钢铁有限公司［Aquila Steel（SA）Pty Ltd］、美泰澳门离岸商业服务一人有限公司、宝钢南非矿业有限公司、武钢加拿大ADI资源开发投资有限公司、毛里求斯阿奎拉能源控股有限公司［Aquila Energy Holdings（Mauritius）Pty Ltd］、阿奎拉钢铁塔巴金比毛里求斯有限公司［Aquila Steel Thabazimbi（Mauritius）Pty Ltd］；完成澳大利亚福特斯克金属集团铁桥公司（FMG Iron Bridge）19.55%股权的出售；阿奎拉资源投资有限公司将其持有50%权益的合资企业API公司下属澳大利亚特里奥金（Triodia）营地资产对应的50%权益出售。境内资产处置方面，注销新疆维吾尔自治区吐鲁番市鄯善县红云滩矿业有限责任公司；挂牌转让浙江宝嘉炉料加工有限公司100%股权、新疆天博勘查技术有限责任公司49%股权、新疆利浩物流有限公司20%股权；挂牌转让"宝运盛"轮、武钢资源与马钢矿业下属公务车辆、安徽皖宝矿业股份有限公司秀山石灰石矿破碎生产线环保改造项目闲置资产等实物资产。

（温　萌）

【智慧制造】　3月26日，宝钢资源成立智慧化办公室，挂靠运营改善部，与运营改善部合署办公，整合信息化管理职能，专项推进智慧制造工作；4月8日，宝钢资源发布《智慧矿山规划指南》及"四个一律"指数。各相关子公司据此编制各自行动方案，策划支撑项目。

（温　萌）

【科技创新】　3月26日，宝钢资源设立科技创新部，与战略规划部合署办公；4月8日，宝钢资源科学技术协会第一届委员会第一次会议召开；4月9日，中国宝武矿业专业委员会成立暨宝钢资源第一届科技大会召开；12月7日，宝武资源发文设立技术中心，挂靠科技创新部，负责技术创新功能的建设。年内，宝武资源重点围绕绿色低碳发展战略，加大核心技术攻关，推进矿业数字化、智慧化、绿色化，研发投入率0.58%，科研直接新增效益14 695万元，专利申请132件，其中发明专利68件，发明专利占比为52%。

（温　萌）

【节能环保】　2021年，宝武资源对下属各子公司的能源消耗全面梳理，制定各子公司优化能源结构、提高能源利用效率、降低能源消耗强度等措施。宝武资源下属各长江沿线单位开展涵盖绿色矿山建设、节能减排、水资源利用、固体废物综合利用、超低排放、码头岸线、环境风险管理等生态环境保护的重点工作，煤炭消费总量、水重复利用率、雨污分流、固体废物产品化率、废气超低排放、尾矿综合利用率、废水循环利用率、绿色矿山申报完成率、年度较大以上突发环境事件总数9项关键绩效指标均完成。开展两批生态环境尽职调查，对新疆八钢矿业资源有限公司（简称八钢矿业）、梅山矿业、马迹山港、重钢矿业、昆钢公司下属各矿山单位12家法人单位进行全面梳理，调查内容包括环境许可、环境治理和污染防治、生态保护、环境管理等11个方面。各子公司加大各级环保督察检查、绿色矿山风险普查、环保尽职调查中查找出的各类环保风险的整改力度，确保环保风险管控。 （温 萌）

【安全生产】 2021年，宝武资源构建适应矿山行业企业发展规律的"安全管理责任体系、监管体系、评价体系、奖惩体系、制度体系"五大体系，打造本质安全型企业；按照新《安全生产法》"三管三必须"原则，完善"总部—区域公司—基地"三级安全管理体系；在矿山企业全面施行安全总监制度，明确"公司—区域公司（子公司）—各生产单元（矿山）"三级安全总监的职责和管控重点，强化安全监管效能；深入推动安全生产专项整治三年行动的落实，26个攻坚项目完成24项；开展协力第二方安全专项审核，审核生产协力73家、检修（工程）协力61家，发现问题552项，清退（停止作业）协力单位5家；加快智慧矿山建设，在"机械化换人"上投入2.18亿

元、减少作业人员344人，在"自动化减人"上投入4 736万元、减少作业人员99人，有效提高了安全本质化水平。全年未发生较大及以上安全生产事故，各项安全生产指标处于受控范围。 （温 萌）

【国际化经营】 8月，宝钢资源设立非洲项目筹备处，加快推进非洲利比里亚邦矿项目和宝米铁矿项目的开发和建设。9月初，在澳大利亚成立3个项目组，通过项目制管理方式，加快推进澳大利亚项目。年内，全面梳理职责权限，完善相关制度，修订并完成海外项目寻源筛分、风险勘探、海外运营管理、海外工程建设、海外工程采购5项管理制度。在铁矿石贸易方面，扩大贸易规模，提高市场占有率，新开拓包括MBR粉、西皮粉等在内的境外非主流矿产资源250.90万吨，占全年销量的5.20%。在煤炭贸易方面，稳定印度尼西亚优势品种供应，进口印度尼西亚低灰焦煤50万吨；开发新品种新业务，锁定印度尼西亚三分之一焦煤的优先购买权；开发美国橡树岭半焦煤首船6.70万吨贸易；开发俄罗斯一座新矿山，与俄罗斯开展4万吨喷吹煤贸易合作。在合金有色贸易方面，与菲律宾卡拉斯卡尔镍矿公司（Carrascal Nickel Corporation）首次签订长期协议并提前完成计划贸易额，与铂族金属公司（Platinum Group Metals Corporation）提前锁定2022年中高镍矿供应长期协议；与诺里尔斯克镍业贸易（上海）有限公司〔Norilsk Nickel Metals Trading (Shanghai)Co., Ltd, 〕、韩国STX集团（STX Corporation）、淡水河谷恢复业务合作；拓展氧化铝贸易，

除美国铝业公司外，同杰拉德金属有限公司、协和资源有限公司建立联系；开拓铅锌矿产品的渠道业务，与上游资源供应商嘉能可斯特拉塔股份有限公司、赫斯金属贸易有限公司（Koch Metals Trading Limited）、奥信国际矿源有限公司开展合作。在物流业务方面，上海宝钢航运有限公司执行外贸业务15个航次计72万吨，实现营业收入5 752万元、利润3 671万元；安徽中联海运有限公司完成11个航次计186.57万吨，实现营业收入2 233.62万美元、利润17.90万美元；宝船航运有限公司完成86个航次计1 529万吨，实现营业收入19 713万美元、利润562万美元。 （温 萌）

【国际化人才培养】 2021年，宝武资源聚焦海外矿山项目建设，搭建与之匹配的国际化人才培养体系，培育国际化矿业人才队伍。年内，从美国哥伦比亚大学等国际一流海外院校招聘优秀应届毕业生3人；以内部协同支撑、借调等形式配合完成海外项目开发用人需求8人；以语言培训为基础，依托上海外国语大学、浙江大学等学校资源，推进语言类专项培训，开展矿业专项语言能力测评，完成公司翻译团队的组建工作；开展国际化主题论坛、境外安全风险培训、境外投资项目管理培训。 （温 萌）

【财务管理】 2021年，宝武资源完成首单区块链"通宝"资产支持证券发行，融资3.24亿元；完成中国宝武商品类金融衍生业务管理系统一期搭建工作，与宝武集团财务有限责任公司联合推出智慧财资在线可视化系统；推进专业化整

合融资、资金协同，对接八钢矿业、昆钢矿业资金管理，解决重钢矿业6亿元公司债兑付。推进成本管控系统（一期）建设，实现梅山矿业等6家单位的首批上线。　（温　萌）

【获得荣誉】　3月18日，宝钢资源控股（上海）有限公司获2021年铁合金产业高峰论坛评选出的第三届"贺兰杯"锰矿企业综合实力第一名；4月，中国冶金矿山企业协会发布2020年中国冶金矿山企业50强名单，马钢矿业、武钢资源、玉溪大红山矿业有限公司（简称大红山矿业）、八钢矿业、重钢矿业、梅山矿业6家矿山企业上榜；宝钢资源合金贸易部获评"中央企业团工委青年文明号"；武钢资源程潮矿业有限公司采矿分公司东采工区采矿甲班、马钢矿业南山矿业有限公司高村铁矿穿爆工段爆破班获评"全国工人先锋号"；12月12日，宝武资源参展项目获第25届全国发明展览会金奖2项、银奖4项、铜奖4项。　　　　（温　萌）

【宝武资源（宝钢资源）大事纪要】

1月4日，宝钢资源经营管理系统、标准财务系统覆盖子公司上线。

3月8日，上海矿石国际交易中心现货铁矿石采购竞价功能上线。

4月9日，中国宝武矿业专业委员会、宝钢资源科学技术协会成立。

4月10日，宝钢资源青阳白云岩矿200万吨/年技术改造扩建项目开工建设。

4月14日，宝钢资源与重钢集团签署专业化整合委托管理协议，宝钢资源托管重庆钢铁集团矿业有限公司、重庆重钢矿产开发投资有限公司。

4月15日，宝钢资源与昆钢公司签署专业化整合委托管理协议，宝钢资源托管昆钢公司矿业板块和贸易板块。

4月29日，新疆八钢矿业资源有限公司揭牌成立。

8月27日，穆迪将宝钢资源（国际）信用评级由Baa1上调至A3，评级展望维持"稳定"。

8月31日，以宝钢资源控股（上海）有限公司为原始权益人的首期区块链"通宝"资产支持证券（ABS）产品"华宝证券—宝钢资源区块链通宝1号资产支持专项计划"发行。

9月1日，宝钢资源采购供应链共享系统在武钢资源区域上线。

9月28日，上海宝钢航运有限公司第二艘59 000吨沿海内贸散货船开工建造。

10月12日，宝钢资源在中国宝武首次举办的混合所有制改革项目专场推介会上，进行优质铁矿项目、钙镁熔剂项目和物流航运项目路演。

11月22日，宝钢资源有限公司更名为"宝武资源有限公司"。

11月29日，宝武资源下属区域公司和矿山自产矿的网上销售量突破500万吨。

12月23日，马迹山港混矿项目合资公司——宝武精成（舟山）矿业科技有限公司揭牌。

同日，中国宝武举行澳大利亚API公司哈迪铁矿（API-Hardey）开发项目"云签约"仪式。（温　萌）

宝武资源下属子公司（含托管单位）一览表

公司名称	地　址	注册资金	主要经营范围	持股比例	在岗员工（人）
宝钢资源控股（上海）有限公司	上海市虹口区东大名路568号	200 000万元	货物及技术的进出口业务，道路货物运输代理，船舶代理，煤炭经营，实业投资，第三方物流业务，电子商务	100%	453
安徽皖宝矿业股份有限公司	安徽省池州市贵池区秋浦中路11号	11 885.10万元	非金属矿采选业	60%	157
上海宝易贸易有限公司	上海市虹口区东大名路568号	10 000万元	货物及技术的进出口业务，国内贸易，道路货物运输代理，实业投资，第三方物流服务等	100%	0
上海宝晟能源有限公司	上海市嘉定区封周路655号14幢201室J1155	1 000万元	煤炭、焦炭、化工产品及原料建材、钢铁原料、钢铁产品、矿山设备及材料的销售等	51%	6

（续　表）

公司名称	地　　　址	注册资金	主要经营范围	持股比例	在岗员工（人）
上海宝顶能源有限公司	上海市浦东新区江东路1376号1号楼218室	1 000万元	煤炭、焦炭、钢材、化工产品、建筑材料、矿产品、机械设备、货物和技术的进出口	51%	5
青岛宝邯运输贸易有限公司	山东省青岛经济技术开发区长江东路371号	800万元	公路、铁路货运代理,货物运输信息咨询服务,货物物资代储、批发零售等	60%	7
上海宝钢航运有限公司	上海市虹口区东大名路568号	39 700万元	国际船舶运输,国际海运辅助业务,国内船舶管理业务,国内水路运输,国内货物运输代理,物流信息咨询,仓储服务	100%	42
浙江嵊泗宝捷国际船舶代理有限公司	浙江省嵊泗菜园镇海滨东路98号	500万元	国际船舶代理业务等	51%	20
浙江舟山武港码头有限公司	浙江省舟山市普陀区六横镇台门凉潭岛	89 600万元	为船舶提供码头设施和货物装卸、仓储,港口码头项目基础设施开发、管理等	51%	81
苏尼特右旗宝德利矿业有限公司	内蒙古自治区锡林郭勒盟苏尼特右旗赛汉塔拉镇	28 500万元	萤石开采,矿产品加工、销售	70%	4
上海矿石国际交易中心有限公司	中国（上海）自由贸易试验区荷丹路88号3幢12层01部位	10 000万元	为铁矿石现货交易提供场所及配套服务	30%	5
上海欧冶资源电子商务有限公司	上海市虹口区东大名路568号205室	10 000万元	电子商务,计算机技术领域内的技术开发、技术转让、技术咨询、技术服务等	51%	9
上海宝钢钢铁资源有限公司	上海市宝山区铁山路6号	3 600万元	生产性废旧金属收购、储运、加工、销售	100%	0
香港宝豫有限公司	中国香港特别行政区湾仔港湾道1号会议展览广场办公大楼29层2901室	300万美元	铁矿石等矿产资源贸易	50.1%	0
宝钢资源澳大利亚有限公司	澳大利亚西澳州珀斯市圣乔治大街77号21层	93 799.99万美元	矿产资源开发	100%	12
阿奎拉资源投资有限公司	澳大利亚西澳州珀斯市圣乔治大街225号14楼	38 621.83万澳元	矿产资源项目开发与开采	85%	19
宝钢资源（印尼）有限公司	印度尼西亚雅加达苏迪曼大道28号	500万美元	矿产品、采矿设备以及钢材产品进出口、经销等	100%	4
宝钢资源新加坡有限公司	新加坡淡马锡林荫大道7号新达城第一大厦27楼2701A	3 000万美元	铁矿、煤炭等矿产资源贸易业务	100%	5

（续 表）

公司名称	地 址	注册资金	主要经营范围	持股比例	在岗员工（人）
Baosteel BS Company Pte Ltd	新加坡淡马锡林荫大道7号新达城第一大厦27楼2701A	100万美元	投资中铝铁矿项目	100%	1
宝船航运有限公司	新加坡淡马锡林荫大道7号新达城第一大厦28楼2801室	600万美元	远洋运输	51%	6
宝钢资源南非有限公司	南非约翰内斯堡桑顿格雷斯通路95号2楼	1 000万美元	锰、铬等矿产资源投资、勘探、开发、生产及相关产品贸易业务、物流业务等	100%	3
宝武精成（舟山）矿业科技有限公司	中国（浙江）自由贸易试验区舟山市嵊泗县马迹山港区港航大楼304—269	18 000万元	矿物洗选加工、选矿、装卸搬运、普通货物仓储服务、国内货物运输代理等	81%	0
宝钢澳大利亚矿业有限公司	澳大利亚西澳洲珀斯市圣乔治大街77号21层	1 996万澳元	矿产资源开发	托管	12
武钢资源集团有限公司	湖北省武汉市友谊大道999号武钢办公大楼A座13—14层	272 180万元	金属及金属矿产品、非金属矿产品生产、销售等	托管	4 375
安徽马钢矿业资源集团有限公司	安徽省马鞍山经济技术开发区太白大道1899号	350 000万元	矿产资源勘查、选矿、矿物洗选加工，金属矿石销售、非金属矿及制品销售等	托管	6 005
新疆八钢矿业资源有限公司	新疆维吾尔自治区乌鲁木齐经济技术开发区（头屯河区）八一路366号	500万元	选矿，矿物洗选加工，矿山机械制造，非金属矿及制品、矿山机械销售等	托管	734
马钢国际经济贸易有限公司	安徽省马鞍山市雨山区九华西路8号	50 000万元	批发零售焦炭、铁矿产品、铁合金、有色金属材料及制品、废钢、生铁、金属制品、钢材、机械设备及配件、电气设备、耐火材料等	托管	29
安徽中联海运有限公司	安徽省马鞍山市郑蒲港新区现代产业园孵化园2栋	25 333万元	国内沿海、长江中下游及珠江三角洲普通货船运输，船舶代理、货物代理，国际船舶代理、国际货物代理	托管	21
武钢国际资源开发投资有限公司	中国香港特别行政区湾仔港湾道1号会议展览广场办公大楼29层2901室	391 599.20万港元	境外铁矿资源投资开发等	托管	0
嵊泗宝钢马迹山港船务有限公司	中国（浙江）自由贸易试验区舟山市嵊泗县马迹山港区港航大楼304—25	3 000万元	为船舶进出港、靠离码头、移泊提供顶推、拖带服务，国内沿海及长江中下游普通货物运输等	托管	140

（续　表）

公司名称	地　　　址	注册资金	主要经营范围	持股比例	在岗员工（人）
宝金企业有限公司	中国香港特别行政区湾仔港湾道25号海港中心29楼	42.60万港元	远洋航运等	托管	3
重庆钢铁集团矿业有限公司	重庆市大渡口区大堰一村81幢	117 383.84万元	黑色金属矿采选业	托管	1 972
重庆重钢矿产开发投资有限公司	重庆市大渡口区重钢大堰二村科学教育培训楼	250 000万元	对矿产资源开发项目进行投资等	托管	5
玉溪大红山矿业有限公司	云南省玉溪市新平彝族傣族自治县戛洒镇小红山	105 500万元	黑色金属矿采选业	托管	971
云南昆钢国际贸易有限公司	云南省安宁市郎家山	83 409万元	批发业	托管	131

（温　萌）

宝武原料供应有限公司

【概况】　宝武原料供应有限公司（简称宝武原料）成立于2020年7月7日，由中国宝武、宝钢股份、马钢集团、鄂城钢铁、韶钢松山、重庆钢铁6家单位（股东）出资5亿元组建，与中国宝武原料采购中心合署办公。宝武原料以面向中国宝武各钢铁子公司"保供、降本、提效、风控"为宗旨，对集团公司内大宗原料采购工作统一筹划、统一运作，合理配置资源，优化业务模式，在确保安全供应、强化成本竞争力的同时，提升"亿吨宝武"大宗原料采购话语权及市场影响力，构建成为更加开放、共享、智慧、高效的中国宝武钢铁生态圈大原料体系的重要组成部分。主要从事以大宗原燃料为主的货物及技术的进出口业务，货运代理，船舶代理，煤炭买卖，煤炭批发零售，第三方物流服务，远洋、沿海和沿江的租船业务，电子商务等。2021年，实现营业收入117.67亿元，利润0.70亿元。年底，在册、在岗员工18人。

（童婷婷）

【企业负责人简介】　纪超，1972年11月生，湖北大冶人，中共党员，高级经济师，宝武原料总经理（至2021年2月），董事长（2021年5月起）。

徐昌林，男，1970年10月生，上海人，中共党员，工程师，宝武原料总经理（2021年2月起）。

（童婷婷）

【推进原料系统"六统一"】　2021年，宝武原料推进集团公司原料系统"六统一"工作：在"统一资源平衡"方面，实现进口矿长期合作协议资源统一平衡；在"统一谈判签约"方面，实现集团公司内铁矿石及其物流的统一谈判签约目标；在"统一金融服务"方面，实现统一协调开证平台工作；在"统一物流配送"方面，实现港口、二程运输的统一谈判定价、统一签约分别执行工作；在"统一混配矿"方面，由宝武资源牵头负责，形成以配料槽＋强力混合机为基础的混匀工艺方案，并在重庆钢铁推进马迹山混矿项目化工作；在"统一现货交易"方面，完成宝武原料平台与上海矿石国际交易中心有限公司平台构建连接。

（童婷婷）

【实施"中心＋属地"矩阵式管理】　2021年，宝武原料和各钢铁公司组成"中心＋属地"采购团队，宝武原料作为"中心"授权属地进口矿业务部分人员进行人民币港口现货矿寻源及合同执行，属地化采购服务团队的人员资产管理、办公地点、劳动关系、薪酬管理、员工绩效评价、党群团关系等均维持不变，进口矿保供、降成本、风险责任由中心及属地采购服务团队共同承担。

（童婷婷）

【发挥集中采购优势】 2021年，宝武原料发挥集中采购优势，通过长期合作协议资源降低采购成本2美元/吨。全年集中采购矿石1.15亿吨，实现人民币跨境结算量426万吨，金额40亿元。集团公司内集中采购单元铁矿石库存较年初下降422万吨，下降幅度23%。

（童婷婷）

【建立工会】 5月，宝武原料成立工会委员会，隶属集团公司机关工会。5月8日，选举产生宝武原料工会第一届委员会委员和第一届经费审查委员会委员。

（童婷婷）

【宝武原料大事纪要】

2月20日，徐昌林担任宝武原料供应有限公司总经理，纪超不再担任宝武原料供应有限公司总经理。

5月8日，宝武原料召开第一届工会委员会第一次会员大会，成立工会委员会，选举产生宝武原料工会第一届委员会委员和第一届经费审查委员会委员。

5月26日，宝武原料召开2021年第二次股东会和第一届董事会第四次会议，通过《2020年宝武原料董事会报告》和《2020年宝武原料监事会工作报告》。

5月27日，纪超担任宝武原料供应有限公司董事长，张典波不再担任宝武原料供应有限公司董事长。

6月21日，宝武原料召开第一届职工大会第一次会议，选举产生职工董事、职工监事各1名。

7月9日，宝武原料开始实施"中心+属地"矩阵式管理模式。

（童婷婷）

宝武集团环境资源科技有限公司

【概况】 宝武集团环境资源科技有限公司（简称宝武环科）于2016年12月30日注册，2017年3月7日揭牌成立，主要从事冶金炉渣建材化业务、冶金尘泥金属化业务、氧化铁皮产品化业务、固体废物处置全量化业务、土壤修复生态化业务和城市固体废物资源化业务等。2021年，实现营业收入105.27亿元，利润总额9.79亿元。年底，在册员工4 063人，在岗员工3 584人。

（郑芳）

【企业负责人简介】 陈在根，1966年3月生，浙江平湖人，中共党员，高级工程师，宝武环科党委书记、董事长。

朱建春，1971年7月生，河北张家口人，中共党员，高级政工师，宝武环科总经理、党委副书记。

（郑芳）

【整合融合】 2021年，宝武环科推进重钢集团、太钢集团、昆钢公司固体废物综合利用相关业务的整合融合，形成跨越华东、华中、华南、西北、西南的全国性业务布局。重钢集团专业化整合方面：5月，正式托管重庆钢铁集团产业有限公司，并稳步推进"百日计划"，开工建设年产120万吨矿粉生产线；11月，成立宝武环科重庆资源循环利用有限公司，承接重庆钢铁固体废物综合利用业务。太钢集团专业化整合方面：9月，完成托管太钢集团高炉渣处理业务、太原钢铁（集团）粉煤灰综合利用有限公司、山西太钢哈斯科科技有限公司40%股权；10月，成立宝武环科山西区域子公司筹备组。昆钢公司专业化整合方面：9月，成立宝武环科昆钢固体（危险）废物业务承接筹备组，策划专业化整合方案及绿色低碳循环经济产业园项目，协同编制昆钢公司"固废不出厂"行动方案，推进区域公司设立等工作。

（郑芳）

【业务拓展】 2021年，宝武环科推进外部市场项目寻源，跟踪推进废硫酸资源化再利用、生物质燃料资源化利用、飞灰处置等潜在项目95个；上海基地城市污泥资源化项目签约客户28家，处置3.20万吨，处置量比上年翻番；温州基地1万吨/年医疗废物改扩建项目建成投运，取得3万吨/年危险废物经营许可证。推广冶金炉窑协同处置固体（危险）废物模式，依托钢厂冶金炉窑协同处置城市危险废物2万余吨；上海、武汉基地利用冶金炉窑协同处置废油（漆）桶等社会危险废物许可规模达5.50万吨/年，推进韶关、南京、马鞍山等基地废油（漆）桶资源化利用项目建设。

（郑芳）

【科技创新】 2021年，宝武环科研发投入4.83亿元，研发投入强度3.59%，申请专利110件。具有自主知识产权的"绿色高效转底炉协同处理钢铁厂固危废成套工艺装备及示范"项目通过由中国金属学会组织的科技成果评价；上海多源固体废物协同处理和能源化工程技术研究中心建设启动；入选国家发展和改革委员会2021年大宗固体废物综合利用骨干企业。有序推进钢渣价值提升三年行动,参编多项钢渣相关技术标准,其中《固体废物基场坪硬化材料团体标准》及《钢渣沥青路面应用技术规范行业标准》填补该领域空白。宝武环科武汉金属资源有限责任公司入选湖北省"'专精特新'小巨人企业",新疆互力佳源环保科技有限公司入选新疆维吾尔自治区"专精特新"中小企业。

（郑　芳）

【智慧制造】 2021年,宝武环科作为中国宝武智慧制造"跨空间"首批试点单位之一,完成经营管理信息系统二期覆盖,推动公司数字化、网络化、智能化转型升级,初步实现所有流程在系统中运行受控。1月,宝武环科冶金尘泥智慧中心（一步）上线运行,并完成10余项工艺、设备等问题诊断输出;5月,宝武环科绿色建材智慧中心建成投运,以"一键制粉"专家控制系统为核心的智能工厂成为矿粉行业智能制造的引领者。（郑　芳）

【人才培养】 2021年,宝武环科强化人才培养多元化、多维化,优化人才结构,提升队伍质量。面向国内外成熟专业人才和一流大学招聘一批优质人才,完善宝武环科人才梯队,引入成熟人才4名,招聘应届大学毕业生31人;设立中国宝武博士后工作站宝武环科分站,联合上海交通大学共同培养高端专业人才1名。实施"天王星计划"二期,挑选6名技术人员,聚焦固体废物不出厂、产城融合、热熔渣应用技术等领域开展课题攻关;评聘首席师3名,充实"头部"梯队;开展跨基地、跨单位交流互动,选派18名员工外派任职、外派支撑。举办宝武环科首期中青班研修活动,36名年轻高潜质人才参与为期2周的培训活动。（郑　芳）

【岗位创新和价值创造】 2021年,宝武环科开展"我为企业'对标找差创一流'献一计"活动,全体员工献计6 200余条,入选中国宝武"金点子"2个、"银点子"10个、"好点子"18个,2人获中国宝武"智多星"称号。参加中国宝武首届优秀岗位创新成果奖评选活动,1个项目获评二等奖,11个项目获评三等奖。以"全面对标找差"为主题,聚焦公司生产经营中心工作,开展3项综合劳动竞赛、5项专项劳动竞赛,下属各单位设立135个劳动竞赛项目。（郑　芳）

【党史学习教育】 2021年,宝武环科党委制订《宝武环科党委关于开展党史学习教育的工作方案》。3月,召开党史学习教育动员部署会议,面向全体党员,以总部各部门负责人、各单位领导班子成员及C层级以上的党员领导人员为重点开展学习教育实践。成立专门领导小组,下设3个工作组,明确8类13项任务,细化落实党史学习教育举措,制定重点任务清单;成立3个党史学习教育巡回指导组,编发工作提示及简报33期,采取多种形式对直属党组织开展学习教育情况进行督导,推动各单位结合实际把党史学习教育各项任务落到实处。党委把"我为群众办实事"实践活动作为重要内容贯彻始终,充分发挥基层党组织战斗堡垒作用和党员先锋模范作用,推动公司20个重点项目和直属党组织208个重点项目落实落地,用心用情用力解决群众"急难愁盼"问题。

（郑　芳）

【宝武环科大事纪要】

1月14日,浙江省科学技术厅认定温州市环境发展有限公司为城市固体废物综合处置省级高新技术企业研究开发中心。

2月9日,宝武环科联合同济大学、上海市环境科学研究院、上海济兴能源环保技术有限公司申报"上海多源固体废物协同处理和能源化工程技术研究中心"项目,获批立项,列入2020年

2021年5月28日,宝武环科绿色建材智慧中心投入运行　　　　（陈　芳摄）

度上海工程技术研究中心建设计划。

4月14日，宝武环科托管重庆钢铁集团产业有限公司。

5月7日，宝武环科与南京环境集团有限公司签订战略合作协议。

5月11日，武汉市首家一般工业固体废物处置中心——"武汉市青山区一般工业固体废物处置中心"在宝武环科武汉金属资源有限责任公司挂牌成立。

5月25日，宝武环科重庆分公司高炉矿渣综合利用项目开工建设。

5月28日，宝武环科绿色建材智慧中心启用。

6月23日，宝武环科宝钢磁业（江苏）有限公司5号软磁料粉生产线达产达标。

7月28日，宝武环科与华润水泥控股有限公司签署战略合作框架协议和矿渣粉业务合作协议。

8月10日，宝武环科与太钢集团签署固体废物利用业务委托管理协议。

9月1日，宝武环科对太钢不

2021年12月9日，宝武环科武汉金属资源有限责任公司60万吨钢渣粉项目奠基

（罗 贝摄）

锈高炉渣处理业务、太原钢铁（集团）粉煤灰综合利用有限公司、山西太钢哈斯科科技有限公司40%股权进行实质性管理。

9月14日，宝武环科与包钢集团节能环保科技产业有限责任公司签署战略合作框架协议。

9月20日，宝武环科控股的温州市环境发展有限公司综合材料生态处置中心1万吨/年医疗废物改扩建项目投产。

9月22日，宝武环科与北京科

技大学签署产学研战略合作协议。

10月19日，宝武环科湛江区域公司一体化运作启动。

11月1日，宝武环科重庆资源循环利用有限公司揭牌成立。

12月9日，宝武环科武汉金属资源有限责任公司60万吨钢渣粉项目开工建设。

12月31日，宝武环科马鞍山资源利用有限公司固体废物资源综合利用产业园一期项目建成投产。 （郑 芳）

宝武环科下属子公司（含托管单位）一览表

公司名称	地 址	注册资本（万元）	主要经营范围	持股比例	在岗员工（人）
宝武环科武汉金属资源有限责任公司	湖北省武汉市青山区工人村路特1号	11 825.00	冶金炉渣建材化、氧化铁皮产品化、固体废物处置全量化、城市固体废物资源化业务	宝武环科51%，武钢有限49%	1 121
宝武环科南京资源利用有限公司	江苏省南京市中华门外新建	10 919.00	冶金炉渣建材化、氧化铁皮产品化、固体废物处置全量化、城市固体废物资源化业务	宝武环科51%，南京宝地产城发展有限公司49%	255
宝武环科鄂州资源有限责任公司	湖北省鄂州市鄂城区	12 073.00	冶金炉渣建材化、氧化铁皮产品化、固体废物处置全量化、城市固体废物资源化业务	宝武环科51%，鄂城钢铁49%	139
广东华欣环保科技有限公司	广东省韶关市曲江区韶钢松山东区	6 000.00	冶金炉渣建材化、冶金尘泥金属化、氧化铁皮产品化、固体废物处置全量化、城市固体废物资源化业务	宝武环科51%，韶钢松山49%	297

（续　表）

公司名称	地　址	注册资本（万元）	主要经营范围	持股比例	在岗员工（人）
新疆互力佳源环保科技有限公司	新疆维吾尔自治区乌鲁木齐市头屯河区八一路372号三层305室	3 951.00	冶金炉渣建材化、氧化铁皮产品化、固体废物处置全量化、城市固体废物资源化业务	宝武环科51%，八一钢铁49%	259
温州市环境发展有限公司	浙江省温州市洞头区大门镇石子巷77号	10 500.00	城市固体废物资源化业务	宝武环科51%，温州公用49%	149
宝武环科马鞍山资源利用有限公司	安徽省马鞍山市雨山区湖南路51号	100.00	冶金炉渣建材化、氧化铁皮产品化、固体废物处置全量化、城市固体废物资源化业务	100%	363
宝武集团环境资源科技有限公司重庆分公司（分支）	重庆市长寿区晏家街道齐心大道20号3-1		冶金炉渣建材化业务		13
上海宝钢新型建材科技有限公司	上海市宝山区蕴川路5075号	43 750.00	冶金炉渣建材化、城市固体废物资源化业务	100%	429
上海宝钢磁业有限公司	上海市宝山区宝杨路2029号	5 300.00	氧化铁皮产品化、城市固体废物资源化业务	100%	176
宝武集团环境资源科技有限公司工业环境保障（分支）	上海市宝山区湄浦路330号乙一		固体废物处置全量化、城市固体废物资源化业务		360
宝武集团环境资源科技有限公司转底炉事业部（分支）	上海市宝山区宝杨路1943号6楼		冶金尘泥金属化业务		168
上海宝发环科技术有限公司	上海市宝山区宝杨路1943号3楼	2 000.00	土壤修复生态化业务	宝武环科60%，上海环境保护有限公司40%	29
太原钢铁（集团）粉煤灰综合利用有限公司	山西省太原市尖草坪区大同路168号		冶金炉渣建材化业务	托管	343

（郑　芳）

宝武水务科技有限公司

【概况】　宝武水务科技有限公司（简称宝武水务）成立于2019年8月30日，注册资本金24.98亿元，是中国宝武水务及大气治理的专业化平台公司，面向废水零排放、废气超低排放、城市水环境综合治理等领域，为工业企业和城市提供集投融资、工程咨询、设计、建设、运营于一体全生命周期服务。2021年，拥有分公司12家、子公司7家。实现营业收入50.03亿元，其中集团公司外营业收入12.35亿元，占比24.68%；利润总额2.26亿元。年底，在岗员工1948人，在册员工1942人。（袁思琦）

【企业负责人简介】 汪平刚，1962年10月生，湖北黄冈人，中共党员，教授级高级工程师，宝武水务党委书记、董事长（至2021年3月）。

严华，1966年3月生，安徽马鞍山人，中共党员，高级工程师，宝武水务总经理、党委副书记（至2021年3月），党委书记、董事长（2021年3月起）。

张青，1971年8月生，安徽和县人，中共党员，高级工程师，宝武水务总经理、党委副书记（2021年3月起）。 （陈德强）

【专业化整合】 2月8日，宝武水务与重庆钢铁签署协议，重庆钢铁将水处理系统、大气治理系统委托宝武水务管理；4月15日，与昆钢公司签署环保专业化整合委托管理协议，托管云南天朗节能环保集团有限公司，并启动全方位管理对接；8月10日，与太钢不锈签署协议，太钢不锈将水处理业务委托宝武水务管理，宝武水务设立山西分公司；同日，与山西太钢工程技术有限公司签订协议，山西太钢工程技术有限公司将山西太钢碧水源环保科技有限公司委托宝武水务管理。12月1日，宝钢股份、马钢股份、宝钢工程增资入股宝武水务，宝武水务注册资本金从9.19亿元提升至24.98亿元。年内，专业化整合马钢合肥板材有限责任公司持有的马钢（合肥）工业供水有限责任公司100%股权，向供水业务拓展；与八一钢铁下属南疆钢铁、伊犁钢铁等钢铁生产基地对接水处理、大气治理业务。年底，宝武水务工业废水处理规模达4.20亿吨，成为全国最大的工业废水治理企业。 （袁思琦）

【平台化运营】 2021年，宝武水务建立"一总部多基地"生产运营管理制度体系，完成各分公司技术规程编制；对工艺参数、设备进行分级管理，各基地A类工艺参数391项，关键设备372台（套）。各分公司变动成本（原辅料、能源、检修费用）控制在时间进度目标内，工艺参数合格率98.16%，水质综合合格率99.99%，强制检定计量确认率100%，单位废水能耗和总能耗均在目标范围内。 （王军山）

【市场化发展】 2021年，宝武水务实现新签合同额60.70亿元，其中集团公司外新增手持订单约19.60亿元，占比32%。3月，与厦门天马显示科技有限公司签订废水处理总承包合同；中标昆钢公司新区二期450平方米烧结机烟气脱硫脱硝总承包项目。5月，中标重庆钢铁炼铁厂一号～四号焦炉烟气脱硫脱硝工程、二号和三号烧结烟气脱硝工程等烟气治理项目。8月，中标新余钢铁集团有限公司焦化废水回用总承包项目；11月，中标昆钢公司云南煤业能源股份有限公司200万吨/年焦化环保搬迁转型升级项目焦化污水深度处理回用系统EPC（设计、采购、施工）总承包工程。 （黄宁燕）

【科技研发】 4月9日，宝武水务技术创新专家委员会成立，聘请中国科学院、中国工程院院士及知名高校专家教授为首批成员。7月16日，与华南理工大学环境与能源学院签订产学研合作框架协议，达成水气治理前瞻性技术研发合作。年内，宝武水务与宝钢股份联合申报的"宝钢冷轧废水生化—物化耦合强化处理技术开发与工程应用"

项目，获2021年冶金科学技术奖二等奖，该成果达到国际先进水平，并获发明专利13件，企业技术秘密17项。废水零排放V3.0工艺路线应用于马钢股份北区废水深度处理综合利用工程、湛江钢铁外排水综合利用项目二期工程。宝武水务总部和安徽欣创节能环保科技股份有限公司、武汉华德环保工程技术有限公司、上海宝汇环境科技有限公司获国家级高新技术企业认证。 （童敏）

【混合所有制改革】 2021年，宝武水务制订混合所有制改革框架方案，明确以宝武水务整体上市为目标，在总部聚焦工业废水主业的前提下，培育若干个"专精特新"子公司。紧跟"双碳"战略，依托集团公司资金平台、合作伙伴，推进引进战略投资工作，分别与6家公司进行合作意向磋商。推进安徽欣创节能环保科技股份有限公司首次公开募股（IPO）工作，完成新三板摘牌、中介机构选聘、深度尽职调查等工作。 （袁思琦）

【安全环保】 2021年，宝武水务落实隐患排查和违章查处工作，各单位自查自纠隐患4 836项，违章记分710分；强化风险过程管控，建立起"日管控、周例会、月例会、季度安委会、半年巡查、年度评价"的风险管控机制；推进全员安全教育培训，培训人员1 853人次；推进智慧制造建设，推进实施远程监控、集中操作等11个项目；建立交叉互查提升机制，组织互查26次，整改问题206项。加强环保体系建设，制订《宝武水务"十四五"长江大保护行动方案》中"一企一表"清单，共12项内容；编制宝武水务环保学习资料10期,制作环保课件2项;策划国控污染源可视化监测点位78个,组织开展"六五"环境日相关的9项主题宣传活动,发动员工参与"金点子"等群众性活动,提出"金点子"199个。

(黄振宇 田邻国)

【法治建设】 2021年,宝武水务成立法治建设工作领导小组,加强法务工作组织领导和顶层设计。构建法治建设工作领导小组领导下的总法律顾问总体负责、法律事务部统筹推进、区域法律服务中心具体实施、常年法律顾问专业支撑的法务工作组织体系。在集团公司内率先探索法务资源协同共享机制,推进合同规范、章程规范、授权规范,为分(子)公司提供支撑服务。推进纠纷案件处置与重点风险防范,避免和挽回经济损失2 383万元。全年,未发生违规经营投资事件,各项重大风险均受控。

(张叙雄)

【宝武水务大事纪要】

1月4日,宝武水务武汉华德环保工程技术有限公司首个海外项目工程——越南和发钢厂烧结机除尘系统改造联动试车。

同日,宝武水务智慧水务平台一期功能上线。

1月7日,宝武水务与宝钢股份联合实施的"宝钢冷轧废水生化—物化耦合强化处理技术开发与工程应用"项目通过中国金属学会组织的科技成果鉴定。

2月8日,宝武水务与重庆钢铁签署协议,重庆钢铁将水处理系统、大气治理系统委托宝武水务管理。

2月23日,安徽欣创节能环保科技股份有限公司获生态环境部、中国环境报社评选的2020年度"环保优秀品牌企业"称号。

3月31日,马钢集团和宝武重工将其合计持有的安徽欣创节能环保科技股份有限公司36.77%股权过户给宝武水务。宝武水务成为安徽欣创节能环保科技股份有限公司控股股东。

4月15日,宝武水务与昆钢公司签署环保专业化整合委托管理协议,托管云南天朗节能环保集团有限公司。

5月14日,北京科技大学能源与环境工程学院院长邢奕、北京北科环境工程有限公司董事长陆钢一行到访宝武水务,与宝武水务开展合作交流。

8月10日,宝武水务与太钢不锈签署协议,太钢不锈将水处理业务委托宝武水务管理,宝武水务设立山西分公司。

同日,宝武水务与山西太钢工程技术有限公司签订协议,山西太钢工程技术有限公司将山西太钢碧水源环保科技有限公司委托宝武水务管理。

9月2日,安徽省马鞍山市市长袁方到安徽欣创节能环保科技股份有限公司调研企业上市工作推进情况。

9月6日,宝武水务"钢铁企业废水实施零排放的探索与实践"案例入选2021中国国际服务贸易交易会"绿色发展服务示范案例"。

10月26日,北京碧水源科技股份有限公司总裁戴日成到访宝武水务,与宝武水务开展技术交流。

11月3日,安徽省马鞍山市委常委、常务副市长黄化锋到安徽欣创节能环保科技股份有限公司调研企业上市工作推进情况。

11月9日,国能中电能源集团有限责任公司董事长白云峰到访宝武水务,与宝武水务开展合作交流。

12月1日,宝钢股份、马钢股份、宝钢工程增资入股宝武水务。宝武水务注册资本金从9.19亿元提升至24.98亿元。 (张志皓)

宝武水务下属子公司(含托管单位)一览表

公司名称	地 址	注册资金(万元)	主要经营范围	持股比例	在岗员工(人)
安徽欣创节能环保科技股份有限公司	安徽省马鞍山经济技术开发区西塘路665号	12 238.199	烟气治理设施设计、投资、建设和运营,设备诊断,节能工程与服务,防水防腐保温工程与服务等	36.77%	348
上海宝汇环境科技有限公司	上海市宝山区牡丹江路1508号1幢106室	11 000.00	水处理药剂供应,水处理装备生产和供应等	51%	9

（续　表）

公司名称	地　址	注册资金（万元）	主要经营范围	持股比例	在岗员工（人）
武汉华德环保工程技术有限公司	湖北省武汉市青山区和平大道1278号深国投中心29层	10 000.00	水与废水处理工程，大气污染控制工程等设计、建设和运营	80%	99
大连长兴环境服务有限公司	辽宁省大连长兴岛经济技术开发区石窑街101号办公楼	5 000.00	污水处理、中水处理、淤泥处理，自来水生产与销售，水质监测等	宝武重工持股70%，宝武水务托管	0（项目在建，人员尚未划转）
马钢（合肥）工业供水有限责任公司	安徽省合肥循环经济示范园	5 000.00	工业水生产和供应等	100%	0（项目在建，人员尚未划转）
宝武水务孝义有限公司	山西省孝义经济开发区污水处理厂	10 912.04	焦化园区集中污水处理等	100%	0（项目在建，人员尚未划转）
云南天朗节能环保集团有限公司	云南省安宁市连然镇龙宝寺	43 666.67	大气治理设施投资、建设和运营，水处理设施投资、建设和运营，药剂生产和供应，环境监测，职业卫生健康监测等	昆钢公司持股78.75%，宝武水务托管	187

（张叙雄　王万康）

宝武清洁能源有限公司

【概况】　宝武清洁能源有限公司（简称宝武清能）于2019年11月28日注册成立，注册资本58亿元。宝武清能依托中国宝武的资源、规模、专业技术优势和空间布局优势，聚焦氢能、新能源、工业气体和天然气四大业务板块，以"践行绿色发展理念，助推清洁能源革命，促进低碳社会构建"为使命，致力于成为清洁能源行业的引领者。2021年，宝武清能有21个基地，遍及上海、广东、重庆、湖北、安徽、河南、山西、内蒙古、新疆9个省、市、自治区。全年实现营业收入36.93亿元，利润2.37亿元。年底，在册员工1 443人，在岗员工1 274人。　（李伟豪）

【企业负责人简介】　周建峰，1963年9月生，江苏太仓人，中共党员，高级工程师，宝武清能党委书记、董事长。

魏炜，1970年8月生，新疆乌鲁木齐人，中共党员，高级工程师，宝武清能总裁、党委副书记。

（李伟豪）

【企业管理】　2021年，宝武清能控制新增法人数量，完善组织机构设置，设置各产业发展部、董秘室等部门，明确组织机构职责；结合产业整合推进，成立有关筹备组；调整领导班子分工。形成2021年度制度树，构建组织绩效评价体系。优化"三重一大"决策流程，制定国企改革三年行动任务清单，按节点推进相关工作，全年完成率86%；制定《"加强基础管理，促进

整合融合"指导意见》，深化"一总部多基地"管理体系建设和流程再造。加强合规管控，编制公司总部内控手册，健全审计制度体系，开展子公司内控风险排查与评价。对内严控"两金"，对外拓展融资渠道。各项托管协议完成前期资产边界梳理及相关资产整合的财务尽职调查、审计评估。（李伟豪）

【专业化整合】　2021年，宝武清能推进专业化整合工作。4月14日，托管重庆朝阳气体有限公司；5月26日，托管安徽马钢气体科技有限公司；6月24日，托管三门峡市天鹅电力有限公司；8月4日，托管包钢股份制氧单元；8月10日，托管太原钢铁（集团）比欧西气体有限公司；9月14日，托管八一钢铁下属八钢股份制氧单元、伊犁钢铁

制氧单元、巴州钢铁制氧单元；12月6日，托管湛江宝粤气体有限公司、上海宝钢气体有限公司湛江市分公司、新疆八钢佳域气体有限责任公司、重庆宝渝中辰气体有限公司。通过专业化整合，公司制氧产能从112万标准立方米/小时增至200万标准立方米/小时，国内市场占有率达11%。成立宝锐特气体有限公司，稀有气体（氙气）市场占有率达39%。整合制氢装置23台，形成4万标准立方米/小时制氢能力。　　　　　　（李伟豪）

【绿色发展】　2021年，宝武清能开发中国宝武各钢铁生产基地分布式光伏电站，构建源网荷储项目模式，建成和在建光伏项目202兆瓦，对212兆瓦光伏项目开展前期策划和开发。与河南省三门峡市人民政府、新疆维吾尔自治区巴音郭楞州和静县人民政府签订新能源开发用地协议。加强在建光伏项目管理，探索开展绿电直供园区和增量配网业务。加快绿电制氢工艺开发，复合槽技术取得试点突破。统筹碳资产管理，宝武碳资产运营管理平台第一阶段功能上线。　　（李伟豪）

【科技创新】　2021年，宝武清能形成"总部+子公司"科研项目群32项，推进氢冶金配套及相关的水电解制氢装置、高海拔光储电站、退役电池等研究，开展空分及燃气系统智慧化提升项目。共申报专利25项，受理发明专利14项，受理发明专利占比56%，授权专利10项（1项发明专利、9项实用新型专利），发表科技论文3篇，认定技术秘密3项。宝武清能是上海市氢科学技术研究会的发起单位之一，参与碳中和行动联盟，参与上海科

技创新中心建设，推进氢能产业园区、氢能楼宇、宝武清洁能源技术中心建设。　　　　　（李伟豪）

【运营管理】　2021年，宝武清能优化"一总部多基地"管控模式，协同各基地生产运营管理，组建生产、设备技术专家团队，实现基地之间技术协同支撑，空分机组可靠性达99.80%。完善生产运营过程指标管理，促进生产运营绩效持续提升。加强信息化建设，推进中国宝武共享项目实施覆盖新进子公司，开发宝武清能智慧化运控中心平台（一期）并上线运行。　　　　　　　（李伟豪）

【安全环保】　2021年，宝武清能强化危险化学品安全管理，梳理重大危险源19个，加强信息采集监测。开展重大生产安全事故隐患、消防安全、危险化学品运输安全等排查，推进隐患整改。环保约束性目标完成情况受控，全年万元产值能耗比计划目标值下降4.80%。完善体系建设，宝武清能总部通过北京国金衡信认证有限公司ISO14001初次认证。（李伟豪）

【工程建设】　2021年，宝武清能年度固定投资项目78个，长期投资项目19个。重点开展宝武氢能网、光伏业务覆盖等项目建设，对宝山液化天然气接收站进行前期策划，提高清洁能源产业核心技术掌控力和市场占有率，增强产业实力。宝武清能湛江钢铁2250热轧、4200厚板及1550冷轧厂房屋面光伏发电项目利用厂房屋面建设光伏发电站，安装容量30.60兆瓦，投产后每年可产生绿电2 915.20万千瓦时，减少碳排放2.30万吨。开展

配套科研项目研发工作，高海拔高寒地区光储科研示范站项目通过集成500千瓦固定光伏发电、100千瓦时固定储能，为西藏扎布耶盐湖生活区连续供电，减少柴油供电量，提升绿电比例。　　　　　（李伟豪）

【市场营销】　2021年，宝武清能实现气态、液态产品外销营业收入20.50亿元，5—8月连续创造单月外销收入破亿元的纪录。发挥营销体系能力，初步形成东、南、西、中的营销统一平台。强化协同保供效益，累计保供液氧25万吨，节约液氧采购成本5 000万元，保障了钢铁基地用氧平衡。（李伟豪）

【人力资源管理】　2021年，宝武清能推进人才队伍培养，跨行业、跨单位、跨专业交流任职、挂职、外派43名员工，招聘技术业务专业人才40名，外部引进紧缺人才5名；培训15 352人次，总计73 461学时；制定技能人才内部学习教材，开展制氧工技能比武。加强薪酬分配基础管理，开展收入分配制度改革，建立动态数据对比和分析机制。人事效率环比提升8.61%。　　　　　　　（李伟豪）

【党群工作】　2021年，宝武清能开展党史学习教育，完成办实事项目125项。落实意识形态工作责任制，强化舆情管控引导。推动党建与生产经营深度融合，形成党建项目25个，开展季度跟踪、年底评比表彰。强化政治监督，抓好日常监督，完成7件问题线索核查。乡村振兴方面，引进帮扶资金242万元，购买脱贫地区农产品20.50万元。宝武清能技术创新团队获评"上海市工人先锋号"。　（李伟豪）

【宝武清能大事纪要】

3月1日，宝武清能（广东）气体有限公司揭牌。

3月23日，宝武清能与河南省三门峡市人民政府签订战略合作协议。

4月13日，宝武清能下属宝武清能（广东）气体有限公司与华润电力控股有限公司华南大区签署战略合作框架协议。

4月14日，宝武清能受重钢集团委托，管理重庆朝阳气体有限公司。

4月15日，宝武清能下属武汉钢铁集团气体有限责任公司获评武汉市"科技创新示范企业"和"创新企业家"。

6月8日，宝武清能与包钢股份签署制氧系统和新能源项目合作协议。

6月14日，由宝武清能建设的宝钢股份制造运行中心屋顶分布式光伏发电项目并网发电。

7月16日，中国宝武作为常务理事成员，发起成立碳中和行动联盟，宝武清能受集团公司委托，管理相关日常事务。

7月19日，宝武清能与霍尼韦尔特性材料和技术集团签署关于碳中和及氢能战略合作备忘录。

7月26日，宝武清能与浙江新锐空分设备有限公司成立合资公司——宝锐特气体有限公司。

7月29日，宝武清能专业化整

2021年12月16日，宝武清能自发绿电应上尽上项目群之宝武铝业光伏项目并网

（杨　衡摄）

合对接团队启动对河南省三门峡市天鹅电力有限公司的托管对接工作。

8月4日，宝武清能受包钢股份委托，管理包钢股份制氧单元。

8月30日，宝武清能下属安徽马钢气体科技有限公司2 000立方米/小时大制氢项目投产。

9月13日，宝武清能与新疆维吾尔自治区巴音郭楞州和静县人民政府、八一钢铁签署合作框架协议。

9月14日，宝武清能受八一钢铁委托，管理八钢股份制氧单元、伊犁钢铁制氧单元、巴州钢铁制氧单元。

9月26日，宝武清能中标山西华阳中来光电科技有限公司年产16吉瓦高效晶硅电池项目大宗气体站项目。

10月8日，宝武清能源网荷储

一体化绿色供电园区项目在河南省三门峡市开工建设。

11月18日，宝武清能建设的宝钢股份直属厂部煤场全门架料场厂房光伏发电项目并网。

11月23日，宝武清能武汉白玉山加氢站竣工投产。

12月9日，宝武清能"湛江钢铁2250热轧、4200厚板及1550冷轧厂房屋面光伏发电项目"实现全容量并网发电。

12月16日，宝武清能自发绿电应上尽上项目群之宝武铝业光伏项目并网。

12月20日，宝武清能广东省韶钢产业园加氢站项目（一期）投入运行。

12月31日，宝武清能智慧化运控中心平台（一期）上线。

（李伟豪）

宝武清能下属子公司（含托管单位）一览表

公司名称	地　址	注册资金（万元）	主要经营范围	持股比例	在岗员工（人）
武汉钢铁集团江南燃气热力有限责任公司	湖北省武汉市武昌区武金堤路观澜天地D区	4 100.00	燃气管道设计、施工，化工产品销售等	托管	96

（续　表）

公司名称	地　　址	注册资金（万元）	主要经营范围	持股比例	在岗员工（人）
武钢江南中燃燃气（武汉）有限公司	湖北省武汉市武昌区青石桥38号	26 706.60	建设和经营城市燃气管网及相关设施,管道天然气供应,燃气管网设施的维护等	托管	252
上海宝氢气体工业有限公司	上海市宝山区水产路1269号5号楼	600.00	高纯氢气、特种气体、稀有气体等的充装、分析、销售等	70%	46
武汉钢铁集团气体有限责任公司	湖北省武汉市洪山区友谊大道999号武钢集团大楼A座18楼	66 194.10	生产和销售氧气、氮气、氩气、氦气、氖气、氪气、氙气等	51%	469
上海宝能昆仑能源有限公司	上海市宝山区水产路1269号5号楼4层	2 000.00	天然气和新能源（氢能、风能等）的市场开发、经营、储运、工程建设、技术咨询与服务等	50%	7
宝武清洁能源鄂州有限公司	湖北省鄂州市鄂城区武昌大道办公楼	25 000.00	生产与销售氧气、氮气、氩气、氦气、氖气、氪气、氙气等	51%	101
宝武清能（广东）气体有限公司	广东省湛江市岛东大道9号湛江钢铁5号门办公楼	103 286.50	生产与销售氧气、氮气、氩气和对应液体产品及氢气产品	51%	12
重庆朝阳气体有限公司	重庆市大渡口区重庆建桥工业园C区石林大道8号	12 553.50	生产氧气、氮气、氩气、氢气、氦气、氖气、二氧化碳、空气、干冰、医用氧、焊接保护气等	托管	300
广东宝氢科技有限公司	广东省韶关市曲江区韶钢西区	10 000.00	新兴能源技术研发,技术服务、技术开发、技术咨询、技术交流、技术转让、技术推广等	51%	18
安徽马钢气体科技有限公司	安徽省马鞍山市雨山区湖南西路8号	27 000.00	生产和销售氧气、氮气、氩气、氢气、氦气、氙气等	51%	199
宝锐特气体有限公司	上海市宝山区同济路699弄7号楼906室	20 000.00	电子半导体、医疗、环保、航空航天、新材料和高端装备制造等行业领域内稀有气体、特种气体及相关设备的研发、投资、建设、运营和服务	61%	14
三门峡市天鹅电力有限公司	河南省三门峡市灵宝市大王镇北路井村	30 000.00	电力供应,电力购销及电力贸易,配售电系统的开发等	托管	19
太原钢铁（集团）比欧西气体有限公司	山西省太原市尖草坪2号	40 000.00	生产医用氧气、氢气、氩气、氮气、稀有气体等	托管	170

（续 表）

公司名称	地 址	注册资金（万元）	主要经营范围	持股比例	在岗员工（人）
马鞍山晨马氢能源科技有限公司	安徽省马鞍山市雨山区人头矶南侧	10 000.00	氢能源科技的技术服务、技术开发、技术推广、技术咨询,化工产品销售等	托管	7
武汉润桦辉氧气气瓶检验有限责任公司	湖北省武汉市青山区武钢北湖农场青化路114号	850.00	移动式压力容器/气瓶充装,危险化学品经营等	托管	48
武汉市青山天途工业气体危险品运输有限公司	湖北省武汉市青山区武钢3号门	200.00	经营性道路危险货物运输、搬运服务等	托管	23
湛江宝粤气体有限公司	广东省湛江市湛江钢铁厂区纬五路经二路	20 861.00	气体科技领域内的技术开发、技术咨询、技术服务、技术转让,货物或技术进出口,机械设备的销售,危险化学品生产等	托管	146
重庆宝渝中辰气体有限公司	重庆市北碚区童家溪镇同兴南路96号	5 190.70	气体科技领域内的技术开发、技术咨询、技术转让,机械设备的销售,危险化学品的批发、零售等	托管	108
新疆八钢佳域气体有限责任公司	新疆维吾尔自治区乌鲁木齐市头屯河区工业园区四期祥云西街501号	408.20	氧气、氩气、氮气充装,道路普通货物运输、经营性道路危险货物运输,无缝气瓶检验、销售等	托管	47

（李伟豪）

欧冶链金再生资源有限公司

【概况】 欧冶链金再生资源有限公司(简称欧冶链金)的前身为马鞍山马钢废钢有限责任公司,2020年4月23日揭牌成立,是中国宝武的金属再生资源产业运营平台。欧冶链金下设9个部门、2个中心、5家分公司:综合管理部、党委组织部、人力资源部、经营财务部、投资管理部、运营改善部、审计稽查部、安全环保部、市场管理部,数字智慧中心、科技研发中心,北方分公司、西部分公司、华中分公司、华东分公司、南方分公司;拥有马钢诚兴金属资源有限公司(简称马钢诚兴)等18家子公司。2021年,经营规模达2 600万吨,市场占有率12%,营业收入880亿元,利润总额8亿元。年底,在册员工985人,在岗员工983人。 （梁 玉）

【企业负责人简介】 陈昭启,1973年12月生,贵州盘县人,中共党员,注册会计师,欧冶链金党委书记、董事长。 （梁 玉）

【并购重组】 2021年,欧冶链金加快并购重组步伐。6月3日,并购重组山西瑞赛格废弃资源综合利用有限公司;6月9日,并购重组湖北绿邦再生资源有限公司;6月28日,合资设立欧冶链金湖北再生资源有限公司;8月6日,完成增资欧冶链金物宝再生资源有限公司;8月9日,并购重组宜昌宜美城市矿产资源循环利用有限公司;8月19日,合资设立欧冶链金(蚌埠)再生资源有限公司;8月30日,收购宝锡炉料加工有限公司9个长期股权投资项目;10月20日,并购重组铜陵有色金翔物资有限责任公司。 （梁 玉）

【企业管理】 2021年,欧冶链金构建综合管理体系,通过质量、环境、职业健康安全管理体系第三方认证。各类管理体系内/外部审核、内部控制审计、自评发现问题或缺陷的整改率100%，重大事项、重大合同的法律审核完成率100%，开展流程和制度的梳理，完成重点管理流程22项，主要管理过程92项，过程绩效指标83项。聘请专业机构德勤咨询公司协助建立自上而下的重大项目、重大决策风险监控体系，理清规范操作标准、证据链和风险点。　（梁　玉）

【智慧制造】　2021年，欧冶链金重构经营管理和业务支撑信息系统，推进中心基地和卫星基地绿色智慧工厂升级。实施马钢诚兴江边基地、马钢智信资源科技有限公司皖北产业园基地智慧化改造；7月10日，马钢诚兴智慧工厂智能生产平台、智能仓储、智能盘库、设备健康保障、智能汽运等模块上线运行；7月13日，马钢诚兴智慧工厂各模块上线运行，智能汽运系统对场内物流进行全流程精准管控和智能调度，智能仓储模块实现全自动废钢出入库及盘库作业应用，填补国内空白；10月26日，发布欧冶链金智慧平台2.0版本。年内，在"链金送"App（手机应用程序）注册司机突破1万名，送货超5万车。（梁　玉）

【基地布局】　2021年，欧冶链金实施"基地+平台"战略，形成"中心基地+卫星基地+合作基地"发展模式，确立基地战略三大主线：通过并购重组以及合资新设项目产生新的中心基地；对全国范围内有稳定业务合作关系的卫星基地进行统一认定、规划布局及协调管理；提升中心基地经营管理水平，建立完整有效的管理体系。年底，拥有237家各类基地，其中中心基地12家、卫星基地79家、合作基地146家，遍布全国22个省级行政区域，形成"一总部、多基地、网络化、辐射状"的基地框架布局。（梁　玉）

【混合所有制改革】　2021年，欧冶链金成立混合所有制改革领导小组，与华宝证券有限责任公司、国泰君安证券股份有限公司、安永会计师事务所等专业机构进行专项研讨，制订混合所有制改革框架方案，通过中国宝武初审。推进混合所有制改革及上市工作，10月完成A轮融资，募集资金15.45亿元。新增欧冶云商股份有限公司、山西太钢创业投资有限公司、工银金融资产投资有限公司、铜陵有色金属集团股份有限公司、安徽江东产业投资集团有限公司、鞍钢集团资本控股有限公司、合肥兴邦先进制造股权投资合伙企业（有限合伙）、安徽基石智能制造三期基金合伙企业（有限合伙）、嘉兴华建链鑫股权投资合伙企业（有限合伙）等9家股东。　（梁　玉）

【科技工作】　2021年，欧冶链金申请专利15件，其中发明专利8件。牵头或参与申报行业及团体标准9项，涵盖废钢基础、废钢智能检判、装备节能和碳减排4个领域。废钢智能检判功能上线，实现远程对重废次料、杂质、拒收件的识别，将传统质检方式转变为远程智能检判为主、人工检判为辅的检验模式；发布以每日成交数据为基础，科学反映市场价格变动的链金指数，为废钢采购、行情研判提供参考依据。　（梁　玉）

【党建工作】　2021年，欧冶链金按照"应建必建"原则，新设7家党支部。以山西瑞赛格废弃资源综合利用有限公司党支部为试点，探索混合所有制子公司党组织"双重"属地管理新模式。深入推进"我为群众办实事"活动，形成2批次19项重点项目清单。贯彻落实"回头看"工作，自查发现的19项短板，完成整改14项。开展党务工作者实务培训，完成308名党员年度集中政治轮训。全年发展党员9人，转正党员6人，压缩党员"空白班组"至3个，组织参观红色教育基地42次，慰问困

欧冶链金在全国拥有237家各类基地。2021年1月23日，欧冶链金采购的国内首船再生钢铁原料在上海龙吴码头入关
（张明伟　摄）

难党员13人次。　　　　（梁　玉）

【欧冶链金大事纪要】

1月1日，欧冶链金与日本三井物产株式会社签订首笔再生钢铁原料进口合同。

1月4日，欧冶链金马鞍山慈湖江边中心基地建成投产。

1月29日，欧冶链金完成首笔进口再生钢铁原料订单。

2月5日，欧冶链金与宜昌宜美城市矿产资源循环利用有限公司签订合资合作框架协议。

2月25日，欧冶链金与欧冶云商联合研发中心揭牌成立。

3月19日，欧冶链金马钢智信资源科技有限公司淮北产业园基地揭牌成立。

4月26日，欧冶链金年内首个投资项目湖北绿邦再生资源有限公司在湖北黄石揭牌成立。

5月12日，欧冶链金与广东锦诚金属贸易有限公司签署合资合作框架协议。

6月4日，欧冶链金山西瑞赛格废弃资源综合利用有限公司揭牌成立。

2021年12月3日，欧冶链金马鞍山郑蒲港中心基地建成投产　　　（张明伟　摄）

7月26日，欧冶链金废钢智能检判功能上线运行。

8月25日，欧冶链金基地智慧交通和无人行车功能上线运行。

10月9日，中国共产党欧冶链金再生资源有限公司召开第一次党员代表大会。

10月18日，欧冶链金与湖北大悟县签署合作框架协议。

10月26日，欧冶链金宜昌宜美再生资源有限公司揭牌成立。

10月27日，欧冶链金智慧集控中心二期参观功能模块上线发布。

11月1日，欧冶链金废钢智能检判系统远程检判功能上线。

11月2日，欧冶链金马钢富圆金属资源有限公司更名为"欧冶链金物宝再生资源有限公司"。

11月9日，欧冶链金与铜陵有色金属集团控股有限公司签署合资合作协议。

12月3日，欧冶链金马鞍山郑蒲港中心基地建成投产。（梁　玉）

欧冶链金下属子公司（含托管单位）一览表

公司名称	地　　址	注册资金（万元）	主要经营范围	持股比例	在岗员工（人）
马钢诚兴金属资源有限公司	安徽省马鞍山慈湖高新区水厂路四联路	20 000.00	废钢铁采购、加工、仓储、销售、贸易等	51%	106
欧冶链金物宝再生资源有限公司	安徽省马鞍山市郑蒲港新区中飞大道277号产业孵化园7号楼	10 000.00	废旧金属回收、加工、仓储、销售，生铁、钢材仓储、销售，物流、国内贸易代理服务等	51%	36
马钢智信资源科技有限公司	安徽省宿州市宿州马鞍山现代产业园区马钢机械产业园研发楼	10 000.00	废钢铁采购、加工、仓储、销售、贸易等	51%	38
马钢利华金属资源有限公司	安徽省宣城经济技术开发区宝城路299号	20 000.00	废旧金属采购、回收、加工、仓储、销售，生铁采购、仓储、销售，物流服务、国内贸易代理服务	49%	13

（续　表）

公司名称	地　　址	注册资金（万元）	主要经营范围	持股比例	在岗员工（人）
上海欧冶链金国际贸易有限公司	中国（上海）自由贸易试验区富特北路8号晓富金融大厦3楼	15 331.94	经营再生钢铁料（废钢铁）、再生铜、再生黄铜、再生铝、再生不锈钢等金属再生资源，钢铁材料，有色金属材料，铁合金原料，以及钢坯、生铁、直接还原铁等钢铁原料	67.39%	24
辽宁吉和源再生资源有限公司	辽宁省本溪市溪湖区东风街道办事处新兴村	12 703.47	废旧金属收购、加工、销售，以及民用废品、废塑料、废纸收购、废旧物资仓储、生铁销售	51%	44
欧冶链金（靖江）再生资源有限公司	江苏省靖江经济技术开发区康桥路2号港城大厦	19 500.00	船舶拆除、再生资源回收、生产性废旧金属回收、再生资源加工、再生资源销售、金属材料销售等	51%	41
欧冶链金（萍乡）再生资源有限公司	江西省萍乡市上栗县彭高镇	10 000.00	再生资源销售、加工、仓储、生产性废旧金属回收、金属材料销售、国内贸易等	51%	37
欧冶链金（阜阳）再生资源有限公司	安徽省阜阳市阜南经济开发区运河东路名邦栖街S13栋	6 000.00	再生资源、废旧金属的回收、加工和销售，报废机动车拆解与综合利用，金属材料销售，有色金属及制品等冶金炉料购销	51%	24
欧冶链金（韶关）再生资源有限公司	广东省韶关市曲江区东韶大道22号17栋	10 000.00	再生资源销售、加工、仓储、生产性废旧金属回收、金属材料销售、国内外贸易等	51%	16
上海槎南再生资源有限公司	上海市嘉定区曹丰路319号7幢	10 612.24	废旧金属回收、加工、销售为一体的综合再生资源回收利用	51%	33
宜昌宜美再生资源有限公司	湖北省宜昌高新区白洋工业园田家河大道	5 000.00	废旧金属回收、加工、销售为一体的综合再生资源回收利用	66%	36
湖北绿邦再生资源有限公司	湖北省黄石市下陆区大广连接线1号长乐社区办公楼	14 183.67	建筑物拆除作业、船舶拆除、报废机动车回收、报废机动车拆解、货物进出口、技术进出口、进出口代理、道路货物运输，再生资源加工、销售、装卸搬运，普通货物仓储服务	51%	19
欧冶链金湖北再生资源有限公司	湖北省鄂州市鄂城区武昌大道180号	20 000.00	废旧金属回收、加工、销售为一体的综合再生资源回收利用	81.25%	22
山西瑞赛格废弃资源综合利用有限公司	山西省长治市屯留区康庄工业园	20 408.16	废旧金属回收、加工、销售为一体的综合再生资源回收利用	50.99%	57
宝锡炉料加工有限公司	江苏省无锡市锡山区锡北镇工业园泾瑞路3号	10 200.00	废旧金属回收、加工、销售为一体的综合再生资源回收利用	100%	4

（续　表）

公司名称	地　　址	注册资金（万元）	主要经营范围	持股比例	在岗员工（人）
欧冶链金蚌埠再生资源有限公司	安徽省蚌埠市龙子湖区东海大道2609号新能大厦20楼	5 000.00	废旧金属回收、加工、销售为一体的综合再生资源回收利用	51%	1
铜陵有色金翔物资有限责任公司	安徽省铜陵市铜陵大桥经济开发区横港物流园内	10 000.00	废旧物资回收，废旧金属加工，通用零部件制造、销售，金属材料、贵金属、矿产品、建筑材料、机电设备、化工产品等销售	51%	37

（梁　玉）

西藏矿业资产经营有限公司

【概况】 西藏矿业资产经营有限公司（简称西藏矿业）的前身为西藏自治区矿业发展总公司，2020年11月由中国宝武与西藏自治区国有资产管理委员会等相关单位共同出资改制重组，12月30日注册成立，为中国宝武直接管理的一级子公司。西藏矿业拥有西藏矿业发展股份有限公司、尼木县铜业开发有限责任公司、西藏新鼎矿业大酒店有限公司3家控股子公司，主要经营铬矿、锂矿的开采，矿产品、建辅建材的销售等。拥有西藏罗布莎铬铁矿年产15万吨的采矿权及20平方千米的外围探矿权，拥有西藏扎布耶盐湖的独家采矿权，同时拥有阿里聂尔错盐湖采矿权，拉萨林周切玛铜矿和山南乃东金鲁铬铁矿的探矿权。2021年，实现营业收入6.70亿元，利润1.83亿元。年底，在册员工841人，在岗员工789人。 （罗　锋）

【企业负责人简介】 曾泰，1968年10月生，四川中江人，中共党员，西藏矿业党委书记、董事长。

张金涛，1973年8月生，湖北荆州人，中共党员，高级工程师，西藏矿业党委副书记，西藏矿业发展股份有限公司总经理、党委副书记。 （罗　锋）

【深化改革】 2021年，西藏矿业推进"瘦身健体""处僵治困"等重点工作，压减法人7户：西藏兴旺矿业有限公司、西藏扎布耶新能源电站管理有限公司、深圳市扎布耶锂业贸易有限公司、尼木县隆达文化产业有限责任公司、西藏润恒矿产品销售有限公司、青海藏铬贸易有限公司、成都易华信息科技开发有限公司；参股公司退出1户：西藏盛源矿业集团有限公司。

（罗　锋）

【调整组织机构】 2021年，西藏矿业调整组织机构，实现西藏矿业、西藏矿业发展股份有限公司合署办公，总部部门从17个压减为9个；完成分（子）公司组织机构调整，尼木县铜业开发有限责任公司组织机构精简到3个，西藏新鼎矿业大酒店有限公司组织机构精简到5个，山南分公司组织机构精

简到4个，西藏日喀则扎布耶锂业高科技有限公司组织机构精简到5个。 （罗　锋）

【优化总部部门及分（子）公司职责】 2021年，西藏矿业明确总部9个部门、25项职能模块和56项主要职责，其中人力资源、财务管理、规划投资、运营管理、审计法务、采购销售等职能，对分（子）公司实施穿透式强管控，不再设立相应的部室；优化分（子）公司主要职责，各三级生产单位按照生产运营层子公司定位，调整后的主要职责为实施生产、技术、成本、安全、环保、设备、储运等精细化管理。 （罗　锋）

【企业管理】 2021年，西藏矿业梳理原有管理制度，制定管理制度清单，按照清单制定并发布全部管理制度；建立西藏矿业制度树，并上传至中国宝武制度树平台；指导分（子）公司建立管理制度清单，并按照清单编制全部制度。根据西藏矿业重大事项决策程序及管理对接体系文件，实现与中国宝武管理体系的全面对接；延伸体系对接与管理诊断至分（子）公司，提升

西藏矿业全层级管理水平。以国企改革三年行动、对标世界一流管理提升、百日工作计划、管理诊断问题整改、公司重点工作推进为抓手，开展一系列促进合规、防范风险、提高效率、提升效益等管理提升工作。

（罗　锋）

【科技创新】　2021年，西藏矿业推进"西藏矿业智能司磅系统建设""山南分公司罗布莎铬铁矿自动卸矿改造"等智慧制造项目，智能司磅系统建设项目完成设备安装，罗布莎铬铁矿自动卸矿改造项目完成岩石运输线改造；完成罗布莎铬铁矿低品位矿石选矿试验工作，并向委托方提交《罗布莎贫铬铁矿二矿样选矿试验研究报告》；5月，尼木县铜业开发有限责任公司委托昆明霖海微生物工程有限公司开展的铜精矿超高温菌浸出中试试验，提交《铜精矿超高温菌浸出半工业试验研究报告》；8月7日，扎布耶100吨/年单水氢氧化锂中试项目获中国宝武立项批复。

（罗　锋）

【安全生产】　2021年，西藏矿业实现年初下达的安全生产目标控制指标。其中，轻伤及以上生产安全事故为零，厂区道路主责及以上交通死亡事故为零，火灾事故为零；重大生产安全事故隐患100%整改。

（罗　锋）

【绿色发展】　2021年，西藏矿业抓好生态环境保护工作，着力持续提升矿山企业绿色发展指数，扎布耶和罗布莎矿区均被西藏自治区自然资源厅评为绿色矿区；严格执行排污许可制度，加强能源环保合规管理自查自纠，严控环

保风险，完成年度节能减排目标与任务，比上年节约油料1 800公升、水1 280吨、电2 660千瓦时、地下采矿用木料720立方米。

（罗　锋）

【人才队伍建设】　2021年，西藏矿业对总部机关和基层班子直管人员岗位进行配置归档，调整直管干部67人次。中国宝武外派人员在人力资源部、规划投资部、经营财务部、运营管理部、生产技术部任部门正职，西藏矿业原直管人员担任副职；中国宝武支撑团队的项目总监挂职部门副部长。通过"原直管干部重新聘任、中国宝武干部任职带动、支撑团队挂职协同"的干部连动管理机制，畅通干部能上能下聘任通道。制订西藏矿业《2021年度人才培养实施方案》，明确公司管理和技术业务岗位人员网络培训学时要求。全年，461人参与网络培训，人均学习70个学时；8人参加脱产培训，人均20学时。

（罗　锋）

【西藏矿业发展股份有限公司概况】　1997年6月30日，西藏矿业发展总公司作为主要发起人，联合西藏山南地区泽当供电局、西藏山南地区铬铁矿、西藏藏华工贸有限公司、四川都江堰海棠电冶厂4家股东，以募集资金方式成立西藏矿业发展股份有限公司。同年7月，西藏矿业发展股份有限公司股票在深圳证券交易所上市，股票代码000762。2021年底，总股本520 819 240股。全年，实现销售收入60 984.60万元、利润总额17 726.11万元，净利润16 578.86万元，归属于上市公司股东净利润13 545.91万元。

（罗　锋）

【西藏矿业发展股份有限公司董事会重要事项】　1月26日，西藏矿业发展股份有限公司召开第六届董事会第七十次会议，审议《关于选举公司第七届董事会非独立董事候选人的议案》等。3月26日，召开第七届董事会第一次会议，审议《关于选举公司第七届董事会董事长的议案》《关于设立第七届董事会专门委员会并选举各专门委员会委员的议案》《关于公司行政组织机构调整和职责分工优化方案的议案》等。4月11日，召开第七届董事会第二次会议，审议《关于聘任公司财务总监的议案》。4月19日，召开第七届董事会第三次会议，审议《公司董事会2020年度工作报告》《公司总经理2020年度工作报告》等。4月27日，召开第七届董事会第四次会议，审议《公司2021年第一季度报告的议案》。6月2日，召开第七届董事会第五次会议，审议《关于变更募集资金用途并永久补充流动资金的议案》等。7月14日，召开第七届董事会第六次会议，审议《关于公司董事会秘书辞职并指定财务部总监代为履行董事会秘书职责的议案》。8月16日，召开第七届董事会第七次会议，审议《关于西藏矿业发展股份有限公司董事会授权董事长与总经理签订经营业绩责任书（任期/年度）的议案》等。8月25日，召开第七届董事会第八次会议，审议《公司2021年半年度报告及摘要》《公司关于全资子公司（西藏润恒矿产品销售有限公司）吸收合并的议案》《关于西藏扎布耶盐湖绿色综合开发利用万吨电池级碳酸锂项目的议案》等。9月8日，召开第七届董事会第九次会议，审

议《关于变更募集资金用途并永久补充流动资金的议案》等。10月27日，召开第七届董事会第十次会议，审议《关于金鲁铬铁矿等三个探矿权会计处理的议案》等。12月20日，召开第七届董事会第十一次会议，审议《关于选举公司第七届董事会副董事长的议案》。12月31日，召开第七届董事会第十二次会议，审议《关于〈西藏矿业发展股份有限公司限制性股票激励计划（草案）〉及其摘要的议案》等。　　　　　　（旦　珍）

【西藏矿业发展股份有限公司监事会重要事项】　3月26日，西藏矿业发展股份有限公司召开第七届监事会第一次会议，审议《选举新一届监事会监事候选人》的议案。4月19日，召开第七届监事会第二次会议，审议《公司监事会2020年度工作报告》等。6月2日，召开第七届监事会第三次会议，审议《关于变更募集资金用途并永久补充流动资金的议案》等。8月25日，召开第七届监事会第四次会议，审议《公司关于全资子公司（西藏润恒矿产品销售有限公司）吸收合并的议案》等。9

月8日，召开第七届监事会第五次会议，审议《关于变更募集资金用途并永久补充流动资金的议案》。10月27日，召开第七届监事会第六次会议，审议《公司2021年第三季度报告的议案》等。12月31日，召开第七届监事会第七次会议，审议通过《关于〈西藏矿业发展股份有限公司限制性股票激励计划（草案）〉及其摘要的议案》等。　　　　　（次仁琼达）

【西藏矿业发展股份有限公司股东大会重要事项】　3月9日，西藏矿业发展股份有限公司召开2021年第一次临时股东大会，审议《关于选举曾泰先生为本公司第七届董事会董事的议案》《公司独立董事津贴和费用的议案》等。5月18日，召开2020年度股东大会，审议《公司董事会2020年度工作报告》《公司监事会2020年度工作报告》《公司2020年度财务决算报告》《公司2020年度利润分配预案的议案》等。6月18日，召开2021年第二次临时股东大会，审议《关于使用闲置自有资金购买短期理财产品暨关联交易的议案》等。9月27日，召开公司2021年第三次临时股

东大会，审议《关于西藏扎布耶盐湖绿色综合开发利用万吨电池级碳酸锂项目的议案》等。（旦　珍）

【西藏矿业大事纪要】　4月13日，西藏矿业与西藏自治区地质勘查局第六地质大队合作的罗布莎Ⅳ矿群铬铁矿钻探工程开工。

4月15日，西藏自治区产业建设领导小组办公室专题调研西藏矿业改制重组后的情况。

5月25日，西藏矿业与中国地质科学院就西藏扎布耶锂资源开发产业化示范工程太阳池工艺优化试验实施情况进行交流。

7月27日，西藏矿业在欧冶工业品股份有限公司完成欧贝平台注册。

7月29日，西藏矿业召开第一届第一次全体职工大会，审议通过《岗位工资制管理办法》等6项管理制度，全面对接中国宝武薪酬体系。

9月30日，西藏矿业在安徽省合肥市与东华工程科技股份有限公司签订西藏扎布耶盐湖绿色综合开发利用万吨电池级碳酸锂项目"EPC+O"（设计、采购、施工及运营）合同。　　（罗　锋）

西藏矿业下属子公司（含托管单位）一览表

公司名称	地　　址	注册资金（万元）	主要经营范围	持股比例	在岗员工（人）
西藏矿业发展股份有限公司	西藏自治区拉萨市中和国际城金珠二路8号	52 000.00	铬铁、硼镁矿开采，以及铬铁、锂矿、铜矿销售	19.93%	69
尼木县铜业开发有限责任公司	西藏自治区拉萨市尼木县尚日路5号	70 000.00	阴极铜的开采及加工	100%	130
西藏新鼎矿业大酒店有限公司	西藏自治区拉萨市中和国际城中央大道12号	6 718.00	住宿、客房、餐饮	95.82%	85

（罗　锋）

编辑：李　冰

13

产业园区业

产业园区业

产业园区业发展中心

【概况】 产业园区业发展中心（简称园区业中心）聚焦发展产业园区，催生配套的城市新产业，创新"厂区—园区—城区"协同发展新模式。下设规划管理与项目策划、项目计划与审查管理、资产管理与运营评价3个业务模块。2021年，中国宝武园区业子公司合计完成营业收入143.81亿元，其中不动产租金收入24.76亿元；实现利润总额−100.96亿元（其中夯实资产影响为−159.64亿元，实际实现利润总额为58.68亿元）。年底，园区业中心全口径资源资产转化率32.83%，较年初的30.99%提高1.84个百分点；管理产业空间运营规模达1 115.66万平方米，较2020年增加143.66万平方米。年底，在册员工10人。　　（宋忠敏）

【专业化整合融合】 3月，宝地资产和宝地吴淞合署办公，并制订整合实施方案；4—6月，宝地资产完成机构与业务整合、决策体系整合，构建成高效、协同运作的园区业专业化管理体系。4月，园区业中心印发《关于"产业园区业"专业化业务管理工作的指导意见》，对于太钢集团、昆钢公司、重钢集团融入中国宝武产业园区业起到指导和促进作用。8月，举行太钢集团专业化整合集中签约仪式，宝地资产受托管理山西宝地产城发展有限公司。　　（宋忠敏）

【现代产业园建设】 1—4月，在宝钢股份直属厂部、武钢有限、韶钢松山分别成立现代产业园工作推进机构；5—6月，完成武钢有限和韶钢松山现代产业园的产业规划、空间规划策划方案；6月底，13个现代产业园区项目启动或开工，项目总占地106.67万平方米，项目总投资80亿元；7月，广东省人民政府审批同意，将在韶钢松山成立的现代产业园认定为广东省产业园，并定名为"广东省韶钢产业园"；9月，完成在宝钢股份直属厂部成立的现代产业园空间规划和产业规划研究；11月，武钢现代产业园白玉山加氢站竣工；上海市宝山区政府原则同意宝地资产宝山基地现代产业园1号地块建设方案；12月，宝地资产宝山基地现代产业园1号地块一期项目举行开工仪式，1号地块占地面积30万平方米，其中一期项目占地面积10万平方米；广东省韶钢产业园加氢站项目（一期）建成投运。　（宋忠敏）

【吴淞地块转型发展】　11月，中国宝武与上海市宝山区人民政府签订《上海宝山吴淞创新城（宝武地块）整体转型升级的实施协议》。此次转型升级实施协议是2018年中国宝武与上海市人民政府《关于上海宝山吴淞地区整体转型升级的合作协议》的延续和落实，是上海市委、市政府推进老工业基地转型和城市更新，打造上海主城区北部城市副中心，建设科创中心主阵地核心承载区的重要举措，也为中国宝武助推中心城市钢厂产业转型、员工转岗和土地转性探索一条新的操作路径。　（宋忠敏）

【不动产资产管理】　6月，园区业中心开展子公司占用土地大筛查，包括市场估值、土地租金和盘活利用方式等，完成基础材料的提交。10月，对经营性不动产进行系统梳理，提出优化管理的意见建议。位于上海市宝山区的、少量集团公司总部权属的房屋存在管理责任不清、手续办理不全等问题，经园区业中心沟通协调，形成清单；推进不动产信息系统功能提升，在原有电脑端的基础上，进一步增加手机移动端，可以在手机上随时随地查看土地信息、租金情况；实现土地信息对子公司的全覆盖。　（宋忠敏）

【盘活利用低效不动产资产】　至年底，园区业中心审批收储事项17项，累计审批收储土地114.50万平方米（1672亩），涉及金额7.20亿元。处理子公司各类请示69项，包括武钢（北京）新材料研究有限公司股权协议转让、中钢集团邢台机械轧辊有限公司厂区土地对外公开转让，以及昆钢公司物流园地块土地变性后公开转让等。　（宋忠敏）

【青年人才公寓管理】　8月，集团公司召开"宝武青年人才公寓"现场推进会，对上海地区宝武青年人才公寓工作进行研究部署；9月，由园区业中心主持召开沪外地区青年人才公寓视频推进会，要求中国宝武各总部基地在改善员工住宿条件的同时，提高资产利用效率。11月，集团公司召开青年人才公寓推进会，建立集团公司层面的体制机制，形成《中国宝武（上海地区）青年人才公寓管理制度（征求意见稿）》，形成月浦单宿改造方案和总体进度安排，以"2021年12月23日'公司日'启动改造，2022年7月入职的新员工入住"为第一阶段目标，形成单宿价格调整机制，以"不新增员工个人负担"为原则，提升入住员工满意度。　（宋忠敏）

【协同解决土地问题】　2021年，园区业中心与浦东新区对接，推进宝信软件张江办公楼扩建项目。经协调，该项目按"零增地改扩建方式"推进，免交增容部分出让金，节约土地费用逾亿元。为支持宝武碳业推进首次公开募股（IPO），经园区业中心牵头研究，集团公司采取分两批次协议收购宝武碳业无证房产，然后再返租给宝武碳业的方式，解决了宝武碳业上市过程中的土地资产问题。　（宋忠敏）

中国宝武武汉总部/武钢集团有限公司

【概况】　武钢集团有限公司（简称武钢集团）的前身为中华人民共和国成立后兴建的第一个特大型钢铁联合企业——武汉钢铁公司（简称武钢），于1955年建设，1958年9月13日建成投产。按照中国宝武"一基五元"战略业务布局，武钢集团全面聚焦转型发展产业园区业。作为武钢历史的传承者、武钢资产的持有者和产业园区业的开拓者，武钢集团以存量土地资源和房产资源为依托，践行"产业空间构建者、产业园区运营者"职能，实施"1345"[以"引领产业园区业、繁荣钢铁生态圈"为使命，瞄准"产品力、品牌力、生态力"三层发展目标，聚焦"主题园区、城市综合体、产业新城、城市服务"四类核心业务，着力打造"项目策划、产业导入（立体招商）、项目管理、卓越服务、资本运营"五项关键能力]发展战略。2021年，中国宝武在湖北省有19家一级子公司的近40家分支机构。中国宝武设立武汉总部，与武钢集团合署办公，以"一个宝武"形象对接地方政府，代表中国宝武总部行使湖北区域发展、区域监管、区域沟通、区域服务以及专项工作等职责。全年，武钢集团实现营业收入418.10亿元，利润13.70亿元。年底，在册员工10548人，在岗员工9196人。　（袁毅）

【企业负责人简介】 周忠明,1965年2月生,湖北浠水人,中共党员,高级经济师,中国宝武武汉总部总代表,武钢集团党委书记、董事长。

傅新宇,1970年8月生,上海人,中共党员,经济师,武钢集团总经理、党委副书记。 （杨 莹）

【机构改革】 2021年,武钢集团按照动态适配、专业集中和规模适中的原则,撤销武钢大楼（开发）项目公司;撤销白沙新城项目公司;武钢体育中心项目公司调整为筹备组;保留北湖产业生态新城项目公司牌子;新设教育产业园筹备组,挂靠项目发展业务部管理;新设世昌项目筹备组,挂靠规划策划部管理。 （肖 倩）

【下属子公司变动】 7月29日,武钢集团聚焦产业园一体化发展能力,将武汉市雅苑房地产开发有限公司整体委托给武汉武钢绿色城市技术发展有限公司管理。11月15日,武钢集团将持有的武汉武钢大数据产业园有限公司委托给宝信软件管理。 （肖 倩）

【制度建设】 2021年,武钢集团将党委文件、行政文件、管理文件、业务流程纳入"制度树"集中管理,通过"修剪、嫁接",调整"制度树"架构,初步构建"1+N"的文件体系,丰富和优化公司"制度树",发布《武钢集团"制度树"（2021版）》。开展制度全面性、适用性和有效性评估,推进制度建设向专业领域覆盖,形成制度"立改废转"计划144项,新增修订项目策划、工程管理、招商管理、成本管理等专业管理制度40项,发布招商定价、居间服务、园区开发流程、园区运营规范等业务流程6套,补齐专业短板、专业制度空白。推进"制度文件管理应用平台"系统上线应用,实现"制度树"信息化,初步建立制度文件上下贯通、即时评估、限时更新的管控机制。 （刘 宇）

【深化改革】 2021年,武钢集团承接下发《贯彻落实中国宝武改革三年行动工作方案》《关于修订下发武钢集团"双百行动"改革工作台账的通知》《对标一流管理提升工作方案》,按照"可衡量、可考核、可检验、要办事"的实施要求,明确改革任务目标、路径举措、成果形式、完成时间。完善组织推进体系,实施月度分析、季度例会、一人一表的推进机制,每季度组织工作方案的整体策划和推进。设立改革发展指导组,加强巡查、指导和"抓落实"的推进体系。推进董事会规范运作,全面推行经理层任期制契约化管理,加快清退低效无效资产,持续优化主业结构、资源配置。落实党建工作责任制,推进三项制度改革和重点改革任务。年底,8个重点改革方向、72项改革任务完成93%。 （程 骏）

【科技工作】 2021年,武钢集团修订下发《技术创新管理办法（第3版）》,编制下发《武钢集团2021年科技发展计划》,明确各子公司科技绩效指标和8个重点跟踪推进项目。武汉武钢绿色城市技术发展有限公司"适用于雨洪分流和污水处理的海绵城市绿色基础设施产业链关键技术研究"项目入选2021年湖北省重点研发项目。参与编制《中国宝武"双创"示范基地建设方案（2021—2023年）》。武钢集团重点科研项目"钢结构模块化技术应用"年底建成投用。 （文 亮 苏 煜）

【绿色发展】 2021年,武钢集团从用能结构优化、节能技术应用、园区智慧化、产业结构优化、产业园区重点工作、绿色低碳技术在工程管理中的应用等方面,研究形成《武钢集团产业园区业碳达峰、碳中和行动方案》。明确"2030年前碳达峰、2035年前较达峰减碳30%,优于国内同行"的具体目标,并制订"十四五"期间公司"双碳"工作计划。 （钟祁海）

【智慧园区建设】 2021年,武钢集团打造产业园区智慧化共享平台,资产管理系统、园区服务系统、园区运营管理系统等服务功能,运用于武钢集团标杆示范园区及重点园区重点项目,实现管理服务品质提档升级。 （钟祁海）

【优化债务结构】 2021年,武钢集团优化债务期限结构,开拓融资渠道,降低融资利率,年底,武钢集团本部有息负债较年初下降82亿元。推进直接金融工作,利用债务融资工具降低融资成本,全年滚动发行6期超短期融资券,累计发行70亿元,并于9月初发行首期中期票据16亿元。搭建资产端和资金端对接平台,推进资产证券化项目实现资产和资本的良性循环,年底前完成武钢大厦商业物业抵押不动产证券化产品项目发行准备工作。 （朱 丹）

【产权管理】 2021年,武钢集团完成产权变动事项26项,其中国有产权协议转让10项、公开转让10项、非公开协议增资1项、吸收合并

1项、企业清算4项。完成国有资产评估项目备案113项，相关净资产账面值30亿元，评估值45亿元，增值15亿元。履行国有资产监督管理职责，完成参股公司股东会、董事会及监事会议案审核640项。

（陶为为　罗桥丽）

【财政支持及税费减免】　2021年，武钢集团争取厂办大集体改革国家专项补助资金，申请专项补助资金0.65亿元；利用武汉市政府对武汉总部企业发展的支持政策，申请2020年度服务业企业一次性奖励20万元；申请总部企业投资奖励309万元。完成落实各类税费减免8 236万元，降低整体涉税成本。完成武汉钢铁集团江南燃气热力有限责任公司历史欠缴增值税附加税费清理，减少税费支出4 844万元。　（李　华　符　阳）

【内部审计】　2021年，武钢集团完成审计项目38项，其中专项管理审计14项，协同监督审计24项，揭示问题322项，审计问题到期整改率100%。结合园区业务特点，梳理典型问题和重点领域经营风险，编发《审计提示》。"审计助力企业剥离办社会职能改革顺利推进"项目获中国内部审计协会组织评选的"内部审计促进组织贯彻落实党和国家重大政策措施典型经验"。

（杨　超）

【安全生产】　2021年，武钢集团未发生工亡事故；轻伤事故3起，造成3人轻伤；完成中国宝武下达的安全生产年度控制目标；获2021年度中国宝武安全生产优秀单位；"武钢集团转型发展期安全督导工作实践"项目获中国宝武安

全生产管理最佳实践成果。

（及　时）

【节能环保】　2021年，武钢集团深入开展各类环境风险排查，推进出租场所环保合法合规管理机制落实；全年未发生各类突发环境事件，完成中国宝武下达的节能减排目标任务；被评为中国宝武能源环保管理良好单位。　（玉　晖）

【钢结构装配式模块化建筑项目竣工】　8月9日，武钢集团投资4 341万元的钢结构装配式模块化建筑项目开工建设，11月30日竣工验收，12月交付武汉工程职业技术学院运营。该项目占地面积约4 000平方米，总建筑面积约4 907平方米。一层设置华宝证券国家级培训中心、培训教室、研讨室以及相关配套功能区域，二至四层设置108间公寓（87间单人间，21间双人间）。项目由上海宝钢工程建筑设计有限公司EPC（设计、采购、施工）总承包，其中钢结构模块供应商为中集集团建筑设计有限公司，监理人为武汉星宇建设咨询有限公司。　（杨孟泽）

【武钢云谷·康园改造项目竣工】　3月25日，武钢云谷·康园改造项目开工建设，10月29日竣工验收。该项目位于武汉市青山区冶金大道21街坊，占地39公顷，有建筑物6栋，总面积为1.84万平方米，项目投资2 047.34万元。项目为EPC（设计、采购、施工）总承包，项目承包人为武汉武钢绿色城市技术发展有限公司（联合体牵头人）和湖北交通规划设计院股份有限公司（联合体成员），监理人为武汉星宇建设咨询有限公司。　（杨孟泽）

【武钢云谷·青山里改造项目竣工】　10月16日，武钢云谷·青山里改造项目开工建设，12月10日竣工验收。该项目位于武汉市青山区红钢城沿港路15号，院内有7栋房屋，权证建筑面积2 139平方米。项目总投资504.45万元，为园区修缮升级改造项目，实施EPC（设计、采购、施工）总承包，项目承包人为武汉武钢绿色城市技术发展有限公司（联合体牵头人）和中工武大设计集团有限公司（联合体成员），监理人为武汉星宇建设咨询有限公司。　（杨孟泽）

【招商营销】　2021年，武钢集团克服新冠肺炎疫情影响，对外租赁面积增加53万平方米，租赁经营收入5.70亿元，较2020年提升27%，单方租赁价同2020年底相比提升20%。组织季度集中签约大会、武钢产业园上海招商推介会等招商宣传活动，探索实践品牌招商、资源招商、联合招商、产业链招商、生态圈招商等方式。完善园区配套服务体系，满足客户需求，搭建园区基础配套服务、健康服务、人力资源、创业服务、金融服务、行政事务服务5个平台。

（陶佳睿　杨孟泽）

【厂办大集体改革】　2021年，武钢集团厂办大集体改革进入集体企业法人实体处置阶段。全面清理集体企业资产，制定并完善集体资产处置管理制度，依法依规多渠道推进资产处置；详细清查集体企业债权债务，组织力量加快债权清收，对外部债务风险进行分析研判，建立风险防控机制；组织专职专班开展维稳工作，构建多方联动维稳机制，推进集体企业法人实体

处置。组织武钢集团实业公司和武钢集团武汉钢铁（集团）北湖经济开发公司所属集体企业，按照清算注销、依法破产和股权退出3条处置路径，推进集体企业法人实体处置工作。年底，武钢集团厂办大集体改革完成集体企业法人实体处置382户，处置率达92.05%。其中，清算注销243户，股权退出53户，提交法院申请破产并受理86户。 （张林红　刘海珍）

【领导力发展】 2021年，武钢集团修订完善层级体系等制度，推动组织人事体系能力建设。开展本部重点管理、合资公司中层等8个岗位比选择优工作，所选人员中1985年后出生的员工有3人；5名1980年后出生的干部陆续走上直管岗位。实施第二期"试飞"计划，选聘11名青年至更高层面岗位任职；开办青年人才创新集训营，组织51人采取"线上领学+深度学习+考察研学+课题实战"模式学习24个创新思维模型；举办第二期"同学荟"，组织31名新晋管理人员开展网络学习活动。开展工程管理业务部副总经理、武钢宾馆总经理等高层次、专业化职业经理人的市场猎聘工作，并赴同济大学、华中科技大学等高校进行招聘。选派8人赴政府部门跟岗学习，实施宝地资产、武钢集团双向交叉挂职，互派6人和13人深入对方业务部门锻炼。推行经理层成员任期制和契约化管理，组织18家法人单位共63人签订任期经营目标责任书。 （杨　莹）

【员工培训】 2021年，武钢集团实施"城新学堂"第二期培训班，设计五大核心主题模块学习内容，

包括项目管理关键问题及能力提升、设计过程管理与控制、计划体系构建与进度管控、招标采购管理与全过程投资控制、品质管控与安全施工等，聚集工程项目领域65名员工，通过6天课程培训，提升项目管理能力。组织开展5期"城新夜校"系列培训，邀请专家讲授产业招商要点、城市更新、不动产资产证券化等内容，提升员工产业思维和经营思维。举办"城新研习会"，按照"知识导入—工作分享—内部研讨"的形式，将所学知识与工作实际相结合，开展交流和讨论。 （李　雅）

【党务工作】 2021年，武钢集团党委结合专业化整合，调整5个直属党组织，消灭党员空白班组。召开第一次党员代表大会，提出武钢集团"1345"发展战略，即以"引领产业园区业、繁荣钢铁生态圈"为使命，瞄准"产品力、品牌力、生态力"三层发展目标，聚焦"主题园区、城市综合体、产业新城、城市服务"四类核心业务，着力打造"项目策划、产业导入（立体招商）、项目管理、卓越服务、资本运营"五项关键能力，加快成为驱动产业园区业持续繁荣的生态运营商。创新党建载体，搭建"园区党建共同体"平台，开展"钢铁生态圈共建"项目14个，开展责任区项目302个。加强党组织自身建设，开展"党支部发挥政治功能"专项监督，累计发现、督促整改17类180个问题，轮训在岗党员3 274人，培训入党积极分子124人、发展对象92人、党务工作者321人次。 （周龙来）

【民主管理】 2021年，武钢集团健全以职工代表大会为基本形式

的民主管理制度，修订《武钢集团职工代表大会制度》。加强与职工的双向沟通，开展"职工代表看武钢"活动，邀请关键业务部门负责人讲规划，组织产业园区业开拓者带队伍走现场，让职工充分了解企业发展情况、凝聚发展共识。探索职工民主参与企业改革发展的有效方式，深化"献一计"工作，全年献计10 997条，参与率100%、采纳率66.10%、实施率60.60%。 （齐文全）

【"双创"服务】 2021年，武钢集团开展"梦创工社"行动，服务职工创新创业。组织"双创"骨干走进武汉大学、中电光谷联合集团有限公司、杭州信息港小镇、浙江聚宝盆电子商务有限公司等学习交流"双创"工作及产业园区业体系建设。组织调研武汉钢铁江北集团有限公司"新琴台商贸园"创业项目。联合社会资源开展职工技能提升培训，涉及电工、焊工、空调工、育婴师等职业。组织参加第四届湖北省"工友杯"职工"双创"大赛，2个创新项目入围决赛，1个项目获第四届湖北省"工友杯"职工创业创新大赛十佳创业奖。 （齐文全）

【老干部工作】 2021年，武钢集团组织武汉总部离退休干部参加武汉市老干部局举办的庆祝中国共产党成立100周年"永葆初心本色、开启伟大征程"和"感悟百年成就"两个知识竞赛，获优秀组织奖，8名老干部获个人优秀奖。由武钢集团离退休老领导组成的第九党支部被评为湖北省离退休干部示范党支部。为年满80周岁及以上的182名离退休干部祝寿，走

访慰问21名抗日战争时期及以前参加革命工作的离休干部；对空巢独居、因病致困的离退休干部276人次帮扶31万元；上门走访、接待来访3393人次，住院看望133人次，慰问逝世老干部的家属52人。为74名离退休干部颁发"党龄50周年"纪念章，组织老干部在武钢集团党史学习教育中讲革命故事。

（孙 飞）

【获得荣誉】 2021年，武钢集团获湖北省五一劳动奖状，获评"湖北省脱贫攻坚先进集体"；武汉武钢好生活服务有限公司获湖北省五一劳动奖状；武钢集团办公室获评"广西壮族自治区脱贫攻坚先进集体"；武钢集团工会获"2021年湖北省级企业管理现代化成果二等奖"；武汉武钢绿色城市技术发展有限公司通信分公司图腾之焰自主管理小组、武钢工业技术服务有限公司硅钢机电事业部精整剪切作业区CS10-12质量管理小组获评"2020年度湖北省优秀质量管理实践标杆"；武钢博物馆入选国务院国资委命名的首批"中央企业爱国主义教育基地"；武汉武钢绿色城市技术发展有限公司党委获评"湖北省先进基层党组织"；武汉钢铁江北集团有限公司汉冶萍文旅分公司党总支获评"湖北省国资委先进基层党组织"。武钢中冶工业技术服务有限公司条钢协力事业部炼钢作业区作业长郑庆红获评"中央企业优秀共产党员"；武钢集团房产经营项目公司经理易杨锋获评"湖北省国资委优秀共产党员"；武钢集团党委组织部副部长、党委统战部副部长兼党建统战处长、团委书记卢滢获评"湖北省国资委

优秀党务工作者"；武钢绿色金结公司质量管理部郭忠涛成为享受湖北省政府专项津贴专家，并获评2021年武汉市"带徒名师"。

（齐文全 袁 毅）

【武钢集团大事纪要】

1月22日，中国共产党武钢集团有限公司第一次党员代表大会召开。大会选举产生中国共产党武钢集团有限公司第一届委员会和中国共产党武钢集团有限公司第一届纪律检查委员会；确定未来5年发展目标。

2月20日，武钢集团与中国农业银行股份有限公司湖北省分行签订全面战略合作协议。

6月4日，武钢集团与中国宏泰产业市镇发展有限公司签订战略合作协议。

6月9日，武钢集团与中南建筑设计院股份有限公司签订战略合作协议。

6月22日，"永远跟党走"——中国宝武首批爱国主义教育基地（湖北站）挂牌暨红色故事讲演活动在武钢博物馆举行，现场举行武钢现代产业园10个标志性项目集中开工仪式。

7月15日，武钢集团与中国建筑第七工程局有限公司签订战略合作协议。

7月，武钢云谷·琴台钢贸园开始运营。

8月31日，武钢集团启动首批赴宝地资产挂职锻炼工作。

9月3日，武钢集团首次在银行间市场发行第一期中期票据16亿元，债券期限3年，票面利率3.30%，由交通银行股份有限公司担任主承销商，兴业银行股份有限公司担任联席主承销商。

9月16日，全国妇联副主席、书记处书记夏杰到中国宝武武汉总部调研企业改革发展、女职工创业创新、基层组织建设等工作。

10月8日，武汉市副市长杨军到中国宝武武汉总部调研。

10月19日，武钢集团与中国港中旅集团公司摘地（即通过土地拍卖确定为竞得人）成功，联合开发武钢大厦二期项目。该项目总投资28亿元，是武钢集团转型产业园区业的重点项目。

10月26日，湖北省委副书记、省长王忠林一行到中国宝武武汉总部调研稳增长及企业生产经营、科技创新等工作。

10月29日，武钢云谷·康园完成改造，交付使用。

11月11日，湖北省委常委、武汉市委书记郭元强到中国宝武武汉总部调研传统产业转型升级工作。

11月15日，武汉武钢大数据产业园有限公司、武汉武钢绿色城市技术发展有限公司通信分公司由宝信软件实施专业化托管。

12月3日，武钢云谷·智慧办公园职工之家落成揭牌。

12月10日，武钢云谷·青山里竣工开园，开园即满租。

12月17日，武钢大厦职工书屋"云谷书咖"落成揭牌。

12月24日，武钢集团成立首个园区党建共同体——武钢云谷·阳逻智造园党建共同体。

12月，武钢集团承接的钢结构装配式模块化建筑项目竣工并交付。

同月，武钢集团智慧园区业务中台（一期）项目的13大模块55个子功能通过竣工验收，实现园区经营六大管理系统数字化。

（袁 毅）

武钢集团下属子公司(含托管单位)一览表

公司名称	地址	注册资金（万元）	主要经营范围	持股比例	在岗员工（人）
武汉钢铁江北集团有限公司	湖北省武汉市阳逻经济开发区滨江大道特1号	249 589.00	园区开发运营服务	100%	624
武汉武钢绿色城市技术发展有限公司	湖北省武汉市青山区冶金大道156号	277 465.00	海绵城市建设、水系流域治理、绿色园区建设，基础及增值电信业务、计算机弱电集成等	99.94%	1 143
武汉武钢好生活服务有限公司	湖北省武汉市青山区冶金大道285号	2 500.00	园区生活服务、饮料生产销售、大型团体供餐	100%	293
武汉市青青教育管理有限公司	湖北省武汉市青山区冶金大道119号和121号武钢绿色智慧园区集中办公区2号楼	1 000.00	幼儿教育	100%	100
武钢中冶工业技术服务有限公司	湖北省武汉市青山区厂前机修中二路6号	12 000.00	设备维修保养、装备制造及钢铁生产运营	60%	4 412
武汉扬光实业有限公司	湖北省武汉市青山区厂前街铁铺岭工业园内	20 000.00	钢铁包装、合金产品生产加工、环保滤袋等	100%	700
新疆宝地产城发展有限公司	新疆维吾尔自治区乌鲁木齐市新市区迎宾路东三巷13号	9 271.50	房地产开发经营、租赁及商业综合体管理等	八一钢铁100%，武钢集团托管	877

（程　骏）

上海宝地不动产资产管理有限公司/上海宝钢不锈钢有限公司、宝钢特钢有限公司

【概况】 上海宝地不动产资产管理有限公司(简称宝地资产)的前身为2005年成立的上海宝地置业有限公司，2018年7月更名。2020年2月18日，宝地资产与宝钢发展有限公司(简称宝钢发展)合署运作；2021年2月1日，中国宝武将宝钢发展股权无偿划转至宝地资产。上海宝钢不锈钢有限公司/宝钢特钢有限公司(简称宝地吴淞)的前身为起源于1938年的上海第一钢铁厂和创建于1958年的上海第五钢铁厂。2021年2月22日，宝地资产与宝地吴淞整合运作。全年，宝地资产/宝地吴淞实现营业收入50.06亿元，实现利润总额10.99亿元。年末总资产和净资产分别为537.60亿元和278.10亿元。年底，在册员工8 087人(含山西宝地产城发展有限公司2 385人)，在岗员工4 087人(含山西宝地产城发展有限公司760人)。 （严　革）

【企业负责人简介】 王继明，1972年8月生，湖北荆州人，中共党员，经济师，宝地资产/宝地吴淞党委书记、董事长。

王语，1977年5月生，吉林伊通人，中共党员，工程师，宝地资产/宝地吴淞总裁/总经理、党委副书记。 （黄亚男）

【运营服务】 2021年，宝地资产/宝地吴淞出租面积净增24.80万平方米，稳定项目出租率达到95.50%，持有物业单位租金比上年揭高5.45%，产业空间运营规模比上年提升17%。智慧制造园区事业部走访中国宝武生态圈企业、政府部门及外部客户超过50家，寻源意向客户7家，签订首发项目意向租赁协议2项；现代服务产业园事业部拓展中国宝武生态圈潜在客户300余家，实现签约面积14.70万

平方米；商办事业部实现签约面积22.35万平方米；文商旅事业部金色炉台·中国宝武钢铁会博中心举办65场商业活动及会议，接待团体参观304场、15 036人次。中国宝武上海宝山宾馆有限公司（简称宝山宾馆）实现15个满房日，接待各类中大型会议（培训）115场；4月28日，佘山宝乐汇开始运营，至年底出租率达100%、开业率达97%；寓舍事业部四平路门店纳入上海市人才公寓和虹口区"海归驿站"定点项目，宁国路二期门店纳入上海市、杨浦区两级人才公寓。　　（严　革）

【专业化整合】　2月22日，宝地资产与宝地吴淞整合运作，年底完成宝地吴淞专业化整合。8月10日，宝地资产托管山西宝地产城发展有限公司。年底，宝地资产完成同类职能、业务的专业化整合，形成清晰的"5+2+3+N"业务架构，即5个产品事业部：智慧制造园区事业部、现代服务产业园事业部、寓舍事业部、文商旅事业部、宝地资源事业部；2个服务平台：物业管理平台、宝地创新中心；3个配套服务事业部：园区服务事业部、园区技术事业部、园区能源事业部；N个项目组（部）和专业（辅助）业务单元；通过"三重一大"决策流程、董事会议事规则等授权优化，全面实现一套机构（公司总部）统一运营、统一决策、统一文化。　　（冯　菁）

【项目建设】　2021年，宝地资产/宝地吴淞完成长期投资8亿元；完成固定资产投资超过50亿元，完成率为91%；建设项目25项，建设规模158.60万平方米。其中，年内

新开工10项，涉及建设规模28.50万平方米；建成12项，建成面积规模38.10万平方米。新设合肥宝地产城发展有限公司，收购上海宝钢住商汽车贸易有限公司外方股权，增资宝钢集团（上海）置业有限公司和重庆工业博物馆置业有限公司4个项目；制定《项目过程管控管理办法》等管理文件，编制《工程管理手册》，形成规范、统一、高效的项目管理体系和工程管理可输出标准，建立从启动到开工的标准模型雏形；完善形成"安全、质量、进度、设计、档案"+"监理履职能力"的"5+1"考核评价方案。上海十钢有限公司新华路街道HI-18地块项目（简称宝地新华项目）获"2021年长三角城市更新奖励"；杨浦区C090202单元R-04/7-02/7-04商办项目001（简称互联宝地产业园二期项目）、宝山区月浦镇BSP0-2401单元Hf块租赁住房项目（简称月浦炮库租赁住房项目）获评"上海市文明工地"；宝山区杨行

东社区05-08A地块湄浦路智慧制造研发总部产业园项目（简称湄浦路项目）获评"宝山区文明工地"。　　（严　革）

【推动数智化升级】　2021年，宝地资产/宝地吴淞加快数智化升级，基本建成面向主要业态、支持多终端的园区智慧运营平台，包含不动产管理、招商运营管理、物业管理、工程管理、设备设施管理等系统，初步实现"足不出沪，掌控全国"；推进业务、财务深度融合，实现商业管理系统、公寓系统、物业管理系统、项目管理系统与财务管理平台实时对接；完成"宝地乐园"App（手机应用程序）建设开发，互联宝地宝山园、宝山宝乐汇、宝钢大厦作为首批应用场景投入运行，面向终端消费者的会员积分管理系统覆盖到宝山宾馆、宝乐汇等商业项目。　　（冯　菁）

【清理低效资产】　2021年，宝地资产/宝地吴淞压减法人7户，获

建设中的友间公寓广粤路项目　　　　　　　　　　　　（倪　强　摄于2021年10月）

评中国宝武"2021年度退资压减工作优秀单位";完成"参股瘦身"1户;开展低效无效资产梳理工作,梳理出低效资产28 878项。其中:低效不动产24项,涉及面积16.08万平方米;固定资产1 474项,备品备件27 380项,证照不齐全低效资产22项。推进资产处置,回笼现金流8.18亿元,实现处置收益3.77亿元。 (严 革)

【落实国企改革三年行动计划】2021年,宝地资产/宝地吴淞启动国企改革三年行动,制定形成59项改革专项推进任务;梳理、修订"三重一大"决策事项清单;开展法人压减与管理层级压缩,通过"部室化运作"实现下属业务单元所辖法人单位管理层级压缩;完成上海沪昌余山度假村、上海开拓磁选金属有限公司、上海宝钢汽车检测修复有限公司、上海宝乐汽车销售服务有限公司、上海宝荣汽车销售服务有限公司、上海宝钢新宝工贸实业有限公司、上海宝地物业管理有限公司7家法人退出,策划宝钢不锈钢(国际)有限公司股权退出方案;经集团公司改革发展指导组年底统一集中验证,完成总裁办公会议事规则、总部去机关化、法制建设、"两非"企业清理、加强党的建设、强化监督问责机制等50余项任务,完成率85%。 (严 革)

【完善合规管理体系】2021年,宝地资产/宝地吴淞解决法律纠纷案件78件,当年结案39件。编制《宝地资产法治建设"十四五"规划》,推行总法律顾问制度,成立公司合规管理委员会,召开法治工作暨合规委员会年度会议;推动公司所属业务单元建立合规管理体系;

出台《宝地资产/宝地吴淞合规管理办法》;提出公司级管理文件合规复查意见146条,"应审尽审"合同2 000多份,非合同类会签126项;审查公司重大决策及子公司章程草案或修正案的合法合规性;发布不动产租赁类合同示范文本178份,非不动产类合同示范文本35份。 (严 革)

【优化人力资源】2021年,宝地资产/宝地吴淞推进人事效率提升,累计降低年化人工成本(效率提升人员一年发生人工成本的总和)1.80亿元;推荐员工向集团公司内转型发展65人;实现物业管理、寓舍管家、加油工等协力业务回归300余人,累计节省年化协力用工成本2 200万元;落实工效挂钩,促进各经营单元搞活内部分配;各直管业务单元结合自身业务,完成个性化、市场化薪酬改革,制定和完善工资总额二次分配机制。开设物业设备设施、智能楼宇管理员、消防设施操作员等专项培训班;开展不动产业务"三新"(新起点、新征程、新赋能)培训、意向社工岗位员工辅导培训。 (严 革)

【建设"宝地乐园"】2021年,宝地资产/宝地吴淞推进"乐园指数行动计划",建设乐园指数工作体系,建立包括评价指标与机制、强化项目现场品质监督、深度开展大客户访谈、满意度调查等工作评价体系;探索实践"成为租户'工会主席''团委书记'"工作机制;开展品质"飞检",发现问题261余项,整改率97.80%以上;专项督导宝武(常熟)领导力发展中心、宝地资产宝地新华项目、宝山宾馆等区

域;开展满意度调查工作,访谈15家大客户,汇总问题和需求43项;完成产品事业部177份网上调查问卷,整体客户满意度为91.61%。 (严 革)

【安全管理】2021年,宝地资产/宝地吴淞逐级分解安全生产目标责任,13家直管业务单元、5家存续单位、12个职能部门、14个项目组签订《2021年度安全生产工作责任书》;对接广东宝地南华产城发展有限公司、南京宝地梅山产城发展有限公司、山西宝地产城发展有限公司等沪外托管单位开展安全管理;推进重要节点安全保障工作,组织开展各类安全生产隐患排查与专项整治,辨识危险有害因素3 145条;修订完善岗位安全操作规程;落实"安全生产月"活动要求开展安全履职检查、专项演练、安全宣传教育等活动;组织898名员工参加全国安全知识网络竞赛活动;培训安全负责人30人、安全管理人员157人,组织596人次参加消防、危险化学品、特种设备及特种作业相关取证培训。 (张文喆)

【绿色发展】2021年,宝地资产/宝地吴淞签订节能环保责任书,分解目标指标,层层压实工作责任,落实碳达峰行动方案,重点推进园区能源供给低碳化、清洁能源车辆替代、建筑节能及智慧楼宇建设等7个碳减排项目,推进碳中和产业园建设;以"点长制"为抓手,开展环境风险辨识及管控;建立完善能源统计报送制度,对宝武大厦、上海宝地广场等主要楼宇开展节能诊断,摸清用能家底。 (陈雪莲)

【宝地资产/宝地吴淞大事纪要】

1月8日，宝钢发展、宝地资产、一浦五联合党委召开2020年度直属党组织书记抓基层党建工作述职评议考核会。

1月14日，宝地吴淞举行2020年度二级党组织书记抓基层党建述职评议考核会。

1月22日，宝地资产与上海市宝山区月浦镇人民政府签订战略合作框架协议。

1月25—26日，宝地吴淞举行党委理论学习中心组扩大学习、2021年度工作会议暨安全生产、能源环保委员会会议和季度绩效对话会。

1月28日，宝地资产召开2021年党风廉政建设和反腐败工作会议。

同日，宝地吴淞召开2021年党风廉政建设和反腐败工作会议。

2月2日，上海市长宁区委书记王为人走访宝地新华项目。

2月3日，宝地吴淞召开第四届职工代表大会第一次会议。

2月4日，宝地资产/宝钢发展召开2021年职代会暨干部大会。

2月10日，中国宝武在宝地吴淞召开干部宣布会，任命王语为上海不锈/宝钢特钢董事、总经理、党委副书记，中国宝武吴淞园建设管理办公室副主任。秦铁汉不再担任上海不锈/宝钢特钢董事、总经理、党委副书记，中国宝武吴淞园建设管理办公室副主任，工作另行安排。

2月22日，中国宝武在宝地吴淞召开干部宣布会，宣布宝地资产/宝地吴淞整合运作。任命王继明为上海不锈/宝钢特钢党委书记、董事、董事长，中国宝武吴淞园建设管理办公室主任。蔡伟飞不再担任上海不锈/宝钢特钢党委书记、董事、董事长，中国宝武吴淞园建设管理办公室主任，工作另行安排。

2月26日，上海市副市长陈群一行到宝地资产/宝地吴淞考察上海大学上海美术学院主校区项目选址工作。

3月18日，宝地资产党委动员部署党史学习教育。

3月31日，宝地南京首发项目"宝之云"1号数据中心主体结构实现封顶。

4月7日，宝地资产开展"清明祭英烈"活动。

同日，在上海全球投资促进大会上，宝地资产/宝地吴淞"吴淞口国际科创城"项目与上海市宝山区签约。

同日，宝地资产/宝地吴淞召开整合运作实施方案宣布会。

4月12日，上海时装周时装秀在金色炉台·中国宝武钢铁会博中心举行。

4月19日，宝地资产/宝地吴淞启动第一轮基层党组织党史学习教育督导工作。

4月22日，上海市宝山区人民政府联合宝地资产/宝地吴淞、上海实业（集团）有限公司共同发布《吴淞创新城国际方案征集》。

4月28日，佘山宝乐汇开业。

5月29日，百人大乐神州行上海站在金色炉台·中国宝武钢铁会博中心举行。

5月31日，吴淞口创业园参加2021全球技术转移大会，并举办碳中和创新发展论坛。

6月25日，宝地资产启动位于中国宝武（韶关）现代产业园的粤北氢创产业园项目。

6月28日，作为长宁区政企合作的首批城市更新试点项目——宝地资产宝地新华项目竣工交付投运。

同日，中国宝武首批爱国主义教育基地——重庆工业博物馆揭牌。

同日，宝地资产集中启动宝山基地现代产业园1号地块一期项目、中国宝武（常熟）领导力发展中心完善项目、中国宝武安徽（产业）总部首发项目、中国宝武教培中心配套完善项目4个项目。

6月29日，上海市委书记李强调研宝山区创新转型工作，走进不锈钢型钢厂地块和金色炉台·中国宝武钢铁会博中心，听取上海大学上海美术学院主校区选址、规划设计及吴淞创新城宝武地块转型升级情况汇报。

同日，宝地资产启动上海市宝山区杨行镇湄浦路360号铁力小区修缮项目。

6月30日，上海大学上海美术学院主校区项目启动。

7月8日，宝地资产与上下游产业伙伴共同举办"藏宝阁"宝地沙龙活动。

7月15日，上海市委常委、宣传部部长周慧琳调研金色炉台·中国宝武钢铁会博中心、上海大学上海美术学院主校区。

7月22—24日，宝地资产/宝地吴淞举行党委理论学习中心组（扩大）学习暨半年度管理研讨会、安全生产委员会能源环保委员会会议、经营分析和绩效对话会。

8月24日，中国宝武在宝地资产调研"我为群众办实事"青年人才公寓项目。

9月7日，上海市长宁区委书记王岚考察宝地资产宝地新华项目。

9月9日，由上海市宝山区人民政府指导、华为技术有限公司主办的"零碳上海高峰论坛"在金色炉台·中国宝武钢铁会博中心召开。

9月17日，上海市杨浦区委书记谢坚钢到上海宝地广场检查指导工作。

10月12日，中国宝武党史学习教育第二巡回指导组到宝地南京穿透式检查指导党史学习教育"我为群众办实事"工作。

10月15日，重庆市委、市政府命名重庆工业博物馆为重庆市爱国主义教育基地。

11月19日，中国宝武与上海市宝山区签订上海宝山吴淞创新城（宝武地块）整体转型升级实施协议。

11月24日，宝山复旦科创中心启用暨首批重大创新项目入驻仪式在吴淞创新城中国宝武吴淞园举行。

12月1日，上海市宝山区委书记陈杰到吴淞口创业园调研。

12月8日，中国宝武浙江总部项目主体结构封顶。

12月28日，宝地资产宝山基地现代产业园1号地块一期装饰装修项目开工。　　　　（严　革）

宝地资产/宝地吴淞下属子公司（含托管单位）一览表

公司名称	地　址	注册资金（万元）	主要经营范围	持股比例	在岗员工（人）
上海宝地杨浦房地产开发有限公司	上海市杨浦区昆明路555号402室	49 500.00	上海宝地广场（商办）运营主体	宝地资产100%	0
上海十钢有限公司	上海市长宁区中山西路1231号裙楼	23 121.64	商业地块，大量存量房经营租赁主体	宝地资产100%	64
宝钢集团上海二钢有限公司	上海市杨浦区黄兴路221号	235 828.11	存续公司	宝地资产100%	72
上海宝地仲量联行物业服务有限公司	上海市水产路1269号3号楼2楼	50.00	高端物业配套管理服务输出	宝地资产51%	45
上海宝地互联众创空间管理有限公司	上海市杨浦区黄兴路221号C1 102室	24 342.36	上海市杨浦区"互联网+"产业园开发运营主体	上海十钢有限公司79.459 7%，宝地资产18.486 3%	31
上海宝统物业管理有限公司	上海市静安区大统路988号A幢916室	15 080.00	青年公寓（上海市静安区大统路项目）开发运营主体	上海宝地杨浦房地产开发有限公司80%	0
上海宝绿置业有限公司	上海市松江区佘月路18弄22号1层	13 000.00	房地产开发、经营，物业管理	上海宝地杨浦房地产开发有限公司80%	27
宝钢集团（上海）置业有限公司	中国（上海）自由贸易试验区世博大道1859号203室	128 000.00	中国宝武大厦运营主体	宝地资产100%	0
广东宝钢置业有限公司	广东省广州市海珠区琶洲大道83号302室	90 000.00	广东宝地广场（商办）运营主体	宝地资产100%	14
福建宝钢置业有限公司	福建省福州市台江区鳌峰街道福光南路379号武夷绿洲23号楼2层	27 000.00	福州宝地广场开发运营主体	宝地资产100%	2

（续　表）

公司名称	地　　址	注册资金（万元）	主要经营范围	持股比例	在岗员工（人）
中国宝武上海宝山宾馆有限公司	上海市宝山区牡丹江路1813号	30 692.20	宝山宾馆、宝乐汇、中国宝武（常熟）领导力发展中心相关资产运营主体	宝地资产100%	119
上海溯源实业有限公司	上海市金山区干巷镇荣昌路615号	500.00	上海市金山区产业园运营主体	宝地资产100%	0
上海十钢新华众创空间管理有限公司	上海市定西路385号	42 077.00	上海市长宁区宝地新华地块项目开发运营主体	上海十钢有限公司100%	0
上海梅山房地产开发经营有限公司	上海市静安区安远路501弄2号2001室	1 666.70	房地产开发经营	上海梅山联合经济发展有限公司100%（宝地资产托管）	0
上海梅山联合经济发展有限公司	上海市静安区安远路501弄2号1607室	7 000.00	物业管理兼房屋经营租赁	宝钢集团上海梅山有限公司100%（宝地资产托管）	19
北京汇利房地产开发有限公司	北京市朝阳区建国门外大街丙12号宝钢大厦20层	54 919.00	北京宝钢大厦运营主体	宝地资产100%	12
上海宝地明珠众创空间管理有限公司	上海市杨浦区黄兴路221号B1幢201室	266 000.00	上海市杨浦区"互联网＋"产业园二期开发运营主体	宝钢集团上海二钢有限公司100%	0
上海宝钢住商汽车贸易有限公司	上海市宝山区同济路333号4号楼2楼	16 000.00	汽车销售	宝地资产100%	37
宝钢集团上海五钢有限公司	上海市宝山区同济路303号	78 153.00	存续公司	宝地资产87.58%，宝钢集团上海第一钢铁有限公司12.42%	44
上海宝地宝泉房屋经营有限公司	上海市宝山区德都路266号D-18室	30 000.00	上海市宝山区月浦炮库租赁住宅项目开发主体	宝钢集团上海五钢有限公司80%，宝地资产20%	0
宝钢发展有限公司	上海市浦东新区浦电路370号26楼	241 326.40	总部公司	宝地资产100%	1 889
上海丰宝综合经营有限公司	上海市宝山区同济路333号4号楼2楼	1 400.00	机动车燃零售	宝钢发展100%	49
上海宝地宝郦汇企业发展有限公司	上海市虹口区水电路1388号805室	48 000.00	房地产开发经营	宝钢发展90%	0
宝地锦溥（上海）企业发展有限公司	上海市宝山区湄浦路361弄	28 000.00	房地产开发经营	宝钢发展100%	0

（续　表）

公司名称	地　址	注册资金（万元）	主要经营范围	持股比例	在岗员工（人）
上海宝钢物流有限公司	上海市宝山区水产路1508号	27 103.96	仓储服务、普通货运等	宝钢发展100%	72
上海宝钢工贸有限公司	上海市宝山区同济路333号4号楼2楼	2 315.78	仓储	宝钢发展91.64%	0
上海宝舜联钢制品有限公司	上海市宝山区富锦路1788号	2 000.00	仓储服务等	宝钢发展70%	0
上海昌新钢渣有限公司	上海市宝山区江杨南路2058号	400.00	仓储服务等	宝钢发展62.5%	1
上海宝地不动产资产管理有限公司	上海市浦东新区浦电路370号26楼	71 767.48	房地产开发经营	中国宝武100%	248
上海宝友汽车销售服务有限公司	上海市宝山区铁山路338号	1 800.00	汽车零售	上海宝钢住商汽车贸易有限公司100%	0
广东宝地南华产城发展有限公司	广东省韶关市曲江区江畔花园一期住房公积金管理中心曲江区办事处2楼	9 856.00	不动产开发运营	中南钢铁100%	120
宝钢集团上海第一钢铁有限公司	上海市宝山区长江路580号	159 318.75	存续公司	宝地资产100%	31
宝钢集团上海浦东钢铁有限公司	上海市浦东新区历城路86号	10 000.00	存续公司	宝地资产100%	35
南京梅山冷轧板有限公司	江苏省南京雨花台区中华门外新建	530.00	钢材加工	宝地南京94.34%	23
宝地南京梅山产城发展有限公司	江苏省南京雨花台区中华门外新建	95 500.00	不动产开发运营	宝钢集团上海梅山有限公司100%	136
南京格灵化工有限公司	江苏省南京雨花台区西善桥	1 800.00	硫酸铵生产、销售	宝地南京100%	31
上海宝地临港产城发展有限公司	上海市宝山区水产路1269号	100 000.00	宝钢特钢有限公司区域的投资、开发建设、运营和管理	宝钢特钢51%	5
上海宝地上实产城发展有限公司	上海市宝山区长江路735号	100 000.00	上海宝钢不锈钢有限公司区域的投资、开发建设、运营和管理	上海不锈51%	21
上海宝地长江口创智产城发展有限公司	上海市宝山区北蕰川路1号	10 000.00	罗泾产业园的开发、建设、运营及管理	宝钢特钢100%	24
上海吴淞口创业园有限公司	上海市宝山区水产路1269号	15 000.00	创业孵化器经营管理,知识产权代理服务等	宝钢特钢100%	15

（续　表）

公司名称	地　　址	注册资金（万元）	主要经营范围	持股比例	在岗员工（人）
太钢集团临汾钢铁有限公司	山西省临汾市尧都区桥东路77号	57 793.41	采选铁矿，制作、安装、维修钢结构、机电设备及零部件等	太钢集团59.82%，太钢集团临汾钢铁有限公司职工合股基金会7.09%	500
山西宝地产城发展有限公司	山西省太原市尖草坪区大同路289号	10 000.00	房地产开发与经营	太钢集团100%	500
山西世茂商务中心有限公司	山西省太原市尖草坪区解放北路83号	71 600.00	山西世茂商务中心运营主体	太钢集团100%	24
太原钢铁（集团）不锈钢工业园有限公司	山西省太原市中北高新区钢园路73号	15 000.00	太钢集团不锈钢工业园区运营主体	太钢集团98%，太钢国贸2%	43
山西钢盛房地产开发有限公司	山西省太原市尖草坪区大同路289号	6 000.00	房地产开发与经营	山西宝地产城发展有限公司100%	9
临汾临飞房地产开发有限公司	山西省临汾市尧都区桥东街3号	101.00	房地产开发与经营	太钢集团临汾钢铁有限公司100%	34
山西太仕柯锻造有限责任公司	山西省忻州市定襄县管家营村	500.00	法兰、锻件的加工、销售等	太钢不锈钢工业园60%	72
山西钢泰房地产开发有限公司	山西省太原市杏花岭区解放北路140号14号楼	1 000.00	房地产开发及销售，房屋租赁、物业管理等	山西太钢房地产开发有限公司100%	29
合肥宝地产城发展有限公司	安徽省合肥市瑶海区红光街道枞阳路254号601幢108室	12 000.00	办公房屋租赁、自有商业房屋租赁	宝地资产100%	0
重庆工业博物馆置业有限公司	重庆市大渡口区跃进村街道李子林红楼	32 000.00	工业博物馆和文化创意产业园运营主体	宝地资产100%	9
上海宝钢不锈钢有限公司	上海市宝山区水产路1269号宝地吴淞行政办公楼	2 290 000.00	不动产开发运营	中国宝武100%	444
宝钢特钢有限公司	上海市宝山区水产路1269号	1 820 600.00	不动产开发运营	中国宝武100%	583
浙江宝地宁达众创空间有限公司	浙江省海宁市许村镇人民大道龙渡广场1号楼801室	80 000.00	中国宝武浙江总部宝地龙渡城项目运营主体	宝地资产45%	9

（刘　君）

编辑：李　冰

14

产业金融业

产业金融业

产业金融业发展中心 / 资本运营部

【概况】 2021年1月27日，中国宝武为持续深化国有资本投资公司试点，进一步强化"管资本"的功能定位，提升集团公司总部资本运作能力，优化联合重组项目的管理，推进混合所有制改革和子公司改制上市，设立资本运营部，下设资产管理、产权交易、资本运作、运营管理4个模块。撤销投行服务办公室，相关工作职责由资本运作模块承担。资本运营部和产业金融业发展中心（简称产融业中心）合署运作，退出资本资产办公室（简称退资办）挂靠资本运营部。产融业中心对口一级子公司有华宝投资有限公司、华宝信托有限责任公司、华宝基金管理有限公司、华宝证券股份有限公司、宝武集团财务有限责任公司和华宝（上海）股权投资基金管理有限公司。年底，在册员工18人。

（徐中科）

【建立与国有资本投资公司相适应的资本运营体系】 2021年，资本运营部开展"打造与国有资本投资公司三层管理架构相匹配的世界一流资本运营体系"课题专项调研，探索资本运营预算体系和市值管理体系的搭建和优化。通过梳理运营资本、揭示资本积累、控制资本收支，建立资本运营PDCA（计划、实施、检查、处理）循环和约束评价体系，与投资计划、资本退出等环节相结合，提高中国宝武资本运营效率和资本保值增值水平。作为牵头单位与国务院国资委制定资本运营预算工作标准。

（李建涛）

【推进联合重组】 2021年，资本运营部贯彻国务院国资委托管要求，协调中钢集团债务重组方案与中钢集团金融债权人委员会主席团达成一致；牵头推进重钢集团、昆钢公司等联合重组项目，在尽职调查的基础上，开展联合重组方案设计和谈判、拟定合作协议、净资产审计等工作。经过数轮沟通谈判，形成联合重组框架方案和协议；1月28日，向国务院国资委上报重钢集团联合重组方案；2月1日，中国宝武与云南省人民政府签署合作协议。　　　　（李建涛）

【推进金融业务专业化整合】 2021年，产融业中心完善金融牌照布局，组织研究制订财务公司和马钢集团财务有限公司（简称马钢财务公司）资产整合方案，明确由财务公司吸收合并马钢财务公司，马钢财务公司解散注销；制订财务公司在马鞍山设立分公司的整合方案。组织协调太钢集团金融业务专业化整合方案，明确太钢（天津）融资租赁有限公司和太钢（天津）商业保理有限公司存量业务结束后注销法人，相关新业务由华宝都鼎（上海）融资租赁有限公司和欧冶商业保理有限责任公司承接，山西太钢投资有限公司重新定位，作为太钢集团不锈钢产业链的专业化投资平台，不再开展与华宝投资有限公司的股权投资及产业基金业务重复或冲突的业务。协调支撑华宝投资有限公司收购中钢期货有限公司2%小股东股权的谈判和报批工作，下达集团公司关于同意收购股权的批复，做好资产评估备案审批工作。　　　　　　　　（徐中科）

【提升风险控制体系能力】 2021年，产融业中心修编《关于加强金融业务管理和风险防范的实施意见》并下发执行，统筹推进金融板块子公司风险防范体系能力提升，加强金融业务管理。按季度组织金融子公司和相关职能部门召开风险例会，梳理与分析金融子公司风险识别点，提升风险管理的核心竞争力和风险定价能力；组织子公司开展各类风险管理调研、风险排查、现场检查工作，通过主动防风险、科技防风险、系统防风险、监督防风险，确保风险可衡量、可防范。　　　　　　　　（王海光）

【完善金融业务布局】 2021年，产融业中心以"推动高质量发展"为主题，以深化供给侧结构性改革为主线，以问题为导向，全面摸清分析中国宝武所有控股、参股金融子公司及其业务发展情况，制订金融业务优化调整工作方案，聚焦主责主业，"一企一策"分类优化存量金融业务，明确各子公司未来定位和战略规划，规划用2年时间基本完成金融业务优化调整专项行动，实现产融有效结合，以融促产，提升金融服务主业的能力。　　　　　　　　（徐中科）

【开展净资产收益率提升行动】 2021年，产融业中心每季度开展一家金融子公司专题对标，围绕行业整体情况、优秀同行、子公司定位与发展等情况进行全方位梳理分析，揭示金融子公司在商业模式创新、核心竞争力、市场化机制、风险控制、业务管理等方面的差距和潜力，为子公司战略规划和转型发展提出改进方向和举措。组织各金融子公司，按照构建净资产收益率（ROE）提升体系，形成三年提升行动方案，明确目标值、时间表、路线图，提升各金融子公司净资产收益率在行业中的分位值。　　　　　　　　（徐中科）

【人才培养】 2021年，产融业中心与宝武党校、宝武管理研修院、人力资源部协同，围绕产融结合主题，设计培训模块，组织实施为期6个月的中国宝武产业金融高端人才培训，开展市值管理等讲座，交流经验，深化产融结合。资本运营部组织资产管理综合能力提升培训，针对资产管理工作的操作流程、决策程序等，结合实际案例，对国有资产监督管理方面的相关文件进行系统性解读，30家一级子公司和托管公司的300人参加培训。　　　　　　（王海光　俞琪雯）

【推进子公司混合所有制改革】 2021年，资本运营部牵头，总体策划、动态评估、平台引资、一企一策推进子公司混合所有制改革工作，梳理出41家宜进行混合所有制改革的企业，推进23个混合所有制改革项目。借助券商、银行等中介力量，组织子公司研究、筛选混合所有制改革项目，联合产权机构，10月12日举办中国宝武混合所有制改革项目专场推介会暨全面金融服务签约仪式，对拟混合所有制改革的21个项目进行专项推介，重点项目进行现场路演，吸引90家国内投资人现场参会。全年通过增资扩股、合资新设、投资并购等方式，实施完成混合所有制改革项目12个，其中存量增资项目3个，新设和收购项目9个；引进非公资本金额19.60亿元。　　　　（唐松平）

【拟定市值管理策略】 2021年，资本运营部组织集团公司12家上市公司（含托管企业）制定年度市值管理策略，引导各上市子公司设定年度市值管理工作目标；建立市值管理日常工作联络机制，加强中国宝武股东、上市公司、集团公司内部投行等各方的沟通交流。同步启动制定上市公司市值管理工作评价指导意见，围绕"价值创造、

价值营销、价值实现"，建立市值管理工作评价指标体系。 （江 宁）

【修订资本运营管理文件】 2021年，资本运营部修订资本运营相关管理文件。其中，修订《混合所有制改革工作推进实施办法》，细化操作内容；修订《上市公司收购管理办法》，结合上市公司收购监管合规性要求高、保密难度大、决策时效要求快的特点，规范中国宝武及子公司上市公司收购行为，为上市公司收购行为履行决策程序提供指导；修订《投资银行选聘管理办法》，根据投资银行选聘工作实际需要，优化制度，完善投资银行选聘计分方法，并组织开展17个项目投资银行等机构选聘工作。 （李少君）

【发起设立宝武碳中和股权投资基金】 2021年，资本运营部协同碳中和基金筹备组，走访上百家投资人，推进设立碳中和基金。7月15日，中国宝武与国家绿色发展基金股份有限公司、中国太平洋保险（集团）股份有限公司、建信金融资产投资有限公司签署战略合作备忘录，共同发起设立宝武碳中和股权投资基金。该基金是国内规模最大的碳中和主题股权投资基金，也是首家中央企业发起设立的碳中和主题基金，计划总规模500亿元，首期100亿元。 （刘文昕）

【提前布局碳金融产业】 2021年，资本运营部牵头，超前布局碳金融产业，5名在低碳研究和碳资产交易方面的专业人员取得碳交易资质证书；银行、中央企业、科研单位等外部机构与中国宝武达成共识，共同布局碳金融产业，打造全国性碳金融平台。在集团公司内部，开展欧冶链金、宝武碳业、重庆钢铁碳资源管理相关工作。 （刘文昕）

【优化产权评估流程】 2021年，资本运营部引入评估专家进行专业化审核，为子公司产权变动把好最后一道关卡，降低国有资产流失风险。同时，优化工作流程，增加报告预审环节，提前发现报告问题，提高审核效率。全年完成各类产权评估报告备案340份。 （张 绮）

【推进国有资产监管工作】 2021年，资本运营部以国有资产监督管理为主线，推进监管职责纵向到底，完成2020年度产权变动自查报告和境外产权管理报告，摸家底、盘现状，督促子公司重视产权管理工作。强化上市公司股权管理，按规完成西藏矿业、太钢集团国有股东对控股上市公司合理持股比例备案工作，完成西藏矿业上市公司股份质押备案。 （李少君）

【提供专业支撑】 2021年，资本运营部以职能管理为重点，为中国宝武六大业务中心的"投、管、退"（投资、管理、退出）业务提供专业审查意见，过程中重事前沟通、总

2021年7月15日，中国宝武发起设立宝武碳中和股权投资基金 　　　　　　　　　　（施 琮摄）

结提炼,形成标准化归档资料。全年参与集团公司投资及产权流转类项目151项,其中资产转让类63项,新增投资及收购类36项,减资及清算关闭类19项,增资交易类23项,吸收合并、企业改制等10项。梳理"三重一大"决策事项涉及的产权管理内容,重新分类调整权责清单内容。　　（刘　俊）

【编写《中国宝武国有产权运作管理办法》】　　2021年,资本运营部编写《中国宝武国有产权运作管理办法》,适应国企改革三年行动计划、国有资本投资公司试点、创建世界一流示范企业的转型。该办法以优化制度结构,强化逻辑体系;以监管促更新,以治理促优化,探索国有资本投资公司的制度建设典范。　　（李少君）

【优化固定资产管理】　　2021年,资本运营部牵头,会同集团公司运营共享服务中心、经营财务部,根据调整后的职能分工,讨论并梳理固定资产管理工作界面,形成指引日常工作和项目投资的分工表。启动2021年度固定资产盘点工作,基于对各单位固定资产账务情况的掌握,通过对关键管理单位和账面资产较大单位进行实物抽查盘点,确保固定资产账实相符、账账相符。　　（俞琪雯）

【减免交易费用】　　1月1日起,中国宝武优化产权交易业务模式,不再收取集团公司代理子公司产权交易项目取得的手续费分成,直接让利给子公司,在降低交易成本的同时,注重服务、协调和风险防范。2021年度,中国宝武通过上海联合产权交易所和北京证券交易所完成120宗产权交易,交易总额52.04亿元,总增值率为1.70%。　　（张　绮）

【法人压减】　　2021年,中国宝武压减退出全资控股企业103户（含托管企业）,较2020年增长171%;退出参股企业37户,回笼资金77亿元;围绕三层管控架构要求,将18户子公司管理层级压缩至三级,除宝钢股份、宝武资源等部分企业管理层级为四级外,集团公司各子公司总体实现管理层级控制在三级以内。通过吸收合并、清算注销、破产清算、股权转让等方式,清理退出一批不符合主业规划、持续亏损、规模小利润差、净资产收益率低、历史使命终结、业务风险大的全资子公司,以及低战略价值、长期不分红、持股比例低的参股企业,集团公司法人总量得到有效控制。同时,深化存量企业压减工作,新进企业实现大力度"瘦身健体"。　　（陆晓莉）

【"两非"企业剥离】　　2021年,国务院国资委下达的"两非"企业剥离工作任务。中国宝武44户企业被纳入"两非"企业清理清单,年内实际完成40户,完成率91%,超额完成国务院国资委要求的70%目标。　　（陆晓莉）

【重点亏损子企业专项治理】　　2021年,中国宝武克服新冠肺炎疫情和限电限产等不利影响,11户被国务院国资委列入中央企业重点亏损子企业名单的子公司实现整体扭亏,合计利润总额从2018年底的-10亿元增长至2021年11亿元（快报数据）。　　（陆晓莉）

华宝投资有限公司

【概况】　　华宝投资有限公司（简称华宝投资）成立于2007年3月,注册资本93.69亿元,直接管理上海欧冶金融信息服务股份有限公司（简称欧冶金服）、华宝都鼎（上海）融资租赁有限公司（简称华宝租赁）两家子公司。2021年,华宝投资依托类金融牌照资源协同优势,围绕中国宝武战略使命迭代升级,以成为"产业生态圈供应链金融服务的提供者、类金融牌照的整合者、绿色金融的践行者"为定位,"践行金融服务实体经济初心,助力产业生态圈蓬勃发展"为使命,努力建成业务覆盖"一基五元",网点遍布全国,在跨境、双碳领域独具特色,线上平台与线下网点相结合的产业金融服务科技平台,助推实体产业竞争力提升。全年,华宝投资实现营业收入26.19亿元、利润总额8.80亿元。金融服务规模1 744亿元,服务中小企业用户7 000家。年底,在册、在岗员工245人。　　（柏　云）

【企业负责人简介】　　胡爱民,1973年12月生,江西永丰人,中共党员,经济师,华宝投资党委书记、董事长。

贾璐,1971年9月生,浙江金华人,中共党员,华宝投资总经理。　　（柏　云）

【布局产业金融服务平台】　　2021年,华宝投资围绕中国宝武产业布局,与园区业板块合作,融合金融板块资源,加强生态圈金融线下服务网点的布局,通过线上线下结合,提供一站式生态圈金融服务。4月28日,欧冶金服在乌鲁木齐市设立第一家线下分公司,开启线下实体金融共享平台布局工作。6月29日,作为中国宝武产融发展规划中的重要一环,华宝投资打造的中国宝武产业金融服务平台上线,中国宝武线上线下相结合的产融服务战略迈出关键一步。10月13日,欧冶金服马鞍山分公司设立。12月16日,欧冶金服武汉分公司设立。　　　　　　(柏　云)

【为钢铁生态圈提供融资服务】　3月19日,华宝租赁通过项目咨询和联合租赁方式引入国新融资租赁有限公司,为重庆钢铁融资27亿元,在拓展融资渠道的同时,选择低成本融资方式为生态圈企业提供融资服务。8月31日,由华宝租赁牵头导入宝武集团财务有限责任公司、国新融资租赁有限公司组成的融资租赁联合体,为八钢股份完成首笔资金投放。该项目总金额12.60亿元,旨在帮助八钢股份盘活存量资产,引入中长期低成本资金并优化负债结构。　　　　　　(柏　云)

【发行首单资产证券化产品】　8月31日,华宝投资通过欧冶金服数字资产管理平台发行首单资产证券化(ABS)产品——"华宝证券—宝钢资源区块链通宝1号资产支持专项计划",总规模20亿元,首期发行3.24亿元,债项评级AAA,票面利率3.06%,期限3个月。　　　　　　(柏　云)

【整合保理业务】　7月14日,欧冶金服下属子公司欧冶商业保理有限责任公司吸收合并马钢(上海)商业保理有限公司(简称马钢保理)的工作取得进展,马钢保理取得上海浦东新区市场监管局发出的"准予注销登记通知书",标志马钢保理的法人压减工作完成。　　　　　　(柏　云)

【发行公司债券】　9月10日,华宝投资通过合理控制债务规模,有序安排公司债券的到期续接。该债券简称为"21华宝01",债券代码为"188690.SH",最终发行规模35亿元,期限3年,票面利率3.10%,创2021年同期限、同评级金融行业公司债券票面利率新低。　　　　　　(柏　云)

【获得荣誉】　2021年,欧冶金服入围国家区块链创新试点名单,并获"2021中国供应链金融生态优秀科技平台"称号;华宝租赁以满分获上海市金融局A级评定,并获"最佳资产质量租赁企业"称号,在中国融资租赁西湖论坛峰会上获"租赁企业管理奖"等奖项。　　　　　　(柏　云)

【华宝投资大事纪要】
1月1日,华宝投资作为中国宝武产业金融板块的全资子公司,正式独立运行。

3月13日,华宝投资召开第一届职代会第一次会议,选举产生第一届工会委员、经费审查委员、职工董事、职工监事。

3月19日,华宝租赁通过项目咨询和联合租赁方式引入国新融资租赁有限公司,为重庆钢铁融资27亿元。

4月12日,欧冶金服与太钢集团供应链金融服务合作迈入新阶段,太钢不锈开出首单"通宝"票据。

4月28日,欧冶金服在乌鲁木齐设立第一家线下分公司,开启线下实体金融共享平台布局工作。

5月2日,由中国宝武参与发起的产业金融区块链联盟理事会第一次会议召开,欧冶金服作为联盟秘书长单位,推进全产业链联盟平台合作。

5月14日,欧冶金服自主开发的跨境贸易金融服务平台——EFFITRADE为鞍钢集团与力拓集团开立一张超3 000万美元的区块链电子信用证。

5月20日,欧冶金服为冀中能源峰峰集团有限公司个性化定制的"峰宝平台"上线,并完成首日开立"峰宝"100万元目标。

6月4日,上海市政协副主席、党组成员虞丽娟一行9人到华宝投资调研。

6月12日,华宝租赁完成与武钢绿色城市技术发展有限公司钢板桩经营性租赁项目的签约,这是华宝租赁成立5年后首个经营性租赁项目。该项目为双方开发绿色城市建设及设备租赁的细分市场奠定基础。

6月29日,华宝投资打造的中国宝武产业金融服务平台上线,标志中国宝武线上线下相结合的产融服务战略迈出关键一步。

7月12日,欧冶金服跨境贸易金融服务平台——EFFITRADE与淡水河谷完成合作签约。淡水河谷成为继力拓集团之后,第二家登录该平台的矿山企业。

8月31日,华宝投资通过欧冶金服数字资产管理平台发行"华宝证券—宝钢资源区块链通宝1号资产支持专项计划"。

同日，由华宝租赁牵头组成的融资租赁联合体为八钢股份完成首笔资金投放。该项目总金额12.60亿元。

9月8日，上海银行股份有限公司与华宝投资签署战略合作协议。

9月28日，华宝投资召开第一次党员代表大会，制定未来5年的工作及发展方向。

10月27日，华宝租赁首次发行5亿元中期票据，票面利率3.98%。

10月28日，在中国融资租赁西湖论坛峰会上，华宝租赁获颁2021年度"租赁企业管理奖"，华宝租赁董事长管晓枫获颁"中国融资租赁风云人物奖"。

11月17日，华宝投资下属子公司华宝冶金资产管理有限公司完成工商注销登记。

12月7日，华宝租赁新一轮增资工作结束，引入的战略投资

2021年9月8日，上海银行股份有限公司与华宝投资签署战略合作协议　（施　琮摄）

者上海国投资产管理有限公司出资3亿元，原股东舟山市国有资产投资经营有限公司和马鞍山江东金融控股有限公司跟投，注册资本由16亿元增至22.22亿元。

12月13日，华宝租赁获中国外商投资企业协会租赁业委员会颁发的2021中国融资租赁榜"年度公司"奖。

12月16日，华宝投资欧冶金服武汉分公司设立，这是继乌鲁木齐、马鞍山两家分公司设立后的第三家线下网点。　　　（柏　云）

华宝投资下属子公司一览表

公司名称	注册资金（亿元）	主要经营范围	持股比例	在岗员工（人）
华宝都鼎（上海）融资租赁有限公司	22.22	融资租赁业务，租赁业务；与主营业务有关的商业保理业务等	32.63%	76
上海欧冶金融信息服务股份有限公司	14.00	金融数据处理、金融软件开发、产业投资及投资管理、资产管理、商务咨询、企业管理咨询、投资咨询、财务咨询	25%	137

（柏　云）

华宝信托有限责任公司

【概况】　华宝信托有限责任公司（简称华宝信托）成立于1998年10月，注册资本金47.44亿元，中国宝武持股98%，舟山市国有资产投资经营有限公司持股2%。2021年，华宝信托实现营业收入31.07亿元，利润19.88亿元。年底，华宝信托管理的信托资产规模3 690亿元，在册员工323人，在岗员工321人。　　　　（张　璐）

【企业负责人简介】　李琦强，1971年11月生，江西樟树人，中共党员，高级会计师，华宝信托党委书记、董事长。

孔祥清，1967年5月生，安徽庐江人，中共党员，高级会计师，华宝信托总经理、党委副书记。　（张　璐）

【服务实体经济】 2021年，华宝信托为中国宝武产业板块提供融资、金融咨询、资金撮合等一体化综合金融服务。通过资产证券化模式，拓展生态圈客户服务范围，推广资产支持票据（ABN）资产证券化服务。开展"金融服务进宝武"活动，把财富管理服务直接送到集团公司有关单位。完善"荣耀130系列集合资金信托计划"布局，按照客户资信情况和财务状况定制个性化服务方案。 （张 璐）

【回归信托本源】 2021年，华宝信托重点布局家族信托、证券服务信托等服务信托业务，加大投入，打造公司长期发展战略业务。华宝家族信托业务保持增长态势，探索股权信托等创新模式，年底，家族信托全口径管理资产规模（含保险金信托）130亿元。提升证券服务信托能力，各部门协作打造高质量的证券服务信托体系，为金融机构各类标准化净值化产品提供全面专业的证券投资服务，相继推出"安盈/合盈/传盈"系列"宝富投资一号"等重点产品，年底存续规模达873亿元。 （张 璐）

【发行绿色信托产品】 2021年，华宝信托制订《华宝信托碳达峰、碳中和绿色信托行动方案》，创新金融新模式，助力实现"双碳"目标。4月，华宝信托发行"社会责任投资（ESG）系列——碳中和集合资金信托计划"，该"计划"是国内信托行业首批直接参与碳排放配额交易的投资型信托，全年在上海、广东、湖北3地成交碳配额32 966吨，成交金额129.91万元。发挥信托跨市场资产配置的优势，从废钢采购环节入手，提供供应链金融服务，协助废钢供应商降低运营成本。按照市价废钢3 000元/吨测算，协助中国宝武钢铁生产企业实现废钢采购超过40万吨，按照电炉炼钢吨钢碳排放下降1.60~1.70吨测算，可降低碳排放近60万吨。 （张 璐）

【提升专业化资产管理能力】 2021年，华宝信托拓展资本市场业务布局和发展投资类业务，满足客户不断增长的财产保值增值和财富传承需求。发展基金中的信托（TOF）投资业务，丰富该产品投资策略，形成系列化产品发行。发行"招财进宝"系列"固收、固收+"产品，细化大类资产配置，年底产品规模超过60亿元。发行首款境外"固收+"产品，为客户提供波动率可控、收益率可期、符合信托客户风险偏好的海外"固收+"类信托产品。 （张 璐）

【开展"百年·百亿"行动】 2021年，华宝信托制订《纪念中国共产党成立100周年活动方案》，与"全面对标找差，坚持高质量发展，实现规模、盈利稳定增长"管理主题相结合，开展"明理""崇德""学史""增信"四大主题系列活动，激发各级党组织和广大党员干部员工干事创业的动力；作为"七一"献礼项目，实施"百亿"行动，年底实现供应链金融、证券服务信托、家族信托等重点业务规模超过百亿元的行动目标。 （张 璐）

【深化信托文化建设】 2021年，华宝信托制订以"建设良好受托人文化，全力服务实体经济，实现高质量发展"为主题的年度信托文化规划和配套方案，开展"信托文化普及年"活动，推动信托从业人员系统、全面了解信托文化内涵特征和信托文化建设的主要内容。信托文化建设与公司年度重点工作相结合，推进金融支持实体效用等项目。为员工定制"信托文化"主题活动方案；在华宝信托微信号开设"信托文化建设"专栏，发布信托文化普及年海报12幅，在《董事监事季度简报》开设信托文化专栏，并向上海银保监局和行业协会报送公司信托文化建设季报4期。 （张 璐）

【获得荣誉】 2021年，华宝信托在中国信托业协会2020年度行业评级中获A类评级；获2019—2020年度（第20届）"上海市文明单位"称号、"2020年度上海浦东新区金融业突出贡献奖"；获上海证券报社评选的第14届"诚信托"创新领先奖和最佳家族信托产品奖；获证券时报社评选的第14届中国优秀信托公司"2021年度优秀风控信托公司"和"2021年度优秀家族信托计划"奖；获《21世纪经济报道》评选的第14届"金贝奖"2020卓越竞争力信托公司奖。 （张 璐）

【华宝信托大事纪要】

1月7日，华宝信托获2020年度上海市中资法人金融机构统计工作一等奖。

1月9日，华宝信托获评东方财富私募风云榜"2020年度最佳信托公司"。

3月12日，华宝信托与中国二十冶集团有限公司在上海签署战略合作协议。

4月19日，华宝信托发行直接参与碳排放配额交易的投资型信托。

4月，华宝信托获2019—2020年度（第20届）"上海市文明单位"称号。

5月8日，"华宝善行"慈善信托获中国银行保险报社评选的"2020年度十佳社会责任项目"称号。

5月10日，华宝信托获中国信托业协会2020年度行业评级A级。

7月2日，华宝信托党委召开庆祝中国共产党成立100周年座谈会，以实现"百年·百亿"行动目标向中国共产党成立百年献礼。

7月13日，华宝信托获上海证券报社评选的第14届"诚信托"创新领先奖、最佳家族信托产品奖。

7月16日，华宝信托党委与华宝证券党委开展结对共建活动，聚焦"融融合作"，发挥"牌照优势"，共筑"华宝品牌"。

9月17日，华宝信托获《21世纪经济报道》评选的第14届"金贝奖"2020卓越竞争力信托公司奖。

9月27日，作为银行业信贷资产登记流转中心有限公司登记流转的首单碳中和概念信贷资产流转产品，由华宝信托担任受托机构的"飞驰建融2021年第九期财产权信托项目（碳中和、绿色信贷专项包）"完成登记流转。

9月29日，华宝信托获"2020年度上海浦东新区金融业突出贡献奖"。

10月29日，华宝信托获证券时报社评选的第14届中国优秀信托公司"2021年度优秀风控信托公司"和"2021年度优秀家族信托计划"奖。

11月16日，华宝信托财富管理高峰论坛在金色炉台·中国宝武钢铁会博中心举行。

11月17日，华宝信托与中国工商银行私人银行部设立首单创新股权型家族信托。 （张 璐）

华宝基金管理有限公司

【概况】 华宝基金管理有限公司（简称华宝基金）的前身为成立于2003年3月7日的华宝兴业基金管理有限公司，是国内首批中外合资基金管理公司之一，2017年10月更名。2021年，实现营业收入19.22亿元，其中公募基金管理费收入16.20亿元，合并利润总额9.04亿元。年底，华宝基金管理126只开放式证券投资基金，管理资产规模达3 665亿元，在册、在岗员工296人。 （张毓慈）

【企业负责人简介】 朱永红，1969年1月生，湖北仙桃人，中共党员，高级经济师、高级会计师，华宝基金董事长。

黄小薏，1968年10月生，加拿大籍，华宝基金总经理。

黄孔威，1966年10月生，浙江苍南人，中共党员，高级工程师，华宝基金党委书记。 （张毓慈）

【ETF市场份额提升】 2021年底，华宝基金成立的股票型ETF（交易型开放式指数基金）总规模581亿元，总规模排名行业第六，规模增量排名行业第六。在ETF产品细分市场领域，华宝基金重点打造龙头ETF产品线的发展策略，取得显著成效。其中，银行ETF规模为99亿元，继续在同类产品竞争中保持第一；医疗ETF为市场上规模最大的医疗类ETF，达140亿元，在同类产品竞争中规模排名第一；券商ETF规模238亿元，在同类产品竞争中名列第二。 （张毓慈）

【保持绿色金融先行者地位】 2021年，华宝基金系统深化绿色可持续发展投资工作，加强顶层设计，成立ESG（环境、社会责任与公司治理）管理委员会，推动创新研发中心全面转型，构建以ESG评价为基础的投资研究体系；加强碳中和产品打造，发行可持续发展基金，并上报、筹备绿色主题基金；扩大绿色责任投资行业影响力，当选基金业协会绿色与可持续投资委员会主任委员单位。 （张毓慈）

【推进生态圈业务】 2021年，华宝基金在投资研究智库支持项目方面，完成《海外钢铁碳达峰复盘和启示专题研究》《海内外铁矿公司概览和梳理》《氢燃料电池产业概况和梳理》等研究报告；在产品创新方面，打造钢铁生态圈旗舰产品，完成新材料ETF、智能电动汽车、智能制造等基金的发行。

（张毓慈）

【华宝基金大事纪要】

1月，在上海证券交易所开展的2020年"十佳ETF管理人"评选活动中，华宝基金获评"十佳ETF管理人"。

3月15日，华宝基金成立券商展业部，主要负责券商渠道的管理与拓展工作。

5月11日，华宝基金成立海外展业部，主要负责海外业务管理与拓展工作。

6月18日，华宝基金成立混合资产部，主要负责"固守+"产品的研究及投资管理工作。

7月13日，在上海证券报社举

办的第18届"金基金"奖评选中，华宝基金获"金基金·被动投资基金管理公司奖"。华宝生态中国混合型基金（000612）获"金基金·社会责任投资（ESG）基金奖"。

9月28日，在中国证券报社主办的第18届中国基金业"金牛奖"评选中，华宝红利基金（501029/005125）获"三年期开放式指数型金牛基金"奖。

9月，第三届济安金信"群星汇·颁奖典礼"获奖名单公示，华宝创新优选混合型基金（000601）、华宝可转债基金（240018）获"五星基金明星奖"。

10月14日，2021年上海市五一劳动奖状（章）、上海市工人先锋号获奖名单揭晓，华宝基金获"上海市五一劳动奖状"。　　（张毓慈）

华宝证券股份有限公司

【概况】　华宝证券股份有限公司（简称华宝证券）的前身为成立于2002年3月4日的富成证券经纪有限公司，2007年6月15日更名为"华宝证券经纪有限责任公司"，2009年8月7日更名为"华宝证券有限责任公司"。2015年4月，注册资本变更为40亿元。2021年3月5日，华宝证券有限责任公司更名为"华宝证券股份有限公司"。全年，实现营业收入10.39亿元，比上年增长34%；实现利润总额2.16亿元，比上年增长46%。

（王晓宇）

【企业负责人简介】　胡爱民，1973年12月生，江西永丰人，中共党员，华宝证券董事长（至2021年7月）。

刘加海，1972年1月生，山东日照人，中共党员，华宝证券总裁（至2021年7月）、党委副书记（至2021年6月），党委书记（2021年6月起）、董事长（2021年7月起）。

贾璐，1971年9月生，浙江金华人，中共党员，华宝证券党委书记（至2021年6月）。

熊伟，1974年1月生，湖南长沙人，华宝证券总裁（2021年7月起）。

（王晓宇）

【证券业务稳定增长】　2021年，华宝证券累计实现股票基金交易份额4.15‰，比上年增长41%；量化业务累计市场份额为2.60‰，较上年增长63%；量化业务收入较上年增长41%；期权经纪业务交易（沪市）市场占有率在券商中排名第二。至年底，资产管理受托规模232.03亿元，受托资产管理业务规模在行业排名第62位，较上年上升16位。与中国宝武产教融合发展中心合作建设的"华宝证券投资者教育基地暨宝武产教融合基地"在武汉工程职业技术学院建成，并于年底试营业。

（王晓宇）

【服务产业生态圈】　2021年，华宝证券通过投融资、资产证券化、研究咨询等业务向钢铁生态圈及中央企业生态圈提供优质金融服务。以欧冶金服区块链"通宝"平台为基础，与宝武资源、欧冶商业保理有限责任公司发行资产证券化项目；与中国宝武重要战略伙伴——中国中铁股份有限公司发行3单应收账款、供应链类资产证券化项目；向中国五冶集团有限公司、海通恒信国际租赁股份有限公司等优质客户发行资产证券化项目。推进产融结合业务，设立绿色生态圈服务委员会和产融办公室，开展组织建设和制度体系梳理工作。通过投资银行服务平台，助力中国宝武各企业开展混合所有制改革上市、并购、融资工作。

（王晓宇）

【人力资源管理】　2021年，华宝证券根据战略布局和业务发展，搭建债券业务团队，重点招聘投资银行、场外衍生品、债券销售等业务人员，人才队伍向着年轻化、专业化、市场化转变。完善人才队伍发现机制，并明确最有价值员

华宝证券金融科技投资团队探索金融互联网业务创新发展（华　振　摄于2021年11月）

工（MVP）人才库进出库标准；推动"强绩效"文化建设，强化经营管理人员契约化管理；根据业务特点，优化条线激励考核机制；组织开展"发现力量——总部员工风采展示"活动，发现优秀人才；开展"英雄帖"活动，通过兼岗轮岗等形式盘活人力资源；构建分层次培训体系，实现从新进员工到管理层的培训全流程覆盖。　　　　　　　　（王晓宇）

【获得荣誉】　1月，华宝证券上海东大名路证券营业部获上海证券交易所颁发的"2021股票期权百强营业部"奖。3月，华宝证券扶贫工作推进小组被中华全国妇女联合会评为"巾帼文明岗"；7月，华宝证券FOF（以基金产品为投资标的的基金）投资团队获东方财富2020风云榜"最佳券商资管权益/FOF投资团队"奖。12月，华宝证券获2021金融界领航中国年度评选的"证券行业·杰出创新奖"。（王晓宇）

【华宝证券大事纪要】

3月5日，华宝证券有限责任公司更名为"华宝证券股份有限公司"。

3月12日，华宝证券完成股份制改制工作，进入上市辅导期。

5月25日，华宝证券发布"红宝书"——《2021中国金融产品年度报告：大迁徙》。

5月28日，华宝证券入选中国证监会公布的首批29家证券公司"白名单"。

6月2日，华宝证券获中国证监会批准，取得基金投资顾问业务试点资格。

7月23日，华宝证券被中国证券监督管理委员会评为A类券商。

7月26日，华宝证券保荐的首单首次公开募股（IPO）项目进入辅导期。

10月22日，华宝证券受太平资产管理有限公司邀请，发布《保险资管2006—2021年发展报告》。

11月13日，华宝证券启动"发现力量—总部员工风采展示活动"。

12月15日，中国证监会和上海证监局对华宝证券公募基金投资顾问业务试点资格准备工作进行现场验收，华宝证券获公募基金投资顾问业务试点展业资格。

12月16日，华宝证券获全国中小企业股份转让有限责任公司批准，取得主办券商从事推荐业务资格。　　　　　（王晓宇）

华宝证券下属证券营业部（分公司）一览表

分支机构名称	注册地	地址
上海大连路证券营业部	上海市	上海市杨浦区大连路688号501室
上海东大名路证券营业部	上海市	上海市虹口区东大名路558号16楼05A单元、05B单元、05C单元
上海浦东新区浦电路证券营业部	上海市	中国（上海）自由贸易试验区浦电路370号801室
上海徐汇区淮海中路证券营业部	上海市	上海市徐汇区淮海中路1325号1幢1004–1005室
上海世纪大道证券营业部	上海市	中国（上海）自由贸易试验区世纪大道1196号7层706单元
北京分公司	北京市	北京市西城区金融大街11号7层702室
北京建外大街证券营业部	北京市	北京市朝阳区建国门外大街丙12号楼1层102单元
成都天府大道证券营业部	四川省成都市	中国（四川）自由贸易试验区成都高新技术产业开发区天府大道北段1199号3栋2008号、2106号
重庆江北嘴证券营业部	重庆市	重庆市江北区庆云路2号6–2/6–3
福州八一七北路证券营业部	福建省福州市	福建省福州市鼓楼区八一七北路88号百华大厦13层
厦门展鸿路证券营业部	福建省厦门市	福建省厦门市思明区展鸿路81号特房波特曼财富中心A座9层C单元
深圳新闻路证券营业部	广东省深圳市	广东省深圳市福田区新闻路57号侨福大厦5楼

（续　表）

分支机构名称	注册地	地　　址
深圳南山大道证券营业部	广东省深圳市	广东省深圳市南山区南山街道南山大道1110号中油阳光大厦2201
广州花城大道证券营业部	广东省广州市	广东省广州市天河区花城大道85号2801房
武汉建设大道证券营业部	湖北省武汉市	湖北省武汉市江汉区建设大道737号广发银行大厦1栋21层2-4室
杭州学院路证券营业部	浙江省杭州市	浙江省杭州市西湖区学院路77号黄龙万科中心1幢16层07室
舟山解放西路证券营业部	浙江省舟山市	浙江省舟山市定海区解放西路55-57号国际大厦7楼
舟山普陀麒麟街证券营业部	浙江省舟山市	浙江省舟山市普陀区东港街道麒麟街211号东港财富中心103室
舟山嵊泗云龙路证券营业部	浙江省舟山市	浙江省嵊泗县菜园镇云龙路1-8号
宁波甬江大道证券营业部	浙江省宁波市	浙江省宁波市鄞州区甬江大道168号6幢48号005幢（3-1）
南京淮海路证券营业部	江苏省南京市	江苏省南京市秦淮区淮海路50号（14层）-2
湖南分公司	湖南省长沙市	湖南省长沙市岳麓区茶子山东102号浦发金融大厦第11层A区
长沙茶子山东路证券营业部	湖南省长沙市	湖南省长沙市岳麓区茶子山东路102号浦发金融大厦第11层A区
合肥潜山路证券营业部	安徽省合肥市	安徽省合肥市蜀山区潜山路111号华润大厦A座9层904室
苏州（市）苏州大道西证券营业部	江苏省苏州市	中国（江苏）自由贸易试验区苏州片区苏州工业园区苏州大道西9号中海财富中心1幢1501-B

（王晓宇）

华宝（上海）股权投资基金管理有限公司

【概况】　华宝（上海）股权投资基金管理有限公司（简称华宝股权）于2016年12月由华宝投资全资设立，注册资本1亿元。2021年11月25日，调整为中国宝武的一级子公司。华宝股权是中国宝武唯一具有私募股权基金管理人资质的实体，主营业务是以私募基金从事股权投资、资产管理和投资管理等，以"为产业生态圈提供绿色低碳股权投资管理服务的产业基金管理平台"为定位，围绕中国宝武"一基五元"的业务组合，与各产业公司协同推进产融结合，以产业带动金融，以金融助力产业发展。

（卞晓东）

【企业负责人简介】　张晓东，1967年10月生，山西晋中人，中共党员，高级会计师，华宝股权董事长。

（卞晓东）

【华宝股权由中国宝武直接管理】为更好地开展宝武碳中和股权投资基金"募投管退"（募集、投资、管理、退出）全流程管理，满足各方投资人对基金管理公司的要求，11月16日，中国宝武受让华宝股权100%国有股权。11月25日，中国宝武发文，决定调整华宝股权管理关系，作为集团公司直接管理的一级子公司，业务对口产融业中心。

（卞晓东）

【管理宝武碳中和股权投资基金】7月15日，中国宝武与国家绿色发展基金股份有限公司、建信金融资产投资有限公司等单位共同发起设立宝武碳中和股权投资基金。该基金总规模500亿元，为国内规模最大碳中和主题基金，首期100亿元。华宝股权作为该基金的管理人，从专业角度服务于中国宝武"一基五元"战略布局，投资方向聚焦新能源、绿色技术、环境保护、污染防治等领域，以绿色金融支持低碳转型、赋能企业绿色发展，助推"双碳"目标的实现。

（卞晓东）

【华宝股权大事纪要】

7月15日，中国宝武等发起设立宝武碳中和股权投资基金。华宝股权作为该基金的管理人。

11月25日，中国宝武调整华宝股权管理关系。华宝股权作为集团公司直接管理的一级子公司，业务对口产融业中心。

（卞晓东）

宝武集团财务有限责任公司

【概况】 宝武集团财务有限责任公司（简称财务公司）的前身为成立于1992年6月的宝钢集团财务有限责任公司。2020年6月，宝钢集团财务有限责任公司吸收合并武汉钢铁集团财务有限责任公司；9月，受托管理马钢财务公司；11月，更名为"宝武集团财务有限责任公司"。2021年底，财务公司注册资本金26亿元，有5家股东单位，其中宝钢股份及其下属子公司武钢有限合计持股56.91%，中国宝武持股21.98%，武钢集团持股20.80%，宝钢发展持股0.31%。全年，财务公司按照管理口径（含马钢财务公司）实现营业收入19.06亿元，利润总额8.23亿元；年底，资产规模620亿元，在册员工130人，在岗员工128人。

（谢 放）

【企业负责人简介】 王明东，1971年10月生，福建莆田人，中共党员，高级会计师，财务公司党委副书记、副董事长。

陈海涛，1972年4月生，河南许昌人，中共党员，高级会计师，财务公司总经理、党委副书记。（谢 放）

【落实国企改革任务】 2021年，财务公司明确国企改革三年行动的工作目标、总体思路、主要任务，建立工作机制，制订工作方案和任务清单，任务清单有6大类64项任务。年内完成59项，完成进度的92%。 （谢 放）

【推进对标找差】 2021年，财务公司选择宁波银行、申能集团财务有限公司等企业进行对标，建立工作机制，采取针对性对标改善举措。分层分类设计30项对标提升重点任务。通过劳动竞赛、一人一表等举措，压实责任，年内对标改善任务按进度完成。

（谢 放）

【资金结算服务】 2021年，财务公司常态化推进账户"应开尽开、应连尽连、应上尽上"工作，集团公司成员企业开立账户1 189个，账户服务覆盖率100%。秉持"用户至上"理念，为200家成员企业提供7×24小时不间断结算服务，支持电商平台和资金平台日常运营。全年办理结算金额10.39万亿元，业务量302万笔，分别比上年上升37%和18%。 （谢 放）

【资金归集服务】 2021年，财务公司按照"管办分离"原则，提供专业化、数字化、个性化的现金平台服务。中国宝武、宝钢股份等现

金平台覆盖成员企业310家，平台账户1 268个，平台存款余额529亿元，平台贷款余额253亿元。为核心企业提供票据集中管理和增值服务，宝钢股份票据平台覆盖成员单位21家，发生业务量24.40万笔，金额3 660亿元。 （谢 放）

【资金监控服务】 2021年，财务公司依托银财直连和银行结算系统通道，实现境内外账户可视化管理，监控人民币账户5 323个，监控境内外外币账户630个，使账户资金看得见、管得住。落实集团公司资金风险内控要求，现款支付监控模型扩容至16个，票据在线监控实现收票风险的100%拦截。全年监控资金及票据支付指令236万笔，金额5.17万亿元；拦截异常指令10 122笔，金额325亿元。 （谢 放）

【产业链融资服务】 2021年，财务公司为中国宝武钢铁生态圈引入低成本资金，带动外部金融机构让利，助力成员企业降低财务费用。全年，生态圈融资服务847亿元，其中供应链融资规模626亿元，分别比上年增长28%和71%；产业链客户1 608家，其中小微客户占81%；"通宝"融资市场占有率60%，商业票据贴现市场占有率70%。 （谢 放）

【绿色金融服务】 2021年，财务公司将绿色金融作为业务拓展的重点方向，配置绿色金融专项授信额度，划拨绿色金融专项扶持资金，应授尽授、能简则简、能快则快、能低则低。全年投放绿色信贷资金174亿元，绿色金融重点项目包括宝武清能屋顶照明光伏项目、八一钢铁富氢碳循环高炉项目、

八一钢铁欧冶炉联合融资租赁业务等。 （谢 放）

【国际业务】 2021年，财务公司上线国际结算系统，实现电汇、信用证结算网上运作，提高了工作效率。依托中国银行香港有限公司财企直连支付、银行结算系统直连支付、全球支付创新服务平台等工具，提高境外国际结算效率。全年，为境内外成员单位办理外汇结算1 819笔，金额67.10亿美元，代开信用证4.50亿美元。拓展结售汇业务，扩大结售汇服务覆盖面，办理结售汇10.40亿美元，创出历史新高。提供择期交易，开展远期择期交割3 572万美元。（谢 放）

【外汇平台服务】 2021年，财务公司在集团公司经营财务部牵头下，9月底承建的外汇衍生业务系统一期功能上线，实现年度交易计划控制、在线交易审批、风险敞口信息与交易信息录入与控制等功能，系统覆盖境内开展外汇衍生业务的成员企业。 （谢 放）

【自营投资业务】 2021年，财务公司秉持稳健投资策略，引入组合管理和大类资产配置，投资组合平均规模23亿元，其中A基金（稳定投资组合）年化收益率5.91%，C基金（流动性增强组合）年化收益率3.24%。发挥集中交易室功能，根据备付资金状况灵活开展资金运作，完成1 017笔交易，金额5 404亿元；开展票据转贴金额74亿元，打通了"通宝"转让渠道，提高资产盘活能力。 （谢 放）

【深化整合融合】 2月，财务公司武汉分公司开业，探索适合"一总部多分支"管理模式。年内，完成太钢集团财务有限公司（简称太钢财务公司）托管协议的签署工作，于9月1日托管太钢财务公司，并协同推进整合融合"百日计划"。11月，中国宝武审议通过马钢财务公司整合方案，拟采取"吸收合并+新设分公司"的整合路径，项目组启动股权划转、增资等相关工作。 （谢 放）

【发展金融科技】 2021年，财务公司重点聚焦"4个智慧+2个监控平台"（智慧经营、智慧营销、智慧中台、智慧风控、资金监控、外汇衍生品监控）项目，加大信息化建设力度，驱动金融服务智慧化转型发展。推广RPA（机器人流程自动化）技术应用，覆盖结算、财务、信贷等53个场景，提高人事效率。强化基础设施建设，完成同城双中心整体架构改造，提升张江机房运行能力。完成网络、主机可视化监控100%覆盖，全年无重大运行事故，保障业务连续性。 （谢 放）

【风险合规管理】 2021年，财务公司以中国银行保险监督管理委员会"内控合规管理建设年"活动为契机，推进制度建设，新增制度13项，修订制度69项，废止制度1项，更新发布《财务公司制度树》。组织开展各类合规培训26场，提升全员合规意识和风险防范能力。推进法治建设，成立法治领导工作小组，设立总法律顾问，建立法务工作报告机制，用好外部法务资源，规章制度、经济合同法律审核率100%。 （谢 放）

【人力资源管理】 2021年，财务公司以"控总量、调结构、提能力"为目标，统筹推进三项制度改革、人力资源配置优化、组织体系能力建设等工作。完善职级薪酬管理模式，细化调整岗位序列和职等职级，并向托管子公司覆盖。强化"以岗位付薪、以能力付薪、以业绩付薪"的按劳分配原则和按效激励理念，突出业绩导向，提高薪酬激励的及时性和有效性。将薪酬延付比例提高至30%，并扩大延付人员范围，强化业绩风险约束机制。根据战略规划和业务拓展计划，针对性提供专项培训，加强人才梯队建设。 （谢 放）

【财务公司大事纪要】
2月3日，财务公司武汉分公司揭牌成立。
3月10日，中国宝武与财务公司签订《任期经营绩效责任书》。
3月，财务公司加入中国金融学会绿色金融专业委员会。
4月21日，马钢财务公司获批人民银行绿色票据5亿元再贴现额度。
4月，财务公司获2019—2020年"上海市文明单位"称号。
5月，财务公司实现首笔绿色供应链票据在线贴现业务。
6月，财务公司获中国人民银行上海分行2020年度货币信贷政策导向效果评估最优评价。
8月16日，"绿色金融守护城市钢厂"获评2020年中国宝武社会责任优秀案例。
9月1日，财务公司托管太钢财务公司。
9月，财务公司发放首笔银团贷款，支持重钢集团并购重庆长寿钢铁有限公司部分资产。
10月22日，财务公司资金实

时预警平台上线。

10月，财务公司出台小微企业降费政策。

同月，财务公司完成供应链直融3.0模式首单放款。

11月，财务公司开通首单"通宝"再保理业务。

同月，财务公司获上海市浦东新区经济突出贡献奖。

同月，财务公司与中合中小企业融资担保股份有限公司首单订单贷业务落地。

12月22日，财务公司"客服中心微营业厅"在微信服务号上线。

12月，太钢财务公司获评第四届（2021）中国金融年度品牌案例大赛"中国金融年度品牌"。

（谢 放）

财务公司托管单位一览表

公司名称	地　址	注册资金（亿元）	主要经营范围	持股比例	在岗员工（人）
马钢集团财务有限公司	安徽省马鞍山市九华西路8号	20.00	马钢集团内部存款、贷款、结算业务，有价证券投资业务，同业往来业务，表外委托业务，一头在外延伸产业链金融业务等	托管	26
太钢集团财务有限公司	山西省太原市解放北路83号	20.00	太钢集团内部存款、贷款、结算业务，有价证券投资业务，同业往来业务，表外委托业务，一头在外延伸产业链金融业务等	托管	36

（谢 放）

编辑：张 鑫

15

托管企业

托管企业

中国中钢集团有限公司

【概况】 中国中钢集团有限公司（简称中钢集团）的前身为成立于1993年2月的中国钢铁工贸集团公司，2004年更名为"中国中钢集团公司"，2017年11月更名为"中国中钢集团有限公司"，2020年10月由中国宝武实施托管。中钢集团是一家为冶金工业提供资源、科技、装备集成服务，集矿产资源、科技新材、工程装备、贸易物流、投资服务为一体的大型跨国企业集团，主要从事冶金矿产资源开发与加工，冶金原料、产品贸易与物流，相关工程技术服务与设备制造，在科技新材料、工程技术、冶金装备、矿产资源、贸易物流等产业细分领域具有一定的特色和优势。拥有30个国家级研发平台，其中有3个国家重点实验室、4个国家级企业技术中心、1个国家新材料知识产权运营中心，新材料和行业共性技术研发优势突出；具备工程总承包和综合配套能力，参与建设149个海外钢铁工程项目；具备完整的冶金装备研发、制造体系，轧辊产销规模、品种规格、研发水平达到世界一流水平，铁前、卷取等冶金设备国内市场占有率第一。在澳大利亚、南非等国家或地区建有铁矿、铬矿资源基地，掌控铁矿资源逾60亿吨、铬矿资源10亿吨，铬铁资源量和产能位列全球第一。2021年，实现营业收入677亿元、利润总额10.13亿元、净利润4.63亿元；营业收入利润率1.24%；资产负债率93.66%；企业亏损面比上年下降10.60%；工亡事故为零；节能减排完成控制目标，能源消费总量为21.14万吨标准煤，比上年降低1.36%；二氧化硫排放量196.79吨，比上年降低18.18%；氮氧化物排放量279.32吨，比上年降低9.21%；化学需氧量排放量137.02吨，比上年降低14.61%。年底，在册员工17 134人，在岗员工15 034人。 （刘贝贝）

【企业负责人简介】 徐思伟，1966年8月生，重庆人，中共党员，正高级经济师，中钢集团党委书记、董事长（至2021年9月）。

刘安栋，1964年2月生，湖南祁阳人，中共党员，正高级会计师，中钢集团总经理、党委副书记（2021年9月起主持全面工作）。

（刘贝贝）

【疫情防控】 2021年，中钢集团统筹推进新冠肺炎疫情防控和经营发展，境内企业未发生聚集性疫情；境外项目，成功应对所属中钢国际工程技术股份有限公司总承包施工的俄罗斯马格尼托哥尔斯克钢铁集团（MMK）项目突发疫情。8月，MMK项目协力工突发聚集性疫情后，中钢集团立即启动Ⅱ级响应，激活应急指挥中心，开展三级协调联动，7×24小时应急值守，并派出工作组乘包机前往项目现场，靠前指挥指导抗疫。经过49天的紧急应对和科学处置，项目现场疫情得到快速有效控制，中方人员没有出现1例重症患者。

（刘贝贝）

【科技创新】 2021年，中钢集团研发投入比例1.23%，比上年增长11.80%；6家科技类企业研发投入强度为5.69%，4家生产制造类企业研发投入强度为4.73%。获国家级科技奖励2项，其中中钢集团天澄环保科技股份有限公司参与的"工业烟气多污染物协同深度治理技术及应用"项目获国家科学技术进步奖一等奖，参与的"钢铁行业多工序多污染物超低排放控制技术与应用"项目获国家科学技术进步奖二等奖。所属企业获省部级奖励22项，其中中钢集团洛阳耐火材料研究院有限公司"高效薄带铸轧稳定化生产关键技术及应用"获2021年度冶金科学技术奖一等奖；中钢集团马

鞍山矿山研究总院股份有限公司"空心微珠新材料工业化技术开发与应用"获安徽省科学技术进步奖一等奖。中钢集团邢台机械轧辊有限公司首获中国工业大奖提名奖。全年申请专利690件，其中发明专利317件；新增授权专利584件，其中发明专利124件；编制标准67项，其中新增国际标准2项。

（刘贝贝）

【风险防范】 2021年，中钢集团在债务重组方面，形成"债务重组＋业务整合＋管理变革"一揽子优化方案，获中国宝武审议通过。组织编制全面风险管理推进计划、内控体系工作报告及合规管理报告，发布《风险内控合规》电子期刊；回笼资金8.50亿元；统筹协调业务资源，维持中钢集团在港授信和现金流基本稳定。加强安全环保和信访维稳工作，未发生重大安全事故和环境污染事件，未发生群体性上访事件。

（刘贝贝）

【企业改革】 2021年，中钢集团落实国企改革三年行动，72项重点改革任务总体完成率超过80%。公司治理方面，应建范围内企业全部建立董事会并实现外部董事占多数，制定重要子企业董事会授放权清单。"双百企业""科改示范企业"专项改革方面，中钢洛耐科技股份有限公司入选国务院国资委"标杆企业"名单，中钢天源股份有限公司获评科改示范专项评估优秀企业，中钢集团马鞍山矿山研究总院股份有限公司、中钢天源股份有限公司改革工作经验入选《国务院国资委改革案例集》。资本运作方面，中钢洛耐科技股份有限公司完成

引资混合所有制改革、员工持股和股份制改革；中钢国际工程技术股份有限公司公开发行可转债募集资金9.60亿元；中钢天源股份有限公司完成非公开发行股票募集资金9.50亿元；中钢集团郑州金属制品工程技术有限公司完成混合所有制改革，引资4.90亿元。围绕混合所有制改革、业务经营、项目投资监管等开展专项审计14项。建立压减长效机制，全年完成25户企业退出，亏损企业比例下降10个百分点。

（刘贝贝）

【脱贫攻坚】 2021年，中钢集团向定点帮扶的内蒙古自治区赤峰市翁牛特旗直接投入帮扶资金（无偿）513.80万元；引入帮扶资金（无偿）91万元；引入帮扶资金（有偿）472万元。发挥党建引领作用，通过党组织结对子开展帮扶，中钢集团党群工作部与内蒙古自治区翁牛特旗乌兰敖都村结对，中钢集团人力资源部、中钢海外资源有限公司与翁牛特旗德日苏村结对，中钢集团企业发展部与翁牛特旗应急管理局结对，中钢期货公司与翁牛特旗官井子村结对。消费帮扶1 239万元，包括购买贫困地区农产品1 149万元，其中购买定点帮扶县农产品946.96万元；帮助销售定点帮扶县农产品90.03万元。创新培训形式，利用中国宝武"宝武微学苑"网络学习平台，组织229名驻村第一书记、1 555名乡镇基层干部、234名乡村振兴带头人、89名专业技术人才、20名乡村教师，参与"兴乡村、智互联"网上培训。面向京内企业员工，组织开展"献爱心"活动，捐献衣物折算金额22.80万元。

1 224名员工参与"中钢爱心助困帮扶基金"捐助活动,与内蒙古自治区赤峰市翁牛特旗慈善总会开展解决困难家庭专项救助项目,对翁牛特旗符合救助标准的27名帮助对象进行帮扶。 (刘贝贝)

【党建工作】 2021年,中钢集团组织开展全国国有企业党的建设工作会议精神落实情况"回头看"工作,开展"中央企业党建创新拓展年"活动。举办庆祝中国共产党成立100周年活动,组织开展"根植文化润初心"主题书画展等系列活动。围绕"学史明理、学史增信、学史崇德、学史力行"的目标要求,组织开展专题学习培训、"清明祭英烈"主题教育。开展"我为群众办实事"实践活动,完成中钢集团青年公寓建设、改善职工餐厅餐饮质量等140个重点项目。中钢洛耐科技股份有限公司"不忘初心,信念永恒——洛耐职工怀念习仲勋同志展览"被列为国务院国资委和中国宝武首批红色教育基地。 (刘贝贝)

【企业文化建设】 2021年,中钢集团推进与中国宝武企业文化融合工作。实施《加强与中国宝武企业文化融合的工作方案》,加强中国宝武企业文化的宣传贯彻,参与中国宝武"金牛奖"评选,组织开展学习中国宝武130年简史、中国宝武司歌"云合唱"、中国宝武企业价值观主题宣传日等活动,参加中国宝武首个"公司日"活动。组织拍摄的音乐短片《中国宝武司歌》获中国宝武司歌音乐短片大赛一等奖,在中国宝武红色故事和红色记忆主题微电影微视频优秀作品征集中获一等

奖2个、二等奖3个、三等奖5个。根据共产党员白布佳事迹改编的专题片,被中国宝武推选参加国务院国资委"大国顶梁柱 永远跟党走"红色记忆视频作品评选。通过系列文化融合活动,增强了中钢集团员工对"同一个宝武"的认同感和归属感。 (刘贝贝)

【中钢集团大事纪要】
1月4日,中钢集团获批"国家新材料知识产权运营中心"。

1月9日,中钢集团参与研制的全球首批高温气冷堆核燃料元件发往山东省荣成市石岛湾高温气冷堆核电站。

1月25日,中钢国际工程技术股份有限公司公开发行可转债通过中国证券监督管理委员会发行审核委员会审核。

1月26日,中钢天源股份有限公司、中钢洛耐科技股份有限公司、中钢集团鞍山热能研究院有限公司、中钢集团西安重机有限公司和中钢集团天澄环保科技股份有限公司5家企业上榜2020年工业

企业知识产权运用试点企业,入选企业数量位居钢铁行业第一。

2月9日,中钢集团获上海联合产权交易所2020年度资本运营金奖。

3月25日,中钢天源股份有限公司完成非公开发行股票定向增发。

4月10日,中钢洛耐科技股份有限公司与中科院上海硅酸盐研究所签订战略合作协议。

7月30日,中钢洛耐科技股份有限公司入选国务院国资委"国有重点企业管理标杆创建行动标杆企业、标杆项目和标杆模式"名单。

9月2日,中钢集团领导班子调整,中钢集团党委书记、董事长徐思伟调任中国航空器材集团有限公司党委书记、董事长一职。中钢集团总经理、党委副书记刘安栋负责中钢集团全面工作。

9月28日,中国质量协会发布2021年全国质量标杆名单,中钢集团邢台机械轧辊有限公司名列其中。

10月15日,中国宝武首批爱国主义教育基地(洛耐站)挂牌暨

2021年10月15日,中国宝武首批爱国主义教育基地(洛耐站)挂牌暨红色故事讲演活动在中钢洛耐科技股份有限公司举行
(施 琮摄)

红色故事讲演活动在中钢洛耐科技股份有限公司举行。

11月3日，在2020年国家科学技术奖励大会上，中钢集团天澄环保科技股份有限公司参与的"工业烟气多污染物协同深度治理技术及应用"项目获国家科学技术进步奖一等奖；参与的"钢铁行业多工序多污染物超低排放控制技术与应用"项目获国家科学技术进步奖二等奖。

11月11日，中钢天源股份有限公司获评"科改示范企业"专项评估优秀企业。

11月16日，中钢集团赴俄罗斯工作组完成抗击新冠肺炎疫情任务返回北京。

12月21日，中钢集团马鞍山矿山研究总院股份有限公司"工业（铁精矿）产品质量控制和技术评价实验室"入选工业和信息化部公布的第五批国家工业产品质量控制和技术评价实验室名单。

12月23日，中钢集团海外社会责任实践获评《中央企业海外社会责任蓝皮书（2021）》优秀案例。

12月24日，中钢集团鞍山热能研究院有限公司作为依托单位的炼焦技术国家工程研究中心通过优化整合评价，被纳入国家发展和改革委员会"国家工程研究中心"新序列管理。 　（刘贝贝）

中钢集团下属子公司一览表

企业名称	地　址	注册资本（万元）	主要经营范围	持股比例	在岗员工（人）
中钢科技发展有限公司	北京市海淀区海淀大街8号	5 000.00	探矿、选矿、热工、环保、耐火材料、磁性材料、核石墨材料、金属制品、工程设计等领域的科技研发、咨询服务、产品销售	100%	5 321
中钢国际工程技术股份有限公司	北京市海淀区海淀大街8号中钢国际广场	125 666.29	国内外大型工业工程项目总承包	54.60%	1 879
中钢装备技术有限公司	河北省邢台市信都区新兴西大街1号	20 000.00	轧辊、冶金设备、矿山机械等的设计和制造	100%	4 890
中钢矿业开发有限公司	北京市海淀区海淀大街8号	61 067.00	矿业技术服务及咨询，铁矿、钼矿、矾矿、镍矿、锰矿、铬矿、萤石产品销售与加工，矿用设备及相关材料的销售	100%	618
中钢海外资源有限公司	中国香港特别行政区	40 515.00	海外矿产资源全球一体化经营，主营铁、铬、锰、镍等矿种的开发、采选矿、冶炼、贸易、物流及矿业技术服务	100%	59
中钢国际贸易有限公司	北京市海淀区海淀大街8号	10 000.00	铁矿石、合金矿、铁合金、废钢、煤焦、有色金属等冶金产品的国际贸易及相关国内贸易	100%	528
中钢资产管理有限责任公司	北京市海淀区海淀大街8号A座	16 701.00	资产处置	100%	64
中钢期货有限公司	北京市海淀区海淀大街8号	28 000.00	商品期货经纪、金融期货经纪、期货投资咨询、资产管理业务	98%	110
中钢集团衡阳重机有限公司	湖南省衡阳市珠晖区东风路1号	49 854.00	盘活资产、解决历史遗留问题	100%	187

（刘贝贝）

昆明钢铁控股有限公司

【概况】 昆明钢铁控股有限公司（简称昆钢公司）的前身为抗日战争时期创办的中国电力制钢厂和云南钢铁厂。1937年抗日战争全面爆发后，上海国立中央研究院工程研究所内迁昆明。1939年2月22日，由国民政府经济部、云南省政府、省地方商人三方入股成立股份公司，在云南省昆明市安宁县建设中国电力制钢厂。1940年5月，在安宁县城旁建云南钢铁厂。1950年3月，中国人民解放军昆明市军管会接管中国电力制钢厂和云南钢铁厂。1951年，两厂归属西南军政委员会工业部机械工业管理处领导。1952年，中国电力制钢厂更名为"208厂"，云南钢铁厂更名为"209厂"，隶属西南局工业部钢铁管理局。1953年，两厂合并成为中央人民政府重工业部钢铁管理局西南钢铁分公司105厂。1955年，更名为"昆明钢铁厂"，划归重工业部钢铁工业管理局领导。1958年，划归云南省人民委员会管理。1959年，更名为"昆明钢铁公司"。1966年，更名为"安宁钢铁厂"，于1968年划归昆明市管理。1969年，更名为"昆明钢铁厂"，划归云南省冶金局领导。1979年，更名为"昆明钢铁公司"。1992年，更名为"昆明钢铁总公司"，隶属云南省冶金总公司管理。1999年，改制为昆明钢铁集团有限责任公司。2003年，成立昆明钢铁控股有限公司。2007年8月，引进战略投资者武钢集团重组昆明钢铁集团有限责任公司下属昆明钢铁股份有限公司，成立武钢集团昆明钢铁股份有限公司（简称武昆股份）。

2021年2月1日，云南省人民政府与中国宝武签订合作协议，昆钢公司由中国宝武托管，参照一级子公司管理。昆钢公司主要业务包括钢铁冶金、矿产资源、水泥建材、现代物流、文旅大健康、煤焦化工、新型材料、节能环保、装备制造、职业教育和园区产业等，其中钢板块包括安宁基地（俗称昆钢新区）、红河钢铁有限公司（简称红钢公司）、玉溪新兴钢铁有限公司（简称玉钢公司）3个生产基地。全年，生产钢714.25万吨、焦炭184.39万吨、水泥1 755万吨，实现汇总营业收入483.91亿元，合并利润总额17.58亿元。年底，在册员工26 590人，在岗员工23 994人。 （王子安）

【企业负责人简介】 王素琳，1963年5月生，湖北大冶人，中共党员，正高职高级工程师，昆明钢铁控股有限公司（昆明钢铁集团有限责任公司）党委书记、董事长（2021年4月起）。

马德，1968年10月生，云南红河人，中共党员，正高职高级工程师，昆明钢铁控股有限公司（昆明钢铁集团有限责任公司）总经理、党委副书记、副董事长。 （吴 婕）

【深化改革】 2021年，昆钢公司以全面融入中国宝武为契机，通过抓重点、补短板、强弱项，提升企业的管控效率、运行效率和管理效益。承接中国宝武8个改革模块，组织实施126项改革，全年完成国企改革三年行动任务总量的87.30%。推进公司制改革和法人压减，完成非公司制企业改革30户，法人企业压减18户。推进剥离企业办社会职能，除供电改造

外，基本完成"三供一业"。按照中国宝武"昆钢公司为专业化、区域化平台公司"的定位，完成16个方面61项管理对接任务。实施专业化整合，完成工程、矿山、环保、新材料等9个业务板块的专业化整合工作。压缩管理层级，将昆明钢铁控股有限公司（昆明钢铁集团有限责任公司）与武钢集团昆明钢铁股份有限公司的管理部门进行合并，实行一套机构管理；成立炼铁、炼钢、轧钢、能源动力4个直管厂，设立物流部；构建昆钢公司和安宁、红河、玉溪3个钢铁基地为主的"一公司多基地"管控模式。 （王子安）

【企业管理】 2021年，昆钢公司以推进现代企业制度建设为重点，严格落实党委前置研究把关责任，依法落实董事会权利，推进所属子企业董事会应建尽建，初步搭建董事会向经理层授权的管理体系。建立采产销研一体化运行机制，推进财务、质检、计量、物流"四集中、四统一"。通过岗位置换，全部清除"插入式"混岗劳务协力人员。推进压减协力供应商、尽力收回协力业务工作，协力供应商、协力人员分别比2020年度减少37%、40%。健全公司制度体系，依据中国宝武"制度树"，修订制度107项。结合产业优势和发展实际，启动编制钢铁产业发展规划，谋划园区产业未来发展定位和方向。 （罗云骞）

【专业化整合】 2021年，昆钢公司有序推进专业整合工作，涉及矿山资源、环保、工程、工业品采购、信息技术、物流、智维、钛、金融、装备制造、耐材、钢铁资产、园区、气

昆钢公司专业化整合一览表

委 托 方	受 托 方	托 管 对 象	委托形式	签订日期	生效日期
昆明钢铁控股有限公司	宝华招标	云南众智招标代理有限公司	签订委托协议	4月15日	4月15日
昆明钢铁集团有限责任公司	宝钢工程	云南益民投资集团有限公司	签订委托协议	4月15日	4月15日
昆明钢铁控股有限公司	宝武水务	云南天朗节能环保集团有限公司	签订委托协议	4月15日	4月15日
昆明钢铁控股有限公司	宝钢资源	昆钢矿业资源有限公司（拟设）	签订委托协议	4月15日	5月12日
武钢集团昆明钢铁股份有限公司	宝钢资源	云南昆钢国际贸易有限公司、昆港贸易有限公司	签订委托协议	4月15日	5月12日
武钢集团昆明钢铁股份有限公司	欧冶工业品	云南泛亚电子商务有限公司	签订委托协议	4月15日	4月15日
昆明钢铁集团有限责任公司	宝信软件	云南昆钢电子信息科技有限公司	委托函	4月15日	4月15日
武钢集团昆明钢铁股份有限公司	宝武智维	云南昆钢桥钢有限公司	签订委托协议	5月28日	6月1日
昆明钢铁控股有限公司	欧冶云商	云南省物流投资集团有限公司	备忘录	5月31日	5月31日
昆明钢铁控股有限公司	财务公司	云南昆钢集团财务有限公司	签订委托协议	6月30日	于昆钢公司股权划转至中国宝武且完成工商变更登记后的次日生效
昆明钢铁控股有限公司	宝武特冶	云南钛业股份有限公司	签订委托协议	7月31日	8月1日
武钢集团昆明钢铁股份有限公司、云南天朗节能环保集团有限公司	宝武清能	气体业务和天朗能源科技有限公司	签订委托协议	12月31日	12月31日

（张　梅）

体、固体废物处置15个专业组。年底，有72家企业委托给中国宝武下属子公司管理。　　　（张　梅）

【科技创新】　2021年，昆钢公司研发投入率3.04%；申报冶金科学技术奖6项、云南省科学技术奖3项、中国宝武技术创新重大成果奖2项，其中"云南装配式钢结构抗震民居设计、制造与产业化"获云南省科学技术奖三等奖，"一种钢铁企业余能综合高效发电方法及其发电系统""一种浆体管道输送介质特性的监测方法"2项专利获第23届中国专利奖优秀奖；完成专利申请74件，发明专利申请占比50%；协同中南钢铁技术创新中心推进高线绿色低碳直接轧制技术改造项目；开发ER70S-6、H08Mn焊接用钢新产品，试制SWRH82B品种钢，并具备规模生产条件。

（杨佳妮）

【挖潜增效】 2021年，昆钢公司通过挖潜增效、开源节流，提升企业运行效率。开展"财务管理提升"专项行动，针对债务和资金潜在风险，修订应收账款、对外支付等管理办法，增强新增外部债权风险管控。加强资金管控，内部贷款较2020年初减少7.09亿元。年度管理费比上年减少9 473.58万元，销售费用比上年减少1.93亿元。实施"两金"管控，加强应收账款管理，开展授信压减工作，同口径削减授信90.97%。以2020年7月末为基准，存量外部债权收回15.81亿元；开展"盘存量、降鱼债"专项行动，控股合并外部应收账款较年初减少2.53亿元，存货较年初减少5.57亿元。围绕3年内盘活资产150亿元的挑战目标，年内完成盘活资产26.13亿元。年底，融资规模较中国宝武托管前下降

17亿元，降幅2.89%，融资保证金和担保规模较中国宝武托管前分别降低27.42%和24.70%。 （王子安）

【钢铁主业】 2021年，昆钢公司把重塑钢铁主业地位、提升竞争力作为核心关键，推进对标找差工作，高炉利用系数、焦比、燃料比、铁钢比、钢铁料消耗等关键技术经济指标得到改善。围绕制造、采购、销售等环节开展降成本工作，实施战略采购，合金长期协议占比提高到35%，进口矿长期协议比例达52.50%；废钢采购量达18.25万吨的历史最高水平，通过结构优化，累计降成本9 600万元；调整客户集中销售模式，推动销售结构优化，高毛利产品占比提高10%。与中南钢铁开展客户共享、产销协同，拓展省外市场；服务国家、云南省重大工程建设项目，供应滇中引水工程22.83万吨钢材。 （王子安）

【智慧制造】 4月16日，位于安宁基地内的昆钢智慧制造工程开工建设。昆钢公司与宝信软件、中国

建筑第三工程局有限公司、中冶集团武汉勘察研究院有限公司等单位，组织编制智慧制造工程切换上线方案93册，确定战略任务16 187项。12月15日，企业经营管控系统切换上线；12月23日，智慧操业系统在昆钢智慧中心切换上线；12月27日，合同生产计划模块切换上线；12月31日，导入大宗原燃料、资材备件、在制品、产成品初始化库存数据，昆钢智慧制造工程开始整体切换上线。 （王子安）

【重点项目】 2021年，昆钢公司把安宁基地建设项目作为钢铁主业产业提效、绿色智慧发展的核心工程，推进实现企业装备大型化、现代化。2019年12月31日，昆钢公司响应安宁市"退厂入园"工业发展战略，启动环保搬迁转型升级项目，逐步关停位于昆钢公司本部老厂区的生产厂，在安宁草铺工业园区建设新的钢铁项目。2021年9月20日，随着昆钢公司本部六号高炉停炉，运行78年的老厂区钢铁生产系统永久性停产。年

2021年12月23日，昆钢公司智慧操业系统切换上线

（李照峰 摄）

内，在安宁基地钢铁项目建设中，参建单位克服大宗原材料上涨、资金紧张、新冠肺炎疫情防控、雨季施工等困难，施工现场参建人员最高时达7 500人。11月9日，历时5年建设的大龙山铁路专用线建成并具备运行条件。12月15日，安宁基地高炉热风炉点火烘炉。年底，年产200万吨焦化项目，完成主体工艺招标及核心设备订货，一号地块详细勘察、桩边坡、场平完成，二号焦炉进入筑炉阶段。

（王子安）

【红钢公司高线绿色低碳直接轧制技术改造项目竣工】 8月16日，中国宝武首条连铸直接轧制长材产线——红钢公司高线（高速线材）绿色低碳直接轧制技术改造项目竣工。该项目总投资1 498万元，6月3日开工建设，由红钢公司与中南钢铁技术创新中心协同完成。项目确定了炼钢系统在现有基础上对连铸工艺进行优化，增设保温输送辊道和感应补热装置，满足直接轧制温度控制要求的技术路线，即通过增加弧形输送辊道、直辊道、废料剔除装置、链式横移装置和电磁感应加热炉等设备和公辅系统，完成钢坯的快速输送和补热，最终实现钢坯绿色低碳直接轧制生产工艺。其中，重点设备电磁感应炉，通过中频电磁感应加热的方式对钢坯进行加热，设备总功率为$2 \times 3 000$千瓦，可将钢坯从800℃加热到1 020℃，小时产量110吨。项目由北京首钢国际工程技术有限公司工程总承包，天人建设安装有限公司、四川富胜有限公司施工。

（余 林 杨佳妮）

【园区产业】 2021年，昆钢公司完成园区业产业各子公司业务梳理，明确企业发展定位和发展目标，推动各子公司由"一企多业"向"一企一业"过渡，市场化体制逐步建立。昆钢公司本部搬迁转型工作组完成物流园183.18公顷土地证取证及权属变更，获得地方政府的转型发展补助资金3.19亿元；云南华创文旅大健康产业集团有限公司通过盘活资产，实现增收创效2.72亿元；昆明工业职业技术学院做好万名在校学生新冠肺炎疫情防控工作；云南华云实业集团有限公司围绕安宁基地工程项目，做好厂区环境绿化和员工生产、生活设施条件改造提升等后勤保障服务；云南水泥建材集团有限公司围绕"降本提效、绿色发展"管理主题，运营指标全面改善。

（王子安）

【党建工作】 2021年，昆钢公司党委把开展党史学习教育和庆祝中国共产党成立100周年活动结合起来，开展系列专题学习、宣讲和培训活动。开展"永远跟党走"群众性主题宣传教育和为职工办实事活动；通过调查问卷"直通车"、座谈交流、访谈等形式开展职工思想动态调查，在加快整合融合的步伐中，以强化"转变观念、转变体制，转变方式，转变身份"提振干部员工精气神；严格执行党委前置研究程序，召开党委常委会55次，前置研究"三重一大"事项35次，共76项；成立武昆股份党委、纪委，完善公司治理结构；加强基层党组织堡垒建设，392个党支部实行分类定级，对42个后进党支部、新成立党支部开展达标创建，对3个党支部进行整顿，79个党组织按期换届。开展34项"党建+"品牌创建活动，推动党建与生产经营的融合；推进干部人才队伍建设，选派50人到中国宝武挂职锻炼，建立1 468人的核心人才库；建立"一人一表"的绩效考核制度，实现中层管理人员组织绩效考核全覆盖；以查办案件为抓手，强化警示教育和家风教育，提高党员干部的纪律规矩意识。深化巡察工作，开展蹲点式、穿透式调研监督检查，对3个钢铁生产基地进行专项巡察；昆

2021年8月16日，红钢公司高线绿色低碳直接轧制技术改造项目竣工 （余 林 摄）

钢公司两级纪委立案审查调查87件,给予党纪政务处分92人次。

（王子安）

【企业文化】 2021年,昆钢公司围绕融入中国宝武和企业中心工作开展企业文化建设,通过网站、微信平台,以及企业内部报纸、电视、刊物和各种会议等形式,宣传贯彻中国宝武价值观、文化理念及历史文化知识;开展"传承昆钢精神·融入中国宝武"系列文化活动,拍摄中国宝武司歌昆钢版音乐短片,组织员工学唱司歌;从制度上对接中国宝武,修订《昆明钢铁控股有限公司企业文化建设管理办法》;制定《昆钢荣誉激励项目评选与激励实施办法》,组织推选昆钢公司劳动模范标兵、科技创新成果;在安宁基地钢铁项目建设中配合进行绿化美化,植入中国宝武文化元素。 （王子安）

【品牌建设】 2021年,昆钢公司以品牌推广塑造企业新形象,参与在昆明召开的生物多样性公约缔约方大会第15次会议周边公益广告,参加第20届中国国际冶金工业展览会参展项目,利用昆明市高铁站长廊进行企业品牌宣传,筹办"我的钢铁网"云南钢铁高峰论坛,在《云南画报》上对企业文化、社会责任等专题工作进行宣传和推广;"昆钢"牌获"2021年中国优秀钢铁企业品牌"称号,位列云南省产品品牌价值榜榜首。 （王子安）

【民生实事】 2021年,昆钢公司增强企业员工对"同一个宝武"的思想认同,及"超越自我、跑赢大盘"的绩效导向认同。开展覆盖全员全岗位培训239期,提升员工适应岗位和可持续发展能力。开展"对标找差、争创一流"劳动竞赛、"献一计""技能竞赛"等群众性创新活动,推进"五星"班组建设;优化薪酬分配结构,收入分配聚焦主业,向满负荷生产、业绩和效益突出的单位倾斜,提高员工工作餐标准,新建、改造两个员工服务中心,组织第七轮员工体检,扩大员工重、特、大疾病的体检筛查范围,企业退养人员每人每月增加200元生活费;节日期间慰问员工2 350人次,发放234.84万元;帮困解困资助3 711人次,共计529.46万元;200名一线员工、30名优秀技能人才和5名基层帮扶干部参加疗、休养。公司层面实施"民生实事计划"29件,各级党组织实施"民生实事计划"1 485件。 （王子安）

【定点帮扶】 2021年,昆钢公司成立乡村振兴工作领导小组和办公室,派出驻村工作队员11人,拨付驻村工作经费22万元;通过对调整后的定点帮扶点云南省文山壮族苗族自治州广南县旧莫乡昔板村、板榔村和昭通市巧家县马树镇八皮村调研,实施基础设施建设、产业项目4个,投入帮扶资金210万元;开展消费帮扶,采购和帮销定点扶贫地区的农副产品,金额达1 259.10万元;5月,昆钢公司挂钩帮扶点调整后,帮助文山壮族苗族自治州广南县旧莫乡销售八宝米系列农副产品144吨,销售收入137万元。开展教育帮扶,募集善款9.18万元,购买474套、4 740册课外书籍,对口捐赠至中国宝武、昆钢公司帮扶的4个村小学。动员职工参加云南省"益滇同行,助力乡村振兴"互联网募捐活动,捐资20.56万元。 （王 敏）

【获得荣誉】 2021年,宣威海岱昆钢金福食品有限公司获评"全国脱贫攻坚先进集体"。云南华创文旅大健康产业集团有限公司获云南省五一劳动奖状,武昆股份炼铁厂生产技术室高级主任师李晓东获全国五一劳动奖章。红钢公司炼铁厂喷煤工段、云南水泥建材集团有限公司怒江昆钢水泥有限公司电气班组获评"云南省工人先锋号",武昆股份炼铁厂生产技术室高级主任师李晓东、云南天朗节能环保集团有限公司云南大红山管道有限公司管道运营部经理严加飞、玉溪大红山矿业有限公司选矿第二项目部一作业区作业长沈克忠、云南水泥建材集团有限公司凤庆县习谦水泥有限责任公司制造部安全员高彦豪获评"云南省第23届劳动模范",昆钢公司工会权益保障部帮扶业务主管熊英、武昆股份炼铁厂生产技术室协力管理岗李彬、云南煤业能源股份有限公司重装集团机修厂钳工组组长孔凡岗获云南省五一劳动奖章。宣威海岱昆钢金福食品有限公司副总经理毛祥涛、昆钢红河矿业有限公司员工赵斌获评"云南省脱贫攻坚先进个人"。 （张 渝）

【昆钢公司大事纪要】

1月10日,昆钢公司首发的钢材专列抵达大(理)临(沧)铁路临沧站,扩大了昆钢公司钢材产品的销售半径。

2月1日,云南省人民政府与中国宝武签订合作协议,推进中国宝武与昆钢公司联合重组。

同日,云南省国资委、中国宝武和昆钢公司签署委托管理协议,云南省国资委委托中国宝武代为管理昆钢公司。

同日,中国宝武与昆钢公司管理对接会在昆钢公司召开,启动昆钢公司纳入中国宝武管理体系工作。

2月20日,中国宝武中南钢铁成立支撑工作领导小组,指定支撑工作总代表,设置制造提升、营销采购等7个小组,全面展开支撑昆钢公司工作。

2月25日,宣威海岱昆钢金福食品有限公司获评"全国脱贫攻坚先进集体"。

4月22日,"中南·昆钢"——昆钢公司钢材广州专列首发,通过与中南钢铁开展客户共享、产销协同,拓展了公司的销售渠道。

7月8日,四川省副省长李刚率队到云南钛业股份有限公司下属攀枝花云钛实业有限公司调研。

9月20日,昆钢公司本部六号高炉出完最后一罐铁水后停炉,运行78年的昆钢公司本部钢铁生产系统永久性停产。

9月24日,云南省副省长李玛琳带队到昆钢公司凌波智慧市场调研爱国卫生"七个专项行动"工作开展情况。

12月3日,历时6年建设的"一带一路"重点项目——中老铁路通车。昆钢公司为该项目供货抗震钢等钢材52.84万吨。

12月19日,云南省委副书记石玉钢到玉溪大红山矿业有限公司调研智慧矿山建设发展情况。

12月25日,云南省级中国特色高水平高等职业技术学校和专业建设计划项目建设项目评审结果公示,昆明工业职业技术学院榜上有名。

12月30日,云南省品牌企业促进会发布"云南品牌价值信息",昆钢公司位列产品品牌价值榜榜首。　　　　（王子安）

昆钢公司下属子公司一览表

公司名称	地　　址	注册资本（万元）	主要经营范围	持股比例	在岗员工（人）
武钢集团昆明钢铁股份有限公司	云南省昆明市安宁市草铺镇	238 426.33	钢铁冶炼	47.411 7%	1 592
玉溪新兴钢铁有限公司	云南省玉溪市红塔区研和镇	169 600.00	钢铁冶炼	47.411 7%	1 654
红河钢铁有限公司	云南省红河州蒙自市雨过铺镇主街（园区）	234 553.57	钢铁冶炼	47.411 7%	1 589
云南煤业能源股份有限公司	云南省昆明市西山区环城南路777号昆钢大厦13楼	98 992.36	煤焦、化工生产	60.19%	1 988
云南水泥建材集团有限公司	云南省昆明市西山区环城南路777号昆钢大厦8楼	132 122.00	水泥建材生产、销售	50%	3 980
昆明工业职业技术学院	云南省昆明市安宁市昆钢建设街中段	1 404.00	普通高等职业技术教育	100%	324
云南永乐海外投资有限公司	云南省昆明市西山区环城南路777号昆钢大厦7楼	100 000.00	国际产能项目研究、项目管理、国际贸易	100%	31
云南华创文旅大健康产业集团有限公司	云南省昆明市西山区环城南路777号昆钢大厦	10 000.00	大健康、文化旅游、酒店管理	100%	294
云南华云实业集团有限公司	云南省昆明市安宁市昆钢建设街	15 574.00	物资贸易、园林绿化、物业管理、餐饮	100%	731
云南昆钢建设集团有限公司	云南省昆明市安宁市昆钢红卫山机制公司办公楼	11 000.00	建筑、装饰工程项目建设、钢结构、房地产销售等	100%	592

（续　表）

公司名称	地　　址	注册资本（万元）	主要经营范围	持股比例	在岗员工（人）
云南昆钢资产经营有限公司	云南省昆明市安宁市金方街道办事处昆钢朝阳路20号	6 000.00	企业自有资产经营管理	100%	519
昆明焦化制气有限公司	云南省昆明市大板桥街道办事处沙沟社区文博路	115 000.00	土地盘活管理	100%	89
云南省物流投资集团有限公司	云南省昆明市西山区环城南路777号昆钢大厦	100 000.00	物流运输管理	100%	890
云南天朗节能环保集团有限公司	云南省昆明市安宁市昆钢向阳东路98号	43 666.67	节能环保	100%	577
云南楚丰新材料集团有限公司	云南省楚雄彝族自治州禄丰县土官工业园区	15 082.79	稀有金属材料、金属粉末研发、生产及销售	100%	311
玉溪大红山矿业有限公司	云南省玉溪市新平彝族傣族自治县戛洒镇小红山	105 500.00	矿石采选	100%	977
红河矿业有限公司	云南省红河州蒙自市雨过铺镇建安水泥厂内	14 036.00	矿石贸易	100%	111
临沧矿业有限公司	云南省临沧市镇康县凤尾镇芦子园天生桥	10 000.00	矿石采选	100%	103
攀枝花昆钢集团有限公司	四川省攀枝花市盐边县红格镇	41 112.00	矿石贸易	100%	6
云南昆钢矿业有限公司	云南省玉溪市红塔区大营街玉家路108号汇龙生态园内	50 000.00	贸易业务	100%	48
云南昆钢电子信息科技有限公司	云南省昆明市安宁市昆钢朝阳路	4 534.70	软件及信息技术服务	100%	227

（罗云骞　徐　瑾）

重庆钢铁（集团）有限责任公司

【概况】　重庆钢铁（集团）有限责任公司（简称重钢集团）的前身为张之洞于1890年创办的汉阳铁厂。2017年12月29日，重钢集团下属重庆钢铁股份有限公司完成司法重整，从重钢集团剥离。

2020年12月21日，中国宝武托管重钢集团。2021年4月14日，重钢集团启动产业专业化整合，宝钢资源、宝武清能、宝武环科、宝武炭材分别受托管理重钢集团的矿山运营、空分运营、冶金固体废物、研发业务，重钢集团主要从事产业园区业务。全年，重钢集团实现营业收入78.18亿元（快报数，下同），利润总额6.94亿元。年底，管理口径在册员工2 586人，

在岗员工2 450人。

（陈琳琳　彭华玲　陈里林）

【企业负责人简介】　刘大卫，1963年9月生，重庆潼南人，中共党员，研究员，正高级工程师，重钢集团党委书记、董事长。　　（刘　虎）

【专业化整合】　2021年，重钢集团启动产业专业化整合工作。根据中国宝武总经理常务会通过的

《重钢集团专业化整合方案》，经重钢集团董事会4月12日同意，自4月15日起，重庆钢铁集团电子有限责任公司委托宝信软件管理；重庆钢铁集团运输有限责任公司委托欧冶云商管理。4月14日，重钢集团与宝钢资源、宝武特冶、宝武清能、宝武环科分别签订委托管理协议，将重庆钢铁集团矿业有限公司、重庆重钢矿产开发投资有限公司委托宝钢资源管理，重庆钢铁研究所有限责任公司委托宝武特冶管理，重庆朝阳气体有限公司、重庆钢铁集团产业有限公司气体分公司委托宝武清能管理，重庆钢铁集团产业有限公司委托宝武环科管理。　　　　　（王　祯）

【经营效益】　2021年，重钢集团产权口径实现营业收入78.18亿元；实现利润总额6.94亿元，剔除改革成本2.50亿元，夯实资产等处理历史遗留问题2.73亿元，实现生产经营利润12.17亿元。管理口径实现营业收入30.45亿元，实现利润总额0.84亿元，剔除改革成本等因素，实现绩效利润1.53亿元。

（彭华玲）

【企业管理】　2021年，重钢集团按照体系建设、内控执行、监督评价"三步走"的工作要求，完善内控体系，制定《重钢集团全面风险与内控合规管理制度》；建立年度重大、重要风险的管理档案，研究确定年度重大风险3项、重要风险2项；发布《重大风险应急总预案》及重大经营、重大安全、公共卫生、环保突发事件等9个专项应急预案，开展应急培训及演练，重大、重要风险管控情况每季度向董事会汇报，编辑《重钢集团全面风险管理季度工作简报》3期。新建制度41个，修订制度27个，废止制度27个。完成10户法人企业（含参股企业）压减，12户集体性质企业处置，5户4级企业管理层级提升。制订三年成本削减计划，全年降成本2492万元；制订净资产收益率三年提升计划，全年净资产收益率为11%；制订扭亏增盈计划，剔除改革成本及无法支付的应付款项转收益两项因素影响，管理口径实际亏损户数11户，较年初减少4户。

（陈琳琳　何　俐　胡　洁　彭华玲）

【落实国企改革三年行动方案】2021年，重钢集团贯彻落实国企改革三年行动方案，编制下发实施方案，落实资产剥离过程中的相关债权、股权和资产处置，完成管理对接、专业化整合、法人压减、剥离企业办社会职能、厂办大集体改革、经营管理团队任期制契约化管理、转型发展规划、组织机构调整等年度目标任务。年内，"一企一表" 73项任务举措完成63项，完成率86.30%。　　　　　（温勇耀）

【战略规划】　2021年，重钢集团编制《重钢集团转型发展方案（初稿）》。聘请第一太平戴维斯物业顾问（重庆）有限公司作为公司转型发展的技术支撑，编制《"十四五"期间三年滚动发展专项规划》，完成资产盘点，形成《重钢集团产业园区业政策环境分析与发展策略研究报告》。选聘冶金工业规划研究院对重庆重钢矿产开发投资有限公司退出澳大利亚伊斯坦鑫山铁矿项目进行风险评估，编制《伊斯坦鑫山铁矿项目退出风险评估报告》；延长托管期限，签订《重庆市国有资产监督管理委员会与中国宝武钢铁集团有限公司、重庆钢铁（集团）有限责任公司关于重庆钢铁（集团）有限责任公司委托管理协议》的《补充协议》；推动重庆渝富控股集团有限公司、重庆千信集团有限公司分别对重庆钢铁集团矿业有限公司1.81%和重钢西昌矿业有限公司5.446%股权划转工作，编制受让股权方案和可行性研究报告；获重庆市国资委对重庆新港装卸运输有限公司55%股权、重庆对外经贸（集团）有限公司3.33%股权无偿划转重庆国创投资管理有限公司的批复；重钢集团与浦桥（重庆）企业管理咨询合伙企业（有限合伙）就重庆钢铁（香港）有限公司100%股权完成产权交易；通过大宗交易定向出售1.30亿股重庆钢铁股票给中国宝武，化解重庆钢铁集团矿业有限公司6.47亿元债务偿还风险；推进重庆钢结构产业有限公司部分股东调整出资义务工作；重庆桥润建筑工程有限公司100%股权完成公开挂牌出售；完成重庆嘉溢华科技实业有限公司15%股权转让；启动六枝工矿（集团）习水马临煤业有限责任公司22%股权、重庆市富环建筑材料有限责任公司48%股权退出工作。　　　　　（胡　婷）

【转型发展】　7月27日，重钢集团成立项目发展筹备组，赋予其规划策划、市场招商、信息化建设、项目制落地等职能。全年盘点重钢集团范围内的土地1800公顷、房产120万平方米，梳理存量可利用的土地200公顷，房产34.80万平方米；成立16个项目部，公开选聘56名骨干；与属地政府搭建招商平台，与相关部门建立沟通渠道，15家运行项目部接待85家潜在客户；公开选聘第一太平戴维斯物业顾问（重庆）有限公司作为转型咨询单位，完成重钢集团转型发展方案及"十四五"期间三年滚动发展专项规划。

（黄　乾）

【科技研发】　2021年，重钢集团围绕矿产资源开发、钢结构产业技术研发、新产品开发、电子信息等方面开展技术攻关。通过项目征集、初审、论证，下达年度技术攻关项目计划23项，完成"装配式多高层钢结构住宅建筑结构体系技术攻关""废钢预热装置在重庆钢铁炼钢厂炼钢系统的应用""垃圾焚烧厂房在地震烈度9度区的结构设计研究"等22个攻关项目，攻关完成率95.70%。申请职务发明专利11件，其中发明专利6件、实用新型专利5件。编制《装配式钢结构建筑技术标准》，4月1日由重庆市住房和城乡建设委员会发布实施。

（陈　强）

【安全环保】　2021年，重钢集团排查安全环保隐患2 456项，整改率100%，整改完成率99.40%，整改防范措施落实100%。对消防设备、设施、消防安全重点部位、老旧员工宿舍，及重庆三钢钢业有限责任公司轧机系统现场开展消防安全专项整治，排查消防安全隐患26项，整改26项；开展环保自查自纠，排查环境问题61项，完成治理58项，治理中3项。全年，较大及以上安全事故为零，重伤及工亡事故为零，火灾事故为零，环境保护事件为零，新增职业病为零。

（李金甫）

【投资管理】　2021年，重钢集团完成投资10.435 4亿元，其中完成固定资产投资4.592 7亿元、长期投资5.842 7亿元。完成投资额较大的项目有：重钢西昌矿业有限公司1 000万吨/年采选扩建工程4.123 6亿元，重庆钢结构产业有限公司债转股重庆钢铁集团建设工程有限公司2.585 4亿元，重钢集团债转股重庆钢铁集团钢管有限责任公司2.62亿元，重庆钢结构产业有限公司武胜顺安建筑管理有限公司股权项目0.25亿元，重庆朝阳气体有限公司气体输配系统综合技术改造项目0.173 8亿元。

（杨　俊）

【人力资源管理】　2021年，重钢集团清退劳务派遣及退休返聘人员139人。完成重庆市能源投资集团有限公司退出煤矿员工定向安置工作，接收安置6人；公开招聘员工27人。年底，在岗员工2 450人，比上年减少336人。（陈里林）

【员工队伍建设】　2021年，重钢集团开展C层级及以上管理人员培训841人次，其他管理人员培训8 400人次、技术业务人员培训4 548人次、操作维护人员培训5 463人次，培训费用454万元，共20.08万学时。开展2021年度专业技术人员职称评审，获评正高级工程师5人、建筑类高级工程师8人、高级会计师1人、高级经济师3人、冶金类高级工程师29人、工程师63人、助理工程师25人。（谭小锋）

【获得荣誉】　2021年，重庆钢铁集团设计院有限公司负责的"重庆市第三垃圾焚烧发电厂项目"获重庆市勘察设计协会岩土工程勘察三等奖，重庆三环建设监理咨询有限公司负责的"重庆洛碛垃圾焚烧发电厂项目监理部项目"获重庆市建设工程质量协会颁发的"三峡杯"优质结构工程奖。重庆钢铁集团设计院有限公司工程总包部经理黄会元获评"重庆市第六届劳动模范"。

（王　祯）

【重钢集团大事纪要】
　　1月20日，重庆市人民政府批复同意重庆市国资委将所持重庆钢铁（集团）有限责任公司90%股权无偿划转给中国宝武。
　　3月6日，四川省凉山彝族自治州委常委、西昌市委书记马辉一行到重钢集团考察，与重钢集团就重钢西昌矿业有限公司发展进行深入交流。
　　4月6日，《重庆钢铁（集团）有限责任公司改革三年行动实施方案（2020—2022年）》经重钢集团党委第199次会议审议通过。
　　4月14日，重钢集团专业化整合委托管理协议签约仪式在重庆渝州宾馆举行。会上，矿山运营业务组受托方宝钢资源、空分运营业务组受托方宝武清能、冶金固废业务组受托方宝武环科、研发业务组受托方宝武特冶分别与委托方重钢集团签约。
　　4月28日，重钢集团档案馆被中国宝武党委命名为"中国宝武首批爱国主义教育基地"。
　　5月21日，重庆市档案馆和四川省档案馆联合开展的"印记100"——川渝地区档案馆红色珍档发布暨品读活动在四川省成都市举行，向社会公布首批100件（组）川渝地区档案馆馆藏红色珍档名录库。重钢集团2份红色珍档入选，1份红色珍档入围。

6月28日，中国宝武首批爱国主义教育基地（百年重钢站）挂牌暨红色故事讲演活动在重庆工业博物馆举行。

9月17日，宝武特冶航研科技有限公司揭牌成立。

12月21日，重钢集团举行"星辰大海 伟大征程"经典诵读暨文化丛书首发活动，发行《纪念重钢建厂130周年文化丛书》和重钢职工作家何鸿创作的长篇小说《大西迁》。

12月31日，中国宝武标准财务系统对接覆盖重钢集团。

（王 祯）

重钢集团下属子公司一览表

公司名称	地 址	注册资本（万元）	主要经营范围	持股比例	在岗员工（人）
重庆钢铁（集团）钢管有限责任公司	重庆市长寿区江南街道江南大道2号	13 000.00	生产、销售无缝钢管	100%	209
重庆三环建设监理咨询有限公司	重庆市大渡口区重钢大堰二村电讯大楼	2 000.00	工程监理、设备监造、造价咨询、招标代理、工程项目管理代理服务	100%	100
重庆钢铁（集团）中兴实业有限责任公司	重庆市江北区三钢二路29号、31号、33号	2 000.00	房地产开发及车库、门面的租赁业务	100%	86
重庆市大渡口区千业教育培训有限责任公司	重庆市大渡口区跃进村30号	1 000.00	职业技能培训	100%	59
重庆东华特殊钢有限责任公司	重庆市沙坪坝区双碑团结坝155号	5 984.25	生产、销售特殊钢材及制品（2011年9月停业）	100%	0
重庆钢铁集团铁业有限责任公司	重庆市江津区夏坝镇江钢街	39 919.57	生产、销售生铁（2015年7月停业）	100%	38
重钢集团耐火材料有限责任公司	重庆市沙坪坝区双碑石堰沟191号	6 254.25	生产、销售耐火材料及制品（2013年10月停业）	100%	9
重庆三钢钢业有限责任公司	重庆市大渡口区茄子溪刘家坝	8 325.21	生产、销售无缝钢管	66.84%	204
重庆钢结构产业有限公司	重庆市江北区江北嘴金融城3号楼	200 000.00	各类工程设计、施工、总承包业务	35%	1 205
重庆钢铁集团朵力房地产股份有限公司	重庆市大渡口区钢花路8号钢城大厦	33 218.02	房地产开发及销售，自有房屋出租	71.57%	368
靖江三峰钢材加工配送有限公司	江苏省靖江经济开发区新港园区康桥路1号	7 000.00	钢材加工及配送（2016年4月停业）	72.86%	2
重庆新港装卸运输有限公司	重庆市大渡口区江边综合原料厂（新港港区）	2 000.00	集装箱、件杂货装卸业务（2019年4月停业）	55%	1
重庆四钢钢业有限责任公司	重庆市綦江区三江街道	30 740.00	生产、销售冷轧带钢及镀铅板等钢材	89.98%	24

（胡 洁）

编辑：李 冰

16

党群工作

党群工作

党委工作

2021年，中国宝武有党组织3 669个，其中党委309个、党总支285个、党支部3 075个，党员86 519人（不含重钢集团、昆钢公司、重庆钢铁）。　　（李天韵）

组织党建工作

【概况】　中国宝武钢铁集团有限公司组织工作由党委组织部推进落实。其主要职责是：组织落实全党重大活动，落实党委民主生活会制度，落实上级和集团公司党代表的选举、任期制和联络服务工作，推进二级单位党委建立、撤销、合并、调整、更名，指导二级单位"两委"班子换届、调整和增补，负责集团公司总部党群部门设置和职能分工，指导二级单位党委加强基层党组织建设，推动基层党组织带头人、党务工作者队伍建设，指导属地化党组织、境外党组织开展党建工作，推进党建信息化建设，指导党建研究会、党支部书记研修会有关工作，发展党员、党员教育管理，组织关系管理、党费收缴使用和管理，党内统计年报，党内关怀、激励帮扶等工作。　　（李天韵）

【落实庆祝中国共产党成立100周年相关工作】　2021年，集团公司党委以"红色基因百年辉煌，钢铁报国铸梦起航"为主题，策划召开庆祝中国共产党成立100周年座谈会，中国宝武党委书记、董事长陈德荣讲授主题党课，新党员入党宣誓、党员代表座谈交流等环节顺利开展。严格把关，落实好"两优一先"评选表彰宣传。经推荐，宝钢股份中央研究院王利获"全国优秀共产党员"称号，宝钢湛江钢铁有限公司党委获评"全国先进基层党组织"；完成集团公司"两优一先"评选表彰工作，评选出200名优秀共产党员、100名优秀党务工作者和100个先进基层党组织。协同集团公司党委宣传部编写《初心如磐——"三个百优"风采录》，宣传先进典型。落实完成向集团公司987名老党员颁发"光荣在党50年"纪念章工作，并组织开展老党

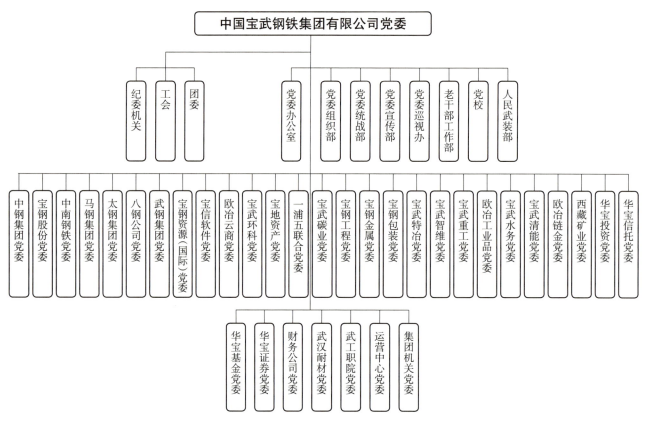

中国宝武钢铁集团有限公司党群组织机构图（2021年12月）

员、困难党员走访慰问活动。

（李天韵）

【党史学习教育】 2021年，集团公司党委严格完成规定动作，学习

教育活动期间，党员领导人员讲党课3 800人次，3 355个基层党（总）支部完成专题组织生活会，落实巡回指导要求，全覆盖穿透式验证推进，确保党史学习教育走深走实。

2021年7月1日，中国宝武党委召开庆祝中国共产党成立100周年座谈会，表彰一批先进集体和个人

（施 琮摄）

聚焦群众"急难愁盼"，推动"我为群众办实事"实践活动，研究制定第一批13个和第二批6个重点工作项目，加强过程跟踪，督促各级党组织把实事办好、把好事办实，为群众解决"急难愁盼"问题办实事25 837件；在对基层1 710人随机无记名问卷调查中，"非常满意"为1 320人，"基本满意"为380人，对"办实事"项目综合满意度为99.42%。开展全国国有企业党的建设会议精神贯彻落实情况5周年"回头看"，在中央企业党委副书记党建工作研讨会上，中国宝武作为五家中央企业之一作交流发言。

（李天韵）

【加强"三基建设"】 2021年，集团公司党委加强党建工作标准化规范化建设，编写和下发《中国宝武党委工作标准和党支部工作标准》，提升制度层面建设水平。提升基层组织建设，分类指导19家二级单位党委换届选举工作。根据联合重组进程，将中钢集团党委党的关系由国务院国资委党委调整为中国宝武党委，并开展党建工作对接。组建"三基建设"专项检查工作组，以驻点现场检查验证为主、以"宝武党建云"线上检查验证为辅，分2批对29家党委开展检查指导。

（李天韵）

2021年7月1日，中国宝武一批新党员入党宣誓　　　（施　琮　摄）

【调整7家直属党组织】　2021年，集团公司党委将太钢集团党委调整为隶属于中国宝武党委，将宝钢发展党委、马钢交材党委调整为不再隶属于中国宝武党委；撤销上海不锈、宝钢特钢2家党委；华宝证券、宝武碳业2家党委更名。

（李天韵）

【推选人大代表和政协委员】2021年，集团公司党委统筹推进、有序组织中国宝武宝山区2.60万名选民、浦东新区1 685名选民投票选举区人大代表，来自中国宝武的22名候选人当选上海市宝山区、浦东新区、杨浦区人大代表；19人提名为上海市宝山区、浦东新区、普陀区政协委员。　（李天韵）

【探索常委设置及"两委委员"退出机制】　2021年，集团公司党委研究提出二级单位党委常委制设置有关规则建议，明确常务委员会设置的原则和程序；结合党内最新规定，研究提出二级单位"两委"（党委、纪委）委员退出的有关规则，并指导7家二级党委落实相关工作。　　　　（李天韵）

【党支部书记研修会建设】　2021年，集团公司党委优化党支部书记研修会组织机构，强化集团公司总部研修会的引领作用，激发各区域总部研修分会的协同作用；组织2批83人赴太钢集团、马钢集团进行学习研修。　　　（李天韵）

【培训党组织负责人、党务工作者】2021年，集团公司党委组织三级及以上党委43名党委书记、专职副书记参加基层党组织负责人培训，提高政治站位、拓展战略视野、提升履职能力；加强新时代统战工作干部队伍建设，举办集团公司统战干部专题研修，28名组织统战干部参加学习。　　　　（李天韵）

【发展党员】　2021年，集团公司党委发展党员1 503人。其中，发展一线党员1 351人，占比89.90%；发展工人党员707人；发展本科学历党员709人；发展研究生学历党员114人，占比7.60%；发展高级专业技术职务党员39人；发展女党员302人；发展35岁及以下党员

854人。　　　　　　　（李天韵）

【党费集中管理】　2021年，集团公司党委加强党费使用监管，优化党费集中管理模式，推进以区域总部为基本单元的党费财务管理共享试点，完成系统上线及5大区域、254个责任中心的党费收缴工作。　　　　　　　（李天韵）

【落实"乡村振兴"相关工作】2021年，集团公司党委结合定点帮扶县实际，分解制定"组织振兴"考核指标和重点任务，建立月度跟踪督查机制。发挥基层党建优势，按照"一带一"方式，全年与定点帮扶县的36个党支部开展共建活动，助力农村基层组织建设；发动党员干部捐款捐物124万元，开展助学、帮困等，帮助定点帮扶县的群众解决实际困难。　（李天韵）

思想政治工作

【概况】　中国宝武思想政治工作由集团公司党委宣传部管理，主要负责习近平新时代中国特色社会

主义思想和党的路线方针政策的宣传教育、组织开展党委理论学习中心组学习、落实意识形态工作责任制、形势任务教育的策划指导等。　　　　　　（张　婧）

【党委理论学习中心组学习】　2021年，集团公司党委把学习贯彻习近平新时代中国特色社会主义思想作为党委理论学习中心组学习的首要政治任务，围绕党史学习教育的总体要求，组织开展13次集中学习。原原本本学习原文，学习习近平总书记在党史学习教育动员大会上的重要讲话精神、习近平在庆祝中国共产党成立100周年大会上的重要讲话精神、党的十九届六中全会精神等，研读习近平《论中国共产党历史》等党史学习教育指定材料。联系实际深入研讨，与集团公司中心工作紧密结合，围绕"解决'卡脖子'问题""我为群众办实事""开新局、谱新章""提升防风险能力""加强国企党建""深入开展调查研究"等组织开展专题学习研讨，开展大调研并在第12期决策人研修班上进行集中发布。系统进行培训，围绕中心组学习的主题内容，举办5次专题培训，邀请原中央文献研究室副主任陈晋、中央党校教授董振华和中央企业党史学习教育第二指导组组长卢纯等作专题辅导报告。　　　　　　（张　婧）

【意识形态工作责任制】　2021年，集团公司党委强化责任意识、落实责任担当，在集团公司范围内试行意识形态工作责任人和意识形态阵地运营负责人"承诺制"。各二级单位党委书记全部签署《党委意识形态工作责任承诺书》，并

2021年，中国宝武开展党史学习教育，9月24日举办党史知识竞赛　　（施　琮摄）

逐级与各级党组织负责人、意识形态阵地运营负责人签订承诺书。为迎接庆祝中国共产党成立100周年，组织开展意识形态风险隐患排查，确保意识形态安全。对庆祝中国共产党成立100周年意识形态工作情况进行梳理形成报告，集团公司党委常委会专题并开展研究。根据党委常委会意见，对在校学生意识形态工作进行调研、检查、指导，召开各校区座谈会，制订完善管理举措。组织召开意识形态工作专题会议，通报意识形态工作情况，交流工作经验。　　（张　婧）

【形势任务教育】　2021年，集团公司党委宣传部围绕学习贯彻习近平新时代中国特色社会主义思想、党史学习教育、庆祝中国共产党成立100周年、践行公司使命愿景战略、深化改革等主题，加强形势任务的宣传教育，凝聚共识、汇集力量。在中国宝武融媒体平台策划开设"扎实开展党史学习教育，推动宝武加快建设世界一流伟大企业""丹心碧血铸钢魂""我为

群众办实事""我的入党故事""党史青年说"等15个特色专栏，推出156个专版，发布1 100条报道。通过"清明祭英烈""宝武创新大咖讲""党史青年说"等活动，面向全员开展"四史"宣传教育，形成"知党、爱党、感党恩"的氛围。　（张　婧）

纪检监察工作

【政治监督】　2021年，集团公司纪委围绕"立足新发展阶段、贯彻新发展理念、构建新发展格局，推进高质量发展"主题开展监督。完成对42家基层单位党委的监督检查，推动基层党组织建立上下联动、同题共答工作机制，保障《关于学习贯彻习近平总书记考察调研中国宝武重要讲话精神的实施意见》的11个方面33个具体项目落实落地。聚焦贯彻落实习近平总书记关于中国宝武碳达峰、碳中和的重要批示精神，加强监督，组织对26家基层单位进行现场检查。聚焦贯彻落实党中央重大决策部署，加强监督，督促开展党史学习教育，督促落实国企改革三年行动方案，督促推进供

给侧结构性改革,督促做好钢产量压减工作,督促履行乡村振兴责任,监督新冠肺炎疫情防控责任落实到位,进一步提高政治监督的质效。

(丁敏玮)

【日常监督】 2021年,集团公司纪委发挥"监督保障执行、促进完善发展"作用,推进中国宝武治理体系和治理能力现代化,围绕完善监督体系、监督重点、监督方式方法等方面,开展日常监督工作。探索构建与"一总部多基地"管控模式相匹配的大监督体系。协调组建团队研究策划、制订大监督体系建设推进方案,推进以"上下联动、区域管理、交叉监督"为重点的工作机制建设;贯通融合纪检、巡视、审计、财务、法务、合规风控等监督力量,定期开展监督会商,推动生产经营相关领域廉洁风险管控;把制度建设作为完善监督体系的基础,修订《关于实行党风廉政建设责任制的规定》等制度。深化"违规经商办企业"专项整治,给予党纪处分10人次、政纪处分3人次、组织处理组织措施26人次;逐项核查审计署提供的1 845条信息,给予党纪处分34人次、政纪处分32人次;加强对供应商管理,全年集团公司禁入618家供应商、各二级单位禁入1 015家供应商;会同集团公司能源环保部,深化生态环境保护专项监督,对长江沿岸企业堆放建筑垃圾不查不究的相关人员进行查处,给予批评教育、诫勉谈话6人次;开展社保缴纳专项清理整顿,依规依纪依法处置问题线索,对26名相关管理者和工作人员追责问责。协助制定中国宝武党委关于加强对"一把手"和领导班子监督的实施意见,细化为15项重点工作举措;协助集团公司党委书记完成对二级单位"一把手"全覆盖监督谈话;指导基层单位纪委开展政治生态分析、班子成员述责述廉等工作。

(丁敏玮)

【巡视反馈问题整改监督】 2021年,集团公司纪委聚焦监督实效和整改成效,推进巡视巡察监督工作。督促各级党委、纪检组织分别履行好主体责任、监督责任,推动整改向基层延伸,确保整改取得实效。将中央巡视反馈问题整改落实情况纳入日常监督工作之中,开展综合督导验证强化过程监管,完成2项整改措施及3项专项攻关项目的整改;对完成的146项整改举措及1个专项攻关项目,采用抽查验证方式到17家基层单位党委进行督导;开展集团公司党委巡视反馈问题整改落实情况专项监督,组织各级纪检组织处置各类问题线索44件,立案8件,给予党纪政纪处分9人次;制定巡视反馈问题整改监督工作规范和巡视整改评价、约谈机制,促进被巡视单位党委扛起整改主体责任。

(丁敏玮)

【反腐败工作】 2021年,集团公司纪委及各级纪检组织强化"不敢腐"的震慑机制,各级纪检组织受理信访举报等1 164件,经研判处置问题线索709件,立案231件,结案236件,党纪政纪处分245人次。严厉打击职务违法、职务犯罪,查处乐同宇(非中共党员)涉嫌贪污、合同诈骗案件和施世忠严重违纪违法案件。强化"不能腐"的防范机制,修订完善《关于进一步规范领导人员和管理者及其亲属、其他特定关系人经商办企业的规定》等制度。强化"不想腐"的自律机制,盯牢"关键少数"加强教育,组织领导干部学习党规党纪,集团公司纪委负责人为新任党委书记、副书记等培训班讲授纪律处分条例及违规违纪案例等。常态化开展案件警示教育,通报典型案例74件次,其中专题通报违规经营案件5件次。

(丁敏玮)

【作风建设】 2021年,集团公司纪委深挖细查违反中央八项规定精神问题,立案44件,给予纪律处分48人次,对负有审核职能的28名财务人员进行追责问责;严肃查处不担当、不作为等管理责任落实不到位等问题,问责85人次。

(丁敏玮)

【队伍建设】 2021年,集团公司纪委坚持纪法教育从严,统筹安排35人次参加中央纪委、国家监察委员会组织的培训。自办2期纪检干部集中培训班,培训200多人次。常态化开展纪法知识学习,组织纪检干部学习《中华人民共和国监察法实施条例》《关于进一步推进受贿行贿一起查的意见》等党纪法规。优化纪检干部队伍结构,提名考察二级单位纪委书记、纪委副书记11人。查处执纪违纪者,处置涉及纪检干部的问题线索16件次,给予谈话函询4人次、纪律处分2人次。

(丁敏玮)

巡视巡察工作

【概况】 中国宝武巡视巡察工作由中国宝武党委统一领导,巡视工作领导小组负责组织实施,巡视工作领导小组办公室(简称党委巡视办)负责推进落实,巡视组负责监督检查。2021年,党委巡视办根据《中国宝武党委2021年巡视工作重点》，组织策划，对28家二级单位党委开展专项检查，对11家二级党组织、2家三级独立法人单位党组织开展常规巡视和专项巡视。

（刘　闯）

【强化主体责任】　2021年，集团公司党委履行巡视主体责任，召开党委常委会9次、巡视工作领导小组会3次，研究和部署巡视工作。强化"一把手"监督，集团公司党委书记、董事长陈德荣对24家二级单位的"一把手"开展监督谈话，推动主体责任落实。（刘　闯）

【完善体制机制建设】　2021年，集团公司党委研究制定《中国宝武党委关于加强巡视巡察上下联动的若干措施》，明确组织领导、工作机制、机构建设等，形成5个方面16项具体措施。加强巡视巡察规范化建设，编制《中国宝武党委巡视巡察工作手册（2021年版）》，明确巡视巡察工作程序和流程，推动巡视巡察高质量发展。加强对新纳入、新成立二级单位党委巡察工作的组织领导，明确巡察机构建制原则。健全完善巡视机构设置，驻马鞍山、山西区域总部各设置1名集团公司党委巡视组专职组长，配置4名组员。（刘　闯）

【组织实施巡视巡察】　2021年，集团公司党委加强政治监督检查，成立5个检查组，围绕习近平总书记考察调研中国宝武重要讲话精神及关于碳达峰、碳中和重要批示精神的贯彻落实情况，对28家二级单位党委开展专项检查，制定针对性整改措施。推动巡视巡察全覆盖工作，对11家二级党组织、2家三级独立法人单位党组织开展常

规巡视和专项巡视，发现在"四个落实"（落实党的理论路线方针政策和党中央重大决策部署，落实全面从严治党战略部署，落实新时代党的组织路线，落实巡视、审计等监督整改情况）等方面存在的问题173个。集团公司党委下属30家二级单位党组织开展巡察工作，巡察覆盖率达85%。（刘　闯）

【加强对二级单位巡察工作的组织领导】　2021年，集团公司党委加强对新纳入、新成立二级单位党委巡察工作的组织领导，做好工作对接，加强服务支撑，以巡视带动巡察。组建4个专项检查组，对30家二级单位党委巡察工作开展专项检查，总结各单位实践经验和做法，查找存在问题和不足，推动各级党委履行巡察工作主体责任，督促巡察机构履职尽责、规范工作、提高质量。开展巡视巡察实务培训，覆盖集团公司二级单位纪委书记和巡视巡察机构骨干人员328人次。（刘　闯）

【巡视成果运用】　2021年，党委巡视办根据巡视整改"一轮一闭环"管理要求，形成2份巡视整改汇报材料。加强巡视成果运用，将巡视发现问题及时反馈至相关职能业务部门，全年发出工作联络函14份，通过专业化管理推动解决问题。公车改革案例在国务院国资委《党风廉政专刊》上刊载。（刘　闯）

统一战线工作

【概况】　中国宝武统一战线工作由集团公司党委统战部主管。有中国国民党革命委员会（简称民革）、中国民主同盟（简称民盟）、中国民主建国会（简称民建）、中国民

主促进会（简称民进）、中国农工民主党（简称农工党）、中国致公党（简称致公党）、九三学社7个民主党派建立的33个基层组织，有上海市欧美同学会宝钢分会、宝钢党外中青年知识分子联谊会（简称宝钢知联会）、宝钢少数民族联合会、宝钢台胞台属联谊会、武钢台胞台属联谊会、宝钢归国华侨联谊会、武钢归国华侨联谊会7个统战群众团体组织。（李天韵）

【加强党的领导】　2021年，中国宝武党委完善充实统一战线工作领导小组。调整集团公司党委、二级单位党委统一战线工作领导小组，加强党对统战工作的集中统一领导。各领导小组定期研究统一战线工作相关文件制度和重要政策。会同有关职能部门讨论涉及统战工作全局的重要问题，协调解决重点难点问题。注重在过程中加强对二级单位贯彻落实统战重大方针政策、法律法规及各项工作的指导和督促，推进中国宝武统战工作持续发展。党委统战部加强统一战线的宣传教育工作，编印《中国宝武统战工作季度简报》，下发各二级党委、各民主党派基层组织、各统战群众团体。分板块传达上级要求，部署集团公司重点任务，解读方针政策，宣传工作典型，反映工作动态，展示重点活动等，增强统战意识，推动统战工作提质增效。（李天韵）

【健全落实制度】　2021年，中国宝武党委修订下发《中国宝武深入贯彻落实〈中国共产党统一战线条例〉的通知》（简称《条例》）。把《条例》纳入各级党委理论学习中心组学习内容，同时纳入中国宝

武党校的各级党委书记、党支部书记、统战干部等培训班的必修课，原原本本学，确保学深悟透。将《条例》执行情况作为各二级党委党建工作责任制评价的重要部分。以中国宝武巡视巡察、"三基"建设等专项检查为契机，对各二级党委落实情况进行过程跟踪，指导和检查，督促各二级党委严格落实主体责任，抓好贯彻落实。坚持党外人士工作制度，在谋划重大决策、重点任务、重要举措的过程中，听取党外人士的意见建议。同时，坚持党外人士参与重大活动制度。邀请党外人士参加集团公司年度工作会议，作为特邀嘉宾列席集团公司重大活动；年初结合中国宝武第一届第五次全委会和职工代表大会等工作报告，召开"亿吨宝武共话发展"党外人士座谈会，征求报告修改意见，围绕"实现全球化资源配置和竞争""探索钢铁企业低碳环保发展""增强铁矿石定价话语权"等主题听取党外人士意见、建议16条，逐一进行整改落实和反馈。 　　　　（李天韵）

【加强思想引导】 2021年，党委统战部举办2021年度统战代表人士专题研修，组织中国宝武各民主党派基层组织主任委员，宝钢知联会、上海市欧美同学会宝钢分会等统战群体负责人及无党派代表人士、其他重要党外代表人士等49人参加，学习贯彻习近平总书记关于加强和改进新时代统一战线工作的重要思想。将专题学习研讨《中国共产党统一战线工作条例》作为集中培训任务的重点，提高理论素养、政治素养，夯实思想政治基础。强化对统一战线成员的思想政治引导，在各民主党派、无党派人士

中开展"学党史，跟党走"主题教育活动，做好督促指导、宣传交流、支持保障等工作，确保活动有序开展。结合庆祝中国共产党成立100周年，以党史学习教育活动为契机，邀请上海市委党校副教授赵大鹏、上海市社会主义学院副教授王俊华作2场专题报告，7个民主党派的负责人和无党派代表人士160人次通过现场和视频的方式参加。用好用足区域内红色资源，组织党外人士参观沙家浜革命历史博物馆。 　　　　　　（李天韵）

【队伍建设】 2021年，党委统战部梳理党外人士基本信息，动态更新数据库，提升党外代表人士发现、培养、使用、管理工作的信息化水平。开展无党派人士认定及选送工作，细化工作程序，明确认定办法，调整充实无党派代表人士。全年新认定30人。年底，中国宝武有无党派人士168人。推荐5名优秀无党派人士代表入选全国无党派人士重点人选库。做好党外领导人员培养选拔。年底，集团公司党委直接管理的290名干部中，非中共党员干部8人，占比2.80%。强化子公司前备案岗位、集团公司总部重点管理岗位人员队伍建设，发现掌握一批党外人士干部队伍，加强跟踪培养。在子公司前备案岗位、集团公司总部重点管理岗位任职的270人中，非中共党员干部22人，占比8%。加强党外领导人员政治培训，选派党外新任职干部、年轻干部5人赴中国大连高级经理学院专题学习。 　　　　　　　　（李天韵）

【组织建设】 2021年，党委统战部协助民主党派基层组织完成换

届工作，坚持"增进政治共识、人选推荐标准、优化领导班子结构、严格程序机制"原则，强化顶层设计，参加并指导各民主党派基层组织换届会议，选好班子带头人，注重与各级人大、政协换届工作相衔接，确保换届工作平稳有序进行。年内，18个基层组织完成换届，为2022年省市级人大、政协换届打好基础。党委统战部开展民主党派工作调研，分党派界别召开集团公司范围内民革、民进、九三学社等民主党派基层组织座谈会，61名民主党派基层组织负责人及成员代表参加，了解各民主党派组织的组织建设情况、工作落实情况、存在不足和面临困难，指导各民主党派加强自身建设。 　　　　（李天韵）

【联谊交友】 2021年，党委统战部为党外代表人士健康成长搭建平台。集团公司副总经理以上党员领导人员及二级单位党员领导人员174人，与党外代表人士结对227人，人均结对1.30人，结对率100%。党委统战部与党外代表人士开展联谊交流1 087次，其中电话联系311次，面谈交流449次，微信沟通263次，发邮件64封。各二级单位与党外代表人士开展集体谈心活动，712名党外人士参加。 　　　　　　　　　（李天韵）

【主题活动】 2021年，党委统战部组织统战人士开展"庆百年、爱企业、献良策、作贡献"主题活动。结合"全面对标找差、创建世界一流"管理目标，围绕落实"十四五"规划、中国宝武改革三年行动实施方案，以及企业整合融合、生产经营、绿色发展、智慧制造等方面，组织统战人士建言献策，参与主题活

动的党外人士有1.70万人，参与率90%，建言献策1.50万条，被各二级公司采纳1.30万条。组织开展征文活动，致公党党员牛琳霞的《统战平台参政议政　助推钢铁行业高质量发展》入选中央企业"庆百年、爱企业、献良策、作贡献"主题活动优秀征文汇编。提升履职能力，加强参政议政工作能力水平，邀请上海市社会主义学院原副院长姚俭建作《新时代参政议政的主题、路径与方法》专题讲座。

（李天韵）

【上海市欧美同学会宝钢分会】2021年，党委统战部配合上海市欧美同学会宝钢分会组织开展分会专题研修，学习《中国共产党统一战线工作条例》等统一战线方针政策，推动开展党史学习教育，引导会员认识开展党史学习教育的重大意义，了解中国共产党百年奋斗的光辉历程和历史性贡献。按照"企业办会，会助企业"的办会宗旨，上海市欧美同学会宝钢分会践行留学报国人才库、建言献策智囊团、民间外交生力军的责任与使命，把留学人员中的优秀人才吸纳进来，团结引导他们立足本职岗位建功立业、聚焦中心大局献计出力。以"庆百年、爱企业、献良策、作贡献"主题活动为抓手，引导会员针对难点问题，深入调查研究，全年会员人均建言献策2.20条。

（李天韵）

【宝钢知联会】2021年宝钢知联会开展专题研修活动，学习习近平总书记"七一"讲话精神及党的十九届六中全会精神，加深对中国共产党的百年奋斗重大成就和历史经验的认识，凝聚共识。承办

2021年宝山知音论坛，以"聚知智谋发展　助推科创主阵地建设"为主题，从破解新材料"卡脖子"技术难题、抓住碳中和发展机遇等角度展开交流探讨，为宝山区的转型发展献计献策；组织会员座谈，为中国宝武的发展建言献策，形成企业内部建议6条；会员中的政协委员和人大代表全年提交提案和社情民意9件，其中会员李俊的"关于切实保障'外卖小哥'等即时配送从业人员合法权益的建议"提案被评为上海市政协优秀提案。年内，7名会员获各级荣誉奖项7项，其中国家级荣誉3项、省市级荣誉1项；形成技术秘密4项，申请和授权专利34件，参加技术攻关5项，发表论文4篇，其中SCI（美国《科学引文索引》）收录英文专业论文2篇，实现直接经济效益160万元。

（李天韵）

人民武装工作

【概况】　中国宝武人民武装部与宝钢股份人民武装部实行"两块牌子、一套班子"运作，负责集团公司沪内单位国防动员潜力调查、后

备力量整组建设、民兵预备役军事训练、兵役管理、国防教育、拥军优属、人民防空工程设施管理、战备应急管理等工作，并指导集团公司沪外单位开展人民武装相关工作。

（俞德兴）

【加强人民武装工作管理】　2021年，人民武装部根据中国宝武"一基五元"战略布局、区域总部设置、地理位置分布等实际，划分出北京市、上海市、湖北省、安徽省、新疆维吾尔自治区等13个地区，各地区人民武装工作由该区域总部或指定一级子公司统一协调、归口管理。制订明确《中国宝武人民武装工作规范化建设实施方案》。完成沪内单位民兵编组任务，承担警备区"国有企业民兵规范化建设"试点任务，民兵规范化建设试点成果经验在警备区交流推广，完成兵役征集任务。

（俞德兴）

【获得荣誉】　2021年，中国宝武获评"2021年度民兵军事训练先进单位"，宝钢股份被授予"2021年度征兵工作先进单位"称号，人

2021年9月29日，中国宝武人民武装部组织民兵进行军事训练　　　　（张　勇摄）

民武装部被上海警备区表彰为"先进武装部"，5名个人分别被上海警备区、市人民防空办公室评为先进个人。 （俞德兴）

老干部工作

【概况】 中国宝武老干部工作由集团公司党委老干部工作部主管。下设中钢集团离退休服务中心、宝钢股份老干部服务管理中心、马钢离退休职工服务中心、太钢集团离退职工服务中心、八一钢铁离退休管理委员会办公室、武钢集团老干部与退居休人员管理服务中心、一浦五联合党委老干部二处、武汉耐材离退休干部管理服务办公室等管理服务部门（简称老干部管理服务部门）。2021年底，有离退休老干部11 695人，其中离休干部796人，退休干部10 899人。 （朱林瑜）

【思想政治建设】 2021年，老干部管理服务部门组织老干部开展党史学习教育，收听收看庆祝中国共产党成立100周年大会实况转播，就学习习近平总书记"七一"讲话谈感想、讲心得、话体会；学习贯彻党的十九届六中全会和《决议》精神，认识"两个确立"的重大意义。运用好红色教育资源，通过专题党课、主题党日等形式，组织老干部赴红色教育基地参观学习。集团公司为987名老党员颁发"光荣在党50年"纪念章。 （朱林瑜）

【发挥老干部作用】 2021年，老干部管理服务部门通过座谈交流的方式，引导老干部为企业建言献策，发挥能量。老干部们提出中国宝武"要老大变强大""要做

中流砥柱，重点突破'卡脖子'材料研发和生产""要顺应形势，走低碳绿色发展之路"等意见建议。组织老干部以亲身感受，回忆工作经历，开展红色故事宣讲活动。 （朱林瑜）

【队伍建设】 2021年，中国宝武党委加强老干部工作部门建设和老干部工作者的培养，把老干部工作队伍打造成为政治坚定、作风优良、业务精通的过硬队伍。12月21日，全国老干部工作先进集体和先进个人表彰大会召开，宝钢股份老干部服务管理中心主任朱建祥获"全国先进老干部工作者"称号，宝钢股份老干部服务管理中心获"上海市老干部工作先进集体"称号，一浦五联合党委张红磊获"上海市先进老干部工作者"称号。 （朱林瑜）

民主党派工作

中国国民党革命委员会组织

【民革武钢总支部】 隶属民革武汉市委员会，下辖3个支部，有党员40人。第六届主任委员：刘进，副主任委员：余芳、周森林。有政协湖北省武汉市青山区第十一届委员2人，武汉市民革市委委员1人。2021年，思想建设方面，开展"学党史、跟党走"活动。组织民革新老党员"绿色武钢智慧行"，参观武钢大数据产业园、武钢有限薄板坯连铸连轧集控中心、武钢科技馆等，了解中国钢铁发展之路；举办民革党史学习活动，主任委员刘进作专题讲座；推荐骨干党员参加武

钢集团党委组织的中共党史学习培训班及民革中央"同贺建党百年活动"各项活动。宣传工作方面，向民革武汉市委员会投稿21篇，向民革湖北省委员会推荐视频1个；向"武钢集团"微信公众号"党外知识分子双岗建功那些事"专题，推介刊登2名党员先进事迹；组织建设方面，配合武钢集团统战部完成武汉市、青山区政协委员换届工作；民革武钢总支部获评"爱企业、献良策、作贡献"（简称"爱献作"）优秀建言协作团队，1人获评"爱献作"建言献策先进个人。参政议政方面，刘进撰写的《充分参与武钢转型升级，带动区内经济发展的建议》获武汉市青山区政协优秀提案奖。岗位建功方面，"212平整机色差缺陷攻关"项目获评武钢集团"爱献作"协作区优秀成果；发表论文1篇，申请专利3件。社会服务方面，组织党员慰问黄陂区养老院孤寡老人、赠送画作；参加"我为帮扶下一单"活动，对贵州省纳雍县开展帮扶，购买扶贫商品2 000元。 （刘 进）

【民革宝钢一、二支部】 隶属民革宝山区委员会，有党员46人，其中民革宝钢一支部23人，民革宝钢二支部23人。民革宝钢一支部第八届主任委员：周佃民，副主任委员：李亚、马素珍；民革宝钢二支部第八届主任委员：王泽济，副主任委员：吴兆春、秋枫。有上海市宝山区人大代表1人，宝山区政协委员2人，民革宝山区委委员1人，民革宝山区监察委员会副主任1人，宝山区台胞台属联谊会监督委员1人。2021年，发展党员1人。参政议政方面，支部提交社情民意提案11件，宝山区政协采纳7件，

其中秋枫的《关于消除异议交通标志的建议》被上海市政协采用；成立民革碳中和技术联盟筹备组，撰写关于组建民革碳中和技术联盟的专题报告。组织生活方面，3月5日，组织学习《中国共产党统一战线工作条例》和中共中央总书记习近平关于加强和改进统一战线工作的重要讲话；5月16日，与宝山区一、六支部参观朱学范故居，并在民革之家就"碳中和"与"海关防疫"进行专题交流学习；12月3日，组织党员参观宝钢股份党性教育智慧体验中心。组织建设方面，支部派出年轻骨干，参加民革市委员会组织的祖国统一工作和参政议政工作学习；12月上旬，支部主任委员及副主任委员参加民革宝山区委员会骨干学习班。思想建设方面，在中国国民党革命委员会中央委员会（简称民革中央）开展的"百年中国梦，风雨同舟情"——庆祝中国共产党成立100周年征文活动中，马鄂云撰写的《心语诉真情》获评民革中央优秀征文，并在"民革上海市委员会"微信公众号上发表。社会服务方面，1名党员主动义务献血，被评为中国宝武优秀红十字会会员。

（周佃民　王泽济）

【民革梅山支部】　隶属民革宝山区委员会，有党员9人。第四届主任委员：饶刚。2021年，组织支部开展学习教育活动，赴南京雨花台革命烈士陵园和烈士纪念馆等参观，开展爱国主义和革命传统教育；受新冠肺炎疫情影响，支部通过微信群开展交流活动，了解掌握党员的思想动态，做好思想政治引领工作；支部党员协同完成"连铸生产中辊缝变化规律的研究"等2

个科研项目，"梅钢冷轧产品检测试样加工自动化改造""重钢炼铁厂煤精车间VOC治理项目"等24个技术改造项目。支部党员负责的"建设二炼钢智能示范车间"项目获中国设备协会2021年度钢铁行业设备管理与技术创新成果特等奖；申报并受理2件国家发明专利；在核心期刊上发表科技论文1篇。

（饶刚）

【民革马钢支部】　隶属民革马鞍山市委员会，有党员36人。第九届主任委员：周雪亭，副主任委员：郑竟。有安徽省马鞍山市第十一届政协委员1人，马鞍山市雨山区第九届政协委员2人，马鞍山市花山区第三届政协委员1人。2021年，发展新党员1人。思想建设方面，以"四史""民革党史"学习为主线，策划开展系列学习活动；利用红色资源，加强党员思想政治学习，11月组织赴巢湖冯玉祥将军故居参观学习；安排骨干党员参加中国宝武统战培训班。组织建设方面，支部坚持"四个结合"原则，做好各项准备，9月完成换届工作；10月，支部党员代表参加民革马鞍山市第九届委员会选举。参政议政方面，提交马鞍山市政协《关于利用建筑物建设屋顶光伏的建议》《关于社区适老化改造的建议》，提交雨山区政协《关于加快提升全市企业智能制造水平的建议》，提交花山区政协《关于建立并完善家庭过期药品回收工作的建议》文章4篇，撰写调研论文1篇，提交社情民意提案12件，被民革马鞍山市委员会采纳12件；12月，完成"在马鞍山市增设非机动车信号灯的建议"重点课题调研活动；12月底，老党员丁立

国收到民革中央的慰问信和"博爱·牵手"关爱困难党员慰问金。

（郑竟）

【民革太钢支部】　隶属民革太原市委员会，有党员40人。第三届主任委员：向小华，副主任委员：武丽现。有山西省太原市尖草坪区第六届政协委员2人，民革太原市第十三届市委员会委员1人。2021年，思想建设方面，推进民革太原市委员会"学党史　明方向　跟党走　作贡献"主题教育系列学习活动。7月，组织支部党员赴山西国民师范旧址革命活动纪念馆及太原市孙中山纪念馆，开展党史学习主题教育活动；8月，组织支部党员赴麻田八路军纪念馆参观学习。组织建设方面，结合民革组织达标支部的工作要求与先进支部的经验做法，推行多项制度草案，并通过支部大会讨论后实施；坚持每月组织一次学习活动。参政议政方面，支部党员坚守岗位、认真履职，服务太钢转型发展，支部党员提交《积极推进解决草坪区大同路与摄乐桥东交汇处赵庄道路频繁严重积水问题的建议》《积极推进及落实太原市居民住宅房屋所有权证取证的工作建议》等社情民意提案6件。社会服务方面，6月，组织党员到太原市残疾儿童康复教育中心，将筹集到的1 400元钱捐赠给一对听障双胞胎姐妹。　（刘在龙）

中国民主同盟组织
【民盟宝钢总支部】　隶属民盟上海市委员会，下辖4个支部，有盟员76人。第十一届主任委员：拓西梅，副主任委员：张仁彪、樊志刚、沈佳谊。有上海市宝山区人大代表1人，宝山区政协委员1人。

2021年,发展新盟员3人。思想建设方面,总支部以"学盟史党史、悟携手初心、树自强信念"为主题,策划开展系列学习参观活动,包括乘坐红色巴士参观浦东新区、听知名学者潘大明作《峥嵘岁月见真情——救国会七君子与共产党、民盟》专题讲座等。组织建设方面,总支部于8月完成第十一届总支部委员会换届改选工作,选举产生第十一届总支部领导班子。参政议政方面,全年提交社情民意提案12件,采纳5件,其中被中国民主同盟中央委员会采纳1件、上海市政协采纳2件,民盟上海市委员会采纳2件。岗位建功方面,8名在职盟员获各级荣誉11项,其中省市级荣誉4项、集团公司级荣誉3项、部门级荣誉4项;形成技术秘密14项,提交专利申请22件,发表论文4篇,其中在专业英文期刊发表论文3篇;通过技术秘密,实现直接经济效益368.85万元。　　（沈佳谊）

【民盟武钢总支部】　隶属民盟武汉市委员会,下辖4个支部,有盟员96人。第七届主任委员:朱芬,副主任委员:郭明玄。有政协湖北省武汉市青山区第十一届委员2人。2021年,发展新盟员6人。思想建设方面,以"四史""盟史"学习为主线,参加民盟武汉市委员会组织的学习中共十九届六中全会精神宣传贯彻培训班和武钢集团党委组织的中共党史学习培训班。组织建设方面,总支部完成换届工作,下辖4个支部同期换届;配合武钢集团统战部,完成武汉市、青山区政协委员换届工作。参政议政方面,提交社情民意提案14件,民盟武汉市委员会采纳5件,向武汉市和青山区提交各类提案7件。

岗位建功方面,6名在职盟员获得各级荣誉8项,其中公司级荣誉4项,行业学会级荣誉4项。（朱　芬）

【民盟科技支部】　隶属民盟宝山区委员会,有盟员19人。第五届主任委员:田玉新,副主委委员:张洪奎。有上海市宝山区政协委员1人。2021年,发展新盟员2人。支部召开学习贯彻中共十九届六中全会精神暨年终总结会,组织盟员学习《中共中央关于党的百年奋斗重大成就和历史经验的决议》和中共中央总书记习近平重要讲话精神,参观国歌展示馆。践行参政议政履职要求,提交社情民意提案5件,盟员张洪奎提交的《关于建立接种新型冠状病毒疫苗码的建议》和《关于加快推进新型机动车道路行驶信号灯的建议》,被民盟宝山区委员会采纳。张洪奎撰写的征文《在民盟的怀抱里成长》获宝山区政协一等奖。支部盟员立足岗位,争先创优,主任委员田玉新负责的"薄膜型LNG(液化天然气)船用殷瓦合金的研制及产业化"项目通过国家高新技术中心验收;盟员余大江开发的汽车曲轴、连杆用非调质钢实现量产1.40万吨;盟员张洪奎为上海汽车集团股份有限公司开发的高导热模具钢实现替代进口。在岗盟员申请专利5件。（张洪奎）

【民盟马钢支部】　隶属民盟马鞍山市委员会,有盟员28人,在职盟员9人。第八届委员会主任委员:李献忠,副主任委员:刘曙。2021年,思想建设方面,以"四史""盟史"学习为主线,策划开展系列学习活动;利用红色资源加强思想政治学习,组织盟员参观高淳新四军

总部旧址;输送骨干青年盟员参加民盟中青年盟员培训班。组织建设方面,支部于7月完成换届工作,选举李献忠、刘曙、施国兰、邓秀兰、徐立群、谷曦6人参加民盟马鞍山市委员会第九次代表大会。参政议政方面,提交社情民意提案2件。岗位建功方面,提交专利申请15件,在专业核心期刊发表论文4篇,获中国宝武优秀岗位创新成果奖三等奖1项。　　（李献忠）

【民盟太钢支部】　隶属民盟太原市委员会,有盟员37人。第八届主任委员:姜晓波,副主任委员:李俊国。有太原市草坪区第六届政协常委1人,代县第十六届县政协委员1人,太原市草坪区第六届人大代表1人。2021年,发展新盟员1人。理论学习方面,开展"学党史　明方向　跟党走　作贡献"主题教育活动。组织建设方面,春节前开展"携爱关怀,一脉传承"活动,慰问支部老盟员工作。社会服务方面,参加"跟党走　作贡献"暨庆祝"六一儿童节"献爱心活动,与寿阳安义小学开展贫困生爱心扶贫活动,重点帮扶困难家庭;盟员发挥自身优势进行义诊及健康宣教活动。副主任委员李国俊担任山西省口腔医生协会第一届口腔修复医疗分会常务委员、太原市口腔医学会副会长,盟员薛利强获山西省科学技术进步奖一等奖、太钢集团科学技术奖一等奖,盟员张禹获2021年太钢集团"三八红旗手"称号,主任委员姜晓波获2021年太钢集团"先进个人"称号。（姜晓波）

中国民主建国会组织
【民建宝钢委员会】　隶属民建上海市委员会,下辖4个支部,有会员

97人。第二届主任委员：高珊，副主任委员：胡传斌。有上海市政协委员1人，有宝山区第九届人大代表1人，政协宝山区第九届委员1人。2021年，发展新会员2人。组织会员开展庆祝中国共产党成立100周年、习近平新时代中国特色社会主义思想、"十四五"规划、党史及"四史"学习教育等相关内容学习。参加民建市委员会报告会、座谈会、研讨会、培训班，到红色基地参观学习，加强理论思想工作。6月23日，召开第二届全体会员大会暨换届改选大会，选举产生民建上海市宝钢委员会委员7人，通过新一届民建上海市宝钢委员会第一次全体会议，产生委员会主任委员、副主任委员。在市、区"两会"（人民代表大会和政协会议）期间提交提案、议案4件。会员获省市级荣誉2项，形成技术秘密10项，提交专利申请6件。会员张立红因在特殊钢研制方面的贡献，受邀参与中央电视台纪录片《钢铁脊梁》的拍摄。副主任委员胡传斌、会员张轩瑞参加2021年民建上海市委员会一号课题研究工作。

（高　珊）

【民建武钢总支部】　隶属民建武汉市委员会，下辖3个支部，有会员52人。第十四届主任委员：潘江治，副主任委员：常艺骞。有政协湖北省武汉市青山区第十一届委员会委员1人，武汉市青山区第十六届人大代表1人。2021年，发展新会员2人。思想建设方面，以"四史""会史"学习为主线，开展学习《中国共产党统一战线工作条例》、民建历史与优良传统，及参政议政工作与社情民意信息撰写等，专题学习中共十九届六中

全会公报；参加武钢集团党委组织的中共党史学习培训班；组织骨干会员参加民建湖北省委员会举办的市级组织新任副主任委员和委员培训班。组织建设方面，总支部完成换届选举工作，并参加民建武汉市委员会换届工作。参政议政方面，政协会议期间，提交《关于加快推出支持政策　营造氢能发展环境的建议》的提案；会员李家全研制的长效马路透水站、卧石排水系统申请发明专利。

（潘江治）

【民建马钢支部】　隶属民建马鞍山市委员会，有会员17人。第五届主任委员：王秀莹，副主任委员：王晶东、翟一鸿、凌宁。2021年，思想建设方面，安排骨干会员参加中国宝武及民建市委员会组织的"四史"、民主党派简史等学习。组织建设方面，支部组织与民建马鞍山安工大支部赴黄山开展共建活动，与直属二支部赴马钢材料技术有限公司开展共建活动，会员就钢铁行业关联产业政策方向、发展前景，以及支部发展方向、影响力提升等进行探讨；5月15日，支部完成换届工作。参政议政方面，提交《关于加强乡村文明建设的几点建议》《关于在我省沿江城市打造江豚观赏平台的建议》《国内外疫情对我省钢铁行业的影响及对策》《新发展阶段统一战线的新变化新趋势新布局研究》等统战理论、参政议政文章11篇。

（王秀莹）

【民建太钢支部】　隶属于民建太原市委员会，有在册会员24人，在岗会员17人。第五届主任委员：单祥林，副主任委员：邓洪斌、李

新贺、张运彩、沈大荣。2021年，思想建设方面，组织会员学习《中国共产党统一战线工作条例》、民建《会章》、会史等，将集中学习与个人自学相结合；参加民建市委员会组织的"不忘合作初心，继续携手前进"和"学党史、明方向、跟党走、作贡献"主题教育活动，支部会员在主题征文和演讲比赛中均获得奖项。参政议政方面，向民建市委员会报送社情民意信息10条，被太原市政协采纳2条。社会服务、岗位建功方面，2名会员获各级荣誉3项，其中行业级荣誉1项；成立创新工作室1个，科研立项1项，获行业管理创新成果1项。社会服务方面，2名会员担任行业专业协会会员；组织向山西省红十字会救灾捐款1 900元；参加太原市慈善总会的"慈善一日捐"活动，捐款1 000元；参加太钢集团组织的"帮助销售脱贫地区农特产活动"，订购2 265元脱贫地区农特产品。

（单祥林）

中国民主促进会组织

【民进宝钢委员会】　隶属民进上海市委员会，下辖4个支部，有会员117人。第五届委员会主任委员：曹清，副主任委员：叶旻、严鸽群、武永华。有上海市第十五届人大代表1人，宝山区第九届人大代表1人，政协宝山区第九届委员2人，政协江苏省南京市雨花台区第九届委员1人。2021年，发展新会员2人。组织建设方面，6月3日，召开民进宝钢委员会第五次代表大会；结合民进上海市委员会"学党史、知会史、勤履职"主题开展学习，开展"四史"教育，组织会员参观"民进旧址"。参政议政方面，发挥会员特长和专业优势，开

展各项活动。参加民进上海市委员会的征文活动，"两会"期间，向宝山区人大、政协提交社情民意信息28条、提案4件，其中8条被采纳和回复，参加政协论坛2次。获评民进上海市委员会组织发展先进个人和社区优秀志愿者各1人、民进宝山区委员会参政议政先进个人3人，宝钢支部获评民进宝山区委员会2021年度先进基层支部。 （王海强）

【民进武钢直属支部】 隶属民进武汉市委员会，有会员25人。第八届主任委员：王金平，副主任委员：薛志华。有民进湖北省武汉市委员会委员1人，政协湖北省武汉市青山区第十一届委员会委员1人，武汉市青山区第十六届人大代表1人。2021年，思想建设方面，组织会员学习中国共产党党史和中国民主促进会会史；6月，组织会员参加武钢集团党委组织的中共党史学习培训班；7月，选送1人参加2021年民进武汉市委员会班子成员培训班。组织建设方面，1月，完成支部换届；12月，2名会员作为第十三届会员代表参加民进第十三次代表大会，1人被选为民进武汉市第十三届委员会委员，并被推荐为民进湖北省委员会第八次代表大会代表；配合武钢集团党委统战部完成青山区人大、青山区政协换届推荐工作。参政议政方面，8月，向政协青山区委员会和民进武汉市委员会提交《关于加大力度建设武钢大数据产业园的建议》提案。岗位建功方面，支部会员发表论文3篇，获国家发明或使用新型专利4件，支部会员获中国质量协会质量技术奖六西格玛优秀奖1项，获中国宝武武汉总部"爱献作"

优秀协作区项目1项、优秀个人1人。社会服务方面，会员石锐被聘为"武汉市市民热线评价员"。 （王金平）

【民进马鞍山科技一支部（原马钢支部）】 隶属民进马鞍山市委员会，有会员32人。第六届主任委员：周劲军，副主任委员：沈冰、洪玲。有安徽省马鞍山市政协第十一届委员1人，马鞍山市雨山区政协第九届委员2人。2021年，发展新会员2人。参政议政方面，提交社情民意信息6条、提案8件。组织活动方面，赴马鞍山市博望区开展"缅怀英烈、不忘初心、展望未来"主题活动，赴当涂县开展"乡村振兴调研"主题活动，接待2021年民进安徽省沿江片工作联席会议代表参观马钢智园。公益事业方面，副主任委员洪玲利用心理学专长为有需要的儿童及病人开展无偿心理辅导，会员顾雪憼利用戏曲表演专长参加公益演出。岗位建功方面，会员牵头自主研发新一代轧钢加热炉燃烧监控系统，并实现工业化应用；申请专利10件。 （周劲军）

中国农工民主党组织

【农工党武钢总支部】 隶属农工党武汉市委员会，下辖3个支部，有党员102人。第九届主任委员：曹佳懿，副主任委员：万恩同、姜文清。有农工党湖北省武汉市委员会第十二届委员1人，政协武汉市第十三届委员1人，政协武汉市青山区第十一届委员1人，武汉市青山区第十六届人大代表1人。2021年，发展新党员1人。思想建设方面，选派党员分别参加武汉市政协民族宗教专题培训班、武钢集团党

委组织的中共党史学习培训班；利用红色资源加强党员思想政治学习，组织赴武钢博物馆参观学习；组织党员参加武钢集团党委"迎国庆共筑同心圆"主题文艺活动。组织建设方面，选派党员代表参加中国农工民主党武汉市第十二次代表大会，刘卫红当选新一届市委委员；输送新晋支部委员参加基层组织负责人培训班。参政议政方面，向政协武汉市委员会提交提案2件，向政协青山区委员会提交提案2件，向农工党武汉市委员会提交社情民意信息2条，均被采纳。岗位建功方面，党员李红、胡正刚提交发明专利申请并受理7件，发表科技论文1篇，获中国宝武技术创新重大成果奖三等奖1项。1人获评农工党武汉总部"爱献作"建言献策先进个人；3人获农工党武汉总部"爱献作"项目协作区优秀成果奖；武钢总支部获农工党武汉总部"爱献作"优秀参政建言协作团队奖。社会服务方面，党员参与社区防疫工作，组织党员参与对口扶贫工作，主任委员曹佳懿获中国农工民主党中央委员会评选的"农工党脱贫攻坚工作先进个人"称号。 （曹佳懿）

【农工党宝钢支部】 隶属农工党宝山区委员会，有党员43人。第九届主任委员：吴存有，副主任委员：王君婷。有上海市宝山区人大代表1人，宝山区政协委员2人，农工党宝山区委员会委员1人。2021年，思想建设方面，开展"不忘初心、牢记使命——建国前的战略决战"党史学习活动；学习《中国农工民主党纪律处分办法（试行）》、新修订的《中国共产党统一战线工作条例》；6月15日，

组织党员参观第十届中国花卉博览会。参政议政方面，在调研吴淞创新城产业发展规划与建设情况的基础上，副主任委员王君婷负责完成《关于吴淞创新城发展智慧＋低碳产业发展的建议》提案，并在宝山区政协论坛上作发言。岗位建功方面，主任委员吴存有获2021年中国钢铁工业协会、中国金属学会评选的冶金科学技术奖三等奖；支部党员申请专利10件，技术秘密3项，发表论文1篇。

（吴存有）

【农工党马钢支部】 隶属农工党马鞍山市委员会，有党员25人。第八届主任委员：刘红，副主任委员：张岚岚、高波。2021年，思想建设方面，与马鞍山市直支部、中医院支部、科教支部开展"沿着红色足迹、学习党史"联合活动，参观红色李巷教育基地、溧水人民抗日斗争纪念馆。组织建设方面，11月14日，举行支部换届大会，选举产生新一届委员会班子。参政议政方面，提交调研报告2篇，向马鞍山市雨山区人大提交议案1件，向马鞍山市雨山区政协提交提案1件，向农工党马鞍山市委员会提交社情民意信息1条。岗位建功方面，在岗党员获中国宝武优秀岗位创新成果奖三等奖；发表论文6篇，提交专利申请2件。

（刘 红）

【农工党太钢支部】 隶属农工党太原市委员会，有党员27人。第六届主任委员：高卫萍。2021年，发展新党员2人。思想建设方面，利用支部微信群，传达学习农工党山西省太原市委员会和太钢集团统战部有关重要会议精神；组织专题

会，学习中共百年党史、中共十九大和十九届历次全会精神、《中国共产党统一战线工作条例》、《各民主党派中央关于纪律处分工作座谈会纪要》等；参加太钢集团统战部及农工党太原市委员会组织的专题培训；组织党员交流学习感悟、提交心得体会。履职能力建设方面，提交7件社情民意提案，被农工党太原市委员会采用；5件被农工党山西省委员会采用，其中党员贾建廷的《关于规范超低排放改造中无组织排放颗粒物监测仪器选择标准及监测方法的建议》、主任委员高卫萍的《建议进一步完善集中带量采购药品的监管机制》被山西省政协采用。社会服务方面，组织"我为群众办实事、名医送健康"义诊活动2次；参加社会公益事业捐助活动，为山西灾区人民防汛救灾捐款1 000元。岗位建功方面，5名党员在各自岗位上获6项各级表彰和荣誉称号，王英斌获第二届"太原青年医师"称号，支部被农工党省委员会评为组织建设先进基层组织。

（高卫萍）

中国致公党组织

【致公党武钢支部】 隶属致公党武汉市委员会青山区工委，有党员27人。第九届主任委员：李文英，副主任委员：徐超、张莹。有湖北省武汉市青山区第十六届人大代表1人，政协武汉市青山区第十一届委员3人。2021年，思想建设方面，围绕中国共产党成立100周年，组织"学党史、跟党走"系列主题教育活动；5月底，组织党员参观武钢科技馆、武钢有限薄板坯连铸连轧操控中心、武钢大数据产业园等；9月，10名党员参加武钢集团统战部与青山区111社

区联合举办的"党建引领统战融合 迎国庆共筑同心圆"为主题的迎国庆特别活动；12月初，联合青山区工委组织部分党员赴洪湖湿地国家级自然保护区考察调研，开展"落实长江大保护，致公在行动"主题教育活动。组织建设方面，1月，完成支部换届工作，输送骨干党员参加公司、区、市组织的致公党骨干党员培训班。参政议政方面，提交提案及社情民意信息14条，其中党员牛琳霞的《关于更好发挥"张之洞与武汉博物馆"时代特色的建议》被武汉市人民政府采用，作为湖北省人大重点建议案进行督办。社会服务方面，副主任医师王茹在徐东馨苑社区、花山红焰社区等开展义诊及科普讲座活动，党员李文英到汉阳英才小学、西大街小学、国博小学等学校和机构为学生进行义务心理咨询服务，为家长开展家庭教育讲座。

（李文英）

【致公党马钢支部】 隶属致公党马鞍山市委员会，有党员19人。第五届主任委员：金华，副主任委员：姚思源。2021年，思想建设方面，组织全体党员参加乡村振兴考察调研活动，参加致公党马鞍山市委员会举办的学习中共中央总书记习近平"七一"重要讲话精神辅导报告会和学习党史心得交流会。组织建设方面，完成基层支部的换届工作。参政议政方面，支部组织党员围绕2021年致公党马鞍山市委员会中心工作开展调研考察等活动，撰写、提交8件调研提案和社情民意。服务社会方面，组织党员开展消费扶贫，以捐款、捐赠、志愿者宣传等形式支持抗击新冠肺炎疫情。岗位建功方面，支部党员取

得2件发明专利授权,有3件专利实施,获经济效益80万元。

（金 华）

九三学社组织

【九三学社武钢委员会】 隶属九三学社武汉市委员会,下辖3个支社,有社员64人。第三届委员会主任委员:戴文君,副主任委员:谌赟、徐国栋、严丰、郑海霞。有湖北省武汉市青山区第十六届人大代表1人,政协武汉市青山区第十一届委员1人。2021年,发展新社员1人。思想建设方面,以"四史""社史"学习为主线,开展系列学习活动,社员杨光获九三学社中央委员会"五史"知识竞赛个人二等奖;组织安排骨干社员和新社员19人次参加九三学社武汉市委员会及中国宝武统战系统的培训学习。组织建设方面,3个支社完成换届;3人入选九三学社武汉市第十二届专门委员会委员,其中社员李沛当选教育卫生专门委员会委员,社员杨光当选科学技术专门委员会委员,社员严丰当选青年工作委员会委员。参政议政方面,提交社情民意信息5条,被九三学社武汉市委员会采纳3条。岗位建功方面,社员杨光负责低成本中牌号无取向硅钢开发项目,申报专利2件,技术秘密1项。社会服务方面,在职社员参与湖北省慈善总会发起的"腾讯99公益日"活动,为烧烫伤儿童捐款。 （戴文君）

【九三学社韶钢基层委员会】 隶属九三学社韶关市委员会,下辖3个支社,有社员23人。第二届委员会主任委员:杨志敏,副主任委员:黄雯、杨丽辉、李智文。2021年,思想建设方面,以"党史""统战史""社史"学习为主线,策划开展系列学习活动;组织参观韶关北伐战争纪念馆等活动;7月1日,收看庆祝中国共产党成立100周年大会直播,学习中共中央总书记习近平重要讲话精神,开展交流研讨。参政议政方面,6月16日,参加九三学社韶关市委员会第八届代表大会;9月4日,参加九三学社韶关市委员会庆祝九三学社创建76周年暨"五史"学习教育宣讲报告会。岗位建功方面,社员提出合理化建议20条,申请专利2件。

（杨志敏）

【九三学社马钢基层委员会】 隶属九三学社马鞍山市委员会,下辖3个支社,有社员42人。第五届主任委员:范满仓,副主任委员:钱有明、谢世红。有九三学社马鞍山市委员会委员2人,政协马鞍山市第十一届委员1人,区政协委员4人,区政协常委1人。2021年,思想建设方面,围绕马鞍山市和马钢集团发展,结合九三学社创建76周年纪念活动,组织社员参加九三学社安徽省委员会、马鞍山市政协、中共马鞍山市委统战部举办的征文、演讲、报告会等活动。参政议政方面,在马鞍山市政协第十届四次会议上提交"加快推进轨道交通站新基地建设的研究""关于加快提升全市企业智能制造水平的研究"等调研课题,提交《关于在我市部分新建小区建设集中供暖设施的建议》《关于借"宝武整合融合"东风推动我市经济发展的建议》等3件提案。岗位建功方面,社员参与完成的"马钢股份第一钢轧总厂重型H型钢异形坯连铸机工程"获2021年度全国冶金行业工程设计优秀成果一等奖;"节能环保型高温材料智能化制造基地及钢铁高温材料创新中心工程"获2021年度全国冶金行业工程设计优秀成果二等奖;"一种摄像机前端一体化冷却防护装置"获实用新型专利授权,"长寿命钎杆用钢及其生产方法"获发明专利授权;申报"一种大规格圆坯超声波探伤用试块""一种步进炉圆坯黑匣子测量防翻转方法"2件发明专利;社员参编的《钢结构从业人员资格认证标准》正式颁布;"马钢四钢轧2250加热炉自动化烧钢项目"入选第三批中法合作示范项目。马钢基层委员会被九三学社安徽省委员会评为2020—2021年度安徽省社务工作先进基层组织,1名社员被评为2020—2021年度安徽省社务工作先进个人。 （范满仓）

【九三学社宝钢支社】 隶属九三学社宝山区委员会,有社员88人。第十届主任委员:贾旭,副主任委员:翁小平、黄宁海。有上海市宝山区人大代表1人,九三学社宝山区委员会委员1人。2021年,发展新社员5人。社务活动方面,以"四史"学习为主线,策划开展系列学习活动,组织赴新四军纪念馆等地参观学习,参加集团公司党派大调研活动。组织发展方面,完成九三学社换届工作,参加九三学社宝山区委员会的学习考察和人大、政协相关参政议政工作。立足岗位方面,组织社员参与企业管理和生产经营,参加"庆百年、爱企业、献良策、作贡献"主题活动。提交社情民意信息116条,其中主任委员贾旭关于《关于加强风电行业安全管控的建议》被全国政协采纳。

支社被九三学社中央委员会授予"全国优秀基层组织"称号，贾旭获"宝山区政协社情民意工作先进个人"称号，10名社员被评为九三学社宝山区委员会优秀社员，社员饶文涛获中国宝武银牛奖。

（王会芳）

【九三学社宝山区委第三支社】 隶属九三学社宝山区委员会，有社员37人。第八届主任委员：陈志洪，副主任委员：丁莉娟、茅新东。有上海市宝山区政协委员1人，九三学社宝山区委员会委员1人。2021年，发展新社员3人。支社协助九三学社宝山区委员会开展专项民主监督，组织部分社员两次赴宝山工业园区和淞南镇，对"老小旧远"社区开展专项民主监督，形成专题报告报九三学社宝山区委员会，为宝山区社区建设建言资政。向宝山政协九届一次会议提交提案2件，社情民意1件。向九三学社宝山区委员会提交"强化政、企、高校协同，助力宝山科创主阵地建设"课题。社员李骞获九三学社中央委员会党史知识竞赛三等奖。

（陈志洪）

【九三学社宝山区委第四支社】 隶属九三学社宝山区委员会，有社员63人。第八届主任委员：孟祥军，副主任委员：吴英彦、张捷频。2021年，发展新社员3人。思想建设方面，组织社员赴崇明雷锋纪念馆、庄行暴动纪念园参观学习。组织建设方面，走访社内老同志和困难社员，帮助解决生活困难。参政议政方面，副主任委员吴英彦的《关于促进宝山企业技术中心、工程技术研究中心和外资研发中心发展的对策建议》、主任

委员孟祥军的《关于加快高铁上海宝山站配套建设促进宝山发展的建议》和社员黄钢祥的《建议在抗击疫情期间提前做好参加全国"两会"代表委员的健康登记措施》等15条社情民意信息被全国政协、上海市与宝山区政协采用。黄钢祥获评2021年度宝山区政协反映社情民意信息工作先进个人。岗位建功方面，在职社员获得各级荣誉7项，完成科研项目15项，形成技术秘密8项，实现经济效益2 000万元，提交专利申请3件，在专业期刊发表论文3篇。

（孟祥军）

【九三学社梅山支社】 隶属九三学社上海市委员会，有社员48人。第七届主任委员：李卫东，副主任委员：王振荣、赵朝霞。2021年，发展新社员1人。思想建设方面，以"四史""社史"学习为主线，策划开展系列学习活动。6月26日，赴南京市浦口无名烈士陵园，开展"不忘合作初心，继续携手前进"主题教育学习；11月7日，赴南京雨花台烈士陵园，开展主题教育活动；组织社员参加九三学社上海市委员会关于开展"基层社史研究"活动，完成社史整理及撰写工作。组织建设方面，9月完成换届选举。科研技术创新方面，社员直接负责或参与研究，申请发明专利25件、技术秘密4项，取得重大科技成果1项，发表核心期刊论文4篇。其中社员穆海玲申请发明专利5件；社员汪洪峰申请发明专利15件；社员王伟申请发明专利5件、技术秘密4项，实现直接经济效益64.93万元，发表论文2篇。支社获评2021年度九三学社上海市委员会先进集体，社

员王伟获评九三学社上海市委员会先进个人。 （刘 影）

【九三学社冶金支社】 隶属九三学社上海市委员会，有社员51人，在职社员4人。第十四届主任委员：胡东辉，副主任委员：余杨。有政协上海市宝山区第八届委员会委员1人。2021年，发展新社员1人。组织建设方面，10月9日，支社召开第十四届代表大会，完成换届工作。主任委员胡东辉参加九三学社上海市委区委、直属基层组织主任委员培训班暨第三期自身建设培训班。参政议政方面，发动社员就本单位各项工作建言献策，组织参与中国宝武党委统战部组织的各类党外人士联谊活动，及九三学社上海市委员会组织的工业八支社联席会议等。组织活动方面，组织社员参观中国商用飞机有限公司上海制造基地、钱学森纪念馆等，接受爱国主义教育。支社社员立足岗位，取得多项成果，主任委员胡东辉获中国宝武优秀岗位创新成果一等奖。

（胡东辉）

【九三学社太钢支社】 隶属九三学社太原市委员会，有社员41人。第六届主任委员：白文丽，副主任委员：曹志林、赵晖。2021年，发展新社员2人。思想建设方面，开展"不忘合作初心，继续携手前进"主题教育活动，开展"学党史、明方向、跟党走、作贡献"党史学习教育主题观影活动，组织部分社员赴山西省娄烦县高君宇故居纪念馆开展党史学习教育活动，参观"复兴路上，国宝归来"天龙山石窟佛首回归展览，参观太原植物园等。参政议政方面，提交社情民意提案5

件。岗位建功方面，4名在职社员获太钢集团各级荣誉7项。2名社员被九三学社山西省委员会评为"山西省新冠肺炎疫情防控工作先进个人"。

（白文丽）

工会工作

【概况】 2021年底，中国宝武工会所辖子公司、直属工会31个，会员222 595人。 （陈佩红）

【加强职工思想政治引领】 2021年，集团公司工会以庆祝中国共产党成立100周年为契机，策划和落实《中国宝武工会2021年宣传思想工作要点》，组织开展"诵百年华章 唱宝武梦想"主题歌咏会、"中流砥柱百年颂 不忘初心再前行"原创诗歌朗诵会及系列座谈会、故事会、读书活动，组织参与"全国党史知识竞赛"，唱响共产党好、社会主义好、改革开放好、伟大祖国好、各族人民好的时代主旋律，引导职工群众坚定不移地听党话、跟党走。 （陈佩红）

【深化产业工人队伍建设】 8—11月，中国宝武在党史学习教育中开展基层员工队伍体系能力建设大调研，制订《关于深化产业工人队伍建设改革的行动方案》，提出"高技能人才集聚水平明显提高，职业技能培训力度显著增强，领军人才带动作用进一步凸显，全员创新创效热情持续高涨，劳动和技能竞赛的参与率覆盖面进一步扩大，技术技能人才职业发展贯通取得突破，产业工人的获得感、幸福感和安全感不断增强"七大目标，实施全面提升职工能力和素质，全面推进职工岗位创新和价值创造，全面提升职工"三有"生活水平及获得感、幸福感、安全感"三个全面"工程，细化开展一线员工全员培训、升级技能竞赛模式、深化产教融合、深化岗位创新活动、深入开展劳动竞赛、实施班组建设行动、实施健康宝武行动、实施"三有"指数提升行动、健全基本服务保障制度等20项具体举措。出台《关于支持女性科技人才在科技创新中发挥更大作用的实施意见》等配套文件。 （贾崇斌）

【实施一线员工"修学旅行"培训】 7月起，集团公司工会协同人力资源部和产教融合发展中心，围绕"塑匠心、铸匠魂"主题，聚焦文化认同和品质生活，聚焦技能转型升级，将跨区域全员培训与全员疗休养相结合，构建规范化、专业化、链式化课程模型，形成"修学旅行"新模式。年内，策划、组织5 064名一线员工试点实施培训，培训内容主要涵盖企业文化、宝武战略、安全健康、文旅拓展、品质生活等公共课，以及同工序共进、创新传承、基层管理等专业课，学员满意度达98.41%。 （邱家乐）

【组织开展劳动竞赛】 2021年，中国宝武紧扣"全面对标找差，创建世界一流"竞赛主题，上半年开展"智慧制造""降本增效""献一计"活动3个综合劳动竞赛和"铁矿增产""提高高炉利用系数""降低铁钢比""提高热装率""提升轧制节奏""绿色低碳"6个专项劳动竞赛，下半年按照"限产令"要求，铁钢领域竞赛重点由增产转为绿色低碳经济运行，并组织开展"两金周转效率提升"和"成本削减"专项劳动竞赛。集团公司工会对劳动竞赛按照"月度发榜、季度评比"等方式加强过程管理，评选出113个优胜集体、44名先进个人、104个优秀案例。年内，通过"智慧制造"劳动竞赛，推进使用机器人500台套；通过开展"献一计"

2021年6月21日，中国宝武举行"诵百年华章 唱宝武梦想"主题歌咏会 （施 琮 摄）

活动，职工献计59.90万条，被采纳39.30万条，实施12.60万条，评选出"金点子"106个、"银点子"499个、"好点子"999个；通过"铁矿增产"专项劳动竞赛，铁精矿产量较上年增产204.10万吨，增产6.20%。炼铁工序竞赛驱动上半年平均高炉利用系数达到2.42，较上年的2.23提升8.90%；炼钢工序铁钢比基本实现品种钢"破9进8"、普通钢"破8进7"的目标；热轧工序各基地生产线热装能力整体提升29.27%；冷轧工序生产线效率总体提升11%。

（贾崇斌）

2021年12月23日，集团公司向"中国宝武优秀岗位创新成果奖"获得者颁奖

（张　勇摄）

【组织参加全国技能竞赛】　2021年，中国宝武选派两名职工参加第九届全国数控技能大赛，获全国机床装调维修工职工组二等奖。组织参加全国钢铁行业技能知识网络竞赛和安全知识竞赛，马钢集团、太钢集团获一等奖，宝钢股份获二等奖，中南钢铁韶钢松山、鄂城钢铁获三等奖。

（贾崇斌）

【构建职工岗位创新体系】　6月，中国宝武发布《职工岗位创新管理办法》，建立由职工创新活动中心、职工创新基地、职工创新工作室、职工创新小组、"献一计"活动构成的梯次衔接、覆盖全员的职工岗位创新体系，明确平台建设、项目管理、组织保障等运行机制，完善从"点子"到成果的职工岗位创新成果评选体系。

（贾崇斌）

【组织职工开展岗位创新】　2021年，中国宝武开展首届"优秀岗位创新成果奖"评选，评出特等奖3项、一等奖9项、二等奖47项、三等奖261项，最高奖励10万元/项。一批职工岗位创新成果获省部级奖励，其中2项成果分获冶金科学技术奖一等奖、三等奖；1项成果获上海市科技进步奖二等奖；33项成果获全国机械冶金建材行业职工技术创新成果。在第25届全国发明展览会上，职工岗位创新成果获金奖53项、银奖65项、铜奖68项，金奖获奖比例比上年提升7.40%，并首次赢得展览会大奖"世界知识产权组织最佳女性发明奖"，中国宝武获"优秀展团奖"。

（贾崇斌）

第25届全国发明展览会中国宝武参展项目获奖一览表

序号	项 目 名 称	第一发明人	发明人所在单位	奖 项
1	一种水轮发电机磁轭钢用高精度热轧钢板及生产方法	宋　畅	宝钢股份武钢有限	世界知识产权组织最佳女性发明奖、金奖
2	工业余热资源综合梯级利用研发	曹先常	宝钢工程上海宝钢节能环保技术有限公司	金奖
3	基于全生命周期的工业流体系统节能决策支持技术研究与应用	陈　池	宝钢工程上海宝钢节能环保技术有限公司	金奖
4	减少粗轧机组废钢的装置、控制系统及控制方法	幸利军	宝钢股份热轧厂	金奖

序号	项 目 名 称	第一发明人	发明人所在单位	奖 项
5	磁性优良的电动汽车驱动电机用无取向硅钢及生产方法	石文敏	宝钢股份武钢有限	金奖
6	基于在线智能监测与大数据应用的钢包安全长寿技术及其应用	王志强	武汉耐材	金奖
7	不停电作业关键技术及装备应用	巢平源	宝武智维	金奖
8	一种发动机气门用镍基合金及其制造方法	代朋超	宝武特冶产销研中心	金奖
9	一种激光拼焊线的上料定位装置	路光明	宝钢股份营销中心（宝钢国际）长春一汽宝友钢材加工配送有限公司	金奖
10	基于动量模型的板坯去毛刺优化控制方法	谢清新	宝钢股份湛江钢铁	金奖
11	炭材料用高品质沥青绿色制造新技术	杜亚平	宝武碳业	金奖
12	吊车梁群体智能运维技术、装置和系统	张 君	宝武智维	金奖
13	大型翻车机核心部件技术改进及应用	王明江	宝钢股份武钢有限	金奖
14	1720酸连轧小辊径轧机操作技术创新应用	王 庆	马钢集团马钢股份	金奖
15	酸洗冷连轧超高强钢带材填丝焊接与诊断技术	陈 杰	宝钢股份冷轧厂	金奖
16	一种欧冶炉低碳绿色冶金技术	季书民	八一钢铁	金奖
17	冷弯型钢的成型工艺和标准化的研究和实施	盛珍剑	宝钢金属武汉钢铁江北集团冷弯型钢有限公司	金奖
18	板坯连铸自动控制技术	杨建华	宝钢股份炼钢厂	金奖
19	铁路列车钩缓装置拆装机	马守斌	宝武资源马钢矿业南山矿业有限公司	金奖
20	在线色差检测系统	周小舟	宝钢股份武钢有限	金奖
21	超薄高宽厚比高品质冷轧板带高效生产及超薄镀层关键技术开发	李秀军	宝钢股份冷轧厂	金奖
22	一种热处理炉炉辊快速更换装置	朱剑恩	宝钢股份厚板厂	金奖
23	高速磨床托板的制作方法	成 阳	宝武智维	金奖
24	电磁撇渣器驱动电源系统与应用方法	黄凯强	宝信软件	金奖

（续 表）

序号	项 目 名 称	第一发明人	发明人所在单位	奖 项
25	高镍合金N08810大口径无缝钢管的冷加工制造方法	黎 毅	太钢集团太钢不锈山西太钢不锈钢钢管有限公司	金奖
26	利用静态感应淬火对报废锻钢支承辊进行辊身工作层再生的方法	陈 伟	宝武重工宝钢轧辊科技有限责任公司	金奖
27	降低热板抛丸处理后表面粗糙度的方法	王 建	太钢集团太钢不锈冷轧厂	金奖
28	一种碳纤维原丝生产过程中的空气处理装置及其应用	韩笑笑	太钢集团山西钢科碳材料有限公司	金奖
29	一种立式光亮退火炉带钢定位调节辊设备	王庆强	太钢集团宁波宝新	金奖
30	超薄高疲劳寿命锅仔片工艺技术及系列产品开发	赵永顺	太钢集团太钢不锈山西太钢不锈钢精密带钢有限公司	金奖
31	控制不锈钢钢中氧含量的方法	张增武	太钢集团太钢不锈炼钢二厂	金奖
32	一种高耐蚀性抗菌铁素体不锈钢及其制造方法	董文卜	太钢集团宝钢德盛	金奖
33	生球团的制造方法	范建军	太钢集团太钢不锈技术中心	金奖
34	减少中铬铁素体不锈钢表面粗糙带的方法	杨永超	太钢集团太钢不锈技术中心	金奖
35	超易切削铁素体不锈钢精线及其制备方法	车德会	太钢集团太钢不锈技术中心	金奖
36	输送机组滚筒轴承组件智能拆卸装置	李 斌	宝武资源	金奖
37	高温加热炉用铁镍基合金无缝钢管UNS N08810	欧新哲	宝武特冶	金奖
38	新能源汽车板产线锌锅辊长寿化技术研发与应用	强晓彬	宝钢股份宝钢日铁汽车板有限公司	金奖
39	高强钢汽车板机组自动化生产综合技术开发及应用	顾希成	宝钢股份宝钢日铁汽车板有限公司	金奖
40	矿山回填胶结料及其制备方法和应用	吴 疑	宝武环科广东华欣环保科技有限公司	金奖
41	一种转炉吹炼终点加碳粉强制脱磷的冶炼方法（系列）	汪 晛	中南钢铁鄂城钢铁	金奖
42	一种降低45钢板边裂发生率的冶炼方法	刘复兴	中南钢铁鄂城钢铁	金奖

（续　表）

序号	项 目 名 称	第一发明人	发明人所在单位	奖　项
43	连铸无人浇钢技术	邹世文	宝钢股份梅钢公司	金奖
44	采用短流程生产的700 MPa级薄规格热轧汽车结构钢及方法	王　成	宝钢股份武钢有限	金奖
45	炼铁智慧制造及大数据应用技术	陈生利	中南钢铁韶钢松山	金奖
46	提高铁水运输安全智能化技术应用	曹启坤	中南钢铁韶钢松山	金奖
47	焦炉生产设备效率提升技术开发及应用	江碧睿	中南钢铁韶钢松山	金奖
48	烧结环冷机余热高效回收的改造技术	靳向阳	中南钢铁韶钢松山	金奖
49	清洁高效炼焦技术与装备的开发及应用	桂路路	宝钢股份梅钢公司	金奖
50	一种环保型低碳高硫易切削钢的制备方法	张志明	中南钢铁韶钢松山	金奖
51	细晶粒高性能渗碳齿轮钢关键技术研究	胡芳忠	马钢集团马钢股份	金奖
52	一种介于热镀锌平整机智慧制造适应性技术应用	高玉强	宝钢股份冷轧厂	金奖
53	热轧低温卷取高强钢表面吹扫控制方法	王　军	宝钢股份热轧厂	金奖
54	一种室外库区中目标物的定位方法以及定位系统	陈建华	欧冶云商上海欧冶物流股份有限公司	银奖
55	xIn3Plat宝武工业互联网平台	胡　兵	宝信软件	银奖
56	钢厂载重过跨台车智能化控制系统	邹　堃	宝钢股份钢管条钢事业部	银奖
57	一种钢管超声波探伤设备的新功能开发综合技术	陈　杰	宝钢股份钢管条钢事业部	银奖
58	针对交通信号设备中硬件板卡的自动检测设备	尤伟军	宝信软件宝康电子控制工程有限公司	银奖
59	一种低成本高强度高抗硫油井管及其制造方法	罗　明	宝钢股份中央研究院	银奖
60	一种基于区块链的钢材质保书隐私保护和分享方法及系统	杨英杰	欧冶云商	银奖
61	阻力可调型胶带机防撕裂检测装置	马　伟	宝钢股份湛江钢铁	银奖

序号	项　目　名　称	第一发明人	发明人所在单位	奖　　项
62	一种用于嵌入式钢水液位传感器感应线圈的骨架结构	余　立	宝武智维	银奖
63	烧结过程热量分布调优技术研究与应用	武　轶	马钢集团马钢股份	银奖
64	一种锁紧组合螺母	邓承仁	宝武资源武钢资源程潮矿业有限公司	银奖
65	高硅高磷硫铁水低碳消耗生产高端品种钢技术集成	吾　塔	八一钢铁	银奖
66	一种消除镀锌门板钢表面拉矫纹的新工艺	马占福	八一钢铁	银奖
67	一种超高强度汽车结构钢生产方法	赵　亮	八一钢铁	银奖
68	一种尾矿充填料浆制备的方法和系统	连民杰	中钢集团中钢矿业开发有限公司	银奖
69	矿山喷锚支护混凝土安全投送技术	潘茂军	宝武资源南京宝地梅山产城发展有限公司矿业分公司	银奖
70	一种全自动焊缝质量智能检判系统	余　琼	马钢集团马钢股份	银奖
71	一种煤气防泄漏自动复位装置	陈小东	宝钢股份能源环保部	银奖
72	一种鱼雷罐车车钩三态及连挂状态检测装置及方法	申　亮	宝钢股份运输部	银奖
73	一种行车主钩刹车末端增设安全互锁报警装置	杨　波	宝钢股份营销中心（宝钢国际）成都宝钢西部贸易有限公司	银奖
74	矿山大型球磨机端盖和轴颈裂纹的在线焊接装置及方法	范兴海	宝武智维	银奖
75	一种溶剂安全抽取装置	屈　烨	宝钢包装武汉宝钢包装有限公司	银奖
76	燃气蒸汽联合循环系统、同步水洗方法及装置	魏利明	宝钢股份武钢有限	银奖
77	节能环保型鱼雷罐用耐材的探索与应用	蔡长秀	武汉耐材	银奖
78	一种硬碳负极材料的制备方法	刘春法	宝武碳业	银奖
79	高炉煤气发电系统智能化集成运维技术研究	戴国平	宝武智维	银奖

（续　表）

序号	项　目　名　称	第一发明人	发明人所在单位	奖　项
80	一种钒氮微合金化石油钻柱转换接头用钢	完颜卫国	马钢集团马钢股份特钢公司	银奖
81	智能型镀锡板品质检测系统	施振岩	宝武智维	银奖
82	一种薄规格低屈强比管线钢及其制造方法	吴长柏	宝钢股份湛江钢铁	银奖
83	连铸坯生产用输送辊道装置	王伟峰	马钢集团马钢股份	银奖
84	一种变截面碳纤维复合材料弹翼模压模具	汪　洋	宝武碳业	银奖
85	烧结过程控制智能化应用	杨炎炎	马钢集团马钢股份	银奖
86	一种全自动纠偏装置	孙云飞	宝钢股份武钢有限	银奖
87	热轧带钢轧制过程温度控制技术及应用	荣鸿伟	宝钢股份热轧厂	银奖
88	一种皮带机智能诊断系统和方法	王海波	宝钢股份炼铁厂	银奖
89	电极壳钢生产工艺方法	马占福	八一钢铁	银奖
90	辊道辊面激光熔覆焊耐磨层的方法	丁海绍	宝钢股份厚板厂	银奖
91	一种1 550 MPa级弹簧扁钢及其生产方法	丁礼权	宝钢股份武钢有限	银奖
92	用于波长色散型固定道X荧光光谱仪分光晶体调整装置和方法	王　平	宝钢股份设备部	银奖
93	一种烧结矿碱度在线调节系统和方法	谢学荣	宝钢股份	银奖
94	钢厂载重车液压系统疑难故障综合诊断和自动保护装置	毛　俊	宝钢股份运输部	银奖
95	一种优化高炉喷吹配煤结构的方法	刘文文	太钢集团太钢不锈技术中心	银奖
96	液体古马隆树脂生产并联产高软化点古马隆树脂的方法	侯文杰	宝武碳业	银奖
97	一种深孔爆破间隔装药方法	贺仁华	宝武资源马钢矿业南山矿业有限公司	银奖
98	鹤管调节机构及液体灌注设备	李土新	宝武碳业	银奖
99	免喷涂液晶电视后壳用电镀锌耐指纹涂层板及其制造方法	蔡　捷	宝钢股份武钢有限	银奖

（续　表）

序号	项 目 名 称	第一发明人	发明人所在单位	奖 项
100	一种利用燃气回转窑废气加热的助燃供气装置	张金龙	宝武环科上海宝钢磁业有限公司	银奖
101	一种高性能导电混凝土专用掺和料及其制备方法	徐 莉	宝武环科上海宝钢新型建材科技有限公司	银奖
102	港口卸船作业生产线设备综合技术开发应用	昂正新	马钢集团马钢股份	银奖
103	提高冶金在线分析仪预处理系统运行稳定性技术应用	邓军平	宝武智维	银奖
104	一种出钢过程出钢侧吹气搅拌转炉及其出钢口更换结构	邱在军	马钢集团马钢股份	银奖
105	高炉热风炉系统维修中的节能低碳技术创新	杨国新	中南钢铁韶钢松山	银奖
106	一种炼钢过程产品检测技术集成	尚聪亚	中南钢铁韶钢松山	银奖
107	一种具有深冷拉拔性能的弹簧钢盘条、弹簧钢丝、弹簧及制造方法	刘金源	中南钢铁韶钢松山	银奖
108	低碳高磷易切削钢生产智能控制技术	刘志明	中南钢铁韶钢松山	银奖
109	焦炉重载机车"无人化"控制技术	丁海泉	宝钢股份梅钢公司	银奖
110	一种热轧带钢的首轧制宽度控制方法	余金鹏	宝钢股份梅钢公司	银奖
111	高压除鳞水系统节能降耗及稳定性控制技术	袁亚东	宝钢股份梅钢公司	银奖
112	一种用于控制冷轧带钢边部板形缺陷的方法	何小丽	宝钢股份梅钢公司	银奖
113	一种超低碳钢中夹杂物的控制方法	刘 欢	宝钢股份梅钢公司	银奖
114	一种桌面云性能体验的监控方法及系统	黄 威	武钢集团武汉武钢绿色城市技术发展有限公司通信分公司	银奖
115	无人驾驶框架车	陈永昌	宝钢工程苏州大方特种车股份有限公司	银奖
116	一种优良CTOD特性的低温用钢及其制造方法	刘自成	宝钢股份	银奖
117	高压直流开关物联开发及应用	许 易	宝武资源马钢矿业南山矿业有限公司	银奖
118	重庆钢铁双高棒生产工艺与装备	王绍斌	中南钢铁重庆钢铁	银奖

（续　表）

序号	项　目　名　称	第一发明人	发明人所在单位	奖　　项
119	提高高合金无缝钢管高温挤压制管效能的技术与应用	李晓东	宝武特冶精密钢管事业部	铜奖
120	一种机械手自动定位控制系统及方法	郑敏华	宝钢股份钢管条钢事业部	铜奖
121	提高高等级无缝钢管冷轧制管精度的技术与应用	陈　涛	宝武特冶精密钢管事业部	铜奖
122	一种用于异形变厚板上尺寸分布的检具	曹栋杰	宝钢股份营销中心（宝钢国际）上海宝钢新材料技术有限公司	铜奖
123	一种测量装置	邹尚彬	武钢集团武钢中冶工业技术服务有限公司炼铁检修事业部	铜奖
124	热轧精轧防废钢烫伤辊面的控制方法	李华明	宝钢股份热轧厂	铜奖
125	大型水泵橡胶轴承拆装工具	孟经纬	宝武智维	铜奖
126	高炉铁口框架结构及维护技术应用	缪伟良	宝钢股份炼铁厂	铜奖
127	一种锌铝镁镀层钢板的镀层厚度测量方法	余荣超	宝钢股份湛江钢铁	铜奖
128	一种盘卷翻转机抱夹装置	王景伦	宝钢金属南京宝日钢丝制品有限公司	铜奖
129	一种外燃式热风炉改造为顶燃式热风炉的方法	侯玉伟	宝钢工程马钢设计研究院有限责任公司	铜奖
130	带式焙烧机球团智能制造和焙烧技术	刘灿伟	中钢集团中钢设备有限公司	铜奖
131	安全环保智能型汽车板机械性能在线检测系统	施振岩	宝武智维	铜奖
132	一种汽车空心稳定杆用钢管及其制造方法	翟国丽	宝钢股份中央研究院	铜奖
133	火车车轮偏心度测定器	国新春	马钢集团马钢股份	铜奖
134	智能联动广播系统	唐　松	武钢集团武汉武钢绿色城市技术发展有限公司通信分公司	铜奖
135	一种460 Mpa级高强度耐候钢板的生产方法	向　华	八一钢铁	铜奖
136	一种采用激光红外线水平仪检测立辊对中度的方法	侯新华	八一钢铁	铜奖
137	锌渣熔化熔析的方法及装置	余守卫	武钢集团武汉扬光实业有限公司资源循环科技分公司	铜奖

（续 表）

序号	项 目 名 称	第一发明人	发明人所在单位	奖 项
138	一种控制第三方录播源方法及多点控制器MCU	王 荣	武钢集团武汉武钢绿色城市技术发展有限公司通信分公司	铜奖
139	RFID地面标签损坏自动识别方法	王祥龙	宝钢股份运输部	铜奖
140	电缆隧道AI智能机器人巡检系统	许慧华	宝地资产	铜奖
141	一种免回火型耐磨热轧带钢及生产方法	何亚元	宝钢股份武钢有限	铜奖
142	一种带报警装置的汽车手制动拉杆	魏守圣	欧冶云商马钢集团物流有限公司安徽马钢汽车运输服务有限公司	铜奖
143	一种上料皮带物料跟踪与打滑检测的方法	陆万钧	宝钢股份炼钢厂	铜奖
144	精密轴类工件中心快速检测方法	刘 晶	宝武智维	铜奖
145	连铸钢坯长度智能复检系统	金国平	宝钢股份钢管条钢事业部	铜奖
146	重载行车大梁裂纹缺陷的监测方法	于宝虹	宝武智维	铜奖
147	一种焦化除尘灰安全利用系统及方法	刘 洋	宝钢股份武钢有限	铜奖
148	铁水全域搅拌脱硫搅拌器及其使用方法	欧阳德刚	宝钢股份武钢有限	铜奖
149	一种电厂外排水漂浮物分离收集系统	马 斌	马钢集团马钢股份	铜奖
150	一种用于圆形刀具及隔环拾取装置	彭立星	宝钢股份营销中心（宝钢国际）	铜奖
151	一种球磨机传动小齿轮吊装装置	曹修华	宝武资源南京宝地梅山产城发展有限公司矿业分公司	铜奖
152	一种初轧机轧制纯铁扁钢的加热方法	乔小梅	太钢集团太钢不锈型材厂	铜奖
153	热轧带钢飞剪带头带尾控制技术及应用	郁华军	宝钢股份热轧厂	铜奖
154	基于RAP线MES的不锈钢冷轧卷板宽度判定方法及系统	李鹏飞	太钢集团太钢不锈冷轧厂	铜奖
155	防止特殊钢卷取扁卷的控制方法及其控制系统	闫峥嵘	太钢集团太钢不锈热连轧厂	铜奖
156	一种铁路捣固机上下道装置	葛 光	宝钢股份运输部	铜奖
157	一种辊压成型高强度结构件用奥氏体不锈钢的制造工艺	常 锷	太钢集团宝钢德盛	铜奖

（续　表）

序号	项　目　名　称	第一发明人	发明人所在单位	奖　项
158	辊系轴线测量工具、系统及方法	王　欢	宝武智维	铜奖
159	一种电子产品用奥氏体不锈钢的表面抛光方法	卫海瑞	太钢集团太钢不锈技术中心	铜奖
160	基于位置信号扰动的阀控技术	王　红	宝钢股份厚板厂	铜奖
161	耐磨颗粒辊压辊套的一种新型制造方法	王保宏	中钢集团邢台机械轧辊有限公司	铜奖
162	一种浇注离心轧辊用的保护渣加入方法	马志林	中钢集团邢台机械轧辊有限公司	铜奖
163	一种多层复合半钢辊环高温淬火热处理设备	郭华楼	中钢集团邢台机械轧辊有限公司	铜奖
164	一种快速更换高炉风口小套的装置	张全一	马钢集团马钢股份	铜奖
165	一种混烧煤气的燃煤机组FCB工况下的燃料控制方法	聂慧明	宝钢股份能源环保部	铜奖
166	列车通信系统	常界华	宝钢股份武钢有限	铜奖
167	一种矿粉立磨系统废气余热利用装置	曾　粤	宝武环科上海宝钢新型建材科技有限公司	铜奖
168	一种转底炉炉内视场及温度实时监控系统及控制方法	张元玲	宝武环科转底炉事业部	铜奖
169	轧辊表面激光毛化处理技术	张建荣	宝武重工上海江南轧辊有限公司	铜奖
170	一种锰锌铁氧体脱胶烧结工艺	张金龙	宝武环科上海宝钢磁业有限公司	铜奖
171	高炉炉缸活跃度与侧壁碳砖稳定性调控技术开发及应用	陈生利	中南钢铁韶钢松山	铜奖
172	一种用于检测焦饼中心温度的远距离超高温检测装置	龚九宏	宝钢股份武钢有限	铜奖
173	电力电缆安全运行的智能化技术	钟　韶	中南钢铁韶钢松山	铜奖
174	棒材生产设备智能控制系统研发及应用	查安鸿	中南钢铁韶钢松山	铜奖
175	电除尘器改造为组合式除尘器的方法	陈　科	中南钢铁韶钢松山	铜奖
176	中厚板板坯热装热送节能降耗技术	谢利锋	中南钢铁韶钢松山	铜奖

（续　表）

序号	项 目 名 称	第一发明人	发明人所在单位	奖　项
177	高炉喷煤智能化环保技术开发与应用	陆秀容	中南钢铁韶钢松山	铜奖
178	一种应用于冶金废钢区域车辆停车的控制技术	曹慧斌	宝钢股份梅钢公司	铜奖
179	高炉鼓风机润滑液压保护运行技术	成　涛	宝钢股份梅钢公司	铜奖
180	一种基于连铸坯单机架生产的具有优良厚度方向性能的超厚高强建筑用钢的生产方法	易　勋	中南钢铁鄂城钢铁	铜奖
181	一种利用保护套对成品辊辊颈进行铸接的办法	董　亮	中钢集团邢台机械轧辊有限公司	铜奖
182	球磨机同步电机轴向定位装置	代智晖	宝武资源武钢资源大冶铁矿有限公司	铜奖
183	高耐蚀性二次冷轧镀铬钢板的生产方法	韦　晓	宝钢股份热轧厂	铜奖
184	双边剪曲轴温度监测及润滑控制方法	张宏亮	中南钢铁重庆钢铁	铜奖
185	大型颚式破碎机排料口测量和调整方面的技术改进	沈　杨	宝武资源马钢矿业南山矿业有限公司	铜奖
186	下向扇形深孔代替垂直深孔精细化爆破的方法	王玉富	宝武资源马钢矿业	铜奖

（贾崇斌）

【实施班组建设行动计划】　5月，中国宝武组织召开班组建设现场推进会，发布《中国宝武班组建设行动计划方案》，确立"家家都落实、班班有成果、人人都参与"的"三个100%"工作目标，推出科学设置班组、开展班组创优活动、加强班组长队伍建设、促进全员能力提升、开展班组联谊活动、班组建设竞赛6项具体举措，并邀请国务院国资委研究中心、国家能源投资集团有限责任公司、中国南方电网有限责任公司、山东莱钢永锋钢铁有限公司有关嘉宾交流班组建设经验。组织各单位选派59名优秀班组长参加中国钢铁工业协会班组长培训班。2个班组获全国机械冶金建材行业"创新百强班组"称号。

（贾崇斌）

【召开职工代表大会】　1月21日，中国宝武一届四次职工代表大会在中国宝武钢铁会博中心举行。大会听取并审议中国宝武总经理胡望明所作的《筑梦新起点　奋进新时代　创建世界一流示范企业谱写高质量发展新篇章》的工作报告，听取并审议《集团公司2020年安全生产管理情况及2021年工作计划报告》《集团公司2020年能源环保工作情况及2021年工作计划报告》，书面审议《集团公司2020年企业年金运作和管理情况报告》《集团公司2020年职工教育经费使用情况及2021年培训计划报告》《集团公司2020年职工需求与关注点信息管理情况报告》《集团公司2020年厂务公开民主管理工作综合报告》等专项报告，审议通过《集团公司一届四次职代会决议》。

（赵思杰）

【表彰劳模先进】　4月29日，中国宝武召开迎"五一"劳模先进交流会，评选表彰和宣传劳模先进集体和个人。全年有61个集体和个人获国家及省部级荣誉称号，其中11个集体获全国及省部级五一劳动

2021年4月29日,中国宝武表彰劳模先进集体和个人　　　　　　（施　琮摄）

奖状,16个集体获评全国及省部级工人先锋号,2人获评省部级劳动模范,19人获全国及省部级五一劳动奖章,6人获评省部级工匠,1人获中华技能大奖,4人获评全国技术能手,2人获省部级技能大奖。3名全国劳动模范受邀赴北京参加庆祝中国共产党成立100周年大会,1名全国劳动模范入选"全国工会劳模工匠宣讲团",1名职工获全国"2021年最美职工"称号,1名职工参加中国机械冶金建材工会"讲工匠故事,展劳模风采"活动。
（贾崇斌）

【履行劳动保护监督职责】　6月,中国宝武举办工会劳动保护干部培训班,164人参加培训,各级工会累计组织开展防暑降温劳动保护专项培训7.60万人次,投入培训资金113.90万元。落实夏季劳动保护和防暑降温工作,高温慰问及下拨防暑降温专项费用288.75万元。发动职工参加全国安全知识网络竞赛,中国宝武在105家参赛企业中名列第24位。
（贾崇斌）

【解决职工"三最"问题】　5月,集团公司工会制订下发《"访职工、办实事、促发展"活动工作方案》,按照"走访慰问一批劳模先进和困难职工,办好一批贴近民意、惠及民生的实事,培育一批落实'三个全面'的最佳实践,推出一批维护政治安全的实招硬招,创建一批新时代'模范职工之家'"的要求,组织推动各单位健全完善困难职工清单,解决职工"三最"(最关心、最直接、最现实)问题3 037项。
（赵思杰）

【举行厂务公开专题报告会】　9月16日,中国宝武举行2021年厂务公开专题报告会,集团公司经营财务部、能源环保部、安全生产监督部、办公室、工会等部门分别通报中国宝武上半年经营绩效、节能环保、安全生产、领导人员履职待遇和业务支出管理、厂务公开民主管理、职工代表意见建议处理等情况,碳中和办公室就中国宝武碳达峰、碳中和工作开展情况作专题报告,组织与会代表

学习新颁布的《安全生产法》,凝聚广大职工对绿色发展、安全发展的共识。中国宝武有关职能部门负责人,中国宝武职代会综合民主管理委员会委员、职工代表等242人参加。测评结果显示:代表对通报情况"满意"比例为94.62%,"较满意"比例为5.38%;其中"满意"比例较上年上升3.21个百分点。
（赵思杰）

【组织开展领导人员民主评议】　第一季度,集团公司党委组织部、工会等有关部门组织开展2020年度领导人员民主评议,对188名直管领导人员进行民主评议,3 736名职工代表参与。评议结果显示,集团公司直管领导民主评议"称职度""能力素质"得分和了公司领导班子"满意度"均连续3年上升。
（赵思杰）

【开展《宝武管理者问卷》调查】　11月,中国宝武组织开展2021年《宝武管理者问卷》调查,聚焦中国宝武发展战略和"全面对标找差、创建世界一流"管理主题,了解干部职工对经营管理等工作的知晓率、满意度和意见建议等。一线职工随机抽样,覆盖集团公司所有二级单位,职工卷回收10 542份,领导卷回收1 903份。职工和各级管理者对战略与文化、人才队伍建设、党的建设、党风廉政建设等情况进行客观评价,并积极建言献策。
（赵思杰）

【出台《"健康宝武"行动计划》】　2021年,集团公司工会、党委组织部(人力资源部)协同宝地资产职业健康公司,通过召开座谈

会、书面征求意见等方式征求各单位意见，并在听取上海市总工会、上海市卫生健康委员会有关专家领导意见建议基础上，于12月制定下发《健康宝武行动计划（2021—2025年）》，形成"健康乐学""健康乐动""健康乐心""健康乐习""健康乐享"5个行动品牌设计，成立"健康宝武"行动推进委员会，并提出设立"健康宝武"行动专项资金等系列举措。

（赵思杰）

【出台支持女性科技人才相关举措】 12月，集团公司工会与人力资源部、科技创新部、中央研究院、团委、产教融合发展中心等部门制定《关于支持女性科技人才在科技创新中发挥更大作用的实施意见》，提出2025年工作目标，并聚焦"三个全面"工程，提出加强女性科技人才继续教育和知识更新、拓展女性科技人才成长锻炼成长机会、加强女性科技人才梯队建设、支持女性科技人才投身高质量发展、扎实开展"科技创新巾帼行动"、完善女性科技人员评价激励机制、为女性科技人才营造良好工作环境、为女性科技人才解决后顾之忧、为女性科技人才提供健康服务和心理疏导九个方面的行动举措，激发女性科技人才的创新活力。

（赵思杰）

【表彰先进女职工】 3月8日，集团公司工会开展以"巾帼心向党·绽放新时代"为主题的2021年"三八"国际劳动妇女节活动，表彰获2019—2020年度中国宝武女职工"玫瑰"奖章、"玫瑰"奖状的先进女职工和女职工集体。

（赵思杰）

【开展送温暖活动】 2021年，中国宝武各级工会通过摸底调查，准确掌握困难职工家庭成员、经济收入、健康状况等情况，更新困难职工数据库，深入基层一线走访慰问，聚焦困难职工、工伤职工、大病住院职工、外派人员（包括乡村振兴干部和境外工作人员）、劳动模范工匠、在国家重点工程重大项目重大活动中作出突出贡献的职工、抗疫一线职工、长期在艰苦岗位上工作的一线职工、节日期间坚守一线岗位的干部职工等重点人群，累计开展各类慰问111 451人次，送温暖金额6 132.22万元。（赵思杰）

【提升职工"三有"生活水平】 5—7月，中国宝武组织18 218名在沪职工参观第十届中国花卉博览会，集团公司工会被评为第十届中国花卉博览会筹办工作先进集体。实施职工自购保险计划，普及健康保险理念、知识，为职工提供保险福利"团购"方案，并在中国宝武智慧工会"保险惠购"模块上线。开展优惠购车活动，集团公司与东风日产汽车有限公司、上海汽车工业（集团）总公司、中国第一汽车集团有限公司签署优惠购车协议，职工优惠购车1 091辆，优惠金额327万元。集团公司工会为53 148名在沪职工办理2021年度上海工会会员服务卡"B"类专享保障，理赔212人次，合计赔付397万元。各单位为在沪职工办理互助保障，理赔27 636人次，合计赔付1 774.98万元。

（赵思杰）

【优化经费审计模式】 2021年，集团公司工会经费审查委员会对下审计项目采用"内审+外审"模式开展，首次通过购买服务，借助社会审计力量，提高工会经费审查监督效率和效能。集团公司工会成立由经费审查委员、财务人员、经费审查干部等组成的供应商比选工作小组，对中国宝武《审计业务合格社会中介机构名录》中符合条件的外部会计师事务所进行比选，确定合作单位后签订委托协议，并明确《2021年对二级单位工会财务收支审计要求》，确保每个委托审计项目的完成。 （赵思杰）

【开展文体活动】 2021年，集团公司工会结合庆祝中国共产党成立100周年主题，组织开展职工钓鱼团体赛、"传承红色记忆，喜迎建党百年"羽毛球团体赛、"中流砥柱百年颂 不忘初心再前行"原创诗歌朗诵会等10项活动；举办游泳、网球、电竞、牌类、书画摄影展等各类文体赛事活动10项。结合职工对文体培训项目的需求和兴趣点，组织健身操、茶文化等6个职工文体协会举办的职工文体培训班9个，其中茶艺、太极拳、女职工素描、民族舞为首次开展的培训。

（鲁巍）

【建设中国宝武智慧工会平台】 12月，中国宝武智慧工会平台上线，内含资讯中心、创智中心、学习中心、福利中心、服务中心、活动中心六大功能模块，实现各级工会组织的全覆盖（不含托管单位），职工注册关注登录数超17万人。集团公司工会通过该平台开展"献一计"活动、厂务公开问题征集、《宝武管理者问卷》调查、"金牛奖""银牛奖"评选等，为基层工会和职工提供丰富、便捷、精准服务。同时，共享"宝武微学苑""宝武大咖汇"等资源，丰富"学习中心"内

容；对接外部资源，拓展服务职工渠道，为职工优选专业化保险产品，优选电子图书，精选高品质在线课程。　　　　　（王冠鹏）

【开展工会理论课题研究】 2021年，集团公司工会围绕"全面提升职工的能力和素质""全面推进职工岗位创新和价值创造""全面提升职工'三有'生活水平和获得感、幸福感、安全感""工会改革和自身建设"，组织开展2021年工会理论课题研究工作，收到30家一级工会申报的论文93篇。经专家评审，35项研究课题被评为2021年度中国宝武优秀工会理论研究成果，其中一等奖5项，二等奖10项，三等奖20项。集团公司工会对获奖课题进行表彰奖励，并推荐至上级工会参加2021年度工运理论优秀论文评选。　　　（王冠鹏）

【推进退休人员社会化管理】 2021年，中国宝武平稳有序推进退休人员社会化管理工作，做好集中移交的收尾工作，上海区域的13.84万份档案全部完成实体移交，成为率先全部完成实体移交的总部在沪中央企业。　（陈佩红）

共青团工作

【概况】 中国宝武团委下设组织建设部、青年发展部、宣教服务部。2021年底，有团委委员16人、常委5人。中国宝武团委下辖团委154个，团总支63个，团支部970个。有专职团干部40人，兼职团干部2 057人，共青团员9 446人，35岁

2021年5月8日，集团公司团委举办中国宝武共青团主题团日活动　　（施云苿 摄）

以下青年员工45 229人（统计数据不含昆钢公司、重钢集团、武汉工程职业技术学院）。　　（施云苿）

【党史学习教育】 2021年，集团公司团委开展"学党史、强信念、跟党走"青年大学习活动和庆祝中国共产党成立100周年活动。制作实体红色文化产品《党史青年说》《漫说党史》；5月8日，举办中国宝武"学党史 办实事 建新功"共青团主题团日活动；6月21日，与集团公司工会联办"诵百年华章 唱宝武梦想"主题歌咏会，开展"青年长征路"红色定向寻访活动，22家在沪单位的180余名团员青年，从宝武大厦出发，分别前往江南机器制造总局旧址、中共一大会址纪念馆、中国劳动组合书记部旧址陈列馆、团中央机关旧址纪念馆等标志性地点寻访学习；9月24日，承办"学百年党史 创时代先锋"党史知识竞赛，32家单位的160名选手参赛。　　（施云苿）

【党建带团建工作】 4月30日，国务院国资委党委召开中央企业党建带团建工作会暨"五四"表彰大会，马钢交材45吨轴重重载车轮作为青年科技成果，在北京主会场展出。集团公司团委组织中国宝武分会场49个参会点，各二级单位党委主要领导、党委分管领导、集团公司团委委员、各级团组织负责人、团员青年代表797人通过视频参加会议。9月，印发《中国宝武关于加强党建带团建工作的实施意见》。　　　　　（施云苿）

【评选"杰出青年"系列荣誉】 11月17日，集团公司党委组织部、党委宣传部、团委等部门联合下发《关于开展第四届中国宝武"十大杰出青年"、"十大优秀青年"、2021年度"青年先锋示范岗"评选活动的通知》，第四届中国宝武"十大杰出青年"系列荣誉评选工作启动。各级团组织自下而上遴选优秀青年人才组成"千青库"，并在"千青库"基础上择优，由本单位党委组织部（人力资源部）确认后推报，形成"百强榜"。在"百强榜"的基础上，通过立体式简历选拔、现场评选等环节，12月22日

评出 2021 年度中国宝武"杰出青年""优秀青年""青年先锋示范岗"。王凯等 10 人为第四届中国宝武"十大杰出青年"，王东等 11 人（其中王唯祺、江明并列第十名）为第四届中国宝武"十大优秀青年"，理查德·比约森等 15 人为 2021 年度"宝武青年岗位能手标兵"，田果等 14 人为 2021 年度"宝武青年岗位能手"，宝钢股份硅钢事业部第四智慧工厂运行保障团队等 10 个集体为 2021 年度"宝武青年先锋示范岗"，宝钢股份武钢有限经营财务部成本变革青年突击队等 10 个集体为 2021 年度"宝武青年先锋岗"。

（高　阳）

【开展"青帆领航"青年岗位建功活动】　5 月 19 日，集团公司团委启动"青帆领航"中国宝武青年岗位建功行动，发动各级团组织结合劳动竞赛开展岗位建功活动。年内，组建青年突击队 435 支、青年文明号 180 个、青年安全生产示范岗

2021 年 5 月 8 日，中国宝武青年岗位建功集体代表接受授旗　　　（张　勇　摄）

209 个。围绕科技创新、效率提升、绿色低碳、智慧制造等主题，集团公司团委牵头开展分享交流论坛 2 场，13 支团队围绕科技创新走上讲台，分享过程中的收获和感悟。

（高　阳）

【开展全体青年大调查】　3 月，"中国宝武全青（全体青年）调查"项目启动。此次调查按照集团公司青年员工人数、分布情况、产业、地域等情况制订抽样方案，覆盖"一基五元"各业务板块的 30 家直属单位，总计 53 277 名青年员工，选取样本数 7 200 份（占青年员工总数的 13.50%），收集调查问卷 7 809 份，形成调查报告初稿 1 份，为集团公司党委研究中国宝武共青团和青年工作提供参考。

（施云茉）

编辑：张　鑫

17

企业文化

企业文化

概　述

中国宝武企业文化建设工作主要由集团公司企业文化部管理，主要负责集团公司愿景、使命、价值观、企业精神的提炼、诠释和宣贯，企业文化体系能力的培育和提升，企业文化建设和融合的指导监督，文化活动、文化产品的策划实施，重大新闻发布的综合管理与舆情管理、品牌管理等。挂靠党委宣传部的中国宝武融媒体中心、挂靠企业文化部的史志办公室等部门分别负责与企业文化有关的业务。

中国宝武的社会责任管理工作由社会责任工作委员会统筹领导。集团公司主要领导担任社会责任工作委员会主任，分管领导担任副主任。委员会下设员工组、社会组、经济组、环境组、乡村振兴组等，分别对应企业重点关注的责任领域；社会责任工作委员会办公室日常工作由党委宣传部、企业文化部牵头，负责指导各下属单位建立和完善社会责任组织管理体系、制定社会责任管理制度和指标体系、负责社会责任评比表彰、组织编制中国宝武年度社会责任报告等工作。宝钢教育基金会在全国部分高校设立宝钢教育奖。2021年，中国宝武对外捐赠3.97亿元。

（王丹云）

企业文化建设

企业文化管理

【开展庆祝中国共产党成立100周年系列活动】　2021年，党委宣传部、企业文化部牵头，制订并印发《中国宝武党委关于中国共产党成立100周年庆祝活动方案》，主要内容包括：开展党史学习教育，做好评选表彰和先进典型学习宣传，开展走访慰问活动，同时策划开展中国宝武庆祝中国共产党成立100周年暨"百年辉煌心向党　钢铁荣耀谱新篇"系列活动，即："守百年初心　宣铮铮誓言"——开展集中入党宣誓；"看百年风

云 树红色地标"——命名爱国主义教育基地；"传百年血脉 筑信仰之基"——开展"党课开讲啦"活动；"诵百年华章 唱宝武梦想"——举行主题歌咏会；"展百年辉煌 赞先进楷模"——组织"三个百优"学习宣传活动；"讲百年初心 担强国使命"——开展红色故事讲演活动；"承百年之脉 谱发展新篇"——提炼中国宝武精神，举办"公司日"活动。 （王丹云）

【提升企业文化体系能力】 2021年，企业文化部印发《关于完善中国宝武企业文化体系支撑高质量钢铁生态圈建设的指导意见》。贯彻习近平总书记关于把握新发展阶段、贯彻新发展理念、构建新发展格局的重要讲话精神和习近平总书记对中国宝武的重要指示精神，开展中国宝武价值理念体系的升级完善工作。通过提升迭代公司价值观，总结提炼"宝武精神"。
（王丹云）

【评选首批爱国主义教育基地】
2021年，中国宝武挖掘集团公司各单位的红色教育资源，评选产生中国宝武首批10个爱国主义教育基地，包括：宝钢股份宝山基地、中钢洛耐红色教育基地、红钢印记（武钢博物馆+中国宝武武汉展厅）、黄石国家矿山公园、百年重钢（重钢集团档案馆+重庆工业博物馆）、八钢厂史馆、太钢李双良纪念馆、马钢展厅（特钢）、梅钢厂史陈列馆、"武钢新村"易地扶贫搬迁安置示范基地。其中，宝钢股份宝山基地、中钢洛耐红色教育基地、武钢博物馆、重庆工业博物馆、太钢李双良纪念馆5个爱国主义教育基地入选"中央企业爱国主义教育基地"；武钢一号高炉入选第五批国家工业遗产。开展8场爱国主义教育基地挂牌暨红色故事讲演活动，激发广大员工的爱国热情和钢铁初心。起草并下发《中国宝武爱国主义教育基地管理指导意见》，推进红色资源规范化、制度化管理。 （王丹云）

【举办首个"公司日"系列活动】
2021年，中国宝武印发《关于将12月23日确立为中国宝武"公司日"的决定》，下发《关于中国宝武首个"公司日"活动工作安排》。集团公司层面，举行升旗仪式、重点项目推进仪式、科技成果发布会、全员创新日活动、对标找差主题论坛、年度人物颁奖典礼等文化活动；子公司层面，开展厂区开放日、员工嘉年华、趣味运动会等活动，凸显"同一个宝武"的文化聚合力，使"公司日"成为中国宝武全体员工的盛大节日、熔铸宝武价值观的全员文化盛典。
（王丹云）

【赓续红色文化】 2021年，企业文化部开展红色故事和红色记忆主题微电影微视频征集活动，编写主题出版物《初心如磐——"三个百优"风采录》《百炼成钢——我们的初心故事》。"救命供氧英雄之师"获第四届中央企业优秀故事二等奖；"革命英烈江竹筠的钢迁会岁月"等一批红色故事在中共中央宣传部"学习强国"平台推出；微视频《岁月峥嵘话初心》获"大国顶梁柱 永远跟党走"中央企业庆祝中国共产党成立100周年百部微电影（微视频）优秀奖，并参加中共中央宣传部组织的第五届社会主义核心价值观主题微电影（微视频）展播。
（王丹云）

【完善荣誉激励项目计划体系】
2021年，企业文化部修订完善并下发《中国宝武荣誉激励项目计划体系指导意见（2021版）》。在员工发展荣誉激励序列基础上，新增组织

2021年6月21日，中国宝武举行"诵百年华章 唱宝武梦想"庆祝中国共产党成立100周年主题歌咏会 （施 琮摄）

2021年12月23日，中国宝武举办首个"公司日"系列活动 （施　琮摄）

绩效荣誉激励序列；为体现先进性和普遍性，在"金牛奖""银牛奖"基础上增设"铜牛奖"，形成"最美宝武人"系列；增设"道德模范"奖项，对接政府性荣誉；工匠系列形成梯次结构，每年"宝武工匠"提名奖的评选数量增加到30人以内。对部分奖项的奖励数量、额度以及列支渠道等进行相应调整。（王丹云）

【精神文明建设】　2021年，中国宝武24家单位参与"上海市文明单位"创建或复审，23家获2019—2020年度（第20届）"上海市文明单位"称号。编写9个中国宝武精神文明建设案例，参加上海市精神文明建设委员会办公室精神文明建设案例征集活动，其中《旧貌换新颜，共筑新篇章》被收录于《城市的温度：上海精神文明建设2016—2020》一书。　（王丹云）

中国宝武获评2019—2020年度（第20届）"上海市文明单位"一览表

序　号	单　位　名　称	申报方式
1	宝山钢铁股份有限公司	新建
2	上海梅山钢铁股份有限公司	新建
3	上海宝钢国际经济贸易有限公司	新建
4	宝山钢铁股份有限公司中央研究院	复审
5	宝山钢铁股份有限公司原料采购中心	复审

（续　表）

序　号	单　位　名　称	申报方式
6	宝山钢铁股份有限公司营销中心	复审
7	宝山钢铁股份有限公司设备部	复审
8	宝山钢铁股份有限公司能源环保部	复审
9	宝山钢铁股份有限公司炼钢厂	复审
10	宝山钢铁股份有限公司冷轧厂	复审
11	宝山钢铁股份有限公司厚板厂	复审
12	宝山钢铁股份有限公司硅钢事业部（硅钢部）	复审
13	宝山钢铁股份有限公司钢管条钢事业部	复审
14	宝钢日铁汽车板有限公司	复审
15	上海宝钢钢材贸易有限公司	复审
16	欧冶云商股份有限公司	复审
17	上海宝地不动产资产管理有限公司	复审
18	华宝信托有限责任公司	新建
19	宝武炭材料科技有限公司	复审
20	宝武集团环境资源科技有限公司	新建
21	上海宝钢新型建材科技有限公司	复审
22	宝武集团财务有限责任公司	复审
23	上海宝钢包装股份有限公司	新建

（王丹云）

品牌管理

【品牌工作顶层策划】　2021年，企业文化部将绿色作为重要战略基色，植入公司品牌顶层策划与传播推广。加强公司品牌系统性研究，制订《中国宝武品牌定位及传播方案》《加强推进公司品牌外宣工作方案》；拓展品牌传播新渠道、新平台，加强品牌形象推广力度、优化品牌视觉表现；编制《构建适合国有资本投资公司的品牌架构》案例，入选《2020年度国有企业品牌建设典型案例集》。

（张　伟）

【品牌传播产品制作】　2021年，企业文化部策划制作集团公司宣传片《Hi！你好，我是中国宝武》，在"中国宝武"官方视频号点击量达86万人次；策划制作轻科普宣传片《原来钢铁是绿色的》，扭转公众对钢铁"傻大黑粗"的固有认知；制作集团公司对外介绍演示文稿，展示中国宝武在"传承者、集大成者、未来引领者"等方面的实践、成就与探索。在虹桥机场核心区域投放"绿色钢铁　美好生活"灯箱广告，并在《中国冶金报》"第11届中国国际钢铁大会送会特刊"整版推出。

（张　宁）

【品牌形象策划】 2021年,企业文化部以全球低碳冶金创新联盟成立、发起设立碳中和主题基金等活动为契机,做好品牌植入及形象传播工作;参加第20届中国国际冶金展览会,紧扣"绿色引领"主题,展示低碳、智慧、精品领域的核心产品、技术、装备和解决方案;为中国宝武首个"公司日"营造氛围,策划实施中国宝武科技成果展及对标找差展览;参加国务院国资委中央企业高端装备制造创新成就展,围绕"国之重器 镇国之宝"主题展示多项产品、技术。向中国共产党历史展览馆提供邓小平题词原件等6件展品。 (张 宁)

【品牌视觉识别规范化应用指导】
2021年,企业文化部指导、服务太钢集团、马钢集团、中南钢铁、武钢集团、宝武清能、宝武水务、宝武环科、宝武特冶、宝钢金属、宝武资源、西藏矿业等一批统一品牌子公司的视觉形象规范化应用;支撑宝地资产开展品牌视觉优化设计工作,指导编制《宝地品牌管理办法》和《宝地品牌视觉识别手册》;对欧冶云商、欧冶工业品、宝地资产、华宝证券等一批子公司提出的宝武品牌一次性使用申请,进行审批与授权。 (张 铮)

【中国宝武品牌形象提升】 2021年,中国宝武在2021年《财富》最受赞赏的中国公司排行榜中名列第五位,在金属行业榜中连续5年位列榜首;在英国品牌评估机构Brand Finance(品牌金融)发布的2021年度全球最有价值的25个采矿钢铁金属品牌排行榜中名列第七位,比上年提升3位;在世界品牌实验室(Word Brand Laboratory)发布的2021年度世界品牌500强榜单中名列第333位,在44个上榜中国品牌中排名第31位。
(张 伟)

新闻工作

【概况】 中国宝武新闻工作由集团公司党委统一领导,党委宣传部新闻管理处负责承担集团公司新闻工作的管理职责。企业文化部负责重大新闻发布的综合管理与舆情管理。中国宝武新闻中心(2021年2月23日更名为"中国宝武融媒体中心")负责集团公司新闻报道的策划、采写(包括文字、图片、视频),集团公司重要专题片、纪录片的策划、撰稿、拍摄、制作,短视频摄制,《中国宝武报》的组稿、印刷、发行、广告等日常业务的实施,"中国宝武"官方微信公众号、"中国宝武"官方微信视频号、"中国宝武"官方抖音号、中国宝武官网、中国宝武资讯App(手机应用程序)等融媒体平台的图文、视频等的编辑制作、发布和运行管理,集团公司新闻、图片、视频资料等融媒体资源的保存、管理和使用,集团公司融媒体"一总部多基地"的协同运作,构建并维护文字、摄影、视频通讯员队伍。 (赵 琦)

对外宣传

【"双碳"宣传】 2021年,企业文化部对外聚焦"双碳"宣传工作,《人民日报》刊发中国宝武党委书记、董事长陈德荣的署名文章《坚定不移走绿色发展道路,率先实现碳达峰、碳中和目标》,《人民日报》海外版刊发《宝武碳中和股权投资基金设立》;中央电视台《新闻联播》头条播出《中国宝武按下减碳"快进键"》,中央电视台财经频道《经济半小时》播发《减碳按下"快进键"》;《解放日报》头版头条刊发《低碳冶金,"新百强"宝武的新起点》;中国宝武总经理胡望明出席新华网"践行碳达峰碳中和 共创美好未来"企业家高端对话网络活动。 (张 伟)

【国企改革三年行动宣传】 2021年,企业文化部聚焦高质量发展实践,做好国企改革三年行动典型企业宣传,《人民日报》刊发《改革激发企业内生活力(国企改革三年行动)》,新华社刊发《"从老大变强大"——中国宝武在"做强、做优、做大"中拓展改革空间》,中央电视台财经频道播发《中国宝武钢铁:亿吨宝武 发挥产业集聚效应》《中国宝武拟推超20家旗下企业混改上市》等。 (张 伟)

【中国共产党成立100周年宣传】
2021年,企业文化部配合中央电视台主创团队做好《钢铁脊梁》纪录片的筹划拍摄工作,讲好宝武故事、展现宝武形象、突出宝武地位,中国宝武9个故事在纪录片中展示;落实做好中央电视台中国共产党成立百年纪录片《大国重器》《敢教日月换新天》《山河岁月》《活力密码》《绿色答卷》等拍摄工作;中央电视台大型直播特别节目《奋斗百年路 启航新征程·今日中国》播发《"百炼钢"成"绕指柔",太钢勇攀科创高峰》《"钢铁侠"是怎样炼成的》《"手撕钢"剪出"拓荒牛"》。 (张 伟)

【境外宣传工作】 2021年，中国宝武建立完善境外社交媒体矩阵的管理与信息发布工作机制，7家涉及境外业务的一级子公司开通12个社交媒体账号，每周发布3篇公司主要新闻，并向上级主管单位报送境外宣传情况汇总；培育加强国际传播能力建设，形成中国宝武境外传播行动工作方案，并通过英文版《Hi！你好，我是中国宝武》《原来钢铁是绿色的》等品牌传播作品和"携手奋进新时代""共享机遇共创美好"等传播活动，提升中国宝武品牌形象国际影响力，助力国家整体形象宣传。 （张 宁）

【舆情管理工作】 2021年，企业文化部聚焦安全、环保等事故多发领域，加强对集团公司舆情工作的整体把控，优化舆情监测与研判工作机制，协同相关子公司妥善做好舆情应对处置，减小舆情风险及负面影响，维护公司形象；常态化梳理子公司新闻发言人、新闻工作机构，保持信息沟通顺畅，提升各子公司舆情应对水平。年内，舆情总体可控、重大舆情为零。 （张 宁）

企业媒体

【开设重点专栏专版】 2021年，融媒体中心围绕庆祝中国共产党成立100周年，以"百年奋斗心向党 产业报国谱新章"为报道主题，策划开设"扎实开展党史学习教育，推动中国宝武加快建设世界一流伟大企业""丹心碧血铸钢魂""我为群众办实事"等15个特色专栏，发布1 150条报道。策划组织"百版庆百年"系列专版。重点报道集团公司专题学习、专题研讨、专题党课、决策人研修等要闻；挖掘中国宝武红色资源，讲述中国宝武红色故事；报道中国宝武首批10家爱国主义教育基地挂牌；挖掘基层党组织开展学习教育的先进经验、围绕群众"急难愁盼"办实事优秀案例典型48个。抓住2021年"双碳"报道重点，以《中国宝武发布碳减排宣言》报道拉开序幕，开设专栏，高密度、全覆盖、立体化、多维度全面宣传报道中国宝武绿色制造、制造绿色的创新成果，成立全球低碳冶金创新联盟的重大举措，树立中国宝武成为国有企业实现碳达峰碳中和的引领者、钢铁行业绿色低碳可持续发展的推动者、以科技创新引领钢铁业低碳发展先行者的良好形象。 （赵 琦）

【策划系列和专题报道】 2021年，融媒体中心刊发中国宝武党委一届五次全委（扩大）会暨2021年干部大会、中国宝武一届四次职工代表大会及贯彻落实的子公司主要领导访谈30篇，推进年度重点工作落实。做好一月一个重点策划，重点打造宝武炭材浙江宝旌炭材料有限公司混合所有制改革快速见效、重庆钢铁"凤凰涅槃"、宝钢股份五大工序管理部改革、宝钢股份梅钢公司"赛马制"改革、八一钢铁推进"一总部多基地"和智慧制造、宝武特冶围绕"卡脖子"关键材料攻关进行机制改革探索、中南钢铁"一基地对一基地"支撑昆钢公司、武钢有限三年提升计划、《打破"烟囱"，拥抱变革，"智"享未来！》社论刊发两周年回眸系列报道等专题报道，全景展示精彩的宝武故事。 （赵 琦）

【组织筹划新闻评论】 2021年，融媒体中心围绕集团公司领导讲话重要内容、中国宝武重要工作部署、重大事件、重大节点等，组织策划、推出15篇评论。其中，以学习贯彻习近平总书记关于碳达峰、碳中和重要批示精神为契机，推出5篇关于"双碳"工作的评论，用理性的思考、权威的观点、独到的见解引导舆论，提高干部员工认识，提振精气神，推动绿色低碳发展深入人心；围绕国际化短板等刊发评论，发人深省；为宝武特冶混合所有制改革等深度报道配发评论。 （赵 琦）

【推出一批微信精品】 2021年，融媒体中心做到重要新闻当天发布，重点活动重点策划。在中国宝武首个"公司日"活动前后，推出一批有声有色、充盈正能量、富有生活味、洋溢幸福感的微信精品，体现"公司日"是全体宝武人共同的节日，凝聚"同一个宝武"共识。"中国宝武"微信公众号阅读数比上年增长2倍，16篇帖文的阅读数超过1万人次，其中8篇是围绕"公司日"活动的报道，《太激动！"公司日"红包，马上到账！》的阅读数逾15万人次。 （赵 琦）

【正面宣传与舆论监督相结合】 2021年，《中国宝武报》每月一期的"啄木鸟"栏目，以解决员工身边问题为目的，反映群众意见、回应员工关切，曝光内容引起相关单位高度重视、立行立改，受到员工欢迎，逐渐形成品牌效应。开设"热点聚焦大家谈"，围绕"专业化整合""一总部多基地""我为群众办实事"等广大员工和管理者关注的热点，设置话题，踊跃发表观点，谈思考认识、感受心得，共享经验、共谋发展，受到员工关注。微信、视频号、抖音号等融媒体平台网民留言踊跃，成为下情上达的"直通车"。"中国宝武"官方微信发布的有关征集2021年"公司日"活动意见建议的信息，网民留言226条，员工"急难愁盼"的问题，受到集团公司主要领导的重视。（赵 琦）

【形成媒体融合新格局】 2021年，融媒体中心从全媒体策划入于，构建新型采编网络和全媒体采编流程。"中国宝武"官方微信每天发布微信帖文，全年发布微信帖文1 943篇，比上年增加642篇。网民27万人，平均每天发布近6条。组织策划结合集团公司中心工作和核心价值观、能够引发爆点和引起广泛情感共鸣的原创微信，讲好宝武故事，全年发布原创帖文45篇。在年内发布的中国企业新媒体指数中，"中国宝武"官方微信在中央企业新媒体指数榜列20强。"中国宝武"官方视频号发布视频261条，其中浏览数超10万人次的有12条，浏览数超万人次的有97条。观看宝武形象片的有85.50万人次，观看宝钢"85·9"投产视频的有54.80万人次，浏览"中国宝武名列世界五百强第72位"报道的有41.40万人次，观看中国宝武党委书记、董事长陈德荣在欧冶云商峰会致辞视频的有40万人次。"思想界"专题片以问题为导向，聚焦国际化、"双碳"工作、混合所有制改革等重大主题，推出有思想性的访谈片4部。"中国宝武"抖音号网民总数、浏览数、点赞数比上年上升，其中一条抖音流量达153万人次。 （赵 琦）

【构建大宣传格局】 2021年，融媒体中心通过重点报道培养提升记者的业务能力；与解放日报社等主流媒体对标找差、学习交流；举办媒体工作者暨子公司通讯员能力提升专项培训；记者、编辑到八一钢铁等子公司授课交流。通过发布子公司每月在集团公司媒体平台报道排行榜，得到各子公司党委的重视。探索集团公司范围内融媒体相关资源协同共享机制，发挥马钢记者站和各子公司新闻中心、宣传部门等作用，完成"公司日"、爱国主义教育基地挂牌等重大报道任务。 （赵 琦）

【获奖作品】 2021年，融媒体中心在国务院国资委新闻中心、中央企业媒体联盟主办的第八届"国企好新闻"评比中，《"混资本"不易，"改机制"更难》获文字类三等奖，《这样的宝武，你"绘"遇见吗？！》获融媒体类三等奖。在上海市新闻工作者协会2020年度企业报"新闻奖"评比中，《少些"点动"多些"自动"》获评论类一等奖，《亿吨宝武，今日梦圆》获通讯类一等奖，《中国宝武与全球铁矿石三巨头实现人民币跨境结算》获消息类一等奖，《"进车间下班组"，总书记来到我们身边！》获特稿类一等奖。在上海市报纸行业协会行业报专业委员会好新闻评比中，《歌以咏怀，唱宝武梦想》和《中国宝武红色主题百年》分获2021年"庆祝建党百年"新闻摄影作品一、二等奖。 （赵 琦）

史志工作

【概况】 中国宝武设有史志编纂委员会，委员会主任委员由中国宝武党委书记、董事长担任，副主任委员由中国宝武总经理、党委副书记担任，委员包括中国宝武领导成员和各职能部门主要负责人、中国宝武史志办公室（简称史志办）主任。史志办为中国宝武史志编纂委员会的办事机构，挂靠集团公司企业文化部。主要职能是：承担编辑出版《中国宝武钢铁集团有限公司年鉴》，编辑并提供有关的史料性书刊，集团公司内部史志鉴工作和对外史志鉴工作联络的归口管理等工作。

（张文良）

【编纂出版《中国宝武钢铁集团有限公司年鉴（2021）》】 《中国宝武钢铁集团有限公司年鉴（2021）》是中国宝武的第四部年鉴，是系统记述2020年中国宝武各方面情况的年度资料性文献，详细记载总部各部门及各子公司2020年改革、发展的基本情况和重大事项，新增"托管企业"，收录中钢集团和重钢集团两家企业的概况、2020年改革发展情况、大事记等；彩页增设"纪念中国宝武130年"专版；根据2020年新冠肺炎疫情暴发及脱贫攻坚情况，增设"专文"，刊发《中国宝武抗击新冠肺炎疫情纪实》和《中国宝武精准扶贫模式》；"钢铁主业"新增中南钢铁、太钢集团等内容。全书设总述、特载、专文、要闻大事、企业管理、科技工作、节能环保、人力资源、财务审计、钢铁主业、新材料产业、智慧服务业、资源环境业、产业园区业、产业金融业、托管企业、党群工作、企业文化、人物与荣誉、统计资料、附录、索引22个篇目，210个分目，1 390个条目，卷首照片58幅，随文照片92幅，图、表78张，计94.20万字。12月，由上海人民出版社出版，上海人民出版社发行中心发行。

（张文良）

【《上海市级专志·宝钢集团志》出版发行】 12月，由上海市地方志编纂委员会主编、中国宝武承编的《上海市级专志·宝钢集团志》（简称《宝钢集团志》）由上海社会科学院出版社出版发行。这是继《宝钢志（1977—1992）》《宝钢志（1993—1998）》后，记载宝钢发展历程的第三部志书。与改革开放同行的宝钢，是中国钢铁工业史上的重要里程碑。为此，国家第二轮修志工程将《宝钢集团志》列入《上海市级专志》系列志书，主要记述上海宝钢集团公司和宝钢集团有限公司的发展历程，时间断限为1998年11月17日上海地区钢铁企业联合重组至2016年12月1日中国宝武钢铁集团有限公司成立。2018年9月，中国宝武发文正式启动编纂工作，在史志办成立《宝钢集团志》编纂室，正式启动《宝钢集团志》编纂工作。编纂室收集了大量珍贵资料、数据、图片，整理、制作卡片4 100余张、近400万字，整理、编纂资料长编计350万字，2019年底完成志书初稿，2020年1月进行内部评审，5月通过市地方志编纂委员会专家评议，11月通过专家审定，2021年1月通过市地方志编纂委员会验收，历时3年完成志书的编纂出版工作。《宝钢集团志》由卷首照、凡例、目录、总述、大事记、正文、专记、附录、索引和编后记组成；正文设组织机构、钢铁主业、多元产业、经营管理、企业改革、科技工作、节能环保、员工队伍、党群工作、企业文化、人物与荣誉11个篇目。全志159.70万字，收录卷首照170多幅、随文照11幅。

（张文良）

【《中国宝武钢铁集团有限公司年鉴（2020）》获评全国地方志优秀成果】 12月31日，中国地方志指导小组和中国地方志学会联合下发《关于对第八届全国地方志优秀成果（年鉴类）的通报表扬》，由中国宝武史志编纂委员会主编、中国宝武史志办公室承编、上海人民出版社出版的《中国宝武钢铁集团有限公司年鉴（2020）》获评"第八届全国地方志优秀成果（二等年鉴）"，受到通报表扬。至此，中国宝武出版的3部年鉴连续3年、全部获评全国地方志优秀成果。中国地方志指导小组是国务院委托中国社会科学院代管的独立机构，是国家地方志工作指导机构，负责统筹规划、组织协调、督促指导全国地方志工作；中国地方志学会是中国地方志系统的权威学术机构。此次参评的有全国公开出版的2020卷各级各类年鉴，包括省级综合年鉴、市级综合年鉴、县级综合年鉴、专业年鉴、军事年鉴，共评出446部年鉴。

（张文良）

媒体与出版物

【《中国宝武社会责任报告》】 2009年创刊。中国宝武企业文化部主办。年刊，大16开本，报告以中、英文两种文字出版，以印刷品、电子文档形式发布，其中电子文档可在中国宝武网站（http://www.baowugroup.com）下载阅读。《2020年中国宝武社会责任报告》以"铸梦百年·再出发"为主题，2021年8月16日发布。（王丹云）

【《中国宝武钢铁集团有限公司年鉴》】 2018年创办，中国宝武钢铁集团有限公司主办，中国宝武史志编纂委员会编纂，是系统记述中国宝武各方面情况的年度资料性文献。编辑部设在中国宝武史志办公室。《中国宝武钢铁集团有限公司年鉴（2021）》，标准大16开本，532页，94.20万字，印数1 000册，定价370元，2021年12月由上海人民出版社出版，上海人民出版社发行中心发行。（张文良）

【《中国宝武报》】 2017年1月，创刊于1978年8月1日的《宝钢日报》更名为"《中国宝武报》"。《中国宝武报》由中国宝武钢铁集团有限公司主办，国内公开发行，国内统一连续出版物号CN31—0117，是中国宝武主要新闻传媒之一。2021年出版报纸99期，每份定价150元，发行量24 910份，比上年减少1 697份，主要发行对象是中国宝武员工。（赵琦）

【《中国宝武报》数字报】 由融媒体中心制作。主要栏目有一版要闻、二版要闻、专题报道、宝武人、宝武视点、数字报、宝武视频七大板块。网址为http://news.baowugroup.com。2021年，发布文章2 122篇，报纸版面465个，全年网页浏览量5.10万人次。（赵琦）

【"中国宝武"官方视频号】 2月1日，中国宝武开设官方视频号。"中国宝武"官方视频号由融媒体中心

制作和播放。2021年,制作和播放视频、微视频261部。 （倪 健）

【中国宝武资讯平台】 由融媒体中心每个工作日发布,员工通过智能手机一键进入,可动态收阅公司新闻、服务等资讯。2021年,App（手机应用程序）注册人数15.60万,绑定设备数28.30万个,月度活跃用户数11万人。资讯模块访问量58.20万人次,阅读量78.30万人次。 （赵 琦）

【"中国宝武"官方微信】 1月27日,"友爱的宝武"官方微信更名为"中国宝武"官方微信。由融媒体中心发布。2021年,发布信息1 942篇,网民27.51万人。
（张 琴）

【"中国宝武"官方抖音号】 由融媒体中心发布。2021年,发布206条短视频,获点赞26.90万个,网民7.10万人。 （施胜国）

【《宝钢技术》】 1983年12月创刊,是中国宝武主管、宝钢股份主办的技术刊物,大16开本,双月刊（逢双月出版）,国内外公开发行。国内统一连续出版物号CN31-1499/TF,国际标准连续出版物号ISSN1008-0716。2020年10月,国家新闻出版署批复同意《宝钢技术》主办单位由原宝钢集团有限公司变更为宝山钢铁股份有限公司。《宝钢技术》主要刊登针对宝钢工艺技术进行分析与研究、开发与应用的相关论文。2021年出版6期,每期78页。 （李国团）

【《宝钢技术研究（英）》】 2002年10月创刊,原为《宝钢技报（英）》网络版,2007年12月更名为"《宝钢技术研究（英）》",是中国宝武主管、宝钢股份主办的英文版技术刊物。大16开本,季刊（逢季末出版）,国内外公开发行。国内统一连续出版物号CN31-2001/TF,国际标准连续出版物号ISSN1674-3458。2020年10月,国家新闻出版署批复同意《宝钢技术研究（英）》主办单位由原宝钢集团有限公司变更为宝山钢铁股份有限公司。《宝钢技术研究（英）》主要刊登冶金工艺研究和冶金产品研究方面的相关论文。2021年出版4期,每期48页。 （李国团）

【《炼钢》】 1985年创刊,是宝钢股份主管、武钢有限和中国金属学会联合主办的技术刊物,大16开本,双月刊（逢双月出版）,国内外公开发行。入编《中文核心期刊要目总览》2020年版（即第9版）冶金工业类的核心期刊。2021年出版6期,每期84页。主要刊登铁水预处理、炼钢、炉外精炼、连铸及其相关领域生产工艺技术和产品开发的相关论文。 （李朝前）

【《电工钢》】 2019年3月,国家新闻出版署批复同意《武钢技术》更名为"《电工钢》",是宝钢股份主管、武钢有限主办的技术刊物,大16开本,双月刊（逢双月出版）,国内外公开发行。2021年出版6期,每期64页。主要刊登硅钢生产工艺技术、产品开发与应用的相关论文。 （李朝前）

【《武汉工程职业技术学院学报》】 1985年创刊,武汉工程职业技术学院主办。1998年经新闻出版署批准为学术性期刊,季刊,国内统一连续出版物号CN42-1652/Z,国际标准连续出版物号ISSN1671-3524。学报依托中国宝武行业优势,是为企业技术人员、院校及研究机构人员提供应用技术和职业教育研究成果交流的平台。2021年,设工程技术、计算机技术及应用、经济与管理、问题探讨、教育与教学等栏目,刊发学术论文106篇。 （聂碧娟）

【《武汉冶金管理干部学院学报》】 1991年创刊,原名《管理教育学刊》,武汉工程职业技术学院主办。1998年经新闻出版署批准为学术性期刊,季刊,国内统一连续出版物号CN42-1580/TF,国际标准连续出版物号ISSN1009-1980。学报是为企业技术与管理人员、院校及研究机构人员提供研究成果交流的平台。2021年,设管理纵横、法苑探索、产教融合研究、教育与教学、读点文史哲等栏目,刊发学术论文111篇。 （聂碧娟）

【《马钢日报》】 1964年7月1日创刊,原名《马钢工人》,1992年9月更名为《马钢日报》,马钢集团党委主办,为马钢集团党委机关报。国内统一刊号CN34-0041,周三刊,对开4版。2021年,出版145期,每期印数1.30万份,主要发行对象为马钢集团员工。 （江 霞）

【《安徽冶金科技职业学院学报》】 1990年创刊,原名《马钢职工大学学报》,马钢职工大学主办。2004年马钢职工大学更名为"安徽冶金科技职业学院"后,学报更名为"《安徽冶金科技职业学院学报》"。2000年,由国家新闻出版总署批准为公开发行的冶金科技类期刊,季刊,国内统一连续出版物号CN34-1281/Z,国际标准连续出版物号ISSN1672-9994。2021年,设冶金科技交流、企业经济与管理、高职教育、人文学术研究等栏目,刊发学术论文134篇。 （田朝林）

【《冶金动力》】 1982年创刊,原名《钢铁动力》,马鞍山钢铁股份有限公司主办。1993年由国家新闻出版主管部门批准为国内公开发行的科技期刊,2014年被国家新闻出版广电总局认定为首批学术期刊。双月刊,国内统一连续出版物号CN34-1127/TK,国际标准连续出版物号ISSN1006-6764。办刊宗旨是面向冶金企业,面向应用技术,及时报道冶金与动力能源专业最新科技成果,传播科技信息,促进技术创新,为企业和读者服务。2021年,开设供用电、燃气、制氧、热电、供排水、自动化等栏目,刊发学术论文189篇;被评为第七届华东地区优秀期刊。 （齐春梅）

【《太钢日报》】 前身为创刊于1950年1月的《钢铁小报》,《钢铁小报》报头由中共中央主席毛泽东题写。1994年,经新闻出版署批准,定名为《太钢日报》。《太钢日报》由中共太原钢铁（集团）有限公司委员会主管主办,国内统一刊号CN14-0047,4开4版,周六刊,是太钢集团主要新闻传媒之一。2021年,出版报纸279期,发行量1万份,主要发行对象为太钢集团员工。 （陈 涛）

【《重钢报》】 1950年10月24日创刊,原名《钢铁报》,1979年12月26日更名为"《重钢报》",1993年

7月2日经新闻出版署批准公开发行,国内统一连续出版物号CN50-0023。由中共重庆钢铁（集团）有限责任公司委员会主管主办,周三刊（每周一、三、五出版）,4开4版。2021年,出版145期,推出栏目36个,刊发新闻2 320篇,专版93个。 （许 珀）

社会责任

【社会责任管理】 2021年,办公室（党委办公室）有序组织开展捐赠费用跟踪上报、子公司捐赠项目审核报批等日常管理工作,根据一级子公司管理关系调整,及时做好对外捐赠管理转接,宣传贯彻集团公司管理要求。全年,中国宝武对外捐赠3.97亿元。其中,按年度捐赠计划,100%落实集团公司总部对外捐赠资金9 006万元;预算外,组织落实向河南防汛救灾专项捐赠1 000万元,向山西洪涝灾区捐赠1亿元,向宝钢教育基金专项捐赠5 000万元,践行中央企业社会责任。履行乡村振兴工作领导小组成员单位职责,做好项目

资金计划审批安排、公司领导调研安排,以及上级部门、对口地区来访交流安排等工作,协调落实中国宝武领导班子成员到定点帮扶对口支援县调研检查的全覆盖,实现乡村振兴对口援助资金全部到位。 （庞丽雯）

【编制社会责任报告】 8月16日,中国宝武脱贫攻坚总结表彰会暨2020年社会责任报告发布会在宝武大厦举行,发布会首次采用"1+N"集中发布的方式,同时发布集团公司与下属11家单位的社会责任报告以及社会责任优秀案例;表彰在脱贫攻坚战线上涌现出的先进个人和集体,发布中国宝武乡村振兴"授渔"计划。《2020年中国宝武社会责任报告》以"铸梦百年·再出发"为主题,分5个篇章,首次以综述加分册的形式,分专题、多角度诠释社会责任理念,对中国宝武履行社会责任付出的努力作出准确、翔实、精彩的再现。《2020年中国宝武社会责任报告》获中国企业社会责任报告评级专家委员会"五星佳"级的最高评价,获"2021金蜜蜂企业社会责任·中国榜"最高荣誉"领袖型企业"奖。年底,为规

2021年11月9日,宝钢股份向援建的云南省普洱市江城县整董镇曼滩小学捐赠一批衣物及音响等物资 （李忠宝 摄）

范并指导各单位社会责任工作的开展,企业文化部起草并下发《中国宝武社会责任工作管理办法》。

（王丹云）

【乡村振兴工作】 中国宝武乡村振兴工作领导小组作为集团公司定点帮扶工作的领导机构,负责研究、审定定点帮扶工作规划、政策制度、年度计划及帮扶项目,研究部署重点工作任务,指导、督促、检查贯彻落实情况。乡村振兴工作领导小组办公室作为中国宝武定点帮扶日常工作机构,负责牵头协调推进定点帮扶工作。2021年,中国宝武承担的帮扶地区包括云南省普洱市宁洱县、镇沅县、江城县和文山州广南县,湖北省黄冈市罗田县,广西壮族自治区南宁市上林县,内蒙古自治区赤峰市翁牛特旗。年内,中国宝武加强顶层设计,调整帮扶工作机构设置,牵头制订并组织实施5年过渡期定点帮扶和对口支援工作方案。研究制订《中国宝武乡村振兴"授渔"计划》,构建产业为基、就业为本、教育为翼的钢铁生态圈乡村振兴工作新格局。加大资金支持力度,投入帮扶资金2.05亿元;引进帮扶资金8 182万元,其中1 325.80万元为无偿帮扶资金。强化人才支撑,续派9名帮扶干部,年底有22人作为中央单位派出的挂职帮扶干部、驻村第一书记投身到地方乡村振兴事业中。策划开展"重走脱贫攻坚长征路,开启乡村振兴新动能"专题培训班。培训乡村基层干部、乡村振兴带头人、专业技术人才等1.41万人,帮助脱贫人口转移就业3 073人。实施消费帮扶,直接购买和帮助销售脱贫地区农产品1.41亿元。

（刘慧君）

2021年10月28日,中国宝武定点帮扶云南省普洱市镇沅县供销社茶叶精制所建设项目启用

（吴永中 摄）

【青年志愿者服务】 2021年底,中国宝武下属各单位有青年志愿者组织169个,青年志愿者8 319人。全年,组织志愿服务活动1 489场,参与志愿服务活动9 353人次,其中参与乡村振兴活动333人次,参与扶贫济困活动1 203人次,参与公益环保活动1 704人次,参与其他项目4 877人次。年内,中国宝武青年志愿者参加常态化新冠肺炎疫情防控,协助各子公司、各属地地区疫苗接种工作,其中上海地区青年志愿者为3万余名在沪员工提供为期20天的疫苗接种志愿服务。中国宝武青年志愿者服务集团公司各项重大会议活动,为中国钢铁工业协会第六届会员大会二次会议、全球低碳冶金创新联盟成立大会暨2021全球低碳冶金创新论坛、中国宝武"公司口"等大型会议活动提供会务服务和志愿服务。

（施云茉）

【宝钢教育基金会概况】 宝钢教育基金始于1990年宝钢出资设立的宝钢奖学金,原始基金200万元,2005年经民政部批准注册成立

宝钢教育基金会,2021年底基金总额10 720万元。全年,公益支出1 102.52万元,96所高校的496名学生、270名教师获宝钢教育奖。至2021年,全国100余所高等院校26 106名师生获宝钢教育奖;用于教育奖励和资助金额累计2.60亿余元。

（周逸敏）

【宝钢教育基金补充资金5 000万元】 8月,中国宝武党委常委会、董事会专题研究审议向宝钢教育基金补充资金的议案,决定向宝钢教育基金再投入5 000万元。10月,中国宝武5 000万元捐赠款转入宝钢教育基金会专用账户。

（周逸敏）

【宝钢教育基金会重大事项】 7月13—30日,宝钢教育基金会第三届理事会第三次全体会议以通讯议事和通讯表决的方式召开。审议通过《宝钢教育基金会秘书处工作报告》《宝钢教育基金会2020年度经费收支决算》《宝钢教育奖评颁实施细则》(2021年5月24日修订)。11月27日,宝钢教育基金

会第三届理事会以视频会议形式召开第四次全体（扩大）会议，宝钢教育奖评审工作委员会主任委员、副主任委员参加会议。会议听取并审议通过《宝钢教育基金会秘书处工作报告》，决定将2021年度宝钢教育奖评审工作会议调整为通讯会议召开；审议并通过《关于批准〈2022年度宝钢教育基金会收支预算〉的决议》《关于批准〈宝钢教育基金会财务管理实施细则〉修订的决议》《关于聘请吴健为宝钢教育基金会第三届理事会理事同时免去周天华理事的决议》《关于聘请黄小华为宝钢教育基金会第三届理事会理事同时免去黄伟理事的决议》。11月26日，《中国教育报》在第一版刊登《一家国企30余年的教育情怀》专题报道，宣传宝钢教育奖。

（周逸敏）

【宝钢教育奖年度评审】 11月29日—12月8日，按照宝钢教育基金会第三届理事会第四次全体（扩大）会议决定，2021年度宝钢教育奖评审工作会议以通讯会议形式召开。会议听取《2021年度宝钢教育奖评审工作情况报告》，审议并确认253名宝钢优秀教师奖获奖教师、470名宝钢优秀学生奖获奖学生和26名宝钢优秀学生特等奖获奖学生；投票产生杨超等8名宝钢优秀教师特等奖获奖教师、孙伟等9名宝钢优秀教师特等奖提名奖获奖教师。12月10日，宝钢教育奖评审工作委员会颁布《关于2021年度宝钢教育奖的表彰决定》。

（周逸敏）

【参加"全国教书育人楷模"评选活动】 8月25日，宝钢教育基金会出席教育部组织的"2021年度全国教书育人楷模"评选活动推选会议。年内，推选出10名"全国教书育人楷模"，出资100万元奖励金。"全国教书育人楷模"评选是由教育部发起并联合中央媒体等组织开展的一年一度推选活动，在教师节时表彰，旨在大力弘扬新时期人民教师的高尚师德师风，在全社会进一步营造尊师重教的良好风尚，广泛展示新时代人民教师教书育人事迹风采。由教育部教师工作司提议，经宝钢教育基金会第二届理事会第十一次全体会议审议通过，自2019年起，宝钢教育基金会参与"全国教书育人楷模"评选活动，资助该奖项的奖励金。

（周逸敏）

【评选第二届"宝武职业教育奖"】 9月10日，按照《宝武职业教育奖评定办法（试行）》，由公司治理部、人力资源部、党委宣传部、产教融合发展中心、宝钢教育基金会秘书处组成的宝武职业教育奖评定工作委员会审定通过，武汉工程职业技术学院6名教师、6名学生获第二届"宝武职业教育奖"，奖励金额18万元。

（周逸敏）

编辑：张 鑫

18

人物与荣誉

人物与荣誉

中国宝武钢铁集团有限公司领导简介(2021年12月)

陈德荣

男，汉族，1961年3月生，浙江永嘉人，1982年2月参加工作，1992年3月加入中国共产党，武汉钢铁学院钢铁冶金专业毕业，研究生学历，工学硕士学位，正高级经济师。中国宝武钢铁集团有限公司党委书记、董事长。

历任浙江省杭州钢铁厂技术开发处副处长、转炉炼钢分厂副厂长，杭州钢铁集团公司转炉炼钢厂厂长，浙江冶金集团(杭州钢铁集团公司)副总经理，浙江省嘉兴市副市长、市委副书记、市长、市委书记，浙江省副省长，温州市委书记，浙江省委常委，宝钢集团有限公司董事、总经理、党委常委，中国宝武钢铁集团有限公司董事、总经理、党委副书记等职务。2018年6月起，任中国宝武钢铁集团有限公司党委书记、董事长。

胡望明

男，汉族，1963年11月生，湖北汉川人，1984年7月参加工作，1988年10月加入中国共产党，东南大学机械制造专业毕业，研究生学历，工学硕士、管理学博士学位，正高职高级工程师。中国宝武钢铁集团有限公司董事、总经理、党委副书记。

历任武汉钢铁公司烧结厂副厂长，武汉钢铁(集团)公司机电部副部长、经营计划部副部长，武汉钢铁(集团)公司总经理助理，武汉钢铁(集团)公司副总经理、党委常委(其间兼任武汉钢铁股份有限公司党委书记)，中国宝武钢铁集团有限公司副总经理、党委常委等职务。2018年10月起，任中国宝武钢铁集团有限公司董事、总经理、党委副书记。

邹继新

男，汉族，1968年7月生，湖北监利人，1989年7月参加工作，1995年4月加入中国共产党，在职大学学历，工商管理硕士专业学位，正高职高级工程师。中国宝武钢铁集团有限公司党委常委。

历任武汉钢铁股份有限公司三炼钢厂副厂长，炼钢总厂副厂长、厂长，武汉钢铁股份有限公司总经理助理，武汉钢铁股份有限公司副总经理，武汉钢铁（集团）公司副总经理、党委常委（其间兼任武汉钢铁股份有限公司董事、总经理）等职务。2016年10月起，任中国宝武钢铁集团有限公司党委常委（2017年2月起兼任宝钢股份董事、总经理、党委副书记，2019年1月起兼任宝钢股份董事长、党委书记）。

朱永红

男，汉族，1969年1月生，湖北仙桃人，1989年7月参加工作，1999年11月加入中国共产党，中国地质大学管理科学与工程专业毕业，研究生学历，管理学硕士、经济学博士学位，高级经济师、高级会计师。中国宝武钢铁集团有限公司总会计师、党委常委。

历任武汉市蔡甸经济开发区管理委员会副主任兼蔡甸区招商局局长，武汉钢铁（集团）公司战略研究室主任，武汉钢铁（集团）公司计划财务部部长，武汉钢铁（集团）公司财务总监，武钢国贸总公司党委书记、副总经理，武汉钢铁（集团）公司副总会计师、总会计师，中国宝武钢铁集团有限公司总会计师（2018年10月起兼任董事会秘书）等职务。2019年1月起，任中国宝武钢铁集团有限公司总会计师、党委常委。

郭　斌

男，汉族，1971年8月生，山东青岛人，1994年7月参加工作，1992年10月加入中国共产党，东北大学管理工程专业毕业，大学学历，工学学士、工商管理硕士学位，工程师。中国宝武钢铁集团有限公司副总经理、党委常委。

历任宝钢集团有限公司（宝钢股份）党委组织部、人力资源部副部长，宝钢股份人力资源部副部长（主持工作）、部长，宝钢集团有限公司党委组织部（人力资源部）部长、宝钢股份党委组织部部长，宝钢集团有限公司党委组织部部长、人力资源部总经理，宝钢集团有限公司总经理助理，宝钢股份党委副书记、副总经理，宝钢集团有限公司副总经理（其间兼任宝钢发展有限公司董事长），中国宝武钢铁集团有限公司副总经理（其间先后兼任武钢集团有限公司总经理、党委副书记，武钢集团有限公司董事长、党委书记、中国宝武武汉总部负责人）等职务。2020年9月起，任中国宝武钢铁集团有限公司副总经理、党委常委。

张锦刚

男，汉族，1970年4月生，山东威海人，1992年8月参加工作，1991年5月加入中国共产党，鞍山钢铁学院钢铁冶金专业毕业，在职研究生学历，工学学士、工学博士学位，教授级高级工程师。中国宝武钢铁集团有限公司副总经理、党委常委（至2021年3月）。

历任鞍钢第三炼钢厂厂长助理、第二炼钢厂副厂长，鞍钢股份有限公司第一炼钢厂副厂长（主持工作），鞍钢股份有限公司投资规划部部长（2007年2月至2009年2月借调中国钢铁工业协会任副秘书长），鞍钢生产协力中心主任，鞍钢集团有限公司董事会秘书，宝钢集团有限公司副总经理，中国宝武钢铁集团有限公司副总经理等职务。2020年5月至2021年3月，任中国宝武钢铁集团有限公司副总经理、党委常委。

章克勤

男，汉族，1961年9月生，浙江上虞人，1983年8月参加工作，1986年6月加入中国共产党，华东政法学院法律专业毕业，中央党校研究生学历，高级政工师。中国宝武钢铁集团有限公司党委常委、纪委书记，国家监委驻中国宝武钢铁集团有限公司监察专员（至2021年11月）。

历任上海市中级人民法院刑二庭助理审判员、审判员，上海市第一中级人民法院研究室副主任、主任、审判员，上海市第一中级人民法院经一庭庭长、审判员，民三庭庭长、审判员，上海市第一中级人民法院审委会委员，上海世博局副巡视员、法律事务部部长、主题馆部部长，上海市第一中级人民法院审委会专职委员，上海市纪委常委，宝钢集团有限公司党委常委、纪委书记，中国宝武钢铁集团有限公司党委常委、纪委书记等职务。2019年1月至2021年11月，任中国宝武钢铁集团有限公司党委常委、纪委书记，国家监委驻中国宝武钢铁集团有限公司监察专员。

孟庆旸

男，汉族，1965年6月生，黑龙江富锦人，1988年7月参加工作，1988年5月加入中国共产党，黑龙江大学法律系法学专业毕业，在职省委党校研究生学历，法学学士学位。中国宝武钢铁集团有限公司党委常委、纪委书记、国家监委驻中国宝武钢铁集团有限公司监察专员。

历任黑龙江省七台河市委组织员室主任、市委组织部副部长，黑龙江省七台河市农业委员会主任、党委书记，长江航运公安局法制处（监所管理处）副处长、处长，中央纪委监察部驻食品药品监督管理局纪检组监察局正处级纪律检查员、监察员，监察部驻工业和信息化部监察局副局长，中央纪委国家监委驻工业和信息化部纪检监察组副组长，鞍钢集团有限公司党委常委、纪委书记，国家监委驻鞍钢集团有限公司监察专员等职务。2021年11月起，任中国宝武钢铁集团有限公司党委常委、纪委书记、国家监委驻中国宝武钢铁集团有限公司监察专员。

侯安贵

男，汉族，1972年2月生，江苏溧水人，1994年7月参加工作，1998年3月加入中国共产党，东北大学钢铁冶金专业毕业，在职研究生学历，工学学士、工学博士学位，正高级工程师。中国宝武钢铁集团有限公司副总经理、党委常委。

历任宝钢股份炼钢厂厂长助理、副厂长、副厂长（主持工作）、厂长，宝钢股份梅钢公司副总经理，宝钢股份总经理助理（其间兼任制造管理部部长），宝钢股份副总经理，宝钢集团有限公司总经理助理（其间先后兼任宝钢工程技术集团有限公司董事长，欧冶云商股份有限公司党委书记、高级副总裁，欧冶云商股份有限公司董事长），宝钢股份董事、总经理、党委副书记等职务。2020年5月起，任中国宝武钢铁集团有限公司副总经理、党委常委。

魏尧

男，汉族，1963年12月生，安徽巢湖人，1983年8月参加工作，1994年6月加入中国共产党，中国科学技术大学行政管理专业毕业，在职研究生学历，管理学硕士学位，高级审计师。中国宝武钢铁集团有限公司党委常委。

历任安徽省审计厅办公室副主任、金融审计处处长、厅长助理，安徽省蚌埠市中市区委副书记、代区长、区长，安徽省蚌埠市固镇县委书记，安徽省蚌埠市委常委、固镇县委书记、县人大常委会主任，安徽省马鞍山市委常委、组织部部长，安徽省马鞍山市委常委、副市长、市委副书记、市长、市委书记，安徽省第十届省委委员，马钢（集团）控股有限公司党委书记、董事长（其间先后兼任马鞍山钢铁股份有限公司党委书记，中国宝武马鞍山总部总代表）等职务。2020年9月起，任中国宝武钢铁集团有限公司党委常委。

高建兵

男，汉族，1976年10月生，山西运城人，1999年7月参加工作，1996年12月加入中国共产党，华东冶金学院热能工程专业毕业，工学学士、高级管理人员工商管理硕士学位，高级工程师。中国宝武钢铁集团有限公司副总经理、党委常委。

历任山西太钢不锈钢股份有限公司天津太钢天管不锈钢有限公司经理，山西太钢不锈钢股份有限公司制造部部长、制造与质量管理部部长、副总经理，太原钢铁（集团）有限公司董事、党委常委、党委副书记、副董事长、总经理，中国宝武钢铁集团有限公司总工程师（总

经理助理级）等职务。2021年10月起，任中国宝武钢铁集团有限公司副总经理、党委常委。

张贺雷

男，蒙古族，1971年10月生，辽宁喀左人，1996年7月参加工作，1995年12月加入中国共产党，中南工业大学选矿工程专业毕业，在职研究生学历，工学学士、工学博士学位，高级政工师。中国宝武钢铁集团有限公司工会主席、职工董事。

历任宝钢股份人事处组织室主任，宝钢集团有限公司党委组织部、人力资源部组织统战管理主管，上海宝钢工程技术有限公司纪委书记、工会主席，宝钢工程技术集团有限公司党委组织部、人力资源部部长，宝钢集团有限公司监察部副部长兼监察一处处长，宝钢工程技术集团有限公司技术服务事业部党委书记，宝钢工程技术集团有限公司副总经理（业务），宝钢集团有限公司纪委常委、监察部部长，中国宝武钢铁集团有限公司纪委常委、监察部部长，宝钢股份钢管条钢事业部党委书记，宝钢股份工会主席等职务。2020年7月起，任中国宝武钢铁集团有限公司工会主席；2020年9月起，同时担任中国宝武钢铁集团有限公司职工董事。

人物传略

孙民强

(1938.4.10—2021.4.10)

上海松江人，2021年4月10日因病逝世。

1958年9月参加工作。1960年9月，加入中国共产党。1958年9月，任上海第四钢铁厂筹建委员会设备处技术员；1959年3月，任上海冶金安装大队党委秘书、分队副队长；1978年1月起，先后任上海宝山钢铁总厂（简称宝钢）能源部部长、副总工程师和宝钢工程指挥部副总工程师；1993年3月，任宝钢三期工程指挥部总工程师。2000年6月退休。是中国人民政治协商会议第八届全国委员会委员。

张腾华

（1925.4.23—2021.7.21）

山东冠县人，2021年7月21日

因病逝世。

1946年6月，任山东省堂邑县一区助理员并南下行军；1949年8月，任湖南省安化县一区区长、区委书记、组织部部长；1953年1月起，任大冶技工学校教导主任，武汉钢铁公司（简称武钢）施工准备处科长，武钢矿山公司检查科长、党委组织部部长；1959年10月—1964年9月，任武钢矿山分公司党委副书记、武钢运输部党委书记；1973年2月，任武钢革命委员会副主任、副经理、顾问。1986年4月离职休养。

孔祥恭

（1937.12.16—2021.8.27）

河北唐山人，2021年8月27日因病逝世。

1961年9月参加工作。1978年11月，加入中国共产党。1961年9月，任辽宁抚顺钢厂基建工程处技术员；1965年5月，任冶金部第九冶金建设公司三公司技术员；1967年1月起，历任中国人民解放军基建工程兵二支队十二大队司令部参谋、工程师、作训科副科长、副总工程师。1983年9月，任宝钢工程指挥部工管处副处长；1984年10月，任宝钢工程指挥部指挥助理兼施工技术处处长；1990年7月，任宝钢工程指挥部总工程师。1997年12月退休。

年度荣誉

先进集体一览表

序号	获奖单位	荣誉称号	授予单位
1	中国宝武扶贫工作领导小组办公室	全国脱贫攻坚先进集体	中共中央、国务院
2	宣威海岱昆钢金福食品有限公司	全国脱贫攻坚先进集体	中共中央、国务院
3	宝钢湛江钢铁有限公司党委	全国先进基层党组织	中共中央
4	宝钢股份湛江钢铁有限公司	全国五一劳动奖状	中华全国总工会
5	太钢集团山西太钢不锈钢精密带钢有限公司	全国五一劳动奖状	中华全国总工会
6	宝武资源武钢资源程潮矿业有限公司采矿分公司东采工区采矿甲班	全国工人先锋号	中华全国总工会
7	宝武资源马钢矿业南山矿业有限公司高村铁矿穿爆工段爆破班	全国工人先锋号	中华全国总工会

（续　表）

序号	获奖单位	荣誉称号	授予单位
8	中钢集团天澄环保科技股份有限公司冶金建材事业部国家"863"技术成果推广团队	全国工人先锋号	中华全国总工会
9	宝钢股份运输部成品出厂中心	第20届全国青年文明号	共青团中央
10	太钢集团炼铁厂4 350立方米高炉值班室	第20届全国青年文明号	共青团中央
11	太钢集团太钢不锈冷轧厂连轧作业区	第20届全国青年文明号	共青团中央
12	昆钢公司云南昆钢国际旅行社有限公司	第20届全国青年文明号	共青团中央
13	武汉工程职业技术学院	国家技能人才培育突出贡献单位	人力资源和社会保障部
14	太钢集团山西钢科碳材料有限公司	全国石油和化学工业先进集体	人力资源和社会保障部、中国石油和化学工业联合会
15	华宝证券有限责任公司扶贫工作推进小组	全国巾帼文明岗（脱贫攻坚类）	中华全国妇女联合会
16	宝钢集团新疆八一钢铁有限公司党委	中央企业先进基层党组织	国务院国资委党委
17	宝武特冶精密钢管事业部党总支	中央企业先进基层党组织	国务院国资委党委
18	中南钢铁韶钢松山营销中心党委	中央企业先进基层党组织	国务院国资委党委
19	宝钢股份武钢有限硅钢部二分厂党支部	中央企业先进基层党组织	国务院国资委党委
20	马钢集团马钢股份技术中心汽车板研究所党支部	中央企业先进基层党组织	国务院国资委党委
21	太钢集团太钢不锈炼钢二厂连铸三作业区党支部	中央企业先进基层党组织	国务院国资委党委
22	中钢集团中钢设备有限公司矿物加工工程部党支部	中央企业先进基层党组织	国务院国资委党委
23	中钢集团党群工作部党支部	中央企业先进基层党组织	国务院国资委党委
24	宝钢股份营销中心（宝钢国际）上海宝钢钢材贸易有限公司	上海市五一劳动奖状	上海市总工会
25	宝武装备智能科技有限公司	上海市五一劳动奖状	上海市总工会
26	华宝基金管理有限公司	上海市五一劳动奖状	上海市总工会
27	上海宝钢包装股份有限公司	上海市五一劳动奖状	上海市总工会

（续　表）

序号	获 奖 单 位	荣 誉 称 号	授 予 单 位
28	马钢集团马钢股份长材事业部	安徽省五一劳动奖状	安徽省总工会
29	中钢集团中钢洛耐科技股份有限公司	河南省五一劳动奖状	河南省总工会
30	武钢集团有限公司	湖北省五一劳动奖状	湖北省总工会
31	武钢集团武汉武钢好生活服务有限公司	湖北省五一劳动奖状	湖北省总工会
32	昆钢公司云南华创文旅大健康产业集团有限公司	云南省五一劳动奖状	云南省总工会
33	宝钢股份硅钢事业部第四智慧工厂	上海市工人先锋号	上海市总工会
34	宝信软件工业互联网平台研发团队	上海市工人先锋号	上海市总工会
35	宝钢工程上海宝钢建筑工程设计有限公司仲巴项目团队	上海市工人先锋号	上海市总工会
36	宝武清能技术创新团队	上海市工人先锋号	上海市总工会
37	宝地资产/宝地吴淞寓舍事业部"友间公寓"运营团队	上海市工人先锋号	上海市总工会
38	宝钢股份冷轧厂C102作业区	上海市工人先锋号	上海市总工会
39	马钢集团马钢股份特钢公司高线分厂准备作业区	安徽省工人先锋号	安徽省总工会
40	宝武资源马钢矿业非煤矿山救护中队三小队	安徽省工人先锋号	安徽省总工会
41	中南钢铁鄂城钢铁轧材厂棒一热轧车间轧机甲班	湖北省工人先锋号	湖北省总工会
42	重钢集团重庆钢铁研究所有限责任公司板材事业部	重庆市工人先锋号	重庆市总工会
43	昆钢公司红钢公司炼铁厂喷煤工段	云南省工人先锋号	云南省总工会
44	中钢集团西安重机有限公司冶金设备公司镗铣组	陕西省工人先锋号	陕西省总工会
45	八一钢铁八钢股份轧钢厂中厚板分厂设备作业区三组	新疆维吾尔自治区工人先锋号	新疆维吾尔自治区总工会
46	宝钢金属营销中心国际贸易团队	上海市三八红旗集体	上海市妇女联合会
47	中国宝武援藏工作组	西藏自治区脱贫攻坚先进集体	西藏自治区委、区政府
48	中国宝武援青项目工作组	青海省脱贫攻坚先进集体	青海省委、省政府

（续　表）

序号	获奖单位	荣誉称号	授予单位
49	韶关钢铁驻南雄市南亩镇樟屋村工作队	广东省2018—2020年脱贫攻坚突出贡献集体	中共广东省委农村工作领导小组
50	八一钢铁驻岳普湖县也克先拜巴扎镇乌苏特村工作队	新疆维吾尔自治区脱贫攻坚先进集体	新疆维吾尔自治区"访民情惠民生聚民心"驻村工作领导小组
51	武钢集团有限公司	湖北省2020年度工作突出的省驻村工作队派出单位	湖北省委组织部、湖北省政府扶贫开发办公室
52	武钢集团扶贫攻坚领导小组办公室	湖北省脱贫攻坚先进集体	湖北省委、省政府
53	中国宝武武钢援藏工作队	西藏自治区脱贫攻坚先进集体	西藏自治区委、区政府
54	西藏矿业发展股份有限公司山南分公司	西藏自治区脱贫攻坚先进集体	西藏自治区委、区政府
55	宝信软件冶金关键装备智能化研发与应用青年团队	2020年度上海市青年五四奖章集体	共青团上海市委
56	宝山钢铁股份有限公司	中国宝武脱贫攻坚先进集体标兵	中国宝武党委、中国宝武
57	武钢集团有限公司	中国宝武脱贫攻坚先进集体标兵	中国宝武党委、中国宝武
58	宝钢股份营销中心（宝钢国际）成都宝钢西部贸易有限公司	中国宝武脱贫攻坚先进集体	中国宝武党委、中国宝武
59	马钢集团驻阜南县地城镇李集村扶贫工作队	中国宝武脱贫攻坚先进集体	中国宝武党委、中国宝武
60	太原钢铁（集团）有限公司	中国宝武脱贫攻坚先进集体	中国宝武党委、中国宝武
61	八一钢铁驻喀什地区岳普湖县也克先拜巴扎镇墩艾日克村工作队	中国宝武脱贫攻坚先进集体	中国宝武党委、中国宝武
62	宝信软件好生活平台	中国宝武脱贫攻坚先进集体	中国宝武党委、中国宝武
63	上海吴淞口创业园有限公司	中国宝武脱贫攻坚先进集体	中国宝武党委、中国宝武
64	宝武碳业科技股份有限公司	中国宝武脱贫攻坚先进集体	中国宝武党委、中国宝武
65	宝钢包装覆膜铁成型及应用研究项目团队	中国宝武脱贫攻坚先进集体	中国宝武党委、中国宝武
66	华宝证券股份有限公司	中国宝武脱贫攻坚先进集体	中国宝武党委、中国宝武
67	中国宝武融媒体中心采访团队	中国宝武脱贫攻坚先进集体	中国宝武党委、中国宝武
68	宝钢股份梅钢公司物流部原料码头党支部	2020年度中国宝武先进基层党组织标杆	中国宝武党委

（续　表）

序号	获奖单位	荣誉称号	授予单位
69	中南钢铁广东韶钢松山股份有限公司党委	2020年度中国宝武先进基层党组织标杆	中国宝武党委
70	马钢集团马钢股份销售公司党委	2020年度中国宝武先进基层党组织标杆	中国宝武党委
71	太钢集团山西太钢不锈钢精密带钢有限公司党总支	2020年度中国宝武先进基层党组织标杆	中国宝武党委
72	八一钢铁八钢股份炼铁厂焦化分厂化工区域党支部	2020年度中国宝武先进基层党组织标杆	中国宝武党委
73	宝武环科工业环境保障部危废处置管理部党支部	2020年度中国宝武先进基层党组织标杆	中国宝武党委
74	宝武智维武汉分公司炼铁维检部党支部	2020年度中国宝武先进基层党组织标杆	中国宝武党委
75	宝武重工上海分公司党支部	2020年度中国宝武先进基层党组织标杆	中国宝武党委
76	宝武清能武汉钢铁集团气体有限责任公司党委	2020年度中国宝武先进基层党组织标杆	中国宝武党委
77	华宝基金第一党支部	2020年度中国宝武先进基层党组织标杆	中国宝武党委
78	宝钢股份武钢有限冷轧厂精整分厂党支部	2020年度中国宝武先进基层党组织	中国宝武党委
79	宝钢股份武钢有限硅钢部一分厂党支部	2020年度中国宝武先进基层党组织	中国宝武党委
80	宝钢股份湛江钢铁冷轧厂（冷轧项目组）机关党支部	2020年度中国宝武先进基层党组织	中国宝武党委
81	宝钢股份营销系统济南宝钢钢材加工配送有限公司党支部	2020年度中国宝武先进基层党组织	中国宝武党委
82	宝钢股份钢管条钢事业部无缝钢管厂管加工区域党支部	2020年度中国宝武先进基层党组织	中国宝武党委
83	宝钢股份硅钢事业部硅钢销售部党支部	2020年度中国宝武先进基层党组织	中国宝武党委
84	宝钢股份炼铁厂原料分厂党支部	2020年度中国宝武先进基层党组织	中国宝武党委
85	宝钢股份炼钢厂一炼钢分厂党支部	2020年度中国宝武先进基层党组织	中国宝武党委
86	宝钢股份厚板厂精整作业区党支部	2020年度中国宝武先进基层党组织	中国宝武党委

序号	获奖单位	荣誉称号	授予单位
87	宝钢股份冷轧厂一冷轧分厂党支部	2020年度中国宝武先进基层党组织	中国宝武党委
88	宝钢股份设备部计量通信室党支部	2020年度中国宝武先进基层党组织	中国宝武党委
89	宝钢股份能源环保部发电分厂党支部	2020年度中国宝武先进基层党组织	中国宝武党委
90	宝钢股份中央研究院热轧产品研究所党支部	2020年度中国宝武先进基层党组织	中国宝武党委
91	宝钢股份纪检监督部党支部	2020年度中国宝武先进基层党组织	中国宝武党委
92	中南钢铁韶钢松山炼钢厂焙烧作业区党支部	2020年度中国宝武先进基层党组织	中国宝武党委
93	中南钢铁韶钢松山营销中心产品销售部党支部	2020年度中国宝武先进基层党组织	中国宝武党委
94	中南钢铁鄂城钢铁炼铁厂一号高炉车间党支部	2020年度中国宝武先进基层党组织	中国宝武党委
95	中南钢铁鄂城钢铁轧材厂棒一党支部	2020年度中国宝武先进基层党组织	中国宝武党委
96	中南钢铁鄂城钢铁宽厚板厂精整车间党支部	2020年度中国宝武先进基层党组织	中国宝武党委
97	马钢集团行政事务中心党总支	2020年度中国宝武先进基层党组织	中国宝武党委
98	马钢集团马钢股份技术中心检验党支部	2020年度中国宝武先进基层党组织	中国宝武党委
99	马钢集团马钢股份港务原料总厂港口分厂党支部	2020年度中国宝武先进基层党组织	中国宝武党委
100	马钢集团马钢股份四钢轧总厂炼钢分厂党支部	2020年度中国宝武先进基层党组织	中国宝武党委
101	马钢集团马钢股份冷轧总厂冷轧二分厂党支部	2020年度中国宝武先进基层党组织	中国宝武党委
102	马钢集团马钢股份长江钢铁经营党支部	2020年度中国宝武先进基层党组织	中国宝武党委
103	马钢集团马钢股份合肥公司党委	2020年度中国宝武先进基层党组织	中国宝武党委
104	太钢集团太钢不锈热连轧厂2250电气作业区党支部	2020年度中国宝武先进基层党组织	中国宝武党委
105	太钢集团太钢不锈炼钢二厂连铸三作业区党支部	2020年度中国宝武先进基层党组织	中国宝武党委

（续　表）

序号	获奖单位	荣誉称号	授予单位
106	太钢集团太钢不锈能源动力总厂主机作业区党支部	2020年度中国宝武先进基层党组织	中国宝武党委
107	太钢集团太钢不锈冷轧厂连轧作业区党支部	2020年度中国宝武先进基层党组织	中国宝武党委
108	太钢集团太钢不锈热轧厂天车作业区党支部	2020年度中国宝武先进基层党组织	中国宝武党委
109	太钢集团太钢不锈焦化厂化产南作业区党支部	2020年度中国宝武先进基层党组织	中国宝武党委
110	太钢集团太钢不锈物流中心车辆作业区党支部	2020年度中国宝武先进基层党组织	中国宝武党委
111	太钢集团代县矿业有限公司球团部焙烧作业区党支部	2020年度中国宝武先进基层党组织	中国宝武党委
112	太钢集团宝钢德盛冷轧厂党支部	2020年度中国宝武先进基层党组织	中国宝武党委
113	太钢集团职工教育培训中心第三党支部	2020年度中国宝武先进基层党组织	中国宝武党委
114	八一钢铁八钢股份销售部乌鲁木齐分公司党支部	2020年度中国宝武先进基层党组织	中国宝武党委
115	八一钢铁八钢股份轧钢厂冷轧分厂酸轧党支部	2020年度中国宝武先进基层党组织	中国宝武党委
116	八一钢铁八钢股份炼钢厂第二炼钢分厂冶炼党支部	2020年度中国宝武先进基层党组织	中国宝武党委
117	八一钢铁党委组织部、人力资源部党支部	2020年度中国宝武先进基层党组织	中国宝武党委
118	八一钢铁新疆八钢金属制品有限公司喀什金属有限公司党支部	2020年度中国宝武先进基层党组织	中国宝武党委
119	八一钢铁物流运输分公司公路运输部汽车四队党支部	2020年度中国宝武先进基层党组织	中国宝武党委
120	八一钢铁新疆八钢佳域工业材料有限责任公司板材分公司加工制作作业区党支部	2020年度中国宝武先进基层党组织	中国宝武党委
121	武钢集团宝地新疆产城服务业联合党委厂区环卫队党支部	2020年度中国宝武先进基层党组织	中国宝武党委
122	武钢集团武钢中冶工业技术服务有限公司冷硅协力事业部党支部	2020年度中国宝武先进基层党组织	中国宝武党委

（续　表）

序　号	获　奖　单　位	荣　誉　称　号	授　予　单　位
123	武钢集团武汉武钢绿色城市技术发展有限公司海绵公司党支部	2020年度中国宝武先进基层党组织	中国宝武党委
124	武钢集团武汉武钢好生活服务有限公司供餐事业部党支部	2020年度中国宝武先进基层党组织	中国宝武党委
125	武钢集团武汉扬光实业有限公司包装分公司党支部	2020年度中国宝武先进基层党组织	中国宝武党委
126	宝钢资源武钢资源大冶铁矿有限公司尖林山矿党总支	2020年度中国宝武先进基层党组织	中国宝武党委
127	宝钢资源武钢资源程潮矿业有限公司选矿分公司甲工区党支部	2020年度中国宝武先进基层党组织	中国宝武党委
128	宝钢资源武钢资源金山店矿业有限公司采矿分公司党总支	2020年度中国宝武先进基层党组织	中国宝武党委
129	宝钢资源马钢矿业南山矿业有限公司党委	2020年度中国宝武先进基层党组织	中国宝武党委
130	宝钢资源马钢矿业矿山科技服务有限公司一分厂党支部	2020年度中国宝武先进基层党组织	中国宝武党委
131	宝钢资源马钢矿业安徽马钢张庄矿业有限责任公司机关第二党支部	2020年度中国宝武先进基层党组织	中国宝武党委
132	宝钢资源梅山矿业支护分厂党支部	2020年度中国宝武先进基层党组织	中国宝武党委
133	宝钢资源八钢矿业巴州敦德矿业有限责任公司党委	2020年度中国宝武先进基层党组织	中国宝武党委
134	宝钢资源办公室与宣传部党支部	2020年度中国宝武先进基层党组织	中国宝武党委
135	宝信软件第三党总支云计算党支部	2020年度中国宝武先进基层党组织	中国宝武党委
136	宝信软件第六党总支集成党支部	2020年度中国宝武先进基层党组织	中国宝武党委
137	宝信软件工业互联网研究院党总支大数据党支部	2020年度中国宝武先进基层党组织	中国宝武党委
138	欧冶云商马钢集团物流有限公司党委	2020年度中国宝武先进基层党组织	中国宝武党委
139	欧冶云商西部分公司党支部	2020年度中国宝武先进基层党组织	中国宝武党委
140	宝武环科温州市环境发展有限公司综合材料生态处置中心党支部	2020年度中国宝武先进基层党组织	中国宝武党委
141	宝武环科宝钢磁业（江苏）有限公司海门分公司党支部	2020年度中国宝武先进基层党组织	中国宝武党委

序号	获奖单位	荣誉称号	授予单位
142	宝地资产广东宝钢置业有限公司党支部	2020年度中国宝武先进基层党组织	中国宝武党委
143	宝地资产制造服务事业部绿化工程部党支部	2020年度中国宝武先进基层党组织	中国宝武党委
144	宝地资产（一浦五联合党委）五钢公司人管信访党支部	2020年度中国宝武先进基层党组织	中国宝武党委
145	宝武炭材苏州宝化炭黑有限公司党总支	2020年度中国宝武先进基层党组织	中国宝武党委
146	宝武炭材机关科技系统联合党支部	2020年度中国宝武先进基层党组织	中国宝武党委
147	宝钢工程技术集团有限公司工程技术事业本部动力党支部	2020年度中国宝武先进基层党组织	中国宝武党委
148	宝钢工程上海宝钢节能环保技术有限公司党委	2020年度中国宝武先进基层党组织	中国宝武党委
149	马钢交材检测中心党支部	2020年度中国宝武先进基层党组织	中国宝武党委
150	宝钢金属南京宝日钢丝制品有限公司党支部	2020年度中国宝武先进基层党组织	中国宝武党委
151	宝钢包装上海宝翼制罐有限公司党支部	2020年度中国宝武先进基层党组织	中国宝武党委
152	宝武特冶精密钢管事业部党总支	2020年度中国宝武先进基层党组织	中国宝武党委
153	宝武智维南京分公司机械加工部党支部	2020年度中国宝武先进基层党组织	中国宝武党委
154	宝武智维上海金艺检测技术有限公司环境监测党支部	2020年度中国宝武先进基层党组织	中国宝武党委
155	欧冶工业品华南大区湛江党支部	2020年度中国宝武先进基层党组织	中国宝武党委
156	宝武水务华德环保工程技术有限公司党支部	2020年度中国宝武先进基层党组织	中国宝武党委
157	欧冶链金北方分公司党支部	2020年度中国宝武先进基层党组织	中国宝武党委
158	西藏矿业发展股份有限公司山南分公司党总支	2020年度中国宝武先进基层党组织	中国宝武党委
159	华宝投资上海欧冶金融信息服务有限公司第二党支部	2020年度中国宝武先进基层党组织	中国宝武党委
160	华宝信托第三党支部	2020年度中国宝武先进基层党组织	中国宝武党委

（续　表）

序号	获 奖 单 位	荣 誉 称 号	授 予 单 位
161	华宝证券第七党支部	2020年度中国宝武先进基层党组织	中国宝武党委
162	财务公司第二党支部	2020年度中国宝武先进基层党组织	中国宝武党委
163	武汉耐材机关党支部	2020年度中国宝武先进基层党组织	中国宝武党委
164	武汉工程职业技术学院信息工程学院党支部	2020年度中国宝武先进基层党组织	中国宝武党委
165	中国宝武运营共享服务中心采购费用党支部	2020年度中国宝武先进基层党组织	中国宝武党委
166	中国宝武宣传文化党校管院党支部	2020年度中国宝武先进基层党组织	中国宝武党委
167	中国宝武战略规划部（经济与规划研究院）党支部	2020年度中国宝武先进基层党组织	中国宝武党委
168	宝钢股份硅钢事业部第四智慧工厂运行保障团队	2021年度宝武青年先锋示范岗	中国宝武党委
169	中南钢铁韶钢松山炼铁厂八号高炉炉内先锋队	2021年度宝武青年先锋示范岗	中国宝武党委
170	宝钢包装哈尔滨宝钢制罐有限公司智慧制造青年突击队	2021年度宝武青年先锋示范岗	中国宝武党委
171	欧冶云商欧冶智慧物流服务平台项目青年突击队	2021年度宝武青年先锋示范岗	中国宝武党委
172	宝钢工程技术集团有限公司工程技术事业本部工业气体降碳节能技术实践团队	2021年度宝武青年先锋示范岗	中国宝武党委
173	宝武智维安徽马钢设备检修有限公司TRT（高炉煤气余压透平发电装置）远程智能运维青年突击队	2021年度宝武青年先锋示范岗	中国宝武党委
174	宝武资源马钢矿业南山矿业有限公司创新保供青年突击队	2021年度宝武青年先锋示范岗	中国宝武党委
175	宝武环科土壤环境魔法师青年先锋队	2021年度宝武青年先锋示范岗	中国宝武党委
176	武钢集团武汉钢铁江北集团有限公司武钢云谷·文化体育园青年先锋队	2021年度宝武青年先锋示范岗	中国宝武党委
177	财务公司绿色金融团队	2021年度宝武青年先锋示范岗	中国宝武党委
178	宝钢股份武钢有限经营财务部成本变革青年突击队	2021年度宝武青年先锋岗	中国宝武党委
179	马钢集团马钢股份第四钢轧总厂炼钢分厂转炉乙班突击队	2021年度宝武青年先锋岗	中国宝武党委

序号	获奖单位	荣誉称号	授予单位
180	太钢集团型材厂高端特材技术攻关青年小组	2021年度宝武青年先锋岗	中国宝武党委
181	八一钢铁炼铁厂富氢碳循环高炉绿色青年突击队	2021年度宝武青年先锋岗	中国宝武党委
182	宝武碳业绍兴宝旌复合材料有限公司航天复合材料壳体研制技术团队	2021年度宝武青年先锋岗	中国宝武党委
183	宝钢金属武汉钢铁江北集团有限公司冷弯型钢有限公司冷弯青松先锋示范岗	2021年度宝武青年先锋岗	中国宝武党委
184	宝武重工上海科德表面处理有限公司湛江钢铁三号高炉智慧磨辊间项目组综合组	2021年度宝武青年先锋岗	中国宝武党委
185	欧冶工业品平台运营中心"数智化"商城运营团队	2021年度宝武青年先锋岗	中国宝武党委
186	宝武水务武汉华德环保工程技术有限公司大气污染治理设计团队	2021年度宝武青年先锋岗	中国宝武党委
187	中钢集团山东矿业有限公司提选动力车间维修电工工段	2021年度宝武青年先锋岗	中国宝武党委

先进个人一览表

序号	姓 名	性别	单位或职务	荣誉称号	授予单位
1	王 利	男	宝钢股份中央研究院首席研究员、汽车用钢开发与应用技术国家重点实验室副主任	全国优秀共产党员	中共中央
2	胡惊雷	男	宝钢股份武钢有限硅钢事业部四分厂见习作业长	全国五一劳动奖章	中华全国总工会
3	徐 冰	男	马钢集团马钢股份炼铁总厂首席技师	全国五一劳动奖章	中华全国总工会
4	李国平	男	太钢集团太钢不锈技术中心不锈钢首席研究员	全国五一劳动奖章	中华全国总工会
5	李小平	男	八一钢铁八钢股份炼钢厂第一炼钢分厂转炉作业区党支部书记	全国五一劳动奖章	中华全国总工会
6	周金水	男	宝武碳业设备部首席工程师	全国五一劳动奖章	中华全国总工会
7	李晓东	男	昆钢公司武昆股份安宁公司新区炼铁厂副厂长	全国五一劳动奖章	中华全国总工会

序号	姓　名	性别	单位或职务	荣誉称号	授予单位
8	段　锐	女	昆钢公司云南华创文旅大健康产业集团有限公司昆钢大厦分公司副经理	2020年度全国优秀共青团干部	共青团中央
9	金国平	男	宝钢股份钢管条钢事业部电炉厂电气设备点检技能大师	中华技能大奖	人力资源和社会保障部
10	季益龙	男	宝钢股份梅钢公司炼铁厂电气首席点检员	全国技术能手	人力资源和社会保障部
11	杨　磊	男	宝武特冶锻造分厂压机首席操作工	全国技术能手	人力资源和社会保障部
12	牛国栋	男	太钢集团太钢不锈冷轧厂连轧作业区连轧班长	全国技术能手	人力资源和社会保障部
13	张衍朝	男	中钢集团邢台机械轧辊有限公司加工二分厂精车班长、车工高级技师、企业首席技师	全国技术能手	人力资源和社会保障部
14	谭海波	男	中南钢铁重庆钢铁炼铁厂厂长	重庆市劳动模范	重庆市委、市政府
15	达朝晖	男	中南钢铁重庆钢铁炼铁厂烧结设备作业区技术组组长	重庆市劳动模范	重庆市委、市政府
16	张功多	男	中钢集团鞍山热能研究院有限公司党委书记、董事长	辽宁省五一劳动奖章	辽宁省总工会
17	张永生	男	中钢集团邢台机械轧辊有限公司加工五分厂维修电工	河北省五一劳动奖章	河北省总工会
18	陆兴华	男	宝钢股份炼钢厂浇钢高级操作工	上海市五一劳动奖章	上海市总工会
19	陈长臻	男	宝武资源（国际）有限公司高级经理	上海市五一劳动奖章	上海市总工会
20	徐　兵	男	宝武环科资源利用高级主任师	上海市五一劳动奖章	上海市总工会
21	李建涛	男	中国宝武资本运营部、产融业中心资本运作总监	上海市五一劳动奖章	上海市总工会
22	徐生军	男	宝钢股份梅钢公司炼钢厂转炉炼钢工	江苏省五一劳动奖章	江苏省总工会
23	单永刚	男	马钢集团马钢股份四钢轧总厂首席技师	安徽省五一劳动奖章	安徽省总工会
24	费俊杰	男	宝钢股份中央研究院长材研究所产品研究和开发主任研究员	湖北省五一劳动奖章	湖北省总工会

（续　表）

序号	姓　名	性别	单位或职务	荣誉称号	授予单位
25	钟昌勇	男	中南钢铁韶钢松山炼钢厂安全高级操作工	广东省五一劳动奖章	广东省总工会
26	熊　英	女	昆钢公司工会权益保障工作部业务主管	云南省五一劳动奖章	云南省总工会
27	李　彬	男	昆钢公司武昆股份安宁公司新区烧结厂烧结工	云南省五一劳动奖章	云南省总工会
28	吾斯满·吾买尔	男	八一钢铁八钢股份炼钢厂第二炼钢分厂炼钢工	开发建设新疆奖章	新疆维吾尔自治区总工会
29	缪伟良	男	宝钢股份炼铁厂高炉炉体维护技能大师	上海工匠	上海市总工会
30	李　斌	男	宝武资源马迹山港机械高级点检员	上海工匠	上海市总工会
31	卜维平	男	宝武资源马钢矿业电铲司机、技师	江淮杰出工匠	安徽省委组织部、安徽省人力资源和社会保障厅
32	舒云峰	男	中钢集团中钢天源（马鞍山）通力磁材有限公司副总经理	安徽工匠	安徽省总工会
33	袁军芳	男	马钢集团马钢股份电工、高级技师	安徽工匠	安徽省总工会
34	张永光	男	宝钢股份黄石公司设备管理部电气高级点检员	荆楚工匠	湖北省总工会
35	王　庆	男	马钢集团马钢股份轧钢工高级技师	安徽省技能大奖	安徽省委组织部、安徽省人力资源和社会保障厅
36	林震源	男	宝武资源马钢矿业南山矿业有限公司机修钳工高级技师	安徽省技能大奖	安徽省委组织部、安徽省人力资源和社会保障厅
37	周燕萍	女	宝钢股份冷轧厂生产技术室高级操作工	上海市三八红旗手	上海市妇女联合会
38	赵小龙	男	宝钢股份派出挂任西藏自治区日喀则市政府副秘书长，仲巴县委常委、副县长（2019年起）	西藏自治区抗击新冠肺炎疫情先进个人	西藏自治区委、区政府
39	杨　帆	男	宝钢股份派出挂任西藏自治区昌都市八宿县委常委、常务副县长（2019年起）	西藏自治区脱贫攻坚先进个人	西藏自治区委、区政府
40	唐国成	男	宝钢股份派出挂任西藏自治区昌都市丁青县委常委、副县长（2019年起）	西藏自治区脱贫攻坚先进个人	西藏自治区委、区政府

（续　表）

序号	姓　名	性别	单位或职务	荣誉称号	授予单位
41	次仁旺丹	男	西藏矿业驻西藏自治区昌都市察雅县荣周乡栋扎村第六批（2017年）驻村工作队队员	西藏自治区脱贫攻坚先进个人	西藏自治区委、区政府
42	顾卫伟	男	宝钢股份派出挂任云南省普洱市扶贫办公室副主任（2018—2021年）	云南省脱贫攻坚先进个人	云南省委、省政府
43	李川海	男	宝钢不锈派出挂任云南省文山州广南县副县长（2018—2021年）	云南省脱贫攻坚先进个人	云南省委、省政府
44	张　净	男	宝钢发展派驻云南省江城县康平镇勐康村驻村第一书记、工作队队长（2018—2021年）	云南省脱贫攻坚先进个人	云南省委、省政府
45	陆　庆	男	中国宝武总部派出挂任云南省普洱市宁洱县副县长（2018—2021年）	云南省脱贫攻坚先进个人	云南省委、省政府
46	赵　斌	男	昆钢公司派驻云南省宣威市海岱镇月亮田村驻村工作队队员（2019年起）	云南省脱贫攻坚先进个人	云南省委、省政府
47	毛祥涛	男	昆钢公司派驻云南省宣威市海岱镇扶贫队员（2016年起）	云南省脱贫攻坚先进个人	云南省委、省政府
48	王法治	男	宝钢股份派出挂任云南省普洱市江城县副县长（2016—2018年）	支援云南省脱贫攻坚先进个人	云南省扶贫开发领导小组
49	王荣军	男	宝钢股份派出挂任云南省普洱市宁洱县副县长（2016—2018年）	支援云南省脱贫攻坚先进个人	云南省扶贫开发领导小组
50	张广生	男	宝钢股份派出挂任云南省普洱市江城县副县长（2018—2021年）	支援云南省脱贫攻坚先进个人	云南省扶贫开发领导小组
51	余　亮	男	韶钢松山派驻云南省文山州广南县黑支果乡牡宜村驻村第一书记（2018—2021年）	支援云南省脱贫攻坚先进个人	云南省扶贫开发领导小组
52	王少震	男	宝地资产派驻云南省普洱市宁洱县宁洱镇化良村驻村第一书记（2019年起）	支援云南省脱贫攻坚先进个人	云南省扶贫开发领导小组
53	董晋斌	男	宝钢工程派出挂任云南省普洱市镇沅县副县长（2016—2018年）	支援云南省脱贫攻坚先进个人	云南省扶贫开发领导小组
54	洪德华	男	宝钢特钢派出挂职云南省普洱市镇沅县副县长（2018—2021年）	支援云南省脱贫攻坚先进个人	云南省扶贫开发领导小组
55	李国宗	男	宝钢资源派出挂任云南省文山州广南县副县长（2016—2018年）	支援云南省脱贫攻坚先进个人	云南省扶贫开发领导小组
56	周关印	男	中钢集团派出挂任内蒙古自治区翁牛特旗副旗长（2017—2021年）	内蒙古自治区脱贫攻坚先进个人	内蒙古自治区委、区政府

（续　表）

序号	姓　名	性别	单位或职务	荣誉称号	授予单位
57	蒲国庆	男	八一钢铁派驻喀什地区英吉沙县克孜勒乡感恩村驻村第一书记（2017—2021年）	新疆维吾尔自治区脱贫攻坚先进个人	新疆维吾尔自治区委、区政府
58	吴建辉	男	韶钢松山派驻广东省南雄市南亩镇樟屋村驻村第一书记（2016年起）	广东省2018—2020年脱贫攻坚突出贡献个人	中共广东省委农村工作领导小组
59	王　森	男	马钢集团派驻安徽省阜阳市阜南县地城镇李集村扶贫干部（2017—2018年），派驻阜南县王堰镇马楼村驻村第一书记兼工作队队长（2018—2021年）	安徽省脱贫攻坚先进个人	安徽省委、省政府
60	侯彦珍	女	太钢集团派驻娄烦县包村工作队队长（2015年起）	山西省脱贫攻坚先进个人	山西省委、省政府
61	杜　俊	男	武汉耐材派驻湖北省武汉市汉南区邓南街窑头村、解放村驻村第一书记、工作队队长（2019—2021年）	湖北省2020年度工作突出的省驻村工作队队长、第一书记	湖北省委组织部、湖北省人民政府扶贫开发办公室
62	刘绍锋	男	宝钢股份钢管条钢事业部制造管理部高级主任工程师	中央企业优秀共产党员	国务院国资委党委
63	阿布都热合曼·肉孜	男	八一钢铁八钢股份炼铁厂焦化分厂煤焦车司机	中央企业优秀共产党员	国务院国资委党委
64	郑庆红	女	武钢集团武钢中冶工业技术服务有限公司条材协力事业部炼钢作业区作业长	中央企业优秀共产党员	国务院国资委党委
65	何焱彬	男	宝地资产援滇扶贫干部、云南省广南县脱贫攻坚指挥部办公室副主任、云南省广南县黑支果乡阿章村驻村工作队队长	中央企业优秀共产党员	国务院国资委党委
66	鲁　松	男	马钢交材技术中心职能主任	中央企业优秀共产党员	国务院国资委党委
67	毛海波	男	中钢集团中钢天源股份有限公司党委书记、董事长、总经理，中钢集团郑州金属制品研究院有限公司党委书记、院长	中央企业优秀共产党员	国务院国资委党委
68	杨保中	男	中钢集团邢台机械轧辊有限公司营销部党支部书记、部长	中央企业优秀共产党员	国务院国资委党委
69	罗生刚	男	中南钢铁鄂城钢铁湖北鄂钢商贸服务有限公司实业党支部书记、餐饮分公司经理	中央企业优秀党务工作者	国务院国资委党委
70	唐　军	男	马钢集团马钢股份冷轧总厂冷轧二分厂党支部副书记、厂长	中央企业优秀党务工作者	国务院国资委党委

（续　表）

序号	姓　名	性别	单位或职务	荣誉称号	授予单位
71	冯晓冬	女	太钢集团太钢不锈能源动力总厂纪委副书记、机关第三党支部书记、党群工作部部长	中央企业优秀党务工作者	国务院国资委党委
72	杨玉树	男	中钢集团中钢矿业开发有限公司党委副书记、纪委书记	中央企业优秀党务工作者	国务院国资委党委
73	齐亚猛	男	宝钢股份中央研究院钢管研究所主任研究员	2020年度上海市青年五四奖章	共青团上海市委
74	王玉春	男	宝钢股份派驻云南省宁洱县宁洱镇温泉村、昆汤村驻村第一书记、工作队队长（2015—2017年）	中国宝武脱贫攻坚先进个人标兵	中国宝武党委、中国宝武
75	王　冲	男	武钢集团派驻广西壮族自治区上林县云蒙村驻村第一书记、工作队队长（2016—2021年）	中国宝武脱贫攻坚先进个人标兵	中国宝武党委、中国宝武
76	王法治	男	宝钢股份派出挂任云南省普洱市江城县副县长（2016—2018年）	中国宝武脱贫攻坚先进个人	中国宝武党委、中国宝武
77	徐　坡	男	宝钢股份派出挂任西藏自治区日喀则市委副秘书长、仲巴县常务副书记，中国宝武援藏工作队领队（2019年起）	中国宝武脱贫攻坚先进个人	中国宝武党委、中国宝武
78	吴建辉	男	韶钢松山派驻广东省南雄市南亩镇樟屋村驻村第一书记（2016年起）	中国宝武脱贫攻坚先进个人	中国宝武党委、中国宝武
79	高茌翔	男	八一钢铁派出"访惠聚"驻村工作队队员（2018—2021年）	中国宝武脱贫攻坚先进个人	中国宝武党委、中国宝武
80	王成超	男	武钢集团派出挂任湖北省罗田县委委员、副县长（2019年起）	中国宝武脱贫攻坚先进个人	中国宝武党委、中国宝武
81	孙　劲	男	武钢集团派出挂任西藏自治区昌都市丁青县委常委、副县长（2016—2019年）	中国宝武脱贫攻坚先进个人	中国宝武党委、中国宝武
82	伍朝蓬	男	武钢集团派出挂任广西壮族自治区南宁市上林县委常委、副县长（2019年起）	中国宝武脱贫攻坚先进个人	中国宝武党委、中国宝武
83	李川海	男	宝钢不锈派出挂任云南省文山州广南县副县长（2018—2021年）	中国宝武脱贫攻坚先进个人	中国宝武党委、中国宝武
84	陆　庆	男	中国宝武总部派出挂任云南省普洱市宁洱县副县长（2018—2021年）	中国宝武脱贫攻坚先进个人	中国宝武党委、中国宝武
85	王启龙	男	西藏矿业派驻西藏自治区昌都市察雅县烟多镇拉叶村第七批驻村工作队队长（2018年）	中国宝武脱贫攻坚先进个人	中国宝武党委、中国宝武

（续　表）

序号	姓　名	性别	单位或职务	荣誉称号	授予单位
86	李国保	男	中国宝武工程科学家、宝钢股份硅钢事业部产品研究和开发首席研究员	2020年度中国宝武优秀共产党员标兵	中国宝武党委
87	曹天明	男	马钢集团马钢股份特钢公司党委书记、经理，埃斯科特钢有限公司董事长	2020年度中国宝武优秀共产党员标兵	中国宝武党委
88	牛国栋	男	太钢集团太钢不锈冷轧厂连轧作业区班长	2020年度中国宝武优秀共产党员标兵	中国宝武党委
89	姜　维	男	宝钢资源武钢资源大冶铁矿有限公司尖林山矿矿长	2020年度中国宝武优秀共产党员标兵	中国宝武党委
90	陈军红	男	宝信软件信息化事业本部ERP（企业资源计划）软件事业部高级工程师	2020年度中国宝武优秀共产党员标兵	中国宝武党委
91	吕晔佳	女	宝地资产物业事业部宝地广场物业管理中心大厦经理	2020年度中国宝武优秀共产党员标兵	中国宝武党委
92	单长春	男	宝武炭材料科技有限公司炭材料研究院高级主任研究员	2020年度中国宝武优秀共产党员标兵	中国宝武党委
93	刘　刚	男	宝钢包装越南宝钢制罐有限公司、越南宝钢制罐（顺化）有限公司总经理	2020年度中国宝武优秀共产党员标兵	中国宝武党委
94	达娃群宗	女	西藏矿业西藏日喀则扎布耶锂业高科技有限公司矿区副矿长	2020年度中国宝武优秀共产党员标兵	中国宝武党委
95	李　真	女	华宝证券研究创新部董事、副总经理	2020年度中国宝武优秀共产党员标兵	中国宝武党委
96	刘明华	女	宝钢股份炼钢厂设备管理室党支部书记	2020年度中国宝武优秀党务工作者标兵	中国宝武党委
97	罗生刚	男	中南钢铁鄂城钢铁商贸公司实业党支部书记、餐饮分公司经理	2020年度中国宝武优秀党务工作者标兵	中国宝武党委
98	周立军	女	八一钢铁党校主管	2020年度中国宝武优秀党务工作者标兵	中国宝武党委
99	王炳松	男	武钢集团党委办公室（办公室）主任、党委宣传部部长、直属机关党委书记	2020年度中国宝武优秀党务工作者标兵	中国宝武党委
100	林　磊	男	宝钢资源马钢矿业设备工程科技分公司检修党支部书记	2020年度中国宝武优秀党务工作者标兵	中国宝武党委

（续　表）

序号	姓　名	性别	单位或职务	荣誉称号	授予单位
101	郭　峰	男	欧冶云商东北分公司党支部书记、总经理,太原分公司总经理	2020年度中国宝武优秀党务工作者标兵	中国宝武党委
102	徐　静	女	宝钢工程技术集团有限公司工程技术事业本部规划党支部书记、规划咨询部副部长兼设计管理咨询室主任	2020年度中国宝武优秀党务工作者标兵	中国宝武党委
103	刘军占	男	宝武特冶精密钢管事业部党总支书记、总经理	2020年度中国宝武优秀党务工作者标兵	中国宝武党委
104	陈启怀	男	欧冶工业品华中大区仓储物流部仓储党支部书记、华中仓储物流部副总经理	2020年度中国宝武优秀党务工作者标兵	中国宝武党委
105	武海山	男	中国宝武纪委机关(国家监委驻中国宝武监察专员办公室)信访案管室主任	2020年度中国宝武优秀党务工作者标兵	中国宝武党委
106	崔　辉	男	宝钢股份武钢有限炼钢厂生产技术室四炼钢组总炉长	2020年度中国宝武优秀共产党员	中国宝武党委
107	陈　春	男	宝钢股份武钢有限能源坏保部热力分厂鼓风二作业区作业长	2020年度中国宝武优秀共产党员	中国宝武党委
108	胡　文	男	宝钢股份武钢有限运输部铁运分厂炼铁东作业区管理作业长	2020年度中国宝武优秀共产党员	中国宝武党委
109	段一凡	男	宝钢股份武钢有限焦化公司煤气精制分厂二回收作业区见习作业长	2020年度中国宝武优秀共产党员	中国宝武党委
110	龚　艺	男	宝钢股份武钢日铁(武汉)镀锡板有限公司技术部党支部书记、副部长	2020年度中国宝武优秀共产党员	中国宝武党委
111	蔡海斌	男	宝钢股份武钢有限热轧厂生产技术室副主任	2020年度中国宝武优秀共产党员	中国宝武党委
112	黄利春	男	宝钢股份湛江钢铁炼钢厂连铸区域浇钢操作机长	2020年度中国宝武优秀共产党员	中国宝武党委
113	王　东	男	宝钢股份湛江钢铁热轧厂生产技术室技术员	2020年度中国宝武优秀共产党员	中国宝武党委
114	谢明志	男	宝钢股份梅钢公司投资管理部副部长	2020年度中国宝武优秀共产党员	中国宝武党委
115	张奉贤	男	宝钢股份梅钢公司热轧厂设备室电气设备高级主任工程师	2020年度中国宝武优秀共产党员	中国宝武党委
116	郑　雷	男	宝钢股份梅钢公司炼钢厂连铸分厂连铸精整高级操作工	2020年度中国宝武优秀共产党员	中国宝武党委

（续　表）

序号	姓　名	性别	单位或职务	荣誉称号	授予单位
117	周中喜	男	宝钢股份营销系统武汉宝钢华中贸易有限公司总经理	2020年度中国宝武优秀共产党员	中国宝武党委
118	董海挺	男	宝钢股份营销系统冷板销售部镀锡产品室主任	2020年度中国宝武优秀共产党员	中国宝武党委
119	刘绍锋	男	宝钢股份钢管条钢事业部制造管理部产品制造技术高级主任工程师	2020年度中国宝武优秀共产党员	中国宝武党委
120	周浩存	男	宝钢股份钢管条钢事业部宝力钢管（泰国）有限公司成本管理主任会计师	2020年度中国宝武优秀共产党员	中国宝武党委
121	余寒峰	男	宝钢股份硅钢事业部硅钢销售部无取向硅钢产品室资深业务总监	2020年度中国宝武优秀共产党员	中国宝武党委
122	赵自鹏	男	宝钢股份硅钢事业部硅钢研究所产品研究和开发主任研究员	2020年度中国宝武优秀共产党员	中国宝武党委
123	王　波	男	宝钢股份炼铁厂高炉分厂一号高炉炉长	2020年度中国宝武优秀共产党员	中国宝武党委
124	陈建忠	男	宝钢股份炼钢厂二炼钢分厂转炉作业区乙班作业长	2020年度中国宝武优秀共产党员	中国宝武党委
125	梁兴国	男	宝钢股份热轧厂单元主管轧钢工艺主任工程师	2020年度中国宝武优秀共产党员	中国宝武党委
126	张志忠	男	宝钢股份厚板厂设备管理室机械设备首席工程师	2020年度中国宝武优秀共产党员	中国宝武党委
127	赵　俊	男	宝钢股份冷轧厂设备管理室一冷电一作业区高级点检员	2020年度中国宝武优秀共产党员	中国宝武党委
128	苏大雄	男	宝钢股份制造管理部部长助理	2020年度中国宝武优秀共产党员	中国宝武党委
129	阎建兵	男	宝钢股份设备部自控室数模组组长	2020年度中国宝武优秀共产党员	中国宝武党委
130	陈　晓	男	宝钢股份能源环保部能源中心主任	2020年度中国宝武优秀共产党员	中国宝武党委
131	金　晶	男	宝钢股份运输部成品出厂中心库场日班作业区作业长	2020年度中国宝武优秀共产党员	中国宝武党委
132	桂振祥	男	宝钢股份原料采购中心青山基地服务团队矿煤物流板块党支部书记、总监	2020年度中国宝武优秀共产党员	中国宝武党委

序号	姓　名	性别	单位或职务	荣誉称号	授予单位
133	赵四新	男	宝钢股份中央研究院产品研究和开发高级主任研究员	2020年度中国宝武优秀共产党员	中国宝武党委
134	许海法	男	宝钢股份中央研究院炼铁新技术研究高级主任研究员	2020年度中国宝武优秀共产党员	中国宝武党委
135	杜丽影	女	宝钢股份中央研究院力学主任实验师	2020年度中国宝武优秀共产党员	中国宝武党委
136	丁海霞	女	宝钢股份宝钢日铁汽车板有限公司党务主任管理师	2020年度中国宝武优秀共产党员	中国宝武党委
137	张国广	男	宝钢股份广州JFE钢板有限公司党委办公室主任、行政室主任	2020年度中国宝武优秀共产党员	中国宝武党委
138	胡云辉	男	宝钢股份黄石公司制造管理部涂镀首席操作工	2020年度中国宝武优秀共产党员	中国宝武党委
139	李波涛	男	宝钢股份宝武铝业设计管理主任工程师	2020年度中国宝武优秀共产党员	中国宝武党委
140	史　海	男	宝钢股份宝钢欧洲有限公司海外贸易业务代表	2020年度中国宝武优秀共产党员	中国宝武党委
141	代小东	男	宝钢股份宝钢新加坡有限公司宝钢印度有限公司生产部部长	2020年度中国宝武优秀共产党员	中国宝武党委
142	钟昌勇	男	中南钢铁韶钢松山炼钢厂行车作业区安全主要操作工	2020年度中国宝武优秀共产党员	中国宝武党委
143	包　锋	男	中南钢铁韶钢松山炼铁厂厂长	2020年度中国宝武优秀共产党员	中国宝武党委
144	成　霞	女	中南钢铁韶钢松山能源环保部环保管理室环保管理工程师	2020年度中国宝武优秀共产党员	中国宝武党委
145	张恒亮	男	中南钢铁韶钢松山营销管理部市场营销室负责人	2020年度中国宝武优秀共产党员	中国宝武党委
146	王忠清	男	中南钢铁韶钢松山物流部铁路运输主任师	2020年度中国宝武优秀共产党员	中国宝武党委
147	余　骏	男	中南钢铁韶钢松山制造管理部部长助理	2020年度中国宝武优秀共产党员	中国宝武党委
148	潘建设	男	中南钢铁鄂城钢铁炼钢厂生产技术室副主任（主持工作）	2020年度中国宝武优秀共产党员	中国宝武党委
149	熊　涛	男	中南钢铁鄂城钢铁炼铁厂自动化车间高级主任师	2020年度中国宝武优秀共产党员	中国宝武党委

（续　表）

序号	姓　名	性别	单位或职务	荣誉称号	授予单位
150	张　波	男	中南钢铁鄂城钢铁轧材厂棒三作业区主任师	2020年度中国宝武优秀共产党员	中国宝武党委
151	李亚非	男	中南钢铁鄂城钢铁销售中心建材工程室经理	2020年度中国宝武优秀共产党员	中国宝武党委
152	宋晓亮	男	中南钢铁鄂城钢铁制造管理部（技术中心、质检中心）管制中心副主任（主持工作）	2020年度中国宝武优秀共产党员	中国宝武党委
153	周总基	男	中南钢铁鄂城钢铁党委组织部（人力资源部）薪酬福利室主任	2020年度中国宝武优秀共产党员	中国宝武党委
154	赵伟隽	男	马钢集团马钢股份制造管理部生产管理室科员	2020年度中国宝武优秀共产党员	中国宝武党委
155	王　强	男	马钢集团马钢股份能源环保部环保技术室主任	2020年度中国宝武优秀共产党员	中国宝武党委
156	郭　威	男	马钢集团马钢股份采购中心石油化工部采购员	2020年度中国宝武优秀共产党员	中国宝武党委
157	茆　勇	男	马钢集团马钢股份技术中心综合管理室主任	2020年度中国宝武优秀共产党员	中国宝武党委
158	王　伟	男	马钢集团马钢股份运输部（铁运公司）一厂站分厂调车组长	2020年度中国宝武优秀共产党员	中国宝武党委
159	喻能利	男	马钢集团马钢股份检测中心产成品单元党支部书记、主任	2020年度中国宝武优秀共产党员	中国宝武党委
160	李　峻	男	马钢集团马钢股份港务原料总厂党群工作部（综合管理室）主任	2020年度中国宝武优秀共产党员	中国宝武党委
161	黄　静	男	马钢集团马钢股份炼铁总厂高炉一分厂炉体作业区作业长	2020年度中国宝武优秀共产党员	中国宝武党委
162	杨　勇	男	马钢集团马钢股份长材事业部炼钢一分厂炉长	2020年度中国宝武优秀共产党员	中国宝武党委
163	雷　杰	男	马钢集团马钢股份长材事业部二区设备管理室（能源环保室）高级技术主管	2020年度中国宝武优秀共产党员	中国宝武党委
164	叶东华	男	马钢集团马钢股份特钢公司电炉分厂精炼作业区甲班值班长	2020年度中国宝武优秀共产党员	中国宝武党委
165	朱光明	男	马钢集团马钢股份炼焦总厂纪委副书记、党群工作部（综合管理室）主任	2020年度中国宝武优秀共产党员	中国宝武党委

（续　表）

序号	姓　名	性别	单位或职务	荣誉称号	授予单位
166	程旭晖	女	马钢集团马钢股份仓配中心备件中心保管员	2020年度中国宝武优秀共产党员	中国宝武党委
167	王锦平	男	马钢集团马钢股份长江钢铁炼钢厂维修车间主任	2020年度中国宝武优秀共产党员	中国宝武党委
168	康志杰	男	马钢集团马钢股份安徽马钢和菱实业有限公司安全生产部安全管理员	2020年度中国宝武优秀共产党员	中国宝武党委
169	李艳芬	女	马钢集团冶金工业技术服务公司人力资源部部长	2020年度中国宝武优秀共产党员	中国宝武党委
170	刘艳辉	男	太钢集团太钢不锈冷轧厂生产科副科长	2020年度中国宝武优秀共产党员	中国宝武党委
171	吕　涛	男	太钢集团太钢不锈炼钢二厂冶炼二作业区副主管	2020年度中国宝武优秀共产党员	中国宝武党委
172	范　军	男	太钢集团太钢不锈炼钢二厂技术质量科科长	2020年度中国宝武优秀共产党员	中国宝武党委
173	戴　琳	男	太钢集团太钢不锈炼铁厂高炉项目部常务副经理	2020年度中国宝武优秀共产党员	中国宝武党委
174	孔繁荣	男	太钢集团太钢不锈能源动力总厂主机作业区党支部书记、主管	2020年度中国宝武优秀共产党员	中国宝武党委
175	焦志红	男	太钢集团太钢不锈炼钢一厂碳钢连铸作业区连铸乙班班长	2020年度中国宝武优秀共产党员	中国宝武党委
176	孙建宝	男	太钢集团太钢不锈冷轧硅钢厂技术质量科副科长	2020年度中国宝武优秀共产党员	中国宝武党委
177	仵文涛	男	太钢集团太钢不锈热轧厂技术质量科科长	2020年度中国宝武优秀共产党员	中国宝武党委
178	李国平	男	太钢集团太钢不锈技术中心不锈钢一室主任	2020年度中国宝武优秀共产党员	中国宝武党委
179	张　腾	男	太钢集团太钢不锈营销中心总经理助理兼销售运营部副总经理	2020年度中国宝武优秀共产党员	中国宝武党委
180	李振华	男	太钢集团山西太钢不锈钢钢管有限公司动力作业区区域技术员	2020年度中国宝武优秀共产党员	中国宝武党委
181	段浩杰	男	太钢集团山西太钢不锈钢精密带钢有限公司轧制作业区主管	2020年度中国宝武优秀共产党员	中国宝武党委
182	郝俊杰	男	太钢集团山西钢科碳材料有限公司副总经理	2020年度中国宝武优秀共产党员	中国宝武党委

序号	姓 名	性别	单位或职务	荣誉称号	授予单位
183	孟庆亮	男	太钢集团矿业分公司尖山铁矿采矿部运输作业区大车司机	2020年度中国宝武优秀共产党员	中国宝武党委
184	薛守宝	男	太钢集团矿业分公司尖山铁矿矿长助理	2020年度中国宝武优秀共产党员	中国宝武党委
185	徐艳兵	男	太钢集团岚县矿业有限公司选矿部浮选作业区工艺技术员	2020年度中国宝武优秀共产党员	中国宝武党委
186	洪增传	男	太钢集团宝钢德盛冷轧厂轧钢作业区轧钢作业长	2020年度中国宝武优秀共产党员	中国宝武党委
187	徐峰峰	男	太钢集团宁波宝新二轧钢机组丁班轧机高级操作工	2020年度中国宝武优秀共产党员	中国宝武党委
188	张海青	女	太钢集团太钢国际经济贸易有限公司有色金属贸易部经理	2020年度中国宝武优秀共产党员	中国宝武党委
189	王中海	男	太钢集团山西太钢工程技术有限公司节能环保业务部固废综合利用室主任	2020年度中国宝武优秀共产党员	中国宝武党委
190	杨 鹏	男	太钢集团山西太钢医疗有限公司太钢总医院呼吸与危重症医学科副主任医师	2020年度中国宝武优秀共产党员	中国宝武党委
191	杨 莉	女	太钢集团党委组织部组织工作室主任	2020年度中国宝武优秀共产党员	中国宝武党委
192	韩五卫	男	太钢集团离退休职工管理部市内外管理所所长	2020年度中国宝武优秀共产党员	中国宝武党委
193	陈永震	男	八一钢铁安全保卫部矿山安全管理室主管	2020年度中国宝武优秀共产党员	中国宝武党委
194	哈山虎	男	八一钢铁八钢股份销售部乌鲁木齐分公司片区副经理	2020年度中国宝武优秀共产党员	中国宝武党委
195	宁健民	男	八一钢铁八钢股份能源中心制氧分厂安全管理工程师	2020年度中国宝武优秀共产党员	中国宝武党委
196	汪祝红	男	八一钢铁八钢股份炼钢厂第一炼钢分厂连铸作业区作业长	2020年度中国宝武优秀共产党员	中国宝武党委
197	张红东	男	八一钢铁八钢股份炼铁厂焦化分厂焦炉点检维护作业区点检员	2020年度中国宝武优秀共产党员	中国宝武党委
198	冯涌涛	男	八一钢铁八钢股份轧钢厂热轧分厂维护党支部书记	2020年度中国宝武优秀共产党员	中国宝武党委

（续　表）

序号	姓　名	性别	单位或职务	荣誉称号	授予单位
199	贾新建	男	八一钢铁物流运输分公司综合管理室主管	2020年度中国宝武优秀共产党员	中国宝武党委
200	张金山	男	八一钢铁乌鲁木齐互利安康安保技术有限责任公司安全技术部部长	2020年度中国宝武优秀共产党员	中国宝武党委
201	刘　勇	男	八一钢铁巴州钢铁烧结厂设备主任工程师	2020年度中国宝武优秀共产党员	中国宝武党委
202	白海锋	男	八一钢铁南疆钢铁焦化厂干熄焦作业区作业长	2020年度中国宝武优秀共产党员	中国宝武党委
203	董　红	女	八一钢铁新疆八钢金属制品有限公司乌鲁木齐分公司党支部书记	2020年度中国宝武优秀共产党员	中国宝武党委
204	马　刚	男	八一钢铁新疆焦煤（集团）有限责任公司1890煤矿采煤党支部书记	2020年度中国宝武优秀共产党员	中国宝武党委
205	周　凯	男	八一钢铁新疆德勤互力工业技术有限公司工业运营中心一炼钢行车操作作业区作业长	2020年度中国宝武优秀共产党员	中国宝武党委
206	刘彦明	男	八一钢铁伊犁钢铁轧钢厂准备作业区预装工	2020年度中国宝武优秀共产党员	中国宝武党委
207	张俊杰	男	武钢集团项目发展业务部党支部书记、总经理	2020年度中国宝武优秀共产党员	中国宝武党委
208	王　科	女	武钢集团宝地新疆不动产运营事业部党支部书记、经理	2020年度中国宝武优秀共产党员	中国宝武党委
209	钟建波	男	武钢集团武钢中冶工业技术服务有限公司铁修事业部防城港项目部负责人	2020年度中国宝武优秀共产党员	中国宝武党委
210	李雪强	男	武钢集团武汉武钢绿色城市技术发展有限公司通信分公司软件分公司负责人	2020年度中国宝武优秀共产党员	中国宝武党委
211	王　睿	男	武钢集团武汉钢铁江北集团有限公司业务拓展部、商务部部长	2020年度中国宝武优秀共产党员	中国宝武党委
212	范光明	男	武钢集团武汉武钢大数据产业园有限公司工程管理部（安全环保部）土建高级业务经理	2020年度中国宝武优秀共产党员	中国宝武党委
213	涂俊奇	男	武钢集团武汉武钢好生活服务有限公司市场（开发）部部长	2020年度中国宝武优秀共产党员	中国宝武党委
214	张　雁	女	武钢集团青青教育管理有限公司青青幼儿世界艺术园党支部委员、园长	2020年度中国宝武优秀共产党员	中国宝武党委

序号	姓　名	性别	单位或职务	荣誉称号	授予单位
215	苏　静	女	武钢集团老干部与退居休人员管理服务中心退居休管理部直管四室主任师	2020年度中国宝武优秀共产党员	中国宝武党委
216	宋凯军	男	武钢集团武汉扬光实业有限公司留守处社会事务部（法律事务部）部长	2020年度中国宝武优秀共产党员	中国宝武党委
217	马三江	男	宝钢资源武钢资源程潮矿业有限公司采矿分公司井运工区区长	2020年度中国宝武优秀共产党员	中国宝武党委
218	孙明伟	男	宝钢资源武钢资源金山店矿业有限公司采矿分公司西区工段段长	2020年度中国宝武优秀共产党员	中国宝武党委
219	马良元	男	宝钢资源武钢资源乌龙泉矿业有限公司生产部副部长	2020年度中国宝武优秀共产党员	中国宝武党委
220	孙永茂	男	宝钢资源马钢矿业安徽马钢张庄矿业有限责任公司张庄铁矿矿长	2020年度中国宝武优秀共产党员	中国宝武党委
221	程　刚	男	宝钢资源马钢矿业姑山矿业有限公司汽车运输队副队长	2020年度中国宝武优秀共产党员	中国宝武党委
222	周学荣	男	宝钢资源马钢矿业姑山矿业有限公司白象山铁矿（白象山选矿厂）运输工段段长	2020年度中国宝武优秀共产党员	中国宝武党委
223	吕海军	男	宝钢资源马钢矿业安徽马钢罗河矿业有限责任公司罗河铁矿综合调度工区区长	2020年度中国宝武优秀共产党员	中国宝武党委
224	任　荣	男	宝钢资源马钢矿业设备工程科技分公司姑山作业区焊工	2020年度中国宝武优秀共产党员	中国宝武党委
225	宗书华	男	宝钢资源梅山矿业回采分厂出矿作业区出矿三班班长	2020年度中国宝武优秀共产党员	中国宝武党委
226	易建江	男	宝钢资源八钢矿业巴州敦德矿业有限责任公司采矿厂党支部书记	2020年度中国宝武优秀共产党员	中国宝武党委
227	周丛力	男	宝钢资源安徽皖宝矿业股份有限公司党群工作部部长、机关党支部书记	2020年度中国宝武优秀共产党员	中国宝武党委
228	朱鹏峰	男	宝钢资源澳大利亚有限公司财务经理	2020年度中国宝武优秀共产党员	中国宝武党委
229	李　轶	男	宝钢资源马钢国际经济贸易有限公司业务二部经理	2020年度中国宝武优秀共产党员	中国宝武党委
230	李海刚	男	宝信软件（专务）副总经理兼智能装备事业本部总经理	2020年度中国宝武优秀共产党员	中国宝武党委

（续　表）

序号	姓　名	性别	单位或职务	荣誉称号	授予单位
231	彭　超	男	上海宝信软件股份有限公司宝信软件(武汉)有限公司信息服务事业部系统服务部系统资深工程师	2020年度中国宝武优秀共产党员	中国宝武党委
232	刘传政	男	上海宝信软件股份有限公司宝信软件(南京)有限公司解决方案部高级工程师	2020年度中国宝武优秀共产党员	中国宝武党委
233	朱媛媛	女	欧冶云商电商交易事业部营销管理部总经理	2020年度中国宝武优秀共产党员	中国宝武党委
234	陈智彬	男	欧冶云商不锈钢事业部平台发展部总经理、佛山宝钢不锈钢贸易有限公司上海欧冶不锈钢分公司营销部总经理	2020年度中国宝武优秀共产党员	中国宝武党委
235	朱　静	女	欧冶云商上海欧冶物流股份有限公司总经理	2020年度中国宝武优秀共产党员	中国宝武党委
236	陈　婧	女	宝武环科广东华欣环保科技有限公司转底炉作业部主要操作工	2020年度中国宝武优秀共产党员	中国宝武党委
237	赵旭章	男	宝武环科新疆互力佳源环保科技有限公司运行部生产主管	2020年度中国宝武优秀共产党员	中国宝武党委
238	何学斌	男	宝武环科马鞍山资源利用有限公司第一回收分厂转底炉作业区作业长	2020年度中国宝武优秀共产党员	中国宝武党委
239	陆凯峰	男	宝武环科党委组织部业务高级主管	2020年度中国宝武优秀共产党员	中国宝武党委
240	黄莉莉	女	宝地资产文商旅事业部运营组组长兼宝山宾馆总经理助理	2020年度中国宝武优秀共产党员	中国宝武党委
241	万文斌	男	宝地资产商办事业部上海宝地杨浦房地产开发有限公司总经理	2020年度中国宝武优秀共产党员	中国宝武党委
242	陈怡雯	女	宝地资产宝地资源事业部招商组资产处置专员	2020年度中国宝武优秀共产党员	中国宝武党委
243	张　涛	男	宝地资产、上海不锈、宝钢特钢吴淞园建设开发指挥部办公室副主任兼土地策划组组长	2020年度中国宝武优秀共产党员	中国宝武党委
244	莫剑斌	男	宝地资产宝地广东园林事业部养护作业区副作业长	2020年度中国宝武优秀共产党员	中国宝武党委
245	李时军	男	宝地资产宝地南京格灵化工生产管理主任管理师	2020年度中国宝武优秀共产党员	中国宝武党委
246	奚文浩	男	宝武炭材设备管理部电气设备高级主任师	2020年度中国宝武优秀共产党员	中国宝武党委

序号	姓　名	性别	单位或职务	荣誉称号	授予单位
247	吴术彬	男	宝武炭材武汉聚焦精化工有限责任公司生产技术部部长	2020年度中国宝武优秀共产党员	中国宝武党委
248	骆洪亮	男	宝钢工程技术集团有限公司工程技术事业本部工业炉事业部主任管理师	2020年度中国宝武优秀共产党员	中国宝武党委
249	陈业平	男	宝钢工程马钢集团设计研究院有限责任公司建筑设计研究院专业设计师	2020年度中国宝武优秀共产党员	中国宝武党委
250	侯　迎	女	宝钢工程上海宝华国际招标有限公司招标一部主任工程师	2020年度中国宝武优秀共产党员	中国宝武党委
251	沈　飞	男	马钢交材车轮车轴厂区域工程师	2020年度中国宝武优秀共产党员	中国宝武党委
252	刘爱兵	男	马钢交材设备总监、能源环保部部长、设备管理部部长	2020年度中国宝武优秀共产党员	中国宝武党委
253	贾小勇	男	宝钢金属青阳镁合金项目组经理	2020年度中国宝武优秀共产党员	中国宝武党委
254	胡求金	男	宝钢金属武汉钢铁江北集团金属制品有限公司镀锌作业区党支部书记	2020年度中国宝武优秀共产党员	中国宝武党委
255	郭莹莹	女	宝钢包装研发部研究员	2020年度中国宝武优秀共产党员	中国宝武党委
256	王　刚	男	宝武特种冶金有限公司特冶厂自耗产线作业长	2020年度中国宝武优秀共产党员	中国宝武党委
257	许伟江	男	宝武特冶锻造厂热处理高级操作工	2020年度中国宝武优秀共产党员	中国宝武党委
258	李保增	男	宝武智维炉窑建筑事业部项目总监	2020年度中国宝武优秀共产党员	中国宝武党委
259	李步斌	男	宝武智维韶关分公司产线设备室机械设备区域工程师	2020年度中国宝武优秀共产党员	中国宝武党委
260	李　明	男	宝武智维热轧事业部产线支持室资深作业师	2020年度中国宝武优秀共产党员	中国宝武党委
261	佟明星	男	宝武智维工业智能事业部智维解决方案部主任工程师兼团队负责人	2020年度中国宝武优秀共产党员	中国宝武党委
262	鲍　辉	男	宝武智维检修事业部综合管理室专业管理师	2020年度中国宝武优秀共产党员	中国宝武党委
263	俞立新	男	宝武智维宝钢机械厂喷涂作业区作业师	2020年度中国宝武优秀共产党员	中国宝武党委

序号	姓 名	性别	单位或职务	荣誉称号	授予单位
264	赵根兵	男	宝武重工钢结构工程分公司炉窑（混铁）工程部运行主管	2020年度中国宝武优秀共产党员	中国宝武党委
265	赵士光	男	宝武重工安徽马钢重型机械制造有限公司锻热分厂技术主管	2020年度中国宝武优秀共产党员	中国宝武党委
266	施晓映	女	宝武重工党委组织部组织统战经理	2020年度中国宝武优秀共产党员	中国宝武党委
267	杨丽萍	女	欧冶工业品平台运营中心高级主任管理师	2020年度中国宝武优秀共产党员	中国宝武党委
268	刘引锋	男	欧冶工业品华南大区韶钢设备备件部机械采购主任师	2020年度中国宝武优秀共产党员	中国宝武党委
269	张新建	男	欧冶工业品设备品类中心引进业务部总经理	2020年度中国宝武优秀共产党员	中国宝武党委
270	胡 箈	男	宝武水务安徽欣创节能环保科技股份有限公司工程技术中心技术总监、技术质量部副经理，环保设计研究院副院长	2020年度中国宝武优秀共产党员	中国宝武党委
271	杨助喜	男	宝武水务大气治理事业部主任设计师	2020年度中国宝武优秀共产党员	中国宝武党委
272	张凯峰	男	宝武水务武汉分公司硅钢作业区水处理主要操作工	2020年度中国宝武优秀共产党员	中国宝武党委
273	李文武	男	宝武清能产业发展中心总经理	2020年度中国宝武优秀共产党员	中国宝武党委
274	陈 颂	男	宝武清能湛江宝粤气体有限公司党支部书记、总经理	2020年度中国宝武优秀共产党员	中国宝武党委
275	陈金华	男	欧冶链金华中分公司高级业务经理	2020年度中国宝武优秀共产党员	中国宝武党委
276	张 荣	男	欧冶链金马钢诚兴金属资源有限公司质量管理部质检班作业长	2020年度中国宝武优秀共产党员	中国宝武党委
277	万小仲	男	西藏矿业财务部副部长（挂职）	2020年度中国宝武优秀共产党员	中国宝武党委
278	郭俊锐	男	华宝投资上海欧冶金融信息服务有限公司综合管理部总经理	2020年度中国宝武优秀共产党员	中国宝武党委
279	钱寅浩	男	华宝投资有限公司投资管理部资深高级经理	2020年度中国宝武优秀共产党员	中国宝武党委

（续　表）

序号	姓　名	性别	单位或职务	荣誉称号	授予单位
280	李春梅	女	华宝信托财务部会计专家	2020年度中国宝武优秀共产党员	中国宝武党委
281	冯尚勤	女	华宝信托风险管理部高级风控专员	2020年度中国宝武优秀共产党员	中国宝武党委
282	赵会龙	男	华宝基金多元资产管理部投资经理	2020年度中国宝武优秀共产党员	中国宝武党委
283	方旭彬	男	华宝基金南方营销中心总经理助理	2020年度中国宝武优秀共产党员	中国宝武党委
284	张仁贵	男	华宝证券深圳南山大道证券营业部总经理	2020年度中国宝武优秀共产党员	中国宝武党委
285	房一鸣	男	财务公司党委巡察办副主任、审计稽核部副部长、纪检监督部副部长	2020年度中国宝武优秀共产党员	中国宝武党委
286	袁　政	男	武汉耐材总包事业部（销售公司）宁钢项目部区域经理	2020年度中国宝武优秀共产党员	中国宝武党委
287	王艳龙	男	武汉耐材制造公司散状料作业区生产主管	2020年度中国宝武优秀共产党员	中国宝武党委
288	徐春梅	女	武汉工程职业技术学院机电工程学院教师、智能控制技术负责人	2020年度中国宝武优秀共产党员	中国宝武党委
289	曾显顺	男	武汉工程职业技术学院教学管理部信息系统管理员	2020年度中国宝武优秀共产党员	中国宝武党委
290	周　铭	男	中国宝武运营共享服务中心党群工作室（综合管理室）主任运营师	2020年度中国宝武优秀共产党员	中国宝武党委
291	张　静	女	中国宝武运营共享服务中心乌鲁木齐区域分中心经营分析专业管理师	2020年度中国宝武优秀共产党员	中国宝武党委
292	许旭东	男	中国宝武钢铁产业发展中心钢铁业投资总监	2020年度中国宝武优秀共产党员	中国宝武党委
293	卢克斌	男	中国宝武科技创新部科技发展资深高级经理	2020年度中国宝武优秀共产党员	中国宝武党委
294	李建涛	男	中国宝武资本运营部资本运作总监	2020年度中国宝武优秀共产党员	中国宝武党委
295	刘慧君	女	中国宝武乡村振兴办公室专项工作人员、团委共青团业务高级专员	2020年度中国宝武优秀共产党员	中国宝武党委
296	程奇志	男	宝钢股份武钢有限条材厂党委书记、副厂长	2020年度中国宝武优秀党务工作者	中国宝武党委

序号	姓　名	性别	单位或职务	荣誉称号	授予单位
297	唐少波	男	宝钢股份武钢有限炼铁厂高炉分厂四高炉片区党支部书记	2020年度中国宝武优秀党务工作者	中国宝武党委
298	林　剑	男	宝钢股份湛江钢铁厚板厂（厚板项目组）轧钢党支部书记	2020年度中国宝武优秀党务工作者	中国宝武党委
299	吴　芳	女	宝钢股份梅钢公司炼铁厂煤精分厂党支部书记	2020年度中国宝武优秀党务工作者	中国宝武党委
300	李　旭	男	宝钢股份营销系统广州宝钢南方贸易有限公司党委书记	2020年度中国宝武优秀党务工作者	中国宝武党委
301	项权祥	男	宝钢股份钢管条钢事业部条钢部线材党支部书记	2020年度中国宝武优秀党务工作者	中国宝武党委
302	许　军	男	宝钢股份炼铁厂综合管理室党务主任管理师	2020年度中国宝武优秀党务工作者	中国宝武党委
303	郭　妍	女	宝钢股份设备部综合党支部书记	2020年度中国宝武优秀党务工作者	中国宝武党委
304	朱　刚	男	宝钢股份中央研究院情报中心党支部书记	2020年度中国宝武优秀党务工作者	中国宝武党委
305	章益焱	男	宝钢股份党委组织部（人力资源部）组织统战主任	2020年度中国宝武优秀党务工作者	中国宝武党委
306	季　健	男	宝钢股份党委宣传部（企业文化部）高级经理	2020年度中国宝武优秀党务工作者	中国宝武党委
307	方　赟	女	宝钢股份党委办公室（办公室）综合室主任	2020年度中国宝武优秀党务工作者	中国宝武党委
308	曹　旭	男	中南钢铁韶钢松山炼铁厂高炉炉内作业区党支部书记、炉内炼铁工程师	2020年度中国宝武优秀党务工作者	中国宝武党委
309	黄义东	男	中南钢铁韶钢松山特轧厂棒三生产作业区党支部书记、设备高级点检员	2020年度中国宝武优秀党务工作者	中国宝武党委
310	林建明	男	中南钢铁韶钢松山党委组织部（人力资源部、团委）部长助理、组织人才总监	2020年度中国宝武优秀党务工作者	中国宝武党委
311	杨志新	男	中南钢铁鄂城钢铁炼钢厂炼钢车间党支部书记	2020年度中国宝武优秀党务工作者	中国宝武党委
312	张彩云	女	中南钢铁鄂城钢铁党委办公室（办公室）文秘室高级主任师	2020年度中国宝武优秀党务工作者	中国宝武党委
313	李　兴	男	马钢集团保卫部门禁三大队党支部书记	2020年度中国宝武优秀党务工作者	中国宝武党委

序号	姓　名	性别	单位或职务	荣誉称号	授予单位
314	杨国祥	男	马钢集团马钢股份能源环保部能源中心党支部书记	2020年度中国宝武优秀党务工作者	中国宝武党委
315	赵广化	男	马钢集团马钢股份长材事业部党委副书记、纪委书记、工会主席	2020年度中国宝武优秀党务工作者	中国宝武党委
316	龙　彪	男	马钢集团马钢股份长材事业部一区党群工作部（综合管理室）副主任	2020年度中国宝武优秀党务工作者	中国宝武党委
317	宫　峰	男	马钢集团马钢股份冷轧总厂冷轧三分厂党支部书记、副厂长	2020年度中国宝武优秀党务工作者	中国宝武党委
318	潘万钢	男	马钢集团马钢股份特钢公司党群工作部（综合管理部）副部长、机关党总支第一党支部书记	2020年度中国宝武优秀党务工作者	中国宝武党委
319	魏　东	男	马钢集团马钢股份合肥公司综合管理部党支部书记	2020年度中国宝武优秀党务工作者	中国宝武党委
320	黄克讲	男	马钢集团康泰置地发展有限公司房产分公司党支部书记	2020年度中国宝武优秀党务工作者	中国宝武党委
321	张志东	男	太钢集团太钢不锈热连轧厂党委书记、厂长	2020年度中国宝武优秀党务工作者	中国宝武党委
322	冯晓冬	女	太钢集团太钢不锈能源动力总厂纪委副书记、机关第三党支部书记、党群工作部部长	2020年度中国宝武优秀党务工作者	中国宝武党委
323	李　铭	男	太钢集团太钢不锈焦化厂运焦作业区党支部书记、副主管	2020年度中国宝武优秀党务工作者	中国宝武党委
324	王银耀	男	太钢集团太钢不锈炼铁厂生产保障作业区党总支书记、第一党支部书记、主管	2020年度中国宝武优秀党务工作者	中国宝武党委
325	李　静	女	太钢集团太钢不锈冷轧硅钢厂纪委副书记、机关第一党支部书记、党群科科长	2020年度中国宝武优秀党务工作者	中国宝武党委
326	陈　钢	男	太钢集团太钢不锈型材厂特冶作业区党支部书记、主管	2020年度中国宝武优秀党务工作者	中国宝武党委
327	马　洁	女	太钢集团太钢不锈营销中心电商国际党支部书记、电子商务部经理	2020年度中国宝武优秀党务工作者	中国宝武党委
328	樊中业	男	太钢集团山西太钢不锈钢精密带钢有限公司党总支副书记、工会主席	2020年度中国宝武优秀党务工作者	中国宝武党委
329	姜　广	男	太钢集团矿业分公司尖山铁矿党委副书记、纪委书记、工会主席	2020年度中国宝武优秀党务工作者	中国宝武党委

（续　表）

序号	姓　名	性别	单位或职务	荣誉称号	授予单位
330	岳玉瑛	女	太钢集团山西太钢医疗有限公司内科党支部书记、太钢总医院传染科副主任	2020年度中国宝武优秀党务工作者	中国宝武党委
331	何宇鸿	男	太钢集团宁波宝新党委组织部党建青干主任师兼团总支书记	2020年度中国宝武优秀党务工作者	中国宝武党委
332	戴　进	男	八一钢铁安全保卫部消防队党支部书记、教导员	2020年度中国宝武优秀党务工作者	中国宝武党委
333	阳永忠	男	八一钢铁退休管理中心组织员	2020年度中国宝武优秀党务工作者	中国宝武党委
334	潘有斌	男	八一钢铁八钢股份炼铁厂第二炼铁分厂C高炉作业区党支部书记	2020年度中国宝武优秀党务工作者	中国宝武党委
335	高　飞	男	八一钢铁八钢股份轧钢厂棒线分厂二棒党支部书记	2020年度中国宝武优秀党务工作者	中国宝武党委
336	何飞飞	男	八一钢铁巴州钢铁轧钢厂线材党支部书记	2020年度中国宝武优秀党务工作者	中国宝武党委
337	杨　清	男	八一钢铁乌鲁木齐亘利安康安保技术有限责任公司保安大队第二党支部书记	2020年度中国宝武优秀党务工作者	中国宝武党委
338	陈　刚	男	八一钢铁公司新疆德勤互力工业技术有限公司工业运营中心行车维护作业区党支部书记、作业长	2020年度中国宝武优秀党务工作者	中国宝武党委
339	齐明钢	男	武钢集团宝地新疆产城服务业联合党委厂区环卫队党支部书记	2020年度中国宝武优秀党务工作者	中国宝武党委
340	程　斌	男	武钢集团武汉武钢绿色城市技术发展有限公司海绵公司党支部书记、副总经理、工会主席	2020年度中国宝武优秀党务工作者	中国宝武党委
341	张方明	男	武钢集团武汉武钢江北集团有限公司汉冶萍文旅分公司党总支书记、副经理	2020年度中国宝武优秀党务工作者	中国宝武党委
342	郭　军	男	武钢集团武汉扬光实业有限公司包装分公司党支部书记、经理	2020年度中国宝武优秀党务工作者	中国宝武党委
343	黄细聪	男	宝钢资源武钢资源鄂州球团有限公司球团车间党支部书记	2020年度中国宝武优秀党务工作者	中国宝武党委
344	刘雨帆	男	宝钢资源武钢资源机关第一党支部书记	2020年度中国宝武优秀党务工作者	中国宝武党委
345	盛劲民	男	宝钢资源武钢资源程潮矿业有限公司采矿分公司东采工区党支部书记	2020年度中国宝武优秀党务工作者	中国宝武党委

序号	姓 名	性别	单位或职务	荣誉称号	授予单位
346	齐道彬	男	宝钢资源马钢矿业南山矿业有限公司机关党总支书记	2020年度中国宝武优秀党务工作者	中国宝武党委
347	朱凯华	男	宝钢资源马钢矿业党群工作部组织干事	2020年度中国宝武优秀党务工作者	中国宝武党委
348	杜云萍	女	宝钢资源梅山矿业党委组织部（人力资源部）副部长	2020年度中国宝武优秀党务工作者	中国宝武党委
349	马新财	男	宝钢资源八钢矿业新疆钢铁雅满苏矿业有限责任公司井下矿党支部书记	2020年度中国宝武优秀党务工作者	中国宝武党委
350	严 冰	男	宝钢资源审计纪检与安环党支部副书记	2020年度中国宝武优秀党务工作者	中国宝武党委
351	郭 岩	男	宝信软件第二党总支书记、金融事业部总经理	2020年度中国宝武优秀党务工作者	中国宝武党委
352	宗 华	女	宝信软件第四党总支书记	2020年度中国宝武优秀党务工作者	中国宝武党委
353	王 艳	女	宝信软件飞马智科信息技术股份有限公司综合管理部部长	2020年度中国宝武优秀党务工作者	中国宝武党委
354	李文娟	女	欧冶云商经营财务部党支部书记、一级首席会计师	2020年度中国宝武优秀党务工作者	中国宝武党委
355	万 波	男	宝武环科武汉金属资源有限责任公司报废汽车分厂党支部副书记	2020年度中国宝武优秀党务工作者	中国宝武党委
356	姚 秦	男	宝武环科南京资源利用有限公司钢渣生产运行作业区党支部书记	2020年度中国宝武优秀党务工作者	中国宝武党委
357	戴志云	女	宝武环科上海宝钢新型建材科技有限公司党委书记	2020年度中国宝武优秀党务工作者	中国宝武党委
358	邱圣民	男	宝地资产制造服务事业部保安二部党支部书记	2020年度中国宝武优秀党务工作者	中国宝武党委
359	金慧杰	男	宝地资产园区能源中心运行二中心党支部书记，上海不锈、宝钢特钢园区能源中心设备管理室主管	2020年度中国宝武优秀党务工作者	中国宝武党委
360	施瑞军	男	宝地资产、上海不锈、宝钢特钢党委组织部（人力资源部）组织统战总监	2020年度中国宝武优秀党务工作者	中国宝武党委
361	吕 苗	女	宝武炭材机关科技系统联合党支部书记、炭材料研究院副院长	2020年度中国宝武优秀党务工作者	中国宝武党委
362	成永久	男	宝武炭材宝方炭材料科技有限公司党群工作部部长	2020年度中国宝武优秀党务工作者	中国宝武党委

（续　表）

序号	姓　名	性别	单位或职务	荣誉称号	授予单位
363	文宇浩	男	宝钢工程党委办公室主任、办公室主任、党委宣传部部长、机关党委书记	2020年度中国宝武优秀党务工作者	中国宝武党委
364	安　刚	男	马钢交材党委工作部党建专员	2020年度中国宝武优秀党务工作者	中国宝武党委
365	王海丰	男	宝钢金属党群工作部部长、办公室主任	2020年度中国宝武优秀党务工作者	中国宝武党委
366	钱文进	男	宝钢包装成都宝钢制罐有限公司党支部书记	2020年度中国宝武优秀党务工作者	中国宝武党委
367	张　厉	女	宝武智维纪检监督部主任管理师	2020年度中国宝武优秀党务工作者	中国宝武党委
368	姚晓清	男	宝武智维安徽马钢设备检修有限公司党群工作部副部长、机关党支部书记	2020年度中国宝武优秀党务工作者	中国宝武党委
369	朱佩健	男	宝武智维湛江分公司耐材技术服务中心党支部书记、主任	2020年度中国宝武优秀党务工作者	中国宝武党委
370	黄燕美	女	宝武重工宝钢轧辊科技有限责任公司综合管理党支部书记、综合管理部人力资源总监	2020年度中国宝武优秀党务工作者	中国宝武党委
371	陈昊铧	男	宝武水务党委组织部组织统战专员	2020年度中国宝武优秀党务工作者	中国宝武党委
372	罗　强	男	宝武清能武汉钢铁集团江南燃气热力有限责任公司江南中燃综合服务党支部书记、客户服务部经理	2020年度中国宝武优秀党务工作者	中国宝武党委
373	樊　新	男	欧冶链金纪检监督部纪检监督总监	2020年度中国宝武优秀党务工作者	中国宝武党委
374	普布次仁	男	西藏矿业西藏日喀则扎布耶锂业高科技有限公司党支部副书记、总经理助理、工会主席	2020年度中国宝武优秀党务工作者	中国宝武党委
375	虞　玮	男	华宝投资华宝都鼎（上海）融资租赁有限公司党支部书记、工会主席、人力行政部总经理	2020年度中国宝武优秀党务工作者	中国宝武党委
376	杨　坤	男	华宝信托党委组织部副部长、党群工作部副部长	2020年度中国宝武优秀党务工作者	中国宝武党委
377	陆　艳	女	华宝基金第三党支部书记、互金业务助理总监	2020年度中国宝武优秀党务工作者	中国宝武党委
378	霍亚军	男	华宝证券党委办公室（办公室）党办综合及宣传经理	2020年度中国宝武优秀党务工作者	中国宝武党委

序号	姓　名	性别	单位或职务	荣誉称号	授予单位
379	董信响	男	财务公司党委组织部（党群工作部、综合管理部）党群高级主任管理师	2020年度中国宝武优秀党务工作者	中国宝武党委
380	袁　浩	男	武汉耐材党委组织部副部长、党群工作部副部长	2020年度中国宝武优秀党务工作者	中国宝武党委
381	陈鸿桂	男	武汉工程职业技术学院信息工程学院党支部书记	2020年度中国宝武优秀党务工作者	中国宝武党委
382	胡海燕	女	中国宝武运营共享服务中心马鞍山区域分中心党支部书记、副主任	2020年度中国宝武优秀党务工作者	中国宝武党委
383	吴海凤	女	中国宝武党委办公室（办公室、董事会办公室）党建高级专员	2020年度中国宝武优秀党务工作者	中国宝武党委
384	秦　雷	男	中国宝武党委组织部（人力资源部）领导力发展高级经理	2020年度中国宝武优秀党务工作者	中国宝武党委
385	金　磊	女	中国宝武科技能环安监党支部委员、能源环保部能源管理专员	2020年度中国宝武优秀党务工作者	中国宝武党委
386	郭兴宝	男	中钢集团山东矿业有限公司提选动力车间磨选工段长	2021年中国宝武"金牛奖"	中国宝武
387	王跃飞	男	宝钢股份炼铁厂原烧工艺首席工程师	2021年中国宝武"金牛奖"	中国宝武
388	王　珏	女	宝钢股份设备部设备管理首席工程师	2021年中国宝武"金牛奖"	中国宝武
389	江　辉	男	宝钢股份武钢有限热轧厂1580乙班作业区作业长	2021年中国宝武"金牛奖"	中国宝武
390	彭　俊	男	宝钢股份营销中心（宝钢国际）总经理、营销系统党委副书记	2021年中国宝武"金牛奖"	中国宝武
391	陈　科	男	中南钢铁韶钢松山炼铁厂设备点检高级技师	2021年中国宝武"金牛奖"	中国宝武
392	刘晓峰	男	中南钢铁重庆钢铁炼钢厂精炼工艺主任工程师	2021年中国宝武"金牛奖"	中国宝武
393	刘迎庆	男	马钢集团马钢股份长材事业部设备点检作业长	2021年中国宝武"金牛奖"	中国宝武
394	钱虎林	男	马钢集团马钢股份炼焦总厂炼焦技术首席师	2021年中国宝武"金牛奖"	中国宝武
395	王　伟	男	太钢集团太钢不锈炼钢二厂冶炼二作业区转炉炼钢工	2021年中国宝武"金牛奖"	中国宝武
396	高　猛	男	太钢集团太钢不锈冷轧厂电气作业区冷连轧维护班班长	2021年中国宝武"金牛奖"	中国宝武

（续　表）

序号	姓　名	性别	单位或职务	荣誉称号	授予单位
397	顾　巍	男	八一钢铁八钢股份能源中心制氧分厂点检员	2021年中国宝武"金牛奖"	中国宝武
398	李晓明	男	八一钢铁新疆八钢金属制品有限公司工艺主任工程师	2021年中国宝武"金牛奖"	中国宝武
399	潘茂军	男	宝武资源梅山矿业分公司主体生产设备检修、运行电工一般操作工	2021年中国宝武"金牛奖"	中国宝武
400	周　明	男	宝信软件工业互联网研究院/大数据中心所长	2021年中国宝武"金牛奖"	中国宝武
401	仲跻炜	男	欧冶云商数智供应链研发中心平台技术二级首席兼平台运营保障部总经理	2021年中国宝武"金牛奖"	中国宝武
402	曹黎颖	女	宝武环科上海宝钢新型建材科技有限公司高级主任工程师兼技术中心主任	2021年中国宝武"金牛奖"	中国宝武
403	王彩英	女	宝地资产/宝地吴淞湄浦路项目组组长	2021年中国宝武"金牛奖"	中国宝武
404	王卫东	男	宝武特冶精密钢管事业部调度高级操作工	2021年中国宝武"金牛奖"	中国宝武
405	朱献忠	男	宝武智维研究中心机械工程高级技术总监	2021年中国宝武"金牛奖"	中国宝武
406	吴　亮	男	华宝基金互金展业部总经理	2021年中国宝武"金牛奖"	中国宝武
407	王　敏	男	中钢集团中钢天源安徽智能装备股份有限公司金加工班长	2021年中国宝武"银牛奖"	中国宝武
408	李　刚	男	中钢集团马鞍山矿山研究总院股份有限公司五级工程师	2021年中国宝武"银牛奖"	中国宝武
409	马库斯（Markus）	男	中钢集团萨曼可铬业有限公司冶炼部火冶金技术经理	2021年中国宝武"银牛奖"	中国宝武
410	顾章华	男	宝钢股份炼铁厂高炉冶炼首席操作工	2021年中国宝武"银牛奖"	中国宝武
411	茅友良	男	宝钢股份炼钢厂一炼钢分厂连铸甲班作业区作业长	2021年中国宝武"银牛奖"	中国宝武
412	李　军	男	宝钢股份硅钢事业部第二智慧工厂运行经理	2021年中国宝武"银牛奖"	中国宝武
413	徐　磊	男	宝钢股份冷轧厂2030轧机管理作业长	2021年中国宝武"银牛奖"	中国宝武

序号	姓　名	性别	单位或职务	荣誉称号	授予单位
414	梁兴国	男	宝钢股份热轧厂生产技术室1580单元主管	2021年中国宝武"银牛奖"	中国宝武
415	张志忠	男	宝钢股份厚板事业部机械设备首席工程师	2021年中国宝武"银牛奖"	中国宝武
416	何建锋	男	宝钢股份宝钢日铁汽车板有限公司汽车板制造工艺首席工程师	2021年中国宝武"银牛奖"	中国宝武
417	陈亚明	男	宝钢股份运输部原料进厂中心作业长	2021年中国宝武"银牛奖"	中国宝武
418	崔　俊	男	宝钢股份钢管条钢事业部精密钢管厂生产运行室主任	2021年中国宝武"银牛奖"	中国宝武
419	付振国	男	宝钢股份钢管条钢事业部烟台鲁宝钢管有限责任公司管加工分厂数控机床主要操作工	2021年中国宝武"银牛奖"	中国宝武
420	韩仁义	男	宝钢股份制造管理部党委书记、部长	2021年中国宝武"银牛奖"	中国宝武
421	万　亮	男	宝钢股份制造管理部产品设计技术主任工程师	2021年中国宝武"银牛奖"	中国宝武
422	陶树贵	男	宝钢股份设备部党委书记、部长	2021年中国宝武"银牛奖"	中国宝武
423	陈继祥	男	宝钢股份能源环保部能源中心供配电调度首席操作工	2021年中国宝武"银牛奖"	中国宝武
424	谭　杰	男	宝钢股份武钢有限硅钢事业部四分厂设备管理作业长	2021年中国宝武"银牛奖"	中国宝武
425	王作军	男	宝钢股份武钢有限炼铁厂高炉分厂七号高炉炉长	2021年中国宝武"银牛奖"	中国宝武
426	帅国勇	男	宝钢股份武钢有限炼钢厂生产技术室成本组长	2021年中国宝武"银牛奖"	中国宝武
427	汪　宁	男	宝钢股份湛江钢铁炼钢厂党委书记、厂长、项目组长	2021年中国宝武"银牛奖"	中国宝武
428	黄枭雄	男	宝钢股份湛江钢铁厚板事业部"三电"作业区作业长	2021年中国宝武"银牛奖"	中国宝武
429	魏玉林	男	宝钢股份湛江钢铁炼铁项目组副组长	2021年中国宝武"银牛奖"	中国宝武
430	冯湘源	男	宝钢股份湛江钢铁热轧厂2250机械作业区作业长	2021年中国宝武"银牛奖"	中国宝武

序号	姓　名	性别	单位或职务	荣誉称号	授予单位
431	闻发平	男	宝钢股份梅钢公司副总经理	2021年中国宝武"银牛奖"	中国宝武
432	魏震生	男	宝钢股份梅钢公司炼钢厂生产技术室废钢管理组组长	2021年中国宝武"银牛奖"	中国宝武
433	贾方俊	男	宝钢股份梅钢公司新事业分公司设备室机械专项点检员	2021年中国宝武"银牛奖"	中国宝武
434	宋清华	男	宝钢股份营销中心（宝钢国际）广州宝钢南方贸易有限公司汽车用钢部经理	2021年中国宝武"银牛奖"	中国宝武
435	黄宗泽	男	宝钢股份中央研究院首席研究员、长材研究所所长	2021年中国宝武"银牛奖"	中国宝武
436	沈立明	男	宝钢股份运营改善部信息化管理高级经理	2021年中国宝武"银牛奖"	中国宝武
437	陈江锋	男	宝钢股份广州JFE钢板有限公司品质技术首席师	2021年中国宝武"银牛奖"	中国宝武
438	代小东	男	宝钢股份宝钢新加坡有限公司宝钢印度公司生产部部长	2021年中国宝武"银牛奖"	中国宝武
439	邵林峰	男	中南钢铁副总裁兼营销中心总经理	2021年中国宝武"银牛奖"	中国宝武
440	潘　仲	男	中南钢铁韶钢松山炼钢厂作业长	2021年中国宝武"银牛奖"	中国宝武
441	张广化	男	中南钢铁韶钢松山特轧厂作业长	2021年中国宝武"银牛奖"	中国宝武
442	张　杰	男	中南钢铁鄂城钢铁炼铁厂高炉车间值班长、党支部书记	2021年中国宝武"银牛奖"	中国宝武
443	史惠娟	女	中南钢铁鄂城钢铁制造管理部（质检中心）焦化（炼铁）化验班长	2021年中国宝武"银牛奖"	中国宝武
444	潘建设	男	中南钢铁鄂城钢铁炼钢厂生产技术室主任	2021年中国宝武"银牛奖"	中国宝武
445	文向东	男	中南钢铁重庆钢铁设备管理部作业长	2021年中国宝武"银牛奖"	中国宝武
446	刘国平	男	马钢集团马钢股份制造管理部部长	2021年中国宝武"银牛奖"	中国宝武
447	徐　雁	男	马钢集团马钢股份技术中心物理检验技能大师	2021年中国宝武"银牛奖"	中国宝武

（续　表）

序号	姓　名	性别	单位或职务	荣誉称号	授予单位
448	黄　静	男	马钢集团马钢股份炼铁总厂高炉一分厂作业长	2021年中国宝武"银牛奖"	中国宝武
449	兰　宇	男	马钢集团马钢股份第四钢轧总厂热轧分厂党支部书记、分厂厂长	2021年中国宝武"银牛奖"	中国宝武
450	朱彰荣	男	马钢集团马钢股份冷轧总厂冷轧一分厂作业长	2021年中国宝武"银牛奖"	中国宝武
451	韩施亮	男	马钢集团马钢股份特钢公司设备管理部电气高级操作工	2021年中国宝武"银牛奖"	中国宝武
452	余　琼	男	马钢集团马钢股份合肥公司设备管理室首席工程师	2021年中国宝武"银牛奖"	中国宝武
453	蒋发贵	男	马钢集团马钢股份长江钢铁炼铁厂炉长	2021年中国宝武"银牛奖"	中国宝武
454	刘继柱	男	马钢集团马钢股份安徽马钢和菱实业有限公司包装分厂作业长	2021年中国宝武"银牛奖"	中国宝武
455	赵雪斌	男	太钢集团太钢不锈炼铁厂三号高炉值班室作业长	2021年中国宝武"银牛奖"	中国宝武
456	李　征	男	太钢集团太钢不锈炼钢二厂冶炼三作业区乙班班长	2021年中国宝武"银牛奖"	中国宝武
457	林　媛	女	太钢集团太钢不锈技术中心硅钢研究所所长	2021年中国宝武"银牛奖"	中国宝武
458	廖　席	男	太钢集团山西太钢不锈钢精密带钢有限公司质检主管	2021年中国宝武"银牛奖"	中国宝武
459	游　飞	男	太钢集团宝钢德盛热轧厂厂长助理兼设备管理室主任	2021年中国宝武"银牛奖"	中国宝武
460	钱　华	男	太钢集团宁波宝新设备部设备技术室电气首席工程师	2021年中国宝武"银牛奖"	中国宝武
461	李雁斌	男	太钢集团代县矿业有限公司球团部焙烧作业区回转窑操作工	2021年中国宝武"银牛奖"	中国宝武
462	马尚民	男	八一钢铁八钢股份炼铁厂第一炼铁分厂炉前大班长	2021年中国宝武"银牛奖"	中国宝武
463	艾尼瓦尔·卡米里	男	八一钢铁新疆德勤互力工业技术有限公司检修工程部钳工	2021年中国宝武"银牛奖"	中国宝武
464	季书民	男	八一钢铁碳中和办公室主管	2021年中国宝武"银牛奖"	中国宝武

序号	姓　名	性别	单位或职务	荣誉称号	授予单位
465	李　强	男	八一钢铁八钢股份轧钢厂工艺工程师	2021年中国宝武"银牛奖"	中国宝武
466	张俊杰	男	武钢集团项目发展业务部总经理	2021年中国宝武"银牛奖"	中国宝武
467	胡　松	男	武钢集团武钢中冶工业技术服务有限公司热轧协力事业部2250生产作业区作业长	2021年中国宝武"银牛奖"	中国宝武
468	王　科	女	武钢集团宝地新疆不动产运营事业部经理	2021年中国宝武"银牛奖"	中国宝武
469	江　明	男	武钢集团武汉扬光实业有限公司包装分公司包装作业区作业长	2021年中国宝武"银牛奖"	中国宝武
470	张同方	男	武钢集团武钢绿色城市技术发展有限公司绿色交通事业部副总经理	2021年中国宝武"银牛奖"	中国宝武
471	陈五九	男	宝武资源马钢矿业安徽马钢张庄矿业有限责任公司党委书记、执行董事、总经理	2021年中国宝武"银牛奖"	中国宝武
472	黄　俊	男	宝武资源马钢矿业南山矿业有限公司工程与设备部部长	2021年中国宝武"银牛奖"	中国宝武
473	李　磊	男	宝武资源武钢资源金山店矿业有限公司工段长	2021年中国宝武"银牛奖"	中国宝武
474	吴少恒	男	宝武资源武钢资源程潮矿业有限公司采矿工	2021年中国宝武"银牛奖"	中国宝武
475	龚晓飞	男	宝武资源八钢矿业富蕴蒙库铁矿技术负责人	2021年中国宝武"银牛奖"	中国宝武
476	汤守君	男	宝武资源安徽中联海运有限公司机电设备技术总负责人	2021年中国宝武"银牛奖"	中国宝武
477	王良和	男	宝信软件信息化事业本部资深总监	2021年中国宝武"银牛奖"	中国宝武
478	汪　晶	女	宝信软件自动化服务事业本部高级总监	2021年中国宝武"银牛奖"	中国宝武
479	李媛媛	女	宝信软件技术中心/科技发展部总经理	2021年中国宝武"银牛奖"	中国宝武
480	魏守圣	男	欧冶云商马钢集团物流有限公司安徽马钢汽车运输服务有限公司汽车修理厂调度员	2021年中国宝武"银牛奖"	中国宝武

序号	姓　名	性别	单位或职务	荣誉称号	授予单位
481	高　晖	男	宝武环科武汉金属资源有限责任公司冶金渣分厂班长	2021年中国宝武"银牛奖"	中国宝武
482	顾燮峰	男	宝武环科上海宝钢磁业有限公司技术中心主任工程师	2021年中国宝武"银牛奖"	中国宝武
483	葛晓锋	男	宝武环科工业环境保障部固体废物分选加工部设备点检员	2021年中国宝武"银牛奖"	中国宝武
484	莫剑斌	男	宝地资产宝地广东园林事业部苗圃高级操作工	2021年中国宝武"银牛奖"	中国宝武
485	江　波	男	宝地资产文商旅事业部钢铁会博中心负责人	2021年中国宝武"银牛奖"	中国宝武
486	季明智	男	宝武碳业苏州宝化炭黑有限公司作业长	2021年中国宝武"银牛奖"	中国宝武
487	王存金	男	宝武碳业乌海宝化万辰煤化工有限责任公司党支部书记、董事长，乌海宝杰新能源材料有限公司董事长	2021年中国宝武"银牛奖"	中国宝武
488	沈　伟	女	宝武碳业浙江宝旌材料有限公司首席工程师	2021年中国宝武"银牛奖"	中国宝武
489	龙再彧	男	宝钢工程技术集团有限公司工程技术事业本部冷轧事业部副总经理	2021年中国宝武"银牛奖"	中国宝武
490	邹　兵	男	宝钢工程上海宝华国际招标有限公司招标一部副总经理、招标五部副总经理（兼）	2021年中国宝武"银牛奖"	中国宝武
491	刘彦伟	男	宝钢工程苏州大方特种车股份有限公司制造中心总装车间装配班长	2021年中国宝武"银牛奖"	中国宝武
492	陈　飞	男	宝钢金属南京宝日钢丝制品有限公司南通分公司电气点检员	2021年中国宝武"银牛奖"	中国宝武
493	刘　波	男	宝钢包装武汉宝钢包装有限公司沌口制罐分公司高级操作工	2021年中国宝武"银牛奖"	中国宝武
494	施建明	男	宝钢包装上海印铁分公司工厂部高级主任工程师	2021年中国宝武"银牛奖"	中国宝武
495	欧新哲	男	宝武特冶技术中心主任研究员（产品研发）	2021年中国宝武"银牛奖"	中国宝武
496	董黎和	男	宝武智维宝钢机械厂首席数控机床工技师	2021年中国宝武"银牛奖"	中国宝武
497	徐祥平	男	宝武智维安徽马钢设备检修有限公司作业长	2021年中国宝武"银牛奖"	中国宝武

（续　表）

序号	姓　名	性别	单位或职务	荣誉称号	授予单位
498	高志明	男	宝武重工宝钢轧辊科技有限责任公司机加厂工段长	2021年中国宝武"银牛奖"	中国宝武
499	陈克松	男	欧冶工业品数字科技中心高级技术总监	2021年中国宝武"银牛奖"	中国宝武
500	陈　琦	男	宝武水务水处理事业部总经理	2021年中国宝武"银牛奖"	中国宝武
501	饶文涛	男	宝武清能产业发展中心氢能技术总监	2021年中国宝武"银牛奖"	中国宝武
502	胡　辉	男	欧冶链金数字智慧中心信息化管理总监	2021年中国宝武"银牛奖"	中国宝武
503	何志奎	男	西藏矿业西藏日喀则扎布耶锂业高科技有限公司锂精矿分厂厂长	2021年中国宝武"银牛奖"	中国宝武
504	傅备锋	男	华宝投资华宝都鼎（上海）融资租赁有限公司业务一部、三部总经理	2021年中国宝武"银牛奖"	中国宝武
505	赵　良	女	华宝信托机构金融业务部副总经理	2021年中国宝武"银牛奖"	中国宝武
506	陈耀祥	男	武汉耐材炮泥事业部工段长	2021年中国宝武"银牛奖"	中国宝武
507	张胜娥	女	中国宝武资源环境产业发展中心资源环境高级经理	2021年中国宝武"银牛奖"	中国宝武
508	庞丽雯	女	中国宝武办公室董事会事务高级专员	2021年中国宝武"银牛奖"	中国宝武
509	龚国林	男	中国宝武退出资本资产办公室退资专员	2021年中国宝武"银牛奖"	中国宝武
510	方岳伦	男	中国宝武产教融合发展中心上海校区教师	2021年中国宝武"银牛奖"	中国宝武
511	王思铭	男	宝钢股份人力资源部人力资源管理主任管理师	中国宝武首届"道德模范"	中国宝武
512	王　军	男	马钢集团马钢股份冷轧总厂物流分厂安全员	中国宝武首届"道德模范"	中国宝武
513	吴　坤	男	马钢集团马钢股份特钢公司电炉分厂炼钢原料一般操作工	中国宝武首届"道德模范"	中国宝武
514	朱盈易	女	欧冶云商研发中心资深用户体验经理	中国宝武首届"道德模范"	中国宝武
515	支文武	男	宝武环科温州市环境发展有限公司工程技术部科长	中国宝武首届"道德模范"	中国宝武

序号	姓　名	性别	单位或职务	荣誉称号	授予单位
516	申红喜	男	宝武智维安徽马钢设备检修有限公司机电工程事业部副经理	中国宝武首届"道德模范"	中国宝武
517	钱寅浩	男	华宝投资有限公司投资管理部资深高级投资经理	中国宝武首届"道德模范"	中国宝武
518	朱建敏	男	中钢集团中钢洛耐科技股份有限公司硅质材料分厂副厂长、成型工段工长	2021年中国宝武"铜牛奖"	中国宝武
519	代永新	男	中钢集团马鞍山矿山研究总院股份有限公司总经理助理,岩土所党支部书记、所长	2021年中国宝武"铜牛奖"	中国宝武
520	屈　滨	女	中钢集团鞍山热能研究院有限公司煤焦油基新型材料研究分院副院长	2021年中国宝武"铜牛奖"	中国宝武
521	张平萍	男	中钢集团郑州金属制品研究院股份有限公司质检中心党支部副书记	2021年中国宝武"铜牛奖"	中国宝武
522	王　静	女	中钢集团中钢设备有限公司资产财务部副部长	2021年中国宝武"铜牛奖"	中国宝武
523	任建辉	男	中钢集团中钢设备（玻利维亚）有限公司法人代表、副总经理	2021年中国宝武"铜牛奖"	中国宝武
524	毛　磊	男	中钢集团天澄环保科技股份有限公司石油化工事业部副经理兼第四党支部副书记	2021年中国宝武"铜牛奖"	中国宝武
525	张永生	男	中钢集团邢台机械轧辊有限公司加工五分厂四车间维修班维修电工	2021年中国宝武"铜牛奖"	中国宝武
526	刘建宁	男	中钢集团邢台机械轧辊有限公司技术中心工艺技术处工艺二室工程师、副主任	2021年中国宝武"铜牛奖"	中国宝武
527	杨立江	男	中钢集团西安重机有限公司炼铁设备公司炼铁室主任	2021年中国宝武"铜牛奖"	中国宝武
528	闫良凯	男	中钢集团山东矿业有限公司提选动力车间主井维修工段长	2021年中国宝武"铜牛奖"	中国宝武
529	张志维	男	中钢集团丰宁万隆矿业发展有限公司副总工程师、技术中心经理	2021年中国宝武"铜牛奖"	中国宝武
530	郑正豪	男	中钢集团中钢菲律宾有限公司联合党支部书记,中钢菲律宾汇洋矿业有限公司、中钢喀麦隆有限公司总经理	2021年中国宝武"铜牛奖"	中国宝武

（续　表）

序号	姓　名	性别	单位或职务	荣誉称号	授予单位
531	刘　东	男	中钢集团中钢南非党支部副书记，中钢萨曼可铬业有限公司董事、总经理，中钢南非铬业有限公司董事、总经理	2021年中国宝武"铜牛奖"	中国宝武
532	吴　单	男	中钢集团北方资源有限公司副总经理、党总支委员	2021年中国宝武"铜牛奖"	中国宝武
533	王嘉林	男	宝钢股份炼铁厂原料分厂高级主要操作工	2021年中国宝武"铜牛奖"	中国宝武
534	黄国荣	男	宝钢股份炼铁厂高炉分厂二喷高级主要操作工	2021年中国宝武"铜牛奖"	中国宝武
535	陈文杰	男	宝钢股份炼钢厂二炼钢分厂连铸日班作业区作业长	2021年中国宝武"铜牛奖"	中国宝武
536	宋　珣	男	宝钢股份炼钢厂设备管理室管理组组长	2021年中国宝武"铜牛奖"	中国宝武
537	徐嘉春	男	宝钢股份热轧厂轧钢工艺高级主任工程师	2021年中国宝武"铜牛奖"	中国宝武
538	范大弟	男	宝钢股份热轧厂机械高级点检员	2021年中国宝武"铜牛奖"	中国宝武
539	庞　义	男	宝钢股份厚板事业部设备管理室轧线电气主任工程师	2021年中国宝武"铜牛奖"	中国宝武
540	刘　弘	男	宝钢股份硅钢事业部第四智慧工厂维护工程师	2021年中国宝武"铜牛奖"	中国宝武
541	杜志兴	男	宝钢股份硅钢事业部第三智慧工厂连续退火高级操作工	2021年中国宝武"铜牛奖"	中国宝武
542	乐鸿钧	男	宝钢股份硅钢事业部第一智慧工厂常化酸洗机组酸洗操作工	2021年中国宝武"铜牛奖"	中国宝武
543	王　明	男	宝钢股份冷轧厂酸洗工艺区域工程师	2021年中国宝武"铜牛奖"	中国宝武
544	沈　翔	男	宝钢股份冷轧厂四冷轧分厂热镀锌主要操作工、班长	2021年中国宝武"铜牛奖"	中国宝武
545	高　洪	男	宝钢股份冷轧厂磨辊车间见习作业长	2021年中国宝武"铜牛奖"	中国宝武
546	陆　旦	男	宝钢股份宝钢日铁汽车板有限公司成本管理主任管理师	2021年中国宝武"铜牛奖"	中国宝武
547	金　晶	男	宝钢股份运输部成品出厂中心作业长	2021年中国宝武"铜牛奖"	中国宝武

序号	姓　名	性别	单位或职务	荣誉称号	授予单位
548	苏晓杰	男	宝钢股份钢管条钢事业部焊管厂电气综合点检员	2021年中国宝武"铜牛奖"	中国宝武
549	于　琛	男	宝钢股份钢管条钢事业部营销部综合事务员	2021年中国宝武"铜牛奖"	中国宝武
550	虞　奇	男	宝钢股份钢管条钢事业部条钢厂轧钢甲班作业长	2021年中国宝武"铜牛奖"	中国宝武
551	姜　涛	男	宝钢股份钢管条钢事业部烟台鲁宝钢管有限责任公司数控机床一般操作工、班长	2021年中国宝武"铜牛奖"	中国宝武
552	张明军	男	宝钢股份钢管条钢事业部电炉厂生产运行室主任	2021年中国宝武"铜牛奖"	中国宝武
553	朱世杰	男	宝钢股份钢管条钢事业部宝钢特钢长材有限公司机械高级点检员	2021年中国宝武"铜牛奖"	中国宝武
554	赵华阳	男	宝钢股份钢管条钢事业部精密钢管厂穿孔机调整高级操作工	2021年中国宝武"铜牛奖"	中国宝武
555	孙国伟	男	宝钢股份制造管理部生产管制主任工程师	2021年中国宝武"铜牛奖"	中国宝武
556	陈建伟	男	宝钢股份设备部计算机系统集成高级主任工程师	2021年中国宝武"铜牛奖"	中国宝武
557	于子金	男	宝钢股份设备部同位素设备区域工程师	2021年中国宝武"铜牛奖"	中国宝武
558	李　霁	男	宝钢股份能源环保部能源中心动力巡检首席操作工	2021年中国宝武"铜牛奖"	中国宝武
559	陈磊杰	男	宝钢股份能源环保部能介三分厂能介操作主要操作工	2021年中国宝武"铜牛奖"	中国宝武
560	严铁军	男	宝钢股份武钢有限焦化公司炼焦分厂焦炉四作业区作业长	2021年中国宝武"铜牛奖"	中国宝武
561	王海华	男	宝钢股份武钢有限炼钢厂四炼钢作业区作业长	2021年中国宝武"铜牛奖"	中国宝武
562	王　泽	男	宝钢股份武钢有限炼铁厂厂长助理兼原料分厂厂长	2021年中国宝武"铜牛奖"	中国宝武
563	陈宝军	男	宝钢股份武钢有限炼铁厂烧结分厂三烧作业区作业长	2021年中国宝武"铜牛奖"	中国宝武
564	孙　振	男	宝钢股份武钢有限炼钢厂三炼钢乙班作业区作业长	2021年中国宝武"铜牛奖"	中国宝武

序号	姓　名	性别	单位或职务	荣誉称号	授予单位
565	徐　战	男	宝钢股份武钢有限条材厂大型分厂高线机动点检作业区机械高级点检员	2021年中国宝武"铜牛奖"	中国宝武
566	陈　波	男	宝钢股份武钢有限条材厂高速棒材生产线电气设备主任工程师	2021年中国宝武"铜牛奖"	中国宝武
567	李文峰	男	宝钢股份武钢有限热轧厂生产技术室生产计划主任工程师	2021年中国宝武"铜牛奖"	中国宝武
568	梁　伟	男	宝钢股份武钢有限硅钢事业部副部长	2021年中国宝武"铜牛奖"	中国宝武
569	李　浩	男	宝钢股份武钢有限硅钢事业部设备管理室综合组主任工程师	2021年中国宝武"铜牛奖"	中国宝武
570	林　章	男	宝钢股份武钢有限冷轧厂精整分厂副厂长	2021年中国宝武"铜牛奖"	中国宝武
571	刘　强	男	宝钢股份武钢有限冷轧厂调质分厂212生产作业区作业长	2021年中国宝武"铜牛奖"	中国宝武
572	陈智发	男	宝钢股份武钢有限质检中心冷轧作业区物理检测主要操作工	2021年中国宝武"铜牛奖"	中国宝武
573	王　武	男	宝钢股份武钢有限焦化公司原料分厂配煤一作业区综合班主要操作工	2021年中国宝武"铜牛奖"	中国宝武
574	丁志宇	男	宝钢股份武钢有限能源环保部管控中心煤气巡检高级操作工	2021年中国宝武"铜牛奖"	中国宝武
575	严　玮	男	宝钢股份武钢有限运输部铁运分厂焦矿作业区甲班班组长	2021年中国宝武"铜牛奖"	中国宝武
576	柳　丹	女	宝钢股份武钢有限安全保卫部综合管理室文秘主任管理师	2021年中国宝武"铜牛奖"	中国宝武
577	陈　锴	男	宝钢股份武钢有限制造管理部废钢分厂抓钢作业区作业长	2021年中国宝武"铜牛奖"	中国宝武
578	张慧平	女	宝钢股份武钢有限设备管理部设备管理室综合组主任工程师	2021年中国宝武"铜牛奖"	中国宝武
579	马　敏	男	宝钢股份武钢有限经营财务部预算管理室高级主任师	2021年中国宝武"铜牛奖"	中国宝武
580	邹　波	男	宝钢股份武钢有限武钢日铁(武汉)镀锡板有限公司综合管理部党支部书记兼综合办公室室长,工会副主席	2021年中国宝武"铜牛奖"	中国宝武
581	乐　超	男	宝钢股份武钢有限武汉钢电股份有限公司综合管理室主任师兼团委负责人	2021年中国宝武"铜牛奖"	中国宝武

序号	姓　名	性别	单位或职务	荣誉称号	授予单位
582	彭　浩	男	宝钢股份武钢有限炼铁厂生产技术室成本管理主任师	2021年中国宝武"铜牛奖"	中国宝武
583	柴　波	男	宝钢股份武钢有限热轧厂1580单元加粗电气作业区综合点检员	2021年中国宝武"铜牛奖"	中国宝武
584	何　伟	男	宝钢股份武钢有限硅钢事业部一贯管理室驻六分厂区域工程师	2021年中国宝武"铜牛奖"	中国宝武
585	王　峰	男	宝钢股份武钢有限硅钢事业部综合管理室现场管理师	2021年中国宝武"铜牛奖"	中国宝武
586	余　渊	男	宝钢股份武钢有限质检中心设备运维作业区区域工程师	2021年中国宝武"铜牛奖"	中国宝武
587	章云飞	男	宝钢股份湛江钢铁炼铁厂原料高级业务员	2021年中国宝武"铜牛奖"	中国宝武
588	黄　磊	男	宝钢股份湛江钢铁能源环保部能源中心主任	2021年中国宝武"铜牛奖"	中国宝武
589	梁志聪	男	宝钢股份湛江钢铁办公室文秘室见习主任	2021年中国宝武"铜牛奖"	中国宝武
590	张寿权	男	宝钢股份湛江钢铁炼铁厂原料机电仪作业区作业长	2021年中国宝武"铜牛奖"	中国宝武
591	陈国锋	男	宝钢股份湛江钢铁厚板事业部轧钢工艺高级主任工程师	2021年中国宝武"铜牛奖"	中国宝武
592	张　兵	男	宝钢股份湛江钢铁冷轧厂电工钢作业区作业长	2021年中国宝武"铜牛奖"	中国宝武
593	李　鹜	男	宝钢股份湛江钢铁能源环保部发电单元脱硫集控操作工	2021年中国宝武"铜牛奖"	中国宝武
594	陈峰斌	男	宝钢股份湛江钢铁物流部智慧物流监控操控员	2021年中国宝武"铜牛奖"	中国宝武
595	陈　华	男	宝钢股份湛江钢铁设备部资产备件室主任	2021年中国宝武"铜牛奖"	中国宝武
596	靳冬峰	男	宝钢股份湛江钢铁炼钢厂生产技术室转炉区域管理员	2021年中国宝武"铜牛奖"	中国宝武
597	李自强	男	宝钢股份湛江钢铁热轧厂1780轧钢管理组组长	2021年中国宝武"铜牛奖"	中国宝武
598	许知松	男	宝钢股份梅钢公司炼钢厂转炉分厂转炉炼钢首席操作工	2021年中国宝武"铜牛奖"	中国宝武

（续　表）

序号	姓　名	性别	单位或职务	荣誉称号	授予单位
599	胡吉旭	男	宝钢股份梅钢公司能源环保部设备室副主任兼动力党支部书记	2021年中国宝武"铜牛奖"	中国宝武
600	张锦程	男	宝钢股份梅钢公司后勤服务中心行政管理员	2021年中国宝武"铜牛奖"	中国宝武
601	徐凤海	男	宝钢股份梅钢公司纪检监督部纪检监督高级主任管理师	2021年中国宝武"铜牛奖"	中国宝武
602	张伟超	男	宝钢股份梅钢公司冷轧厂生产技术室副主任	2021年中国宝武"铜牛奖"	中国宝武
603	吴　芳	女	宝钢股份梅钢公司炼铁厂煤精分厂党支部书记	2021年中国宝武"铜牛奖"	中国宝武
604	常凤超	男	宝钢股份梅钢公司热轧厂质检作业区质量检查首席操作工	2021年中国宝武"铜牛奖"	中国宝武
605	周　冲	男	宝钢股份梅钢公司设备部计量管理室检修检定作业区衡器检修一般操作工	2021年中国宝武"铜牛奖"	中国宝武
606	张文明	男	宝钢股份梅钢公司物流部物流管理室运输调度一般操作工	2021年中国宝武"铜牛奖"	中国宝武
607	韩俊良	男	宝钢股份梅钢公司热电厂动力作业区锅炉运行高级操作工	2021年中国宝武"铜牛奖"	中国宝武
608	何　亮	男	宝钢股份原料采购中心大客户经理	2021年中国宝武"铜牛奖"	中国宝武
609	张亚玲	女	宝钢股份营销中心（宝钢国际）合同物流部合同管理高级业务总监	2021年中国宝武"铜牛奖"	中国宝武
610	余寒峰	男	宝钢股份营销中心（宝钢国际）硅钢销售部资深业务总监	2021年中国宝武"铜牛奖"	中国宝武
611	吴　朝	男	宝钢股份营销中心（宝钢国际）武汉宝钢华中贸易有限公司生产作业区模具管理员	2021年中国宝武"铜牛奖"	中国宝武
612	匡　敏	女	宝钢股份营销中心（宝钢国际）营销管理部市场营销室资深业务总监	2021年中国宝武"铜牛奖"	中国宝武
613	赵玉辉	男	宝钢股份营销中心（宝钢国际）热板与工程材料销售部热轧产品室产品销售业务总监	2021年中国宝武"铜牛奖"	中国宝武
614	周　磊	男	宝钢股份营销中心（宝钢国际）宝钢高强钢高级总监兼营销部经理	2021年中国宝武"铜牛奖"	中国宝武
615	徐　典	男	宝钢股份营销中心（宝钢国际）北方公司高级总监兼汽车用钢部经理	2021年中国宝武"铜牛奖"	中国宝武

（续 表）

序号	姓 名	性别	单位或职务	荣誉称号	授予单位
616	余 飚	男	宝钢股份营销中心（宝钢国际）上海宝钢商贸有限公司营销业务总监	2021年中国宝武"铜牛奖"	中国宝武
617	陶 桢	男	宝钢股份中央研究院研发保障中心管理师	2021年中国宝武"铜牛奖"	中国宝武
618	俞宁峰	男	宝钢股份中央研究院汽车用钢研究所高级主任实验师	2021年中国宝武"铜牛奖"	中国宝武
619	何海龙	男	宝钢股份投资管理部公辅项目管理高级主任管理师	2021年中国宝武"铜牛奖"	中国宝武
620	李 毅	女	宝钢股份企业文化部（党委宣传部）企业文化主任管理师	2021年中国宝武"铜牛奖"	中国宝武
621	陆 飞	男	宝钢股份黄石公司安全保卫部区域工程师	2021年中国宝武"铜牛奖"	中国宝武
622	李 承	男	宝钢股份宝钢欧洲有限公司设备备件部主任业务代表	2021年中国宝武"铜牛奖"	中国宝武
623	黄小平	男	宝钢股份宝和通商株式会社钢铁部业务代表	2021年中国宝武"铜牛奖"	中国宝武
624	鲍震宇	男	宝钢股份宝钢美洲有限公司钢铁部部长	2021年中国宝武"铜牛奖"	中国宝武
625	胡 辉	男	宝钢股份宝金企业有限公司航运业务部总经理	2021年中国宝武"铜牛奖"	中国宝武
626	骆剑华	男	宝钢股份广州JFE钢板有限公司营业部营销首席技能师	2021年中国宝武"铜牛奖"	中国宝武
627	黄怡然	男	宝钢股份宝武铝业浇铸一般操作工	2021年中国宝武"铜牛奖"	中国宝武
628	江 帆	男	中南钢铁营销中心营销管理总监	2021年中国宝武"铜牛奖"	中国宝武
629	罗 咏	女	中南钢铁韶钢松山能源环保部部长助理	2021年中国宝武"铜牛奖"	中国宝武
630	司徒思聪	男	中南钢铁韶钢松山炼钢厂一维检作业区一连铸机械班长	2021年中国宝武"铜牛奖"	中国宝武
631	金 勇	男	中南钢铁韶钢松山特轧厂高一生产作业区丁班班长	2021年中国宝武"铜牛奖"	中国宝武
632	罗新中	男	中南钢铁韶钢松山检测中心物理检测作业区作业长	2021年中国宝武"铜牛奖"	中国宝武

（续　表）

序号	姓　名	性别	单位或职务	荣誉称号	授予单位
633	汤　琴	女	中南钢铁韶钢松山营销中心原料采购部原燃料采购室进口单证业务管理师	2021年中国宝武"铜牛奖"	中国宝武
634	王　萍	女	中南钢铁韶钢松山设备管理部设备管理室信息系统与统计分析主任师	2021年中国宝武"铜牛奖"	中国宝武
635	叶远胜	男	中南钢铁韶钢松山安全保卫部安全主任师	2021年中国宝武"铜牛奖"	中国宝武
636	陈文根	男	中南钢铁韶钢松山炼钢厂一炼钢作业区一炼钢丙班精炼主要操作工	2021年中国宝武"铜牛奖"	中国宝武
637	刘明才	男	中南钢铁韶钢松山物流部检修作业区铁路信号点检班班长	2021年中国宝武"铜牛奖"	中国宝武
638	邹德胜	男	中南钢铁韶钢松山广东昆仑信息科技有限公司系统集成服务部业务系统平台主任工程师	2021年中国宝武"铜牛奖"	中国宝武
639	刘金源	男	中南钢铁韶钢松山制造管理部产品工艺室线材主任师	2021年中国宝武"铜牛奖"	中国宝武
640	唐　勇	男	中南钢铁韶钢松山支撑重庆钢铁炼铁厂副厂长（挂职）	2021年中国宝武"铜牛奖"	中国宝武
641	詹开洪	男	中南钢铁韶钢松山炼铁厂高炉炉内作业区八号高炉炉内班班长	2021年中国宝武"铜牛奖"	中国宝武
642	吴　贝	男	中南钢铁韶钢松山能源环保部部长助理	2021年中国宝武"铜牛奖"	中国宝武
643	龙　鹄	女	中南钢铁韶钢松山制造管理部产品技术研究员	2021年中国宝武"铜牛奖"	中国宝武
644	廖经文	男	中南钢铁韶钢松山支撑昆钢公司玉溪基地挂职副厂长	2021年中国宝武"铜牛奖"	中国宝武
645	李成刚	男	中南钢铁鄂城钢铁经营财务部部长助理	2021年中国宝武"铜牛奖"	中国宝武
646	宋　欢	男	中南钢铁鄂城钢铁炼钢厂总炉长	2021年中国宝武"铜牛奖"	中国宝武
647	吴天文	男	中南钢铁鄂城钢铁轧材厂棒三运行车间作业长	2021年中国宝武"铜牛奖"	中国宝武
648	黄为华	男	中南钢铁鄂城钢铁焦化公司车间设备管理主任师	2021年中国宝武"铜牛奖"	中国宝武
649	吴　庆	男	中南钢铁鄂城钢铁宽厚板厂热轧车间电气精整热处理区作业长	2021年中国宝武"铜牛奖"	中国宝武

序号	姓　名	性别	单位或职务	荣誉称号	授予单位
650	万兴稳	男	中南钢铁鄂城钢铁能源动力厂运行甲班班长	2021年中国宝武"铜牛奖"	中国宝武
651	颜善韬	男	中南钢铁鄂城钢铁炼铁厂业务主管	2021年中国宝武"铜牛奖"	中国宝武
652	李亚非	男	中南钢铁鄂城钢铁销售中心建材销售室经理	2021年中国宝武"铜牛奖"	中国宝武
653	江　波	男	中南钢铁鄂城钢铁设备管理部计量车间运维班班长	2021年中国宝武"铜牛奖"	中国宝武
654	贺敦军	男	中南钢铁重庆钢铁轧钢厂热卷产线生产设备维修钳工	2021年中国宝武"铜牛奖"	中国宝武
655	杨　林	男	中南钢铁重庆钢铁炼铁厂生产技术室主任	2021年中国宝武"铜牛奖"	中国宝武
656	张朝映	男	中南钢铁重庆钢铁炼钢厂主任工程师	2021年中国宝武"铜牛奖"	中国宝武
657	冉敬东	男	中南钢铁重庆钢铁炼钢厂轮班长	2021年中国宝武"铜牛奖"	中国宝武
658	罗全友	男	中南钢铁重庆钢铁轧钢厂设备室主任	2021年中国宝武"铜牛奖"	中国宝武
659	张小春	男	中南钢铁重庆钢铁轧钢厂值班长	2021年中国宝武"铜牛奖"	中国宝武
660	邓鹏川	男	中南钢铁重庆钢铁行政管理部运营改善室主任	2021年中国宝武"铜牛奖"	中国宝武
661	罗　智	男	中南钢铁重庆钢铁制造管理部生产计划主管专员	2021年中国宝武"铜牛奖"	中国宝武
662	肖时平	男	中南钢铁重庆钢铁安全保卫部区域工程师	2021年中国宝武"铜牛奖"	中国宝武
663	宋英方	女	中南钢铁重庆钢铁原料采购中心煤焦采购室经理	2021年中国宝武"铜牛奖"	中国宝武
664	谭本仕	男	中南钢铁重庆钢铁物流运输部生产技术室主任	2021年中国宝武"铜牛奖"	中国宝武
665	时　靖	男	中南钢铁重庆钢铁设备管理部设备管理室主任	2021年中国宝武"铜牛奖"	中国宝武
666	李鑫鹏	男	中南钢铁重庆钢铁能源环保部能源环保室主任	2021年中国宝武"铜牛奖"	中国宝武

序号	姓　名	性别	单位或职务	荣誉称号	授予单位
667	谭　均	男	中南钢铁重庆钢铁营销中心中厚板室产品销售主管专员	2021年中国宝武"铜牛奖"	中国宝武
668	崔海涛	男	马钢集团办公室区域总部室主任	2021年中国宝武"铜牛奖"	中国宝武
669	王　舜	男	马钢集团工会经济工作室主任管理师	2021年中国宝武"铜牛奖"	中国宝武
670	余　晔	女	马钢集团马钢股份运营改善部高级经理	2021年中国宝武"铜牛奖"	中国宝武
671	杨凌珺	女	马钢集团马钢股份运营改善部区域管理师	2021年中国宝武"铜牛奖"	中国宝武
672	崔家冀	男	马钢集团精益管理推进办公室精益管理室副经理	2021年中国宝武"铜牛奖"	中国宝武
673	汪文革	男	马钢集团马钢股份能源环保部供电分厂作业长	2021年中国宝武"铜牛奖"	中国宝武
674	苏吉华	男	马钢集团马钢股份能源环保部燃气分厂作业长	2021年中国宝武"铜牛奖"	中国宝武
675	赵　华	男	马钢集团马钢股份能源环保部发电一分厂副厂长	2021年中国宝武"铜牛奖"	中国宝武
676	夏明炜	男	马钢集团马钢股份制造管理部生产计划区域师	2021年中国宝武"铜牛奖"	中国宝武
677	徐　昕	女	马钢集团行政事务中心卫生健康室主任师	2021年中国宝武"铜牛奖"	中国宝武
678	陶　然	男	马钢集团人力资源服务中心培训招聘室主任	2021年中国宝武"铜牛奖"	中国宝武
679	田朝林	男	马钢集团教培中心学报编辑部主任	2021年中国宝武"铜牛奖"	中国宝武
680	彭新华	女	马钢集团离退休中心花山王家山站站长	2021年中国宝武"铜牛奖"	中国宝武
681	吴海江	男	马钢集团保卫部交管巡逻大队二中队中队长	2021年中国宝武"铜牛奖"	中国宝武
682	周伦竹	男	马钢集团马钢股份营销中心热轧部高级经理	2021年中国宝武"铜牛奖"	中国宝武
683	宋　亮	男	马钢集团马钢股份营销中心市场营销室经营计划主任管理师	2021年中国宝武"铜牛奖"	中国宝武

（续　表）

序号	姓　名	性别	单位或职务	荣誉称号	授予单位
684	薛　莲	女	马钢集团马钢股份采购中心燃料资源部原燃料采购业务代表	2021年中国宝武"铜牛奖"	中国宝武
685	舒宏富	男	马钢集团马钢股份技术中心炼钢工艺研究所主任研究员	2021年中国宝武"铜牛奖"	中国宝武
686	张　洪	男	马钢集团马钢股份运输部运输管理室主任师	2021年中国宝武"铜牛奖"	中国宝武
687	刘坤杨	女	马钢集团康泰置地发展有限公司资产信息化建设及权证管理协理	2021年中国宝武"铜牛奖"	中国宝武
688	吴劲松	男	马钢集团安徽马钢冶金工业技术服务有限责任公司综合管理部部长	2021年中国宝武"铜牛奖"	中国宝武
689	蒋　进	男	马钢集团马钢股份检测中心产成品单元成品二作业区力学主管	2021年中国宝武"铜牛奖"	中国宝武
690	范云飞	男	马钢集团马钢股份港务原料总厂生产技术室质量体系主任工程师	2021年中国宝武"铜牛奖"	中国宝武
691	周志伟	男	马钢集团马钢股份炼铁总厂烧结一分厂作业长	2021年中国宝武"铜牛奖"	中国宝武
692	赵世丹	男	马钢集团马钢股份炼铁总厂高炉一分厂二号炉炉长	2021年中国宝武"铜牛奖"	中国宝武
693	解养国	男	马钢集团马钢股份长材事业部炼钢二分厂副厂长	2021年中国宝武"铜牛奖"	中国宝武
694	张　军	男	马钢集团马钢股份长材事业部线棒材分厂精整辅助操作高级操作工	2021年中国宝武"铜牛奖"	中国宝武
695	汪志远	男	马钢集团马钢股份长材事业部轧钢点检一分厂电气高级点检员	2021年中国宝武"铜牛奖"	中国宝武
696	秦小林	男	马钢集团马钢股份四钢轧总厂设备管理室综合点检员	2021年中国宝武"铜牛奖"	中国宝武
697	尚成龙	男	马钢集团马钢股份四钢轧总厂热轧分厂轧机调整操作高级操作工	2021年中国宝武"铜牛奖"	中国宝武
698	孙　敏	男	马钢集团马钢股份冷轧总厂冷轧三分厂厂长	2021年中国宝武"铜牛奖"	中国宝武
699	李小虎	男	马钢集团马钢股份特钢公司项目部组长	2021年中国宝武"铜牛奖"	中国宝武
700	杨　磊	男	马钢集团马钢股份炼焦总厂生产技术室（安全管理室）副主任	2021年中国宝武"铜牛奖"	中国宝武
701	董　梅	女	马钢集团马钢交材营销中心外贸销售经理	2021年中国宝武"铜牛奖"	中国宝武
702	陈志遥	男	马钢集团马钢交材车轮车轴厂车轮精加工操作工	2021年中国宝武"铜牛奖"	中国宝武

（续　表）

序号	姓　名	性别	单位或职务	荣誉称号	授予单位
703	张　坤	男	马钢集团马钢股份合肥公司生产技术室主任工程师	2021年中国宝武"铜牛奖"	中国宝武
704	陈爱民	男	马钢集团马钢股份安徽马钢和菱实业有限公司行车二分厂作业长	2021年中国宝武"铜牛奖"	中国宝武
705	吴　刚	男	马钢集团马钢股份长江钢铁动力车间副主任	2021年中国宝武"铜牛奖"	中国宝武
706	丁仁发	男	马钢集团马钢股份长江钢铁北线乙班大班长	2021年中国宝武"铜牛奖"	中国宝武
707	梁　杰	男	太钢集团太钢不锈焦化厂生产技术科科长、检化验作业区主管	2021年中国宝武"铜牛奖"	中国宝武
708	戴　琳	男	太钢集团太钢不锈炼铁厂高炉项目部常务副经理	2021年中国宝武"铜牛奖"	中国宝武
709	武　鹏	男	太钢集团太钢不锈炼钢一厂不锈钢冶炼作业区主管	2021年中国宝武"铜牛奖"	中国宝武
710	侯海滨	男	太钢集团太钢不锈炼钢二厂冶炼三作业区主管	2021年中国宝武"铜牛奖"	中国宝武
711	姚　宁	男	太钢集团太钢不锈型材厂径锻作业区副主管	2021年中国宝武"铜牛奖"	中国宝武
712	史志杰	男	太钢集团太钢不锈线材厂轧钢作业区轧钢技术员	2021年中国宝武"铜牛奖"	中国宝武
713	段晋军	男	太钢集团太钢不锈热轧厂天车作业区乙班副班长	2021年中国宝武"铜牛奖"	中国宝武
714	曹晋伟	男	太钢集团太钢不锈热轧厂设备能源科副科长兼项目部机动部部长	2021年中国宝武"铜牛奖"	中国宝武
715	张亚琦	男	太钢集团太钢不锈冷轧硅钢厂酸轧作业区技术员	2021年中国宝武"铜牛奖"	中国宝武
716	张小军	男	太钢集团太钢不锈冷轧硅钢厂酸轧轧机电气技术员	2021年中国宝武"铜牛奖"	中国宝武
717	李胜雄	男	太钢集团太钢不锈冷轧厂宽幅轧制作业区主管	2021年中国宝武"铜牛奖"	中国宝武
718	伊卫兵	男	太钢集团太钢不锈热连轧厂2250轧钢作业区轧钢首席师	2021年中国宝武"铜牛奖"	中国宝武
719	乔海朋	男	太钢集团太钢不锈能源动力总厂主机作业区集控主值员	2021年中国宝武"铜牛奖"	中国宝武
720	贾　宁	男	太钢集团太钢不锈加工厂不锈钢渣作业区主管	2021年中国宝武"铜牛奖"	中国宝武
721	余仓虎	男	太钢集团太钢不锈物流中心机务作业区内燃机车乘务员	2021年中国宝武"铜牛奖"	中国宝武

（续　表）

序号	姓　名	性别	单位或职务	荣誉称号	授予单位
722	段浩杰	男	太钢集团山西太钢不锈钢精密带钢有限公司轧制作业区主管	2021年中国宝武"铜牛奖"	中国宝武
723	李振华	男	太钢集团太钢不锈山西太钢不锈钢钢管有限公司动力作业区区域技术员	2021年中国宝武"铜牛奖"	中国宝武
724	包玉龙	男	太钢集团宁波宝新汽车用钢经营部轧制技术主任工程师	2021年中国宝武"铜牛奖"	中国宝武
725	张　列	男	太钢集团宁波宝新轧机高级操作工、班长	2021年中国宝武"铜牛奖"	中国宝武
726	曹益铭	男	太钢集团宝钢德盛炼钢厂生产技术室连铸工艺技术协理	2021年中国宝武"铜牛奖"	中国宝武
727	黄种生	男	太钢集团宝钢德盛冷轧厂厂长助理兼生产技术室主任	2021年中国宝武"铜牛奖"	中国宝武
728	林世敏	男	太钢集团宝钢德盛炼铁厂机械设备主任工程师	2021年中国宝武"铜牛奖"	中国宝武
729	郑　昆	男	太钢集团宝钢德盛热轧厂生产技术室轧钢工艺技术协理	2021年中国宝武"铜牛奖"	中国宝武
730	张彦斌	男	太钢集团宝钢德盛制造管理部生产管理管理师	2021年中国宝武"铜牛奖"	中国宝武
731	郭仁新	男	太钢集团天津太钢天管不锈钢有限公司党委副书记、综合部部长	2021年中国宝武"铜牛奖"	中国宝武
732	尹　巍	男	太钢集团太钢不锈技术中心不锈钢研发中心建筑与新能源技术领域团队成员	2021年中国宝武"铜牛奖"	中国宝武
733	刘彦男	男	太钢集团系统创新部信息化管理室新技术应用主管	2021年中国宝武"铜牛奖"	中国宝武
734	何雷利	男	太钢集团工会生产保护部主管	2021年中国宝武"铜牛奖"	中国宝武
735	张　浩	男	太钢集团太钢不锈营销中心北京销售公司经理	2021年中国宝武"铜牛奖"	中国宝武
736	马　洁	女	太钢集团太钢不锈营销中心电子商务部经理	2021年中国宝武"铜牛奖"	中国宝武
737	李　彪	男	太钢集团采购中心采购管理室主任	2021年中国宝武"铜牛奖"	中国宝武
738	江建英	女	太钢集团共享中心综合管理室科长	2021年中国宝武"铜牛奖"	中国宝武
739	王明学	男	太钢集团教培中心操作技能培训室、职业技能鉴定站主任	2021年中国宝武"铜牛奖"	中国宝武

（续　表）

序号	姓　名	性别	单位或职务	荣誉称号	授予单位
740	李淑红	女	太钢集团离退休职工管理部党群科长	2021年中国宝武"铜牛奖"	中国宝武
741	白永阳	男	太钢集团保卫部护卫支队队长	2021年中国宝武"铜牛奖"	中国宝武
742	孟庆亮	男	太钢集团尖山铁矿采矿部运输作业区露天矿大型运矿车司机	2021年中国宝武"铜牛奖"	中国宝武
743	于　杨	男	太钢集团岚县矿业有限公司球团部过滤作业区主管	2021年中国宝武"铜牛奖"	中国宝武
744	胡丽丽	女	太钢集团代县矿业有限公司自动化室主任	2021年中国宝武"铜牛奖"	中国宝武
745	王海峰	男	太钢集团复合材料厂复合作业区副主管	2021年中国宝武"铜牛奖"	中国宝武
746	段新强	男	太钢集团山西太钢鑫磊资源有限公司生产作业区运行甲班班长	2021年中国宝武"铜牛奖"	中国宝武
747	张谭庆	男	太钢集团山西太钢工程技术有限公司节能环保业务部脱硫脱硝工程师	2021年中国宝武"铜牛奖"	中国宝武
748	张　青	男	太钢集团山西钢科碳材料有限公司公辅车间主任兼高端碳纤维二期、三期项目工程部部长	2021年中国宝武"铜牛奖"	中国宝武
749	杨　晗	男	太钢集团山西钢科碳材料有限公司生产工艺部部长	2021年中国宝武"铜牛奖"	中国宝武
750	赵　斌	男	太钢集团山西太钢万邦炉料有限公司冶炼作业区运行丁班班长	2021年中国宝武"铜牛奖"	中国宝武
751	张志荣	女	太钢集团医疗公司（总医院）神经外科护师	2021年中国宝武"铜牛奖"	中国宝武
752	薛玲珑	女	太钢集团医疗公司（总医院）消化内科主任	2021年中国宝武"铜牛奖"	中国宝武
753	王恩达	男	太钢集团太钢粉煤灰综合利用有限公司20万加气事业部电气点检员	2021年中国宝武"铜牛奖"	中国宝武
754	黄　彦	女	八一钢铁八钢股份炼铁厂第一炼铁分厂点检维护作业区电气点检员	2021年中国宝武"铜牛奖"	中国宝武
755	刘西安	男	八一钢铁八钢股份炼铁厂安全环保室主管	2021年中国宝武"铜牛奖"	中国宇武
756	马进国	男	八一钢铁八钢股份炼钢厂第一炼钢分厂冶炼党支部书记	2021年中国宝武"铜牛奖"	中国宝武
757	张新顺	男	八一钢铁八钢股份轧钢厂中厚板分厂机械专业工程师	2021年中国宝武"铜牛奖"	中国宝武
758	金　峰	男	八一钢铁八钢股份轧钢厂冷轧分厂酸轧维护组长	2021年中国宝武"铜牛奖"	中国宝武

序号	姓　名	性别	单位或职务	荣誉称号	授予单位
759	杜文新	男	八一钢铁八钢股份销售部北疆营销服务处销售主任工程师	2021年中国宝武"铜牛奖"	中国宝武
760	李　兵	男	八一钢铁八钢股份能源中心设备专业工程师	2021年中国宝武"铜牛奖"	中国宝武
761	项美辉	女	八一钢铁八钢股份制造管理部物理性能检验工	2021年中国宝武"铜牛奖"	中国宝武
762	陈文凯	男	八一钢铁物流运输分公司铁路运输部机车修理工	2021年中国宝武"铜牛奖"	中国宝武
763	侯新萍	女	八一钢铁物流运输分公司仓储部钢材管理区收发货工	2021年中国宝武"铜牛奖"	中国宝武
764	李红熙	男	八一钢铁德勤互力工业技术有限公司机械专业工程师	2021年中国宝武"铜牛奖"	中国宝武
765	张金山	男	八一钢铁乌鲁木齐互利安康安保技术有限责任公司安全技术部部长	2021年中国宝武"铜牛奖"	中国宝武
766	易叶川	男	八一钢铁乌鲁木齐互利安康安保技术有限责任公司安全保卫室主管	2021年中国宝武"铜牛奖"	中国宝武
767	李玉新	男	八一钢铁新疆八钢佳域工业材料有限责任公司新疆宝新昌佳石灰制品有限公司副经理	2021年中国宝武"铜牛奖"	中国宝武
768	王　峰	男	八一钢铁新疆八钢国际贸易股份有限公司驻乌兹别克斯坦办事处业务主办	2021年中国宝武"铜牛奖"	中国宝武
769	单正豪	男	八一钢铁新疆焦煤（集团）有限责任公司2130煤矿掘进队钳工	2021年中国宝武"铜牛奖"	中国宝武
770	刘新旗	男	八一钢铁新疆焦煤（集团）有限责任公司1890煤矿综采队采煤机司机	2021年中国宝武"铜牛奖"	中国宝武
771	曾正星	男	八一钢铁新疆焦煤（集团）有限责任公司动力分厂洗煤作业区副值班长	2021年中国宝武"铜牛奖"	中国宝武
772	邱　昊	男	八一钢铁南疆钢铁焦化厂安全主任工程师	2021年中国宝武"铜牛奖"	中国宝武
773	张西周	男	八一钢铁设备工程部副部长兼现场管理办公室主任	2021年中国宝武"铜牛奖"	中国宝武
774	张燕飞	男	八一钢铁巴州钢铁炼钢厂连铸作业区液压维护工	2021年中国宝武"铜牛奖"	中国宝武
775	程　秀	女	八一钢铁巴州钢铁生产物流部理化检验作业区产品质量检验员	2021年中国宝武"铜牛奖"	中国宝武
776	方　明	男	八一钢铁伊犁钢铁设备环保部部长	2021年中国宝武"铜牛奖"	中国宝武

（续　表）

序号	姓　名	性别	单位或职务	荣誉称号	授予单位
777	张云龙	男	八一钢铁伊犁钢铁炼铁厂一号高炉作业区甲班值班长	2021年中国宝武"铜牛奖"	中国宝武
778	曲喜双	男	八一钢铁伊犁钢铁瑞祥焦化出焦工	2021年中国宝武"铜牛奖"	中国宝武
779	刘　强	男	八一钢铁伊犁钢铁安全总监兼安全保卫部部长	2021年中国宝武"铜牛奖"	中国宝武
780	王　睿	男	武钢集团武汉钢铁江北集团有限公司园区商务部/业务拓展部部长	2021年中国宝武"铜牛奖"	中国宝武
781	刘文斌	男	武钢集团武汉武钢好生活服务有限公司饮料事业部饮料工段工段长	2021年中国宝武"铜牛奖"	中国宝武
782	陈　军	男	武钢集团宝地新疆钢城园林工程部经理	2021年中国宝武"铜牛奖"	中国宝武
783	肖　军	男	武钢集团宝地新疆物业公司设备室主管	2021年中国宝武"铜牛奖"	中国宝武
784	杨　灿	男	武钢集团武汉武钢大数据产业园有限公司人力资源管理资深高级经理	2021年中国宝武"铜牛奖"	中国宝武
785	沈　琼	女	武钢集团武汉钢铁江北集团有限公司园区商务部商务经理	2021年中国宝武"铜牛奖"	中国宝武
786	汪华胜	男	武钢集团武汉钢铁江北集团有限公司汉冶萍文旅分公司运维保障中心副经理	2021年中国宝武"铜牛奖"	中国宝武
787	高中武	男	武钢集团武钢绿色城市技术发展有限公司海绵公司硚口项目部执行经理	2021年中国宝武"铜牛奖"	中国宝武
788	廖春明	女	武钢集团武钢绿色城市技术发展有限公司工程分公司经理	2021年中国宝武"铜牛奖"	中国宝武
789	詹春莉	女	武钢集团青青教育管理有限公司青青幼儿世界金色阳光园园长	2021年中国宝武"铜牛奖"	中国宝武
790	蒋文笛	男	武钢集团武钢中冶工业技术服务有限公司炼铁协力事业部经理兼副书记	2021年中国宝武"铜牛奖"	中国宝武
791	梁　云	男	武钢集团武钢中冶工业技术服务有限公司融诚事业部副经理	2021年中国宝武"铜牛奖"	中国宝武
792	史丽萍	女	武钢集团武钢中冶工业技术服务有限公司冶金材料事业部生产经营室主任	2021年中国宝武"铜牛奖"	中国宝武
793	蔡永东	男	武钢集团武钢中冶工业技术服务有限公司鄂州分公司设备维保作业区副作业长	2021年中国宝武"铜牛奖"	中国宝武
794	鄢　剑	男	武钢集团武钢中冶工业技术服务有限公司装备制造事业部再制造公司装配钳工	2021年中国宝武"铜牛奖"	中国宝武

（续　表）

序号	姓　名	性别	单位或职务	荣誉称号	授予单位
795	徐　珏	男	武钢集团武汉扬光实业有限公司包装分公司钢材包装作业区冷轧主管	2021年中国宝武"铜牛奖"	中国宝武
796	陈训啟	男	武钢集团实业留守处清算处置部部长	2021年中国宝武"铜牛奖"	中国宝武
797	钟光清	女	武钢集团武汉钢铁（集团）北湖经济开发公司留守处纪委副书记、综合管理部副部长、党委工作部副部长、纪检监督部副部长、工会副主席	2021年中国宝武"铜牛奖"	中国宝武
798	田冬红	男	武钢集团武钢党校教师	2021年中国宝武"铜牛奖"	中国宝武
799	崔　晗	男	武钢集团人力资源部劳动组织高级经理	2021年中国宝武"铜牛奖"	中国宝武
800	刘海珍	女	武钢集团集体企业改革中心综合管理兼劳动人事管理高级经理	2021年中国宝武"铜牛奖"	中国宝武
801	张　维	男	武钢集团老干部与退居休人员管理服务中心公共事业部法务室主任师	2021年中国宝武"铜牛奖"	中国宝武
802	陈红权	男	宝武资源马钢矿业南山矿业有限公司高村铁矿矿长	2021年中国宝武"铜牛奖"	中国宝武
803	王　铮	男	宝武资源马钢矿业桃冲矿业有限公司青阳白云石矿矿长	2021年中国宝武"铜牛奖"	中国宝武
804	杨松付	男	宝武资源马钢矿业姑山矿业有限公司工段长	2021年中国宝武"铜牛奖"	中国宝武
805	李　明	男	宝武资源武钢资源程潮矿业有限公司选矿乙工区区长、党支部书记	2021年中国宝武"铜牛奖"	中国宝武
806	高路萍	女	宝武资源武钢资源大冶铁矿有限公司设备工程部电气管理	2021年中国宝武"铜牛奖"	中国宝武
807	胡　洪	男	宝武资源武钢资源大冶铁矿有限公司尖林山矿东采工段中孔班班长	2021年中国宝武"铜牛奖"	中国宝武
808	王　平	男	宝武资源武钢资源金山店矿业有限公司选矿分公司尾矿大班值班长	2021年中国宝武"铜牛奖"	中国宝武
809	史瑞鹏	男	宝武资源八钢矿业设备管理主任工程师	2021年中国宝武"铜牛奖"	中国宝武
810	徐　立	女	宝武资源梅山矿业变配电运行一般操作工	2021年中国宝武"铜牛奖"	中国宝武
811	罗正国	男	宝武资源安徽皖宝矿业股份有限公司生产技术部副经理	2021年中国宝武"铜牛奖"	中国宝武
812	瞿建忠	男	宝武资源马迹山港船务公司综合管理部负责人	2021年中国宝武"铜牛奖"	中国宝武

（续　表）

序号	姓　名	性别	单位或职务	荣誉称号	授予单位
813	李树贵	男	宝武资源焦作煤业（集团）新乡能源有限公司副总经理	2021年中国宝武"铜牛奖"	中国宝武
814	张　洪	男	宝武资源苏尼特右旗宝德利矿业有限公司财务经理	2021年中国宝武"铜牛奖"	中国宝武
815	徐宝金	男	宝武资源人力资源部（党委组织部）党建主任经理	2021年中国宝武"铜牛奖"	中国宝武
816	周景程	男	宝武资源办公室调研主任经理	2021年中国宝武"铜牛奖"	中国宝武
817	温　萌	女	宝武资源党委宣传部（企业文化部）文化品牌代表	2021年中国宝武"铜牛奖"	中国宝武
818	李俊豪	男	宝武资源纪检监督部高级纪检监督员	2021年中国宝武"铜牛奖"	中国宝武
819	丁利杰	男	宝武资源运营改善部主任经理	2021年中国宝武"铜牛奖"	中国宝武
820	徐　伟	男	宝武资源矿山运营中心技术员	2021年中国宝武"铜牛奖"	中国宝武
821	耿新宇	男	宝武资源有限公司资源开发中心项目管理高级经理	2021年中国宝武"铜牛奖"	中国宝武
822	刘绍阳	男	宝武资源平台服务与贸易中心平台运营高级经理	2021年中国宝武"铜牛奖"	中国宝武
823	彭　莉	女	宝武资源经营财务部资金综合管理主任经理	2021年中国宝武"铜牛奖"	中国宝武
824	黄颖思	女	宝武资源财务经理助理	2021年中国宝武"铜牛奖"	中国宝武
825	黄顺菠	女	宝武资源法律事务部高级法务经理	2021年中国宝武"铜牛奖"	中国宝武
826	庄德林	男	宝武资源煤炭贸易部高级经理	2021年中国宝武"铜牛奖"	中国宝武
827	吉　慧	女	宝信软件信息化事业本部总监兼市场综合室主任	2021年中国宝武"铜牛奖"	中国宝武
828	孙为民	男	宝信软件云应用事业本部高级总监	2021年中国宝武"铜牛奖"	中国宝武
829	伍治平	男	宝信软件信息服务事业本部云计算研究所所长	2021年中国宝武"铜牛奖"	中国宝武
830	潘　雷	男	宝信软件自动化事业本部资深工程师	2021年中国宝武"铜牛奖"	中国宝武

（续 表）

序号	姓　名	性别	单位或职务	荣誉称号	授予单位
831	程　亮	男	宝信软件智慧城市事业本部总监	2021年中国宝武"铜牛奖"	中国宝武
832	孙　超	男	宝信软件轨道交通事业本部解决方案研究所资深研发工程师	2021年中国宝武"铜牛奖"	中国宝武
833	俞　鸣	男	宝信软件智能装备事业本部机器人事业部副总经理	2021年中国宝武"铜牛奖"	中国宝武
834	章海波	男	宝信软件智能装备事业本部总监	2021年中国宝武"铜牛奖"	中国宝武
835	曹　筠	女	宝信软件自动化服务事业本部总监	2021年中国宝武"铜牛奖"	中国宝武
836	滕逸龙	男	宝信软件工业互联网研究院大数据中心高级总监	2021年中国宝武"铜牛奖"	中国宝武
837	朱　芬	女	上海宝信软件股份有限公司宝信软件（武汉）有限公司信息化部软件开发高级工程师	2021年中国宝武"铜牛奖"	中国宝武
838	彭　超	男	上海宝信软件股份有限公司宝信软件（武汉）有限公司信息服务事业部项目总监	2021年中国宝武"铜牛奖"	中国宝武
839	张　熙	男	宝信软件飞马智科信息技术股份有限公司信息技术分公司高级工程师	2021年中国宝武"铜牛奖"	中国宝武
840	郭　峰	男	欧冶云商东北分公司党支部书记、总经理，太原分公司总经理	2021年中国宝武"铜牛奖"	中国宝武
841	罗　鹏	男	欧冶云商西安分公司市场营销部经理	2021年中国宝武"铜牛奖"	中国宝武
842	李松青	男	欧冶云商佛山宝钢不锈钢贸易有限公司揭阳产品服务处总经理	2021年中国宝武"铜牛奖"	中国宝武
843	刘　学	男	欧冶云商武汉钢铁集团物流有限公司第三作业区总经理	2021年中国宝武"铜牛奖"	中国宝武
844	陈卫东	男	欧冶云商马钢集团物流有限公司安徽马钢汽车运输服务有限公司第六分公司车辆点检员	2021年中国宝武"铜牛奖"	中国宝武
845	高　智	男	欧冶云商上海欧冶物流股份有限公司数字科技部总经理	2021年中国宝武"铜牛奖"	中国宝武
846	陈　森	男	欧冶云商欧冶新加坡有限责任公司总经理助理兼市场营销部总监，欧冶国际电商有限公司市场营销部总监	2021年中国宝武"铜牛奖"	中国宝武
847	李韶飞	男	欧冶云商电商交易事业部总经理助理兼解决方案创新部总经理	2021年中国宝武"铜牛奖"	中国宝武

（续　表）

序号	姓　名	性别	单位或职务	荣誉称号	授予单位
848	陆修顾	女	欧冶云商电商交易事业部用户体验设计经理	2021年中国宝武"铜牛奖"	中国宝武
849	潘智伟	男	欧冶云商经营财务部直融资金管理高级经理	2021年中国宝武"铜牛奖"	中国宝武
850	李文啟	男	宝武环科武汉金属资源有限责任公司冶金渣分厂水渣三作业区渣处理工	2021年中国宝武"铜牛奖"	中国宝武
851	欧阳城	男	宝武环科广东华欣环保科技有限公司转底炉作业部值班长	2021年中国宝武"铜牛奖"	中国宝武
852	赵旭章	男	宝武环科新疆互力佳源环保科技有限公司生产主管	2021年中国宝武"铜牛奖"	中国宝武
853	唐培新	男	宝武环科上海宝钢新型建材科技有限公司宝田公司渣处理工	2021年中国宝武"铜牛奖"	中国宝武
854	赵林风	男	宝武环科宝磁(江苏)有限公司软磁作业区作业长	2021年中国宝武"铜牛奖"	中国宝武
855	杨伯如	男	宝地资产/宝地吴淞吴淞园建设开发指挥部资产处置经理	2021年中国宝武"铜牛奖"	中国宝武
856	刘名洋	男	宝地资产/宝地吴淞商办事业部运营经理	2021年中国宝武"铜牛奖"	中国宝武
857	吴　菲	男	宝地资产/宝地吴淞现代服务产业园事业部高级副总裁兼合肥宝地产城发展有限公司总经理	2021年中国宝武"铜牛奖"	中国宝武
858	顾海燕	女	宝地资产/宝地吴淞寓舍事业部友乐苑店长	2021年中国宝武"铜牛奖"	中国宝武
859	季建明	男	宝地资产/宝地吴淞文商旅事业部工程组组长	2021年中国宝武"铜牛奖"	中国宝武
860	黄　飞	男	宝地资产/宝地吴淞园区服务事业部总裁,制造服务事业部总裁、党委副书记兼上海宝钢物流有限公司执行董事、总经理	2021年中国宝武"铜牛奖"	中国宝武
861	沈建良	男	宝地资产/宝地吴淞园区服务事业部(制造服务事业部)保安二部经理	2021年中国宝武"铜牛奖"	中国宝武
862	徐帅荣	男	宝地资产/宝地吴淞园区服务事业部(制造服务事业部)绿化工程部绿化养护项目负责人	2021年中国宝武"铜牛奖"	中国宝武
863	张　鑫	男	宝地资产/宝地吴淞园区技术事业部市场拓展组业务经理兼组长	2021年中国宝武"铜牛奖"	中国宝武
864	顾徐敏	男	宝地资产/宝地吴淞园区能源事业部综合管理室主管	2021年中国宝武"铜牛奖"	中国宝武

序号	姓　名	性别	单位或职务	荣誉称号	授予单位
865	王成震	男	宝地资产/宝地吴淞宝地南京资产运营部模块经理	2021年中国宝武"铜牛奖"	中国宝武
866	刘菁沁	女	宝地资产/宝地吴淞审计部（纪检监督部）投资审计高级经理	2021年中国宝武"铜牛奖"	中国宝武
867	王沪春	男	宝地资产/宝地吴淞项目组组长	2021年中国宝武"铜牛奖"	中国宝武
868	顾建钢	男	宝武碳业宝山化产厂苯加氢作业长	2021年中国宝武"铜牛奖"	中国宝武
869	鄢俊涛	男	宝武碳业宝方炭材料科技有限公司设备部部长兼团支部书记、电极材料应用协同项目组副组长	2021年中国宝武"铜牛奖"	中国宝武
870	李牧群	男	宝武碳业重庆宝丞炭材有限公司总经理助理兼安保能源环保部部长	2021年中国宝武"铜牛奖"	中国宝武
871	王徐鹏	男	宝武碳业湖北宝乾新能源材料有限公司综合管理主管	2021年中国宝武"铜牛奖"	中国宝武
872	沈德良	男	宝武碳业新疆宝鑫炭材料有限公司设备部部长	2021年中国宝武"铜牛奖"	中国宝武
873	谭文静	女	宝武碳业人力资源部人力资源高级主任管理师	2021年中国宝武"铜牛奖"	中国宝武
874	袁绪路	男	宝武碳业炭材料研究院碳纤维所主任研究员	2021年中国宝武"铜牛奖"	中国宝武
875	石剑利	男	宝钢工程技术集团有限公司工程技术事业本部冷轧事业部主任设计师	2021年中国宝武"铜牛奖"	中国宝武
876	陈文其	男	宝钢工程技术集团有限公司工程技术事业本部高级施工经理	2021年中国宝武"铜牛奖"	中国宝武
877	徐永恒	男	宝钢工程上海宝钢建筑工程设计有限公司建筑工程事业部项目经理	2021年中国宝武"铜牛奖"	中国宝武
878	侯　迎	女	宝钢工程上海宝华国际招标有限公司招标一部主任工程师	2021年中国宝武"铜牛奖"	中国宝武
879	王旭红	女	宝钢金属投资发展部资产经营总监	2021年中国宝武"铜牛奖"	中国宝武
880	王　浩	男	宝钢金属南京宝日钢丝制品有限公司生产部作业长	2021年中国宝武"铜牛奖"	中国宝武
881	周　亮	男	宝钢金属宝武轻材（武汉）有限公司精密带钢厂维修工段钳工工段长	2021年中国宝武"铜牛奖"	中国宝武
882	金洪涌	男	宝钢金属宝玛克（合肥）科技有限公司综合管理部工程项目经理	2021年中国宝武"铜牛奖"	中国宝武

（续　表）

序号	姓　名	性别	单位或职务	荣誉称号	授予单位
883	王　聪	男	宝钢金属宝钢集团南通线材制品有限公司维保设备点检员	2021年中国宝武"铜牛奖"	中国宝武
884	郭治桥	男	宝钢包装马来西亚宝钢制罐有限公司厂长	2021年中国宝武"铜牛奖"	中国宝武
885	黄雪亮	男	宝钢包装哈尔滨宝钢制罐有限公司总经理助理兼工厂厂长	2021年中国宝武"铜牛奖"	中国宝武
886	高新宇	男	宝钢包装北京印铁分公司财务经理	2021年中国宝武"铜牛奖"	中国宝武
887	田沛玉	男	宝武特冶产品制造技术主任工程师	2021年中国宝武"铜牛奖"	中国宝武
888	徐长征	男	宝武特冶技术中心产品开发首席研究员	2021年中国宝武"铜牛奖"	中国宝武
889	龚　益	男	宝武特种冶金有限公司特冶厂作业长	2021年中国宝武"铜牛奖"	中国宝武
890	何晓俊	男	宝武智维炉窑建筑事业部炼钢耐材服务中心主任	2021年中国宝武"铜牛奖"	中国宝武
891	朱海斌	男	宝武智维炉窑建筑事业部作业长	2021年中国宝武"铜牛奖"	中国宝武
892	张丁鹏	男	宝武智维上海金艺检测技术有限公司电气设备诊断技术工程师兼资深产品经理	2021年中国宝武"铜牛奖"	中国宝武
893	钱跃兴	男	宝武智维宝钢机械厂高级作业师（焊工）	2021年中国宝武"铜牛奖"	中国宝武
894	黄官宝	男	宝武智维检修事业部产品中心副主任	2021年中国宝武"铜牛奖"	中国宝武
895	刘　宁	女	宝武智维工业智能事业部技术总监	2021年中国宝武"铜牛奖"	中国宝武
896	王华锋	男	宝武智维南京分公司总经理助理、轧钢保障部部长	2021年中国宝武"铜牛奖"	中国宝武
897	刘海文	男	宝武智维广东韶钢工程技术有限公司试样加工班班长	2021年中国宝武"铜牛奖"	中国宝武
898	魏军伟	男	宝武智维武汉分公司检修准备作业区作业长	2021年中国宝武"铜牛奖"	中国宝武
899	卢传奇	男	宝武智维安徽马钢设备检修有限公司铁运维检事业部检测班班长	2021年中国宝武"铜牛奖"	中国宝武
900	蒋发奎	男	宝武智维云南昆钢桥钢有限公司检修大班副班长	2021年中国宝武"铜牛奖"	中国宝武

序号	姓　名	性别	单位或职务	荣誉称号	授予单位
901	龙俊杰	男	宝武智维湛江分公司见习副主任	2021年中国宝武"铜牛奖"	中国宝武
902	朱　慧	女	宝武智维营销部高级营销经理	2021年中国宝武"铜牛奖"	中国宝武
903	谢叶华	男	宝武重工安徽马钢重型机械制造有限公司首席技师	2021年中国宝武"铜牛奖"	中国宝武
904	刘朝强	男	宝武重工宝钢轧辊科技有限责任公司营销本部高级客户经理	2021年中国宝武"铜牛奖"	中国宝武
905	罗晓波	男	宝武重工上海江南轧辊有限公司生产运行中心副主任、工艺管理室主任工程师	2021年中国宝武"铜牛奖"	中国宝武
906	薛　蕾	女	欧冶工业品数字科技中心资深产品经理	2021年中国宝武"铜牛奖"	中国宝武
907	马　兵	男	欧冶工业品华东大区仓储物流部配送中心主任、党支部书记	2021年中国宝武"铜牛奖"	中国宝武
908	阳祥富	男	欧冶工业品资材备件品类中心耐火材料采购主任管理师	2021年中国宝武"铜牛奖"	中国宝武
909	黄　慧	女	宝武水务水处理事业部主任设计师	2021年中国宝武"铜牛奖"	中国宝武
910	杨翠平	男	宝武水务宝山分公司主任工程师	2021年中国宝武"铜牛奖"	中国宝武
911	谢美娟	女	宝武水务韶关分公司班长	2021年中国宝武"铜牛奖"	中国宝武
912	苗　青	男	宝武清能新能源产业发展部再生能源业务员	2021年中国宝武"铜牛奖"	中国宝武
913	罗　军	男	宝武清能武汉钢铁集团气体有限责任公司制氧车间高级操作工	2021年中国宝武"铜牛奖"	中国宝武
914	李　亮	男	欧冶链金（阜阳）再生资源有限公司副总经理	2021年中国宝武"铜牛奖"	中国宝武
915	何　涛	男	西藏矿业西藏日喀则扎布耶锂业高科技有限公司总经理	2021年中国宝武"铜牛奖"	中国宝武
916	仁增加措	男	西藏矿业发展股份有限公司山南分公司生产技术部矿区主管	2021年中国宝武"铜牛奖"	中国宝武
917	李　华	男	华宝信托资产管理部副总经理	2021年中国宝武"铜牛奖"	中国宝武
918	赵梦婕	女	华宝信托华中业务中心项目经理	2021年中国宝武"铜牛奖"	中国宝武

序号	姓　名	性别	单位或职务	荣誉称号	授予单位
919	丁　科	男	华宝基金战略规划部战略规划主管	2021年中国宝武"铜牛奖"	中国宝武
920	张　锦	男	华宝证券研究创新部产业研究业务总监	2021年中国宝武"铜牛奖"	中国宝武
921	徐　佳	男	华宝证券信息技术部资深经理	2021年中国宝武"铜牛奖"	中国宝武
922	张仁贵	男	华宝证券深圳南山大道营业部负责人	2021年中国宝武"铜牛奖"	中国宝武
923	邢　炜	男	财务公司计财部部门经理	2021年中国宝武"铜牛奖"	中国宝武
924	张立刚	男	财务公司公司业务部助理金融业务师	2021年中国宝武"铜牛奖"	中国宝武
925	田家波	男	武汉耐材制造公司镁碳作业区成型工段段长	2021年中国宝武"铜牛奖"	中国宝武
926	李　钊	男	中国宝武产业金融业发展中心（资本运营部）产业金融运营管理总监	2021年中国宝武"铜牛奖"	中国宝武
927	梅英俊	男	中国宝武产业金融业发展中心（资本运营部）资本运作经理	2021年中国宝武"铜牛奖"	中国宝武
928	张文亮	男	中国宝武原料采购中心（宝武原料供应有限公司）高级经理	2021年中国宝武"铜牛奖"	中国宝武
929	何　萍	女	中国宝武财务部融资外汇高级经理	2021年中国宝武"铜牛奖"	中国宝武
930	陈利萍	女	中国宝武人力资源部招聘配置高级经理	2021年中国宝武"铜牛奖"	中国宝武
931	倪　健	男	中国宝武融媒体中心记者	2021年中国宝武"铜牛奖"	中国宝武
932	刘　闯	男	中国宝武党委巡视工作领导小组办公室巡视高级专员	2021年中国宝武"铜牛奖"	中国宝武
933	陈佩红	女	中国宝武工会、团委、产教融合发展中心综合业务（退管）高级专员	2021年中国宝武"铜牛奖"	中国宝武
934	王丽娟	女	中国宝武运营共享服务中心（档案中心）运营管理室主任	2021年中国宝武"铜牛奖"	中国宝武
935	王坚敏	男	中国宝武运营共享服务中心（档案中心）薪酬业务室主任、党支部书记	2021年中国宝武"铜牛奖"	中国宝武
936	谢韶春	女	中国宝武运营共享服务中心马鞍山区域分中心销售核算组高级经理	2021年中国宝武"铜牛奖"	中国宝武
937	李国军	男	中国宝武产教融合发展中心上海校区管理工程培训师	2021年中国宝武"铜牛奖"	中国宝武

（续　表）

序号	姓　名	性别	单位或职务	荣誉称号	授予单位
938	徐春梅	女	中国宝武产教融合发展中心武汉校区教师	2021年中国宝武"铜牛奖"	中国宝武
939	汪为春	男	中国宝武产教融合发展中心江南校区教师	2021年中国宝武"铜牛奖"	中国宝武
940	王　凯	男	宝钢股份	第四届中国宝武十大杰出青年	中国宝武党委
941	廖　席	男	太钢集团	第四届中国宝武十大杰出青年	中国宝武党委
942	夏　勐	男	马钢集团	第四届中国宝武十大杰出青年	中国宝武党委
943	陈　添	男	宝信软件	第四届中国宝武十大杰出青年	中国宝武党委
944	封羽涛	男	宝武清能	第四届中国宝武十大杰出青年	中国宝武党委
945	贺敏敏	男	八一钢铁	第四届中国宝武十大杰出青年	中国宝武党委
946	李　真	女	华宝证券	第四届中国宝武十大杰出青年	中国宝武党委
947	欧新哲	男	宝武特冶	第四届中国宝武十大杰出青年	中国宝武党委
948	董跃玲	女	宝钢股份	第四届中国宝武十大杰出青年	中国宝武党委
949	江　波	男	宝地资产	第四届中国宝武十大杰出青年	中国宝武党委
950	王　东	男	宝钢股份	第四届中国宝武十大优秀青年	中国宝武党委
951	肖洋洋	男	马钢集团	第四届中国宝武十大优秀青年	中国宝武党委
952	罗　灿	男	宝武碳业	第四届中国宝武十大优秀青年	中国宝武党委
953	许志遥	男	宝武资源	第四届中国宝武十大优秀青年	中国宝武党委
954	刘晓峰	男	中南钢铁	第四届中国宝武十大优秀青年	中国宝武党委
955	叶天琦	男	宝信软件	第四届中国宝武十大优秀青年	中国宝武党委
956	慕卓特（津巴布韦）	男	中钢集团	第四届中国宝武十大优秀青年	中国宝武党委

（续　表）

序号	姓　名	性别	单位或职务	荣誉称号	授予单位
957	邢　聪	男	宝武智维	第四届中国宝武十大优秀青年	中国宝武党委
958	郎炜昀	男	太钢集团	第四届中国宝武十大优秀青年	中国宝武党委
959	王唯祺	男	华宝信托	第四届中国宝武十大优秀青年	中国宝武党委
960	江　明	男	武钢集团	第四届中国宝武十大优秀青年	中国宝武党委
961	理查德·比约森（瑞典）	男	宝钢股份	2021年度宝武青年岗位能手标兵	中国宝武党委
962	田利军	男	中钢集团	2021年度宝武青年岗位能手标兵	中国宝武党委
963	邢继彬	男	太钢集团	2021年度宝武青年岗位能手标兵	中国宝武党委
964	朱庭锐	男	宝钢包装	2021年度宝武青年岗位能手标兵	中国宝武党委
965	杨天峰	男	宝武智维	2021年度宝武青年岗位能手标兵	中国宝武党委
966	肖　毅	男	宝钢工程	2021年度宝武青年岗位能手标兵	中国宝武党委
967	吴超超	男	中南钢铁	2021年度宝武青年岗位能手标兵	中国宝武党委
968	周晟昀	男	武钢集团	2021年度宝武青年岗位能手标兵	中国宝武党委
969	周晓强	男	宝武环科	2021年度宝武青年岗位能手标兵	中国宝武党委
970	赵会龙	男	华宝基金	2021年度宝武青年岗位能手标兵	中国宝武党委
971	胡超伦	男	中国宝武总部机关	2021年度宝武青年岗位能手标兵	中国宝武党委
972	袁绪路	男	宝武碳业	2021年度宝武青年岗位能手标兵	中国宝武党委
973	高义军	男	宝武资源	2021年度宝武青年岗位能手标兵	中国宝武党委
974	程夏莹	女	欧冶云商	2021年度宝武青年岗位能手标兵	中国宝武党委

（续　表）

序号	姓　名	性别	单位或职务	荣誉称号	授予单位
975	廖广府	男	中南钢铁	2021年度宝武青年岗位能手标兵	中国宝武党委
976	田　果	男	八一钢铁	2021年度宝武青年岗位能手	中国宝武党委
977	阳　灿	男	武汉耐材	2021年度宝武青年岗位能手	中国宝武党委
978	吴　江	男	中国宝武总部机关	2021年度宝武青年岗位能手	中国宝武党委
979	吴　斌	男	宝武水务	2021年度宝武青年岗位能手	中国宝武党委
980	范　珊	女	中南钢铁	2021年度宝武青年岗位能手	中国宝武党委
981	林旭东	男	欧冶工业品	2021年度宝武青年岗位能手	中国宝武党委
982	欧浩展	男	宝钢股份	2021年度宝武青年岗位能手	中国宝武党委
983	赵婧婷	女	华宝投资	2021年度宝武青年岗位能手	中国宝武党委
984	胡思鸣	女	宝钢股份	2021年度宝武青年岗位能手	中国宝武党委
985	姜　智	男	宝地资产	2021年度宝武青年岗位能手	中国宝武党委
986	黄俊威	男	宝武重工	2021年度宝武青年岗位能手	中国宝武党委
987	崔世云	男	宝钢金属	2021年度宝武青年岗位能手	中国宝武党委
988	蓝银全	男	太钢集团	2021年度宝武青年岗位能手	中国宝武党委
989	解　鹏	男	欧冶链金	2021年度宝武青年岗位能手	中国宝武党委

编辑：张　鑫

19

统计资料

统计资料

中国宝武历年产销量及粗钢产量占全国比例一览表

年　份	中国宝武产销量（万吨）					中国粗钢产量（万吨）	中国宝武占全国粗钢产量比例（%）
	铁产量	粗钢产量	商品坯材产量	商品坯材销量	出口钢材		
2021 年	10 382.00	11 994.36	11 817.13	11 839.01	565.08	103 280	11.61
2020 年	10 117.68	11 528.81	11 262.94	11 261.43	453.09	106 476.70	10.83
2019 年	8 762.08	9 545.55	9 236.62	9 266.79	459.28	99 630	9.58
2018 年	6 253.00	6 724.84	6 593.16	6 613.59	340.59	92 826	7.24
2017 年	6 147.01	6 539.27	6 529.10	6 555.89	336.41	83 173	7.86
2016 年	5 671.68	5 848.62	5 729.77	5 742.60	400.07	80 837	7.24

2021 年中国宝武主要经济指标统计表

项　目　名　称	数　　值	单　　位	比上年增长
工业总产值（现行价格）	8 055.13	亿元	32.50%
工业销售产值	8 030.07	亿元	33.18%
资产总额	11 170.84	亿元	10.16%
营业收入	9 722.58	亿元	44.31%
利润总额	602.24	亿元	32.24%
上缴税费	443.52	亿元	73.18%
净资产收益率	8.70	%	0.49个百分点

（续　表）

项　目　名　称	数　值	单　位	比上年增长
铁产量	10 382.00	万吨	2.61%
钢产量	11 994.00	万吨	4.04%
商品坯材产量	11 817.13	万吨	4.92%
商品坯材销量	11 839.01	万吨	5.13%
出口钢材	565.08	万吨	24.72%

中国宝武钢铁集团有限公司资产负债表
（2021年12月31日）

单位：人民币元

项　　目	2021年	2020年（经重述）
资产		
流动资产		
货币资金	99 847 447 727.80	84 176 948 556.35
结算备付金	3 024 960 161.25	2 247 401 003.52
交易性金融资产	34 241 886 688.67	10 757 738 503.73
以公允价值计量且其变动计入当期损益的金融资产	—	8 164 842 742.86
衍生金融资产	141 375 470.60	60 840 823.90
应收票据	23 322 656 882.59	9 697 544 059.72
应收账款	21 207 703 360.47	17 408 127 447.13
应收款项融资	28 478 511 060.52	41 386 473 836.50
预付款项	17 075 475 227.32	14 143 103 673.77
其他应收款	7 971 798 544.93	7 654 294 531.43
买入返售金融资产	3 965 235 729.35	11 538 792 843.03
存货	127 848 222 064.68	114 587 164 053.77
合同资产	4 273 365 897.38	921 361 666.33
持有待售资产	22 405 090.49	4 748 433.56
一年内到期的非流动资产	7 082 589 036.22	6 846 646 159.39

（续 表）

项　　目	2021年	2020年（经重述）
其他流动资产	44 896 174 757.15	45 083 489 548.02
流动资产合计	423 399 807 699.42	374 679 517 883.01
非流动资产		
发放贷款及垫款	1 933 734 255.70	1 361 318 554.88
债权投资	2 420 264 668.48	243 000 000.00
可供出售金融资产	—	31 447 565 152.96
其他债权投资	16 696 666 297.29	4 773 205 331.21
持有至到期投资	—	2 033 922 291.38
长期应收款	13 483 236 156.03	10 536 823 253.59
长期股权投资	115 530 895 528.17	116 200 554 377.39
其他权益工具投资	21 622 876 558.65	1 220 105 632.36
其他非流动金融资产	13 767 614 823.67	9 778 811 437.83
投资性房地产	20 889 636 129.66	17 885 741 905.17
固定资产	346 475 089 835.31	313 129 056 228.14
在建工程	53 406 467 153.46	46 548 137 410.44
使用权资产	1 968 156 680.20	92 321 574.82
无形资产	56 105 390 944.39	52 305 971 343.84
开发支出	1 668 385 901.63	1 806 284 585.21
商誉	1 292 003 677.37	1 351 670 030.69
长期待摊费用	5 071 962 719.55	5 195 128 981.88
递延所得税资产	12 827 195 873.56	13 465 649 793.97
其他非流动资产	8 524 229 424.45	9 240 118 711.12
非流动资产合计	693 683 806 627.57	638 615 386 596.88
资产总计	1 117 083 614 326.99	1 013 294 904 479.89
负债和所有者权益		
流动负债		
短期借款	92 759 829 874.25	106 161 360 466.51

（续　表）

项　　目	2021年	2020年（经重述）
吸收存款及同业存放	2 869 971 697.21	1 857 415 555.88
拆入资金	1 147 762 373.77	652 866 111.11
交易性金融负债	38 627 729.78	128 867 222.96
以公允价值计量且其变动计入当期损益的金融负债		134 346 643.54
衍生金融负债	317 432 599.84	204 299 677.54
应付票据	52 402 599 907.63	43 964 517 121.43
应付账款	102 670 181 900.08	69 795 165 827.15
预收款项	681 238 888.40	10 652 925 924.90
合同负债	46 733 372 734.19	36 451 764 362.39
卖出回购金融资产款	5 395 685 539.19	3 007 004 778.38
应付职工薪酬	11 000 667 175.67	10 437 078 612.65
应缴税费	9 640 594 291.21	7 441 346 500.49
其他应付款	26 005 599 539.99	21 246 360 931.67
代理买卖证券款	4 935 748 492.01	3 274 597 186.86
一年内到期的非流动负债	44 182 727 587.90	24 515 373 478.22
其他流动负债	13 238 755 163.91	33 865 869 587.15
流动负债合计	414 020 795 495.03	373 791 159 988.83
非流动负债		
长期借款	80 721 499 573.61	84 597 715 428.27
应付债券	34 816 219 035.74	34 535 682 489.64
租赁负债	1 640 126 257.18	90 192 538.75
长期应付款	6 996 301 384.31	4 808 275 233.49
长期应付职工薪酬	19 858 038 290.15	18 088 635 841.75
预计负债	5 203 403 791.94	5 033 397 940.31
递延收益	3 793 821 431.81	3 823 572 959.22

（续　表）

项　　目	2021年	2020年（经重述）
递延所得税负债	4 648 981 770.34	3 627 426 659.49
其他非流动负债	3 054 653 235.08	3 631 832 399.46
非流动负债合计	160 733 044 770.16	158 236 731 490.38
负债合计	574 753 840 265.19	532 027 891 479.21
所有者权益		
实收资本	52 791 100 998.89	52 791 100 998.89
其他权益工具	—	—
资本公积	37 167 083 010.55	40 215 221 650.97
其他综合收益	3 289 362 609.10	5 279 918 977.02
专项储备	876 102 330.52	919 439 779.19
一般风险准备金	1 462 670 512.46	1 353 348 058.84
盈余公积	109 781 130 810.30	108 610 804 831.69
未分配利润	104 000 405 757.09	84 803 208 735.50
归属于母公司所有者权益合计	309 367 856 028.91	293 973 043 032.10
少数股东权益	232 961 918 032.89	187 293 969 968.58
所有者权益合计	542 329 774 061.80	481 267 013 000.68
负债和所有者权益总计	1 117 083 614 326.99	1 013 294 904 479.89

2021年度中国宝武钢铁集团有限公司利润表

单位：人民币元

项　　目	2021年	2020年（经重述）
营业收入	972 257 797 327.13	670 841 639 150.63
减：营业成本	835 649 415 130.82	589 753 868 213.24
税金及附加	7 279 215 519.13	5 069 607 974.00
销售费用	6 749 159 407.97	7 744 161 103.06
管理费用	24 051 690 644.77	20 545 668 923.35

（续　表）

项　　目	2021年	2020年（经重述）
研发费用	27 186 197 082.52	17 685 790 928.03
财务费用	8 189 777 340.55	9 381 770 583.04
其中：利息费用	9 790 519 201.99	10 237 260 951.67
利息收入	2 095 798 834.69	1 452 720 263.06
汇兑净损失（收益负数）	（280 460 298.95）	（535 451 132.05）
加：其他收益	2 843 559 435.01	3 048 939 618.73
投资收益	15 646 268 042.00	23 290 650 229.75
其中：对联营企业和合营企业的投资收益	12 625 555 795.39	8 570 460 910.52
以摊余成本计量的金融资产终止确认收益	（1 343 923.12）	370 819.40
公允价值变动收益（损失负数）	1 468 407 819.52	（125 293 892.72）
信用减值损失（损失负数）	（2 900 717 241.96）	（19 937 360.51）
资产减值损失（损失负数）	（17 650 936 241.00）	（3 822 412 829.94）
资产处置收益	1 815 990 033.38	3 793 395 549.93
营业利润	64 374 914 048.32	46 826 112 741.15
加：营业外收入	1 447 969 644.77	1 318 785 726.69
减：营业外支出	5 599 273 257.64	2 701 401 321.71
利润总额	60 223 610 435.45	45 443 497 146.13
减：所得税费用	13 019 292 901.16	6 817 193 620.62
净利润	47 204 317 534.29	38 626 303 525.51
按经营持续性分类		
持续经营净利润	47 194 673 861.98	38 628 658 107.67
终止经营净利润	9 643 672.31	（2 354 582.16）
按所有权归属分类		
归属于母公司所有者的净利润	19 317 943 480.45	25 156 879 856.98
少数股东损益	27 886 374 053.84	13 469 423 668.53

（续　表）

项　　目	2021年	2020年（经重述）
其他综合收益的税后净额	884 163 881.99	（6 696 087 219.28）
归属于母公司所有者的其他综合收益/（亏损）的税后净额	1 222 986 350.42	（6 087 545 798.13）
不能重分类进损益的其他综合收益	2 828 956 764.03	161 581 304.20
权益法下不可转损益的其他综合收益	（344 348.22）	3 213 903.41
重新计量设定受益计划的变动额	（2 322 189.43）	51 992 250.64
其他权益工具投资公允价值变动	2 831 623 301.68	106 375 150.15
将重分类进损益的其他综合收益	（1 605 970 413.61）	（6 249 127 102.33）
权益法下可转损益的其他综合收益	（801 483 041.25）	2 045 461 295.41
其他债权投资公允价值变动	115 423 259.69	（36 806 555.64）
可供出售金融资产公允价值变动	—	（7 902 905 809.85）
其他金融资产重分类计入其他综合收益的金额	（3 905 295.48）	58 783.88
其他债权投资信用减值准备	4 452 714.84	（880 947.51）
外币财务报表折算差额	（920 458 051.41）	（354 053 868.62）
归属于少数股东的其他综合收益的税后净额	（338 822 468.43）	（608 541 421.15）
综合收益总额	48 088 481 416.28	31 930 216 306.23
其中：		
归属于母公司所有者的综合收益总额	20 540 929 830.87	19 069 334 058.85
归属于少数股东的综合收益总额	27 547 551 585.41	12 860 882 247.38

中国宝武主要子公司及控股公司经营情况统计表

（2021年12月31日）

金额单位：亿元

企　业　名　称	成立年月	资产总计	持股比例	营业总收入	利润总额
宝山钢铁股份有限公司	2000年2月	3 803.98	62.29%	3 653.42	307.08
宝武集团中南钢铁有限公司	1966年8月	432.46	51.00%	791.93	40.40

（续　表）

企　业　名　称	成立年月	资产总计	持股比例	营业总收入	利润总额
马钢（集团）控股有限公司	1998年9月	1 293.99	51.00%	2 093.28	113.11
太原钢铁（集团）有限公司	1997年12月	1 226.71	51.00%	1 162.10	149.02
宝钢德盛不锈钢有限公司	2005年11月	185.49	70.00%	159.07	0.55
宁波宝新不锈钢有限公司	1996年3月	41.97	54.00%	92.91	2.81
宝钢集团新疆八一钢铁有限公司	1951年9月	532.47	61.87%	406.35	35.05
武钢集团有限公司	1958年9月	945.04	100.00%	418.10	13.70
宝武资源有限公司	2006年7月	167.79	100.00%	382.30	2.37
宝钢资源（国际）有限公司	2010年12月	173.31	100.00%	589.66	−18.77
宝钢澳大利亚矿业有限公司	2002年5月	4.59	100.00%	0.00	0.00
欧冶云商股份有限公司	2015年2月	282.01	60.89%	1,266.69	6.57
宝武物流资产有限公司	2019年9月	5.20	100.00%	1.61	0.45
宝武集团环境资源科技有限公司	2016年12月	102.66	100.00%	105.27	9.79
上海宝地不动产资产管理有限公司	2012年4月	311.10	100.00%	42.90	9.91
上海宝钢不锈钢有限公司	2012年2月	134.46	100.00%	1.39	−152.50
宝钢特钢有限公司	2012年3月	124.71	100.00%	81.65	0.83
宝钢工程技术集团有限公司	1999年8月	103.73	100.00%	82.97	3.22
上海宝华国际招标有限公司	2005年12月	7.84	100.00%	2.48	1.22
宝钢金属有限公司	2007年12月	182.35	100.00%	131.90	6.75
宝武装备智能科技有限公司	1994年6月	25.14	100.00%	46.92	−2.25
欧冶工业品股份有限公司	2020年9月	179.22	100.00%	305.47	0.09
宝武水务科技有限公司	2019年8月	68.59	100.00%	50.03	2.26
宝武清洁能源有限公司	2019年11月	54.16	100.00%	36.93	2.37
西藏矿业资产经营有限公司	1998年4月	35.21	47.00%	6.70	1.83
华宝投资有限公司	2007年3月	747.04	100.00%	26.19	8.80
华宝信托有限责任公司	1998年6月	141.04	98.00%	31.07	19.88
华宝资本有限公司	1991年5月	5.12	100.00%	0.00	0.02

（续　表）

企　业　名　称	成立年月	资产总计	持股比例	营业总收入	利润总额
宝武原料供应有限公司	2020年7月	9.26	100.00%	117.67	0.70
宝钢集团上海梅山有限公司	1969年4月	53.16	100.00%	30.29	3.33
南京宝钢轧钢有限公司	1991年7月	0.24	66.62%	0.01	−0.03
宝钢香港投资有限公司	2015年9月	21.59	100.00%	0.00	7.96
宝武铝业科技有限公司	2011年11月	62.11	51.00%	10.36	−6.65
上海化工宝数字科技有限公司	2011年3月	0.74	45.92%	2.10	0.03
华宝（上海）股权投资基金管理有限公司	2016年12月	1.07	100.00%	0.10	0.01
重庆长寿钢铁有限公司	2017年10月	444.45	40.00%	0.00	31.68
上海宝钢心越人才科技有限公司	2020年8月	1.37	100.00%	0.04	0.02

中国宝武上市公司一览表

（2021年12月31日）

企　业　名　称	股票代码	总股本（百万股）	2021年12月31日	
			每股净资产（元）	股票收盘价格（元）
宝山钢铁股份有限公司	600019	22 268.41	8.57	7.16
上海宝信软件股份有限公司	600845	1 520.14	5.93	60.83
新疆八一钢铁股份有限公司	600581	1 532.90	2.78	6.21
广东韶钢松山股份有限公司	000717	2 419.52	4.53	4.75
上海宝钢包装股份有限公司	601968	1 132.81	3.16	10.41
马鞍山钢铁股份有限公司	600808	7 700.68	4.25	3.69
西藏矿业发展股份有限公司	000762	520.82	4.14	53.13
山西太钢不锈钢股份有限公司	000825	5 696.25	6.16	7.04
重庆钢铁股份有限公司	601005	8 918.60	2.51	2.09

2021 年中国宝武主要投产项目一览表

单　位	项　目　名　称	开工时间	投产时间
宝钢股份	宝武铝业年产60万吨铝合金铸造及深加工项目	2019年8月	2021年12月

2021年中国宝武主要在建项目一览表

单　位	项　目　名　称	开工时间	预计投产时间
宝钢股份	湛江钢铁三号高炉系统项目	2019年3月	2022年1月
宝钢德盛	不锈钢精品基地建设项目	2020年8月	2022年1月
宝信软件	"宝之云"互联网数据中心（IDC）五期工程	2020年10月	2022年12月

2021年末中国宝武各单位员工分类构成情况表

单位：人

单位名称	在册员工	在岗员工	岗位分布			年龄结构				学历结构				
			管理岗位	技术岗位	操作岗位	35岁及以下	36岁～45岁	46岁～55岁	56岁及以上	研究生	大学	大专	中专、技校、高中	初中以下
中国宝武（合并）	222 595	185 459	13 552	45 724	126 183	40 712	57 967	76 049	10 731	11 370	47 875	51 617	46 361	28 236
集团公司总部	966	737	166	566	5	48	263	317	109	260	379	89	9	0
宝钢股份	49 274	39 658	3 110	9 999	26 549	10 676	13 612	13 038	2 332	3 600	13 073	14 282	6 238	2 465
中南钢铁	15 415	10 619	585	1 583	8 451	1 737	4 506	4 240	136	305	2 262	3 512	3 305	1 235
马钢集团	25 238	24 339	1 503	4 242	18 594	5 498	6 011	11 534	1 296	853	4 643	6 512	6 837	5 494
太钢集团	39 151	30 846	1 752	5 081	24 013	5 837	9 394	13 826	1 789	996	5 935	8 972	9 086	5 857
八一钢铁	16 618	14 740	723	1 971	12 046	3 489	3 998	6 556	697	97	2 077	3 455	5 505	3 606
宝武碳业	3 385	3 328	275	791	2 262	1 737	780	701	110	255	807	1 159	786	321
宝钢金属	2 253	2 096	312	635	1 149	400	777	803	116	105	380	339	1 045	227
宝钢包装	1 409	1 408	102	545	761	762	478	133	35	36	462	439	383	88
宝武特冶	1 040	1 040	118	331	591	147	442	397	54	103	326	377	231	3
武汉耐材	961	658	60	145	453	94	189	369	6	48	130	116	87	277

（续　表）

单位名称	在册员工	在岗员工	岗位分布			年龄结构				学历结构				
			管理岗位	技术岗位	操作岗位	35岁及以下	36岁～45岁	46岁～55岁	56岁及以上	研究生	大学	大专	中专、技校、高中	初中以下
宝信软件	5 155	5 069	362	4 293	414	1 924	1 761	1 157	227	889	2 929	697	341	213
欧冶云商	2 456	2 201	285	1 163	753	538	689	779	195	289	987	361	285	279
宝钢工程	1 968	1 924	201	1 603	120	386	770	535	233	462	1 145	165	102	50
宝武智维	6 947	6 872	614	1 127	5 131	983	1 862	3 216	811	287	1 750	2 171	1 846	818
宝武重工	2 168	2 100	159	492	1 449	387	571	1 002	140	118	467	598	556	361
欧冶工业品	1 691	1 691	161	869	661	218	555	772	146	200	830	397	184	80
宝武资源	19 341	13 407	886	2 118	10 403	1 685	3 625	7 298	799	487	2 320	2 620	4 368	3 612
宝武环科	4 063	3 584	320	1 039	2 225	748	1 307	1 341	188	249	1 116	1 060	826	333
宝武水务	1 948	1 942	141	498	1 303	410	606	817	109	144	532	574	442	250
宝武清能	1 443	1 274	132	261	881	130	541	526	77	92	403	337	309	133
欧冶链金	985	983	139	608	236	483	229	230	41	80	444	236	126	97
西藏矿业	841	789	124	154	511	220	395	168	6	4	82	130	214	359
宝武原料	18	18	9	9	0	0	9	9	0	12	6	0	0	0
武钢集团	10 548	9 196	699	2 625	5 872	1 154	2 865	4 478	699	382	2 432	1 967	2 444	1 971
宝地资产（宝地吴淞）	5 697	3 328	406	1 572	1 350	200	1 153	1 610	365	230	1 187	1 008	796	107
华宝投资	245	245	40	205	0	114	108	23	0	100	135	9	1	0
华宝信托	323	321	39	282	0	159	128	31	3	184	135	1	1	0

（续　表）

单位名称	在册员工	在岗员工	岗位分布			年龄结构				学历结构				
			管理岗位	技术岗位	操作岗位	35岁及以下	36岁～45岁	46岁～55岁	56岁及以上	研究生	大学	大专	中专、技校、高中	初中以下
华宝基金	296	296	45	251	0	166	97	32	1	192	95	7	2	0
华宝证券	622	622	53	569	0	339	204	73	6	260	334	23	5	0
财务公司	130	128	31	97	0	43	42	38	5	51	72	4	1	0

（编辑：张　鑫）

20

附

录

附　录

中共中国宝武钢铁集团有限公司委员会部分文件题录

文　号	标　题
宝武委〔2021〕1号	中国宝武钢铁集团有限公司党委关于报送2020年工作总结和2021年工作要点的报告
宝武委〔2021〕2号	关于中共太原钢铁(集团)有限公司委员会、中共宝钢德盛不锈钢有限公司委员会及中共宁波宝新不锈钢有限公司委员会隶属关系调整的通知
宝武委〔2021〕3号	关于印发《中国宝武钢铁集团有限公司党费收缴、使用和管理办法》的通知
宝武委〔2021〕4号	中国宝武钢铁集团有限公司党委关于印发《贯彻落实〈中国共产党支部工作条例(试行)〉的暂行办法》的通知
宝武委〔2021〕5号	2020年中国宝武党委意识形态工作情况的报告
宝武委〔2021〕6号	关于同意免去江庆元同志职务的通知
宝武委〔2021〕7号	关于同意免去潘世华同志职务的通知
宝武委〔2021〕8号	中国宝武钢铁集团有限公司党委关于2020年意识形态工作情况的报告
宝武委〔2021〕9号	中国宝武钢铁集团有限公司党委关于学习宣传贯彻党的十九届五中全会精神情况的报告
宝武委〔2021〕10号	关于印发《中国宝武党委关于深入贯彻落实中央八项规定精神进一步加强作风建设的实施意见》的通知
宝武委〔2021〕12号	中国宝武钢铁集团有限公司党委关于印发《党建工作责任制实施办法》的通知
宝武委〔2021〕13号	中国宝武钢铁集团有限公司党委关于印发《关于加强基本组织基本队伍基本制度建设的实施办法》的通知
宝武委〔2021〕14号	关于报送《2020年度中国宝武领导班子民主生活会方案》的报告
宝武委〔2021〕19号	中国宝武钢铁集团有限公司党委关于全力助战决战决胜脱贫攻坚工作情况的报告
宝武委〔2021〕24号	中国宝武钢铁集团有限公司党委关于学习贯彻中央经济工作会议精神情况的报告
宝武委〔2021〕25号	关于印发《中国宝武党委2021年巡视工作重点》的通知

（续 表）

文 号	标 题
宝武委〔2021〕26号	关于修订《中国宝武钢铁集团有限公司改革三年行动实施方案（2020—2022年）》的通知
宝武委〔2021〕27号	中国宝武党委关于贯彻落实党风廉政建设责任制和中央八项规定精神情况的报告
宝武委〔2021〕28号	关于陆鹏程同志任职的通知
宝武委〔2021〕29号	中国宝武党委关于召开2020年度基层党支部组织生活会和开展民主评议党员的通知
宝武委〔2021〕30号	关于调整中国宝武党委巡视工作领导小组组成人员的通知
宝武委〔2021〕33号	关于印发《管理岗位与干部层级体系管理办法（2021年版）》的通知
宝武委〔2021〕34号	关于免去钱海帆同志职务的通知
宝武委〔2021〕35号	中国宝武钢铁集团有限公司党委关于率先提出实现"碳达峰""碳中和"目标的报告
宝武委〔2021〕36号	关于调整中共宝钢发展有限公司委员会隶属关系的通知
宝武委〔2021〕37号	中国宝武党委关于2020年度党建工作责任制考核评价自评情况的报告
宝武委〔2021〕38号	关于秦铁汉、计国忠同志任职的通知
宝武委〔2021〕39号	关于陈英颖等三名同志职务任免的通知
宝武委〔2021〕40号	关于王语、秦铁汉同志职务任免的通知
宝武委〔2021〕42号	中国宝武党委、中国宝武关于工会、团委、宝武大学协同运作的通知
宝武委〔2021〕43号	中国宝武党委、中国宝武关于印发《关于完善中国宝武企业文化体系支撑高质量钢铁生态圈建设的指导意见》的通知
宝武委〔2021〕49号	关于宝地资产、宝地吴淞整合运作的通知
宝武委〔2021〕50号	中国宝武科学家选拔聘用和管理实施意见（试行）
宝武委〔2021〕51号	中国宝武党委、中国宝武关于设立改革指导组的通知
宝武委〔2021〕52号	中国宝武党委、中国宝武关于工会、宝武大学下设机构调整的通知
宝武委〔2021〕53号	中国宝武党委、中国宝武关于中国宝武新闻中心更名的通知
宝武委〔2021〕54号	中国宝武钢铁集团有限公司党委关于2020年度领导班子民主生活会召开情况的报告
宝武委〔2021〕56号	关于建议陈英颖、陈志宇为工会副主席候选人人选的函
宝武委〔2021〕59号	关于王剑虎、朱湘凯同志职务任免的通知
宝武委〔2021〕60号	关于陆克从等五名同志职务任免的通知
宝武委〔2021〕61号	关于王继明等三名同志职务任免的通知（上海不锈）
宝武委〔2021〕62号	关于王继明等三名同志职务任免的通知（宝钢特钢）
宝武委〔2021〕63号	关于戴相全同志任职的通知
宝武委〔2021〕64号	关于朱湘凯等四名同志职务任免的通知
宝武委〔2021〕65号	关于胡玉良等三名同志职务任免的通知

（续　表）

文　号	标　题
宝武委〔2021〕66号	关于严华等三名同志职务任免的通知
宝武委〔2021〕67号	中国宝武党委关于2020年度领导班子民主生活会召开情况的报告
宝武委〔2021〕68号	关于印发《中国宝武党委关于开展党史学习教育的工作方案》的通知
宝武委〔2021〕71号	中国宝武党委、中国宝武关于表彰2020年度综合绩效奖及2018—2020年任期综合绩效奖的决定
宝武委〔2021〕72号	关于印发《中国宝武2021年度重点任务分解》的通知
宝武委〔2021〕73号	关于中共华宝证券有限责任公司委员会、纪律检查委员会更名的通知
宝武委〔2021〕74号	关于调整中国宝武落实党风廉政建设责任制领导小组及设立党风廉政办的通知
宝武委〔2021〕76号	关于报送《2020年度中国宝武领导班子民主生活会整改落实方案》的报告
宝武委〔2021〕77号	关于陈英颖、陈志宇同志任职的通知
宝武委〔2021〕83号	中国宝武党委、中国宝武关于学习贯彻习近平总书记关于碳达峰、碳中和重要批示精神的实施意见
宝武委〔2021〕84号	关于《中国宝武钢铁集团有限公司创建世界一流示范企业实施方案》的报告
宝武委〔2021〕85号	关于毛文明同志任职的通知
宝武委〔2021〕86号	关于魏成文、高建兵同志职务任免的通知
宝武委〔2021〕87号	中国宝武党委关于贯彻落实习近平总书记重要指示批示情况"回头看"的专题报告
宝武委〔2021〕91号	关于毛展宏、张文洋同志职务任免的通知
宝武委〔2021〕96号	关于中钢集团托管期间党委领导关系有关事项的请示
宝武委〔2021〕97号	关于免去肖国栋同志职务的通知
宝武委〔2021〕98号	关于吴彬、柯善良同志任职的通知
宝武委〔2021〕99号	关于陆克从同志任职的通知
宝武委〔2021〕100号	关于严华同志任职的通知
宝武委〔2021〕101号	关于免去戴相全同志职务的通知
宝武委〔2021〕104号	关于戴相全、袁文清同志职务任免的通知
宝武委〔2021〕105号	关于免去张锦刚同志职务的通知
宝武委〔2021〕106号	关于袁文清同志任职的通知
宝武委〔2021〕108号	关于陈英颖、陈志宁同志任职的通知
宝武委〔2021〕110号	关于免去王素琳同志职务的通知
宝武委〔2021〕111号	关于王存璘同志职务调整的函
宝武委〔2021〕113号	中国宝武党委、中国宝武关于印发《中国宝武全面深入开展安全风险隐患排查工作方案》的通知
宝武委〔2021〕114号	中国宝武党委、中国宝武关于印发《中国宝武党委关于中国共产党成立100周年庆祝活动方案》的通知

（续　表）

文　号	标　题
宝武委〔2021〕115号	关于尚佳君、柴志勇同志职务任免的通知
宝武委〔2021〕120号	中国宝武党委学习传达贯彻落实习近平总书记关于碳达峰碳中和重要批示精神的情况报告
宝武委〔2021〕121号	中国宝武党委印发《关于严格落实领导干部插手干预重大事项记录规定的实施方案》的通知
宝武委〔2021〕122号	关于命名中国宝武第一批爱国主义教育基地的决定
宝武委〔2021〕124号	中国宝武党委、中国宝武关于调整中国宝武定点帮扶和对口支援工作机构设置的通知
宝武委〔2021〕125号	中国宝武党委、中国宝武印发《关于坚持做好中国宝武定点帮扶与对口支援工作的实施方案》的通知
宝武委〔2021〕126号	关于印发《中国宝武2021年定点帮扶和对口支援工作计划》的通知
宝武委〔2021〕127号	关于成立中国宝武党史学习教育巡回指导组的通知
宝武委〔2021〕128号	中国宝武钢铁集团有限公司党委关于印发《"我为群众办实事"实践活动工作方案》的通知
宝武委〔2021〕132号	关于印发《中国宝武党委2021年统战工作要点》的通知
宝武委〔2021〕133号	关于印发《中国宝武党委2021年老干部工作要点》的通知
宝武委〔2021〕134号	关于印发《中国宝武钢铁集团有限公司规范领导干部配偶、子女及其配偶经商办企业行为的规定（试行）》的通知
宝武委〔2021〕137号	中国宝武党委关于印发《关于贯彻落实"中央企业党建创新拓展年"要求的工作方案》的通知
宝武委〔2021〕139号	中国宝武党委、中国宝武印发《关于实行禁入管理的规定》的通知
宝武委〔2021〕140号	关于李世平同志任职的通知
宝武委〔2021〕142号	关于开展2020年度中国宝武优秀共产党员、优秀党务工作者和先进基层党组织推荐评选工作的通知
宝武委〔2021〕144号	中国宝武党委落实《中共中央关于加强对"一把手"和领导班子监督的意见》的实施意见
宝武委〔2021〕145号	关于中钢集团有关党组织隶属关系调整的请示
宝武委〔2021〕146号	关于中国宝武"七一"前夕组织开展走访慰问活动的通知
宝武委〔2021〕148号	中国宝武党委、中国宝武关于《创建世界一流示范企业实施方案》的报告
宝武委〔2021〕149号	中国宝武党委、中国宝武关于印发《创建世界一流示范企业实施方案》的通知
宝武委〔2021〕150号	中国宝武党委、中国宝武关于《中国宝武改革三年行动任务清单》的报告
宝武委〔2021〕151号	中国宝武党委、中国宝武关于加大力度推进中国宝武改革三年行动的通知
宝武委〔2021〕156号	关于表彰2020年度中国宝武钢铁集团有限公司优秀共产党员、优秀党务工作者和先进基层党组织的决定
宝武委〔2021〕159号	关于中共宝武炭材料科技有限公司委员会、纪律检查委员会更名的通知
宝武委〔2021〕161号	关于免去赵恕昆同志职务的通知
宝武委〔2021〕162号	关于陆鹏程等三名同志职务任免的通知

（续　表）

文　号	标　题
宝武委〔2021〕163号	关于封峰、赵厚信同志职务任免的通知
宝武委〔2021〕164号	关于钱昆同志任职的通知
宝武委〔2021〕165号	关于召开党史学习教育专题组织生活会的通知
宝武委〔2021〕166号	关于刘加海、贾璐同志职务任免的通知
宝武委〔2021〕167号	关于贾璐同志任职的通知
宝武委〔2021〕170号	关于中共宝武集团马钢轨交材料科技有限公司委员会隶属关系调整的通知
宝武委〔2021〕172号	中国宝武党委关于认真学习贯彻落实习近平总书记在庆祝中国共产党成立100周年大会上的重要讲话精神的指导意见
宝武委〔2021〕173号	关于张忠武同志任职的通知
宝武委〔2021〕177号	中国宝武党委、中国宝武关于表彰脱贫攻坚先进个人和先进集体的决定
宝武委〔2021〕178号	中国宝武钢铁集团有限公司党委关于学习贯彻习近平总书记"七一"重要讲话精神情况的报告
宝武委〔2021〕180号	关于冯义、季艳军同志职务任免的通知
宝武委〔2021〕181号	关于任天宝同志任职的通知
宝武委〔2021〕182号	关于何潮、胡志强同志职务任免的通知
宝武委〔2021〕183号	关于公布中国宝武"我为群众办实事"实践活动第二批重点项目的通知
宝武委〔2021〕184号	关于撤销上海不锈、宝钢特钢党委和纪委的通知
宝武委〔2021〕186号	关于胡志强同志任职的通知
宝武委〔2021〕188号	中国宝武钢铁集团有限公司党委关于印发《全国国有企业党的建设工作会议精神贯彻落实情况"回头看"方案》的通知
宝武委〔2021〕189号	关于成立地方换届中国宝武工作领导机构和工作机构的通知
宝武委〔2021〕190号	关于汪震等四名同志职务任免的通知
宝武委〔2021〕191号	关于韩瑞平同志任职的通知
宝武委〔2021〕192号	中国宝武党委、中国宝武关于印发《关于将12月23日确立为中国宝武"公司日"的决定》的通知
宝武委〔2021〕194号	中国宝武党委关于学习贯彻落实习近平总书记考察调研中国宝武重要讲话精神工作情况报告
宝武委〔2021〕199号	关于印发《中国宝武钢铁集团有限公司党内文件管理办法（2021版）》的通知
宝武委〔2021〕200号	中国宝武钢铁集团有限公司党委关于印发《关于加强中国宝武党建带团建工作的实施意见》的通知
宝武委〔2021〕201号	中国宝武党委关于全国国有企业党的建设工作会议精神贯彻落实情况"回头看"报告
宝武委〔2021〕203号	关于印发《中共中国宝武钢铁集团有限公司委员会关于实行党风廉政建设责任制的规定》的通知
宝武委〔2021〕204号	关于印发《建立党风廉政建设和反腐败工作协调小组进一步强化内部监督会商的工作办法》的通知

（续　表）

文　号	标　题
宝武委〔2021〕205号	关于印发《关于进一步加强和规范纪律处分决定执行工作的实施意见》的通知
宝武委〔2021〕206号	中国宝武党委、中国宝武印发《关于进一步规范领导人员和管理者及其亲属、其他特定关系人经商办企业行为的规定》的通知
宝武委〔2021〕207号	关于印发《中国宝武二级单位纪委书记、副书记提名考察及纪委书记绩效评价办法》的通知
宝武委〔2021〕208号	印发《关于进一步加强和规范各级纪委对同级党委及其成员监督的工作办法》的通知
宝武委〔2021〕209号	关于报送《中国宝武2020年度党建工作责任制考核评价反馈问题整改方案》的报告
宝武委〔2021〕211号	关于印发《中国宝武党委关于加强巡视巡察上下联动的若干措施》的通知
宝武委〔2021〕221号	关于刘安栋等四名同志职务任免的通知
宝武委〔2021〕222号	中国宝武党委、中国宝武印发《中国宝武乡村振兴"授渔"计划》的通知
宝武委〔2021〕223号	中国宝武钢铁集团有限公司党委关于印发《中国宝武爱国主义教育基地管理办法》的通知
宝武委〔2021〕226号	关于上报《中国宝武党委"我为群众办实事"实践活动重点民生项目清单》的报告
宝武委〔2021〕231号	关于印发《中国宝武党委贯彻〈中国共产党统一战线工作条例〉实施意见》的通知
宝武委〔2021〕234号	关于印发《关于中国宝武首个"公司日"活动工作安排》的通知
宝武委〔2021〕236号	关于印发《关于深化产业工人队伍建设改革的行动方案》的通知
宝武委〔2021〕237号	中国宝武党委关于调整领导班子成员分工的报告
宝武委〔2021〕238号	关于宝钢历史物件在中国共产党历史展览馆展示方案的请示
宝武委〔2021〕240号	关于调整中国宝武党委巡视工作领导小组组成成员的通知
宝武委〔2021〕241号	关于印发《中国宝武党委深入学习宣传贯彻党的十九届六中全会精神工作方案》的通知
宝武委〔2021〕242号	关于中共西藏矿业资产经营有限公司委员会党的关系属地化管理的协调函
宝武委〔2021〕243号	关于印发《中国宝武加强新形势下重大决策社会稳定风险评估实施办法》的通知
宝武委〔2021〕244号	中国宝武钢铁集团有限公司党委关于深入学习贯彻党的十九届六中全会精神情况的报告
宝武委〔2021〕246号	中国宝武钢铁集团有限公司党委关于贯彻落实中央企业董事会建设研讨班精神的报告
宝武委〔2021〕248号	关于建立中国宝武荣誉激励项目计划体系的指导意见（2021修订版）
宝武委〔2021〕249号	中国宝武党委、中国宝武关于全面启动审计署经济责任审计整改工作的通知
宝武委〔2021〕251号	中国宝武党委、中国宝武关于支持女性科技人才在科技创新中发挥更大作用的实施意见
宝武委〔2021〕252号	中国宝武党委、中国宝武关于印发《健康宝武行动计划（2021—2025年）》的通知
宝武委〔2021〕254号	中国宝武党委关于印发《2021年度二级单位党委书记抓基层党建工作述职评议考核工作方案》的通知
宝武委〔2021〕255号	关于调整中国宝武党委保密委员会组成人员与保密总监的通知
宝武委〔2021〕258号	中国宝武党委关于2021年意识形态工作责任制落实情况的报告
宝武委〔2021〕259号	中国宝武党委关于印发《2021年度二级单位党委党建工作责任制考核评价方案》的通知

（续　表）

文　号	标　题
宝武委〔2021〕260号	中国宝武党委、中国宝武印发《关于建立健全审计查出问题整改长效机制的若干措施》的通知
宝武委〔2021〕261号	关于明确中国宝武领导班子成员分工的通知
宝武委〔2021〕265号	中国宝武钢铁集团有限公司党委关于党史学习教育总结的报告
宝武委〔2021〕266号	中国宝武钢铁集团有限公司党委关于报送《中国宝武领导班子党史学习教育专题民主生活会方案》的报告
宝武委〔2021〕267号	关于印发《关于中国宝武钢铁集团有限公司做好上海市出席党的二十大代表候选人初步人选推荐提名工作的方案》的通知
宝武委〔2021〕276号	关于刘鹏飞同志任职的通知
宝武委〔2021〕277号	关于谢香山同志任职的通知

（赵诗琴）

中国宝武钢铁集团有限公司部分行政文件题录

文　号	标　题
宝武字〔2021〕1号	关于下发中国宝武钢铁集团有限公司2021年安全生产工作要点的通知
宝武字〔2021〕5号	关于2020年中国宝武"两非"剥离工作总结的报告
宝武字〔2021〕7号	关于表彰2020年"最美宝武人"和"优秀员工"的决定
宝武字〔2021〕12号	关于下发中国宝武2021年能源环保重点工作安排的通知
宝武字〔2021〕13号	关于2020年度子公司安全管理评价结果的通报
宝武字〔2021〕16号	关于2020年度各单位能源环保工作评价结果的通报
宝武字〔2021〕21号	关于成立山西总部的通知
宝武字〔2021〕24号	关于表彰2020年度退资压减工作先进单位的决定
宝武字〔2021〕28号	关于中国宝武2018—2020年降杠杆减负债工作情况的报告
宝武字〔2021〕29号	关于报送《中国宝武2020年压减工作总结》的报告
宝武字〔2021〕30号	关于2020年安全生产工作总结的报告
宝武字〔2021〕37号	关于发布《中国宝武钢铁集团有限公司经营投资纪律》的通知
宝武字〔2021〕38号	关于2020年度中国宝武资产评估管理工作总结的报告
宝武字〔2021〕41号	关于设立海外事业发展部的通知
宝武字〔2021〕42号	关于设立资本运营部的通知
宝武字〔2021〕43号	关于报送中国宝武2020年投资完成情况的报告
宝武字〔2021〕54号	关于下发《中国宝武钢铁集团有限公司2021年审计项目计划》的通知
宝武字〔2021〕55号	关于加强班组建设的指导意见

（续　表）

文　　号	标　　题
宝武字〔2021〕56号	关于昆钢公司纳入中国宝武管理体系的通知
宝武字〔2021〕63号	关于2021年度预算的报告
宝武字〔2021〕64号	关于报送中国宝武2020年度贯彻落实区域重大战略相关工作的报告
宝武字〔2021〕69号	关于报送《中国宝武"两非"数据专项核实工作报告》的报告
宝武字〔2021〕71号	关于发布《中国宝武2021年全面风险管理工作推进计划》的通知
宝武字〔2021〕73号	关于撤销中国宝武青山地区环境治理工作领导小组的通知
宝武字〔2021〕87号	关于成立"两会"代表委员工作室的通知
宝武字〔2021〕92号	关于2020年度中央企业资产评估管理专项检查整改情况的报告
宝武字〔2021〕96号	关于2020年度境外产权管理状况的报告
宝武字〔2021〕97号	关于太原钢铁(集团)有限公司国有产权无偿划转进展情况的报告
宝武字〔2021〕98号	关于职工家属区"三供一业"分离移交中央财政补助资金绩效自评的报告
宝武字〔2021〕100号	关于报送中国宝武2020年节能减排工作总结的报告
宝武字〔2021〕101号	关于发布《中国宝武钢铁集团有限公司智慧化与大数据建设年度报告(2020)》的通知
宝武字〔2021〕102号	关于马钢(集团)控股有限公司国有产权无偿划转情况的报告
宝武字〔2021〕106号	关于研发支出专项检查整改情况的报告
宝武字〔2021〕109号	关于下发总部部门对外经济业务授权(2021版)的通知
宝武字〔2021〕110号	关于印发《2021—2023年子公司年度及任期组织绩效评价框架方案》的通知
宝武字〔2021〕119号	关于2021年度工资总额预算方案的报告
宝武字〔2021〕143号	关于印发《2021年安全督导工作方案》的通知
宝武字〔2021〕144号	关于2020年度产权登记工作自查及汇总分析情况的报告
宝武字〔2021〕148号	关于建立碳中和工作推进体系的通知
宝武字〔2021〕151号	关于组织开展中国宝武2021年"全面对标找差，创建世界一流"劳动竞赛的指导意见
宝武字〔2021〕165号	关于下达2021年投资计划的通知
宝武字〔2021〕176号	关于成立专业化整合工作领导小组的通知
宝武字〔2021〕178号	关于报送中国宝武2020年并购情况的报告
宝武字〔2021〕179号	关于报送中国宝武2021年投资计划的报告
宝武字〔2021〕180号	关于中国宝武2021年非主业投资控制比例的请示
宝武字〔2021〕184号	关于2021年度提质增效专项行动工作方案的报告
宝武字〔2021〕186号	关于"产业园区业"专业化业务管理工作的指导意见
宝武字〔2021〕187号	关于印发《中国宝武智慧制造行动方案(2021—2023年)》的通知

（续 表）

文 号	标 题
宝武字〔2021〕196号	关于下发2021年科技创新计划的通知
宝武字〔2021〕197号	关于下发中国宝武2021年环保督察工作计划的通知
宝武字〔2021〕199号	关于中国宝武境外法律风险排查情况的报告
宝武字〔2021〕203号	关于中国宝武下属子公司实施中长期激励的指导意见
宝武字〔2021〕222号	关于加强和规范驻外地机构监督管理的实施意见
宝武字〔2021〕228号	关于2020年度"两金"决算情况的报告
宝武字〔2021〕231号	关于2020年度工资总额清算有关情况的报告
宝武字〔2021〕234号	关于中国宝武双创示范基地创业带动就业行动方案的报告
宝武字〔2021〕239号	关于发布《中国宝武制度树（2021版）》的通知
宝武字〔2021〕242号	关于中国宝武2020年度经营业绩考核目标完成情况的报告
宝武字〔2021〕243号	关于下发《混合所有制改革工作推进实施办法》的通知
宝武字〔2021〕251号	关于报送《中国宝武钢铁集团有限公司2020年度资产减值准备财务核销情况报告》的报告
宝武字〔2021〕252号	关于报送《中国宝武钢铁集团有限公司2020年度财务决算报告》的报告
宝武字〔2021〕253号	关于报送《中国宝武钢铁集团有限公司2020年度国有资本保值增值情况报告》的报告
宝武字〔2021〕254号	关于报送《中国宝武钢铁集团有限公司2020年度境外财务决算报告》的报告
宝武字〔2021〕255号	关于报送《中国宝武钢铁集团有限公司2020年度账销案存资产管理情况专项报告》的报告
宝武字〔2021〕256号	关于子公司经理层成员任期制和契约化管理的指导意见
宝武字〔2021〕259号	关于开展协力管理变革和检修施工安全专项行动实施严格标准化作业的通知
宝武字〔2021〕261号	关于2021年宝武集团管理创新成果评奖结果的通知
宝武字〔2021〕262号	关于中国中钢集团有限公司2021年度经营业绩责任书的报告
宝武字〔2021〕263号	关于报送《中国宝武钢铁集团有限公司2020年度财务会计决算报告》的报告
宝武字〔2021〕267号	关于中国宝武落实钢铁去产能"回头看"自查情况的报告
宝武字〔2021〕272号	关于下发《中国宝武"十四五"科技专项规划纲要》的通知
宝武字〔2021〕277号	关于表彰第二届中国宝武"创新争先"优秀科技创新团队和工作者的决定
宝武字〔2021〕280号	关于网银U盾等印鉴管控专项自查情况的报告
宝武字〔2021〕282号	关于内保外贷业务和融资性贸易业务情况的报告
宝武字〔2021〕286号	关于印发《中国宝武2021网络安全攻防演习总结报告》的通知
宝武字〔2021〕290号	关于开展2021年"安全生产月"活动的通知
宝武字〔2021〕300号	关于开展全层级经营管理风险隐患专项排查工作的通知
宝武字〔2021〕302号	关于加强资金管控、防范资金风险有关工作的通知

文　号	标　题
宝武字〔2021〕313号	关于报送中国宝武境外投资风险防范化解案例的报告
宝武字〔2021〕317号	关于中国宝武2020年度国有资本经营收益情况的报告
宝武字〔2021〕320号	关于进一步做好境外疫情防输入工作的通知
宝武字〔2021〕323号	关于牵头组建国家低碳冶金技术创新中心的报告
宝武字〔2021〕327号	关于中国宝武上市子公司2021年投资者沟通工作方案暨进展情况的报告
宝武字〔2021〕328号	关于资产负债率管控的指导意见
宝武字〔2021〕332号	关于马钢交材管理关系调整的通知
宝武字〔2021〕338号	关于报送《钢铁行业规范企业2020年度自查报告》的报告
宝武字〔2021〕349号	关于宝武大学、管理学院更名的通知
宝武字〔2021〕351号	关于建设产教融合型企业领导小组更名的通知
宝武字〔2021〕357号	关于财务部更名的通知
宝武字〔2021〕358号	关于中国宝武2021年上半年经营业绩考核目标执行情况的报告
宝武字〔2021〕360号	关于报送中国宝武绿色低碳技术攻关储备项目的报告
宝武字〔2021〕365号	关于中国宝武境外机构安全风险排查情况的报告
宝武字〔2021〕370号	关于成立宝武碳中和股权投资基金筹备组的通知
宝武字〔2021〕375号	关于报送《中国宝武钢铁集团有限公司2020年度对外直接投资分析报告》的报告
宝武字〔2021〕387号	关于开展中国宝武2021年"两金周转效率提升"专项劳动竞赛的通知
宝武字〔2021〕392号	关于发布《内控体系能力提升方案》的通知
宝武字〔2021〕393号	关于中国宝武2021年度投资计划中期调整的报告
宝武字〔2021〕395号	关于开展2021年"中国宝武优秀岗位创新成果奖"评选表彰工作的通知
宝武字〔2021〕397号	关于报送《资金内部控制监督管理办法》的报告
宝武字〔2021〕398号	关于中国宝武钢铁集团有限公司2020年度产权变动情况总结的报告
宝武字〔2021〕402号	关于下发《智慧制造指数推进管理要求》的通知
宝武字〔2021〕405号	关于中国宝武招标采购管理情况的报告
宝武字〔2021〕410号	关于中国宝武上半年提质增效工作完成情况的报告
宝武字〔2021〕417号	关于以ROE（净资产收益率）为核心的资产效率提升的指导意见
宝武字〔2021〕421号	关于中国宝武内控缺陷自查自纠工作情况的报告
宝武字〔2021〕429号	关于聘任中国宝武钢铁集团有限公司会计政策委员会专家委员和单位委员的通知
宝武字〔2021〕435号	关于2021年支持先进制造业和现代服务业发展专项项目的请示
宝武字〔2021〕442号	关于中国宝武"两高"项目梳理情况的报告

（续　表）

文　号	标　题
宝武字〔2021〕445号	关于禁止"两头在外"贸易业务并进一步规范集团外贸易行为的通知
宝武字〔2021〕446号	关于调整国有企业混合所有制改革试点名单的请示
宝武字〔2021〕448号	关于加强长龄应收账款管理的通知
宝武字〔2021〕453号	关于加快培育专精特新企业的指导意见
宝武字〔2021〕456号	关于做好2022年北京冬奥会网络安全保障工作的通知
宝武字〔2021〕457号	关于印发《安全督导工作指导意见》的通知
宝武字〔2021〕463号	关于中国宝武拟发起设立宝武碳中和股权投资基金的报告
宝武字〔2021〕468号	关于进一步做好未开展业务境外单位专项清理工作的通知
宝武字〔2021〕471号	关于中国宝武铁矿石产能规划的报告
宝武字〔2021〕477号	关于评选2021年中国宝武"金牛奖""银牛奖""铜牛奖"的通知
宝武字〔2021〕491号	关于中国宝武振兴东北央地百对企业协作行动工作进展情况的报告
宝武字〔2021〕495号	关于编制2022年度因公出国（境）团组预算（计划）的通知
宝武字〔2021〕496号	关于下发2022年度商业计划书编制大纲的通知
宝武字〔2021〕503号	关于开展中国宝武金融业务优化调整专项行动的通知
宝武字〔2021〕509号	关于表彰"2021年中国宝武技术创新重大成果奖"获奖成果的决定
宝武字〔2021〕512号	关于报送《中国宝武钢铁集团有限公司"十四五"战略规划》的报告
宝武字〔2021〕513号	关于加强金融业务管理和风险防范的实施意见
宝武字〔2021〕521号	关于报送《中国宝武落实子公司董事会职权工作方案》的报告
宝武字〔2021〕522号	关于印发《中国宝武落实子公司董事会职权工作方案》的通知
宝武字〔2021〕523号	关于报送《中国宝武加强子公司董事会建设工作方案》的报告
宝武字〔2021〕524号	关于印发《中国宝武加强子公司董事会建设工作方案》的通知
宝武字〔2021〕526号	关于明确华宝股权管理关系的通知
宝武字〔2021〕527号	关于中国宝武2021年外事工作总结及2022年工作设想的报告
宝武字〔2021〕533号	关于建立中国宝武经营投资免责事项清单机制的通知
宝武字〔2021〕534号	关于发布《中国宝武内控合规评估标准（2021版）》的通知
宝武字〔2021〕535号	关于发布《中国宝武（总部）内控合规手册（2021版）》的通知
宝武字〔2021〕536号	关于落实能效约束工作思路的报告
宝武字〔2021〕548号	关于明确宝武资源管理关系的通知
宝武字〔2021〕553号	关于高建兵任职的通知
宝武字〔2021〕558号	关于表彰2021年"中国宝武优秀岗位创新成果奖"的决定

（续　表）

文　号	标　题
宝武字〔2021〕559号	关于表彰2021年中国宝武"金牛奖""银牛奖""铜牛奖"和首届"道德模范"的决定
宝武字〔2021〕563号	关于国有资本投资公司改革进展情况的自评报告
宝武字〔2021〕564号	关于印发《中国宝武总部工作规范》的通知
宝武字〔2021〕565号	关于印发《资产经营层公司"一总部多基地"管理体系建设指导意见》的通知
宝武字〔2021〕577号	关于报送中国宝武金融业务优化调整工作方案的报告
宝武字〔2021〕583号	关于中国宝武参股企业自查及整改情况的报告
宝武字〔2021〕585号	关于印发中国宝武钢铁集团有限公司董事会及有关专门委员会议事规则、中国宝武钢铁集团有限公司董事会授权管理制度的通知
宝武字〔2021〕593号	关于中国宝武2021年度监督追责信息系统建设工作情况的报告

（陆一初）

2021年部分社会媒体对中国宝武报道一览表

标　题	媒体名称	刊登日期
全力以赴　创新创造　科技赋能　让制造变"智"造	中央电视台	1月3日
央企供给侧改革见实效	《人民日报》海外版	1月4日
中国宝武粗钢产量全球领先	《经济日报》	1月7日
Steelmaker transforms production base into tech innovation park	《中国日报》	1月14日
钢铁央企中国宝武设山西总部：助力山西率先蹚出转型发展新路	澎湃新闻	1月15日
从勾画蓝图到"工赋上海"，数字化转型让制造业新生	《人民日报》	1月18日
2020年中央企业净利润1.4万亿元，同比增长2.1%	《人民日报》海外版	1月20日
中国宝武钢产量全球第一，"超亿吨"航母正式启航	《中国经济导报》	1月20日
中国宝武发布碳减排计划，努力提前实现"碳达峰""碳中和"	人民日报客户端	1月20日
中国宝武：2023年力争实现碳达峰、2050年力争实现碳中和	新华社	1月20日
世界最大钢铁企业中国宝武力争2023年实现碳达峰	央广网	1月20日
中国宝武碳减排目标：力争2023年碳达峰2050年碳中和	澎湃新闻	1月20日
全球最大钢企中国宝武宣布碳减排时间表，力争提前完成	上观新闻	1月20日
中国宝武：力争2023年实现碳达峰	界面新闻	1月20日
世界最大钢铁企业中国宝武力争2023年实现碳达峰	央广网	1月20日

（续　表）

标　　　题	媒体名称	刊登日期
中国宝武"十三五"粗钢产量翻番,陈德荣:要实现技术引领	澎湃新闻	1月22日
【"两会"时间】揭开"年产超1亿吨钢"的神奇密码——专访中国宝武党委书记、董事长陈德荣	新华网	1月26日
铁水运输智能化　灵巧鱼雷车在宝钢上线运行测试	新华社	1月27日
比学赶超,奋楫扬帆！宝山按下建设科创中心主阵地"加速键"！	人民网上海频道	1月28日
宝山奏响城市发展"变奏曲"主旋律是"科创"	新华社上海频道	1月28日
山钢集团并入宝武集团进入实质性推进阶段	《21世纪经济报道》	1月28日
兼并山钢的宝武集团　仍在继续扩张的路上	《21世纪经济报道》	1月28日
中国国企在改革攻坚中重塑竞争力	新华社	1月29日
GLOBALink China's SOE reform focusing on innovation	新华社环球	1月29日
"亿吨宝武"再扩:云南国资委、宝武和昆钢签署委托管理协议	澎湃新闻	2月1日
"从老大变强大"——中国宝武在"做强、做优、做大"中拓展改革空间	新华社	2月1日
中国宝武与云南省政府签约:推进中国宝武与昆钢联合重组	新华网	2月2日
推进宝武昆钢联合重组,做强做优做大云南钢铁产业	人民日报客户端上海频道	2月2日
打造大而强的新马钢——中国宝武马钢集团走访记	看看新闻	2月6日
【转型进行时】"特钢"是这样炼成的	人民网山西频道	2月9日
太原:降尘量少了　好天气多了	人民网山西频道	2月14日
【开局之年访央企】中国宝武钢铁:亿吨宝武　发挥产业集聚效应	中央电视台财经频道	2月21日
改革激发企业内生活力(国企改革三年行动)	《人民日报》	2月25日
坚定不移走绿色发展道路,率先实现碳达峰、碳中和目标	《人民日报》	4月2日
【经济半小时】减碳按下"快进键"	中央电视台财经频道	4月6日
推动"碳市场"建设,上海能源"智慧"转型	《科技日报》	4月6日
中国宝武力争提前10年实现碳中和	《中国环境报》	4月8日
破除发展过程中的"冻土",为科创宝山建设凝心聚力！宝山区与宝武集团召开座谈会	人民网上海频道	4月8日
宝钢股份发布标准产品交易价格指数	新华财经	4月8日
宝钢股份"智慧制造"战略进一步落地　BSI宝钢标准产品交易价格指数面世	中国证券网	4月8日
宝钢股份发布BSI标准产品交易价格指数	界面新闻	4月8日

（续　表）

标　　　题	媒体名称	刊登日期
BSI宝钢标准产品交易价格指数发布	《中国证券报》	4月8日
重庆钢铁一季度净利润大幅预增	《中国证券报》	4月8日
中钢国际何以逐浪新时代？	《中国冶金报》	4月8日
实现约20%轻量化，宝钢新材料白车身项目全球首发	人民日报客户端上海频道	4月9日
宝钢股份"超轻型纯电动高安全白车身"全球首发	新华财经	4月9日
宝钢股份"超轻型纯电动高安全白车身"全球首发	《新民晚报》	4月9日
宝钢股份超轻型高安全纯电动白车身"BCB EV"全球首发	《第一财经》	4月9日
宝钢股份超轻型高安全纯电动白车身"BCB EV"全球首发	界面新闻	4月9日
宝钢超轻型纯电动高安全白车身"BCB EV"全球首发	《中国证券报》	4月9日
网上卖钢逾4 000万吨，宝钢发布BSI标准产品交易价格指数	人民日报客户端上海频道	4月9日
破除发展过程中的"冻土"为科创宝山建设凝心聚力　宝山区与宝武集团召开座谈会	看看新闻	4月10日
超轻超安全！宝钢最新发布的这款纯电动车解决方案，有没有颠覆你对钢材的认识？	《文汇报》	4月10日
BSI宝钢标准产品交易价格指数面世	看看新闻	4月10日
王天翔和他的团队：了不起的"钢铁侠"	《文汇报》	4月11日
宝信软件一季度净利延续上年增速增长44.39%研发费用大幅增长82.08%	财联社	4月20日
"践行碳达峰碳中和　共创美好未来"企业家高端对话网络活动（第四期）	新华社	4月23日
中国宝武与中国忠旺高层会面　双方深化合作交流引发市场期待	央广网	4月26日
中国宝武与中国忠旺高层会面　双方或在新材料领域加强合作	《中国证券报》	4月26日
宝钢股份一季度净利增长两倍多，股价较年初已涨近四成	界面新闻	4月26日
宝钢股份去年净利润逾126亿元，成本环比削减38亿元	澎湃新闻	4月27日
宝钢股份首季净利增近2.5倍	财新网	4月27日
中国宝武胡望明：突破核心关键技术　助力实现"双碳"目标	新华社	4月29日
奋进新征程　劳动最美丽——走近"最美职工"（上）	新华网	4月29日
用心做好一件事　用手创造新生活——2021年"最美职工"综述（上）	《人民日报》	4月30日
【闪亮的名字——2021最美职工发布仪式】最美职工：李国平	央视网	4月30日

（续　表）

标　　　题	媒体名称	刊登日期
华宝信托2020年实现收入28.65亿元	《中国证券报》	4月30日
【最美职工】"再多坚持一下，也许就能突破"	《工人日报》	5月7日
勇挑重担　奋力前行（感悟初心）	《人民日报》	5月9日
坚守初心使命　赓续红色血脉　李国平——为创新尝试一次又一次	《人民日报》	5月9日
中国品牌日·特别报道太钢集团——全力攻关　挑战高峰	《人民日报》	5月11日
加入中国宝武后，太钢集团发生了什么变化？	《中国冶金报》	5月12日
太钢两项不锈钢精带产品全球首发	央广网	5月12日
中国宝武首批爱国主义教育基地（太钢站）挂牌	新华网	5月13日
中国宝武太钢集团两项不锈钢新品全球首发	新华网	5月13日
【奋斗百年路　启航新征程·今日中国】"百炼钢"成"绕指柔"太钢勇攀科创高峰	中央电视台新闻频道	5月13日
【奋斗百年路　启航新征程·今日中国】"钢铁侠"是怎样炼成的	中央电视台新闻频道	5月13日
【奋斗百年路　启航新征程·今日中国】"手撕钢"剪出"拓荒牛"	中央电视台新闻频道	5月13日
【奋斗百年路　启航新征程·今日中国】弘扬革命传统　山西转型发展蹚新路	中央电视台综合频道	5月13日
太钢两项不锈钢精带产品全球首发	人民日报客户端	5月13日
不负深情厚望　描绘精彩画卷	人民日报客户端	5月13日
为钢铁上下游企业保"价"护航　南华期货与欧冶云商合作推出"保价订单"创新产品	《中国证券报》	5月14日
There's steely resolve for green growth now	《中国日报》	5月17日
马鞍山　绿色转型马蹄疾	《人民日报》	5月20日
《动力澎湃》第五集：聚力天地间	中央电视台财经频道	5月21日
段浩杰：生产世界上最薄最宽的不锈钢　为0.015毫米坚守十年	央视网	5月30日
金色高炉前，方锦龙与百位民乐爱好者"快闪"	上观新闻	5月30日
2023年实现"碳达峰"，宝钢股份发布可持续发展报告	人民日报客户端	5月30日
宝钢股份力争2023年实现"碳达峰"	新华财经客户端	5月30日
宝钢股份将建设硅钢全球第一品牌	新华财经客户端	5月30日
【奋斗百年路　启航新征程·学党史　悟思想　办实事　开新局】中管企业、中管金融企业深入开展党史学习教育——汲取智慧力量　推动高质量发展	《人民日报》	5月31日

（续　表）

标　　题	媒体名称	刊登日期
【正点财经】关注钢铁行业产能置换　钢价波动影响生产型企业　产业集中度待提升	央视网	6月1日
2020年全球粗钢产量为18.78亿吨　中国宝武以1.15亿吨位居第一	证券时报网	6月4日
世界钢协：中国宝武成为全球第一大钢企	新华财经	6月4日
全球钢企产量排名公布：7家中国钢企入围前十，中国宝武登顶	《21世纪经济报道》	6月4日
【中国新闻】加快清洁能源开发利用　推进重点行业减污降碳	央视网	6月4日
中国宝武去年粗钢产量排名全球首位	界面新闻	6月4日
2020年全球粗钢产量为18.78亿吨　中国宝武以1.15亿吨位居第一	财联社	6月4日
宝武集团粗钢产量首次跃居全球第一	财新网	6月5日
百年风华上海宝山：血与火的淬炼之后，科创引领后浪澎湃	上观新闻	6月5日
解码魔都　"登顶"全球第一，这家"亿吨"钢铁航母是怎样炼成的？	新华社	6月5日
全球第一大钢企，中国宝武去年粗钢产量1.152 9亿吨	人民日报客户端上海频道	6月5日
【奋斗百年路　启航新征程】从"制造"到"智造"上海装备制造业高质量发展转型进行时	新华社	6月7日
技术日新月异，那一股劲始终不变	《解放日报》	6月8日
宝钢桩基力千钧	《解放日报》	6月8日
低碳中国　赢在未来	央视网	6月10日
【成就巡礼·马鞍山篇】"钢城"走出绿色升级路	《安徽日报》	6月11日
新华宝钢联手，红色阅读文化空间走进企业园区	上观新闻	6月13日
【瞬间中国】段浩杰	央视网	6月18日
武钢现代产业园开建　首批10个项目入驻	《科技日报》	6月23日
中国宝武首批爱国主义教育基地挂牌	新华网	6月23日
【经济半小时】电力发展瓶颈被打破　取向硅钢助力中国发展	央视网	6月23日
中国宝武、淡水河谷、鑫海科技合作建设运营印尼巴哈多比镍铁项目	财联社	6月24日
上期所与欧冶云商实现交易互通：推动大宗商品"期现联动"	新华网	6月25日
【敢教日月换新天】中国宝武："从老大变强大"	央视网	6月27日
中国宝武首批爱国主义教育基地（百年重钢站）挂牌	新华网	6月28日

（续 表）

标 题	媒体名称	刊登日期
中国宝武爱国主义教育基地"百年重钢"挂牌	人民网	6月28日
把更多的城市更新区域变成绽放地带！李强今天赴宝山调研创新转型工作	人民网	6月29日
李强赴宝山区调研创新转型	看看新闻	6月29日
中国宝武　成为全球钢铁业引领者	《解放日报》	6月30日
中国宝武在上海以央地协同创新方式推进城市更新	新华财经	6月30日
中国宝武旗下钢铁电商计划登陆创业板	界面新闻	7月1日
我的红色印象：支援宝钢建设的激情岁月	看看新闻	7月1日
我的红色印象：难忘宝钢第一桩	看看新闻	7月1日
钢铁产业互联网平台龙头企业欧冶云商创业板IPO获受理	《上海证券报》	7月2日
国务院国资委推动中央企业加快建设世界一流企业	中国新闻网	7月7日
11家示范企业创建工作取得阶段性进展　中央企业向"世界一流"迈进	《人民日报》海外版	7月7日
中国宝武胡望明：对接甘肃十大生态产业　携手共建绿色丝绸之路	新华财经	7月8日
国家重大工程再添宝钢元素！构建世界最大清洁能源走廊	人民网	7月8日
广东韶关打造老工业基地转型升级示范区	《中国经济导报》	7月8日
Real economy to get greater policy boost	《中国日报》	7月9日
中国宝武工业互联网人工智能中台发布	《中国证券报》	7月10日
中国宝武工业互联网人工智能中台在世界人工智能大会首发	新华财经	7月10日
AI赋能"灯塔工厂"，宝武新一代ICT技术助推智慧制造2.0	人民日报客户端	7月10日
马钢交材城轨车轮多线齐发	《马鞍山日报》	7月10日
甘肃省委书记尹弘会见中国宝武总经理胡望明	《证券时报》	7月11日
中国宝武工业互联网人工智能中台首发	《科技日报》	7月12日
中国宝武武钢集团签署2021年对口援藏协议	新华网	7月12日
太原多点发力防治臭氧污染	《中国环境报》	7月13日
宝武集团将兼并重组山东钢铁　有利于提高铁矿石集中采购话语权	每日经济新闻	7月14日
靴子落地　宝武集团敲定兼并重组山东钢铁	每日经济新闻	7月14日
山东省国资委与中国宝武筹划对山钢集团战略重组	《上海证券报》	7月15日
中国宝武发起设立总规模500亿元碳中和主题基金	新华网	7月15日

（续　表）

标　　题	媒体名称	刊登日期
中国宝武发起设立总规模500亿元碳中和主题基金	《证券时报》	7月15日
宝武清能与因士科技联合研制"氢觉者"氢敏色变贴片　赋能氢能源汽车日常加"油"	《证券时报》	7月15日
宝武钢铁筹划对山钢集团战略重组	《证券时报》	7月15日
总规模500亿元，中国宝武发起设立碳中和主题基金	人民日报客户端	7月15日
山钢集团将与中国宝武战略重组	人民日报客户端	7月15日
中国宝武发起设立国内市场规模最大碳中和主题基金	央广网	7月15日
中国宝武发起国内规模最大碳中和主题基金，总规模500亿元	澎湃新闻	7月15日
宝武拟战略重组山钢：全球第一和第七粗钢产量合超1.4亿吨	澎湃新闻	7月15日
中国宝武发起设立碳中和主题基金	《新民晚报》	7月15日
规模500亿，中国宝武发起设立国内最大碳中和主题基金	界面新闻	7月15日
山东钢铁：中国宝武将战略重组山钢集团，双方有望实现协同发展	财联社	7月15日
山钢集团即将并入宝武集团　欲缓解资金压力	财新网	7月15日
中国宝武加大并购步伐　筹划对山钢集团战略重组	每日经济新闻	7月15日
中国宝武发起设立总规模500亿元碳中和主题基金	新华财经	7月15日
500亿！中国宝武发起设立国内最大碳中和主题基金	《第一财经》	7月15日
上海：国内市场规模最大碳中和主题基金发起设立	看看新闻	7月15日
中国宝武发起设立国内市场规模最大碳中和主题基金	《经济日报》	7月15日
500亿元！中国宝武发起设立国内规模最大碳中和主题基金	《中国证券报》	7月15日
总规模500亿元　中国宝武发起设立碳中和主题基金	《上海证券报》	7月16日
建信投资携手中国宝武等机构发起设立"碳中和"股权投资基金	《经济参考报》	7月16日
中国宝武发起设立总规模500亿元碳中和主题基金	新华网	7月16日
宝武碳中和股权投资基金设立	《人民日报》海外版	7月16日
宝武集团重组山钢集团"靴子"落地　"双碳"目标下钢铁业重组或加速	《证券日报》	7月16日
中国宝武与山钢集团拟实施战略重组　中国钢铁产业整合再迈一步	《证券日报》	7月16日
【正点财经】碳排放权交易来了　中国宝武发起设立500亿元碳中和基金	中央电视台财经频道	7月16日
中国建设银行参加宝武碳中和股权投资基金启动发布会	人民网	7月16日
Carbon neutrality fund in strong start	《中国日报》	7月16日

（续　表）

标　　题	媒体名称	刊登日期
【能源内参】中国宝武发起设立碳中和基金　总规模500亿元；全国碳排放权交易7月16日开市	财新网	7月16日
500亿元！中国宝武发起设立国内最大规模碳中和主题基金	文汇网	7月17日
中国低碳炼钢之路势在必行	中国新闻网	7月17日
中国宝武发起设立总规模500亿元碳中和主题基金	《经济参考报》	7月19日
【锐财经·经济数据看开局④】净利润首次突破半年万亿元大关　央企经济效益明显改善	《人民日报》海外版	7月20日
国务院国资委推动国有资本投资公司改革走深走实	中国新闻网	7月21日
中国宝武启动一线员工全员培训工程：五年内高级技师和技师"翻番"无等级技能人员"减半"	新华财经	7月23日
中国宝武捐赠1 000万元支援河南防汛救灾	《证券时报》	7月23日
宝武鞍钢等"钢铁力量"驰援河南，驻当地企业积极抢险救灾	澎湃新闻	7月23日
中国宝武与山钢集团确定重组，钢铁并购潮或有助于提高铁矿石采购话语权	《华夏时报》	7月24日
中国宝武与山钢集团确定重组	《工人日报》	7月27日
宝信软件发布国产大型PLC产品	新华财经	7月27日
9家上海企业入围2021年世界500强，这家企业首次闯进百强	上观新闻	8月2日
第72位！中国宝武首次跻身世界500强前百强	新华财经	8月2日
战高温　保订单	《光明日报》	8月3日
中国宝武世界500强排名新高：首次进入前百强，位列72	澎湃新闻	8月3日
把握新机遇　迎接新挑战　逐梦新征程　奋进新时代	《世界金属导报》	8月3日
宝钢股份助力我国高速磁浮列车"贴地飞行"	《世界金属导报》	8月3日
宝钢包装拟投4.99亿海外扩产主业　引入宝武集团短期借款两年降12亿	《长江商报》	8月3日
国有资本投资公司发挥产业引领作用	《经济日报》	8月4日
【朝闻天下】世界500强榜单出炉　中国企业上榜数量蝉联榜首　国企民企共进　迈出高质量发展步伐	中央电视台新闻频道	8月7日
这家企业首次参展工博会，将带来多项航空航天尖端技术产品	澎湃新闻	8月10日
中国宝武马钢集团：用"智慧"书写高质量发展新答卷	人民网	8月10日
中国宝武马钢集团：乘"智"而上　书写高质量发展新答卷	新华社客户端	8月10日
"白鹤"起舞金沙间——解码世界最大清洁能源走廊	新华社	8月10日

（续　表）

标　　题	媒体名称	刊登日期
低碳冶金，"新百强"宝武的新起点	《解放日报》	8月11日
如何破题"由大变强"？首批22名中国宝武科学家授牌签约	澎湃新闻	8月13日
重点项目　稳步推进	《山西日报》	8月13日
宝武马钢：智慧制造助力企业高质量发展	《经济日报》	8月14日
探访马钢"最强大脑"：工人坐在办公室就把铁给炼了？	中国新闻网	8月15日
中国宝武发布乡村振兴"授渔"计划：从输血向造血升级转换	澎湃新闻	8月16日
中国宝武推出乡村振兴"授渔"计划：为帮扶受援地注入内生动力	新华财经	8月16日
走进马钢"最强大脑"	新华网	8月17日
绿色工厂　智慧"大脑"	《安徽日报》	8月18日
工业互联网迎来快速发展期	《经济日报》	8月18日
马鞍山：绿色转型　闯出高质量发展新路	安徽卫视	8月19日
中国宝武推进人民币国际化取得新成果　通过自主研发平台完成铁矿石人民币跨境结算	《中国冶金报》	8月20日
请给总书记捎个信："白菜心"澎湃青春力量（下篇）	学习强国平台	8月20日
宝武马钢　强国有我	安徽网络广播电视台	8月20日
2021年全国节能宣传周企业承诺视频：中国宝武	中央电视台公益频道	8月21日
安徽"钢城"展新颜：坐在办公室里"炼"钢铁	中国新闻网	8月21日
宝钢股份控股子公司1.50亿项目环评获同意	每日经济新闻	8月22日
Producer's Notebook One Hundred Years Young：The CPC Way	中国国际电视台	8月26日
过去每年"烧掉"100亿，这项技术改进后，宝武有望成为全国最大氢气供应商	文汇网	9月1日
双碳背景下氢能在钢铁、化工行业应用现状和前景分析	《世界金属导报》	9月3日
宝钢股份与包钢股份签订央地结对协作等两份协议	证券时报网	9月4日
宝武与包钢首次开展钢铁主业合作	财新网	9月6日
宝钢股份成功发行沪上首单可持续发展挂钩债券	中国证券报·中证网	9月6日
Rio Tinto, Ouyeel Finance sign deal to advance digital trade	《中国日报》	9月6日
托管钢管业务，宝武与包钢首次开展钢铁主业合作	界面新闻	9月6日
宝钢股份在银行间市场发行上海市首单可持续发展挂钩债券	证券时报网	9月6日
宝钢股份与沙特阿美拟合作建厂	中国证券报·中证网	9月7日

（续　表）

标　　题	媒体名称	刊登日期
太钢核级不锈钢板材成功用于"玲龙一号"小型核反应堆	《世界金属导报》	9月7日
疫情下布局国际化,宝钢拟在沙特建厂	《第一财经》	9月8日
宝钢股份国际化战略取得新进展:与沙特阿美石油公司签署合作建厂项目谅解备忘录	新华财经	9月8日
国际化新突破:宝钢股份与全球最大油企沙特阿美拟合作建厂	澎湃新闻	9月8日
宝钢股份:与沙特阿美签署谅解备忘录	界面新闻	9月8日
宝钢股份与沙特阿美签约合作建厂	《证券时报》	9月8日
中国宝武国际化新突破!宝钢股份将在沙特新建一座世界一流的钢厂!	腾讯网	9月9日
构建高质量绿色低碳产业体系　宝山打造"零碳园区"	人民网	9月9日
有了5G芯片的AR技术如何发力工业互联网?	《科技日报》	9月9日
上海政企携手打造"零碳园区"	央广网	9月10日
宝钢股份:践行可持续发展理念　推进绿色发展新蓝图	中国证券报·中证网	9月14日
宝钢股份:打造绿色供应链体系　共建高质量生态圈	中国证券报·中证网	9月14日
宝钢股份与沙特阿美石油公司签署合作建厂项目谅解备忘录	《世界金属导报》	9月14日
1985年9月15日:中国第一座万吨级高炉"宝钢一号"点火投产	学习强国平台	9月15日
上海宝山:"零碳园区"示范标杆项目启动建设	《第一财经》	9月16日
新疆八钢喜迎建厂70周年	新华网	9月16日
新疆"八钢":70年从零到千万级的转变	新华网	9月16日
幸福工程铺展幸福生活	《经济日报》	9月17日
有百岁老人也有"05后",有院士也有工人……他们的故事这样感动上海	上观新闻	9月20日
扮靓美丽生态宝山,打造"无废之城"!	新华社客户端	9月21日
数字化供应链,"在线+制造"的真正命题	《科技日报》	9月23日
争做头牛向前"犇"	新华社客户端	9月25日
技术改造　节能减排	《山西日报》	9月26日
《习近平在上海》采访实录在上海广大干部群众中引起热烈反响	《解放日报》	9月26日
西藏矿业万吨电池级碳酸锂项目开建在即　能耗"双控"不影响现有产能及新增项目	财联社	9月26日
上期所—中国宝武战略合作签约　共建高质量钢铁生态圈	央广网	10月8日

（续　表）

标　　题	媒体名称	刊登日期
中国宝武与上期所合作推进大宗商品交易市场体系建设	新华网	10月9日
宝武清能一绿电项目河南省三门峡开工，每年发电3.5亿度	《证券时报》	10月11日
中国宝武混合所有制改革项目专场推介会在沪举办	央广网	10月12日
中国宝武：全面启动混改试点　计划五年内新增八家上市公司	上海电视台	10月12日
中国宝武集团拟推进超20家旗下企业混改上市	《第一财经》	10月12日
中国宝武进一步推进混合所有制改革	新华财经	10月12日
中国宝武首次混合所有制改革项目专场推介会成功举办	央广网	10月12日
中国宝武计划五年内新增八家上市公司	界面新闻	10月12日
中国宝武落实子公司混改"合金化"，21个项目亮相，下一步将股改上市	《中国证券报》	10月13日
中国宝武拟推21个混改项目：大多计划于2至3年内培育上市	澎湃新闻	10月13日
中国宝武推出混改项目	《解放日报》	10月13日
中国宝武推出混改项目　力争五年上市公司数量增至20家	《新民晚报》	10月13日
混改提速　中国宝武计划五年内新增八家上市公司	《第一财经》	10月13日
一企一策，中国宝武推动子公司混合所有制改革	人民日报客户端	10月13日
Baowu Steel moving ahead with mixed ownership restructuring	《中国日报》	10月13日
【正点财经】中国宝武集团拟推超20家旗下企业混改上市	中央电视台财经频道	10月13日
中国宝武安徽（产业）总部首发项目开始主体施工	人民网	10月14日
中国宝武"合金化"混改加速　超30家子公司有望奔赴资本市场	《中国证券报》	10月14日
探访我国非高炉炼铁工艺装置"欧冶炉"	中国新闻网	10月14日
中国宝武混改项目专场推介活动举办	《中国冶金报》	10月15日
"中央媒体进钢城"再出发　探寻中国宝武八一钢铁的"绿"与"智"	《中国冶金报》	10月15日
【皖美这五年】"钢铁身"装上"智慧脑"宝武马钢乘"智"腾飞	中央广电总台国际在线	10月15日
宝钢集团新疆八一钢铁有限公司：绿色低碳冶金引领者	《中国日报》	10月16日
中国宝武旗下金属再生资源公司完成首轮混改	界面新闻	10月16日
中国宝武旗下欧冶云商已发展成为钢铁产业互联网领域头部企业	新华财经	10月18日
中国宝武董事长陈德荣："互联网＋钢铁"推动中国钢铁行业从制造向服务转型	新华财经	10月18日
2021首届欧冶峰会召开　助力实体经济高质量发展	《中国证券报》	10月18日

（续　表）

标　　题	媒体名称	刊登日期
中国宝武董事长陈德荣："互联网＋钢铁"推动中国钢铁行业从制造向服务转型	《中国证券报》	10月18日
屹立在大西北的高科技钢城——探访中国宝武宝钢集团八一钢铁绿色低碳智能工厂	新华网	10月19日
21宗项目集中亮相,中国宝武大力度推进混合所有制改革	经济日报客户端	10月20日
【新思想引领新征程·时代答卷】"让黄河成为造福人民的幸福河"	《人民日报》	10月24日
【新思想引领新征程·时代答卷】"推动长三角一体化发展不断取得成效"	《人民日报》	10月24日
打造长三角"白菜心",马鞍山如何"生机勃发"?	人民网	10月25日
中国宝武旗下工业品生态平台升级:定义供应链新生态	《证券时报》	10月26日
上半年经营创历史同期最好水平　中国宝武推出全新欧贝工业品生态平台	《新民晚报》	10月26日
中国宝武推出全新欧贝工业品生态平台:形成工业品供应链数智化服务能力	新华财经	10月26日
中国宝武上线全新升级的欧贝工业品生态平台	《上海证券报》	10月26日
中国宝武发出新一轮"混改邀请"	《经济参考报》	11月1日
中国宝武:与中国中铁签订战略合作协议	《证券时报》	11月4日
宝武与ABB、西马克等集中采购签约:含低碳冶金智慧轧钢等	澎湃新闻	11月8日
聚焦钢铁冶金绿色低碳发展　宝武在进博会收获一揽子合作协议	《中国证券报》	11月8日
【第四届进博会】中国宝武进博会集中采购:助力绿色低碳转型升级	新华财经	11月8日
"手撕钢"有了国家标准　填补中国精密箔材空白	中国新闻网	11月8日
中国宝武创纪录采购数十亿美元	《文汇报》	11月9日
【东方新闻】第四届进博会:中国宝武集中采购签约　聚焦钢铁行业数字化转型	东方卫视	11月9日
太钢完成国内最大LNG储罐项目保供	中国新闻网	11月11日
Baowu Steel, Brazil's Vale sign MoU to develop low emissions products	《中国日报》	11月12日
淡水河谷与宝武等钢企签署谅解备忘录:开发碳减排炼钢方案	澎湃新闻	11月12日
中国宝武发起设立全球低碳冶金创新联盟	人民日报客户端	11月18日
中国宝武发起设立全球低碳冶金创新联盟　每年3 500万元创新基金聚焦基础和应用基础研究	《新民晚报》	11月18日
中国宝武发起设立全球低碳冶金创新联盟	新华网	11月18日
上海:中国宝武发起成立全球低碳冶金创新联盟	看看新闻	11月18日

（续　表）

标　　题	媒体名称	刊登日期
中国宝武发起设立全球低碳冶金创新联盟	新华财经	11月18日
中国宝武形成低碳冶金技术路线图	新华财经	11月18日
中国宝武发起设立全球低碳冶金创新联盟　公布低碳冶金技术路线图	《21世纪经济报道》	11月18日
Metallurgical innovation alliance formed in Shanghai	《中国日报》	11月18日
Top steel firm China Baowu unveils global alliance to cut emissions	《中国日报》	11月18日
全球低碳冶金创新联盟成立	界面新闻	11月18日
中国宝武：2035年吨钢碳排放量将降至1.3吨	界面新闻	11月18日
聚集全球资源,推动低碳转型 中国宝武发起设立全球低碳冶金创新联盟	央广网	11月19日
5G赋能武钢智慧转型 "一键炼钢" 成为现实	中国新闻网	11月19日
全球低碳冶金创新联盟在沪成立 由中国宝武发起,向钢铁行业碳减排投入 "催化剂"	《解放日报》	11月19日
钢铁巨人低碳转型 全球低碳冶金创新联盟在沪成立	《科技日报》	11月19日
【朝闻天下】全球低碳冶金创新联盟昨日成立	中央电视台新闻频道	11月19日
全球低碳冶金创新联盟在沪宣布成立,由央企中国宝武发起设立	澎湃新闻	11月19日
中国宝武发起成立全球低碳冶金创新联盟,同步设立专项基金、发布碳中和行动方案	《中国环境报》	11月19日
中国企业发起的这个低碳联盟,15个国家62家单位一同加入	上观新闻	11月19日
宝钢股份：拟分拆控股子公司宝武碳业至创业板上市	《中国证券报》	11月22日
看5G如何塑造 "未来工厂"	新华社	11月22日
又见钢企拆分上市,宝武碳业拟冲刺创业板,创新成色几何	《第一财经》	11月23日
宝钢股份拟拆分宝武碳业至创业板上市 打造独立碳基新材料上市平台	每日经济新闻	11月23日
宝钢股份分拆 宝武碳业创业板上市	《21世纪经济报道》	11月24日
国企混改重点将从 "混资本" 转向 "改机制"	《中国证券报》	12月1日
新疆发展动能后劲足	《经济日报》	12月2日
邹继新：绿色是 宝钢高质量发展的底色	《上海证券报》	12月3日
上汽乘用车与宝钢股份成立联合创新实验室	人民网	12月3日
纪录片《钢铁脊梁》(1—6集)	中央电视台财经频道	12月4日
奋力创建世界一流钢铁企业	《学习时报》	12月6日

（续　表）

标　　　题	媒体名称	刊登日期
钢铁业科学减碳考验行业智慧	《经济参考报》	12月6日
5G塑造"未来工厂"	《经济参考报》	12月9日
Top 10 most-admired Chinese firms in 2021	《中国日报》	12月9日
0.015毫米的超薄"手撕钢"是怎样"擀"出来的？	新华网	12月9日
宝武集团女职工创造发明专区亮相全国发明展览会	央广网	12月12日
2021年度宝钢教育奖揭晓	《中国教育报》	12月15日
报告：中国18家钢铁企业达世界一流水平	中国新闻网	12月15日
中国西部最大负极材料生产基地兰州新区开工奠基	中国新闻网	12月16日
宝武碳业10万吨负极材料兰州新区生产基地项目开工	人民日报客户端	12月17日
中国手撕钢研发团队领军人物王天翔：毫厘之间显匠心	中央电视台新闻频道	12月21日
必和必拓与中国宝武运用EFFITRADE区块链平台成功完成首单铁矿石跨境结算	《证券时报》	12月22日
屹立大西北的"钢铁脊梁"——中国宝武八钢跨越式发展报告	《中国冶金报》	12月23日
中国宝武：以绿色低碳为统领持续优化技术创新体系	新华财经	12月23日
中国宝武推出"钢铁工业大脑"、原料供应等领域系列重大项目	新华财经	12月23日
星辰大海　伟大征程	《解放日报》	12月23日
2021中国钢铁企业专利创新指数发布 宝钢连续4年第一	《科技日报》	12月23日
星辰大海　伟大征程	《中国冶金报》	12月23日
聚焦低碳清洁、智能制造，中国宝武多个重大项目开工	人民日报客户端	12月23日
欧冶铸剑百炼钢　云商创新绕指柔——专访欧冶云商总裁金文海	《上海证券报》	12月24日
宝武发布6项科技成果	《中国冶金报》	12月29日
绿色八钢的科技引擎	《中国冶金报》	12月30日

（张　宁）

《财富》全球500强钢铁企业排名表

单位：百万美元

2021年度排名	2020年度排名	公　司　名　称	2021年营业收入	2021年利润	国　家
44	72	中国宝武钢铁集团有限公司	150 730.00	2 994.90	中　国
153	197	安赛乐米塔尔集团	76 571.00	14 956.00	卢森堡
188	226	浦项制铁公司	66 421.30	5 773.30	韩　国
189	200	河钢集团有限公司	66 149.70	219.90	中　国
214	249	日本制铁株式会社	60 612.20	5 673.40	日　本
217	400	鞍钢集团有限公司	59 447.70	1 140.60	中　国

（续　表）

2021年度排名	2020年度排名	公　司　名　称	2021年营业收入	2021年利润	国　家
238	279	青山控股集团有限公司	54 573.60	2 385.90	中　国
291	308	江苏沙钢集团有限公司	47 072.20	2 273.50	中　国
328	411	首钢集团有限公司	42 090.30	210.50	中　国
332	384	山东钢铁集团有限公司	41 318.70	851.90	中　国
336		杭州钢铁集团有限公司	41 008.50	349.80	中　国
344	298	蒂森克虏伯集团	40 647.90	-137.40	德　国
358	404	日本钢铁工程控股公司（JFE）	38 858.10	2 564.30	日　本
363	431	北京建龙重工集团有限公司	38 356.60	556.60	中　国
386	375	敬业集团有限公司	36 882.10	891.00	中　国
389		纽柯钢铁公司	36 483.90	6 827.50	美　国
421		湖南钢铁集团有限公司	34 061.20	1 268.50	中　国
435		塔塔钢铁集团	32 861.10	5 391.40	印　度
469		上海德龙钢铁集团有限公司	30 343.00	787.80	中　国

说明：数据来源于美国《财富》中文网。

中国宝武部分单位全称、简称对照表

全　　　称	简　　　称
中国宝武钢铁集团有限公司	中国宝武、集团公司
钢铁产业发展中心	钢铁业中心
新材料产业发展中心	新材业中心
智慧服务产业发展中心	智慧业中心
资源环境产业发展中心	资环业中心
产业园区业发展中心	园区业中心
产业金融业发展中心	产融业中心
宝山钢铁股份有限公司	宝钢股份
武汉钢铁有限公司	武钢有限
宝钢湛江钢铁有限公司	湛江钢铁
上海梅山钢铁股份有限公司	梅钢公司
宝钢股份黄石涂镀板有限公司	黄石公司
上海宝钢国际经济贸易有限公司	宝钢国际

（续 表）

全　　称	简　　称
宝钢欧洲有限公司	宝欧公司
宝钢美洲有限公司	宝美公司
宝和通商株式会社	宝和通商
宝钢新加坡有限公司	宝新公司
宝金企业有限公司	宝金公司
宝运企业有限公司	宝运公司
宝钢日铁汽车板有限公司	宝日汽车板
广州JFE钢板有限公司	广州JFE钢板
宝武铝业有限公司	宝武铝业
宝武集团中南钢铁有限公司	中南钢铁
宝武集团广东韶关钢铁有限公司	韶关钢铁
广东韶钢松山股份有限公司	韶钢松山
宝武集团鄂城钢铁有限公司	鄂城钢铁
重庆钢铁股份有限公司	重庆钢铁
马钢（集团）控股有限公司	马钢集团
马鞍山钢铁股份有限公司	马钢股份
宝武集团马钢轨交材料科技有限公司	马钢交材
马钢瓦顿股份有限公司	瓦顿公司
安徽长江钢铁股份有限公司	长江钢铁
马钢（合肥）钢铁有限公司	合肥公司
太原钢铁（集团）有限公司	太钢集团
山西太钢不锈钢股份有限公司	太钢不锈
宝钢德盛不锈钢有限公司	宝钢德盛
宁波宝新不锈钢有限公司	宁波宝新
宝钢集团新疆八一钢铁有限公司	八一钢铁
新疆八一钢铁股份有限公司	八钢股份
新疆八钢南疆钢铁拜城有限公司	南疆钢铁
新疆天山联合钢铁有限公司	天山钢铁
新疆天山钢铁巴州有限公司	巴州钢铁
新疆伊犁钢铁有限责任公司	伊犁钢铁

（续　表）

全　　称	简　　称
宝武碳业科技股份有限公司	宝武碳业
宝钢金属有限公司	宝钢金属
上海宝钢包装股份有限公司	宝钢包装
宝武特种冶金有限公司	宝武特冶
武汉钢铁集团耐火材料有限责任公司	武汉耐材
上海宝信软件股份有限公司	宝信软件
欧冶云商股份有限公司	欧冶云商
飞马智科信息技术股份有限公司	飞马智科
宝钢工程技术集团有限公司	宝钢工程
上海宝华国际招标有限公司	宝华招标
宝武装备智能科技有限公司	宝武智维
宝武重工有限公司	宝武重工
欧冶工业品股份有限公司	欧冶工业品
宝钢资源（国际）有限公司/宝钢资源有限公司	宝钢资源
宝武资源有限公司	宝武资源
武钢资源集团有限公司	武钢资源
安徽马钢矿业资源集团公司	马钢矿业
南京宝地梅山产城发展有限公司矿业分公司	梅山矿业
新疆八钢矿业资源有限公司	八钢矿业
宝武原料供应有限公司	宝武原料
宝武集团环境资源科技有限公司	宝武环科
宝武水务科技有限公司	宝武水务
宝武清洁能源有限公司	宝武清能
欧冶链金再生资源有限公司	欧冶链金
西藏矿业资产经营有限公司	西藏矿业
武钢集团有限公司	武钢集团
新疆宝地产城发展有限公司	宝地新疆
上海宝地不动产资产管理有限公司	宝地资产
南京宝地梅山产城发展有限公司	宝地南京
广东宝地南华产城发展有限公司	宝地广东

（续 表）

全 称	简 称
宝钢发展有限公司	宝钢发展
上海不锈钢有限公司	上海不锈
宝钢特钢有限公司	宝钢特钢
上海不锈钢有限公司/宝钢特钢有限公司	宝地吴淞
华宝投资有限公司	华宝投资
华宝信托有限责任公司	华宝信托
华宝基金管理有限公司	华宝基金
华宝证券有限责任公司	华宝证券
华宝证券股份有限公司	华宝证券
华宝（上海）股权投资基金管理有限公司	华宝股权
宝武集团财务有限责任公司	财务公司
中国中钢集团有限公司	中钢集团
重庆钢铁（集团）有限责任公司	重钢集团
昆明钢铁控股有限公司	昆钢公司
武钢集团昆明钢铁股份有限公司	武昆股份
红河钢铁有限公司	红钢公司
玉溪新兴钢铁有限公司	玉钢公司

（张文良）

本年鉴所用专有名词解释

【宝钢股份四大基地】 宝山基地（宝钢股份直属厂部为主）、青山基地（武汉钢铁有限公司）、东山基地（宝钢湛江钢铁有限公司）和梅山基地（上海梅山钢铁股份有限公司）。

【处僵治困】 "僵尸企业"处置和特困企业专项治理。

【"二十字"好干部标准】 对党忠诚、勇于创新、治企有方、兴企有为、清正廉洁。

【科改示范企业】 国务院国有企业改革领导小组办公室部署国企改革专项工程，选取200余户科技型企业开展深化市场化改革、提升自主创新能力的专项行动。

【两个循环】 以国内大循环为主体，国内国际双循环相互促进。

【两金】 企业产成品占用资金和应收账款资金。

【两于一入】 高于标准、优于城区、融入城市。

【两优一先】 优秀党务工作者、优秀共产党员和先进基层党组织。

【三层管理架构】 资本运作层、资产经营层、资源运营层的三层架构。

【三高两化】 高科技、高效率、高市场占有率、生态化、国际化。

【"三个全面"工程】 全面提升员工的能力和素质，全面推进员工岗位创新和价值创造，全面提升员工"三有"生活水平。

【三供一业】 国有企业职工家属区供水、供电、供热（供气）及物业管理。

【三基建设】 党的基本组织、基本队伍、基本制度建设。

【三跨融合】 跨产业互通融合、跨空间互通融合、跨人机界面互通融合。

【三有】 有钱、有闲、有趣。

【三治四化】 三治，即固体废物不出厂、废水零排放、废气超低排放；四化，即洁化、绿化、美化、文化。

【三重一大】 重大决策、重要人事任免、重大项目安排和大额度资金使用。

【双百企业】 百家中央企业子企业和百家地方国有骨干企业。

【双百行动】 国务院国有企业改革领导小组组织选取百余户中央企业子企业和百家地方国有骨干企业，在2018—2020年期间实施"国企改革双百行动"。

【十三五】 国民经济和社会发展第十三个五年规划时期，即2016—2020年。

【十四五】 国民经济和社会发展第十四个五年规划时期，即2021—2025年。

【四风】 形式主义、官僚主义、享乐主义、奢靡之风。

【四个一律】 操作室一律集中、现场操作一律机器人、设备运维一律远程、服务一律上线。

【双创】 大众创业、万众创新。

【双碳】 碳达峰与碳中和。中国力争2030年前实现碳达峰，2060年前实现碳中和。中国宝武提出：2023年力争实现碳达峰，2050年力争实现碳中和。

【通宝】 一种在实体产业内流通、以信用为核心的数字凭证。

【新发展理念】 创新、协调、绿色、开放、共享的发展理念。

【新冠肺炎】 新型冠状病毒感染的肺炎。

【压减】 压缩管理层级、减少法人户数。

【一岗双责】 党员干部在做经济建设、履行本职岗位应有的管理职责的同时，还要对所在单位的党风廉政建设负责。

【一基五元】 以钢铁制造业为基础，新材料产业、智慧服务业、资源环境业、产业园区业、产业金融业协同发展。

【"亿万千百十"的战略目标】 到2025年，中国宝武要实现亿吨级钢铁产业规模；到2035年，要实现万亿元营业收入；最终形成若干个千亿元级营业收入、百亿元级利润的支柱产业和一批百亿元级营业收入、十亿元级利润的优秀企业。

【专精特新】 专业化、精细化、特色化、新颖化。 （张文良）

中国宝武主要子公司通讯录

公司名称	网　　址	电　话	传　真	地　址	邮政编码
宝钢股份	www.baosteel.com	021-26647000	021-26646999	上海市宝山区富锦路885号	201999
中南钢铁	—	020-89889802	020-89889821	广东省广州市海珠区琶洲大道83号	510355
马钢集团	www.magang.com.cn	0555-2883492	0555-2883492	安徽省马鞍山市九华西路8号	243000

（续　表）

公司名称	网　址	电　话	传　真	地　址	邮政编码
太钢集团	www.tisco.com.cn	0351-2132615	0351-3134170	山西省太原市尖草坪2号	030003
八一钢铁	www.bygt.com.cn	0991-3893018	0991-3891000	新疆维吾尔自治区乌鲁木齐市头屯河区八一路	830022
宝武碳业	www.baowucarbon.com	021-26648409	021-66789208	上海市宝山区同济路1800号	201999
宝钢金属	www.baosteelmetal.com	021-26099999	021-26099998	上海市宝山区同济路333号5号楼	200940
宝钢包装	www.baosteelpackaging.com	021-56766888	021-56766338	上海市宝山区同济路333号2号楼	200940
宝武特冶	—	021-26032000	021-26032005	上海市宝山区同济路303号	200940
武汉耐材	—	027-86892471	—	湖北省武汉市青山区工农村路	430080
宝信软件	www.baosight.com	021-20378899	021-20378662	中国（上海）自由贸易试验区郭守敬路515号	201203
欧冶云商	www.ouyeel.cn	95025	—	上海市宝山区漠河路600号A座28楼	200940
宝钢工程	www.baosteelengineering.com	021-26088800	021-26088755	上海市宝山区克山路550弄7号楼	201999
宝武智维	www.baoiem.com	021-31115553	—	上海市宝山区克东路16号	201900
宝武重工	—	021-56690679	021-56690889	上海市宝山区漠河路600号东鼎国际A座26层、27层	201999
欧冶工业品	www.obei.com.cn	021-26645125	—	上海市宝山区漠河路151号	201999
宝武资源	www.baosteelresources.com	021-35880888	021-35880128	中国（上海）自由贸易试验区世博大道1859号宝武大厦1号楼、2号楼	200126
宝武原料	—	021-20658393	—	中国（上海）自由贸易试验区世博大道1859号宝武大厦2号楼	200126
宝武环科	www.bwhk.com.cn	021-36588698	021-36588798	上海市宝山区宝杨路1943号	201999
宝武水务	www.baowuwater.com	—	—	上海市宝山区克山路550弄7号楼	201999

（续　表）

公司名称	网　址	电　话	传　真	地　址	邮政编码
宝武清能	—	021-66788821	—	上海市宝山区宝杨路699号	201999
欧冶链金	www.oylianjin.cn	0555-2880195	0555-2884370	安徽省马鞍山市湖南路750号	243000
西藏矿业	—	0891-6872877	0891-6872132	西藏自治区拉萨市中和国际城金珠二路8号	850000
武钢集团	www.wuganggroup.cn	027-86865018	027-86865018	湖北省武汉市青山区友谊大道999号	430083
宝地资产	—	021-36025666	—	中国（上海）自由贸易试验区浦电路370号26楼	200122
华宝投资	—	021-20857500	—	中国（上海）自由贸易试验区浦电路370号20楼	200122
华宝信托	www.hwabaotrust.com	021-38506666	021-68403999	中国（上海）自由贸易试验区世纪大道100号上海环球金融中心52层、59层	200120
华宝基金	www.fsfund.com	021-38505888	021-38505777	中国（上海）自由贸易试验区世纪大道100号上海环球金融中心58层	200120
华宝证券	www.cnhbstock.com	021-20321222	—	中国（上海）自由贸易试验区浦电路370号2—4层	200122
华宝股权	—	021-20658656	021-20658800	上海市浦东新区世博大道1859号宝武大厦1号楼8楼	200126
财务公司	www.baofinance.com	021-20657307	021-68878969	中国（上海）自由贸易试验区世博大道1859号宝武大厦1号楼	200126
中钢集团	www.sinosteel.com	010-62686689	010-62686688	北京市海淀区海淀大街8号中钢国际广场	100080
重钢集团	www.cqgtjt.com	023-68843319	023-68849988	重庆市大渡口区大堰三村1号	400080
昆钢公司	www.ynkg.com	0871-68603459	0871-68651010	云南省昆明市安宁市金方街道	650302

（张　鑫）

编辑：张　鑫

21

索引

索 引

《中国宝武钢铁集团有限公司年鉴（2022）》工作人员

总 编 审：张文良

编　　辑：张　鑫　李　冰　盛继军

校　　对：张　鑫　李　冰　盛继军

《中国宝武钢铁集团有限公司年鉴》编辑部地址：上海市同济路333号1号楼5楼

邮政编码：200940　电话：021-20657451

图书在版编目（CIP）数据

中国宝武钢铁集团有限公司年鉴.2022 / 中国宝武
钢铁集团有限公司史志编纂委员会编. — 上海：上海人
民出版社，2022
ISBN 978-7-208-17967-7

Ⅰ. ①中… Ⅱ. ①中… Ⅲ. ①钢铁集团公司–上海–
2022-年鉴 Ⅳ. ① F426.31-54

中国版本图书馆 CIP 数据核字（2022）第 182477 号

责任编辑 马瑞瑞 杨 清
封面设计 陈酌工作室

中国宝武钢铁集团有限公司年鉴2022
中国宝武钢铁集团有限公司史志编纂委员会 编

出　　版　上海 人民出版社
　　　　　（201101　上海市闵行区号景路159弄C座）
发　　行　上海人民出版社发行中心
印　　刷　上海盛通时代印刷有限公司
开　　本　889×1194　1/16
印　　张　36.5
插　　页　4
字　　数　942,000
版　　次　2022年12月第1版
印　　次　2022年12月第1次印刷
ISBN 978-7-208-17967-7/F·2780
定　　价　380.00元